연려술속 燃藜述續 2

이 책은 2024년도 정부(교육부)의 재원으로
한국고전번역원의 지원을 받아 수행된 특수고전협동번역사업의 결과물임

연려술속 燃藜述續 2
번역과 주해

김용흠·원재린·김정신 역주

혜안

책머리에

　조선후기 정치사는 흔히 당쟁사로 인식되었다. 조선왕조 국가의 멸망 원인으로서 지금까지도 당쟁망국론이 거론될 정도로 당쟁은 조선후기 정치사를 부정적으로 묘사하는 개념이 되었다. 16세기에 붕당이 형성된 이후 이를 기반으로 삼아서 전개된 정치적 대립과 갈등을 17세기 붕당정치, 18세기 탕평정치, 19세기 세도정치로 유형화하여 이해하는 시각이 제시되기도 하였지만 당쟁에 대한 부정적 인식이 크게 불식되지는 못하였다.

　조선후기 정치사에서 개인의 권력욕이나 사리사욕, 당리당략에 의한 모략과 음모 등이 난무한 것은 사실이지만 이것만으로 모든 정치적 갈등을 설명할 수는 없다. 여기에는 개인의 권력욕이나 당리당략을 합리화하는 논리와 이에 의거하여 기득권을 유지 고수하려는 세력만이 있었던 것이 아니라 민생을 안정시켜 국가를 유지 보존하려는 세력과 논리도 역시 존재하였다. 이들은 현실 정치 속에서 서로 대립 갈등할 수밖에 없었는데, 당론서에는 바로 이러한 배경 속에서 발생한 다양한 사건들과 갈등 당사자들의 현실인식, 사유형태 등이 풍부하게 담겨 있다. 당론서를 통해서 표출된 주장과 논리는 이처럼 정책과도 긴밀하게 연관되어 있었다.

　조선후기에는 당쟁이 격렬하였던 것만큼이나 각 당파의 정당성을 주장하는 수많은 당론서가 생산되고 필사를 통해 전파되었다. '당론서(黨論書)'란 17세기 이후 서인과 남인의 대립 갈등이 격화되는 가운데 생성되어, 이후 노론과 소론, 시파와 벽파의 갈등을 거치면서 각 정파의 행적과 논리의 정당성을 천명하기 위해 의도적으로 편찬된 자료를 지칭한다. 당론서는 국가의 공식 기록인 《조선왕조실록》이나 《승정원일기》와 같은 연대기, 또는 개인이나 문중에서 편찬하는 문집이나 전기류 등과는 구별되는 독특한 체제와 내용을 담고 있다.

여기에는 해당 시기 정계와 학계를 주도했던 인물들의 정치 행적뿐만 아니라 그들의 현실인식과 세계관, 이에 입각하여 정치적 과제를 설정하고 대처해 나가는 모습 등이 구체적으로 담겨있다. 이에 대해서 당대의 사회경제적 제반 조건과 관련지어 체계적이고 과학적으로 분석해야만 조선후기 정치적 갈등이 정책과 어떻게 관련되어 있는지를 드러낼 수 있을 것이다. 따라서 당론서는 조선후기 정치사를 과학적으로 인식하는 관건이 되는 자료라고 말할 수 있다.

조선후기 당론서는 현재 확인되는 것만도 그 규모가 방대하고 대부분이 한문 원자료 상태로 남아 있어 일반인의 접근이 어려운 것이 현실이다. 그리고 일부 번역된 것도 있지만 원문 번역에 그쳐서 일반인이 이해하기는 쉽지 않다는 문제가 있었다. 그리하여 관련 연구자가 전공 지식에 바탕을 두고 정밀한 역주를 통해서 친절하게 안내할 필요가 있다는 지적이 있어왔다.

본서의 번역에 참여한 세 사람의 전임연구원들은 모두 조선시대 정치사, 정치사상사 전공자들로서 다년간에 걸쳐서 당론서 번역 사업을 수행해왔다. 2006년에는 한국연구재단의 지원을 받아서 '당론서 3종 번역과 주석 및 표점 작업'을 진행하여 《갑을록(甲乙錄)》(소론), 《아아록(我我錄)》(노론), 《동소만록(桐巢漫錄)》(남인)을 번역하는 사업을 완료하고, 《동소만록》은 2017년에 간행하였다. 이어서 2013년과 2014년에는 '신규장각 자료구축사업'의 일환으로 서울대 규장각 한국학연구원의 지원을 받아 한국학자료총서로서 『사도세자의 죽음과 그 후의 기억-《현고기(玄皐記)》 번역(飜譯)과 주해(註解)』(2015), 『충역의 시비를 정하다-《정변록(定辨錄)》 역주』(2016)를 간행하였다. 이와 병행하여 2011년에는 한국역사연구회, 2016년에는 한국사상사학회 주관으로

학술대회를 통해서 연구 성과를 발표하기도 하였다. 또한 한국고전번역원의 '특수고전 정치사분야 협동번역사업'의 일환으로 2015년 《형감(衡鑑)》, 2016년 《족징록(足徵錄)》과 《진감(震鑑)》, 2017년 《유문변록(酉門辨錄)》과 《대백록(待百錄)》 등의 번역이 완료되었고, 2019년 《형감》(혜안)을, 2020년 《대백록》(혜안)을 각각 출간한 바 있다.

2단계 사업성과인 《동남소사(東南小史)》와 《수문록(隨聞錄)》, 《황극편(皇極編)》은 특수고전협동번역사업(정치사) 우수 성과 원고 출판지원을 받아 연차별로 다음과 같이 마무리할 수 있었다. 2021년 《동남소사》와 《수문록 1》을 시작으로, 2022년에는 《수문록 2》와 《황극편 1》, 2023년에는 《황극편 2》와 《황극편 3》, 2024년에는 《황극편 4》와 《황극편 5》를 각각 출간하였다.

현재는 3단계 사업으로 《연려술속(燃藜述續)》과 《신임기년제요(辛壬紀年提要)》에 대한 번역·주석 작업을 진행 중에 있으며, 그 중 완료된 《연려술속》 권1~8에 대해서 예의 특수고전협동번역사업 우수 성과 원고 출판지원을 받아 2025년부터 순차적으로 출판할 예정이다.

《연려술속》은 경종대 정치 상황을 다루고 있다. 경자년(1720, 숙종46) 6월 4일부터 정미년(1727, 영조3) 8월 5일까지를 포괄하고 있다. 편자는 미상이며, 대체로 소론(少論) 완론(緩論) 입장에서 해당 시기 노·소론(老少論) 사이에서 벌어졌던 정치적 갈등을 단대사(單代史) 형태로 정리하였다. 이긍익(李肯翊)의 《연려실기술(燃藜室記述)》과의 연관성 여부는 아직 명확히 밝혀져 있지 않지만 《연려실기술》에서 다루고 있지 않은 시기를 정리했다는 점에서 상호 보완적인 성격을 띠고 있는 것은 분명한 것 같다.

《연려술속》은 모두 9권 9책으로 구성되어 있는데, 본 사업단은 전체를 4책으로 나누어 《연려술속》 권1~2를 《연려술속 1》로, 권3~4를 《연려술속 2》로, 권5~6을 《연려술속 3》으로, 권7~9를 《연려술속 4》로 출간할 예정이다.

《연려술속 1》은 숙종 사후(死後)로부터 1721년(경종1) 10월 17일까지 시기를, 《연려술속 2》는 1721년 10월 17일부터 1722년(경종2) 3월 27일까지를

8

다루고 있다. 해당 시기는 경종이 즉위하면서 정국 주도권을 둘러싸고 소론과 노론 간 갈등과 대립이 격화되던 때로서, 이로 인해 신축년(辛丑年, 1721, 경종1) 환국과 임인년(壬寅年, 1722, 경종2) 옥사가 발생하였는데, 그 과정에서 전개된 노·소론 간 당쟁이 밀도 있게 묘사되어 있다.

본 사업을 진행하면서 많은 분들의 도움을 받았다. 한국고전번역원의 김언종 원장님, 전임 원장이신 신승운 선생님을 위시한 여러 임직원분들이 당론서의 사료 가치를 공유하고 적극적으로 지원하여 이 사업이 완수될 수 있었다. 《연려술속》 역주본의 출간을 앞두고 진심으로 감사를 표하는 바이다. 또한 한국고전번역원 출범의 산파 역할을 했던 유기홍 전 국회의원의 적극적인 후원에도 감사드린다. 연세대학교 국학연구원의 김현주 원장님과 전임 김성보 원장님 이하 임직원 여러분들의 도움에도 감사드린다.

그리고 세 사람의 전임연구원과 함께 20년이 넘는 기간 같이 전공 세미나를 전개하며 물심양면으로 도움을 준 정호훈, 구만옥, 정두영 선생 등과도 출간의 기쁨을 함께 나누고 싶다. 당론서를 비롯한 국학 자료 출판에 애정을 갖고 더딘 번역 작업을 인내심을 갖고 기다려 주신 혜안 출판사 오일주 사장님과 난삽한 원고를 깔끔하게 정리해주신 김현숙, 김태규 선생께도 감사드린다.

2025년 2월 김용흠

차례

번 역

燃藜述續 二 校勘·標點

《연려술속 2》 해제

 《연려술속 2》는《연려술속(燃藜述續)》권3과 권4를 번역하고 주해한 책이다. 권3은 1721년(경종1) 10월 17일부터 12월 12일까지, 권4는 1721년 12월 13일부터 1722년(경종2) 3월 27일까지를 담고 있다. 이 시기에는 노론이 세제 책봉에서 나아가 대리청정까지 추진하려고 하다가 경종과 소론의 반격으로 정국 주도권을 잃어버리는 과정을 보여준다.

1. 권3 : 세제 대리청정 시도와 노론의 몰락

 권3에서는 권2 끝에서 편찬자가 직접 정리한 10월 17일 기사 대신 영의정 김창집(金昌集) 이하 대신들이 진수당(進修堂)에서 청대하여 전개된 대화 내용 자체를 구체적으로 사실대로 기록하는 것으로 시작하였다. 이 자리에서 우의정 조태구(趙泰耈)는 정청(庭請)을 중지하고 연명 차자를 올려 대리청정을 받아들인 노론의 행동을 비판하였다. 최석항(崔錫恒) 역시 을유년(1705, 숙종 31) 숙종이 세자에게 선위(禪位)하려던 시도를 여러 신하들이 요청하여 막은 사례를 들면서, 정유년(1717, 숙종43) 절목(節目)에 따라 대리청정을 거행하려는 시도가 부당함을 지적하였고, 이광좌(李光佐)는 이것을 제안한 노론 4대신을 비난하였다.

 그러자 김재로(金在魯)는 대리청정과 전선(傳禪)은 다르다고 변론하였고,

이건명(李健命)은 경종이 화증(火症)으로 국사를 살필 수 없다고 하면서 직접 "좌우의 근신(近臣)에게 맡겨야겠는가, 세제(世弟)에게 맡겨야겠는가?"라는 경종의 말을 거론하였다. 즉 어쩔 수 없는 상황이었으므로 세제의 결정권을 다소 제한한 정유년 절목에 따를 것을 청한 것이라고 항변하였던 것이다. 이처럼 같은 자리에서 대리청정을 둘러싼 노·소론 간 공방이 길게 이어지자 경종은 마침내 세제에게 내린 대리청정 비망기를 도로 거둬들였다.

경종의 환수 조처로 예봉이 꺾인 노론은 다시 이를 만회할 계기를 마련하고자 소론에 대한 공세를 강화하였다. 우선 노론측에서는 4대신이 연명 차자를 올렸을 당시 조태구의 처신을 물고 늘어졌다. 당시 조태구가 선인문(宣仁門, 창경궁 소재)으로 들어와 승정원을 거치지 않고 경종을 만난 것은 관례를 어긴 잘못이라고 공격한 것이었다.

노론은 소론측에서 대리청정을 반대하는 과정에서 드러낸 절차적 하자를 지적하며 그 주장의 부당성을 부각시키려 했다. 이에 양사(兩司)에서는 조태구를 맹비난하면서 유배 보낼 것을 청하였고, 최석항에 대해서도 을유년 전선의 일을 거론한 사실을 지적하면서 다른 대신들보다 먼저 들어간 절차상의 문제점을 집요하게 공격하였다.

두 사람에 대한 공세는 다음날까지 이어졌고 양사는 세제 책봉을 비난한 유봉휘(柳鳳輝)의 상소까지 끌어내어 소론이 연잉군(延礽君)에 대해 불충한 마음을 갖고 있다고 단정하였다. 노론은 불충의 혐의를 유봉휘에 그치지 않고 이진검(李眞儉)에게까지 확대시켜 나갔고, 조태구에게는 환관(宦官)과 내통하였다는 혐의를 덧붙였다.

조태구의 혐의는 20일 교리 이중협(李重協)의 상소를 통해 증폭되었고, 판의금부사 민진원(閔鎭遠)에 의해 사실로 확정되기에 이르렀다. 민진원은 내관 최홍(崔泓)과 사알 김천석(金天錫) 등의 원정(原情)을 언급하며 혐의를 입증하려 했다. 최홍과 김천석에 대한 조사를 촉구하는 의금부 상소는 23일에도 이어졌다.

노론의 계속되는 공세에 맞선 소론측의 해명은 11월 1일 승정원에서 공개한 황해감사 이집(李㙫)의 상소를 통해 이루어졌다. 그는 조태구가 "돌연 밀고 들어왔다[突시]"거나, 혹은 "몰래 진현(進見)을 도모하였다."는 노론측의 지적에 대해 사안의 중대성과 긴박했던 당시 상황을 고려할 때 불가피했으며, 무엇보다 경종의 명에 따른 것이었으므로 문제가 없다고 주장하였다.

11월 27일에는 사직 이광좌가 일련의 청대 과정에 대해 정청이 중지된 상황에서 어쩔 수 없이 취한 행동이라고 반론하면서 이를 기묘사화(중종14, 1519) 당시 북문(北門) 즉 신무문(神武門)의 변고를 일으킨 수단에 비유하는 것은 지나치다고 논박하였다.

12월 6일 기사에는 신축년 환국의 단초를 연, 김일경(金一鏡)을 소두로 한 장문의 상소문이 수록되었다. 이 상소에서는 먼저 삼강오륜 가운데 군위신강(君爲臣綱)과 군신유의(君臣有義)가 첫머리가 된다고 전제하면서 윤리 기강이 무너지면 군주 노릇을 할 수 없고 난신적자(亂臣賊子)가 횡행하게 된다고 단정지었다. 그리고 이를 당시 시국에 적용하여 노론 4대신의 처벌 근거로 적극 활용하였다.

이들은 조성복(趙聖復)이 앞에서 불쑥 나왔는데도 처벌하지 않았고, 4흉(四凶)이 뒤에서 방자해져서 임금의 형세가 날로 고립되고 흉도들은 더욱 번성해졌다고 진단하였다. 그런데도 승정원은 멋대로 기만하고 삼사는 핍박하여 군신의 분의를 찾아볼 수 없게 되자 조성복을 옹호하는 자들이 연이어 일어났다는 것이다.

구체적인 사례로는 정청(庭請)을 멈추고 연명 차자를 올려 정유년 절목에 따라 대리청정을 받아들이게 압박한 사실이 제시되었다. 이어서 전대의 역사를 볼 때 대리청정은 나이 들고 병이 위중할 때 거행되었는데, 오늘날은 절대 그런 상황이 아니라는 점을 강조하면서 이것을 4흉의 죄라고 규정하였다.

아울러 그 연원을 갑술년(1694, 숙종20)으로까지 거슬러 올라가 "강신(強臣)·흉얼(凶孼)이 국본(國本)을 동요시키면 역률로써 다스리겠다."는 숙종의 비망

14

기를 거론하면서 정유년(1717, 숙종43) 이이명의 독대(獨對)를 비판하고, 윤지술(尹志述)이 숙종의 지문(誌文)을 수정하라고 제기한 것을 반역의 단초로 지목하였다. 이어서 노론 4대신 한 명 한 명의 죄상을 구체적인 사실을 들어 열거하고, 결론 부분에서는 경종이 다시 만기(萬機)를 총람하여 처결해야 한다고 주장하였다.

이 같은 상소가 올라오자 즉각 도승지 신사철(申思喆) 등을 위시한 승정원에서 그 의도가 4대신을 해치는데 그치지 않고 노론 전체를 향하고 있다고 비난하면서 김일경에 대한 처벌을 청하였다. 그러자 경종은 삼사를 모두 문외출송(門外出送) 하라는 비망기를 내리고 이조판서에 심단(沈檀)을, 이조참판에 김일경을 제수하라고 명하였다. 이어서 노론을 내치고 주요 요직을 소론으로 교체하는 전교들을 나열함으로써, 환국에 준하는 정국 변동이 진행되고 있음을 보여주었다.

이에 영돈령부사 어유귀(魚有龜)가 상소하여, 경종의 처분이 매우 비상한 조처라고 전제하면서 자신에게 부과된 훈련도감과 금위영 대장을 겸임하라는 명을 거둬달라고 청하였다. 이어서 김일경 등의 상소 내용이 흉패하다고 지적하면서 노론 4대신의 연명 차자는 국왕의 노고를 분담하기 위한 의도에서 나온 것이라고 강변하였다.

그렇지만 다음날인 12월 7일 이후 전교에서도 소론 중심의 인사 조치가 계속되었다. 이어 소론이 주도하는 삼사(三司)에서는 노론 4대신의 연명 차자를 비난하며 개별 인사의 죄과를 들어 처벌을 촉구하였고, 이어서 사헌부 단독으로 국청을 열어 조성복의 죄과를 형문(刑問)할 것을 청하였다.

12월 8일 전교에서는 환관과 연루되었다는 혐의를 들어 조태구를 복상(卜相)하는 데에 이의를 제기한 박치원(朴致遠)과 이의천(李倚天)을 정배할 것을 명하였다. 이에 조태구는 자신에게 씌워진 "결탁"하고 "내통"하였다는 혐의를 터무니없는 거짓이자 무함이라고 변명하였다.

다음 날 조태구는 북문의 일을 비롯해 황지(皇旨) 사건과 관련하여 "혐의를 무릅쓴다.[冒嫌]"고 한 자신의 발언이 세제와 경종의 사이를 이간질하는 말이라는 비판에 대해 억울함을 피력하는 한편 민생을 보살펴서 민심을 안정시킬 것을 당부하였다. 아울러 국구(國舅) 어유귀의 정치 간여를 엄히 금지해야 한다고 건의하였다. 이때 당론을 경계하며 정국을 쇄신하기 위해 용인(用人)의 폭을 넓혀 지난 30년간 등용되지 못한 이들을 적극 등용할 것을 주문한 것에서 소론 탕평파 대신으로서의 면모를 엿볼 수 있다.

이처럼 경종의 인적 쇄신 의지에 따라 소론이 정국을 주도해 나가는 상황에서 12월 11일 이조참의 서명균은 심단을 사특한 무리라고 공격하고 동시에 이조참판 김일경이 이를 바로잡지 못한 사실을 지적하면서 탕평(蕩平)을 이루기 위해서는 사류(士類)를 등용해야 한다고 주장하였다. 이른바 명의죄인(名義罪人)이라 낙인찍힌 남인의 자손들을 청현직에 의망한 것을 강력히 비판한 그의 주장은 소론의 집권과 함께 탕평을 바라보는 소론 내부의 차별성 또한 드러나기 시작하였음을 보여준다.

한편 사헌부에서는 민진원이 척신(戚臣)이면서도 김창집 딸과 혼인을 맺어 음모에 간여하였다고 질책하면서 유배 보낼 것을 청하였고, 사간 이진유(李眞儒)는 어유귀가 4흉을 비호한 상소를 비난하였다. 연이어 양사에서 재차 노론 4대신의 개별 죄과를 일일이 거론하면서 처벌을 요청하여 경종의 윤허를 받아냈다. 이처럼 권3에서는 연잉군의 세제 책봉에 이어서 세제의 대리청정까지 시도하였다가 노론측이 정국 주도권을 상실하고 소론측에서 정국을 주도하기 시작하는 긴박한 과정을 보여주고 있다.

2. 권4 : 노론에 대한 처벌과 세제의 위기

권4에서는 먼저 소론의 공격에 의해 노론이 처벌당하는 과정을 기록하였다. 1721년(경종1) 12월 13일 의금부에서 이홍술(李弘述)을 잡아 가두고, 김창집·이

이명·조태채를 외딴섬으로 유배 보냈으며, 김제겸(金濟謙)을 극변에 정배하는 등 노론 전반에 대한 공세를 본격화하였다.

여기에 더해 이진유는 15일 이재(李縡)·윤각(尹慤)·이유민(李裕民) 등의 죄과를 구체적으로 나열하면서 잡아다가 조사할 것을 촉구하였다. 그 처벌 대상이 노론 4대신을 벗어나 점차 관련자 일반에게로 확산되는 모습은 본격적인 환국 단계로의 진입을 잘 보여주고 있다. 이때 장령 이제(李濟)는 노론 4대신 가운데 조태채는 3흉과 다르다고 하면서 그 죄를 차감할 것을 청하는 분등설(分等說)을 내놓기도 하였다.

한편 사헌부에서 이이명의 조카 유학 이희지(李喜之)가 진사 유택기(兪宅基), 전 좌랑 심상길(沈尙吉), 종묘 직장 홍의인(洪義人) 등과 긴밀하게 결탁하여 흉악한 상소와 패악한 계사(啓辭)를 써서 물의를 일으켰다고 지적하면서 그 죄를 물어 정배할 것을 청하였다. 소론은 이러한 일들을 경종에 대한 노론의 위해(危害) 징조로 간주하였고, 이후 임인년 옥사에서 노론의 경종 시해 음모로 재확인되었다고 보았다.

12월 17일 당고개에서 윤지술에 대한 형이 집행되었고, 같은 날 경종은 조중우의 억울한 죽음을 위로하며 특별히 증직(贈職)하고 예관(禮官)을 보내 치제(致祭)하도록 명하였다.

이때 김일경은 인사에 관한 정사를 거행하여 강현(姜鋧)을 판의금부사에, 한배하(韓配夏)를 공조판서에, 유봉휘를 대사헌에 임명하였고, 19일도 독정(獨政)하여 박휘등(朴彙登)을 승지로, 홍만우(洪萬遇)를 부교리로, 홍정필(洪廷弼)을 수찬으로, 박태항을 예조참의로, 윤취상을 형조참판으로 임명하였다.

같은 날 경종은 조태구를 영의정에, 최규서를 좌의정에, 최석항을 우의정에 임명하여 소론 주도 정국을 공식화 하였다. 이어서 사헌부 주도로 4흉과 직간접적으로 연관되었던 황해병사 김시태(金時泰)·부총관 유취장(柳就章)·어영총관 양익표(梁益標)·홍주목사 홍치중(洪致中)·사직 이집(李㙫)에 대한 성토가 이어졌다.

영부사 김우항(金宇杭)은 이에 맞서 즉위 초와 달리 노여움을 드러내고
과도하게 위벌(威罰)을 내리는 경종의 처사에 불만을 표하면서 이중협(李重協)·
박치원(朴致遠)·어유룡(魚有龍) 등을 구호하였다. 이에 반해 대사헌 유봉휘는
자신의 저위(儲位) 관련 상소를 무함했다고 노론측을 비난하면서 당시 문제를
제기한 것은 세제 정책(定策) 때문이 아니라 이와 같이 중차대한 사안을
일개 대관(臺官)이 성의 없이 간략하게 상소하여 비답을 받아내고 이를 당리당
략(黨利黨略)에 따라 처리했기 때문이라고 밝혔다.

12월 20일, 세제는 김동필(金東弼)·권익관(權益寬) 등 궁료(宮僚)들을 불러
모아놓고 저위(儲位)에 오른 이래 문침(問寢)과 시선(視膳) 과정에서 환관 한두
명이 중간에서 농간을 부려 자신을 제거하려 한다고 폭로하였다. 이에 김동필
등은 경종에게 아뢰어 환관을 적발해서 즉시 상형(常刑)에 처하게 해야 한다고
아뢰고, 이러한 환관의 재앙에 어떻게 대처해야 할지를 두고 장시간에 걸쳐
숙의(熟議)하였다.

이 사안은 이튿날 조정에서 본격적으로 논의되었다. 영의정 조태구가
간밤 세제가 궁료들과 논의한 끝에 사위(辭位)를 결심했다는 말을 전달하면서
관련 환관을 잡아다 추국(推鞫)할 것을 청하였고, 우의정 최석항도 세제의
불안한 마음을 진정시키기 위해서라도 하루빨리 추국(推鞫)하고 법에 따라
처형할 것을 촉구하였다. 이들 논의에 이조판서 심단 등이 가세하면서 관련자
를 신속히 처형하는 것으로 의견이 모아져, 경종의 윤허를 받아냈다.

조태구와 김동필, 이진유 등이 세제를 청대하여 환관의 역절(逆節)을 처결한
과정을 보고하며 사위를 만류하였지만 세제는 그 뜻을 굽히지 않았다. 이에
조태구가 우애의 도리를 진언하였고, 이진유는 경종이 환관에 대한 처형을
결단한 사실을 들어 사위를 물리기를 청하였으며, 송인명이 뜻을 굽히지 않는
세제를 설득하기에 나서, 마침내 세제가 자신의 주장을 굽히기에 이르렀다.

이와 관련하여 경종은 승전색 문유도(文有道)와 내관 박상검(朴尙儉)이 중간
에서 농간을 부려 춘궁(春宮)을 제거할 계략을 꾸몄으며, 문침·시선 또한 이들이

가로막았으니, 국본을 동요시킨 대역부도한 죄를 물어 부대시참(不待時斬)에 처할 것을 명하였다.

사위를 둘러싼 소동 속에서 대비전(大妃殿, 인원왕후)에서는 언문(諺文) 교서를 내려 효종의 자손과 선왕의 혈속으로 경종과 연잉군밖에 없다는 이른바 삼종 혈맥론을 다시 거론하면서 세제가 목숨을 부지하기 위해서는 궁 밖으로 내보내야 한다고 주장하고, 12월 23일 언문 교서에서는 환관과 결탁한 궁인으로 대전 나인 석렬(石烈)과 필정(必貞)을 특정하였다.

이에 영의정 조태구 등이 즉시 석렬과 필정 두 사람을 잡아다가 법에 따라 처형하라고 청하였다. 그러자 영부사 김우항이 사안의 중대성을 고려할 때 국청도 설치하지 않고 죽이면 동궁(東宮)을 모해(謀害)한 실정을 알아낼 수 없다고 하면서 반대하였다. 그 와중에 24일 석렬은 집에서, 필정은 감옥에서 각각 자결하였다.

그러자 개성유수 김재로(金在魯)가 상소하여 일련의 상황이 오랜 기간에 걸쳐 치밀하게 꾸민 일인데 제대로 처리하지 못해 세간의 의혹을 키웠다고 비난하였다. 양사에서 국청을 설치하고 실정을 밝혀내야 한다는 주장이 나와서 마침내 국청이 열렸지만 별 소득 없이 마무리되자 더 이상 신문하지 말라는 전교가 내려졌다. 이에 병조판서 송상기(宋相琦)가 대비인 인원왕후의 하교가 있었는데도 제대로 조처하지 않아 나인이 자살하였고, 승정원과 의금부에서는 일을 지체하여 사안을 소홀히 다루었다고 질책하였다.

사직 이기익(李箕翊)이 다시 국청을 설치할 것을 주장하였지만 영의정 조태구가 반대하자 경종은 더 이상 신문할 일이 없다고 하면서 하교대로 거행할 것을 명하였다. 이에 사과 유복명(柳復命)이 상소하여 처결 과정 전반에 대한 문제점을 지적하였다. 처음에 삼사가 법에 따라 처형을 청한 것은 단서가 드러날까 두려워했기 때문이었고, 두 궁비(宮婢)가 자결한 뒤에도 더디게 토죄를 청하고 예사롭게 국청의 설치를 청한 것은 동궁을 위해 징토하려는 뜻이 조금도 없음을 반영한 것이라고 성토하였다. 이어서 시급히 국청을

설치하여 역모의 정상을 철저히 조사하고 의금부와 삼사를 모두 몰아내야
한다고 주장하였다.

　이때 양사에서 합계하여 노론 4대신에 대한 처벌이 관대하다고 하면서
형률을 더할 것을 청하였고, 지평 박필몽(朴弼夢)은 4대신과 함께 생사를
맹세하고 비밀리에 자금을 모으고 음모를 꾸민 노론계 인사의 실명을 거론하
면서 엄벌에 처할 것을 촉구하였다. 이때 거론된 인물은 김운택(金雲澤)·김조
택(金祖澤)·김민택(金民澤)·이기지(李器之)·이천기(李天紀)·조흡(趙洽)·이덕중
(李德重) 등 16인이었다. 이것은 임인년 옥사의 기미가 소론측에 의해 이미
포착되고 있었음을 보여준다.

　여기에 더해 사간 이진유 등은 새삼 박치원·어유룡·이중협 등이 승정원을
거치지 않고 경종을 알현하였다고 조태구를 논박한 사실을 거론하고, 정청을
파할 때 그저 '예예' 하면서 따른 신하들에 대한 처벌까지 촉구하였다. 영의정
조태구는 대비의 명에 따라 환관과 궁인을 처결한 것에 미흡함이 없다고
자부하면서 이들 배후에는 다른 사람이 없다고 강조하였다. 이진유·서종하
등도 국문을 청하지 않은 일로 트집을 잡은 유복명을 질책하며 오히려 불충이
확실한 4흉과 조성복을 더욱 철저히 조사해야 한다고 주장하였다.

　이조참의 김일경은 노론의 반발을 고려하여 살아 있는 환관들에 대한
철저한 조사를 촉구하였고, 해를 넘겨 1722년(경종2) 1월 1일 문유도와 박상검
에 대한 2차 형문이 이루어졌다. 3일 4차 형문에도 승복하지 않자 추국을
그만두라는 하교가 내려졌는데, 5일 문유도가 죽었고, 7일 박상검이 다섯
차례 형문 끝에 승복하였다. 그의 공초에 따르면 일찍이 동궁에게 지은
죄가 있어서, 그 후환이 두려워 필정과 함께 제거할 마음을 먹었을 뿐이라고
진술하였다.

　10일에는 김일경과 최석항 등이 경종의 생모 장희빈에 대한 추보(追報)를
촉구하였는데, 김우항은 선조와 관련된 일이기 때문에 경솔히 의논하기
어렵다고 하면서 옛 사당을 그대로 두고 제수를 풍족히 마련하는 것으로

추보를 대신할 것을 주장하였다. 그러자 김일경은 추보하는 일은 선조의 처분에 조금도 어긋남이 없다고 하면서 오히려 그 불충(不忠)을 질책하였다.

3월 6일에는 노론 4대신에 대한 처벌을 죄의 경중에 따라 나누어 거행해야 한다는 분등설이 본격 논의되었고, 22일 헌납 윤회(尹會)가 등급을 나눈 것은 그 죄상을 참량(參量)한 데서 나왔다고 하면서 정해(鄭楷)·박필몽(朴弼夢)·유만중(柳萬重)의 체차(遞差)를 촉구하였다.

이처럼 권4에서는 신축년 환국으로 정국 주도권을 탈환한 소론이 노론을 공격하여 처벌하는 과정을 사실대로 보여주었다. 노론측은 이러한 소론의 공세가 세제의 지위까지 위협한다고 보고 반격을 시도하였으나 역부족이었음도 볼 수 있다.

이와 같이 《연려술속 2》에서는 노론이 연잉군의 세제 책봉에 이어서 대리청정까지 추진하다가 몰락하고, 소론이 정국을 주도하는 과정을 보여준다. 이것은 결국 세제의 정치적 위기로 이어져, 노론측에서 반격하는 빌미가 되었다는 사실도 제시하였다. 《연려술속 2》는 전체적으로 경종에서 영조로의 왕위계승을 두고 노론과 소론이 서로를 불신하면서 화해할 수 없는 정치적 갈등으로 치닫는 과정을 보여주었다. 이어지는 《연려술속 3》에서 전개된 임인년 옥사는 이러한 갈등의 필연적 귀결이었다.

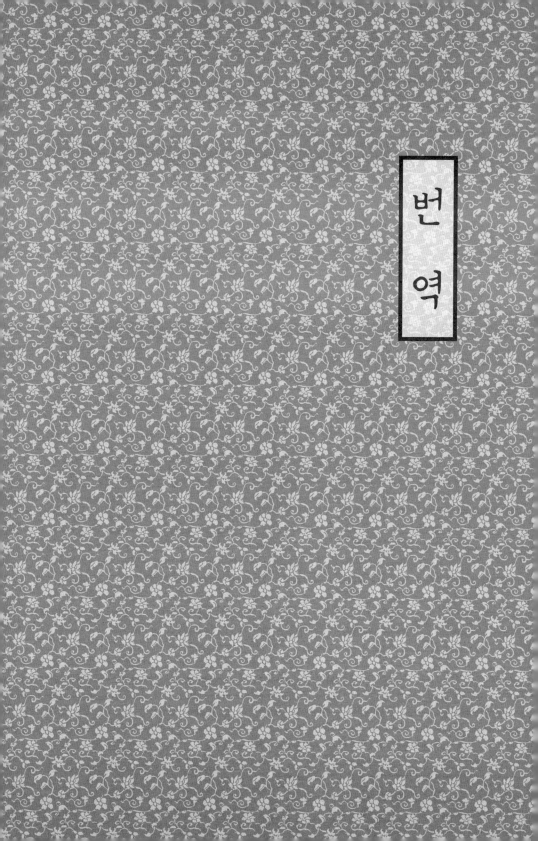

번
역

《연려술속(燃藜述續)》 권3

○ **신축년(1721, 경종1) 10월 17일**, 우의정 조태구(趙泰耉)[1]가 승정원에 나아가 청대(請對)하니,[2] 전교하기를,

"우의정 조태구·승정원·삼사를 인견(引見)할 때, 시임(時任)·원임(原任) 대신 및 중신과 재신(宰臣)들도 함께 입시하라. 입시하였을 때, 전후 두 번의 비망기[3]

---

1) 조태구(趙泰耉) : 1660~1723. 본관은 양주(楊州), 자는 덕수(德叟), 호는 소헌(素軒)·하곡(霞谷)이다. 형조판서 조계원(趙啓遠)의 손자이고, 우의정 조사석(趙師錫)의 아들이며, 조태채(趙泰采)와 조태억(趙泰億)의 종형이다. 1683년(숙종9) 생원이 되고, 1686년 별시문과에 급제한 뒤 청요직을 두루 거쳐 1720년(경종 즉위) 우의정에 올랐다. 당시 소론의 영수로서 노론과 대립하던 중 1721년 정언 이정소(李廷熽)의 건저 상소(建儲上疏)와 김창집 등 노론 4대신의 주청에 의해 연잉군이 세제로 책봉되자, 유봉휘 등과 함께 이에 반대하였다. 또한 노론이 세제의 대리청정을 주장하자 최석항(崔錫恒)·조태억·박태항(朴泰恒)·이광좌(李光佐) 등과 함께 대리청정의 환수를 청하여 관철시켰다. 같은 해 12월 전 승지 김일경과 이진유(李眞儒)·윤성시(尹聖時) 등이 상소하여 건저를 주장하던 노론 4대신을 4흉(四凶)으로 몰아 탄핵한 뒤 이들을 사사(賜死)하게 하였다. 그 뒤 영의정에 올라 최석항·김일경 등과 함께 국론을 주도하였다. 1725년(영조1) 신임옥사의 원흉으로 탄핵을 받고 관작이 추탈되었다가 1908년(순종2)에 복관되었다.

2) 조태구(趙泰耉)가 …… 청대(請對)하니 : 1721년(경종 원년) 10월, 노론 4대신이 정청을 중지하고 비변사에서 왕세제의 대리 절목(節目)을 강정(講定)하고 있을 때, 우의정 조태구가 선인문으로부터 사약방(司鑰房)에 들어가 사람을 승정원에 보내 청대하고, 이광좌 등은 금호문(金虎門)을 통해서 들어가 또한 각각 청대하여 대리청정을 저지하고자 하였다. 당시 승정원에서는 조태구가 대간의 논계를 받고 있으므로 청대하는 것은 옳지 않다 하며 이를 아뢰지 않았는데 경종이 승정원을 경유하지 않고 직접 환관을 보내 조태구를 인견하겠다는 명을 내렸다. 이때 최석항·이광좌·이조·한배하·김연·이태좌·이집 등도 연이어 당도하여 청대하자 경종이 창경궁 진수당(進修堂)에서 인견하였고, 마침내 이들의 의견을 받아들여 대리청정의 명을 거두었다.《景宗實錄 1年 10月 17日》《景宗修正實錄 1年 10月 17日》

및 지난 밤 내린 비지를 환납할 일에 대해 탑전(榻前)에서 결정4)하겠다."

하였다. 입시하였을 때 주상이 진수당(進修堂)에 나와 인견하니, 김창집(金昌集)5)이 말하기를,

"신들이 여러 날을 복합(伏閤)6)하여 정청(庭請)7)하였으나 끝내 입시를 윤허하지 않으셨습니다. 신들의 정성이 부족하여 성상의 마음을 되돌리지 못하였으니, 신들의 죄는 만 번 죽임을 당하여도 오히려 가볍다 하겠습니다.

어제 내리신 비지에 차마 들을 수 없는 전교가 있었으므로 더욱 망극하여 신들이 어찌할 바를 몰랐습니다. 그러나 줄곧 고집스럽게 떠드는 것도 감히 할 수 없는 점이 있어 아침에 여러 대신과 차자를 올렸으나8) 아직 비답을

---

3) 두 …… 비망기 : 왕세제에게 서무를 대리하게 하라는 조성복(趙聖復)의 건의에 대해 경종은 세제의 대리청정을 허락한다는 내용으로 첫 번째 비망기를 내렸다. 그러나 승정원과 옥당이 청대하고 좌참찬 최석항이 심야에 청대하여 명을 거둘 것을 강력히 청하자 명을 거두었는데, 이후 3일 만에 다시 대리청정을 명하는 두 번째 비망기를 내렸다.

4) 탑전에서 결정 : 원문은 '榻前定奪'이다. 신하가 건의한 사항을 국왕이 즉석에서 결정하는 것을 이른다.

5) 김창집(金昌集) : 1648~1722. 본관은 안동(安東), 자는 여성(汝成), 호는 몽와(夢窩)이다. 김상헌의 증손, 김수항의 아들, 김창협·창흡의 형이다. 1672년(현종13) 진사, 1684년(숙종 10) 정시문과에 급제하여 청요직을 두루 역임하다가 1689년 기사환국 때 아비가 사사되자 은거하였다. 그 뒤 예조참판·개성유수 등을 거쳐 1717년 영의정이 되었다. 경종이 즉위한 뒤 1721년(경종1) 이이명·조태채·이건명 등과 함께 소론의 반대에도 불구하고 연잉군(延礽君, 영조)을 세제로 세웠다. 이어서 세제의 대리청정을 시도하다가 실패하고, 김일경(金一鏡)·목호룡(睦虎龍) 등이 일으킨 신임옥사로 사사(賜死)되었다.

6) 복합(伏閤) : 나라에 큰일이 있거나 주청할 중대한 사안이 있을 때, 조신(朝臣)이나 유생들이 대궐 문밖에서 상소한 뒤 승낙을 기다리며 엎드려 물러가지 않는 것을 이른다.

7) 정청(庭請) : 국가에 중대사가 있을 때 세자 또는 의정(議政)이 백관을 거느리고 궁정에 이르러 계(啓)를 올리고 전교를 기다리는 일이다.

8) 아침에 …… 올렸으나 : 1721년(경종1) 10월 17일, 영의정 김창집·영중추부사 이이명·판중추부사 조태채·좌의정 이건명이 올렸던 연명 차자를 이른다. 같은 해 10월 10일 왕세제의 참정(參政)을 요청한 집의 조성복의 상소로 인해 경종이 당일로 세제에게 대리청정하게 하라는 비망기를 내렸는데, 승정원과 옥당이 청대하고 소론 좌참찬 최석항이 심야에 또 청대하여 명을 거둘 것을 강력히 청하니 경종이 명을 거두었다. 그런지 3일 만에 경종이 다시 대리청정하라는 비망기를 내리자 세제를 비롯하여 노론과 소론 모두가 명을 거두어들일 것을 청하고 정청(庭請)을 하였는데, 정청한 지 3일 만에

받지 못했는데, 지방에 있는 대신9)의 청대로 인하여 신들도 따라 들어왔습니다. 힘써 간쟁하지 못한 죄는 만번 죽어도 아까울 것이 없습니다."

하였다. 이이명(李頤命)10)이 말하기를,

"신은 국상을 당한 초기에 명을 받들어 사신으로 나갔습니다. …… 지금 비로소 입시하여 감히 먼저 용안을 뵙기를 청합니다. …… 뜻밖의 하교 …… 어제의 하교는 더욱 차마 듣기 어려워 전교의 봉환을 간절히 바라는 마음을 재차 품달(稟達)하고자 우선 정청을 파하였습니다."

하였고, 이건명(李健命)11)이 말하기를,

"…… 어제 내리신 비지 …… 만약 이 일로 인해 상황이 점점 악화되어 간다면 말하기 어려운 근심이 생길까 두렵고, 또한 '모두 처결하게 하라'는 전교는 전에 없던 일이므로 감히 정유년(1717, 숙종43)의 일을 인용하여 마침내 한 장의 차자를 올렸던 것이니,12) 이는 전하께서 직접 보신대로입니다. ……"

노론 4대신을 중심으로 정청을 중지하자는 논의가 거론되었다. 최석항과 이광좌 등 소론은 정청 중지를 강력히 반대하였으나 같은 달 17일 노론 4대신이 결국 정청을 중지하고 대리청정의 명을 받들겠다는 연명 차자를 올렸다.《景宗實錄 1年 10月 17日》《景宗修正實錄 1年 10月 17日》

9) 지방에 있던 대신 : 우의정 조태구를 이른다.

10) 이이명(李頤命) : 1658~1722. 본관은 전주(全州), 자는 지인(智仁)·양숙(養叔), 호는 소재(疎齋)이다. 세종의 아들 밀성군(密城君)의 6대손이다. 영의정 이경여(李敬輿)의 손자, 이민적(李敏迪)의 아들, 이사명(李師命)의 동생이다. 1680년 별시문과에 급제하여 지평·이조좌랑 등을 거쳐 승지를 지냈다. 1689년 기사환국으로 유배되었다가 1694년 갑술환국으로 승지에 임명되고 이조판서 등을 거쳐 1706년 우의정, 1708년 좌의정에 올랐다. 1717년 정유독대(丁酉獨對)를 통해 세재경종를 교체해도 된다는 언질을 받았다. 1721년(경종1) 세제(世弟, 영조)의 대리청정을 추진하다가 김창집 등과 함께 유배된 상태에서 목호룡의 고변으로 이듬해 사사되었다.

11) 이건명(李健命) : 1663~1722. 본관은 전주, 자는 중강(仲剛), 호는 한포재(寒圃齋)·제월재(霽月齋)이다. 영의정 이경여(李敬輿)의 손자, 이조판서 이민서(李敏敍)의 아들, 좌의정 이관명(李觀命)의 동생이다. 1684년(숙종10) 진사시, 1686년 춘당대 문과에 급제하여 청요직을 두루 거쳐 이조판서 등을 지냈다. 1717년 종형 이이명과 숙종의 정유독대(丁酉獨對) 직후, 우의정에 발탁되어 연잉군 보호를 부탁받았다. 경종 즉위 후 좌의정에 올라 김창집·이이명·조태채와 함께 세제 책봉에 노력한 노론 4대신으로 칭해졌다. 1722년(경종2) 목호룡의 고변으로 유배되었다가 죽었다.

하였다. 조태구가 말하기를,

"신이 얼마 전 대간의 탄핵을 입어 고향에 물러가 있다가 병이 들어 위태로운 지경이나 죽음을 무릅쓰고 상경하여 성 밖에 엎드렸습니다. 전후의 특별한 하교13) …… 이 하교를 들은 이후로 …… 일신의 염치를 팽개치면 안 된다는 것을 모르는 바 아니나 지금은 의리로 보아 일신의 사사로움을 돌아볼 때가 아니라고 여겨 죽음을 무릅쓰고 조정에 나왔는데, 정청에 대해 비답을 며칠 동안 아끼셨다는 소식을 들었고, 오늘 또다시 대신이 2품 이상에게 의논하여 정청을 중지하고자 논의하였다는 말을 들었습니다.

신이 이 사실을 듣고 천지가 무너지는 듯한 놀라움을 이기지 못하여 다른 것은 돌아볼 겨를도 없이 죽을 각오로 기필코 간쟁하고자 감히 이렇게 청대하여 성상의 마음을 돌이키기를 바랄 뿐이었습니다. 이는 신 한 사람의 말이 아닙니다.

전하께서는 울화의 오르내림으로 인하여 …… 마음이 안정되고 뜻이 평안해진다면 울화는 자연히 연기처럼 사라지고 안개처럼 흩어져 심사가 맑고 밝아질 것입니다. 이와 같을 때 조용히 일을 처결하고 사안마다 순리대로 대응한다면 …… 울화가 순간적으로 치밀어 오르면 잠시 만기(萬機)를 내려놓고 기체(氣體)를 편안히 조리하소서. 이렇게 점차 익숙해지면 나라를 다스리고 병을 치료하는 두 가지 일을 순조롭게 병행할 수 있을 것입니다. ……

이 나라는 전하의 나라가 아니라 조종(祖宗)의 나라입니다. 선왕께서 전하께

---

12) 감히 …… 것이니 : 당초 세제의 대리청정을 명한 경종의 비망기에는 세제로 하여금 "대소의 국사를 모두 처결하게 하라 大小國事, 竝令裁斷.]"는 내용이 있었다. 이에 1721년 (경종1) 10월 17일, 영의정 김창집·영중추부사 이이명·판중추부사 조태채·좌의정 이건 명이 왕세제의 대리청정에 대해 정유년의 절목에 따라 품지(稟旨)하여 거행하도록 요청하는 차자를 연명으로 올렸다. 이때의 절목은 앞서 경종이 세제인 연잉군에게 모든 대소사를 대리청정 하도록 명한 것에 비해 세자의 결정권을 다소 제한한 것으로서, 노론 4대신은 차마 경종의 명을 그대로 따르지는 못하고 세제의 결정권이 다소 적었던 정유년의 절목에 따라 거행할 것을 청하였다.

13) 특별한 하교 : 왕세제에게 서무를 대리하게 하라는 조성복의 건의에 대해 경종이 세제의 대리청정을 허락한다는 내용으로 내린 비망기를 이른다.

부탁하신 것이 어떠하며, 신인(神人)이 전하께 의탁한 것이 어떠합니까? 지난해 전하께서 즉위하시어 지금 겨우 일 년이 되었고 춘추도 한창이시니, 마땅히 정무에 세심하게 힘을 쏟아 조종의 신령을 위로하고 선왕이 부탁한 중책을 저버리지 않아 나라 안 상하 신민의 바람에 부응해야 할 터인데 어찌하여 갑작스럽게 이렇듯 결코 시행해서는 안 되는 일을 거행하시는 것입니까? ……

군왕의 자리는 임금 개인의 사사로운 자리가 아닙니다. 역대 전사(前史)를 두루 살펴보아도 오늘날 전하가 하듯이 인주가 한갓 자신의 사사로움을 따라 자기 뜻대로 곧장 시행하는 일은 없었습니다. 지난날 우리 선대왕께서 여러 해의 근심과 노고가 쌓여 병환이 생기자, 일찍이 을유년(1705, 숙종31)에 전선(傳禪)을 하려던 거조[14]가 있었습니다. ……

전하께서는 인정을 억지로 억눌러서는 안 된다는 것을 알고 애써 따른 것이었는데, 선왕의 뜻을 잇는 도리로 보아 빠르게 윤허하지 않을 수 없었던 것입니다. …… 동궁 저하는 눈물로 호소하며 침식을 편안히 하지 못하고 궁료들을 인접할 때 목이 메어 소리도 내지 못하니, 중외에서 이 일을 듣는 사람은 모두 감읍하고 있는데, 을유년의 일을 겪었던 전하의 심사(心事)로 어찌하여 동궁의 처지를 헤아리지 못하십니까?

머리가 하얗게 센 늙은 신하가 작년 선왕께서 승하하시던 날 죽지 못하여 오늘날 이러한 일들을 보게 되었습니다. 이에 신이 이 일을 바로잡지 못하면 다만 전하를 저버리는 일일 뿐만 아니라 선왕을 저버리는 일이 되니, 신이 살아 또한 무엇 하겠습니까? 오늘 만약 대리청정의 명을 거둔다는 명을 받지 못한다면 신에게는 죽음만이 있을 뿐입니다. 엎드려 바라건대 성명께서는 확연하게 생각을 돌리고 성명을 조속히 거두시어 동궁의 마음을 평안케

---

14) 전선(傳禪)을 하려던 거조 : 전선은 임금이 살아있으면서 세자나 후계자에게 왕위를 물려주고 물러나는 것을 이른다. 을유년(1705, 숙종31), 숙종이 왕세자에게 선위(禪位)하겠다는 하교를 내리고 절목(節目)을 마련하게 하였으나, 왕세자와 여러 신하들의 요청으로 명을 거둔 일을 이른다.

하시고 온 나라 신민의 바람을 위로하소서."

하고, 이어 눈물이 흘러 얼굴을 적셨다.

민진원(閔鎮遠)[15]이 운운하였다. 최석항(崔錫恒)[16]이 이르기를,

"어제 정청에 대한 비답이 3경에야 비로소 내려졌는데, 그 가운데 놀라운 하교[17]가 있어서 대신이 의견을 구하기에, 신이 '비록 달을 지나고 해를 넘길지라도 전하께서 정청의 청원을 윤허하시기 전에는 결코 정청을 중지해서는 안 된다.' 하였습니다. 비록 신하들의 의견에 차이가 없지 않았으나 신과 견해를 같이하는 이 또한 적지 않았습니다.

이에 대신이 '우선 물러가 차자를 올려 대죄(待罪)하고, 이어 입시를 청하여 탑전에서 진달하겠다.'는 내용으로 방침을 정하고, 즉시 경재(卿宰)·백관(百官)은 대령하라는 영을 내렸습니다.

그런데 신이 문안하는 일로 약방에 나아갔다가 연명 차자를 보았는데, 대리청정을 정유년의 절목에 따라 거행하자는 내용이었습니다. 신이 진실로

---

15) 민진원(閔鎮遠) : 1664~1736. 본관은 여흥(驪興), 자는 성유(聖猷), 호는 단암(丹巖)·세심(洗心)이다. 민유중(閔維重)의 아들이자 인현왕후의 오빠이고, 송시열 문인이다. 1691년(숙종17) 증광문과에 급제하여, 1694년 갑술환국 이후 청요직을 두루 거치고 1697년 홍문록에 올랐다. 1715년 《가례원류》 간행을 둘러싸고 노·소론간에 당론이 치열해지자 정호(鄭澔)를 두둔하다가 파직되었다. 1721년(경종1) 공조판서가 되었다가 1722년 임인년 옥사로 유배되었다. 1724년 영조가 즉위하자 우의정에 오르고, 1725년 좌의정이 되었다. 노론을 대표하여 영조 탕평책을 거부하고 끝까지 소론을 배척하였다. 1730년 기로소에 들고 1733년 봉조하(奉朝賀)가 되었다. 저서로 《단암주의(丹巖奏議)》 《연행록(燕行錄)》 《단암만록(丹巖漫錄)》 《민문충공주의(閔文忠公奏議)》 등이 전한다. 영조의 묘정에 배향되었으며, 시호는 문충(文忠)이다.

16) 최석항(崔錫恒) : 1654~1724. 본관은 전주(全州), 자는 여구(汝久), 호는 손와(損窩)이다. 영의정 최명길(崔鳴吉)의 손자이고, 좌윤 최후량(崔後亮)의 아들이다. 영의정 최석정의 아우인데 최후원(崔後遠)에게 입양되었다. 1678년(숙종4) 진사가 되고 1680년 별시문과에 급제하여 검열을 거쳐 경상도관찰사를 지냈다. 1721년(경종1) 좌참찬 재직시 세제 대리청정의 지시를 철회시켰다. 이후 이조판서를 거쳐 좌의정 등을 역임하였다. 경종대 소론 4대신 가운데 한 사람으로 꼽혔다.

17) 놀라운 하교 : 세제로 하여금 "대소의 국사를 모두 처결하게 하라.[大小國事, 竝令裁斷.]" 는 말을 이른다.

놀라고 당혹하여 그 연유를 모르겠기에 대략 짧은 소장을 갖추어 승정원에 올렸으나 이유도 없이 기각되었는데, 지금 다행히 등대(登對)하여 감히 가슴속 소회를 진달할 수 있게 되었습니다. ……"

하였다. 권상유(權尙游)[18]가 운운하였다. 이조(李肇)[19]가 말하기를,

"…… 지난밤 갑작스레 정청을 중지하자는 의견이 나와, 신은 다시 의견을 전할 곳도 없었고 청대하려 해도 길이 없었는데, 지금 마침 등대하게 되어 용안을 뵐 수 있게 되었습니다. …… 전하께서 줄곧 고집을 꺾지 않고 계시나, 오늘날 신하된 자로서 누가 감히 전하의 하교를 받들 마음을 갖겠습니까? 비록 해를 넘기는 한이 있더라도 죽기 전에는 결코 감히 정청을 중지할 수 없는데 작금의 사세에 전하의 하교를 그대로 봉행하려는 자가 있는 듯하니 세간에 어찌 이러한 도리가 있습니까?"

하였다. 이광좌(李光佐)[20]가 말하기를,

---

18) 권상유(權尙游) : 1656~1724. 본관은 안동, 자는 계문(季文)·유도(有道), 호는 구계(癯溪)이다. 권상하(權尙夏)의 동생으로 송시열 문하에서 수학하였다. 1694년(숙종20) 알성문과에 급제하여 청현직을 두루 거쳤다. 1703년(숙종29) 박세당의 《사변록(思辨錄)》을 비판하는 글을 지어 김창협의 칭찬을 받았다. 1709년 대사성을 거쳐 도승지가 되었다. 대사헌 정호(鄭澔)가 윤증을 논핵한 일에 관련되어 면직되기도 했다. 그 뒤 이조판서 등을 역임하다가 1721년(경종1) 신축환국으로 탄핵을 받아 문외출송 되었는데, 이듬해 풀려났다. 시호는 정헌(正獻)이다.

19) 이조(李肇) : 1666~1726. 본관은 전주, 자는 자시(子始), 호는 학산(鶴山)이다. 1696년(숙종22)에 정시문과에 급제하여 1699년 홍문록에 올라 청요직을 두루 지냈다. 경종이 왕위에 오르자 도승지가 되어 왕을 보필하였고, 이후 노론이 연잉군을 앞세워 대리청정(代理聽政)을 요청하면서 정권을 차지하려 하자 경종 보호에 앞장섰다. 1721년 형조판서로서 임인옥사를 다스려 노론 4대신을 축출하는 데 참여하였다. 1725년(영조1)에 관작을 삭탈당하고 문외출송되었다.

20) 이광좌(李光佐) : 1674~1740. 본관은 경주(慶州), 자는 상보(尙輔), 호는 운곡(雲谷)이다. 이항복(李恒福)의 현손으로, 1694년(숙종20) 별시문과에 장원급제하여 청요직을 두루 역임하였다. 숙종대 소론으로서 병신처분(丙申處分)에 반대하다가 파직되었다. 1721년(경종1) 예조판서, 1723년 우의정에 올라 경종 보호에 힘썼으며, 영조 즉위 뒤 영의정에 올랐다가 노론이 득세하여 파직 당하였다. 1727년(영조3) 정미환국으로 다시 영의정이 되어 1728년 이인좌(李麟佐)의 난을 평정한 공으로 분무원종공신(奮武原從功臣) 1등에 봉해졌다. 1730년에 영조에게 탕평책을 상소하여 당쟁의 폐습을 막도록 건의했다.

"신이 6년 동안 궁벽진 강교(江郊)에 머물러 있었는데, 불행히도 선대왕께서 갑작스레 신하들을 버리시니 애통하고 절박한 심정이 다른 이들보다 배나 더하다가 오늘 다행히도 대궐 섬돌을 올라와 용안을 우러러 뵙게 되었습니다. …… 오늘의 거조로 말미암아 온 나라 백성들이 당혹스러워한 것은 물론이거니와 하늘에 계신 조종과 선왕의 영령들도 틀림없이 저승에서 많은 우려를 하고 계실 것입니다. ……"

하였다. 김연(金演)21)이 말하기를,

"…… 을유년에 세자에게 전선하겠다고 한 하교는 당시 선대왕의 춘추가 많았고 성후(聖候)가 위중하였던 까닭에 내려졌던 것이나 신하들이 힘써 간쟁하자 즉시 거두셨습니다. 전하의 춘추 한창이시고 …… 을유년의 하교를 지금의 비망기와 비교해보면 그 경중의 차이가 현격하니, 선대왕께서 민의를 굽어살펴 내렸던 명을 거두신 일이야말로 어찌 전하께서 마땅히 본받아야 할 일이 아니겠습니까? ……"

하였고, 최석항이 말하기를,

"을유년 …… 이 어찌 전하께서 마땅히 본받아야 할 일이 아니겠습니까?" 하자, 김재로(金在魯)22)가 말하기를, "대리청정과 전선은 다릅니다." 하였다.

1737년 다시 영의정이 되어 재직 중 1740년 '호역(護逆)'이라는 삼사의 탄핵을 받고 울분 끝에 죽었다.

21) 김연(金演) : 1655~1725. 본관은 상산(商山), 자는 사익(士益), 호는 퇴수당(退修堂)이다. 1675년(숙종1) 진사가 되고, 1684년 정시문과에 급제하여 청요직을 두루 거쳤다. 1721년(경종1) 김일경 등과 함께 세제의 대리청정을 반대하여 취소하게 하였다. 1723년 형조판서가 되었으나, 이듬해 영조가 즉위하자 노론의 탄핵을 받아 유배되었다.

22) 김재로(金在魯) : 1682~1759. 본관은 청풍(淸風), 자는 중례(仲禮), 호는 청사(淸沙)·허주자(虛舟子)이다. 우의정 김구(金構)의 아들이다. 1702년(숙종28) 진사시에 합격하고, 1710년 춘당대문과(春塘臺文科)에 급제하여 청요직을 두루 지냈다. 1716년 부수찬 재직시 유봉휘·정식(鄭栻)을 탄핵해 물러나게 하였다. 1720년 경종이 즉위하자 이조참의 등을 거쳐 개성유수를 지내다가 1722년 신임옥사로 파직되었다. 1724년 영조가 즉위하자 풀려나 이듬해 대사간에 기용되었다. 부제학 재직시 유봉휘·이광좌 등 5인을 죄주도록 청하고, 김일경의 무고 사실을 상소해 사형에 처하게 하였다. 신임옥사로 죽은 노론 4대신의 복관(復官)을 상소해 이를 달성시켰다. 그 뒤 우의정을 거쳐 1740년(영조16) 영의정에

이건명(李健命)이 말하기를,

"국조(國朝)의 고사(故事)는 듣고 본 일이니 누가 모르겠습니까? 어젯밤 내리신 비지는 그 내용이 한층 더 심해져, '좌우(左右)' 운운[23]하신 구절에 이르러서는 당황스러움이 갑절이나 더 하였고 간담이 서늘하여 신하된 자로서는 감히 입에 올릴 수 없는 말들이었습니다. 이러한 지경에 이르러 달리 다른 방안도 없으면서 내내 간쟁만 고집한다면 어떠한 지경에 이를지 모르겠기에 감히 정유년에 거행했던 대리청정 내용에 의거해 차자를 올렸던 것입니다. 세종대왕께서 재위 3년째부터 말년에 이르기까지 세자로 하여금 정무를 참결(參決)하게 하시고, 이에 문종대왕께서 명을 받고 참결한 일은 지금과는 차이가 있습니다. 전하께서 세제에게 '모두 처결하게 하라'고 하교하셨는데, 신은 만 번 죽임을 당하더라도 …… 심지어 정유년의 일과도 차이가 있기 때문입니다. ……"

하였다. 한배하(韓配夏)[24]가 말하기를,

"…… 동궁의 우중지덕(虞仲之德)[25]으로 어찌 이러한 전교를 받을 수 있겠습

올라 1758년 관직을 떠나기까지 네 차례에 걸쳐 10여 년간 영의정을 지냈다. 저서로는 《천의소감언해(闡義昭鑑諺解)》와 《난여(爛餘)》가 있고, 시호는 충정(忠靖)이다.

23) '좌우(左右)' 운운 : 신하들이 정청(庭請)을 하여 왕세제의 대리청정을 반대하자, 경종이 비망기를 내려, 화증(火症)이 치밀어 올라 국사를 살필 수 없다 하면서 정사의 대행을 "좌우의 근신에게 맡겨야겠는가, 세제에게 맡겨야겠는가?[左右可乎?, 世弟可乎?]"한 말을 가리킨다. 《承政院日記 景宗 1年 10月 16日》

24) 한배하(韓配夏) : 1650~1722. 본관은 청주(清州), 자는 하경(夏卿), 호는 지곡(芝谷)이다. 1693년(숙종19) 알성문과에 급제하여 1706년 홍문록에 올랐다. 1720년 청은군(清恩君)에 책록되었고, 1722년(경종2) 공조판서가 되었다. 1725년(영조1) 화원을 시켜 목호룡의 초상을 그리게 강요하였다는 혐의를 받고 관작을 추탈 당하였다가 이후 무고임이 판명되어 추복(追復)되었다.

25) 우중지덕(虞仲之德) : 우중은 은(殷)나라 때 주 태왕(周太王)의 둘째 아들로, 아버지가 셋째 아들인 계력(季歷)에게 왕위를 물려주고 싶어 하는 뜻을 알아채고, 형 태백(泰伯)과 함께 형만(荊蠻)으로 피신하여 동생에게 왕위가 돌아가게 하였다.《史記 孔子世家》《吳太伯世家》이들은 그곳에서 단발문신(斷髮文身)을 하고 숨어 지냄으로써 천하에 뜻이 없음을 보였는데, 공자는 이런 행동을 두고 "몸가짐이 청렴결백 하였고, 세상을 저버리는 행위도 때에 알맞았다.[身中清, 廢中權.]"라고 칭찬하였다.《論語 微子》

니까?"

하였고, 신하들도 각기 자신의 의견을 진달하였다.

김창집이 말하기를,

"…… 또한 복잡한 절차를 따르다 보면 말하기 어려운 지경에 이르게
될까 두려워 차자를 올렸습니다. 지금 신하들이 모두 명을 도로 거두시기를
청하고 있는데, 반드시 명을 도로 거두시기를 바라는 뜻이야 신 또한 어찌
다르겠습니까? …… 지금 속히 전의 명을 거두신다면 신이 비록 만 번 죽는다
해도 ……"

하였다. 이건명이 말하기를,

"…… 을유년에 백관의 정청을 오랫동안 윤허하지 않으시자 고 상신 윤지완
(尹趾完)²⁶⁾이 문종(文宗)조의 고사²⁷⁾에 따라 거행하자는 뜻으로 대신들에게
의견을 전하였습니다. 당시 대신 서문중(徐文重)²⁸⁾·최석정(崔錫鼎)²⁹⁾·신완(申

---

26) 윤지완(尹趾完) : 1635~1718. 본관은 파평(坡平), 자는 숙린(叔麟), 호는 동산(東山)이다.
좌의정 윤지선(尹趾善)의 아우이다. 1657년(효종8) 사마시, 1662년(현종3) 증광문과에
급제해 청요직을 두루 지냈다. 1675년(숙종1) 송시열을 구원하다가 관직을 박탈당하였
다. 1680년 경신환국 이후 병조판서까지 올랐다가 1689년 기사환국으로 유배되었다.
1694년(숙종20) 갑술환국 직후 우의정에 올랐다가 1695년 영돈녕부사가 되었다. 1717년
숙종이 좌의정 이이명과 독대(獨對)한 후 세자[경종]에게 청정(聽政)을 명하자 청정을
반대하고 이이명을 논척하였다. 숙종 묘정에 배향되었고, 시호는 충정(忠正)이다.
27) 문종(文宗)조의 고사 : 세종이 몸이 편찮을 때 문종을 별전에 데리고 가 국사를 참관하여
처결하게 한 일을 이른다.
28) 서문중(徐文重) : 1634~1709. 본관은 달성(達城), 자는 도윤(道潤), 호는 몽어정(夢漁亭)이
다. 숙종대 형조판서를 거쳐 우참찬으로 있다가 1689년(숙종15) 기사환국으로 남인이
득세할 때 중앙 정계에서 밀려났다. 갑술환국(1694)으로 서인이 득세하자 병조판서에
등용되었으나, 장희빈과 남인에 대한 징계 문제에 온건론을 주장하다 배척받아 금천(衿
川)에 퇴거하였다. 그 뒤 박세채의 건의로 서용되어 1696년 우의정에 올랐으며, 청나라에
파견되어 세자 책봉을 요청하였다. 서문중이 평소 장희빈과 세자에 대해 우호적이었다는
점을 반영하여 책봉사로 선정한 것이었다. 1699년 좌의정을 거쳐 영의정에 올랐다.
29) 최석정(崔錫鼎) : 1646~1715. 본관은 전주, 자는 여화(汝和), 호는 존와(存窩)·명곡(明谷)이
다. 영의정 최명길(崔鳴吉)의 손자이다. 남구만·박세채의 문인이고, 이경억(李慶億)의
사위이다. 갑술환국 이후 1699년 좌의정을 거쳐 1701년 영의정이 되었다. 그해 인현왕후
가 죽고 장희빈에 의한 무고(巫蠱)의 변이 일어나자 세자 보호를 위해 생모인 장희빈

琬)30)·이유(李濡)31) 등이 윤지완의 말을 모두 옳다고 여겼으나 즉시 윤허해달라고 아뢰지는 못하였으니, 신하가 군주를 섬기는 의리는 진실로 이와 같아야 합니다. 연명 차자는 실로 부득이하게 올린 것이니, 만약 명을 도로 거두어주신다면 천만다행이겠습니다."

하였다.

조태구가 "속히 명을 거두어주소서." 하였고, 이이명은 "비망기를 도로 거두어주소서." 하였으며, 최석항은 운운하였다. 김연이 말하기를,

"엎드려 바라건대 을유년의 일을 본보기로 삼아 속히 전지(前旨)를 거두어주소서."

하였고, 김창집이 말하기를,

"최석항과 김연이 거듭 을유년 전선하려던 일에 견주어 말하는데, 또한 위태롭고 흉패하지 않습니까? 만약 전하께서 지금 명을 도로 거두어들이지 않으신다면 위태롭고 도리에 어긋난 말들이 걷잡을 수 없이 퍼져나갈 것이고, 성상의 마음을 되돌리지 못한 신들의 죄는 변명할 길이 없게 될 것입니다."

하였다. 최석항이 말하기를,

"무릇 전례가 되는 고사를 원용하는 것은 그 대의(大義)를 취하는 것일

사사에 극력 반대하였다. 1710년까지 모두 열 차례 정승이 되어 숙종의 탕평책을 적극 추진하여 당쟁의 화를 줄이기 위해 노력하였다. 저서로 《예기유편(禮記類編)》과 《명곡집》 등이 있다.

30) 신완(申琬) : 1646~1707. 본관은 평산(平山). 자는 공헌(公獻), 호는 경암(絅庵)이다. 박세채의 문인이다. 1672년(현종13) 별시문과에 급제하여 청요직을 두루 지냈다. 1680년(숙종6) 경신환국 때 권대운 등의 죄를 논박하였다. 그 뒤 이조판서 등을 거쳐 1700년 우의정에 올랐다. 이때 소론으로 희빈 장씨의 처벌에 온건론을 폈다. 1706년 영의정 재직 시 세자 모해설을 제대로 규명하지 못한 책임을 지고 파직되었다.

31) 이유(李濡) : 1645~1721. 본관은 전주, 자는 자우(子雨), 호는 녹천(鹿川)이다. 세종의 다섯째 아들 광평대군(廣平大君) 이여(李璵)의 후손이고, 송시열 문인이다. 1668년(현종9) 별시문과에 급제하여 청요직을 두루 역임하였다. 1694년(숙종20) 갑술환국 이후 호조판서가 되었으며, 1704년 우의정에 이어서 좌의정·영의정 등을 역임하였다. 1718년 영중추부사가 되고 기로소(耆老所)에 들어갔다. 1726년(영조2) 민진후와 함께 경종 묘정에 배향되었고, 시호는 혜정(惠定)이다.

뿐이니, 신은 다만 성명을 도로 거두신 일을 취하여 오늘날 본받을만하다
한 것입니다. 설령 차이가 나더라도 큰 문제야 있겠습니까?"

하였고, 이이명이 말하기를, "신들에게 어찌 죄가 없을 수 있겠습니까?
정성이 부족하였습니다. ……" 하였다.

조태구가 말하기를, "두 대신[32]이 지레 먼저 자책하니, 또한 지나치지
않습니까?" 하였고, 김창집이 말하기를, "…… 청컨대 비망기를 도로 거두어주
소서." 하자 주상이 "그렇게 하라." 하였다.

김창집이 말하기를,

"갑작스레 서둘러 들어오는 바람에 미처 비망기를 가지고 오지 못하였으니,
사관을 보내 가져오게 하면 어떻겠습니까?"

하자, 사관이 나가 두 차례에 걸쳐 내린 비망기와 한 장의 비지를 가지고
와 영의정에게 전하니, 영의정이 꿇어앉아 바쳤다. 조태구가 말하기를,

"…… 이제 대신이 아뢴 말에 따라 비망기를 도로 거두어들이는 일을
특별히 윤허하셨으니, 이로부터 인심이 안정될 것입니다. ……"

하였고, 김창집이 말하기를, "의관(醫官)을 불러 입진하게 하소서. ……"
하였다.

대신 이하 신하들이 물러간 후 홍석보(洪錫輔)[33]가 말하기를,

"…… 승정원에서는 우의정이 들어온 이유에 대해 아뢴 일이 없는데, 전하께서
는 어떻게 아셨습니까?[34] …… 어찌 안팎에 방비가 없게 하고 사사로이

---

32) 두 대신 : 김창집과 이이명을 가리킨다.

33) 홍석보(洪錫輔) : 1672~1729. 본관은 풍산(豊山), 자는 양신(良臣), 호는 수은(睡隱)이다.
선조의 부마 홍주원(洪柱元)의 현손이고, 홍만용(洪萬容)의 손자이며, 홍중기(洪重箕)의
아들이다. 김창협(金昌協) 문하에서 수학하였다. 1716년(숙종42) 수찬 재직 시 《가례원류》
사건으로 조정이 시비에 휘말렸을 때, 윤증을 강력히 비난하였다. 1718년 정시문과에
장원 급제하여 청현직을 두루 거쳤다. 1721년(경종1) 동부승지 재직 시 노론 4대신과
함께 세제 책봉을 주장했다가 유배되었다. 영조대 대사헌·호조참판 등을 거쳐 예조판서
에 올랐다.

34) 승정원에서는 …… 아셨습니까 : 조태구가 입궐하여 청대한 사실을 승정원이 아뢰지
않았는데 경종이 어떻게 알고 인견하였느냐는 물음이다. 우의정 조태구가 과천에서

통하는 길을 옆으로 열어둘 수 있습니까? …… 전하께 들어와 고한 사람을 적발하고 논단하여 후일의 폐단을 영구히 막지 않으면 안 됩니다."

하였고, 조영복(趙榮福)35)이 말하기를, "…… 이는 사알(司謁)36)의 죄입니다." 하니, 삼사가 일시에 운운하였다.

홍계적(洪啓迪)37)이 말하기를, "이 일 이래로 승정원을 설치한 것은 쓸모없는 일이 되고 말았습니다." 하였고, 홍석보가 말하기를,

"청컨대 명백히 처분하라는 하교를 내리시어 들어와 고한 자의 죄를 속히 바로잡으소서."

하였다. 박치원(朴致遠)38)·신석(申晳)39)이 운운하였고, 유숭(兪崇)40)이 말하

올라와 입궐하여 청대(請對)하였을 때 승정원에서는 그가 대간의 논계 중에 있으므로 청대하는 것은 옳지 않다 보고 이를 아뢰지 않았는데 경종이 승정원을 경유하지 않고 직접 환관을 보내 조태구를 인견하겠다는 명을 내렸다.

35) 조영복(趙榮福) : 1672~1728. 본관은 함안(咸安), 자는 석오(錫五), 호는 이지당(二知堂)이다. 김창협 문인이다. 1705년(숙종31) 사마시, 1714년 증광문과에 급제하여 청요직을 두루 지냈다. 1716년 윤선거(尹宣擧)의 선정(先正) 칭호를 금할 것을 청하였으며, 경종대 신임옥사에 파직되어 유배되었다. 1725년 노론 집권으로 풀려나 도승지 등을 역임하였다.

36) 사알(司謁) : 액정서 소속의 정6품 잡직(雜織)이다. 왕을 비롯한 왕족의 명령 전달, 알현 등의 일을 맡아보았다. 고려시대에는 내시부 소속의 정7품 잡직이었다가, 조선시대에 들어와 내시부가 환관직의 내시부와 액정서로 분리되면서 액정서 소속이 되었다. 《經國大典》

37) 홍계적(洪啓迪) : 1680~1722. 본관은 남양(南陽), 자는 혜백(惠伯), 호는 수허재(守虛齋)이다. 1702년(숙종28) 진사가 되어 1703년 성균관 유생들과 함께 박세당(朴世堂)의 《사변록(思辨錄)》과 이경석(李景奭)의 비문을 태워 없애라고 상소하였다. 1708년 식년문과에 급제하여 청요직을 두루 거쳤다. 1721년(경종1) 노론의 선봉으로 세제의 대리청정을 주장하였고, 이를 저지하려는 소론 조태구를 논핵하였다. 신임옥사 때 노론 4대신의 당인(黨人)이라는 죄목으로 서울로 압송되어 신문을 받다 옥사하였다. 영조 즉위 후 정호(鄭澔)의 주청으로 신원되고, 이조판서에 추증되었다.

38) 박치원(朴致遠) : 1680~1767. 본관은 밀양(密陽), 자는 사이(士邇), 호는 읍건재(泣愆齋)·설계(雪溪)·손재(巽齋)이다. 1708년(숙종34)에 식년문과에 급제하여 장령(掌令) 등을 역임하였다. 1721년(경종1) 어유룡(魚有龍)·이중협(李重協) 등과 함께 연잉군의 대리청정을 주장하다가 소론의 반대로 실패하고, 신임옥사(辛壬獄事)로 유배되었다. 영조가 즉위 후, 소론에 대한 처벌을 주장하다가 1728년에 다시 유배되었고, 이후 재기용되어 판돈령부사 등을 역임하였다.

기를,

"전하께서 신하를 대하는 도리는 차이가 없어야 할 것인데, 대신을 비롯한 신하들이 날마다 복합하여 청하여도 입대를 허락하지 않으시다가 지금 우의정에게는 특별히 인견을 허락하시어 누구에게는 후대하고 누구에게는 박대하는 차이를 보이셨으니 신은 의혹을 금치 못하겠습니다."

하였고, 홍석보가 말하기를, "조태구의 전후 죄상은 결코 그대로 두고 볼 수 없습니다. ……" 하였다.

○ 이때 조태구가 연명 차자의 일을 듣고 황급히 들어와 훈련도감 직방(直房)41)에 도착하였다. 조태구가 영의정·좌의정에게 갔다가 돌아와 선인문(宣仁門)42)으로 들어와서 승정원에 청대하고자 한다는 말을 전하였는데, 승정원에서는 대간의 논계를 이유로 이를 받아들이지 않아 서로 대치하던 중에, 사알이 승정원에 전하기를, "우의정이 들어왔다 하니, 즉시 진대(進對)하게 하라." 하였다. 이때 최석항·이광좌·이조·한배하·김연·이태좌(李台佐)43) 또

---

39) 신석(申晳) : 1681~1723. 본관은 평산(平山), 자는 성여(聖與)이다. 도승지 신익전(申翊全)의 증손이고, 이조판서 신정(申晸)의 손자이다. 1699년(숙종25)에 진사시에 합격하고, 1718년 정시문과에 병과로 급제하여 청요직을 두루 거쳤다. 1722년(경종2) 임인옥사 때 관작을 삭탈 당하고, 이듬해 유배되어 죽었다.

40) 유숭(兪崇) : 1661~1734. 본관은 창원(昌原), 자는 원지(元之)이다. 1699년(숙종25) 증광문과에 급제하여 청요직을 두루 지냈다. 신임옥사에 연루되어 1723년(경종3) 파직당하고 유배되었다가 이듬해 영조의 즉위로 풀려났다. 1727년 정미환국으로 소론이 등용되자 이를 반대하다가 문외출송 되었다. 이듬해 이인좌의 난이 일어나자 호서소모사(湖西召募使)로 기용되고 이어서 도승지·공조참판 등을 역임하였다.

41) 직방(直房) : 담당 관원들의 수직(守直)을 위해 만들어 놓은 방을 말한다.

42) 선인문(宣仁門) : 창경궁의 협문(夾門)이다. 이때 경종은 창경궁에 있었다. 《景宗實錄 1年 10月 17日》《景宗修正實錄 1年 10月 17日》

43) 이태좌(李台佐) : 1660~1739. 본관은 경주(慶州), 자는 국언(國彦), 호는 아곡(鵝谷)이다. 영의정 이항복(李恒福)의 현손이며, 영의정 이광좌의 재종형이다. 1684년(숙종10) 진사가 되고, 1699년 정시문과에 급제하여 청요직을 두루 거쳤다. 1701년 지평 재직 시 희빈 장씨 처벌에 반대했던 최석정·이명세를 옹호하다가 유배되었다. 1705년 풀려나 정언을 거쳐 공조판서 등을 역임하였다. 1721년(경종1) 세제 대리청정 시행에 반대하였고,

한 뒤따라 궐 밖에 당도하여 청대하였다.

○ 영의정 김창집, 좌의정 이건명, 영중추 이이명, 우의정 조태구, 호조판서 민진원, 참판 최석항, 판돈녕 송상기(宋相琦)⁴⁴⁾, 공조판서 이관명(李觀命)⁴⁵⁾, 예조 판서 이의현(李宜顯)⁴⁶⁾, 이조판서 권상유(權尚游), 병조판서 이만성(李晚成)⁴⁷⁾, 청은

신임옥사 당시 형조판서로서 노론 숙청에 참여하였다. 1725년(영조1) 노론 집권으로 삭직되었다가 1727년 정미환국으로 다시 기용되어, 이조판서를 거쳐, 1728년 우의정, 1729년 좌의정에 올랐으며, 1736년 봉조하가 되었다. 시호는 충정(忠定)이다.

44) 송상기(宋相琦) : 1657~1723. 본관은 은진(恩津), 자는 옥여(玉汝), 호는 옥오재(玉吾齋)이다. 예조판서 송규렴(宋奎濂)의 아들이고, 송시열 문인이다. 1684년(숙종10) 정시문과에 급제하여 청요직을 두루 지냈다. 1689년 기사환국으로 낙향하였다가 1694년 갑술환국으로 장령이 되고, 이후 이조판서 등을 역임하였다. 1722년(경종2) 신임옥사에 연루되어 강진으로 귀양 가서 이듬해 유배지에서 죽었다.

45) 이관명(李觀命) : 1661~1733. 본관은 전주(全州), 자는 자빈(子賓), 호는 병산(屏山)이다. 영의정 이경여(李敬輿)의 손자, 이조판서 이민서(李敏敍)의 아들이다. 1687년(숙종13) 사마시, 1698년 알성문과에 급제하여, 이조·병조·예조참판 등을 거쳐 대제학을 지냈다. 1721년(경종1) 관작을 삭탈 당하였으며, 이듬해 동생 이건명이 노론 4대신으로 사사되자 자신도 유배되었다. 1725년(영조1) 풀려나 우의정을 거쳐 이듬해 좌의정에 이르렀다. 저서로 《병산집(屏山集)》이 있으며, 시호는 문정(文靖)이다.

46) 이의현(李宜顯) : 1669~1745. 본관은 용인(龍仁), 자는 덕재(德哉), 호는 도곡(陶谷)이다. 좌의정 이세백(李世白)의 아들이고, 김창협 문인으로 송상기(宋相琦)의 천거를 받았다. 1694년(숙종20) 별시문과에 급제하여 청요직을 두루 지내고, 경종이 즉위하자 동지정사(冬至正使)로 청나라에 다녀온 뒤 형조판서에 올랐다. 예조판서 재직 시 세제의 대리청정 문제로 김일경 등의 공격을 받아 벼슬에서 물러났다. 뒤이어 신임옥사가 일어나자 유배되었다. 영조가 즉위해 풀려나와 1725년(영조1) 형조판서로 서용되어, 1727년 우의 정, 1735년 영의정에 올랐다. 민진원이 죽은 뒤 노론의 영수로 추대되었으며, 노론 4대신의 신원과 신임옥사가 무옥(誣獄)임을 밝히는 데 진력하였다. 그 결과 1740년의 경신처분(庚申處分)과 1741년의 신유대훈(辛酉大訓)으로 신임옥사 때의 충역시비(忠逆是 非)를 노론측 주장대로 판정케 하였다. 저서로 《도곡집》이 있고, 시호는 문간(文簡)이다.

47) 이만성(李晚成) : 1659~1722. 본관은 우봉(牛峰), 자는 사추(士秋), 호는 귀락당(歸樂堂)·행 호거사(杏湖居士)이다. 이유겸(李有謙)의 손자, 우의정 이숙(李翻)의 아들이고, 송시열 문인이다. 1696년(숙종22) 정시문과에 장원하여 청요직을 두루 거쳤다. 1709년 최석정의 《예기유편(禮記類編)》을 논죄하다가 삭직되었는데, 이듬해 복관되었다. 1720년 경종이 즉위하면서 형조판서에 올랐으며, 1721년 병조판서로서 연잉군을 세제로 책봉하게 하였는데, 신임옥사에 연루되어 유배되었다가 다시 서울로 불려와서 국문을 받고 64세를 일기로 옥사하였다.

군(淸恩君) 한배하, 사직 이광좌, 강화유수 이태좌, 사직 이정신(李正臣)48),
이조참판 이병상(李秉常)49), 병조참판 김재로, 강원감사 김연, 형조참판 이조,
예조참판 이집(李㙫)50), 도승지 홍계적, 승지 홍석보·조영복·안중필(安重弼)51)·
유숭·한중희(韓重熙)52), 삼사 응교 신석, 교리 이중협(李重協)53), 사간 어유룡(魚

48) 이정신(李正臣) : 1660~1727. 본관은 연안(延安), 자는 방언(邦彦), 호는 송벽당(松蘗堂)이
고, 박세당(朴世堂) 문인이다. 1699년(숙종25) 정시문과에 급제하여 청요직을 두루 지냈
다. 경종대 도승지 재직 시 조태구 등과 더불어 노론 탄핵과 축출에 앞장섰다. 1724년
영조가 즉위하자 신임옥사를 일으킨 주역으로 지목되어 유배되었다.
49) 이병상(李秉常) : 1676~1748. 본관은 한산(韓山), 자는 여오(汝五), 호는 삼산(三山)이다.
1705년(숙종31) 생원시에 합격하고, 1710년 춘당대문과에 급제하여 청요직을 두루 거쳤
다. 1721년(경종1) 이조참판 등을 지냈으며 신축환국으로 파직되기도 하였다. 1725년(영
조1) 대제학을 거쳐 지의금부사를 지냈으나 정미환국(1727)으로 파직되었다가 이듬해
한성부판윤으로 기용되었다. 1742년 공조판서·판돈녕부사에 이르러 기로소에 들어가
치사하고 봉조하(奉朝賀)를 받았다. 시호는 문청(文淸)이다.
50) 이집(李㙫) : 1664~1733. 본관은 덕수(德水), 자는 노천(老泉), 호는 취촌(醉村)이다. 이안눌
(李安訥)의 증손, 한성판윤 이광하(李光夏)의 아들이며, 어머니는 영의정 심지원(沈之源)
의 딸이다. 1684년(숙종10) 생원·진사시, 1697년 정시문과, 1707년 문과 중시에 모두
합격하여 청요직을 두루 거쳤다. 1710년 대사간으로서 최석정을 구원하였으며, 1721년
(경종1) 예조참판으로서 조성복의 일을 비판하였지만, 1724년에는 이건명의 혈당이고
민진원의 인척으로서 노론에 빌붙었다고 이광보(李匡輔)의 탄핵을 받았다. 1727년(영조
3) 예조판서가 되고, 1729년 우의정, 1730년 좌의정에 올라 영조 탕평책을 적극 협찬하였
다. 시호는 충헌(忠憲)이다.
51) 안중필(安重弼) : 1659~1746. 본관은 순흥(順興), 자는 몽경(夢卿), 호는 근당(謹堂)이다.
1687년(숙종13) 사마시, 1712년 정시문과에 급제하여 1717년 승지에 올랐다. 영조대
공조참판 등을 지내고, 한성부 우윤을 역임하였다.
52) 한중희(韓重熙) : 1661~1723. 본관은 청주(淸州), 자는 회지(晦之)이다. 1702년(숙종27) 식
년문과에 급제하여 청요직을 두루 역임하였다. 1722년(경종2) 김동필(金東弼)의 탄핵을
받고, 이후 신임옥사에 연루되어 파직당한 뒤 고향에 돌아가 죽었다.
53) 이중협(李重協) : 1681~? 본관은 경주, 자는 화중(和仲)이다. 1713년(숙종39) 증광문과에
급제하여 청요직을 두루 거쳤다. 1721년(경종1) 우의정 조태구가 세제 대리청정에
반대하여 입궐했을 때 경종이 승정원을 경유하지 않고 직접 내시를 보내 조태구를
인견하자, 당시 교리였던 이중협은 사간 어유룡, 장령 박치원과 함께 승정원을 거치지
않고 경종을 알현한 조태구의 죄를 맹렬히 논척하였다가 임인옥사의 과정에서 그
불경함이 다시 문제가 되었고, 이로 인해 모두 유배되었다. 이 일로 이중협은 어유룡·박치
원 등과 함께 신임옥사의 삼간신(三諫臣)으로 불리었다. 영조의 즉위 후 다시 기용되어,
1745년 도승지에 올랐다.

有龍)54), 장령 박치원, 지평 유복명(柳復明)55) - 피혐하였으나 미처 비답을 받지 못하였다. - , 정언 신무일(愼無逸)56)·황재(黃梓)57), 사관 김극겸(金克謙)·박사성 (朴師聖)58)·박준(朴埈) 등 36인이 입시하였다.

신하들이 각각 명을 거두어 달라 청하자, 주상이 "그렇게 하라." 하였다. 영의정이 황급히 들어오느라 비망기를 미처 가지고 오지 못하였으므로,

---

54) 어유룡(魚有龍) : 1678~1764. 본관은 함종(咸從), 자는 경우(景雨)이다. 경종의 장인 어유귀 (魚有龜)의 재종제이다. 1710년(숙종36) 사마시, 1713년 증광문과에 급제하여 청요직을 두루 역임하였다. 경종대 세제 책봉에 반대하는 소론의 처벌을 주장하였고, 또한 세제 대리청정을 반대하는 조태구 등을 탄핵하여 박치원(朴致遠)·이중협(李重協)과 함께 노론 의 3대 대간으로 불렸다. 1722년(경종2) 임인옥사 때 유배되었다가 1725년(영조1) 다시 등용되었지만 1727년 정미환국으로 파직되었다. 1730년 복직하여 1748년 한성부좌윤을 거쳐 1754년 지중추부사로 기로소(耆老所)에 들어갔고, 이후 판돈녕부사에 올랐다. 시호는 정헌(靖憲)이다.

55) 유복명(柳復明) : 1685~1760. 본관은 전주, 자는 양휘(陽輝), 호는 만촌(晩村)이다. 1711년 (숙종37) 생원시에 합격하고, 1717년 식년문과에 장원 급제하여 청요직을 두루 지냈다. 1721년(경종1) 지평 재직 시 연잉군의 세제 책봉을 반대하는 조태구·유봉휘 등을 탄핵하 였다. 이듬해 임인옥사가 일어나 노론이 실각하면서, 탄핵을 받아 파직되었다. 영조가 즉위하자 김일경의 처형을 주장하였고, 1725년 지평에 복직하였다. 1727년(영조3) 정미환 국으로 파직되었다가 이듬해 복직되었다. 1732년 대사간, 1743년 형조참의를 거쳐 1754년 자헌대부(資憲大夫)로 70세가 되어 기로소(耆老所)에 들어갔다. 시호는 정간(貞簡)이다.

56) 신무일(愼無逸) : 1676~? 본관은 거창(居昌), 자는 경소(敬所), 호는 백연(白淵)이다. 1702년 (숙종28) 진사가 되고, 1721년(경종1) 정시문과에 급제하여 청요직을 두루 역임하다가 신축환국으로 삭출되고 1723년 유배되었다. 1725년(영조1) 풀려나 승지가 되었다. 1727년 정미환국으로 파면당했다가 1729년 다시 승지가 되고, 1732년 대사간이 되었다.

57) 황재(黃梓) : 1689~1756. 본관은 창원(昌原), 자는 자직(子直)이다. 1718년(숙종44) 정시문 과에 급제하여 청요직에 진출하였다. 1721년(경종1) 소론의 탄핵을 받아 유배되었다가 1725년(영조1) 민진원(閔鎭遠) 등의 주청으로 다시 서용되어 1748년 대사헌에 올랐다. 1750년 동지부사로 청나라에 다녀와 호조참판이 되었다. 저서로 문집인《필의재유고(畢 依齋遺稿)》가 있는데, 이 안에 두 차례에 걸쳐 청나라에 다녀온 견문을 기록한 기행문집 《갑인연행록(甲寅燕行錄)》과《경오연행록(庚午燕行錄)》이 들어 있다.

58) 박사성(朴師聖) : 1683~1739. 본관은 반남(潘南), 자는 시숙(時叔)이다. 박동량(朴東亮)의 증손, 박태두(朴泰斗)의 손자이고, 박사익(朴師益)의 아우이며, 금성위(錦城尉) 박명원(朴 明源)은 그 아들이다. 1717년(숙종43) 별시문과에 급제하여 1718년 검열이 되었다. 1724년 영조 즉위 후 김일경 탄핵 상소에 참여하고, 이후 청요직을 두루 거쳤다. 1727년(영조3) 정미환국으로 파면되었다가 1728년 다시 수찬이 되었다. 이해 무신난이 일어나고 나서 이름을 박사정(朴師正)으로 바꾸었다.

사관을 보내 두 번에 걸쳐 내린 비망기와 한 장의 비지를 가져오게 하여 김창집이 무릎을 꿇고 바쳤다.

○ 삼사의 합계에 답하기를, "속히 정계(停啓)하고 번거롭게 하지 말라." 하였고, 사헌부의 계사에 답하기를, "윤허하지 않는다." 하였고, 승정원의 계사에 답하기를, "번거롭게 하지 말라." 하였다. - 이 계사들⁵⁹⁾은 모두 어제 입계한 것인데, 신계(新啓)를 올린 후에야 비로소 비답을 내렸다. -

○ 지평 유복명, 이유(李瑜)[60]가 어제 피혐한 데 대해 답하기를, "사직하지 말고, 물러가 물론(物論)을 기다리라." 하였다.

○ 약방이 올린 계사를 비답 없이 되돌려 보냈다. - 이 또한 어제 올린 계사이다. -

○ 전교하기를, "비망기를 이미 도로 거두어들였으니, 이 상소 17장은 도로 내주어라." 하였다.

○ 승정원에서 아뢰기를,
"대신들의 차자[61]를 아침에 이미 입계하였는데, 지금 비망기를 도로 거두셨

59) 이 계사들 : 조태구가 승정원을 거치지 않고 경종을 알현한 일을 논척한 삼사 및 승정원의 계사들을 이른다. 특히 교리 이중협·사간 어유룡·장령 박치원을 필두로 한 삼사의 합계에서는 조태구가 환관과 몰래 내통하기를 좋아하고, 이러한 조태구를 복상(卜相)한 것은 경종의 큰 실정(失政)이라는 내용이 있어 논란이 되었다. 《景宗實錄 1年 10月 18日》
60) 이유(李瑜) : 1691~1736. 본관은 연안(延安), 자는 유옥(幼玉)이다. 1719년(숙종45) 증광시(增廣試)에 합격하여 생원이 되고, 같은 해 증광문과에 급제하여 청요직을 두루 지냈다. 1721년(경종1) 박태항을 소두로 한 28인이 연명 상소하여 세제의 참정(參政)을 청한 집의 조성복의 처벌, 그리고 이를 묵인하고 방관한 대신 김창집, 이건명 등의 처벌을 청하는 상소를 하였는데, 당시 지평이었던 이유는 박태항의 상소를 강력히 탄핵하였고, 이로 인해 신임옥사 때 해도(海島)로 유배되었다. 영조의 즉위 후 복권되어 1734년(영조10) 도승지, 1736년 이조·형조·병조판서 등을 역임하였다.

으니 차자를 도로 내리심이 마땅합니다. 대신의 뜻이 이와 같아 감히 아룁니다."

하자, 전교하기를, "차자를 도로 내려주어라." 하였다. - 우의정 조태구의 소,

경기감사 심택현(沈宅賢)[62] 등의 소, 전 군수 정중만(鄭重萬) 등의 소, 전 감사 윤양래(尹陽來)[63]

등의 소, 전 목사 이형좌(李衡佐)[64] 등의 소, 형조참의 이인복(李仁復)[65] 등의 소, 전 목사

유술(柳述) 등의 소, 호군 심수현(沈壽賢)[66] 등의 소, 익위 이정영(李挺英) 등의 소, 생원

---

61) 대신의 차자 : 1721년(경종1) 10월 17일, 영의정 김창집·영중추부사 이이명·판중추부사
조태채·좌의정 이건명이 올렸던 연명 차자를 가리키는 것으로, 이들은 이 차자에서
정유년(1717, 숙종43)의 절목(節目)에 의거하여 왕세제의 대리청정을 거행하도록 요청하
였다.

62) 심택현(沈宅賢) : 1674~1736. 본관은 청송(靑松), 자는 여규(汝揆)이다. 1699년(숙종25) 정
시문과에 급제하여 청요직을 두루 거친 뒤 1720년(경종 즉위) 도승지가 되었다. 1722년
임인옥사 이후 향리에 은거하였다가 1725년(영조1) 다시 각조의 판서를 두루 역임하였다.
1727년 정미환국으로 관작을 삭탈 당하였다가 1728년 판의금이 되어, 홍치중(洪致中)과
함께 이인좌(李麟佐) 난을 수습하고, 신임옥사 때 죽은 김창집·이건명·이이명·조태채
등 노론 4대신의 신원을 건의하였다. 영조 탕평책을 반대하고 당론을 일삼는다는
평을 받았다.

63) 윤양래(尹陽來) : 1673~1751. 본관은 파평(坡平), 자는 계형(季亨), 호는 회와(晦窩)이다.
1699년(숙종25) 진사가 되고, 1708년 식년문과에 급제하여 청요직을 두루 거쳤다. 1722년
(경종2) 동지 겸 주청부사(冬至兼奏請副使)로 청나라에 가서 경종의 병약함을 발설했다는
죄목으로 유배되었다. 1725년(영조1) 승지에 임용되어 공조참판을 거쳐 호조판서·대사
헌 등을 역임하였다. 1746년 신임옥사에 관련된 소론의 뿌리를 뽑아야 한다고 주장했다가
한 때 삭직되었다. 이 해에 판돈녕부사로 치사하고 봉조하(奉朝賀)가 되었다. 시호는
익헌(翼獻)이다.

64) 이형좌(李衡佐) : 1668~1746. 본관은 경주(慶州), 자는 경윤(景尹), 호는 초천(椒泉)이다.
이항복의 후손이고, 이세필(李世弼)의 아들이며, 좌의정 이태좌의 동생이다. 1702년(숙종
28) 진사시에 합격하고, 공주목사 등을 지냈으며, 1728년(영조4) 강원도관찰사에 올랐다.
그 뒤 한성부 우윤·동지중추부사 등을 역임하였다.

65) 이인복(李仁復) : 1683~1730. 본관은 전주, 자는 내초(來初), 호는 춘절재(春節齋)이다.
영의정 이원익(李元翼)의 5대손이다. 1705년(숙종31)에 진사가 된 뒤 문음으로 입사(入仕)
하여 1708년 하양현감(河陽縣監)이 되었으며, 그 뒤 경상도사로 재직 중 1714년 증광문과
에 갑과로 급제하였다. 1716년 홍문록(弘文錄)·도당록(都堂錄)에 차례로 뽑히고, 수찬
등을 거쳐 경종대 동부승지·사직 등을 역임하였으며, 영조대 병조참판에 올랐다.

66) 심수현(沈壽賢) : 1663~1736. 본관은 청송(靑松), 자는 기숙(耆叔), 호는 지산(止山)이다.
심억(沈檍)의 증손이며, 응교(應敎) 심유(沈濡)의 아들이다. 1704년(숙종30) 춘당대문과에
급제하여 1706년 홍문록에 올랐다. 1722년(경종2) 공조판서를 거쳐, 1727년(영조3) 우의
정, 1733년 영의정에 올랐는데, 1736년 판중추부사로 있다가 사망하였다.

남필명(南弼明) 등의 소, 사과 정석삼(鄭錫三)[67] 등의 소, 적장 충의(嫡長忠義)[68] 봉학주(奉鶴周) 등의 소, 찬선 이희조(李喜朝)[69]의 소, 사직 이동귀(李東龜)의 소, 지돈녕 이징귀(李徵龜)[70]의 소, 강화유수 이태좌의 소[71] -

○ 인견 때, 양사에서 합계하기를,

"삼가 듣건대 대간의 논척[72]을 입어 삭출된 죄인 조태구가 뻔뻔하게 공복을 입고 갑작스레 선인문으로 들어왔다고 합니다. 비록 그 의도는 모르겠으나 대각이 논죄한 날 감히 제멋대로 궐문으로 들어와 조금의 거리낌도 없었으니, 고금 천하에 어찌 이와 같은 변괴가 있겠습니까?

오늘 나라의 기강이 여지없이 무너졌다 해도 하루라도 나라가 존재하는

---

67) 정석삼(鄭錫三) : 1690~1729. 본관은 동래(東萊), 자는 명여(命汝)이다. 정태화(鄭太和)의 증손이다. 1711년(숙종37) 식년문과에 급제하여, 병조정랑 등을 거쳐 1722년(경종2) 사간이 되었다. 1725년(영조1) 승지가 되었는데, 경종의 질병을 포고하는 것에 반대하여 상소하였다. 이로 인해 탄핵을 받고 절도에 안치되었다가 같은 해 방면되었다. 1727년 다시 승지가 되어 1729년 졸하였다.

68) 적장 충의(嫡長忠義) : 공신(功臣)의 적장자나 적장손으로서 충의위(忠義衛)에 소속된 사람을 이른다.

69) 이희조(李喜朝) : 1655~1724. 본관은 연안(延安), 자는 동보(同甫), 호는 지촌(芝村)이다. 이단상(李端相)의 아들이며, 송시열 문인이다. 1680년(숙종6) 경신환국 뒤 유일(遺逸)로 천거되어 건원릉참봉(健元陵參奉) 등을 역임하다가 1717년 대사헌에 올랐다. 1721년 김창집 등 노론 4대신이 유배 갈 때 유배 가서 죽었다. 1725년(영조1) 신원되어 좌찬성에 추증되었다. 저서로 《지촌집(芝村集)》이 있고, 시호는 문간(文簡)이다.

70) 이징귀(李徵龜) : 1641~1723. 본관은 전주(全州), 자는 여휴(汝休)이다. 1663년(현종4) 진사시, 1676년(숙종2) 정시문과에 급제하여 청요직을 두루 거치고, 1704년 승지, 1721년(경종1)에 지돈녕부사가 되어 기로소(耆老所)에 들어갔다. 신임옥사 때 직첩이 환수되었다가 영조 즉위 후 복직되었다. 시호는 정청(靖淸)이다.

71) 우의정······ 소 : 숫자가 딱 맞지는 않으나, 문맥으로 보아 이 명단은 바로 위의 기사에서 경종이 도로 내주라고 한 상소들을 가리키는 것으로 보인다.

72) 대간의 논척 : 1721년(경종1) 8월에 행 사직 유봉휘(柳鳳輝)가 상소하여 저위(儲位)를 세우는 과정에서 성상을 우롱하고 협박한 노론 측 신하들의 죄를 다스릴 것을 청하였다가 대신과 삼사의 탄핵을 받아 국문을 받게 되었는데, 우의정 조태구가 차자를 올려 유봉휘를 구원하였다. 이에 삼사에서 조태구를 탄핵하여 삭탈관작하고 문외출송할 것을 청하자 조태구가 과천에 물러가 있었다.

이상 어찌 방자하게 패란한 짓을 하도록 그대로 내버려 두고 막지 않을 수 있겠습니까? 청컨대 우선 조태구를 멀리 유배 보내십시오."

하자, 주상이 말하기를, "번거롭게 하지 말라." 하였다. - 합계 및 사헌부·사간원의 계사는 모두 어제 올린 것으로서, 아직 비답이 내려오기 전이었다. -

○ 인견할 때 사헌부 - 장령 박치원 - 에서 아뢰기를,

"전선과 대리청정은 결단코 다른 것인데, 좌참찬 최석항이 경연에서 진달할 때 오늘날 대리청정의 명을 문득 을유년 전선의 일에 빗대어 지적73)함으로써 인심을 놀라게 하고 당혹시키는 계략으로 삼았으니, 그 마음 씀씀이를 진실로 헤아리기 어렵습니다. 또한 당초 비망기74)가 내린 때가 이미 야심한 후라 대신 및 여러 재신들이 모두 경황없이 어쩔 줄을 몰라하며 궐 앞으로 달려 나왔고, 이에 등대하여 쟁집할 계획을 세웠습니다.

조금 먼저 왔다 하더라도 진실로 한데 모이기를 기다려 함께 청대하는 것이 마땅한데, 최석항은 행여 다른 사람이 함께 들어갈까 염려하여 대신이 막 당도했는데도 전혀 기다리지 않고 곧장 혼자 들어가 다른 신하들이 힘써 간쟁할 수 있는 길을 사전에 막고 자기 혼자 했다는 자취를 드러내 돋보이려 하였으니, 그 정상을 차마 눈 뜨고 볼 수 없습니다. 재상의 반열에 이렇듯 음험한 사람이 있을 줄이야 어찌 생각이나 했겠습니까?

결코 그대로 두고 논박하지 않을 수 없으니, 청컨대 좌참찬 최석항을

---

73) 최석항이 …… 지적 : 을유년(1705, 숙종31) 숙종이 왕세자에게 선위(禪位)하겠다는 하교를 내리고 절목(節目)을 마련하게 하였으나, 왕세자와 여러 신하들의 요청 때문에 중단한 일이 있었다. 이후 신축년(1721년, 경종1) 10월 경종이 처음 왕세제의 대리청정을 명하였을 때 최석항이 입시하여 을유년 겨울에 있었던 숙종의 선위(禪位) 명령을 적극 간쟁하여 중지시켰던 일을 설명하면서 대리청정의 명을 곧 선위의 뜻으로 간주하여 극력 반대하였다.《景宗實錄 1年 10月 10日》

74) 당초 비망기 : 1721년(경종1) 10월 10일, 사헌부 집의 조성복이 상소하여 왕세제에게 서무를 대리하게 하자고 청하자 경종은 당일 밤 비망기를 내려 세제의 대리청정을 명하였다. 이에 좌참찬 최석항이 이 소식을 듣고 청대(請對)하여 명령의 환수를 주장하며 강하게 반발하자 경종은 당일에 그 명령을 환수하였다.《景宗實錄 1年 10月 10日》

삭탈관작하여 문외출송하소서."

하자, 주상이 "번거롭게 하지 말라." 하였다.

○ 인견(引見)할 때 - 사간 어유룡, 정언 신무일·황재 - 아뢰기를,

"신이 삼가 들건대 우의정 조태구가 선인문으로 들어와 청대하자, 승정원에서는 바야흐로 대계(臺啓)가 진행 중이므로 품달하기 어렵다 하여 서로 말이 오고갈 즈음, 갑자기 사알이 와서 우의정과 승정원, 삼사는 입시하라는 전하의 하교를 전하였습니다.

무릇 신료가 군주를 알현할 때 승정원을 경유하는 것은 삼백 년 동안 지켜온 규례인데, 잘 모르겠습니다만 지금 대신은 어떤 부정한 경로가 있기에 들어온 연유를 몰래 아뢸 수 있었던 것입니까? 이 길이 한번 열리면 향후 비록 북문(北門)의 변고75)가 생긴다 해도 막을 수가 없을 것이니, 청컨대 해당 승전색(承傳色)76)과 사알을 모두 잡아들여 엄히 신문하라 명하소서."

하자, 주상이 "아뢴 대로 하라." 하였다.

○ 18일, 양사가 합계하기를 다음과 같이 하였다.

"국본이 확정되어 신령과 사람들이 서로 기뻐하고 있으니, 유봉휘(柳鳳輝)77)

---

75) 북문(北門)의 변고 : 북문은 경복궁(景福宮)의 북문인 신무문(神武門)을 이른다. 1519년(중종14), 남곤(南袞), 심정(沈貞) 등 훈구대신들이 중종의 밀지(密旨)를 받고 승지와 사관 몰래 신무문을 통해 입궐하여 조광조(趙光祖) 등 신진 사류를 제거한 기묘사화(己卯士禍)에 빗대어, 선인문으로 들어와 승정원을 거치지 않고 경종을 알현한 조태구의 처사를 비난한 말이다.

76) 승전색(承傳色) : 내시부(內侍府)에 소속된 관직이다. 국왕의 전교(傳敎) 가운데에서 정사(政事)와 관련된 중요한 일들은 승정원에서 담당하고, 사사로운 일들은 이들 승전색이 맡았다.

77) 유봉휘(柳鳳輝) : 1659~1727. 본관은 문화(文化), 자는 계창(季昌), 호는 만암(晩菴)이다. 영의정 유상운(柳尙運)의 아들이다. 1684년(숙종10) 진사가 되고, 1699년 식년문과에 급제하여 청요직을 두루 지냈다. 1721년(경종1) 노론이 세제[영조] 책봉을 주장하자 이를 반대하였다. 이어 세제의 대리청정이 실현되자 소론의 대표로서 대리청정의 부당함을 간언하여 이를 철회시키고 노론을 실각시켰다. 영조가 즉위한 뒤인 1725년

와 더불어 똑같은 역적의 간담을 가진 자가 아니라면, 누가 감히 이미 확정된 대책(大策)에 불만의 뜻을 품겠습니까?[78] 그런데 우의정 조태구가 지난날 역적을 비호하며 올린 상소[79]는 그 의도를 가늠하기 어렵습니다.

을유년의 거조는 사실이 상이한데도 제 맘대로 꾸며내 인용하였고, 무진년(1688, 숙종14)의 일[80]은 오늘날과 같지 않은데도 고의로 설을 제기하였습니다. 몇몇 비유와 인용은 오로지 인심을 현혹시키려는 데에서 나와, '충심'과 같은 말[81]로 흉악한 역적을 치켜세우기까지 하였으니, 그의 마음씀씀이는 다만 역적을 비호하는 데 그치지 않습니다

지난해, '혐의를 무릅쓴다.[冒嫌]'[82]는 말은 의도가 있었던 주장인데 지금

탕평책으로 노론·소론의 연립정권이 수립될 때 우의정에 올랐다. 이어 소론 4대신의 한 사람으로 좌의정에 제수되었으나 신임옥사(辛壬換局)를 일으킨 주동자라는 노론의 탄핵으로 함경북도 경흥(慶興)에 유배되어 그곳에서 세상을 떠났다.

78) 유봉휘와 …… 품겠습니까 : 노론 측의 주장으로 연잉군이 왕세제로 책봉된 문제를 두고 소론 측에서는 연잉군의 왕세제 책봉 자체는 반대하지 않았으나 그 절차에 대해서는 문제를 제기하였다. 대표적인 예가 1721년 8월 23일 유봉휘가 올린 상소로서, 여기에서 그는 현직 대신인 우의정 조태구가 논의를 몰랐고, 전직 대신도 제대로 불러 논의하지 않았으며, 신하가 군주를 압박하여 위복의 권한이 아래로 옮겨지는 결과를 초래했다고 주장하였다. 《景宗實錄 1年 8月 23日》

79) 역적을 …… 상소 : 1721년(경종1) 8월, 유봉휘가 왕세제의 대리청정을 철회시키고 이를 주장한 노론이 임금을 우롱하고 협박한 죄를 다스려야 한다는 상소하여 탄핵을 받고 유배되자 우의정 조태구가 그를 신구하는 차자를 올렸다.

80) 무진년의 일 : 1721년(경종1) 유봉휘(劉鳳輝)가 왕세제를 책봉한 것이 사리에 합당하지 않으며 졸속으로 이루어졌다고 상소하면서, 일찍이 무진년(1688)에 경종이 태어났을 때 인현왕후의 사속(嗣續)을 더 기다려야 한다며 경종의 세자 책봉에 반대한 신하들의 예를 들어 왕세제의 책봉이 졸속으로 이루어졌음을 비판하였다. 이 일로 유봉휘를 국문해야 한다는 탄핵이 이어지자 우의정 조태구가 차자를 올려, 무진년 경종의 세자 책봉에 반대한 신하들이나 무진년의 예를 들어 세제 책봉 과정에 문제를 제기한 유봉휘나 모두 나라를 위한 충심에서 나온 것이라고 주장하며 유봉휘를 옹호하였다. 《景宗修正實錄 1年 8月 22日》

81) '충심'과 같은 말 : 조태구가 유봉휘에 대한 국문을 반대하며 올린 차자에서, 유봉휘의 상소에 일부 광망한 말이 섞여 있으나 그 마음만은 나라를 위한 충심일 뿐이라고 옹호한 말을 이른다. 《景宗實錄 1年 8月 24日》

82) 혐의를 무릅쓴대冒嫌] : 1720년(경종 즉위) 11월에 청나라 칙사가 우리나라에 조문 와서 세자와 종실의 자질(子姪)을 만나보기를 청하자, 우의정 조태구가 이를 받아들여서는

또 흉적을 구원하니, 그 속셈이 모두 탄로났음을 볼 수 있습니다. 합사(合辭)하여 그의 처벌을 요청한 것은 실로 징토를 엄히 하여 환란의 싹을 막자는 뜻에서 나온 것인데 달을 넘기도록 쟁론하여도 아직 비답을 내리지 않으시니, 이에 그가 감히 더욱 방자한 마음을 품고 마치 조정이 없는 것처럼 굴다가 급기야 어제는 뻔뻔하게 공복을 입고 돌연 선인문으로 들어오기에 이르렀습니다.

아! 그는 은밀히 화란을 도모한 이진검(李眞儉)[83]에게[84] 부화뇌동하고 국본을 위태롭게 하는 유봉휘를 치켜세워, 그 죄가 왕법에 관계되는 까닭에 대간의 논계가 한창 진행 중이었는데도 면대를 요청하기에 이르렀습니다. 이에 승정원에서 마음대로 청대할 수 없다고 배척하여 한참 실랑이가 오가던 때, 갑자기 조태구를 인견하겠다는 명이 승정원에 내려졌습니다.

이는 승정원에서 아뢰지 않은 일인데, 모르겠습니다만 조태구가 들어온 연유가 어떻게 전하에게 알려져 이러한 거조가 있게 된 것입니까? 해당 승전색과 사알에 대해 이미 잡아들여 조사하라는 명이 내렸습니다만, 조태구가 평소 환관과 내통하던 정상이 환히 드러나 숨길 수가 없게 되었습니다.

아! 성조(聖朝)의 복상(卜相)[85]이 이렇듯 환관·궁첩이 이름을 아는 사람에게

안 된다는 내용의 차자를 올렸는데, 거기에 "상국(上國)에서 열국(列國)의 임금을 조문함에 있어서 그 배신(陪臣)이 된 아우와 조카에게까지 아울러 미치는 경우는 옛적에 이런 사례가 없었습니다. 상국에서 이를 시행하는 것은 실례(失禮)가 되고, 배신이 이를 받아들이는 것은 혐의를 무릅쓰는 것이 됩니다." 하였다. 《景宗實錄 卽位年 11月 26日》 《景宗修正實錄 卽位年 11月 26日》

83) 이진검(李眞儉) : 1671~1727. 본관은 전주(全州), 자는 중약(仲約), 호는 각리(角里)이다. 판서 이경직(李景稷)의 증손, 이정영(李正英)의 손자, 이대성(李大成)의 아들이다. 이진유(李眞儒)는 그의 형이고, 이광사(李匡師)는 그의 아들이다. 1699년(숙종25) 생원이 되고, 1704년 문과에 급제하여 청요직을 두루 지냈다. 1721년(경종1)에 동부승지로 이이명(李頤命)을 탄핵하다 밀양에 유배되었으나 이듬해 풀려나왔다. 신임옥사 당시 소론으로서 노론 축출에 가담하였다가 1725년(영조1) 소론 실각 후 강진에 유배되어 죽었다.

84) 은밀히 …… 이진검에게 : 1720년(경종 즉위) 12월 28일 동부승지 이진검이 올린 상소 가운데, 이이명이 사신으로 연경(燕京)에 가면서 가져간다는 6만 냥 은화의 사용처에 대해 의문을 표시한 일을 이른다. 《景宗實錄 卽位年 12月 28日》

미쳤으니 이는 성조의 큰 실정(失政)으로, 옛말에 이르기를, '일이 환관에 관련되면 기운을 손상하지 않음이 없다.' 하였습니다. 그 또한 사대부이고 또한 명색이 대신인데, 환관과 즐거이 내통하는 것이 어찌 차마 이 지경에 이르렀단 말입니까?

안의 말이 바깥으로 나아가고 바깥의 말이 안으로 들어오는 일로부터 나라가 망하는 것인데, 이제 이렇듯 사사로이 통하는 길을 은밀히 열어 흉악하고 음험한 자들과 결탁한 자취가 홀연 대신의 반열에서 드러났으니, 이러한데도 엄중히 조사하여 통렬히 징치하지 않는다면 나라의 위망이 반드시 조석에 달리게 될 것입니다. 청컨대 우의정 조태구를 잡아들여 국문하고 그 죄를 처단하소서."

하자, 주상이 답하기를, "속히 정지하고 번거롭게 하지 말라." 하였다.

○ 사헌부의 전계(前啓)에서 최석항을 삭출하라는 계사 중, "차마 눈 뜨고 볼 수 없다."는 내용 아래에 "하물며 그날 밤의 표신(標信)은 승정원과 해조(該曹)를 거치지 않고 바로 내렸다 하니, 이러한 길이 한번 열리면 향후 비록 북문의 변고가 생긴다 해도 막을 길이 없게 될 것입니다." 등의 말을 첨가하였다.

○ 박태항(朴泰恒)[86]을 멀리 귀양 보내고, 소두(疏頭)[87] 이하의 사람들을

---

85) 복상(卜相) : 새로 정승을 가려 뽑기 위해 후보자를 천거하는 일로서, 매복(枚卜)이라고도 한다. 복상은 주로 시임(時任) 의정(議政)이 작성한 복상단자에 국왕이 낙점하는 방식으로 운영되었다.
86) 박태항(朴泰恒) : 1647~1737. 본관은 반남(潘南), 자는 사심(士心)이다. 1687년(숙종13) 알성문과에 급제하여 보덕·문학 등을 거쳐 충청도관찰사를 지냈다. 1720년(경종 즉위) 예조참판으로서 세제 책봉을 주장하는 노론을 적극 탄핵하였다. 1721년 10월, 세제의 참정(參政)을 청한 집의 조성복의 처벌, 그리고 이를 묵인하고 방관한 대신 김창집, 이건명 등의 처벌을 청하는 연명 상소의 소두가 되었다. 영조가 즉위하자 삭탈관작 되었다가 정미환국(1727)으로 다시 기용되어 형조판서 등을 역임하였다.
87) 소두(疏頭) : 연명하여 올리는 상소에서, 맨 먼저 이름을 적은, 주동이 되는 사람을 이른다.

삭출(削黜)할 일을 아뢰었다.

○ 사헌부 - 박치원 - 가 새롭게 아뢰기를,

"아! 박태항의 죄를 어찌 다 주벌할 수 있겠습니까? 기회를 틈타 상소를 올린 의도가 지극히 패악하므로, 정배하여 악을 징벌하신 처분에 공의(公議)가 모두 옳은 처사라 여기고 있습니다.

당초의 감률(勘律)[88]은 실로 엄벌의 뜻에서 나왔는데, 지평 유복명이 갑자기 저들 무리에게 아부하려는 뜻을 품고[89] 이미 법에 따라 확정한 처벌 조항을 몰래 고쳐 당후(堂后)[90]에게 간통(簡通)[91]하였고, 또 간통에 동료의 이름을 몰래 써넣어 자기 혼자의 이견으로 간통한 흔적을 숨김으로써, 동료들로 하여금 속임을 당하여 자기 이름이 간통에 포함된 줄도 모르게 하고 처벌 조항을 개정할 때 그 가부의 결정에도 참여하지 못하게 하였습니다.

이로 인해 무너진 대간의 체모와 음험한 정황은 이미 말할 수도 없는데도 장황하게 인피하여 한쪽 편의 계책을 그대로 따르고 있으니 들리는 말마다 놀랍지 않음이 없습니다. 청컨대 지평 유복명을 사판(仕版)에서 삭거[92]하소서."

하자, 주상이 답하기를, "속히 중지하고 번거롭게 하지 말라." 하였다.

○ 앞서 해당 승지[93]를 파직하고 서용하지 말라고 아뢴 건 정계(停啓)하였다.

---

88) 감률(勘律) : 죄인에 대하여 해당하는 법 조항을 적용하던 일을 이른다.

89) 지평 …… 품고 : 지평 이유(李瑜)가 소두 박태항의 원찬과 연명 상소한 이들의 삭출을 발계(發啓)하려고 하였으나, 유복명(柳復明)이 이에 동의하지 않은 일을 이른다. 이유와 유복명은 이 일로 서로 다투다가 각자 인피하였다. 《景宗實錄 1年 10月 18日》

90) 당후(堂后) : 당후관(堂后官)의 약칭으로, 승정원의 주서(注書)를 이른다.

91) 간통(簡通) : 사헌부나 사간원의 벼슬아치가 글로써 서로의 의견을 소통하여 상소하거나 발계(發啓)하는 일을 가리킨다.

92) 사판(仕版)에서 삭거 : 죄를 지은 관리를 처벌하는 규정의 하나로 초사(初仕) 이후의 모든 임관(任官)을 말소하는 규정을 이른다.

93) 해당 승지 : 1721년(경종1) 10월 12일, 대간이 합사하여, 왕세제에게 서무를 대리하도록 청한 조성복의 상소를 엄한 말로 물리치지 않고 그대로 봉입한 승지를 가리킨다.

○ 이유(李瑜)에 대해 처치94)하기를, 적용한 형률을 추후 개정한 일은 그 잘못이 저쪽95)에 있다며, 그의 출사를 청하였다.

○ 판부사 조태채(趙泰采)96)가 차자를 올려,

"인견한다는 명이 내린 후, 신하들이 또한 대부분 달려 들어갔으나 소신은 연일 차가운 곳에 머물다 보니 심한 설사병에 걸려 궐 밖으로 물러가 있는 바람에 마음속의 소회를 함께 아뢰지 못하였습니다. ……"

하자, 주상이 답하기를, "무슨 문제될 바가 있겠는가? 경은 안심하고 잘 조리하라." 하였다.

○ 해당 승전색 최홍(崔泓), 사알 김천석(金天錫)을 잡아들여 신문하였다고 현고(現告)97)하였다.

○ 교리 이중협(李重協)이 차자를 올려 아뢰기를,

"환시(宦寺)와 결탁하여 안팎으로 내통하고 명령이 승정원을 거치지 않는

《景宗實錄 1年 10月 12日》

94) 이유(李瑜)에 대해 처치 :《경종실록 1년 10월 18일》기사에 따르면, 사헌부 장령 박치원(朴致遠)이 처치를 맡아 이유의 출사와 유복명의 삭거사판(削去仕版)을 주장하였으나, 경종이 따르지 않았다.

95) 저쪽 : 유복명을 이른다.

96) 조태채(趙泰采) : 1660~1722. 본관은 양주(楊州), 자는 유량(幼亮), 호는 이우당(二憂堂)이다. 조태구(趙泰耉)의 종제이고, 조태억(趙泰億)의 종형이다. 1686년(숙종12) 별시문과에 급제하여 청요직을 두루 거쳐 1717년 좌의정에 올랐다. 1721년(경종1) 연잉군(延礽君)의 세제 책봉을 건의하여 실현시켰으며, 이어 세제의 대리청정을 주장하다가 소론에 의해 경종에 대한 불충(不忠)으로 몰려 진도에 유배되었다가 다음 해 사사되었다. 1725년(영조1) 정호(鄭澔)의 청으로 관작이 회복되었다. 김창집·이건명·이이명 등과 함께 노론 4대신(四大臣)으로 일컬어진다. 과천의 사충서원(四忠書院)과 진도의 봉암사(鳳巖祠)에 제향되었다. 저서로《이우당집》이 있고, 시호는 충익(忠翼)이다.

97) 현고(現告) : 범죄나 잘못을 저지른 사람의 이름을 지적하여 고하는 것이니 고한 내용으로, 지명현고(指名現告) 또는 지고(指告)라고도 한다.

것은 바로 망국의 조짐입니다. 어제 조태구가 몰래 들어와 청대하자, 승정원에
서 미처 아뢰기도 전에 갑자기 인견하겠다는 명이 내려왔으니, 그 결탁하여
내통한 정황이 분명하여 숨길 수가 없습니다.

잡아들여 조사해야 한다는 청은 실로 왕정의 기강을 지탱하고 사사로운
통로를 막겠다는 뜻에서 올린 것인데, 이에 대해 "번거롭게 하지 말라"는
말로 하교하시니, 전하께서 한 사람의 아첨하는 대신을 총애하여 그를 배려하
고 아끼는 마음에 하신 일이라 해도 3백 년 큰 유업(遺業)이 이로부터 기울어
쓰러지는 것은 어찌하여 생각하지 않으십니까? 바라건대 기쁜 마음으로
성총(聖聰)을 넓히시어 즉시 대계(臺啓)를 윤허하시고 그 죄를 분명하게 바루어
나라 안의 의혹을 풀어주소서.

또한 듣건대 조태구의 뒤를 따랐던 여러 명의 재신(宰相)들이 대궐 안
궁벽진 곳에 모였다 하는데, 그 종적이 지극히 음험하고 함께 공모하여
내통한 정황이 현저하니, 응당 명확히 조사하고 형률을 바로잡아 시행하여
청명한 다스림을 보여야 할 것입니다. ……"

하자, 주상이 답하기를,

"'결탁', '내통' 등의 말은 지극히 무엄하니, 진실로 무슨 말인지 알 수
없다. 다시는 번거롭게 논하지 말라."

하였다. - 19일에야 비로소 답을 내렸다. -

○ 형조참의 이인복이 상소하여 말하기를,

"정청(庭請)의 반열(班列)을 이틀 사이에 홀연 철회하고 4대신이 합사하여
차자를 올리니, 대신이 무슨 이유로 갑자기 이렇게 하였는지 모르겠습니다.
군부가 지나친 거동을 보이면 신하된 자로서 오래도록 힘껏 청하여 반드시
명을 거두시게 만들지는 못할망정, '감히 명을 어기고 거역하여 성상의 마음을
상하게 할 수 없다.' 하면서 제멋대로 절목상의 일을 구분[98]하여 창졸간에

---

98) 절목상의 일로 구분 : 노론 4대신이 왕세제의 대리청정을 정유년(1717, 숙종43)의 절목

끝마칠 계책으로 삼고자 하였으니, 신은 적이 통탄스럽습니다."
하였다.

○ 승정원 - 유승 - 에서 아뢰기를,

"이인복이 어제 한 통의 상소에서 대신을 비난하였는데, 그 내용이 매우
심각하였습니다. 대간이 지금 한창 홍만조(洪萬朝)⁹⁹⁾의 삭출을 논계¹⁰⁰⁾하고
있으니, 이인복은 그 상소에 연명한 사람으로서 대죄하기에 겨를이 없어야
할 터인데 성명을 거두신 후 방자하게도 대신을 모함하는 계책을 행하려
하고 있습니다. 이러한 소장에 대해서는 이미 봉입하지 말라는 전교가 있었으
므로 말을 만들어 돌려주었는데, 지금 또다시 소장을 올려 본원을 욕보이고
있으니, 이전의 전교에 의거하여 돌려주는 것이 어떻겠습니까?"
하자, 답하기를, "윤허한다." 하였다.

○ 19일, 사헌부 - 장령 박치원 - 에서 신계(新啓)를 올려 아뢰기를,

"이틀 전, 조태구가 환시에게 연줄을 대어 몰래 진현을 도모하였으니,
이것은 곧 야밤에 북문을 연 수단이었습니다. 재신의 반열에 있는 몸으로
조금이라도 사람의 마음을 지닌 자라면 차마 그와 행동을 같이하지 않아야

따라 거행하도록 요청한 일을 이른다. 앞서 경종이 세제인 연잉군에게 모든 대소사를
대리청정 하도록 명하였는데, 노론 4대신은 차마 경종의 명을 그대로 따르지는 못하고
세제의 결정권이 다소 적었던 정유년의 절목에 따라 거행할 것을 청하였다.
99) 홍만조(洪萬朝) : 1645~1725. 본관은 풍산(豊山), 자는 종지(宗之), 호는 만퇴(晩退)이다.
대사헌 홍이상(洪履祥)의 증손이다. 1669년(현종10) 성균관 유생이 되고, 1678년(숙종4)
증광문과에 급제하여 청요직을 두루 거쳤다. 1717년 형조판서에 오르고, 1718년 우참찬을
지낸 뒤 이듬해 기로소(耆老所)에 들어갔다. 1721년(경종1) 판의금부사를 거쳐 영조
즉위 직후 판돈녕부사가 되어 졸하였다. 시호는 정익(貞翼)이다.
100) 홍만조(洪萬朝)의 …… 논계 : 1721년(경종1) 10월, 왕세제의 대리청정을 허락하는 경종의
비망기가 내리자, 행 사직 홍만조를 비롯한 43인이 상소하여 왕세제의 대리청정을
처음 거론한 조성복에게 즉시 왕법을 행할 것을 청하였다. 이에 대간에서 홍만조의
삭탈을 청하였다가 이후 12월 7일 정계하였다.《景宗實錄 1年 10月 12日·15日, 12月 7日》

마땅한데도 한편의 불령(不逞)한 무리가 조금의 부끄러움도 없이 은밀히 모의하고 남몰래 내통하여 그림자처럼 그 뒤를 따랐으니, 이와 같이 음험하고 부정한 부류를 그대로 두고 논하지 않을 수 없습니다.

청컨대 그때 조태구와 함께 선인문으로 잠입한 김연·이조 및 그밖에 화응하여 밀고 들어온 사람들을 모두 삭탈관작하고 문외출송하소서."

하자, 주상이 "번거롭게 하지 말라." 답하였다.

○ 정언 신무일(愼無逸)이 피혐하며 아뢰기를,

"유복명이 대계(臺啓)에서 감률(勘律)한 일에 이미 관련되어 있으니, 직책에 편안히 있을 수 없습니다. ……"

하였다.

○ 20일, 교리 이중협이 나아가 상소하여 아뢰기를,

"삼가 하늘이 도우셔서 성상께서 마음을 돌이켜 뜻밖의 하교를 거두셨으니 뛸 듯이 기쁜 심정이야 어찌 말로 다 하겠습니까? 다만 생각건대, 대소 신료들이 힘써 청하였을 때에는 인대하겠다는 명을 내리지 않다가 죄를 지은 대신이 궐 안으로 난입한 후에는 곧 명을 내리셨고, 또 승정원에서 아뢰기를 기다리지 않고 환시가 중간에서 명을 전하였으니, 온 나라 안에 말들이 떠들썩하고 사기(士氣)가 상실되었습니다.

이는 실로 예부터 나라가 망하는 계제이며 성명(聖明)의 다스림에 큰 누가 되는 것이었습니다. 그리하여 신이 근심과 분노를 이기지 못하고 대략 구구한 말을 올려서 일월처럼 밝게 조정을 높이고 그 사이에 사악하고 간특한 것이 끼어들지 못하게 하려 했던 것이니, 이는 곧 임금을 사랑하는 신의 충심이었습니다.

그런데 전하께서는 이러한 사정을 조금도 살피지 않고 도리어 '무엄하다.'는 하교를 내리셨으니, 신은 너무도 놀라 어찌할 줄을 모른 채 그저 개탄할 따름입니다. 전하께서 경연의 신하를 두는 것은 사안에 따라 잘못을 바로잡고 그 음험한 조짐을 막아내려고 한 것인데, 말이 환시에만 미치면 번번이 배척하여 사려와 충심을 다하지 못하게 만드니, 국가의 복이 아닌 듯합니다.

돌아보건대 신은 성의가 부족하고 언변이 모자라 이미 성총에 들지 못하고 있으니 감히 홍문관의 직책을 구차하게 차지하고만 있을 수 없어서, 부득불 소장을 올려 구구한 말을 늘어놓고 곧장 금문(禁門)을 나가려 합니다. 엎드려 바라건대 속히 명을 내리시어 신을 삭직하소서. ……"

하니, 주상이 답하기를,

"잘못을 바로잡는다 핑계대고 있으나, 말이 도리에 어긋나있다. 만약 환시가 전교가 없는데 제 마음대로 하였다면 죽여도 좋고 족속(族屬)을 멸해도 좋겠지만 이미 임금의 명을 받아 한 일이니, 무슨 죄줄 만한 단서가 있겠는가? 마치 내가 환시를 곡진하게 두둔하는 것처럼 말하니, 타당한지 모르겠다. 그대는 사직하지 말고 직무를 살피도록 하라."

하였다. - 21일에 내렸다. -

○ 우승지 유숭(兪崇)이 상소하였는데 그 대략은,

"이인복의 상소로 인해 신은 일각도 직차(職次)에 그대로 무릅쓰고 있을 수 없습니다. ……"

하자, 주상이 답하기를,

"시비를 가리고 출척(黜陟)하는 일은 임금의 권한인데, 중간에 스스로 물러가는 것이 온당한지 모르겠다."

하였다.

○ 의금부 - 판금 민진원 - 의 계목(啓目)에 이르기를,

"내관 최홍(崔泓)이 원정(原情)[101]에서 이르기를,

---

101) 원정(原情) : 개인의 원통하고 억울한 사정을 국왕 또는 관부에 호소하는 진술 문서나

'이달 17일에 당번(當番) 승전색으로 입번하였는데, 대간이 아뢴 말의 초안(草案)을 들인 것이 이미 오래되었다고 듣고, 승정원 가까운 곳에 와서 기다렸으나, 원래 신료가 청대한다는 문서를 써서 들인 일이 없었습니다. 그런데 갑자기 이때 대신과 삼사를 접견하겠다는 하교가 내려서, 제가 때맞춰 달려가 전하여 입시하게 하였을 뿐입니다.

당시 별감(別監)이 와서 입시를 명한 일을 전하였는데, 또한 그 이름은 기억하지 못하고 당시에는 다만 대신이라고 들었을 뿐입니다. 우의정을 인견한다는 말도 또한 들은 적이 없고, 우의정의 거취에 대해서는 본래 아는 것이 없었으므로 또한 아뢰어 올린 일도 없었습니다. 청대도 없었는데 인견을 하신다 하여 저 또한 심히 괴이하게 여겼습니다. ……'

하였습니다. 사알 김천석(金天錫)이 원정에서 이르기를,

'제가 사알로 입번하였는데, 17일 사시(巳時, 오전 10시 전후)경 차비문(差備門)[102]으로 급히 부르기에 황급히 달려가 보니, 내관 김경표(金景杓)가 인견하겠다는 명을 전하였습니다. 이에 제가 「누구를 인견하겠다는 것이며, 장차 어디에 명을 전해야 하는가?」 하니, 내관이 들어갔다가 잠시 후 나와 전하기를, 「우의정, 승정원, 삼사를 인견하겠으니, 명을 전하라.」 하였습니다. 제가 「원래 아뢰어 올린 적이 없는데 이렇듯 인견하겠다는 전교를 내리시다니, 다시 상세히 알아 와 말해 달라.」 하니, 김경표가 재삼 독촉하여 허둥지둥 승정원에 와 말하였을 뿐, 달리 아는 바가 없습니다. ……'

하였습니다. 최홍은 당번 승전색이었으니 그날의 정황을 모를 리 만무한데, 사실을 완전히 숨기고 있을 뿐만 아니라 입시하는 일을 전한 별감의 이름 또한 지목해 고하지 않으니 지극히 간특하므로 다시 추문하겠습니다.

김천석의 경우, 내관 김경표가 그에게 말하였을 때 그가 청대도 없는데 인견한다는 명이 내린 이유를 묻자 김경표가 재삼 독촉만 하였다고 하니,

---

죄인이 신문을 받고 진술한 말을 이른다.
102) 차비문(差備門) : 궁궐 편전(便殿) 앞의 문을 이른다.

김경표를 잡아들여 신문한 후에 품처(稟處)하심이 어떻겠습니까?"

아뢰자, 주상이 하교하기를,

"조정 신료들이 정청을 한 이후로 늘 진수당에 앉아있었는데, 그날 합문
밖에 시끌벅적하게 길을 인도하는 소리가 들려서 물었더니, 우의정이 들어왔
다고 하였다. 이에 내가 비로소 그것을 통해서 알고 하교한 것이니, 이는
아래에서 몰래 아뢴 일이 아니다. 승전색과 사알에게는 죄줄 만한 일이
전혀 없으니, 그대로 두도록 하라."

하였다.

○ 삼사가 유봉휘의 일을 합계하니, 속히 정계하여 번거롭게 하지 말라고
답하였다.

○ 양사의 합계 가운데 우의정 조태구를 다시 조율(照律)하여 멀리 극변(極邊)
에 유배 보내라고 하였다.

○ 사간 어유룡, 장령 박치원이 홍문관의 차자에 내린 비답[103]이 편치
않다는 점과 또한 대신을 잡아들여 국문하라고 청한 형률에 대해[104] 착오를
범한 잘못이 있었다는 점을 들어 인피하였다. 그 계사의 대략이 나오자
승정원에서 도로 돌려준 후, 원찬(遠竄)으로 고쳐 논하였다.

○ 사헌부 - 박치원 - 가 새롭게 아뢰기를,

---

103) 홍문관의 …… 비답 : 바로 앞에 나온 홍문관 교리 이중협(李重協)의 상소에서 조태구
    및 그와 결탁한 내관을 처벌하기를 청하였는데, 이에 대해 경종이 "잘못을 바로잡는다는
    핑계로 말이 도리에 어긋나 있다.[憑藉匡正, 語涉無倫.]" 등의 말로 엄하게 비답한 일을
    가리킨다.
104) 대신을 …… 대해 : 앞의 10월 18일자 기사에, 양사가 합계하여, 선인문으로 들어와
    승정원을 거치지 않고 경종을 알현한 조태구의 처사를 비난하며 조태구가 평소 환관과
    내통하였음이 드러났으니 잡아들여 추국하라고 청한 것을 이른다.

"어제 의금부에 대한 판부(判付)[105]에서 승전색을 그대로 두라는 명이 있었는데, 심히 개탄을 금할 수 없습니다. 그날 밤 최석항이 홀로 먼저 청대하였을 때, 계청도 하기 전에 표신(標信)을 바로 내리셨고, 조태구가 함부로 금문(禁門)을 밀고 들어왔을 때, 계품(啓稟)도 없었는데 액예(掖隷)[106]가 불러들이기에 급급하였으니, 온 나라의 의혹이 이로 인해 더욱 깊어졌습니다.

비록 단지 성상의 하교를 가지고 따져보아도, 고의로 시끌벅적 소란을 피워 그 소리가 대내(大內)에 들어가게 만든 자는 누구이며, 누구누구가 들어왔다고 성상이 들도록 알린 자는 누구입니까? 신문을 시작하자마자 갑자기 전부 석방하라 명하시니, 이 어찌 성명(聖明)께 바라던 일이었겠습니까? 이를 그대로 방치하면 나라가 나라답지 못한 것이니, 청컨대 최홍 등을 엄히 신문하여 사실을 추궁하라 즉시 명하소서."

하자, 주상이 답하기를, "번거롭게 하지 말라." 하였다.

○ 21일, 좌승지 유숭이 한 차례 정사(呈辭)하자 체차하였다.

○ 증광복시(增廣覆試)를 시행하였다.

○ 홍계적을 부제학에 임명하였다.

○ 22일, 동부승지 홍석보가 패초에 나오지 않자 파직하였다.

○ 23일, 의금부가 아뢰기를,
"지금 승정원에 내리신 판부를 보니, 죄인 최홍과 김천석을 그대로 두라고 명하셨는데, 신 등은 심히 온당치 않다고 생각합니다. 그날 전하께서 시끌벅적

---

105) 판부(判付) : 상주(上奏)한 형사 사건에 대한 임금의 재가(裁可) 사항을 이른다.
106) 액예(掖隷) : 액정서(掖庭署)에 딸린 서리나 또는 하예(下隷)를 이른다.

한 소리를 친히 듣고 그 이유를 물어 아셨다 해도 승정원을 거치지 않고 인견하겠다는 명을 바로 내리신 것은 실로 삼백 년 동안 없었던 일이었습니다. 승전색이 계달(啓達)하지 않고 이러한 사례를 즉시 봉행하여 마침내 성덕(聖德)에 누를 끼치고 금도를 크게 무너뜨렸으니 결코 온전히 무죄일 수 없으므로, 사알이 언급한 김경표를 잡아들여 낱낱이 신문할 것을 청합니다.

그 사이에 내관들107)은 그대로 가두어 두고, 김경표는 이전 계청에 따라 잡아 가두고 빙문(憑問)108)한다면 법에 따라 단죄하는 사체에 부합할 것입니다. 신들은 법을 집행하는 관리로서 감히 관례에 따라 봉행할 수는 없습니다. ……"

하자, 전교하기를,

"내관 김경표를 전교에 따라 문계(問啓)109)하게 한즉 별달리 신문할만한 단서가 없었으니, 함께 풀어주는 것이 좋겠다."

하였다.

○ 의금부에서 또 대간이 도로 거두어달라고 논계(論啓)하고 있으므로 우선 거행할 수 없다는 뜻으로 입계(入啓)하였다.

○ **24일,** 사헌부 - 지평 이의천(李倚天)110) - 가 전계(前啓) - 19일에 보인다. - 에

---

107) 내관들 : 《승정원일기 경종 1년 10월 23일》 기사에 따르면 사알 최홍과 김천석을 이른다.
108) 빙문(憑問) : 증거에 의거해 신문함을 이른다.
109) 문계(問啓) : 죄과(罪科)로 말미암아 퇴관(退官) 당한 사람을 임금의 명을 받은 승지가 승정원의 계판(啓板) 앞으로 불러 그 곡절을 묻고, 그 진술을 정리하여 아뢰던 일을 이른다.
110) 이의천(李倚天) : 1676~1753. 본관은 전주, 자는 사립(斯立), 호는 박직와(樸直窩)이다. 1713년(숙종39) 증광문과에 급제하여 1721년(경종1) 지평이 되었는데, 신축환국 이후 '환첩이 이름을 아는 사람을 복상하였다.'는 말을 발론한 혐의로 유배되었다. 1725년(영조1) 관작이 회복된 후 삼사의 요직을 두루 역임하면서, 유봉휘와 이광좌 및 김일경 상소에 연명한 여섯 명을 처벌하라고 청하고, 임인년 옥사를 다시 수사하라고 주장하였다. 이로 인해 1727년 정미환국으로 유배되었다가 1731년 양이(量移)되고, 1735년 다시

서 조태구와 함께 몰래 들어간 자로 지목한 사람 중 김연을 제외하고 이조(李肇)
에 대해서만 삭출할 것을 청하였다. 또 '환시에게 연줄을 대었다.[夤緣宦寺]'는
구절을 '승정원을 거치지 않았다.[不由政院]'로 수정하고, 또 '그밖에 화응하여
밀고 들어온 사람들[及其他和應突入諸人]' 등의 구절을 삭제하였다.

○ **27일**, 사헌부가 전계(前啓) 중에 승전색과 사알을 재차 엄히 신문하여
사실을 추궁하라고 청한 일을 정계하였다.

○ 동지 겸 주청 정사(冬至兼奏請正使) 이건명, 부사(副使) 윤양래(尹陽來),
서장관 유척기(兪拓基)가 출발[111]하였다.
그 건저 주문(建儲奏文)의 내용은 다음과 같다.
"감히 소국의 정세를 말씀드리며 긍휼히 살펴주시기를 바라는 일에 대해
삼가 아룁니다. 우리 소국은 궁벽한 바다 모퉁이에 처하여 자취가 심히 소원하지
만 소국을 사랑하는 황조(皇朝)의 은혜를 곡진히 받고 있습니다. 무릇 크고
작은 제반 사정을 호소하는 것은 반드시 들어주고 원하는 것은 이루어주지
않음이 없으니, 소국의 종묘사직이 오늘날까지 보전될 수 있는 것은 모두
황상의 덕분입니다.
지금 신은 매우 근심스러운 사정이 있고 몹시 다급한 처지에 놓였으니,
또한 어찌 주제넘을까 두려워하여 자애로운 황상 앞에 모두 드러내놓고
애절하게 하소연하지 않을 수 있겠습니까? 신은 불행히도 어려서부터 자주
병을 앓아 평안한 날이 드물었고, 장성해서도 기운이 매우 쇠약하여 무엇보다
도 후사를 볼 희망이 끊어진 지 오래입니다.

조정에 나와 1740년 승지가 되었다.
111) 동지 …… 출발 : 1721년 10월 28일, 연잉군(延礽君)의 왕세제 책봉을 승인받기 위하여
　　주청사(奏請使)인 좌의정 이건명(李健命)과 부사(副使) 윤양래(尹陽來), 서장관(書狀官)
　　유척기(兪拓基)가 북경으로 떠났고, 이듬해 3월 26일에 선래(先來)가 도착하여 세제
　　책봉을 승인받았음을 전하였다.

수많은 의술과 약을 써보았으나 끝내 효험이 없어서, 선신(先臣)[112] 희순왕 (僖順王, 숙종)이 살아생전 항상 이를 종묘사직의 근심으로 여겼습니다. 오랜 세월 병이 스며들어 위중한 병세에 신음하면서도 오직 이 한 가지 일이 오매불망 가슴에 맺혀 마침내 근심을 품은 채 훙서(薨逝)하고 말았으니, 신의 불효는 진실로 막대하다 하겠습니다. 신이 뒤를 이어 즉위한 이후로 이 일이 항상 근심스럽고 애통하여 마치 한 가지 병이 더해진 듯 잠시도 마음이 편안했던 적이 없었습니다.

더구나 신의 모비(母妃) 김씨는 상중에 기운이 쇠약해진 와중에도 늘 신과 마주하여 선왕이 남긴 뜻을 생각하며 뒤를 이을 후사가 없음을 근심하고 항상 두려움과 근심에 가득 차 있으니, 오늘날 신의 모자가 품은 심정이 응당 어떠하겠습니까? 신이 오랫동안 앓아온 병은 완치될 기약이 없는데 외람되이 막중한 책임을 맡아 근심 걱정이 날로 더해지니, 세자를 책정하여 인심을 보듬고 안정시키는 것은 참으로 조금도 늦출 수 없는 일입니다.

생각건대 신의 증조 충선왕(忠宣王, 효종)과 신의 조부 장각왕(莊恪王, 현종)에게는 모두 방지(傍支)가 없어, 선신의 혈속으로는 다만 신과 연잉군(延礽君) 아무개가 있을 뿐인데, 총명하고 효심과 우애가 있는데다 나이 또한 장성하였습니다. 신에게 이미 자식이 없으니, 신의 뒤를 이어 선신의 유업을 계승할 사람이 연잉군이 아니면 누구이겠습니까?

나라의 정황이 고단하고 위태로운 이때, 모름지기 조속히 세제(世弟)의 명호를 세운 후라야 대대로 이어온 종묘를 의탁할 곳이 있게 되고 한 나라의 백성이 믿고 의지할 곳이 있게 될 것이니, 이는 신이 밤낮으로 기원하는 일일 뿐만 아니라 또한 애태우는 모비의 마음을 조금이나마 풀어드리고 승하한 선신의 영혼을 위로해드리는 일입니다.

또한 삼가 생각건대 아우가 형을 계승한 사례는 소국 조종(祖宗)의 치세에

---

112) 선신(先臣) : 임금에게 자기의 선친(先親)을 이르는 말이다. 여기에서는 제후국인 조선이 황제국인 중국에 대하여 선왕(先王)을 지칭하는 용어로 쓰였다.

흔한 일일뿐만 아니라 역대의 전서(傳序)에도 근거가 뚜렷하여 상고할 수
있습니다. 따라서 지금 신이 연잉군 모를 후사로 삼는 것은 천리 인륜에 어긋나는
일은 아닐 것이나 응당 황상의 윤허를 받아야 할 것입니다.

　일찍이 강희(康熙)[113] 50년 병자년(1696, 숙종22)에 선신이 신을 세자로 책봉해
달라 주청하였는데, 당시 예부에서 '번왕(藩王)이 50세가 되도록 정실(正室)
자손이 없을 경우'에 대한 《대명회전(大明會典)》의 조문을 인용하여 복의(覆議)
를 허락하지 않다가[114] 마침내 황상께서 외복(外服) 제후의 경우는 종번(宗藩)[115]
과 사례가 다른 점이 있고, 또한 소국의 형세가 실로 지체하기 난감한 상황임을
굽어살피시어 즉시 윤허해주셨습니다.

　이에 만 리 밖의 일을 환히 살피고 친히 결단을 내리시어 소국의 간절한
바람을 곡진히 따라 주신 우리 황상께 소국의 신민들은 지금까지도 특별히
감읍하고 있습니다.

　지금 소국의 사정을 전일과 비교하자면 더욱 절절하고 답답한데다 신의
병마저 오랜 지병이라 후사를 낳아 기를 희망이 조금도 없는 것이 또 위에서
아뢴 바와 같습니다. 그리하여 지금 후사를 미리 세워 명호를 정하는 일은
진실로 선신의 유지를 따라 국본을 세우는 뜻에서 나온 것이자 천조(天朝)에도
나라의 울타리와 기둥을 공고히 할 수 있는 계책입니다.

　엎드려 바라건대 천지의 자애로움과 일월의 밝음으로 이러한 점을 헤아려
살펴주신다면 그 측은하고 가여운 사정에 어찌 전후가 다름이 있겠습니까?
이에 감히 황상의 큰 은혜를 우러러 바라며 애달프고 간절한 사정을 모두
아뢰니, 바라건대 긍휼히 여기는 성념(盛念)을 더하여 특별히 이미 시행된

---

113) 강희(康熙) : 청나라 성조(聖祖)의 연호로, 1662년부터 1722년까지를 이른다.
114) 복의(覆議)를 …… 않다가 : 병자년 세자 책봉을 청하였을 때, 당시 청의 예부에서 《대명회
　　 전(大明會典)》 가운데 '제후는 나이 만 50세가 되도록 정실(正室)에서 자손이 없을 경우에
　　 만 비로소 승중손(承重孫)을 사왕(嗣王)으로 삼을 수 있다.'는 조항을 들어 봉전(封典)을
　　 허락하지 않았다. 《肅宗實錄 22年 11月 2日》《景宗實錄 卽位年 12月 28日》
115) 종번(宗藩) : 제후로 분봉(分封)된 황제의 종실(宗室)을 가리킨다.

법에 따라 간청을 흔쾌히 윤허하여 속히 책봉의 은전을 내려 신 모자의 염원을 들어주시고 온 나라 안 신민의 바람을 위로해주신다면 너무도 큰 다행이겠습니다. 감히 소국의 정황을 말씀드리며 긍휼히 살펴주시기를 바라는 일에 대하여 삼가 갖추어 주문합니다." - 출전은 《괴산장(槐山藏)》[116]이다. -

○ 약방 - 도제조 김창집, 부제조 이의현 - 이 청대하자 생각하고 있는 바를 글로 써서 올리라는 명이 내렸으므로, 이에 명릉(明陵)[117]의 참배를 화창한 봄날을 기다려 거행할 것을 청하였다. 주상이 답하기를,

"비록 추위가 혹심하나 세제와 함께 참배하려 하였는데, 대신의 말이 이와 같으니 봄으로 미루어 거행하는 것이 좋겠다."

하였다.

○ 29일, 승정원에서 아뢰기를,

"조금 전, 충청좌도 검핵관 이승원(李承源)[118]이 역로(驛路)를 통해 올린 소장이 본원에 도착하여 그 내용을 보니, 지난번 비망기를 환수하는 일에 대해 운운한 것이었으므로 원소(原疏)는 응당 환송함이 마땅하겠습니다.

다만 소의 내용 중에 '근래 조정 신료의 진언(進言)은 나라를 걱정하고 사랑하는 정성이 부족하고 공격만을 일삼는 말들이 대부분이어서 분수를 지키는 도리로 보아 온당치 않은 것을 항상 탄식하였습니다.' 하였고, 또

---

116) 괴산장(槐山藏) : 《신임기년제요 인용제서(辛壬記年提要引用諸書)》에 따르면 "괴산 이현도 기록[李槐山顯道所錄]"으로 되어 있다.

117) 명릉(明陵) : 숙종과 그의 계비(繼妃) 인현왕후(仁顯王后)의 능이다.

118) 이승원(李承源) : 1661~? 본관은 광주(廣州), 자는 효백(孝伯)이다. 1699년(숙종25)에 생원이 되고, 1705년 식년문과에 급제하여, 1708년 정언, 1722년(경종2) 수찬이 되었다. 1723년 교리로서 소론 조지빈(趙趾彬)에 맞서 남인 홍정필(洪廷弼)을 구원하였다. 1725년(영조1) 신임옥사 당시 간쟁하지 않았다는 이유로 문외출송 당하였다가 1727년 정미환국 이후 풀려나, 1728년(영조4) 형조참의, 1729년 승지, 1733년 공조참의, 1740년 동지중추부사 등을 역임하였다.

말하기를, '조성복(趙聖復)[119]이 이러한 말[120]을 한 것은 또 누가 사주한 것입니까?' 하였으니, 그 말이 사특하고 속셈을 헤아리기 어려워 지극히 해괴합니다.

게다가 상소에 오자(誤字)가 허다하고, 연폭(連幅)한 소장에는 이름도 쓰지 않았으며, 현(縣)을 통해 상소하지 않고 역마를 달려 상소하여 법규에 크게 어긋났으나, 본원에서는 추고를 청하는 외에 달리 시행할 만한 처벌이 없으니 엄히 추고하는 것이 어떻겠습니까?"

하자, 전교하기를, "윤허한다." 하였다.

○ 30일, 장령 박치원이 아뢰기를,

"…… 동료 대관이 김연을 제외한 일로 인해 신이 자리에 그대로 버티고 있기 어려운 정황이 한 대목 더 추가되었으나, 또한 이에 대해 의혹을 품지 않을 수 없습니다. 당초 우의정 조태구가 몰래 선인문으로 들어왔을 때, 김연과 이조가 동시에 밀고 들어온 상황은 수많은 사람이 목격하고 허다한 이들의 입에 오르내린 일입니다. 하물며 신이 그때 마침 대청(臺廳)[121]에 있었으므로, 누가 어떤 문으로 들어왔는지 직접 보고 들은 바가 있고, 또한 궐 안에 입직해 있던 사람들도 모두 명백히 말하고 있습니다.

신이 발계(發啓)할 때 이 두 사람을 지명하여 논척한 것은 상세하게 살핀

---

119) 조성복(趙聖復) : 1681~1723. 본관은 풍양(豊壤), 자는 사극(士克), 호는 퇴수재(退修齋)이다. 1702년(숙종28) 별시문과에 급제하여 청요직을 두루 거쳤다. 1716년 지평으로서 윤선거(尹宣擧)의 선정(先正) 칭호를 금할 것을 청하였고, 1721년(경종1) 집의 재직 시 세제 대리청정을 요구하는 상소를 올려 경종의 재가를 받았으나, 무군부도(無君不道)하다는 소론의 반격으로 유배되었다. 1723년 다시 잡혀 올라와 국문을 받던 중 옥중에서 자살하였다. 신임옥사 때 삼학사(三學士) 중 한 사람으로 일컬어진다. 영조 즉위 후 이조판서에 추증되고, 충간(忠簡)이란 시호가 내렸다.

120) 이러한 말 : 1721년(경종1) 10월 10일, 조성복이 상소하여 왕세제에게 서무를 대리하게 하자고 청한 말을 이른다. 《景宗實錄 1年 10月 10日》

121) 대청(臺廳) : 사헌부·사간원의 양사(兩司) 관원들이 왕에 대한 간쟁이나 관리들의 비위 탄핵 및 시정의 옳고 그름을 논의하기 위하여 회의하던 장소로, 궁궐 내 승정원 지근거리에 위치하였다.

결과였을 뿐만 아니라 한때의 공론에서 나온 것인데, 동료 대관이 대청에 처음 나와 사실 여하도 자세히 모르면서 한쪽만 옹호하는 사람의 말에 동요되어 갑자기 김연을 삭제하였습니다.

신이 무시당한 것이야 진실로 별문제가 아니라 해도 지금 이후 이것이 관례가 되어 각자 자기 소견을 주장하여 오늘은 이 계사를 고치고 내일은 저 사람을 삭제한다면 향후의 폐단을 어찌 감당하겠습니까? ……"

하자, 답하기를, "사직하지 말고 물러가 물론(物論)을 기다리라." 하였다.

○ **11월 1일**, 승정원 - 좌부승지 조영복, 우부승지 김제겸(金濟謙)[122] - 에서 아뢰기를,

"얼마 전 황해감사 이집(李㙫)이 사직소를 올리면서, 일이 확정된 지 이미 오래된 뒤에 지난번 비망기의 일을 제론(提論)하였으니 이미 무엄함이 너무도 심합니다. 하물며 그것을 빙자하여 나열한 것은 모두 편당을 일삼으며 자기와 뜻이 다른 이들을 배척하는 말들이었습니다.

이집은 원래 함께 대간의 논핵을 받은 사람으로서, 바야흐로 공의가 왕성하게 일어날 즈음에 온 몸을 던져 싸움에 앞장서서 기회를 틈타 모략하려는 계책을 이루려 하였으니 그 속셈을 헤아리기 심히 어렵습니다. 얼마 전 이러한 소장은 봉입하지 말라는 명을 내리셨으므로 신들은 감히 봉입할 수 없다는 뜻을 아룁니다."

하자, 전교하기를, "들이라." 하였다.

---

122) 김제겸(金濟謙) : 1680~1722. 본관은 안동, 자는 필형(必亨), 호는 죽취(竹醉)이다. 김창집의 아들이자 김원행(金元行)의 아버지이다. 1705년(숙종31) 진사가 되고, 1719년 증광문과에 급제하여 청요직을 두루 지냈다. 신임옥사에 연루되어 1722년(경종2) 4월에 사사되었다. 뒤에 이조참판으로 추증되었으며, 노론 측에서는 조성복·김민택(金民澤)과 함께 신임옥사 때 죽은 삼학사(三學士)의 한 사람으로 꼽았다. 저서로 《죽취고(竹醉藁)》, 편서로 《증보삼운통고(增補三韻通考)》가 있고, 시호는 충민(忠愍)이다.

○ 이집의 상소 내용은 다음과 같다.

"엎드려 생각하옵건대 신은 조정의 논의에 대해 이해할 수 없는 점이 있습니다. 전 참찬 최석항이 홀로 먼저 입대한 것이 과연 무슨 죄가 됩니까? 그가 말하고자 한 것이 얼마나 큰일인데, 몸이 이미 대궐에 이르렀다면 즉시 호소하고 부르짖어 성명을 되돌리기를 바라는 것이 마땅하지 두려워하고 침묵하며 주저주저 다른 사람을 기다리는 것이 어찌 분의(分義)에 마땅한 일이겠습니까? 만일 이러한 자가 있다면 진실로 엄중히 꾸짖을 일인데 지금은 도리어 이렇게 하지 않았다는 이유로 죄를 묻고 있으니 이는 상정(常情)에서 벗어난 일입니다.

선후(先後)를 막론하고 천의(天意)를 되돌릴 수 있었던 것이 천만다행일 뿐, 혼자 했느냐 함께 했느냐를 어찌 한가로이 논하겠습니까? 심지어는 비망기가 내리기도 전에 먼저 궐에 당도했다고 하니, 삼척동자라 해도 누가 이 말을 믿겠습니까?

우의정 조태구는 전하께서 내리신 특교를 받았는데, 거기에는 "시속의 태도를 시원하게 떨쳐 버리고 마음을 돌이켜 들어와 망해 가는 나라를 평안케 하라."[123]는 말까지 있었으니, 신하가 이러한 하교를 받고도 어떻게 감히 상규(常規)만을 고수할 수 있겠습니까?

조태구가 나라를 위해 일신을 잊고 조금이나마 대신의 책무를 다하고자 했던 것은 마음에 환히 빛나 천지신명께 맹세할 수 있는데, 이 일을 가지고 마치 조정이 없는 것처럼 굴었다고 말하니, 이 무슨 말입니까?

동궐(東闕, 창경궁)로 출입한 것은 단지 병이 위중하여 행보가 조금 가까운 곳을 취하였을 뿐이고, 또 선인문은 시어소(時御所, 주상이 거처하는 곳)의 정문이니, 병이 없는 자라 해도 이곳을 경유하여 출입하는 데에 예부터 무슨 한정이 있었다고 감히 이 일로 죄를 얽어 만든단 말입니까?

---

123) 시속의 …… 하라 : 경종이 이때 내린 하교는 《승정원일기 경종 1년 10월 13일》《경종실록 10월 13일》 기사에 실려 있다.

길을 갈 때는 대낮에 호창(呼唱)124)을 하며 갔고, 궐에 들어와서는 승정원에
입대를 청하였으며, 말한 것이라고는 정무를 내려놓겠다는 성상의 명을 되돌리
려 한 것인데, 이제 그 죄를 성토하여 '돌연 밀고 들어왔다.[突入]'하거나, 혹은
'몰래 진현(進見)하기를 도모하였다.' 하니, 세상에 어찌 이런 일이 있습니까?

　무릇 인견하겠다는 명이 바로 내려졌다는 것을 또 어찌 상신이 감히 알
수 있었겠습니까? 그때의 곡절을 전하께서 이미 명백하게 하교하셨으므로
훤히 밝혀졌다고 할 수 있는데 오히려 이것을 구실로 원망을 풀고자 잠깐
사이에 삭출에서 유배로, 이튿날은 유배에서 국문으로, 또 그 이튿날은 국문에
서 유배로, 저지하고 막아서며 낮추고 올리는 것을 제멋대로 하니, 아! 너무도
거리낌이 없습니다.

　신이 듣기에 대신은 비록 죄나 허물이 있다 해도 잡아들여 국문하는 것을
허락하지 않는다는 선왕의 하교가 명백히 있는데 오히려 무용지물처럼 버려
두고 있으니 다른 것이야 또 말해 무엇 하겠습니까? 상신(相臣)이 평생토록
보인 품행은 온 나라 사람들이 알고 있는데, 나아가고 물러가며 사양하고
받아들임에 간혹 속 좁고 편협한 처사가 있었을지 모르나 환시와 내통하였다는
것이 어찌 이 사람에게 조금이라도 가까운 말이겠습니까?

　그런데도 터무니없는 죄를 마구 더하며 조금도 어려워함이 없고, 심지어는
'환관과 궁첩이 이름을 아는 사람을 복상(卜相)하였다.'125)고까지 말하고 있으
니, 이는 성상의 인선(人選)까지 아울러 무함하는 것으로서, 어찌 통분할
일이 아니겠습니까?

　아! 군부가 갑작스레 비상한 하교를 내리자 정성을 다해 바로잡으려 뭇사람
들이 한마음으로 떨쳐 일어났습니다. 내 자신이 하지 못하는 것을 다른 사람이
할 수도 있고, 평소의 격식으로는 해서 안 되는 일을 파격적으로 단행하기도

---

124) 호창(呼唱) : 조정의 관원이 저잣거리에 행차할 때 하인이 행차 앞에서 관원의 관직을
　　　크게 외치면서 행인을 통제하고 길을 인도하는 일을 말한다. 벽제(辟除)라고도 한다.
125) 환관과 …… 복상(卜相)하였다 : 이 말은 본서 앞의 10월 18일자 기사에 수록된 양사의
　　　합계에 보인다.

하는 것이니, 이 모두는 다만 일이 다 지난 후 서로 경하할 일이 될 뿐입니다.
이는 진실로 천리로 보나 인정으로 보나 반드시 그러한 것인데, 지금 도리어
억지로 뒤집어씌우고 고집하며 전력을 다하지 못할까 두려워하고 있으니,
신은 진실로 세도(世道)를 위해 개탄하는 바입니다.

신은 천성이 꼼꼼하지 못하고 느릿해 일찍이 시론(時論)에 관여한 일이 없으나,
이 일은 관계되는 바가 작지 않고 재신의 반열에 있는 몸으로 감히 한 마디
아뢰지 않을 수 없사오니, 바라건대 전하께서 조금이라도 밝게 살펴주시어
신하로 하여금 이런 암담한 원통함을 품지 않게 해 주소서.

소회를 적은 소장을 승정원에서 마음대로 물리칠 수 없는 것은 바로 옛
법인데, 정청이 중지되던 날 중신(重臣)이 진언하는 상소를 가지고 와 승정원에
올렸으나 승정원에서는 공공연히 봉납하지 않았습니다. 이와 같이 하면
나라에 관계된 일은 경중을 막론하고 다시는 위에 아뢸 길이 없어질 것이고
뒷날의 폐단에도 관계될 것이니 엄히 신칙(申飭)하는 것이 마땅합니다.

그런데 신에게는 크게 불안하게 생각되는 일이 있습니다. 상신이 청대하던
날, 두서너 명의 재신이 일시에 청대하려 한다126)는 말을 듣고 신 또한
함께 하고자 즉시 궐 안으로 들어갔는데 이미 재신들은 함께 입대하라는
명이 내려졌으므로 마침내 사람들을 따라 입대하였습니다.

당시 청대하였던 행동은 다만 정청이 이미 중지되었던 까닭에 성상께
호소할 길이 없어서 정말 부득이한 계책으로 행했던 일인데, 홍문관과 대각에
서 연달아 부르짖어 아뢰면서 망측한 죄명127)을 뒤집어씌우고 심지어 형률을

126) 상신이 …… 한다 : 우의정 조태구가 선인문으로부터 사약방(司鑰房, 각 문의 자물쇠와
     열쇠를 관리하던 관청)에 들어가 사람을 승정원에 보내 청대하고, 이광좌 등은 금호문을
     통해서 들어가 또한 각각 청대하여 대리청정을 저지하고자 하였을 때, 최석항·이조·한배
     하·김연·이태좌 등도 연이어 당도하여 청대하였던 일을 이른다.
127) 망측한 죄명 : 조태구가 승정원을 거치지 않고 경종을 알현한 일을 논척한 삼사 및
     승정원의 계사들을 이른다. 특히 교리 이중협·사간 어유룡·장령 박치원을 필두로 한
     삼사의 합계에서는 조태구가 환관과 몰래 내통하기를 좋아하고, 이러한 조태구를 복상
     (卜相)한 것은 경종의 큰 실정이라는 내용이 있어 논란이 되었다. 본서 앞의 10월 18일자

바로잡으라고 청하기에 이르렀습니다.

신이 비록 시간이 조금 지체되어 정작 청대할 때 이르지 못하였으나 그때 입궐한 일은 실로 상신과 함께 청대하려는 뜻에서 나온 것이니 어찌 감히 구차하게 처벌을 모면할 생각으로 모른 척 스스로 엄폐하려 하겠습니까?"

주상이 답하기를,

"잘못된 일을 바로잡고자 진언하였으니 내 깊이 가상히 여긴다. 지금 시사(時事)가 이렇게 개탄스러운 것은 실로 내가 부덕하고 어리석기 때문이다. 아! 누구를 허물할 것이며 다시 무슨 말을 하겠는가? 경은 이 문제를 더이상 소급해 거론하지 말고 가서 공경히 직무를 다하라."

하였다.

○ 2일, 부제학 홍계적, 우승지 조영복, 좌승지 한중희가 모두 이집의 소로 말미암아 진소(陳疏)하였는데, 홍계적의 소에 이르기를,

"최석항이 한번 입대한 후로, 당시 신하들이 미처 함께 들어가지 못한 일을 가지고 한쪽 편 사람들이 이간질하고 계략을 꾸며 함정에 빠뜨리고 있으니, '진실로 엄중히 꾸짖을 만하다.'128)고 한 말에 저 또한 생각이 같습니다."

하였고, 또 논하기를,

"전하께서 최석항과 조태구는 인대하고 정청은 박대하여, 선조께서 예우하던 신하들이 날조된 참소에 고통 받고 충애(忠愛)를 드러내지 못하였습니다. ……"

하자, 주상이 답하기를, "경에게는 별달리 혐의할 일이 없다." 하였다.

기사에 보인다.

128) 진실로 …… 만하다 : 앞서 이집이 상소하여, 경종이 왕세제의 대리청정을 명하였을 당시는 먼저 입궐했던 누구라도 최석항처럼 주저 없이 청대하여 명을 거두기를 호소하는 것이 신하의 분의에 맞는 행동이었다며 최석항을 옹호하는 가운데 만약 그 상황에서 입을 다물고 다른 사람을 기다리는 신하가 있었다면 진실로 엄중히 꾸짖을 일이라고 한 것을 인용하여 역으로 이집 등의 논의를 반론한 말이다.

○ 도승지 이정신(李正臣)이 대간의 말로 인해 인혐(引嫌)[129]하는 상소에서 말하기를,

"유봉휘를 국문하라고 청하였을 때 신은 빈청의 계사에 참여하지 않았고, 또 우의정이 청대하였을 때 그와 함께 들어갔던 사람으로서, 삭출하라는 논계가 진행 중인데 신만 홀로 요행히 탄핵을 모면하였습니다. ……"

하였다.

○ 3일, 지평 이의천이 아뢰기를,

"삼가 동료 대간 - 동료 대간은 곧 박치원이다. - 이 피혐하는 말을 보니, 신이 지난번 전계(傳啓)[130]할 때 김연을 제외한 일을 두고 거센 비난이 쏟아졌는데,[131] 종이 가득 늘어놓은 말의 함의가 매우 심각하여 신은 적이 개탄하였습니다. 대개 그날 김연은 전하께서 대신 및 신료들을 인견하신 후에 추후로 두서너 명의 재신들과 미품(微稟)[132]을 위해 들어갔으니, 이로써 조태구와 동시에 밀고 들어온 정황과는 같지 않음을 알 수 있습니다.

신은 이 일을 구분하는 방도가 없을 수 없다고 생각하여 대청(臺廳)에 나아간 날 동료 대간에게 간통(簡通)하여 물으려 하였는데, 이제 막 시원(試院)에 들어가서 일을 끝내고 나오기가 쉽지 않아 그냥 종전의 소장을 그대로 등사하여 전하려 하다가, 잘못을 알고도 고치지 않는 제 행동에 부끄러운 마음이 들어 전계(前啓)에서 김연의 일을 제외한 것이었으나 발론한 동료에게

---

129) 인혐(引嫌) : 어떠한 사안에 대해 동료와 의견이 상충하거나 대각의 탄핵을 받을 경우, 자신의 과실에 대한 책임을 진다는 명분으로 사퇴하는 것을 이른다.

130) 전계(傳啓) : 사헌부·사간원에서 이미 처벌하였거나 이후 처벌할 죄인의 성명·죄명을 적어 상주하는 문서를 이른다.

131) 지난 …… 쏟아졌는데 : 10월 19일, 사헌부 장령 박치원이 조태구와 함께 선인문으로 잠입한 김연·이조 등을 삭탈관작하고 문외출송하라는 신계(新啓)를 올렸는데, 이후 24일 이의천이 김연을 논핵 대상에서 제외하자, 30일 박치원이 피혐하며 사직을 청한 일을 말한다.

132) 미품(微稟) : 임금에게 격식을 갖추지 않고 구두로 상주하는 것을 이른다.

는 미처 소상히 설명하지 못하였습니다. …… 청컨대 신의 직을 체척(遞斥)하라
명하소서.”

하니, 답하기를, “사직하지 말고 물러가 물론을 기다리라.” 하였다.

○ 4일, 집의 이중협이 사직하는 상소에서 말하기를,

“전하께서 이미 대계(臺啓)를 윤허하고 승전색을 잡아들여 신문하라는
명까지 내리셨으니, 온 나라가 어찌 그날의 인대에 의혹을 품지 않을 수
있겠으며, 신이 어찌 근심과 울분에 차 한마디 말도 하지 않을 수 있겠습니까?”

하자, 답하기를,

“나의 부덕함과 어리석음 때문에 임금을 업신여기는 무엄한 논의가 뜻밖에
일어났다. 잘 모르겠으나 환관과 궁첩이 이름을 아는 사람을 몇 명이나
임명하였다는 것인가? 시사(時事)가 이 지경인 것을 생각하면 나도 모르게
개탄스럽다. 그대는 사직하지 말고 몸을 조리하며 직무를 살피라.”

하였다. - 5일 빈대(賓對)에서 김창집, 이만성, 신석 등이 진달한 바[33]에 따라 이중협의
상소에 내린 비답을 도로 거두어들였다가, 8일에서야 비로소 비답을 다시 내렸는데, “무군(無
君)” 두 글자는 “향일(向日)”로 고쳤고, “조리(調理)” 두 자는 삭제하여 내렸다. -

○ 5일, 비국당상을 인견하였을 때 이중협의 상소에 내린 비답을 도로
거두어들일 일을 탑전에서 하교하였다. - 이때의 연설(筵說)이 난보(爛報)[134]에 보인
다. - 응교 신석이 말하기를,

“‘환관과 궁첩이 이름을 아는’ 등의 말은 대계에서 처음 발론한 것이나
지금은 대계에서도 이미 이 구절을 삭제하고 수정하였다고 합니다. 이중협이

---

133) 김창집 …… 진달한 바 : 이중협의 상소에 대한 미안한 비답을 거두고 다시 고쳐 내릴
　　것을 청한 일을 이른다. 《景宗實錄 1年 11月 5日》
134) 난보(爛報) : 조선시대에 승정원(承政院)에서 처리한 사항을 매일 아침 서리가 베껴서
　　소속 군사로 하여금 조정의 관원들에게 배포케 하는 통보(通報)로, 조보(朝報)·기별(奇別)
　　·조지(朝紙)·저보(邸報)·저장(邸狀)·저지(邸紙)·한경보(漢京報) 등으로 불렸다.

전후로 올린 차자와 계본에서는 애당초 이러한 말이 없었습니다."
하였다.

○ 6일, 사간 어유룡이 올린 소에 이르기를,
"번신(藩臣, 이집)의 상소는 거짓을 날조하여 중상모략하기를, '성상의 인선(人選)을 무함하였다.' 말하기까지 하였습니다. 죄명이 무거우면 삭출에서 나문(拿問)으로 변경하는 것이고, 그 곡절이 이미 드러났으면 나문에서 다시 유배로 변경하는 것인데, 대간이 처음 합사하여 발론하였을 때는 감히 입을 열지 못하다가 오랜 시간이 지난 후에야 소급하여 제기하였습니다. ……
헌신(憲臣, 이중협)의 상소에 내리신 비답을 보고 모골이 송연하였습니다. 계사에 있는 말을 이미 삭제하였고 성상의 비답도 고쳐 내렸으니, 굳이 쓸데없는 말을 할 필요는 없습니다. 애당초 옛말을 인용하여 의혹이 일어난 일의 단서를 밝히고, 대간의 체통에 대한 제방을 엄하게 하여, 성상의 덕을 해와 달처럼 높이고, 조정을 청명(淸明)한 경지에 올리려는 것에 불과합니다. ……"
하자, 답하기를, "대간의 탄핵이 이미 나왔는데, 누누이 거듭하는 것은 매우 지나치다." 하였다.

○ 7일, 홍문관에서 차자를 올려 박치원을 체차하고 이의천을 출사하게 할 것을 청하였는데, 그 처치하는 내용에 이르기를,
"애당초 탄핵이 비록 격분에서 나왔다고 하더라도, 혼란스러운 와중에 주의 깊게 살피지 못한 것이 있고, 미처 간통(簡通)하여 묻지 못하였는데, 이는 사세가 마침 그러하였던 것이니 동료 대신의 피사(避辭)에 어찌 깊이 혐의할 필요가 있겠습니까?"
하였다.

○ 황해감사 김유경(金有慶)[135]을 유임하였다. - 비변사의 초기(草記)[136]에 있다. -

○ 강화유수 이태좌가 상소하여 이중협이 올린 소의 내용에 대해 분변하여 말하기를,

"신이 두서너 명의 재신과 함께 누국(漏局)[137]에 나아갔는데, 누국은 궐 안 대로변 합문(閤門)의 지척에 있고, 이번 정청 때 대소 신료들이 쉬면서 머무르던 곳인데 어찌하여 '궁벽진 곳'이라고 하는 것입니까?"[138]

하니, 답하기를,

"처분이 이미 정해졌으니, 경은 더 이상 문제를 소급해 제기하지 말고 가서 공경히 직무를 다하라."

하였다.

○ **8일**, 지평 이의천이 아뢰기를,

"…… 일전에 번신(藩臣)의 소에 이르기를 …… 무릇 조태구가 몰래 진현(進見)을 도모한 자취와 최석항이 교활하게 현혹하려는 계책은 모두가 직접 목격한 일이므로 그 정적(情迹)을 가리기 어려우니, 지금 이들의 죄를 성토하는 일은 실로 공론에서 나온 일입니다.

그런데 지금 이집은 근거 없는 말로 분변하는 상소에서 시비를 어지럽히고

---

135) 김유경(金有慶) : 1669~1748. 본관은 경주(慶州), 자는 덕유(德裕), 호는 용주(龍洲)·용곡(龍谷)이다. 1693년(숙종19) 사마시에 합격하고, 1710년 증광문과에 급제하여 1716년 수찬이 되고 홍문록에 올랐다. 1722년(경종2) 이전에 의주부윤(義州府尹) 재직시 이정식(李正植)을 편비(褊裨)로 삼아 막하(幕下)에 두었다 하여 유배되었다. 1725년(영조1) 풀려나 호조참의가 되고, 1738년 공조판서가 되었다. 1744년 대사헌으로서 탕평책을 반대하다가 파직되었다. 1746년 좌참찬으로 관직에서 물러난 뒤 1748년 숭록대부에 특진되었다. 시호는 효정(孝貞)이다.

136) 초기(草記) : 각 관서에서 국왕에게 올리는 문서이다. 정무 상 사안의 내용만 간단히 적어 올리는 서식이다.

137) 누국(漏局) : 보루각(報漏閣)이다. 누각(漏刻)에 관한 일을 맡아보던 관아이다. 경복궁과 창덕궁 안에 있었다.

138) 누국은 …… 것입니까 : 앞서 10월 18일 이중협의 상소에서 "조태구의 뒤를 따랐던 두서너 명의 재신(宰臣)들이 대궐 안 궁벽진 곳에 모였다."고 한 것에 대해 이태좌가 반론한 것이다.

왕법을 저지하려고 하여, 공의가 막 펼쳐지려는 때 기회를 엿보며 중상모략하려는 뜻을 드러냈으니, 그 기탄없음이 어찌 이리 심하단 말입니까?

또한 조태구와 유봉휘는 둘이면서도 한 몸이나 마찬가지인데,[139] 이집이 일찍이 유봉휘의 죄를 성토할 때는 함께 동참해 놓고 지금 조태구에 대해서는 홀로 구원하기에 사력을 다하고 있으니, 이는 그 당여에게 잘 보이고자 하여 공의에 죄를 짓는 것은 돌아볼 겨를이 없는 것 아니겠습니까? 이러한 자를 책망한들 무엇 하겠습니까?

신이 또한 강화유수 이태좌의 소를 보니 그 대략의 뜻은 이집의 상소와 서로 부합하여, 모두 편당을 일삼으며 자기와 뜻이 다른 이들을 배척하고 변명을 늘어놓으며 비호하려는 의도가 아닌 것이 없으므로, 신은 그와 상대하여 시끄럽게 시비를 가리고 싶지는 않습니다. ……"

하자, 답하기를, "사직하지 말라." 하였다.

○ 청은군 한배하가 상소하였는데, 그 대개에,

"대간의 소장이 앞다투어 올라와 처지가 위태로워졌으므로, 이에 감히 짧은 소장을 올려 대략이나마 스스로 탄핵하는 뜻을 아룁니다."

하여 승정원에 올렸으나 승정원에서는 도로 돌려주었다. - 12일, 이정신의 소에 대한 비답을 내린 후, 하교를 전하여 말하기를, "한배하의 소를 들이라." 하였다. - 한배하의 소에 이르기를,

"우의정이 청대하였을 때, 신 또한 김연과 함께 선인문의 편로(便路)를 통해 뒤를 따라 입대하였습니다. …… 대신의 차자[140]가 한 번 올라가서 정청이 갑자기 중지되자, 우의정 조태구가 충분(忠憤)이 격발하여 병든 몸을

---

139) 조태구와 …… 마찬가지인데 : 1721년(경종1) 8월, 유봉휘가 왕세제의 대리청정을 철회시키고 이를 주장한 노론이 임금을 우롱하고 협박한 죄를 다스려야 한다고 상소하였다가 탄핵을 받고 유배되자 우의정 조태구가 그를 신구하는 차자를 올렸다.

140) 대신의 차자 : 1721년(경종1) 10월 17일, 김창집 등이 세제 대리청정을 반대하는 정청을 중지하고, 정유년 절목에 따라서 대리청정을 받아들이겠다고 말한 차자를 가리킨다.

아랑곳하지 않고 힘겹게 대궐에 이르러 다시 정청을 시행하고자 하였습니다.

그런데 대신들이 궐문으로 나아가려 하지 않았고, 또 입대를 청하려 하자 승정원이 거부하는 바람에 이러지도 저러지도 못하고 머뭇머뭇 방황하던 차에 뜻밖에도 전하께서 천둥소리 듣듯 들으시고 특명으로 청대를 허락하시어 신료들이 따라 들어갔고 마침내 명을 거두시게 된 것입니다.

진실로 조성복의 심복 같은 자들이 아니라면 응당 기뻐하며 축하할 일임에도 도리어 원찬을 청하고 추국을 청하며 어지러이 죄를 성토하고 환관과 '내통'하고 '결탁'하였다는 터무니없는 말들을 날조하며 중벌로 다스려야 한다고 주장하니 그 심사를 진실로 헤아리기 어렵습니다.

전 참판 최석항에 대해서는, '음험'하고 '자기 혼자 잘난체 한다'는 말로 지목하여 억지로 죄를 뒤집어씌워서, 마치 먼저 공을 빼앗아 자기 공으로 삼으려 하는 것처럼 말하였는데, 만약 최석항 한 사람이 아니었다면 지금의 조정에 과연 이 일을 해낼 수 있었던 자가 있었겠습니까? 신이 늙고도 죽지 않아 임금의 형세가 외롭고 왕정의 기강이 무너진 것을 보고 있자니 저도 모르게 눈물을 흘리며 통곡하게 됩니다."

하였다.

○ 사헌부에서 새롭게 아뢰기를, - 이의천이 인피한 후 물러가 물론(物論)을 기다리지 않고 즉시 전계(傳啓)하였다. -

"지난번 전하께서 비망기를 도로 거두신 일은 실로 종사의 크나큰 경사이고 처분이 이미 확정되었으니 다시 더할 말이 없는데도 한편의 불령(不逞)한 무리가 기회를 틈타 준동하며 조정의 신하들을 일망타진하고야 말려고 하니, 통탄하지 않을 수 없습니다.

이인복이 앞에서 주창하고 이집이 뒤에서 화응하여, 제멋대로 조정 신하들을 무함하며 중상모략을 일삼고, 논박당한 자들을 구원하며 온갖 말로 칭찬하니, 저들이 공의(公議)와 힘껏 맞서 싸우며 당을 위해 죽기를 달갑게 여기는 풍조를 차마 눈 뜨고 보기 힘든 지경입니다.

그런데 지금 청은군 한배하가 그 방식을 그대로 답습하여 한 통의 상소를 올렸습니다. 승정원에서 비록 봉납하지 말라는 전교에 따라 이미 물리치고 받지 않았습니다만 듣기에 상소의 내용이 매우 흉패하다고 합니다. 이렇듯 조정을 무너뜨리고 어지럽히는 무리를 그냥 두고 논하지 않을 수 없으니, 청컨대 청은군 한배하, 전 참의 이인복, 전 감사 이집을 파직하고 서용하지 마십시오."

하자, 주상이 "번거롭게 하지 말라." 답하였다.

○ 9일, 도승지 이정신이 상소하였는데, 그 요지에,

"한배하가 상소에서 근래의 사안에 대해 우려와 개탄을 하며 그 소회를 아뢰었기에, 신이 속히 올리려 하였으나 승정원의 동료들이 저지하며 막아섰습니다. …… 임금의 형세는 외롭고 당여(黨與)는 왕성하여, 승정원은 오로지 막아서 저지하기에만 힘쓰고 대간은 오직 공격해 내쫓는 것만 일삼으니, 군부(君父)의 교령(敎令)은 지척에서도 통하지 않고, 신하들의 충정은 드러내 아뢸 길이 없습니다.

일전에 우의정에게 내리신 별유(別諭)는 그 말뜻이 측은해하고 애절하였는데, 두 번이나 저지하여 우리 전하의 진심이 담긴 가르침이 막혀서 행해지지 못하였습니다. …… 우의정의 청대가 일반적인 격식에서 벗어나지 않은 것은 아니나, 그때는 마침 정청이 중지되었고 성명은 거두어지지 않았을 때라서 잘못을 바로잡는 것에 급급하여 다른 것은 돌아볼 겨를도 없이 창황히 대궐로 가 충정어린 마음을 진달하고자 한 것이었습니다. 그가 즉시 품계하여 성상께서 마음을 돌이키도록 바랐던 것은 모든 이들의 뜻이었는데, 이를 극력 저지하여 그로 하여금 대궐 안을 배회하게 하였습니다.

전 판서 최규서(崔奎瑞)[141]가 초야에서 울분에 차 피를 흘리듯 쓴 상소는

---

141) 최규서(崔奎瑞) : 1650~1735. 본관은 해주(海州), 자는 문숙(文叔), 호는 간재(艮齋)·소릉(少

승정원에 이르러 거부되었고, 정청이 이미 중지되던 날 참찬 최석항이 개탄하며 올린 상소는 서너 번의 왕복 끝에 끝내 받아들여지지 않았으며, 번신의 상소는 그 말이 시휘(時諱)[142]를 건드리자 문장의 구절을 트집 잡아 물리쳤고 또 봉납하지 않을 것을 청하였습니다.

얼마 전 승선(承宣)이 올린 소에 대한 비답에 '시비를 가리고 인사를 출척하는 일은 임금의 권한이다.'라는 하교가 있으셨으니,[143] 출납의 직임을 맡은 자라면 마땅히 놀라고 두려워하는 자세로 마음을 바로잡아 성상의 뜻을 봉행해야 할 터인데 반성하거나 두려워하는 모습은 조금도 없었고, 급기야 한배하의 상소를 물리치기에 이르러서는 그 행태가 극에 달하였습니다. 이 무리가 일말의 두려움이라도 가졌다면 거리낌 없이 제멋대로 하는 짓거리가 어찌 이 지경에 이르렀겠습니까?

청대하였던 중신(重臣)을 삭출하라는 계사는 이미 상정(常情)이라 할 수 없습니다. 우의정은 병든 몸을 이끌고 입대하여 눈물로써 잘못을 바로잡아 마침내 천청(天聽)을 감동시켜 마음을 돌림으로써 위로는 두려움과 압박에 시달렸을 춘궁의 마음을 위로하고 아래로는 요동쳤을 나라 안 민심을 안정시켰습니다.

그런데 대각에 있는 자들은 오직 중상모략에 힘을 다하지 못할까 두려워하

陵·파릉(巴陵)이다. 1669년(현종10) 진사시, 1680년(숙종6) 별시문과에 급제하여 청요직을 두루 지냈다. 1689년 대사간 재직시 장희빈의 책봉을 반대하였다. 1716년 병신처분(丙申處分)으로 소론이 세력을 잃자 귀향하였다가 1721년(경종1) 우의정, 1723년 영의정에 올랐다. 당시 노론이 연잉군의 대리청정 등을 추진할 때 반대하였으며, 김일경 등이 신임옥사를 일으키자 완소(緩少)로 온건하게 대처하였다. 1728년(영조4) 무신난(戊申亂)이 발생하자 제일 먼저 조정으로 달려와 이를 알리고, '역정포고의(逆情布告議)'라는 토난책(討難策)을 건의하였다. 영조의 묘정에 배향되었으며, 시문집 《간재집》이 있다. 시호는 충정(忠貞)이다.

142) 시휘(時諱) : 시국과 관련된 민감한 사항이나 당시 정국을 주도하는 세력의 뜻에 맞지 않는 불편한 쟁점 등을 이른다.

143) 승선(承宣)의 …… 있으셨으니 : 앞서 10월 20일에 우승지 유숭이 이인복의 상소를 들어 인피하자, 이에 대해 경종이 내린 비답에 보인다.

여 처음에는 '환관과 서로 내통하였다.'는 말로 억지 죄안을 만들더니 끝에
가서는 '환관·궁첩이 이름을 안다.'는 말로 성상의 인선(人選)까지 아울러
무함하며, 어제는 멀리 유배 보내라고 하였다가 오늘은 추국하라 하고, 다시
또 변하여 유배 보내라 하여, 원칙 없이 이랬다저랬다 하며 돌연 허둥지둥
어찌할 바를 모릅니다.

대신을 잡아들여 심문하는 일을 금한 것은 선조(先朝)의 법인데도 무용지물
취급하며 쉽게 무시해버리고, 승전색이 전하의 하문을 받고 아뢰었음이
성상의 하교에 분명히 명시되었는데 조금의 고려 없이 힘껏 막아서기만
하여 군신의 분의(分義)가 남김없이 끊어져 버렸으니, 이러한 짓도 감히 하는데
무슨 짓인들 못하겠습니까?

유복명이 분개하고 개탄하며 쟁집(爭執)한 일에 무슨 미워할 만한 점이
있다고 일부러 다른 일을 꼬투리삼아 기필코 무함하려 들었고, 박태항이
연명소에서 조성복의 무장(無將)[144]한 죄를 성토하며 죄를 청한 것은 온
나라의 공론인데도 원찬하라거나 내치라는 등 조정 중신들을 모두 그물로
낚아 함정 속으로 몰아넣고 있으며, 한배하가 올린 상소의 경우, 승정원이
한편에서 막고 대각이 한편에서 공격하니, 전하의 조정은 도리어 이 무리들에
게 농락되어 장차 그 누구도 감히 어찌할 수 없을 지경에 이를 것입니다.

전하께서는 지나치게 어질고 관대하시며 덕을 지키심이 굳건하지 못한
까닭에 신하들에 대해 그 죄를 알면서도 감히 말씀하지 못하시고 그 잘못을
알면서도 감히 바로잡지 못하시며, 이미 말씀하시고 죄를 주었다가도 문득
기만하고 은폐하는 말을 들으면 즉시 조처를 거두시곤 합니다. 이와 같아서
이 무리들이 조금의 거리낌도 없는 것이니, 전하께서 권강(權綱)을 총람하시어

---

144) 무장(無將) : 무장은 《춘추공양전(春秋公羊傳)》 장공(莊公) 32년 조에 "임금이나 부모에
    대해서는 불충한 마음이 없어야 하니, 만약 불충한 마음이 있으면 반드시 주벌한다.[君親
    無將, 將而誅焉.]"는 말에서 나온 것이다. 원래의 의미는 임금에 대해 신하가 반역하거나
    찬시(簒弑)하는 마음을 품지 않는 것을 뜻하나, 후세에 와서 마음속에 역모나 시해와
    같은 불충한 마음을 품고 있음을 가리키는 뜻으로 쓰이게 되었다.

군주의 위엄을 진작하고 나라의 형세를 떨치신다면 조종 신민의 복일 것입니
다. ……"

하였다. 소개(疏槪)145)에,

"감히 맡은 직무를 감당하지 못한 죄를 아뢰니 체차해 주시기 바라며,
아울러 나라를 근심하는 충정을 올리니 살펴주시기를 청한 일."

이라고 하였다. 답하기를,

"소의 대략적인 요지는 내 이미 알고 있으니, 경은 사직하지 말고 속히
직무를 수행하라."

하였다. - 12일에 비답을 내렸다. -

○ 동부승지 조명겸(趙鳴謙)146)이 상소하였는데 그 대개에, "이정신의 상소
를 보니 신이 감히 태연히 자리에 있을 수 없습니다. ……" 하였다.

○ 좌부승지 이정주(李挺周)147)가 상소하였는데, 그 대개에,

"삼가 도승지 이정신의 소를 보니, 한배하의 사직소를 봉입하지 않은
일을 계기로 이전의 일까지 소급하여 조정의 신하들을 터무니없이 무함하고
승정원의 동료들을 죄주어야 한다고 끝없이 성토하였습니다. 해당 방(房)에
는 이미 상소하여 진달한 후 직무를 내려놓고 곧장 나갔으니, 신이 구차함을
무릅쓰고 직무를 지키기 어려운 형세가 된 것은 동료들과 다름이 없습니다.

---

145) 소개(疏槪) : 상소의 내용을 요약한 요지(要旨)를 이른다.

146) 조명겸(趙鳴謙) : 1663~1722. 본관은 양주(楊州), 자는 익지(益之)이다. 1713년(숙종39) 증
    광문과에 급제하여 청요직을 두루 거쳤다. 1719년(숙종45) 집의 재직 시 윤선거 서원을
    허물라는 계청(啓請)을 정지하였다 하여 체임되기도 했다. 1721년(경종1) 승지에 올라
    김일경 상소를 비판하였다가 파직되었다.

147) 이정주(李挺周) : 1673~1732. 본관은 벽진(碧珍), 자는 석보(碩輔)이다. 1708년(숙종34) 식
    년문과에 장원 급제하여 청요직을 두루 거쳤다. 1722년(경종 2) 의주부윤 재직시 재물을
    모았다는 이유로 탄핵받았다. 영조가 등극한 뒤 승지로 재직하였으나 1727년 정미환국에
    반대하는 정청(庭廳)에 참여하였다는 이유로 파면되었다가 1732년 진주목사가 되었다.

......"

하였다. 좌부승지 조영복과 우부승지 김제겸 - 이집의 소를 계품한 승지이다. -
도 모두 상소하였다. 조명겸과 이정주의 소에 대해 답하기를, "처분이 이미
정해졌으니, 너희들은 사직하지 말고 직무를 수행하라." 하였다.

○ 10일, 응교 신석이 이정신의 소로 인하여 시비를 따져 상소하였다.

○ 사직 신경제(申慶濟)148) 상소를 올려보낸다는 충청감사의 서목(書目)에
대해, 전교하기를, "처분이 이미 정해졌으니, 이 상소는 도로 내려보내도록
분부하라." 하였다.

○ 11일, 지평 이의천이 상소하여 아뢰기를,
"합계(合啓)에 대해 신은 이미 우선 정계하자는 글을 내었으니, 함께 참여한
것과 다름이 없습니다. 최석항을 처벌하라는 계사에 대해서는 한두 번 연계(連
啓)하였고,149) 더구나 한배하를 처벌하라는 계사는 신이 혼자 발계(發啓)한
것이니,150) 이정신이 발광하며 소란을 피운 것은 모두 신의 죄상입니다.
비망기를 즉시 환수하시고 처분은 이미 정해졌는데, 이 무리는 속셈은
그대로인 채 얼굴만 바꾸고 갈수록 기괴해져 마치 사생결단의 일전을 앞둔
듯하니, 무슨 일을 가지고 다투자는 것인지, 장차 무슨 일을 벌이려는 것인지를
모르겠습니다. 분란이 이 지경에 이른 것은 전하께서 그렇게 만든 것입니다.
공의를 무시하고 대간의 논계를 소홀히 하니, 여러 사람들이 악인(惡人)의

---

148) 신경제(申慶濟) : 1644~1726. 본관은 고령(高靈), 자는 성회(聖會)이다. 1689년(숙종15)에
　　증광문과에 급제하여, 1708년 장령에 올랐다. 1722년(경종2) 우의정 최석항을 비판하였다
　　가 문외출송 되었다.
149) 최석항 …… 연계(連啓)하였고 : 앞서 10월 17일 세제에게 대리청정하라고 한 명을 거둔
　　직후와 18일에 최석항을 삭출하라고 청한 계사를 가리킨다.
150) 한배하 …… 것이니 : 바로 앞에 11월 8일 한배하를 파직하라고 올린 계사를 가리킨다.

마음을 품어서 참소하는 역적들의 말들이 나왔습니다. ……"
하였다.

○ **12일**, 지평 서종급(徐宗伋)¹⁵¹⁾이 상소하였는데, 그 대개에,
"감히 병이 위중한 실상을 드러내고 겸하여 한두 가지 근심하고 개탄하는
정성을 붙여 성상의 재찰(裁察)에 대비하는 일"
이라고 하였다.

○ **13일**, 전교하기를, "지평 서종급의 상소를 도로 내주어라." 하였다.

○ **14일**, 승정원에서 아뢰기를,
"대각에서 사안에 대해 아뢰는 상소는 그 체모가 각별하므로, 쓸 만한
말이면 응당 시원스레 가납하고 그 말이 비록 쓸 만하지 않더라도 또한
깨우쳐 타이르는 뜻을 보이셔서 아뢰는 자로 하여금 스스로 수긍하게 해야
마땅합니다. 그런데 지금은 그렇지 않아서 불문곡직하고 곧장 도로 내주게
하니, 실로 성조(聖朝)에서 대각을 대우한 도리에 어긋납니다.
만약 천만세 후에 지금의 일을 구실로 삼아 올바른 것을 미워하고 간언을
거부하는 풍조를 이루게 된다면 장차 성조를 어떻다 말하겠습니까? 신들의
이러한 말은 감히 털끝만큼이라도 대신(臺臣)을 위해서가 아니라 오로지
성덕(聖德)에 손상이 갈까 두려운 마음에 아뢰는 것이니, 엎드려 바라건대
성명께서는 즉시 상소를 도로 들이라고 명하고 비지를 내리시어 해와 달처럼

151) 서종급(徐宗伋) : 1688~1762. 본관은 달성(達城), 자는 여사(汝思), 호는 퇴헌(退軒)이다.
달성위(達城尉) 서경주(徐景霌)의 증손으로, 권상하(權尙夏) 문인이다. 1711년(숙종37)
진사가 되고, 1719년 증광문과에 급제하여 정언이 되었다. 1721년(경종1) 지평 재직시
세제의 대리청정을 건의했던 조성복을 두둔하다가 유배되었다. 영조가 즉위하자 풀려나
형조판서 등을 역임하고, 1757년(영조33)에 기로소(耆老所)에 들어갔으며 이듬해 봉조하
(奉朝賀)가 되었다. 저서로 《퇴헌유고(退軒遺稿)》가 있고, 시호는 문정(文貞)이다.

빛나는 성교(聖敎)를 모든 이들이 우러르게 하소서. ……"

하자, 전교하기를, "알았다. 원소(原疏)를 들이라." 하였다.

○ 서종급 상소의 요지는 다음과 같다.

"불령(不逞)한 무리를 번번이 너그럽게 용서하시고 대각의 논계는 굳게 거부하시며, 이집의 상소에 내린 비답에서는 심지어 '덕이 부족하다.' 등의 말로 겸손을 보이심이 지나치셔서 뭇 신하들의 마음을 편안하지 못하게 만들었습니다. 한배하와 이인복 같은 무리가 감히 전하의 천심(淺深)[152]을 엿보고, 이정신이 시종일관 늘어놓은 말들은 모두 화를 불러일으키려는 마음에서 나온 것입니다.

'승전색' 등과 같은 말은 그가 비록 성교(聖敎)를 의지하려 한 것이라 하나 조금이라도 수오(羞惡)의 마음[153]이 남아 있다면 맑은 조정에서 재상의 반열에 있는 몸으로 어찌 차마 근습(近習)[154]을 옹호하는 말을 입 밖으로 드러내 말할 수 있단 말입니까?

조성복의 상소는 비록 지극히 망령되고 패악하였지만 삼사의 신하들이 연이어 논박하였으므로 진실로 보잘것없는 미관말직(微官末職)의 사람까지 나설 필요가 없었는데, 박필정(朴弼正)[155]과 박치원(朴致遠)이 분주히 연명 상소를 올렸으니[156] 그 행동은 망령되었고 글 뜻은 사리에 어긋났습니다.

---

152) 천심(淺深) : 얕고 깊다는 뜻으로, 사안에 따라 각기 다르게 조처되는 적절한 분수나 정도를 이른다.

153) 수오(羞惡)의 마음 : 자기의 불선(不善)을 부끄러워하고 남의 불선을 미워하는 마음으로 사단(四端)의 의(義)에 해당한다. 《孟子 公孫丑》

154) 근습(近習) : 임금 가까이에서 총애 받는 신하이다. 주로 환관이나 궁첩(宮妾) 등을 가리키며, 이밖에 후궁이나 관원 등에게 딸린 관원이나 하인을 지칭하기도 한다.

155) 박필정(朴弼正) : 1684~1756. 본관은 밀양(密陽), 자는 계심(季心), 호는 일휴(逸休)이다. 1711년(숙종37) 식년문과에 급제하여 청요직을 두루 지냈다. 1722년(경종2) 사과 재직 시 김일경의 탄핵을 받았다. 영조대 판결사를 거쳐 한성부 좌윤을 역임하였다.

156) 박필정(朴弼正)과 …… 올렸으니 : 1721년 10월 11일 박필정과 박치원이 조성복을 유배 보내라고 청한 상소를 가리킨다. 《연려술속(燃藜述續) 1》 해당 날짜에 보인다.

그런데 이로 인해 평소 천성이 시비(是非)를 가리는 것에 어둡지 않다고 자부하던 자들까지 때를 틈타 팔을 걷어붙이며 이를 구실로 삼은 자들과 똑같은 방식을 답습하고 있습니다. ……"

○ 전교하기를, "청은군 한배하의 상소를 도로 내주어라." 하였다. - 한배하가 올린 상소의 요지는 위에 보인다. -

○ 15일, 부제학 홍계적이 상소하였는데, 그 대략에,

"이정신이 상소에서 말한 '인주의 형세는 외롭고 당여(黨與)는 왕성하다.'는 말은 진실로 화를 전가하는 수단입니다. 비록 이정신이 대신을 곡진히 옹호하면서도 또한 대신의 행동이 '일반적인 격식에서 벗어난 것'[157]이라고 말하였는데, 이미 격식을 무너뜨려 놓고 관례를 따라서 계품하려 하였다니 심히 해괴하지 않습니까?

대개 그 주된 뜻은 오로지 '막아서고 저지한다.'는 것을 명목으로 삼아 일망타진할 계책으로 삼으려 한 것인데, '막아선다.'는 표현은 다만 그 앞길을 막는다는 것이 아니라 그 말을 막는다는 것이요, '저지한다.'는 표현은 다만 그 사람을 저지한다는 것이 아니라 그 말을 저지한다는 것입니다. 이로써 말을 만들면 천청(天聽)을 속일 수 있고 이로써 죄안을 삼으면 조정 신하를 죄 줄 수 있다고 생각한 것입니다. ……"

하였다. 상소의 개략은,

"도승지 이정신의 상소를 보고, 신은 영화로운 자리에 태연히 있을 수는 없습니다. ……"

---

157) 대신의 …… 것 : 1721년(경종1) 10월, 노론 4대신이 정청을 중지하고 비변사에서 왕세제의 대리 절목(節目)을 강정(講定)하였을 때, 우의정 조태구가 대간의 논박을 입고 있었던 몸으로 입궐하여 청대하였던 일을 이른다. 그의 행위가 일반적인 격식에서 벗어났다는 것은 조태구가 대간의 논계를 받고 있는 와중에 청대한 일이 옳지 않음을 비판한 것이다.

하였다. 주상이 답하기를,

"이미 지난 일을 두고 사람마다 소급하여 들추어내니 실로 해괴하며, 또한 화평을 해치는 일이다. ……"

하였다.

○ 서종급의 상소에 답하기를,

"이미 지나간 일을 뜻밖에도 소급하여 제기하니, 심히 화평을 해치는 일이다. 그대는 사직하지 말고 직무를 살피라."

하였다.

○ 16일, 지평 서종급이 아뢰기를,

"신이 망령되이 올린 상소를 이미 내주었다가 도로 들이게 하면서 명백히 시비를 분변하는 하교는 없이 그저 범상하게 '화평을 해친 것이 심하다.'는 등의 말로 비답을 내리시니, 신은 진실로 당혹하여 어찌할 바를 모르고 그저 개탄할 따름이었습니다.

아! 어제오늘 조정이 불안하고 나라의 형세가 날로 손상되는 까닭에 어찌 다른 이유가 있겠습니까? 이는 모두 전하께서 지나치게 너그럽고 인자하셔서, 당면한 사안마다 옳고 그름을 따지지 않고 충신과 간신을 분별하지 않은 채 오로지 용납하고 포용하는 것만을 능사로 삼았기 때문입니다.

그리하여 악의 원흉들을 유유자적하게 해주고 뭇 소인배들을 날뛰게[158] 만들어, 사람을 논척한 말은 물에 돌을 던지듯 대하고, 일을 논한 상소는 아득하게 우물에 떨어뜨리듯 대하니, 공의가 막혀서 퍼지지 못하고 물정(物情)이 갈수록 격화되는 것은 진실로 이 때문입니다. 이러한 일이 그치지 않는다면

---

158) 날뛰게 : 원문은 '蹢躅'이다.《주역》〈구괘 초육(姤卦初六)〉에 "약한 돼지가 날뛰고 싶은 마음이 간절하다.[羸豕孚蹢躅]"고 한데서 나온 말로, 이는 어린 돼지가 비록 강하지는 못하지만 항상 날뛸 뜻을 품고 있듯이 소인이 기세가 아무리 미약할지라도 항상 군자를 해치려는 뜻을 품고 있음을 이른다.

얼마 안 가 어지러운 지경에 이르러 함께 죽음의 길로 빠져들지 않겠습니까? 이것이 근래의 처분에 대해 신이 깊이 개탄하는 이유입니다.

무릇 화평이야 어찌 진실로 좋지 않겠습니까? 그러나 대각에서는 이것이 오히려 두 번째 의리에 해당합니다. 신의 상소 중 아래 항목159)에 대해서는 대략 경계하고 꾸짖어도 안 될 것이 없으며, 하물며 논핵할 만한 것은 논핵하고 죄줄 만한 것은 죄준다면 이것이야말로 진정으로 화평이라 할 수 있는 것입니다.

또한 일이 진실로 말할 만한 사안이면 비록 수년 후라도 소급해 논의하기를 거리끼지 말아야 하는데, 이정신의 일의 경우, 기왕에 지나버린 일이 아니고 또 소급해 들추어낸 일도 아닌데 죄 줄지 말지 여부에 관해서 전하의 처분을 듣지 못하였으니, 신의 의혹은 이 점에서 더욱 깊어졌습니다.

아! 이정신의 상소는 화를 전가하고 독기를 뻗치려 계획한 것이고, 종기를 빨고 치질을 핥으려 한 심사에서 나온 것이니, 진실로 그의 죄상을 본다면 삭출하라는 청은 가벼운 징계에 그친 것인데도 성상의 비답은 대략조차 언급하지 않고 신이 아뢴 말에 대해서는 마음에 들지 않는다는 뜻을 분명히 드러내셨습니다. 신이 두려운 점은, 지금 이후로 간사한 무리들이 더욱더 징계받을 두려움이 없어져 수많은 이정신이 잇달아 나오고 나랏일은 끝내 평안할 날이 없게 될까 하는 것이니, 어찌 크게 한심하다 하지 않겠습니까? ……"

하자, 답하기를, "사직하지 말고 물러가 물론을 기다리라." 하였다.

○ 홍문관에서 차자를 올려 서종급을 출사시킬 것을 청하자 그대로 따랐다.

○ 지평 이의천이 상소하여 청하기를,

"김흥경(金興慶)160), 이재(李縡)161), 권성(權偗)162), 홍석보(洪錫輔), 조관빈(趙

---

159) 신의 … 항목 : 앞서 11월 14일자 상소에서 서종급이 박필정과 박치원을 비판한 일을 가리킨다.
160) 김흥경(金興慶) : 1677~1750. 본관은 경주(慶州), 자는 자유(子有)·숙기(叔起), 호는 급류정(急流亭)이다. 1699년(숙종25) 정시문과에 급제하여 대사간 등을 거쳐, 경종대 한성부

觀彬)[163] 등 6인은 그 명망과 실적으로 보아 모두 쉽게 얻을 수 있는 사람이
아닌데, 혹은 물러가 고향 집에 있거나 혹은 소패(召牌, 관리를 불러들일
때 사용하던 패)에 여러 번 응하지 않았습니다. …… 내직을 피하고 외직을
구하는 것이 일종의 고질적인 폐단이 되어, 중추부의 중신을 밖으로 관찰사와
개성 유수에 새롭게 제수하였는데, 사무에 숙달한 이 두 신하[164]는 내직에
있어야 마땅하지 외직에 있어서는 안 됩니다."
하였다.

우윤이 되었다가 신임옥사로 파직되었다. 1724년 영조 즉위로 도승지가 되었고, 이조판
서를 거쳐 우의정·영의정을 역임하였다.

161) 이재(李縡) : 1680~1746. 본관은 우봉(牛峰), 자는 희경(熙卿), 호는 도암(陶菴)·한천(寒泉)
이다. 이유겸(李有謙)의 증손으로, 아버지는 이만창(李晩昌), 어머니는 민유중(閔維重)의
딸이고, 김창협 문인이다. 1702년(숙종28) 알성문과, 1707년 문과 중시에 급제하여 청요직
을 두루 지냈다. 1716년 부제학 재직 시 《가례원류》 편찬자를 둘러싸고 시비가 일자,
노론의 입장에서 소론을 공격하였다. 1721년(경종1) 도승지가 되었으나 삭직하고, 이듬
해 임인옥사 때 중부 이만성(李晩成)이 옥사하자 은거하며 성리학 연구에 전념하였다.
영조대 다시 등용되어 대제학 등을 지내다가 1727년(영조3) 정미환국 이후 용인 한천(寒
泉)에 거주하면서 제자 교육에 힘썼다. 준론(峻論)을 표방하며 의리론(義理論)을 들어
영조의 탕평책을 부정하였다. 당대 호락논쟁(湖洛論爭)에서는 이간(李柬)의 학설을 계승
해 한원진(韓元震) 등의 심성설(心性)을 반박하는 낙론의 입장에 섰다. 저서로 《도암집(陶
菴集)》 《도암과시(陶菴科詩)》 《사례편람(四禮便覽)》 《어류초절(語類抄節)》 등이 있고, 시
호는 문정(文正)이다.

162) 권성(權𢢝) : 1653~1730. 본관은 안동, 자는 경중(敬仲), 호는 제월재(霽月齋)이다. 1683년
(숙종9) 진사가 되고, 1687년 문과에 장원급제하여 청요직을 두루 지냈다. 1721년(경종1)
한성부판윤 재직시 신축환국으로 삭직되었다가, 1725년(영조1) 노론이 집권하자 부총관
·판윤·공조판서 등을 역임하였다. 정미환국(1727)으로 다시 물러났다가 형조판서 등에
여러 차례 기용되었으나, 사퇴하고 여생을 마쳤다.

163) 조관빈(趙觀彬) : 1691~1757. 본관은 양주(楊州), 자는 국보(國甫), 호는 회헌(悔軒)이다.
노론 4대신 조태채의 아들이다. 1714년(숙종40) 증광문과에 급제하여 청요직을 두루
지냈다. 신임옥사에서 화를 당한 아버지에 연좌되어 1723년 유배되었다가, 1725년(영조1)
노론이 집권하자 풀려나왔다. 이후 대사헌·호조판서 등을 역임하였다. 저서로 《회헌집》
이 있고, 시호는 문간(文簡)이다.

164) 두 신하 : 《경종실록 1년 11월 20일》 기사에 지평 이의천이 상소하여 평안감사로 임명된
조도빈(趙道彬)과 개성유수로 임명된 김재로(金在魯)를 유임시키고 외방에 보내지 말
것을 청한 일이 있는 것으로 보아, 두 신하는 조도빈과 김재로를 이르는 듯하다.

○ 18일, 소훈(昭訓) 이씨165)가 졸하였다.

○ 19일 계복(啓覆)166) 때, 지평 이의천이 아뢴 전계(前啓)에서 박태항의 소에 연명한 이들을 모두 삭출하라 청한 일과 전 지평 유복명을 사판에서 삭거하라 청한 일을 정계하였다.

○ 20일 계복 때, 평안감사 - 조도빈(趙道彬)167) - 와 개성유수 - 김재로(金在魯) - 를 그대로 부임하게 할 일을 정탈(定奪)168)하였다. 계복 때 전교를 받든 신하들이 정형익(鄭亨益)169)에 대해 낙점이 인색함을 누누이 진달하였으나 별다른 처분이 없었다.

---

165) 소훈(昭訓) 이씨 : 영조의 후궁 정빈 이씨(靖嬪李氏, 1693~1721)이다. 1719년(숙종45)에 영조의 아들 효장세자(孝章世子)를 낳았다. 연잉군이 세제로 책봉되자 종5품 소훈에 올랐지만 바로 사망하였다. 소훈 이씨의 갑작스런 죽음에 독살설이 제기되었고, 이후 1722년(경종2) 임인옥사에서 경종의 독살 음모로까지 확장되었다. 이 일로 왕세제 연잉군의 처조카인 서덕수(徐德修)가 죽임을 당하였고, 또 왕세제가 경종을 모해하려는 술수를 이미 알고 있었다는 주장으로 이어져 왕세제의 정치적 입지를 크게 위협하는 단서로 활용되었다.《景宗實錄 2年 3月 27日, 5月 13日》

166) 계복(啓覆) : 사형에 처할 죄인을 서울에서 세 차례에 걸쳐 다시 심리하는 것을 말한다. 세 차례 중 1차와 3차 때에는 임금과 신하가 모여 심리하였고, 2차 때에는 형조에서만 심리하여 문서로 보고하였다.

167) 조도빈(趙道彬) : 1665~1729. 본관은 양주(楊州), 자는 낙보(樂甫), 호는 수와(睡窩)·휴와(休窩)이다. 1691년(숙종17) 진사시, 1702년 알성문과에 급제하여 병조판서 등을 역임하였다. 1722년(경종2) 임인옥사 때 사사된 작은아버지 조태채의 죄명에 연루되어 유배되었다. 영조 즉위로 풀려나 1726년(영조2) 우의정에 올랐다. 시호는 정희(靖僖)이다.

168) 정탈(定奪) : 신하가 상주(上奏)하여 건의한 일을 임금이 재결(裁決)한 일을 이른다.

169) 정형익(鄭亨益) : 1664~1737. 본관은 동래(東萊), 자는 시해(時偕), 호는 화암(花巖)이다. 1687년(숙종13) 사마시에 합격하고, 1704년 송시열의 뜻을 받들어 유생 160여 명과 함께 명나라 신종(神宗)의 사우(祠宇)를 세울 것을 상소하여 처음으로 금원(禁苑)에 황단(皇壇)을 건립하게 하였다. 1719년 증광문과에 장원급제하여 동부승지가 되었다. 1721년 신축환국으로 유배 갔다가 영조가 즉위하자 1725년 대사간이 되었다. 1727년 정미환국으로 파직되었다가 다시 등용되어 예조판서 등을 역임하였다.

○ 삼사가 유봉휘의 일을 합계하였다.

○ 양사에서 한세량(韓世良)[170]의 일[171], 조태구의 일, 권규(權珪)[172]의 일[173]을 합계하였다.

○ 지평 이의천이 박태항의 일[174], 최석항의 일, 조태구와 함께 잠입한 이조(李肇)의 일, 한배하의 일, 이인복의 일, 이집의 일을 논계하였다.

○ 사간 어유룡이 조태억(趙泰億)[175]의 일[176], 홍만조의 일[177]을 논계하였다.

---

170) 한세량(韓世良) : 1653~1723. 본관은 청주(淸州), 자는 상오(相五)이다. 1699년(숙종25) 증광문과에 장원 급제하여 승지를 거쳐 여주목사를 지냈다. 1721년(경종1) 노론이 세제의 대리청정을 주장하자 조태구·유봉휘 등과 함께 반대하였다. 이 일로 노론의 반발을 초래했지만 경종이 비호하여 무사하였다. 이해에 공조참의가 되었고, 이어 함경도관찰사로 나가 재임하던 중 임지에서 졸하였다.

171) 한세량(韓世良)의 일 : 1721년(경종1) 10월, 한세량이 세제의 참정(參政)을 청한 집의 조성복을 청토(請討)하는 상소에서 "하늘에는 두 개의 태양이 없고, 땅에는 두 임금이 없다.[天無二日, 地無二王.]", "몰래 천위를 옮기려 한다.[陰移天位]"는 등 노론 측의 역심(逆心)을 의심하는 말을 하였다. 그는 이 일로 노론의 강력한 반발을 받아 절도에 위리안치하라는 대간들의 탄핵을 받았으나 경종의 비호로 무사하였다. 《景宗實錄 1年 10月 12日》 《景宗修正實錄 1年 10月 12日》

172) 권규(權珪) : 1648~1723. 본관은 안동, 자는 국서(國瑞)·덕장(德章), 호는 남록(南麓)이다. 영의정 권대운(權大運)의 아들이다. 1675년(숙종1) 증광문과에 급제하여 청요직을 두루 거쳐 1689년 도당록(都堂錄)에 올랐다. 1694년 갑술환국으로 유배 갔다가 1697년 풀려났다. 1721년(경종1) 세제 대리청정을 반대하는 상소를 올렸다. 1722년 신임옥사로 소론이 집권하자 공조참판 등을 역임하였다.

173) 권규(權珪)의 일 : 권규는 1721년(경종1) 10월 15일 세제의 대리청정을 반대하여 상소하였다가 엄히 국문하라는 삼사의 논핵을 받았다.

174) 박태항의 일 : 박태항은 1721년 10월 12일 세제의 대리청정을 청한 노론 전체를 공격하는 상소의 소두가 되었다가 삭출을 청하는 대각의 논핵을 입었다.

175) 조태억(趙泰億) : 1675~1728. 본관은 양주(楊州), 자는 대년(大年), 호는 겸재(謙齋)·태록당(胎祿堂)이다. 조존성(趙存性)의 증손, 형조판서 조계원(趙啓遠)의 손자, 이조참의 조가석(趙嘉錫)의 아들이다. 조태구·태채의 종제이며, 최석정 문인이다. 1693년(숙종19) 진사가 되고, 1702년 식년문과에, 1707년 문과중시에 급제하여 청요직을 두루 거치고, 1721년 호조참판이 되었다. 이때 조태구·최석항·이광좌 등과 함께 대리청정을 반대하여 철회시

○ **22일**, 사헌부가 이전에 논계한 박태항의 일과 최석항의 일을 올렸다. 이조의 일과 한배하·이인복·이집의 일은 정계하였다.

○ **24일**, 부교리 이중협이 상소하여 아뢰기를,

"신의 지난번 차자는 대각이 이미 발계한 후이자 의금부에 판부(判付)를 내리기 전에 올린 것으로, 대계를 따라 연이어 올려 성조의 청명한 치세를 돕고 온 나라의 의혹을 풀어보고자 하는 마음에서 나온 것에 불과하고, '환관과 궁첩이 이름을 안다.'는 말은 신이 차자에서 언급한 일이 없습니다.

만약 인대(引對)하겠다는 명이 대신과 신료들이 복합하였던 날에 내려졌다면 모든 신료들은 성상의 광명한 덕을 우러렀을 것이고 오늘날의 이러한 분쟁은 분명코 없었을 것입니다. 신의 성품은 지극히 어리석고 언사는 너무도 과격하여 이른바 광간(狂簡)[178]으로서, 사리에 맞게 절제할 줄을 모릅니다.……"

하였다.

컸다. 영조 즉위 후 우의정, 1727년(영조3) 정미환국 이후 좌의정에 올랐다. 1755년 나주괘서사건(羅州掛書事件)으로 관작이 추탈되었다가 1908년(순종2)에 복관되었다. 저서로 《겸재집》이 있고, 시호는 문충(文忠)이다.

176) 조태억의 일 : 조태억이 경종을 청대하여 인견한 자리에서 세제에게 대리청정을 하도록 한 명을 도로 거두기를 청하며, "대소 정사를 세제로 하여금 모두 재단하도록 하교하셨으니 앞으로 장차 어디까지 갈지 모르겠습니다.[大小政事, 悉令裁斷爲敎, 未知前頭將至何境也.]"고 한 일을 이른다. 이러한 그의 비판은 당시 대간으로부터 "대신과 여러 신하를 얽어 모함하는데 힘을 다하였고, 기회를 틈타 날뛰며 조정을 괴란(壞亂)시켰다.[構誣大臣諸臣, 不遺餘力, 乘機跳踉, 壞亂朝廷.]"는 탄핵을 받았다. 《景宗實錄 1年 10月 11日》《承政院日記 景宗 1年 10月 11日》

177) 홍만조의 일 : 1721년(경종1) 10월, 왕세제의 대리청정을 허락하는 경종의 비망기가 내리자, 행 사직 홍만조를 비롯한 43인이 상소하여 왕세제의 대리청정을 처음 거론한 조성복에게 즉시 왕법을 행할 것을 청하였다. 이에 대간에서 홍만조의 삭탈을 청하였다가 이후 12월 7일 정계하였다. 《景宗實錄 1年 10月 12日·15日, 12月 7日》

178) 광간(狂簡) : 뜻은 높고 원대한 목표를 지향하지만 실제로 일을 처리하는 것은 소활한 인물들을 말한다. 《論語 公冶長 子路》《孟子 盡心下》

○ 26일, 다음과 같은 비망기를 내렸다.

"내가 착하지 못하여 어렵고 큰 유업(遺業)을 이어받은 지 이제 2주년이 되었으나, 천재지변이 달마다 거듭 일어나고 해마다 흉년이 들어 농사에 곡식이 여물지 않으니, 초막집에는 시름 소리가 끊이지 않고 조그만 읍에도 원망의 소리가 그대로 있다. 이는 진실로 나의 덕이 부족하기 때문이고 또한 조정에서 공경히 화합[179]할 것을 생각하지 않아서 그러한 것이다!

양월(陽月, 음력 10월)이 다 지났고 납일(臘日) 이전에 세 번 눈이 내리기[180]를 기약할 수 없어 나의 근심과 조급함이 더욱 간절해져 어찌할 바를 모르겠다. 조정의 대소신료와 밖으로 팔도의 관찰사 및 양도(兩都)의 유수(留守)는 구제할 계책을 상세히 세워 밤낮으로 근심하고 두려워하는 소자(小子)의 뜻에 부응하라. 승지는 나의 이러한 뜻으로 글을 지어 직언(直言)을 널리 구하라."

○ 승정원이 아뢰기를,

"신들이 삼가 비망기를 보니, 열 줄[181] 윤음(綸音)이 정성스럽고 간곡하였으며 스스로를 책망하며 도움을 구하는 뜻이 사표(辭表)에 흘러넘쳤습니다. 훌륭하신 말씀은 하늘과 사람을 감격시키기에 충분하였으니, 신들이 비록 대초(代草)하려 해도 끝내 그 뜻의 만분의 일도 흉내 낼 수 없고 다만 형식만 갖추는데 그치기 때문에 바로 비망기를 나라 안에 선포하시기를 감히 아룁니다."

---

179) 공경히 화합 : 원문은 "인협(寅協)"이다. 《서경(書經)》 〈고요모(皐陶謨)〉에 나오는 '동인협 공(同寅協恭)'의 줄임말로, 조정 신하들이 공경하는 자세로 화합함을 뜻한다. 그 주에 "군신은 마땅히 조심하고 두려워함을 함께 하고, 공경함을 합쳐야 한다.[君臣當同其寅畏, 協其恭敬.]" 하였다.

180) 세 …… 내리기를 : 동지(冬至) 이후 세 번째 술일(戌日)에 지내는 납제(臘祭) 이전까지 세 차례 눈이 내리는 것을 말한다. 농가어(農家語)에 의하면, 납제 전까지 세 차례 눈이 내리면 풍년이 든다고 한 데서, 이를 서설(瑞雪) 또는 납전삼백(臘前三白)이라고도 한다.

181) 열 줄 : 임금의 조서나 윤음 등을 가리킬 때 쓰는 말로, 후한(後漢)의 광무제(光武帝)가 손수 조서를 내릴 때에 모두 자그마한 글씨로 빽빽하게 적어서 열 줄을 넘지 않았다는 일찰십행(一札十行)의 고사에서 유래하였다. 《後漢書 卷76 循吏列傳序》

하자, 전교하기를,

"문장이 졸렬하여 나의 뜻을 미처 다 드러내지 못하였으니, 사양하지 말고 대초하여 나라 안에 선포하라."

하였다.

○ 승정원에서 세 번 아뢰자, 전교하기를, "번거롭게 하지 말고 대초하여 선포하라." 하였다.

○ 27일, 사직 이광좌가 다음과 같이 상소하였다.

"지난번 입대하였을 때, 전하를 뵙고 마음을 돌리신 경사를 직접 목도한 후 온 나라 창생(蒼生)들과 그 기쁨을 함께하였으니 물러나 시골에 묻혀 산다 해도 여한이 없었습니다. 그런데 하루 사이에 뜻밖의 놀라운 일이 졸지에 일어났으니, 옥당의 차자와 대각의 계사는 그 뜻을 헤아리기 어렵고 아뢴 말에는 조리가 없었습니다.

당시 입궐하여 청대한 곡절은 정청이 갑자기 중지되자 울부짖고 호소할 길이 끊겨 대궐 문을 두드리며 청대를 청하는 방법 외에는 천의(天意)를 되돌릴 방법이 없었던 것에 불과합니다. 여기에 무슨 미워할 점이 있다고 '화응하여 밀고 들어왔다.' 지목하고, 여기에 무슨 죄가 있다고 삭출 - 대각 계사臺啓 - 혹은 정률(正律) - 홍문관 차자 - 을 청하는지 신은 모르겠으니, 진실로 사람의 도리로 헤아릴 수 있는 일이 아닙니다.

큰 소리로 부르기에 들어갔다가 길가에서 멈춰서 승정원에 청대한 일은 수많은 사람들이 목도하였고, 이윽고 어전에 들어와서는 한목소리로 진청(陳請)한 일도 상하가 분명하게 본 일입니다. 그런데 '잠입했다'느니 '궁벽진 곳'이라느니 '은밀'했다느니 '음험'하다느니 하는 것은 도대체 무슨 말입니까? 또 '함께 모의하였다.', '은밀히 모의하였다.'는 말은 무슨 일을 모의했다는 것이며, '남몰래 내통하였다.', '서로 내통하였다.'는 말은 어디와 내통했다는 것입니까?

신은 다만 천의를 되돌리는 데 뜻을 두는 것이 신하의 절개에 부합하고 이를 위해 청대하였으니 함께 들어가는 것이 옳다는 것을 알았을 뿐입니다. 그런데 성상께 호소하였던 그날의 행동을 북문(北門)의 변고를 일으킨 수단에 비유[182]하고, 그날 청대를 청했던 일을 두고 함께 행동해서는 안 되었다고 말할 줄 어찌 알았겠습니까?

그 또한 신하로서 하늘을 이고 땅을 밟고 사는 자인데 차마 이런 말을 하니, 참으로 언관의 말과 같다면 신은 속히 국법에 따라 정해진 형을 받아 타인의 감계(鑑戒)가 되어야 할 것입니다. 만약 그렇지 않다면 하늘을 기망하고 사람을 속이는 일에는 그에 따른 형률이 있으니, 당당한 성조(聖朝)에서 어찌 그 방자함을 그대로 둘 수 있겠습니까?

원계(原啓)가 겨우 중지되어 이제야 비로소 스스로를 해명할 수 있게 되었으니, 청컨대 유사(有司)에 명하여 신의 죄에 대한 유무를 의논하게 하시고 명확한 처분을 내리시어 국가의 체모를 엄중히 하소서. ……"

답하기를,

"이미 지나간 일에 대해 괘념할 필요 없으니, 경은 사직하지 말고 직무를 살피라."

하였다.

○ **12월 3일**, 승정원에서 아뢰기를,

"신들이 삼가 이조에서 올린 세초(歲抄)[183] 단자를 보니 연좌 죄인 이연(李

---

182) 북문(北門)의 …… 비유 : 남곤, 심정 등이 경복궁의 북문인 신무문(神武門)을 통해 승지와 사관 몰래 입궐하여 조광조 등 신진 사류를 제거한 기묘사화에 빗대어, 선인문으로 들어와 승정원을 거치지 않고 경종을 알현한 조태구의 처사를 비난한 말이다.

183) 세초(歲抄) : 도목정사에 앞서 6월 1일과 12월 1일에는 죄를 지어 파직되었거나 직첩(職牒)을 빼앗긴 전직 관원들의 명단을 단자(單子)로 작성하여 임금에게 올리는 세초(歲抄)를 시행하였는데, 세초단자(歲抄單子)가 올라가면 임금이 선별한 사람에 대해 직첩(職牒)의 환급, 서용(敍用), 감등(減等), 탕척(蕩滌) 등의 조치가 내려졌다.

楎)184)·이환(李煥)185)·이혁(李㷓)186) 등의 직첩을 돌려주라는 명이 있어, 신들은 적이 의혹을 금할 수 없습니다. 저 경신년(1680, 숙종6)의 옥사187)는 역모의 정황이 도처에 산재하고 죄악이 차고 넘쳐 천지가 용납하지 않았으며 신인(神人)이 함께 분노하였습니다.

그런데 연좌율에 걸린 자들이 사면의 와중에 부당하게 뒤섞이는 바람에 지난 겨울 고신(告身)을 돌려주었다가 즉시 명을 거두어들인지 얼마 안 되었는데, 다시 이러한 명이 나왔습니다. 이는 성명께서 미처 깊이 살피지 못하여 그러한 것입니다. 이것은 처분이 전도되고 징토가 합당함을 잃게 되어, 왕법으

---

184) 이연(李楗) : 복평군(福平君) 이연(1648~1700)을 이른다. 인조의 셋째 아들이자 효종의 동생인 인평대군(麟坪大君)의 아들이다. 복평군은 형인 복창군(福昌君) 이정(李楨, 1641~1680), 복선군(福善君) 이남(李柟, 1647~1680)과 함께 3복(三福)으로 지칭되었는데 종친으로서 남인들과 연합하여 권세가 있었다. 1675년(숙종1)에 청풍부원군(淸風府院君) 김우명(金佑明)이 상소하여 이른바 3복 형제의 비리를 들추고 이들이 궁녀와 간통하였다고 논핵하였는데, 이에 대해 영의정 허적(許積)은 복창군 형제의 혐의가 애매하고, 청풍부원군 김우명이 궁녀에게 무고한 자백을 받아 왕손을 죽이려 한다고 주장하였다. 이와 같은 남인의 정치 공세 속에 김우명이 오히려 반좌율을 받을 위기에 처하여 의금부에서 대죄(待罪)하게 되었다. 이 사건은 나인들만 처벌을 받고 묻혔으나 이후 경신년(1680, 숙종6)에 허적의 서자 견(堅)이 복창군 삼형제와 역모를 도모했다는 고변으로 복창군과 복선군 및 허적·윤휴 등이 사사되고 남인 정권은 몰락하였다.

185) 이환(李煥) : ?~1724. 인평대군(麟坪大君)의 아들인 복녕군(福寧君) 이욱(李栯)의 장남 양원군(陽原君)을 이른다. 경신환국 때 사사된 복창군 이정과 복선군 이남의 조카로, 이때 이환 또한 연좌되어 직첩이 회수되었다.

186) 이혁(李㷓) : 1661~1722. 인평대군(麟坪大君)의 아들인 복녕군(福寧君) 이욱(李栯)의 차남 의원군(義原君)을 이른다. 경신환국 때 사사된 복창군 이정과 복선군 이남의 조카로, 이때 이혁 또한 연좌되어 직첩이 회수되었다.

187) 경신년의 옥사 : 1680년(숙종6) 경신환국(庚申換局)을 이른다. 허견(許堅)의 옥사를 기화로 확대되어 남인에서 서인으로 정국 주도 세력이 교체된 사건이다. 영의정 허적(許積)의 아들인 허견이 숙종이 후사가 없는 상태에서 승하할 경우 복선군 이남(李柟)이 왕위를 계승할 것으로 예상하고 이러한 문제를 거론하였다가, 정원로(鄭元老)와 강만철(姜萬鐵)에 의해 역모로 고변되었다. 이로 인해 허견은 군기시 앞길에서 능지처사(凌遲處死)되고 복선군은 교수형(絞首刑)에 처해졌으며, 영의정 허적, 좌의정 민희(閔熙), 우의정 오시수(吳始壽) 등이 주도하던 남인 정권은 영의정 김수항(金壽恒), 좌의정 정지화(鄭知和), 우의정 민정중(閔鼎重) 등이 주도하는 서인 정권으로 급격히 교체되었다. 《肅宗實錄 6年 3月 28日·29日·30日, 4月 2日·3日·5日·6日·12日》《承政院日記 肅宗 6年 4月 29日》

로 헤아려볼 때 결코 그대로 둘 수 없습니다.

청컨대 이연·이혁 등의 직첩을 돌려주라는 명을 거두시고, 이어 해조로 하여금 세초 문서에 다시 의망하는 일이 없게 하소서. 신 등이 구구하게 품고 있는 생각이 있어 황공한 마음으로 감히 아룁니다."

하자, 전교하기를,

"이미 지난 일이라 여러 차례 사면하였고, 죄인을 신중히 다루고 불쌍히 여기는 도리상으로도 혐의할 바가 무엇이 있겠는가? 번거롭게 하지 말라."

하였다.

○ 6일, 사직 김일경(金一鏡)[188] 등이 상소하여 다음과 같이 아뢰었다.

"기강에는 세 가지가 있는데 군위신강(君爲臣綱)이 세 가지 중 으뜸이 되고, 인륜에는 다섯 가지가 있는데 군신유의(君臣有義)가 다섯 가지 중 첫머리가 되니, 이것은 하늘의 상도이고 사람의 떳떳한 도리입니다. 무릇 사람이 사람 될 수 있고 나라가 나라 될 수 있으며, 상하의 질서가 유지될 수 있는 까닭은 오직 여기에 힘입습니다.

아! 윤리 기강이 무너져 아래에서 위를 멋대로 침범하는데 위에서 두루 살펴 다스리지 못하게 된다면, 군주는 군주 노릇을 할 수 없게 되고 신하는 신하 노릇을 할 수 없게 되어 난신적자가 횡행하고 사직은 폐허만이 남게 될 것이니, 아, 두려운 일입니다!

옛날 공자께서 《춘추(春秋)》를 지어 큰 기강을 바로잡고 인륜을 밝혀서,

---

188) 김일경(金一鏡) : 1662~1724. 본관은 광산(光山), 자는 인감(人鑑), 호는 아계(丫溪)이다. 김익렴(金益廉)의 손자이다. 1687년(숙종13)에 진사가 되고, 1702년 식년문과에 장원 급제하여 청요직을 두루 역임하였다. 1721년(경종1)에 노론은 연잉군(延礽君, 영조)을 세제(世弟)에 책봉한 뒤 대리청정을 실시하려고 하자 김일경이 조태구 등과 함께 이를 반대해 대리청정을 취소하게 하였다. 임인옥사 당시 급소(急少)로서 김창집·이이명·조 태채·이건명 등 노론 4대신의 처벌을 주도하였다. 1724년 영조가 즉위하자 노론의 재집권으로 유배되었다가 청주 유생 송재후(宋載厚)의 상소를 발단으로 신임옥사가 무고(誣告)였다는 탄핵을 받고 목호룡과 함께 참형을 당하였다.

임금을 섬기는 의리를 엄하게 하고 신하된 자의 분의(分義)를 한결같게 하였습니다. 이로써 은미한 조짐을 삼가고 그 맹아를 살펴서, 두 마음을 가지면 역(逆)이 되니 장심(將心)[189]을 품으면 반드시 죽였습니다. 성인이 몇 마디의 붓을 움직여 제왕의 삼척(三尺)[190]의 법을 게시하자 난신적자가 두려워하였으니, 이는 진실로 천하 만세의 대경대법(大經大法)입니다.

아!《춘추》를 이 세상에서 강론하지 않은 지 오래되었습니다. 은미한 것을 막지 않아서 점점 자라나도 잘라버리지 못하고, 움이 터서 또한 드러나면 싹이 다시 자라나니, 삼강과 오륜이 쇠퇴하고 무너진 것이 오늘날과 같은 적은 없었습니다.

조성복이 앞에서 기회를 엿보고 있는데도 현륙(顯戮, 처형하고 시체를 내보이는 일)하는 법을 아직 더하지 않았으며, 4흉(四凶)이 뒤에서 방자하였는데도 목욕(沐浴)하고 토죄(討罪)하였다는 말[191]을 아직 듣지 못하였습니다. 앞에서 이른바 아래에서 위를 멋대로 침범하는데 위에서 두루 살펴 다스리지 못한다고 한 것은 바로 헐후어(歇後語)[192]입니다. 바로 이로 인해 임금의 형세는 날로 고립되고 흉도들은 더욱 번성하고 있습니다.

승정원은 방자하게 기만하고 삼사는 제멋대로 핍박하여 군신의 분의는

---

189) 장심(將心) : 임금을 장차 어떻게 하겠다는 마음, 즉 반역을 꾀하려는 마음을 뜻한다. 《춘추공양전(春秋公羊傳)》 장공(莊公) 32년에 "임금과 어버이에게는 장차 어떻게 하리라는 마음도 가져서는 안 되니 그런 마음을 갖기만 해도 주벌을 받는다.[君親無將, 將而誅焉.]" 하였다. 이는 실제로 반역을 저지르지 않았다 하더라도 그러한 마음을 가진 것 자체가 죄가 됨을 이른다.

190) 삼척(三尺) : 삼척법(三尺法)의 준말로 나라의 법을 이른다. 고대 중국에서 석 자 길이의 대쪽에 법률을 기록하였던 고사(故事)에서 유래하였다.

191) 목욕(沐浴)하고 …… 말 : 역적을 토벌하는 의리를 말한다. 진성자(陳成子)가 제(齊)나라 간공(簡公)을 시해하니, 공자(孔子)가 목욕하고 노(魯)나라 애공(哀公)에게 고하기를 "진항(陳恒)이 그 임금을 시해했으니, 토주(討誅)할 것을 청합니다."고 한 것에서 유래하였다. 《論語 憲問》

192) 헐후어(歇後語) : 뒷부분을 생략한 말이라는 뜻이다. 한문에서 쓰이는 수사법의 하나로, 보통 한 구로 이루어진 성구(成句)에서 뒷부분은 생략하고 앞부분만 거론함으로써 생략된 부분의 의미까지 포함해 보다 심도 있게 표현하는 기법이다.

다시 찾아볼 수 없게 되니, 조성복을 옹호하는 자들이 연이어 일어나고 있습니다. 기강이 이미 사라지고 인륜이 무너졌으니, 사직이 빈터가 되는 것은 다만 순서대로 일어날 일일 뿐입니다. 말이 여기에 미치니, 어찌 통탄스럽지 않겠습니까? 청컨대 신들이 전하를 위하여 피눈물을 머금고 아뢰고자 합니다.

아! 지난날의 일을 어찌 차마 말할 수 있겠습니까? 종묘사직이 망극하고 신민이 망극하였으니, 천고(千古)를 거슬러 올라가도 들어보지 못한 일이고 국사를 헤아려보아도 없었던 일입니다. 오늘날 조정 신하가 진실로 전하께 북면(北面)하는 마음이 있다면, 모두 대궐 뜰에 엎드려 머리를 부수고 간(肝)을 가르며 비록 해와 달을 넘길지라도 차마 갑자기 물러갈 수 없는 것이 곧 하늘과 백성의 그만둘 수 없는 떳떳한 도리입니다.

아! 임금을 사랑하는 일단의 마음은 사람마다 똑같이 하늘에서 얻은 것인데, 저 상신(相臣)은 어찌 홀로 그 마음을 잃어버린 것입니까? 우리 임금이 사랑하기에 부족하다 한다면, 군신은 부자와 같은데 저 사람들[193]은 일찍이 자기 아비를 사랑하지 않았단 말입니까? 우리 임금을 진실로 사랑한다 한다면, 우리 임금이 즉위하자마자 자리에서 물러나는 일이 신하의 마음에 얼마나 놀랍고 애통한 일입니까?

그런데 복합(伏閤)하여 정청한 것으로 겨우 책임을 면하다 사흘 만에 그쳤으니, 차마 할 수 있어 한 일입니까? 더구나 연명(聯名)으로 차자를 올려 마음대로 재정(裁定)하고는, '신자(臣子)가 어찌 감히 경솔하고 갑작스러울까 저어하여 한결같이 다 어기고 거역하겠습니까?' 하였고, 또 말하기를, '속히 유사에게

---

193) 저 사람들 : 원문은 '彼其之子'이다. 《시경》〈조풍(曹風) 후인(候人)〉에 "사다새가 어량에 있으니 그 부리를 적시지 않도다. 저 사람이여 그 총애에 걸맞지 않도다.[維鵜在梁, 不濡其味. 彼其之子, 不遂其媾.]"한 구절과, "저 자격도 없는 소인들이 삼백 명이나 붉은 슬갑을 찼다네.[彼其之子, 三百赤芾.]"한 구절 등에서 나온 문구이다. 모두 무능한 자들이 걸맞지 않은 총애를 입어 조정의 높은 벼슬을 차지하고 있음을 풍자한 시로, '彼其之子'를 원문 그대로 해석하면 '저 사람들'이 되지만, 시의 맥락에 따라 해석하면 '저 소인들'이라는 의미를 띠게 된다.

명하여 절목(節目)을 거행하게 하소서.' 하였으니, 아! 이 어찌 신하로서 감히 마음속에 품고, 입 밖에 내고, 붓으로 써서 임금에게 고할 수 있는 말이겠습니까!

조성복과 더불어 머리와 꼬리로 호응하며 서로 표리(表裏)가 된 정황을 환히 볼 수 있습니다. 정황상 피할 수 없으니, 속히 영(令)을 내려달라 한 것은 조금도 지체할 수 없다는 뜻이었으므로, 순식간에 일이 장차 헤아리기 어렵게 되었는데, 만약 밖에서 새로 들어온 대신이 목숨을 걸고 사직을 위해 죽겠다는 마음으로 천폐(天陛)에 머리를 조아려 성상을 뵙고 옥음(玉音)을 받들지 않았다면, 나라가 나라답게 될 것을 생각할 수 없었을 것입니다.

갑술년(1694, 숙종20) 양사에서 합계하여, 기사년(1689, 숙종15)의 대신들이 반나절 정청(庭請)한 일[194]에 대한 죄를 논한 것을 보건대, '정조(鄭造)[195]·윤인(尹訒)[196]·정인홍(鄭仁弘)[197]이라 해도 이보다 더 할 수는 없다.' 하였습니다. 아! 반나절과 3일은 진실로 오십 보 백 보 차이입니다. 기사년의 여러 재상들도 오히려 정조·윤인·정인홍의 죄과(罪科)로 배척당하였으니, 오늘날 저 무리는

---

194) 반나절 정청(庭請)한 일 : 기사년(1689, 숙종15), 숙종이 인현왕후(仁顯王后)를 폐하려 하자 좌의정 목내선(睦來善)과 우의정 김덕원(金德遠) 등이 정청하였는데, 왕의 정지 명령이 내리자 다음날 곧바로 정지하였다. 이후 1694년(숙종20) 갑술환국 때 이 일이 다시 거론되었는데, 이 문제는 남인이 서인으로부터 '명의 죄인(名義罪人)', 즉 신하로서 중전의 폐위를 죽음으로써 막지 않고 반나절 만에 정청을 접은 것은 불충(不忠)이라는 공격을 받는 빌미가 되었다.

195) 정조(鄭造) : 1559~1623. 본관은 해주(海州), 자는 시지(始之)이다. 1590년(선조23) 생원·진사 양시에 합격하고, 1605년 정시문과에 급제하였다. 광해군대에 인목대비(仁穆大妃)를 죽이려 하였고, 폐모론(廢母論)을 제기하여 서궁(西宮)에 유폐시키는 데 적극 가담하였다. 1621년(광해군13) 형조참판을 지내고, 1622년 부제학·동지의금부사로 있다가 인조반정으로 정국이 역전되면서 원흉으로 지목되어 1623년(인조1) 사형에 처해졌다.

196) 윤인(尹訒) : 1555~1623. 본관은 파평, 자는 인지(訒之)이다. 1601년(선조34) 생원이 되고, 식년문과에 급제하여 청요직을 두루 지냈다. 1618년(광해군10) 대간으로 있을 때, 대사헌 이각(李覺)과 함께 다시 폐모론을 내세워 인목대비를 서인(庶人)으로 만들고, 서궁(西宮)에 유폐시켰다. 1623년 인조반정 때 이이첨 등과 함께 주살되었다.

197) 정인홍(鄭仁弘) : 1535~1623. 본관은 서산(瑞山), 자는 덕원(德遠), 호는 내암(來菴)이다. 조식(曺植)의 문인으로, 우의정·영의정 등을 역임하였다. 광해군대 대북정권을 이끌고 큰 영향을 미쳤으나 인조반정으로 참형에 처해졌다.

진실로 양기(梁冀)·염현(閻顯)·왕망(王莽)·조조(曹操)처럼 주살(誅殺)의 죄198)를
면치 못할 것인데, 하늘까지 닿은 죄를 어찌 용서할 수 있겠습니까? 또한
기사년에는 저들처럼 아래에서 차자를 올려 청하는 것과 같은 일은 없었습니다.

아! 대리청정의 일은 대(代)마다 항상 있는 것이 아니라 간혹 있는 일로서,
전대의 사적을 참조하고 본조의 전고(典故)에 근거해보면, 거의 모두 수십
년을 임어(臨御)하여 춘추가 많고 병이 위중해진 뒤에 진실로 절박하고 부득이
한 상황에서 나왔으니, 이는 오늘날에 의논할 만하거나 견주어 비견할 수
없습니다. 전후의 장주(章奏)에서 이미 자세히 아뢰었으니, 신들이 진실로
하나하나 성상께 번거롭게 아뢸 필요는 없겠으나, 가령 훗날 전하께서 요
임금의 나이가 되어 권근(倦勤)199)하신다면 수고로움을 분담하여 정무를
참결(參決)할 수도 있을 것이니, 신하된 마음에서는 지극히 서운하더라도
또한 의거하여 시행하였던 일이 없지 않았습니다.

지금 우리 전하께서는 즉위하신 원년에 보산(寶算)200)이 한창이시고 또
드러난 병환이 없으십니다. 조정에 있는 신하들이 복종하여 전하를 섬긴
세월이 얼마인데, 오히려 오늘날 차마 전하를 버리려는 자가 있으니, 잘
모르겠습니다만 저들의 마음은 편안하겠습니까? 지난번에 중외의 여정(輿情)

---

198) 양기(梁冀)·염현(閻顯)·왕망(王莽)·조조(曹操)처럼 주살(誅殺)의 죄 : 이들은 모두 왕실(王
室)을 무시하고 권력을 휘두르거나 찬역(簒逆)한 죄를 지은 사람들이다. 양기는 한(漢)
질제(質帝)를 독살하고 권력을 자행하였고, 염현은 순제(順帝) 때 태후 염씨의 동생으로
난을 일으켰으며, 왕망은 애제(哀帝)를 폐위하고 평제(平帝)를 독살한 뒤 신(新)을 세웠고,
조조는 헌제(獻帝)를 폐위하고 스스로 위나라 왕이 되었다.

199) 권근(倦勤) : 오랜 세월 부지런히 정사를 보느라 나이가 들어 힘이 부친다는 뜻이다.
《서경》〈대우모(大禹謨)〉에 순(舜)임금이 우(禹)에게 말하기를 "짐이 제위에 있은 지
33년이나 되어, 늙어서 부지런히 해야 할 정사에 게으르니 너는 오직 태만히 하지
말고 짐의 무리를 거느리라.[朕宅帝位, 三十有三載, 耄期倦於勤, 汝惟不怠, 總朕師.]"고 한
데서 온 말이다. 본래는 요(堯)임금이 아니라 순임금을 말한 것이나, 순임금이 93세에
우에게 선양(禪讓)하였다고 전하고 요임금 역시 16세에 즉위하여 70년 간 재위하다가
순임금을 발탁하여 3년 동안 시험하고 89세에 순 임금에게 선양하였으므로, 요·순이
모두 권근하였다고 통용되었다.

200) 보산(寶算) : 임금의 나이를 이른다.

이 파도치듯 요동치며 놀라고 물이 끓어오르는 듯하여, 모두 저 정승을 가리켜 말하기를, '이는 참으로 반역이니, 어찌하여 우리 임금을 버리는가?' 하였습니다.

　생각해보건대 또한 하늘과 조종(祖宗)께서 묵묵히 돕고 은밀히 보호하여 저들의 계략이 이루어지지 못하였습니다. 아! 하늘의 뜻과 사람의 마음은 진실로 속일 수 없으니, 4흉의 죄는 진실로 천지간에 머리를 들기 어렵습니다. 신들이 참으로 마음으로 분개하는 점이 있으니, 저 무리의 사당(私黨)이 조성복을 논핵한 상소를 보면, '속으로 우리 임금은 능하지 못하다[201]는 마음을 품었다.' 하였으니, 저들의 정상(情狀)은 여기에서 그 단서를 족히 볼 수 있습니다.

　아! 통탄스럽습니다. 저들이 '우리 임금은 능하지 못하다.' 한 것은 어떻게 하여 생긴 말입니까? 무릇 조회에 임해서 침묵하신 것은 진실로 성덕(聖德)이 침착하고 진중하여 말이 적었던 것이고, 내려진 윤음은 그 뜻이 함홍(含弘)[202]하고 심원하며 자구(字句)는 엄정하고 빈틈이 없어 비록 당우(唐虞) 시대의 전(典)·모(謨)나, 상나라·주나라의 고(誥)·훈(訓)[203]이라 해도 지나치지 않습니다.

　성상의 도량이 천지처럼 크시고 본원의 명징함이 일월(日月)처럼 밝으시니, 이 마음을 미루어 정사를 펼치신다면 대도(大道)의 정치[204]가 어찌 일거에 이루어지지 않겠습니까?

---

201) 우리 …… 못하다 : 《맹자》〈이루 상(離婁上)〉에 "어려운 일을 인군에게 책하는 것을 공(恭)이라 이르고, 선한 것을 말하여 사심을 막는 것을 경(敬)이라 이르고, 우리 군주는 능하지 못하다 하는 것을 적(賊)이라 이른다.[責難於君謂之恭, 陳善閉邪謂之敬, 吾君不能謂之賊.]"고 한 구절을 인용한 것이다.

202) 함홍(含弘) : 함(含)은 포용하는 것이고, 홍(弘)은 너그러운 것을 가리킨다.

203) 당우(唐虞) …… 훈(訓) : 전·모·고·훈(典謨誥訓)을 말한다. 전은 제왕의 명을 적은 책을 가리키고, 모는 계획 및 시정 방침을 말하는 것으로 국가 대계를 도모하는 내용이다. 고는 소(召)의 의미로, 군주가 신하나 백성들에게 새로운 정치의 시행을 알리는 것이다. 훈은 일깨운다는 의미로 후대에 모범이 될 가르침과 깨우침을 가리킨다. 《서경(書經)》에 실린 〈요전(堯典)〉, 〈대우모(大禹謨)〉, 〈탕고(湯誥)〉, 〈이훈(伊訓)〉 등이 좋은 예이다.

204) 대도(大道)의 정치 : 《서경》〈주관(周官)〉에 "옛날 대도(大猷)가 행해지던 세상에서는 혼란해지기 전에 치도를 마련하고 위태로워지기 전에 나라를 보존하였다.[若昔大猷, 制治于未亂, 保邦于未危.]"고 한 구절을 인용한 것이다.

신 등이 죽을죄를 무릅쓰고 망령되이 말씀드리자면, 전하께서는 인(仁)과 무(武), 두 글자 중에서 '무'가 부족하신 듯합니다. 전하를 살펴보건대, 진실로 권강(權綱)을 총람하지 못하고 그저 구태를 답습하는 병통을 가지셨으므로, 저 무리들이 이리저리 엿보고 거만하여 쉽게 생각합니다. 업신여기는 습성이 달마다 자라나고, 위협하여 제압하려는 계략이 날마다 깊어져서, 권병(權柄)은 거의 아래로 옮겨졌고 위복(威福)은 위에 있지 않습니다.

그런데 이조차도 부족하게 여겨 속으로 장심(將心)을 품고 서로 규획하여 은밀히 모여서 사주하여, 역적의 상소로 먼저 시험한 다음 잇달아 흉악한 차자를 올렸으니, 이는 곧 우리 임금이 능하지 못하니, 누가 나에게 뭐라 하겠느냐는 뜻에서 말미암은 것입니다. 아! 저들의 음흉하고 교활함은 진실로 논할 가치도 없으나, 또한 강극(剛克)함이 매우 부족한 전하의 정사가 그렇게 만든 듯합니다.

신들이 삼가 생각건대, 전일에 이사명(李師命)205)과 이상(李翔)206)이 처음 복관(復官)되었을 때, 고 판서 박태상(朴泰尙)207)이 대사헌으로서 상소하여

---

205) 이사명(李師命) : 1647~1689. 본관은 전주, 자는 백길(伯吉), 호는 포암(蒲菴)이다. 영의정 이경여(李敬輿)의 손자이고, 대사헌 이민적(李敏迪)의 아들이다. 1672년(현종13) 사마시에 합격하여 진사가 되고, 1680년(숙종6) 춘당대문과(春塘臺文科)에 장원 급제하여 정언이 되었다. 경신환국에 공을 세워 보사공신(保社功臣) 2등에 녹훈되고, 완녕군(完寧君)에 봉해졌다. 1685년 형조판서를 거쳐 이듬해에 병조판서를 지냈으나 1688년 윤세희(尹世喜) 등의 탄핵으로 삭주에 유배되었다. 이듬해 기사환국으로 남인이 재집권하자 사사되었다가 갑술환국(1694) 이후 신원되었다.

206) 이상(李翔) : 1620~1690. 본관은 우봉(牛峯), 자는 운거(雲擧) 또는 숙우(叔羽), 호는 타우(打愚)이다. 송시열을 통해 김집(金集)의 학통을 이어받았다. 1658년(효종9) 박세채·윤증과 함께 유일(遺逸)로 천거되어 지평·장령 등을 역임하였다. 현종 말년의 예송에서 남인인 허적을 탄핵하다가 실세하였으나, 1680년(숙종6) 경신환국으로 서인이 집권하자 김수항의 천거로 재등용되어 그 뒤 형조참의·대사헌 등을 지냈다. 숙종 연간에 노론과 소론이 분기할 때에는 송시열을 따라 노론의 편에 서서 남인의 등용을 주장하는 소론을 비판하였다. 기사환국으로 서인이 실세한 뒤인 1690년 옥사하였다가 1694년 갑술환국 이후 복관되었다. 시호는 문목(文穆)이다.

207) 박태상(朴泰尙) : 1636~1696. 본관은 반남(潘南), 자는 사행(士行), 호는 만휴당(萬休堂)·존성재(存誠齋)이다. 참판 박정(朴炡)의 손자, 우승지 박세견(朴世堅)의 아들이다. 박세당의

논하고, 또 '권강을 총람하지 못하고 그저 구태를 답습한다.[不總權綱, 徒事因循.]' 는 여덟 글자로 우리 선대왕의 성덕(聖德)을 우러러 경계하자, 선대왕께서 빠르게 가납하시며 '나의 병통을 맞혔다.'는 말로 칭찬하시고 이어 복관(復官) 의 명을 거두셨습니다.

신들은 못나고 어리석어 참으로 앞선 시대 어진이의 바르고 강직한 말에 부끄러울 따름입니다. 원컨대 전하께서는 선대왕의 분발하시던 위엄과 간언 을 따르시던²⁰⁸⁾ 미덕을 따라서 더이상 구태를 답습하지 마시고 속히 죄를 다스리시어, 저들 4흉이 창궐하지 못하게 하시고 뭇 불령(不逞)한 무리가 징계되어 두려워하게 하소서.

아! 전하께서는 선대왕이 부탁해 남기신 막중한 책임을 계승하여 종묘사직 의 주인이 되셨으니, 지금 전하께 충성하지 않는 것은 곧 선왕께 충성하지 않는 것입니다. 저들 네 사람은 양조(兩朝)의 융숭한 대우를 받고 만민이 우러러보는 지위에 있으니, 터럭 하나 머리카락 하나까지 모두 나라의 은혜를 입지 않은 것이 없는데도 선왕을 잊고 전하를 저버린 행동이 한결같이 이 지경에 이르러 그 죄악이 차고 넘치니, 부녀자도 침을 뱉으며 욕하지 않는 사람이 없어서 나라 안 모든 사람들이 죽여야 한다고 하는데, 어찌하여 전하께서는 지나치게 너그러운 용서를 베푸시어 오히려 의정부 위에 두시는 것입니까?

혹여 전하께서는 너그럽게 용서하시며, '저들은 선조의 옛 인물인데 갑자기

조카이고 박태보의 종형이다. 1654년(효종5) 진사가 되고 1671년(현종12) 정시문과에 장원하였다. 1674년 이조좌랑이 되었으나 남인 득세하자 홍주목사 등 외직으로 나갔다. 1680년 경신환국 당시 서인이 집권하면서 이조참의·대사간 등을 지냈다. 1689년 기사환 국 이후 물러나 있다가 1694년 갑술환국 이후 양관 대제학에 오르고, 1696년 이조판서가 되었다. 시호는 문효(文孝)이다.

208) 간언을 따르시던 : 원문의 '轉圜'이다. 이는 둥근 고리를 굴린다는 말로, 간언을 따르기를 물 흐르듯 순순히 한다는 뜻이다. 《전한서》〈매복열전(梅福列傳)〉에 "한 고조는 선한 말을 받아들일 때는 미치지 못할 듯이 하였고 간언을 받아들일 때는 둥근 것을 굴리듯이 하였다.[高祖納善若不及, 從諫若轉圜.]"고 한 데서 유래하였다.

주살하는 것은 차마 할 수 없는 일이다.' 생각하신 것 아닙니까? 참으로 그러하다면, 크게 그렇지 않은 바가 있으니, 청컨대 신들이 밝혀보겠습니다.

적신(賊臣) 김자점(金自點)[209]은 일찍이 인묘조(仁廟朝) 때 특별한 지우를 입어 수상이 되었고 또 겸하여 불세출의 특별한 훈신이 되었으나, 효종대왕께서 즉위하신 초기에 속히 원찬(遠竄)하라 명하셨다가 곧 다시 법에 따라 주살하시어, 사람들이 모두 통쾌하게 여기고 지금까지 칭송하고 있으니, 이 어찌 우리 전하께서 오늘날 본받을 일이 아니겠습니까?

하물며 저들은 기릴 만한 조금의 공로도 없으면서 왕법으로 반드시 복주해야 할 무거운 죄를 짓지 않았습니까? 아! 천하의 악이 역(逆)보다 심한 것이 없는데, 예로부터 그 악을 범한 수괴는 반드시 임금으로부터 후한 녹봉을 먹으며 지위가 정승의 직급에 있는 사람이었으니, 대개 그 유래의 조짐은 하루아침 하룻저녁의 일이 아니었습니다. 청컨대 신들이 근원을 거슬러 올라가 논해보겠습니다.

우리 선대왕께서 갑술년 초에 특별히 비망기를 내리시어, '강신(强臣)·흉얼(凶孽)이 국본을 동요시키면 역률(逆律)로 다스리겠다.' 하셨습니다. 아! 선대왕의 밝고 슬기로운 보살핌이 미치지 않은 곳이 없었으니, 이는 대개 세자를 좋지 않게 생각하는 사람이 혹시라도 있을까 염려하여 세월이 지나 상빙(霜氷)이 이를까 경계[210]하셨으므로 이러한 하교가 있었던 것입니다. 또 한두

---

209) 김자점(金自點) : 1588~1651. 본관은 안동(安東). 자는 성지(成之), 호는 낙서(洛西)로, 현감(縣監) 김탁(金琢)의 아들이다. 음보로 출사해 병조좌랑에까지 이르렀으나 인목대비의 폐비 논의에 반대하는 등 광해군 때 대북세력에 맞서다가 정계에서 축출 당하였다. 1623년 반정을 성공시키고, 정사공신(靖社功臣) 1등에 녹훈되었다. 1633년(인조11) 도원수(都元帥)가 되었으나 병자호란 패전의 책임을 지고 먼 섬으로 유배되었다. 1639년 풀려나와 1646년 좌의정을 거쳐 영의정에 올랐다. 1649년 인조가 죽고 새로 즉위한 효종이 김집(金集)·송시열(宋時烈)·권시(權諰)·이유태(李惟泰)·김상헌(金尙憲) 등을 불러들이니, 이들의 공격에 의해 1650년(효종1) 홍천에 유배당하였다. 1651년에 손부인 효명옹주(孝明翁主)의 저주 사건이 문제되고, 아들 김익(金釴)이 수어청 군사와 수원 군대를 동원해 원두표·김집·송시열·송준길(宋浚吉)을 제거하고 숭선군(崇善君)을 추대하려는 역모가 폭로되어 아들과 함께 복주되었다.

원로(元老)가 고심하며 뒷날을 생각해서 세자를 보호하는 방도를 힘써 실행하
면 저 무리들은 마치 원수처럼 보고 도리에 어긋난 말로 거듭 비난하였으며,
신사년(1701, 숙종27) 이래로 그 지척(指斥)은 더욱 심해졌습니다.211)

　　임창(任敞)212)·박규서(朴奎瑞)213)·성규헌(成奎憲)214)·박상초(朴尙初)215) 등이
얼굴을 바꾸어 번갈아 가며 나와서 제멋대로 흉악한 말을 하였고, 이정익(李禎
翊)216)의 상소가 나오면서는 핍박하여 쳐서 흔드는 바가 낭자할 뿐만이 아니었

---

210) 상빙(霜氷)이 …… 경계 :《주역》〈곤괘(坤卦)〉에 "서리를 밟으면 장차 단단한 얼음이
　　이르게 된다.[履霜堅氷至.]"고 한 구절을 인용한 것으로, 처음에 징조가 생길 때 조심하지
　　않으면 장차 큰 화가 닥친다는 뜻이다.
211) 한두 …… 심해졌습니다 : '한두 원로'는 1694년 갑술환국 이후 장희빈의 아들인 세자를
　　보호해야 한다고 주장한 남구만(南九萬)·최석정(崔錫鼎) 등 소론 탕평파 대신을 가리킨다.
　　그런데 신사년(1701, 숙종27) 인현왕후가 죽자 숙종은 장희빈이 무고하였기 때문이라는
　　주장을 받아들여 사사(賜死)했는데, 그 후 이들에 대한 노론의 공격이 줄기차게 이어졌다.
212) 임창(任敞) : 1652~1723. 본관은 풍천, 자는 회이(晦而), 호는 강개옹(慷慨翁)이다. 1702년
　　(숙종28) 아산 유학으로 장희빈이 인현왕후를 죽였다는 일을 고묘(告廟)해야 한다고
　　상소하였다가 정배되었다.《肅宗實錄 28年 3月 17日》
213) 박규서(朴奎瑞) : 1669~1707. 본관은 고령(高靈), 자는 휴문(休文), 호는 연경당(連經堂)이
　　다. 1701년(숙종27) 인현왕후를 모해한 장희재와 남구만 등을 규탄하였다. 이 때문에
　　장흥(長興)에서 2년간 귀양을 살았다. 1705(숙종31) 생원이 되었는데, 1707년 사망하였다.
214) 성규헌(成揆憲) : 1647~1741. 본관은 창녕(昌寧), 자는 중일(仲一), 호는 명탄(明灘)·원당(圓
　　塘)이다. 송시열 문인이다. 1689년(숙종15) 기사환국 당시 인현왕후의 폐위 반대 상소를
　　하였다. 갑술환국(1694)으로 인현왕후가 복위되자 선공감 감역이 되었으나, 1705년
　　남구만을 처벌하라고 상소하였다가 파직되었다. 1726년(영조2) 오위장(五衛將), 1736년
　　동지중추부사 등을 역임하였다.
215) 박상초(朴尙初) : 1684~1748. 본관은 무안(務安), 자는 복이(復而)이다. 1705년(숙종31) 남
　　구만과 유상운을 처벌하라고 상소하였다.
216) 이정익(李禎翊) : 1655~1726. 본관은 한산(韓山), 자는 붕거(鵬擧), 호는 애헌(崖軒)이다.
　　이필천(李必天)의 아들이다. 1684년(숙종10) 식년문과에 급제하여, 숙종대 사간을 거쳐
　　승지를 지냈다. 1706년(숙종32) 남구만과 최석정, 유상운 등이 세자를 보호하기 위해
　　장희빈과 장희재를 비호한 것을 비판한 '깊은 근심과 지나친 염려[深憂過慮]'라는 표현에
　　대하여, 이들의 본질은 '나라를 위한 깊은 근심과 지나친 염려'에 있는 것이 아니라
　　'은혜를 팔아 복을 구한다[市恩邀福]'는데 있다고 주장하였다. 이로써 이정익은 인현왕후
　　에 대한 신하의 의리를 강조하고, 남구만 등을 세자에게 아부하였다고 비판하였다.
　　1720년(경종 즉위), 임금을 핍박하였다는 김일경의 탄핵을 받았고, 이어 1721년(경종1)
　　원로를 침해했다는 사헌부의 탄핵을 받고 삼수(三水)로 유배되었다가 1725년(영조1)

습니다. 이에 일찍이 병술년(1706, 숙종32) 봄, 신 김일경이 사헌부에 재직하고 있었을 때 이정익을 논죄하면서 말하기를, '세자에게 무례한 자를 보면 참새 쫓듯 하였다.'[217] 하였던 것입니다.

아! 저 무리가 우리 임금에게 무례한 것이 여기에서 시작되었으니, 이렇듯 음험하고 어리석은 자들을 번번이 써서 이리저리 먼저 시험해본 것은 곧 그들의 수완이었습니다. 이후 정유년(1717, 숙종43) 이이명의 독대(獨對)[218]에 이르러서는 어전에서의 취지(取旨)가 이미 이필(李泌)이 했던 것[219]과는 같지 않았고, 여러 대신을 부르라고 청하여 가부(可否)를 묻고자 하였으니, 그 실정을 살펴보면 참으로 헤아리기 어려운 점이 있었습니다.

무릇 천직(天職)[220]을 섭행(攝行)하게 된 일을 태묘(太廟)에 고하는 것은

유배된 인사를 상소하여 석방하라는 조처에 편승하여 양이(量移)되었으나 이듬해에 사망하였다. 《肅宗實錄 32年 1月 21日, 9月 17日》《肅宗實錄補闕正誤 31年 7月 12日》《景宗實錄 卽位年 8月 4日》

217) 세자에게 …… 한다 : 병술년(1706, 숙종32) 1월, 사헌부 지평으로 있던 김일경이 임창 등을 세자를 핍박한다고 비판하며, "오늘에 있어 세자에게 무례(無禮)함을 보면 참새 쫓듯 하는 것도 또한 신자의 직분이다.[在今日見無禮於儲君, 如逐鳥雀者, 亦臣子之職也.]" 하였다. 《肅宗實錄補闕正誤 32年 1月 27日》

218) 이이명의 독대(獨對) : 정유년(1717, 숙종43) 숙종이 우의정 이이명을 불러 독대한 일을 말하는데, 사관이 동석하지 않았기 때문에 그 자세한 내용은 알 수 없다. 다만 그 직후 세자[景宗]의 대리청정을 명하였고 또 노론은 이에 적극 찬성하였다. 당시 소론 측에서는 이를 세자를 폐하기 위한 수순으로 보았다. 《肅宗實錄 43年 7月 19日》《당의통략(黨議通略)》에 의하면 영조 대에 대화 내용이 비로소 드러났는데, 숙종이 연령군(延齡君)이나 연잉군(延礽君)으로 세자를 바꿀 뜻이 있다는 의사를 전하고, 노론측에 세자 교체 과정에서 예상되는 만약의 사태에 대비하여 줄 것을 지시하였다고 한다. 어쨌든 이 사건을 계기로 왕위계승 문제를 두고 노론과 소론의 갈등이 첨예화되었다. 경종을 후원했던 소론의 입장에서는 아직 정무 능력을 갖추지 못한 세자를 조기에 등판시켜 실수를 기대함으로써 후계 구도를 흔들려는 음모로 파악하였다. 노론은 독대를 근거로 연잉군과 연령군, 두 왕자에 대한 보호를 자처하여 기회를 엿보아 세자를 바꾸려 한다는 의심을 사게 되었다.

219) 이필(李泌)이 했던 것 : 이필은 당(唐)나라의 명신으로, 숙종(肅宗) 때 환관 이보국(李輔國) 등이 참소하여 훗날 대종(代宗)이 된 광평왕(廣平王) 이숙(李俶)을 해치려 하자 충심으로 보호하여 저지하였고, 덕종(德宗) 때에는 훗날 순종(順宗)이 된 태자가 폐위될 위기에 처하자 태자의 무죄를 주장하며 간언하여 중지시켰다.

당우(唐虞)의 고사에 명백한 근거가 있는데, 김창집이 힘껏 저지하여 막은 것은 혹시라도 사체(事體)가 점차 엄중한 데로 나아가 그 형세가 움직이기 어렵게 될까 두려워했기 때문이었습니다.

그러나 지극히 자애로운 선대왕의 성덕과 백왕(百王) 가운데에서도 특출한 전하의 인효(仁孝)에 힘입어 사람들이 이간할 수 없었으며, 또 병든 몸을 가마에 싣고 백리 길을 달려와 힘써 충성을 다한 한 늙은이가 있어 오늘날이 있도록 보존할 수 있었습니다.[221]

우리 전하께서 보위를 계승하여 즉위하시자, 요적(妖賊) 윤지술(尹志述)[222]이 성궁(聖躬)을 핍박하고 욕보여서 더 이상 인간의 도리가 없었는데, 김창집의 무리가 떼로 일어나 화응하며 전하를 겁박하는 바람에 죄를 감면하여 가벼운 견책에 그쳤음에도 불구하고 오히려 그조차 시행하지 못하였습니다.

김창집이 또한 물러난 여러 신하들을 소환할 것을 청하면서, 심지어는 '전하께서는 함께 나라를 다스리기에 부족하다고들 합니다.'까지 하였으니, 지극히 패악한 말들이 어찌 이 지경까지 이르렀단 말입니까?

이른바 '속으로 우리 임금이 능하지 못하다는 마음을 품었다.'는 말은 이로써 보건대 또한 속으로 품은 생각에 그친 것이 아니라 저 무리가 이미

---

220) 천직(天職) : 원래는 하늘이 현인(賢人)을 대우하여 천민(天民)을 다스리게 한 것이니, 바로 하늘이 현인에게 준 직책을 의미하는데, 여기서는 특히 임금의 직책을 가리킨다.

221) 병든 …… 있었습니다 : 영중추부사 윤지완이 시골에서 상경하여 세자의 지위를 위협하는 노론 대신들을 비판하여 상소한 일을 가리킨다. 당시 윤지완의 나이는 90에 가까웠으며, 병이 들어 위급한 지경에 있었다. 《肅宗實錄補闕正誤 43年 8月 14日》

222) 윤지술(尹志述) : 1697~1721. 본관은 칠원(漆原), 자는 노팽(老彭), 호는 북정(北汀)이다. 1720년(경종 즉위) 성균관 장의로서 이이명(李頤命)이 편찬한 숙종의 지문(誌文)이 편파적으로 기록되어 있다고 상소하고, 유생들을 선동하여 권당(捲堂)하였다. 윤지술이 문제 삼은 지문의 내용은 희빈(禧嬪) 장씨(張氏)를 사사(賜死)한 신사처분(辛巳處分, 1701)과 윤선거(尹宣擧)의 문집을 훼판(毁板)한 병신처분(丙申處分, 1716)인데, 그는 이 사안들이 의리상 중대함에도 불구하고 누락되거나 애매하게 기재되었다고 비판하였다. 신축옥사 때 김일경(金一鏡) 등 소론의 탄핵으로 처형되었다. 1725년(영조1) 노론이 집권하자 신원되었고, 1841년(헌종7) 이조판서에 추증되었다. 노론에 의해 임창(任敞)·이의연(李義淵)과 함께 신임(辛壬)의 삼포의(三布衣)로 추앙 받았다. 시호는 정민(正愍)이다.

전하를 군부로 대하지 않고 또한 신하로 자처하지 않았음을 구구절절 환히 드러낸 것이니, 나라 안 신민이라면 누군들 놀라고 통탄해 하지 않겠습니까? 이러한 일이 쌓이고 쌓인 것이 오늘날에 이르게 된 이유입니다.

저 조성복은 바로 저 무리가 지휘하여 부리는 자들 가운데 한 명입니다. 앞장서서 한 장의 상소를 올려서, 시험해 보려는 음모를 몰래 실행하였는데, 며칠이 지나 마침내 비상한 하교가 내려졌습니다. 저 무리들이 정탐하고 억측한 일이 진실로 이미 무르익어가고 있었으므로 힘껏 간쟁하여 임금의 마음을 돌린다는 것은 원래 그들의 본뜻이 아니었습니다.

비록 겉으로 드러난 사체(事體)로 말하더라도, 몸이 대신의 반열에 있고 나라에 망극한 거조가 있다면 감히 병을 말해서도 안 되고, 수레를 기다려서도 안 되며, 궐문 앞에 당도하는 것 또한 어찌 다른 사람보다 뒤처질 수 있겠습니까? 그런데 김창집은 왼쪽 발을 집 바깥으로 반걸음도 내딛지 않았고, 이건명은 느릿느릿 몸뚱이를 움직여 겨우 대궐 아래에서 멈추었습니다.

혹은 휴치(休致)223)를 청한다고 핑계대고 거만하게 차자를 올렸지만 나라의 처분에 대해선 한마디 말도 없었고, 혹은 성상의 하교를 거두어달라고 청한 것에 대해서는 성을 내며 원망을 품고 상소문을 올려 노골적으로 공격하면서도 조성복의 죄상에 대해서는 반 마디의 언급도 없었으니, 이와 같이 하고도 오히려 그 심적(心迹)을 엄폐할 수가 있겠습니까?

급기야 김창집의 면직을 허락하였을 때, 이건명과 조태채가 양사의 여러 추악한 무리들과 함께 분주하고 황망하게 차자를 올리거나 혹은 상소하자, 전하께서 윤허하지 않으시고 비지의 내용도 우악(優渥, 은혜가 두터움)하지 않았습니다.

이에 당시 경재(卿宰) 및 시종신들이 소리 높여 저들의 죄를 성토하자 이건명이 또 방자하게 청대하여 대궐 가운데에서 밤을 지새우며 자기의

---

223) 휴치(休致) : 양반 관료가 나이가 들어서 관직에서 물러남을 뜻한다. 전하여 사직하는 경우를 두루 뜻하게 되었다.

소회를 글로 적어 올려 자기 당(黨) 수괴의 지위를 기필코 회복시키고자 하였습니다. 아! 늙은 적신(賊臣)이 나이가 많아 권력을 내려놓게 한 것인데 어찌 이와 같이 근심하고 초초해하면서, 명철한 군주가 즉위하신 처음에 갑자기 정사를 사양한 일은 어찌 저와 같이 하찮게 여기는 것입니까?

과거에 시골의 한 미천한 자가 상소하여 선왕(先王)께 정무를 내려놓고 물러나 한적하게 쉴 것을 청하자, 조정이 놀라고 통탄하며 국청(鞫廳)을 설치해 처형하였습니다. 아! 보잘것없고 어리석으며 무식한 자가 벌인 일이라 하나 국가의 형전은 지엄하지 않을 수 없었던 것입니다.

하물며 지금 조성복은 직책이 대간이고, 4흉은 지위가 정승의 반열에 있는데, 상소로 시험하고 차자로 이어가니, 뱃속 가득 품은 흉계는 어리석고 무지한 데서 나온 것이 아니며, 제멋대로 뱉어내는 흉언은 우매하고 무식한 데서 기인한 것이 아닙니다.

그 죄를 범한 실정을 논하자면 이전보다 훨씬 흉패하고 참혹한데, 전에는 죽이고 지금은 편안히 놔두니, 아! 임금도 없고 법도도 없는 나라가 아니고서야 엄한 법과 형벌을 어찌 빈한하고 남루한 자에게만 시행하고 권세가 있는 자에게는 시행하지 않는 것입니까?

아! 김창집은 고(故) 영의정 김수항(金壽恒)[224]의 아들입니다. 김수항은 기사년에 죽었는데 세상을 떠나며 아들에게 간곡히 경계한 말은 ‘권세 있는 요직은 힘써 피하라.[力避權要]’는 네 글자였습니다. 대개 그의 아비가 선한 말을 남긴 날[225]이 되면 진실로 마음속 깊이 애통함이 남아 있어 타인이

224) 김수항(金壽恒) : 1629~1689. 본관은 안동, 자는 구지(久之), 호는 문곡(文谷)이다. 1680년 (숙종6) 경신환국이 일어나 남인들이 실각하자 영의정이 되어 남인의 죄를 다스리는 한편, 송시열·박세채 등을 불러들였다. 1689년(숙종15) 기사환국이 일어나 남인이 재집권하자, 탄핵되어 진도(珍島)로 유배된 뒤 사사(賜死)되었다.

225) 선한 …… 날 : ‘선언(善言)’은 임종(臨終) 때의 말을 뜻하는 용어로, 본문의 ‘선언을 남긴 날’은 기일(忌日)을 이른다. 증자가 병이 위독해졌을 때에 “새가 죽을 때에는 울음소리가 슬프고, 사람이 죽을 때에는 말하는 것이 착한 법이다.[鳥之將死, 其鳴也哀 ; 人之將死, 其言也善.]”한 데서 유래한 용어이다. 《論語 泰伯》

들어도 오히려 슬픈데, 김창집은 태연자약하게 소홀하여 잊어버리고 외람되이 정승의 자리226)를 차지하여 권력을 좌지우지하며 권세를 탐하고 형세를 즐기기를 오만방자하게 하였습니다.

그 또한 사람의 자식이니, 벽파(碧波)227)를 돌아볼 때면 두려운 마음에 이마에 땀이 흐르지 않을 수 있었겠습니까? 자식으로서 저지른 불효가 이미 이와 같으니, 신하로서 저지른 불충은 진실로 당연한 일이었습니다.

이이명은 이사명의 동생으로서 화심(禍心)을 마음속에 감추어 온 지 여러 해가 되었고, 강교(江郊)에서 죄를 기다리며 그 악독함은 더욱 참혹해져 멀리서 조정의 권력을 잡으려는 계획을 세운 것이 매우 면밀하였습니다.

지난번에 소명(召命)을 받들며 마침내 상소 한 장을 올렸는데, 단지 자신의 사사로움만을 늘어놓았을 뿐 임금을 위한 걱정은 하지 않았고, 도성에 들어온 다음 날로 바로 이 차자228)를 준비하였습니다.

조태채는 본래 벼슬을 얻기 전에는 얻지 못할까 근심하고 벼슬을 얻으면 잃어버릴까 걱정하는 비루한 자229)로서, 은혜를 잊고 의리를 저버린 채 오로지 이익만을 좇았습니다. 기회를 틈타 의기투합하여 그 정태(情態)가 매우 교활하고 간교하더니, 끝내 김창집·이건명과 뒤섞여 뜻을 같이하였습니다.

---

226) 정승의 자리 : 원문은 "勻軸"이다. 균(勻)은 균(鈞)으로 도자기를 만드는 물레이고, 축(軸)은 수레바퀴를 지탱하는 굴대로, 나라의 중임(重任)을 비유하는바, 곧 정승의 자리를 가리킨다.

227) 벽파(碧波) : 전라도 진도군(珍島郡) 동쪽 30리에 있는 나루의 어귀에 있는 벽파정(碧波亭)을 가리킨다. 이것은 기사환국(己巳換局)으로 진도(珍島)의 배소에서 사사(賜死)된 김창집의 아버지 김수항을 비유한 용어로 보인다.

228) 이 차자 : 1721년(경종1) 10월 17일, 영의정 김창집·영중추부사 이이명·판중추부사 조태채·좌의정 이건명이 왕세제의 대리청정에 대해 정유년(1717, 숙종43)의 절목(節目)에 따라 품지(稟旨)하여 거행하도록 요청한 연명 차자를 가리킨다.

229) 벼슬을 …… 자 : 재물이나 벼슬을 얻기 전에는 얻지 못할까 걱정하고 얻은 뒤에는 행여 그 벼슬이나 재물을 잃을까 걱정하는 소인배를 가리킨다. 《논어》〈양화(陽貨)〉에서 "비루한 자들과 함께 임금을 섬길 수 있겠는가. 부귀를 얻기 전에는 얻으려고 안달하고, 얻고 나서는 잃을까 걱정하니, 참으로 잃을까 걱정한다면 못하는 짓이 없게 될 것이다.[鄙夫可與事君也與哉? 其未得之也, 患得之, 旣得之, 患失之, 苟患失之, 無所不至矣.]" 하였다.

이건명은 타고난 품성이 비뚤어지고 마음씀씀이가 사특한데다가 이사명의 요망함을 이어받고 이이명의 흉악함과 교활함을 계승하였으며, 김창집의 사악함에 동조하여 서로 도왔고, 조태채의 간사함에 한통속이 되어 힘을 보탰습니다. 그가 나라를 병들게 하고 백성에 해를 끼친 것은 다만 작은 일에 불과하고 명분을 해치고 의리를 어그러뜨리는 것을 능사로 삼아 왔습니다.

4흉이 세력을 형성하자, 온갖 간사한 무리들이 그림자처럼 따르며 조아(爪牙)230)와 복심(腹心)이 되어 근밀한 자리에 여우같이 엎드려 있으니, 전후좌우가 모두 상국(相國)의 사람으로서 임금231)을 보기를 거의 변모(弁髦)232)처럼 보고 있습니다. 오늘날 국사가 위태롭고도 급박한 것은 참으로 성상의 하교와 같으니, 이는 전하께서 염려하신 지 이미 오래입니다.

아! 전(傳)에 이르기를, '네 사람을 처벌하자 천하가 다 복종하였다.'233) 하였으니, 전하께서는 어찌하여 대순(大舜)을 본받지 않으십니까? 아! 저 조성복은 스스로 그들의 주구가 되었으니, 천극(荐棘)의 형전234)도 실형(失刑)한 것이 심하다 하겠으나, 원악대대(元惡大懟)235)가 편안하게 살아 있으니, 조성복이 원통하다고 할 만합니다.

---

230) 조아(爪牙) : 맹수의 발톱과 어금니로, 전하여 적을 막고 제왕을 호위하는 무장(武將)이나 무사(武士) 등을 가리킨다. 《시경(詩經)》〈소아(小雅) 기보(祈父)〉에서 "기보여, 우리는 왕의 용맹스러운 군사로다.[祈父, 予王之爪牙.]" 하였다.
231) 임금 : 원문은 "黼扆"이다. 붉은 비단에 흑백의 도끼 모양의 무늬를 그린 병풍으로서, 임금이 앉는 옥좌를 지칭하는 용어로 쓰였다.
232) 변모(弁髦) : 한번 쓰고 나면 버리는 하찮은 물건을 가리킨다.
233) 네 사람을 …… 복종하였다 : 《맹자(孟子)》〈만장 상(萬章上)〉에 나오는 말로, "순(舜)임금이 공공(共工)을 유주(幽州)로 유배시키고, 환도(驩兜)를 숭산(崇山)으로 추방하고, 삼묘(三苗)를 삼위(三危)에서 죽이고, 곤(鯀)을 우산(羽山)에서 죽였다. 네 사람을 처벌하자, 천하가 다 복종하였으니, 이는 불인(不仁)한 자를 처벌했기 때문이다." 하였다.
234) 천극(荐棘)의 형전 : 조성복은 1721년(경종1) 사헌부 집의로 재직하던 중 세제(世弟)의 대리청정(代理聽政)을 요구하는 상소하여 경종의 재가를 받았으나, 무군부도(無君不道)하다는 소론의 반격으로 국문을 받고 정의(旌義)에 위리안치 되었다.
235) 원악대대(元惡大懟) : 매우 악해서 온 세상이 미워하는 사람이다. 큰 죄악의 우두머리를 가리킨다. 여기서는 김창집 등 노론 4대신을 지칭한다.

신 등이 또 듣건대 재신(宰臣) 이광좌 등 여러 사람이 정청의 반열에 참여해 있다가 갑작스레 정청을 중지한다는 논의를 듣고 항의하며 다투자, 이건명이 말대꾸로 가세하고 조태채가 옆에서 그럴듯한 말로 속이며 유혹하니, 김창집이 어쩔 수 없이 내일 정청을 속개한다는 명령을 거짓으로 내렸습니다. 그렇지만 머리를 맞대고 차자를 꾸며 새벽녘에 올리고, 다시 정청을 중지하겠다는 명을 각 사(司)에 내렸습니다.

아! 저들의 간악한 속셈에는 이미 완성된 계획이 있었으나 공의를 누르기 어려워지자 애써 따르는 척하다가 물러나 흩어질 무렵 갑자기 돌변하였으니 그 간교한 의도와 사특한 계략은 차마 똑바로 쳐다볼 수 없습니다.

우의정 조태구가 갑자기 정청이 중지되었다는 소식을 듣고 급히 대궐문 밖에 도착하여 네 명의 정승이 함께 모여 있는 곳으로 녹사(錄事)를 보내 갑작스레 철회할 수는 없다고 말하고 다시 정청을 열라고 하였습니다. 그러자 저 무리가 마침내 차자 원고를 보여주면서, '우리는 이밖에 다른 도리가 없으니, 그대는 그대 뜻대로 하십시오.' 하였습니다.

이에 우의정이 궁궐 안으로 들어와 승정원에 청대하겠다는 뜻을 전하께 여쭙게 하자, 승지와 양사의 관원이 4흉의 풍지(風旨)[236]를 받들어 한편으로는 저지하고 또 한편으로는 공격하였는데, 전하께서 선실(宣室)[237]로 특별히 불러 명쾌한 결단을 내리셨습니다. 이 소식을 들은 김창집과 이건명이 허겁지겁 간신히 발을 옮기며 뛰어오다 거꾸러지니, 그 모습이 해괴하여 주졸(走

---

236) 풍지(風旨) : 분명하게 표현되지는 않았으나 분위기나 암시 또는 소문으로 나타나는 특정인의 의도나 속마음을 가리킨다.

237) 선실(宣室) : 한나라 미앙궁(未央宮) 앞의 정실(正室)을 가리킨다. 가의(賈誼)가 좌천되어 장사왕(長沙王) 태부(太傅)로 있다가 1년 남짓 만에 소명을 받고 조정으로 돌아오니, 문제(文帝)가 선실에 앉아 가의에게 귀신의 근본에 대해 묻고는 그의 말을 밤늦도록 경청하였다고 한다.《漢書 賈誼傳》여기서는 창경궁 진수당(進修堂)을 이른다. 당시 승정원에서는 조태구가 대간의 논계를 받고 있으므로 청대하는 것은 옳지 않다 하며 이를 아뢰지 않았는데 경종이 승정원을 경유하지 않고 직접 환관을 보내 조태구를 인견하겠다는 명을 내려 창경궁 진수당에서 인견하였다.《景宗實錄 1年 10月 17日》, 《景宗修正實錄 1年 10月 17日》

卒)238)들이 손가락질하며 비웃고, 서리들이 수치스러워 하였습니다.

아! 저 무리들이 며칠 동안 청대하였지만 이를 허락하는 한 번의 명을 끝내 아끼셨는데, 이는 성상께서 저들이 정성스럽고 간절하지 않다는 것을 굽어 통촉하셨기 때문입니다.

하물며 정청의 반열은 이미 철수하였고, 차자는 이미 들어가 속마음이 모두 드러나서 지은 죄를 회피할 수 없으니, 만약 우의정에게 사대(賜對)239)하였다는 말을 들었다면 진실로 마땅히 의금부에서 머리를 나란히 하여 석고(席藁)240)하고 황공해 하며 삼가 부월(斧鉞)을 기다렸어야지, 어떻게 다시 얼굴을 들고 향안(香案)241) 앞에 뻔뻔스레 나선단 말입니까?

그들이 합문(閤門) 밖에 있을 때, 한 재신(宰臣)이 정청을 정지한 잘못을 말하자, 김창집은 '내가 불충했다.'고 하였고, 이건명은, '내가 형편없는 위인이다.' 하였습니다. 아! 그들 또한 불충하고 형편없음을 스스로 알면서도 애초 고집하는 것이 있는 것처럼 우의정을 저지하다가 이에 이르러 애걸하듯 죄를 자복하였으니, 절통한 정황이 또한 어떠합니까?

다 함께 호소하는 길은 이미 막혔고 차자로 청한 일242)이 장차 시행되려 하니 왕실을 돌아보면 위태롭기 짝이 없었습니다! 이에 나라의 안위를 한 몸에 짊어진 대신243)이 사력을 다해 한 걸음 나아가려 하니, 저 무리인들

---

238) 주졸(走卒) : 여기저기 분주히 돌아다니며 심부름하는 사람을 이른다.

239) 사대(賜對) : 임금이 신하를 불러서 묻는 말에 대답하게 하는 것이다. 참하관(參下官)까지 불러 시사(時事) 등을 듣는 윤대(輪對)와는 달리, 신하가 면대(面對)를 요청하였을 경우와 또 임금이 특별히 불러서 대하는 경우 등이 있다.

240) 석고(席藁) : 거적을 깔고 엎드려서 자신의 주장을 펴다. 대개 대궐이나 의금부의 문밖에서 처벌을 각오하며 자신의 결백을 주장하다.

241) 향안(香案) : 향료나 향로를 올려놓은 받침상, 또는 받침대로, 조회하는 날 전상(殿上)에 설치해 놓은 기구의 일종이다. 향(香)은 향료(香料) 또는 향로(香爐)이다. 안(案)은 이것을 올려놓는 받침상이나 받침대이다.

242) 차자로 …… 일 : 1721년(경종1) 10월 17일, 영의정 김창집·영중추부사 이이명·판중추부사 조태채·좌의정 이건명이 올렸던 연명 차자를 가리키는 것으로, 이들은 이 차자에서 정유년(1717, 숙종43)의 절목에 의거하여 왕세제의 대리청정을 거행하도록 요청하였다.

243) 나라의 …… 대신 : 우의정 조태구를 말한다.

어찌 얼굴에 땀이 나고 부끄러운 마음이 들지 않았겠습니까?

더구나 지척(咫尺)에서 전하의 경광(耿光)244)을 다시 한번 뵙고, 붕괴가 임박한 위기 상황에서 다행히도 유음(俞音)245)을 받들었으니 진실로 흉역이 아니라면 누군들 뛸 듯이 기뻐하지 않았겠습니까? 그런데 대각에 있는 자가 감히 '모종의 음험한 모략이 있다.'는 등의 말로 억지로 무거운 죄안을 만들어 대신을 곧바로 귀양 보내고 국문할 것을 청하였습니다.

아! 명철하신 우리 임금을 권면하여 다시 만기를 총람하게 한 것이 얼마나 정대(正大)하고 광명(光明)한 일인데, '음험한 모략'이라는 이 두 글자를 쓴 의도는 도대체 무엇입니까? 아! '어떻게 감히 어기고 거스르겠습니까?'라는 말은 4흉이 제창하고, '모종의 음험한 모략이 있다.'는 말은 뭇 간신배들이 호응한 것이니, 흡사 큰 자라의 소리에 보통 자라가 호응하고 올빼미의 소리에 부엉이가 화답한 것과 같습니다.

앞서 전지의 명을 거두어들인 일에 대해 불평하고 성을 낸 것은, 위를 원망하고 아래를 제어하는 데 뜻을 두고 헛된 말을 억지로 얽어 꾸민 계략에서 나와서, '결탁'이니 '내통'이니로 지목하여 공공연히 멋대로 무함하고 모욕하면서 바로 문초하는 것으로 대신하고자 하였습니다.

아! 신들이 지난 역사를 살펴보건대 세상이 말세가 되면 대궐 안이 엄정하지 못하여 궁액(宮掖, 궁에 딸린 하인)을 끌어들여 은밀히 지름길을 열어둔 자가 있고, 환관과 결탁하여 몰래 뇌물을 쓰는 자도 있으며 안팎으로 내통하여 음험한 모략을 알선하는 자도 있어서 나라에 재앙을 끼치고 멸망의 길로 이끌었습니다. 신들이 사서(史書)를 읽다가 이런 부분에 이르면 일찍이 탄식하며 통한에 차지 않은 적이 없었는데, 지금 우리 성명의 치세야 어찌 이와 비슷한 점이 있겠습니까?

---

244) 경광(耿光) : 훌륭한 선조의 밝은 덕을 가리킨다. 주공(周公)이 성왕(成王)에게 "문왕(文王)의 경광을 보시고 무왕(武王)의 큰 공렬을 드날리소서."라고 한 말에서 유래하였다. 《書經 立政》 여기서는 임금의 큰 덕을 의미한다.

245) 유음(俞音) : 신하가 말이나 글로 아뢴 것에 대해 임금이 답하는 것, 혹은 답한 글이다.

그런데도 저 무리들은 사리에 어긋난 애매한 제목을 문자로 표현하고 이를 베껴 원근에 전파하며 조금의 주저나 거리낌도 없었으니 그 마음 씀이 흉악하고 또한 참혹합니다.

신들이 생각하건대, 우리 춘궁께서 지난 야심한 밤 창졸간에 비상한 성교(聖敎)를 받들고 너무 놀라고 두려운 마음에 눈물을 줄줄 흘리셨고 여러 차례 궁료들을 만나 말을 하고자 해도 소리를 내지 못하셨습니다. 그 지극한 정성과 애통해하는 모습을 보고 신하들은 감동하고 궁료들은 찬탄해 마지않으며 사람들에게 하는 말을 신들도 이미 익히 들어 알고 있습니다.

지금 이 4흉이 세제를 보좌하고 보도(輔導)하는 직책을 차지하고 있으면서도 그 뜻을 받들고 마음을 위안할 도리는 생각하지 않고 있으니, 전하의 역신(逆臣)일 뿐만 아니라, 실로 춘궁의 죄인입니다.

아! 기쁨과 슬픔을 자유자재로 하는 것이 모두 4흉의 손바닥 안에 있고, 쥐었다 놓았다 열었다 닫았다 하는 것 또한 4흉의 뜻과 지시에서 나왔습니다. 사인(私人)을 끌어들여 요직에 포진시키고, 아침에 엄한 교지를 내려도 저녁이면 추천서가 올라오니 진퇴출척을 오직 그들 마음대로 처리하고 전하는 다만 허기(虛器)만 부둥켜 안고 있을 뿐입니다. 이 때문에 '무엄', '무군(無君)', '무륜(無倫)' 등의 준엄한 비답이 연이어 내려와도 아래에서는 예사롭게 보고 전혀 두려워하거나 꺼리는 기색이 없습니다.

홍계적의 경우 더욱 간교하여, 참으로 진(晉)나라의 심충(沈充)·전봉(錢鳳)[246]같은 자입니다. 간악한 마음과 사특한 태도로 능수능란한 수완을 부리며 교활한 괴수를 돕고 흉악한 무리들을 소집하여 전하의 팔·다리를 갈기갈기 찢어 놓았으며 전하의 날개를 잘라 제거하였습니다.

아! 지난밤의 반한(反汗)[247]은 중신에게 힘입었고, 그날의 작환(繳還)[248]은

---

246) 심충(沈充)·전봉(錢鳳) : 동진(東晉) 원제(元帝) 때 왕돈(王敦, 266~324)의 수하였다. 왕돈이 반역할 뜻이 있음을 알고서 몰래 계책을 세워 그를 도왔다. 왕돈은 322년 무창(武昌)의 난을 일으켜 스스로 승상(丞相)이 되어 조정을 장악하였는데, 324년 왕도(王導) 등이 그가 병에 걸린 것을 이용해 토벌하였다.

우의정으로 말미암았으니, 전하께서 의지할 바라곤 오직 이 한두 신하들뿐인데, 유배를 청하거나 출척을 청하며 오직 쫓아내지 못할까 두려워합니다.

무릇 전하를 위해 정성을 다하고 충성을 다 바쳐 신하의 직분을 다하려한 사람은 일체 죄주기를 청하여 그들로 하여금 연곡(輦轂)249)을 지킬 수 없게 만들고 반드시 전하를 고립시키고야 말려고 하니, 신들은 저들이 장차 무슨 짓을 하려는지 모르겠습니다. 아! 고금 천하에 어찌 이러한 일이 있단 말입니까?

군신의 분의는 지극히 엄하고 무거워 잠깐 사이에 조금이라도 어긋남이 있으면 악역(惡逆)의 이름과 찬시(簒弑)의 주벌을 피할 수 없어서 당대에 멸족당하거나 혹 흙 속에서 썩은 혼백을 주륙하기도 합니다.

더구나 저 무리는 그 조짐이 쌓여온 지 이미 오래되었고 선을 훌쩍 넘어 침범한 것이 또한 지나쳐 신하 노릇을 하지 않으려는 뜻이 한 통의 차자에서 훤히 드러났고, 임금을 업신여긴 죄악은 만천하가 목격하였습니다. 이로써 삼강의 으뜸이자 오륜의 첫머리가 또한 남김없이 멸절되었으니, 《춘추》의 무장(無將)으로도 그 죄를 다스릴 수 없고, 대역부도(大逆不道)를 다스리던 한(漢)나라의 법으로도 조율하기에 부족합니다.

이는 실로 천지가 용납하지 못하고 신인(神人)이 함께 분노하는 바이니, 비록 전하께서 어질고 관대하시다 해도 또한 시종일관 사사로이 비호할 수는 없는 일입니다.

삼가 바라건대 특별히 밝은 전지를 내려서 속히 떳떳한 형벌을 시행하시어, 적신(賊臣) 조성복 및 4흉과 같은 악의 원흉을 조금의 용서도 없이 모두 삼척(三尺)의 법으로 처단하시고, 승정원과 삼사의 무군(無君)·무엄·무륜(無倫)

247) 반한(反汗) : 한 번 내리면 되돌리기 힘든 왕명을 되돌리는 것을 말한다. 땀[汗]은 한 번 몸에서 나오면 다시 돌아가지 않기 때문에 한 번 내린 임금의 명령을 취소하기 어려움을 비유한 말이다.
248) 작환(繳還) : 임금의 전교(傳敎)에 잘못된 부분이 있다고 여겨질 경우, 승지가 전교를 하달하지 않고 되돌려 올리고 거두기를 청하는 것을 이른다.
249) 연곡(輦轂) : 임금이 타는 수레를 이르는 말로, 전하여 임금의 도성을 가리킨다.

의 죄도 아울러 더욱 징계하여 처벌하소서. 그리하여 군신의 큰 기강을 세우고 백성의 떳떳한 인륜을 일으켜 난적(亂賊)들이 감히 다시 일어나지 못하고 충심을 지닌 신하들이 스스로 힘쓸 수 있도록 해주신다면 종사의 위태로운 상황은 이에 힘입어 다시 편안해질 것입니다.

지난번 신들이 궐하(闕下)에서 연일 소장을 올리며 4흉이 거리낌 없이 제멋대로 행동하는 것을 목도하고 사사로이 팔을 걷어붙이고 비분강개하기보다 차라리 홀(笏)을 들어 그들의 이마를 치고 싶은 심정이었으니, 등대하였을 때 청토하는 일을 어찌 감히 조금이라도 지체할 수 있었겠습니까?

그러나 저 무리들은 죄를 범한 것이 이미 무거웠으므로 오히려 신들이 그 뒤를 의논할까 두려워하여, 예(羿)가 활시위를 팽팽하게 당기고[250] 물여우가 독기를 재빨리 내뿜듯[251] 조정 신하 삼십 명을 한밤중에 참소하고 비방하여 쫓아냈습니다. 신 등은 집으로 물러나 근심에 속이 썩어 들어갈 뿐이었는데 성명(聖明)께서 위에 계신 덕분에 참소의 말들이 자연히 그쳤습니다.

그러나 조정을 둘러보아도 일찍이 군부를 위해 난적을 토벌하려는 의사(義士)가 한 사람도 없어 예의를 중시하는 우리 동방이 장차 이적과 금수로 전락하게 될 상황이니, 일찍이 시종(侍從)의 자리에 있었던 신들이 어찌 감히 산반(散班)[252]에 물러나 있다고 스스로 혐의하고 화가 두렵다고 스스로 좌절하여, 두려움을 떨치고 용기를 내지 않을 수 있겠습니까?

신들이 상소를 이미 갖추었으나 미처 올리지 못하였는데, 전하께서 특별히

---

250) 예(羿)가 …… 당기고 : 원문은 "羿彀急張"이다. 예(羿)는 옛날에 활을 잘 쏘기로 이름 높았던 사람이고 구(彀)는 활시위를 당기는 것으로, 예가 활을 쏘듯이 여러 사람이 공격하는 위태로운 지경을 말한다.

251) 물여우가 …… 내뿜듯 : 원문은 "蜮矢"이다. 여기에서 역(蜮)은 일명 단호(短狐)라고도 하는 해충으로서, 입속에 가로질러 있는 뿔로 만든 쇠뇌[弩]같은 물건에 기(氣)를 살[矢]로 삼아 물속에서 사람을 쏘아 해친다고 전해진다. 또 일설로는 모래를 입에 머금었다가 사람을 쏘아 맞히면 부스럼을 앓게 되며 그림자를 맞혀도 마찬가지 해를 입는다고 한다.

252) 산반(散班) : 품계만 있고, 실직(實職)이 없는 벼슬아치를 말한다.

덕음(德音)을 선포하여 널리 직언을 구하시는 것을 보니 10줄 천찰(天札)에 하신 말씀이 간절하고 정성스러워 위로는 하늘의 노여움을 공경하고 아래로는 백성의 고통을 보살피셨습니다.

성궁께서는 통렬히 자책하여 밤낮으로 근심하며 두려워하고, 신하들은 공경히 화합함에 힘쓰며 조정의 상황을 개탄하고 있습니다. 아! 전하께서 그 단서를 약간 언급하셨으니, 청컨대 신이 전하를 위하여 말씀드리겠습니다.

아! 천둥과 번개가 10월에 울리며 번쩍이고,253) 무지개가 극심한 추위에 번갈아 떠서 빛을 내며, 음산한 비와 짙은 안개는 절기에 어긋나고, 태양은 희미하고 별은 요사(妖邪)하여 천문의 이변이 많습니다. 옛날 한(漢)나라 신하 매복(梅福)이 임금에게 고하기를, '그 형체가 보이지 않으면 그 그림자를 살피소서.'254) 하였는데, 전하께서는 어찌하여 그 그림자를 살펴서 그 형체를 구하지 않으십니까?

아! 역적의 수괴 김창집은 감히 영의정의 자리를 차지하고 있으며 기염이 하늘을 찌르고 세력은 사람을 몰아 줄을 세우니, 좌우에서 제멋대로 공격하는 것은 오직 그의 지시를 따른 것이요, 조석으로 옮기고 제수한 인사는 모두 그의 혈당(血黨)들에게 집중되었습니다.

심지어 장수의 진퇴조차도 그 거취를 오직 자신의 뜻에 영합하는지를 보아 결정하였으니, 이야말로 입으로 하늘의 법을 머금고 손으로 왕의 작위를 움켜쥔 자여서, 염치 일절(一節)을 이 사람에게 문책한다는 것은 합당한 일이 아닙니다.

---

253) 천둥과 … 번쩍이고 : 음력 10월은 여섯 획 전체가 음인 곤괘(坤卦)가 되기 때문에 순음의 달이라고 한다. 흔히 우레는 양기가 성해지는 중춘(仲春 : 음력 2월)부터 울리다가 양기가 쇠하는 중추(仲秋 : 음력 8월)부터 잠잠해지기 시작하는 것이 정상인데, 양기가 없는 10월에 천둥이 치는 것은 재이(災異)의 한 징조임을 말하고 있다.

254) 그 …… 살피소서 : 전한(前漢)의 매복(梅福)이 성제(成帝, 기원전 52~7)에게 외척(外戚)의 권세가 날로 성해지는 것을 경계하면서 올린 상소문에 나오는 말이다. 천하에 그림자가 있고서 모양이 없는 것은 없는 법이니 그림자라도 잘 살펴서 모양을 제대로 알아야 한다는 뜻이다. 《漢書 卷67 梅福傳》

성상께서 그의 면직을 허락하셨으니 곧 이미 물러난 몸인데, 그의 사당이 그대로 두기를 청하였으니, 어찌 홀로 부끄러운 마음이 없겠습니까? 비록 가사도(賈似道)처럼 거짓으로 물러나[255] 머문 척한 자라 할지라도 오히려 호상(湖上)에서 열흘은 누워 있었는데, 이 사람은 쭈그리고 눌러앉아 반 발짝도 움직이지 않았습니다.

역적 조조(曹操)[256]가 이른바, '내가 병권을 놓으면 다른 사람에게 화(禍)를 당할까 정말 두렵다.'[257] 한 것이 바로 김창집의 실상입니다. 또한 '내가 패하면 국가가 위태로워진다.'[258]는 것도 조조의 말인데 이는 김창집이 스스로 인용한 말이기도 합니다.

아! 한나라 왕실이 기울어져 위태로웠던 것은 조조가 병권을 버린 데 있는 것이 아니라 조조가 병권을 버리지 않은 데 있으며, 오늘날 나라의 형세가 기울어져 위태로운 것은 바로 김창집이 권력을 놓지 않은 데 있는 것이지 김창집이 권력을 놓은 데 있는 것이 아닙니다.

전지(銓地)[259]를 차지하고 있는 자들은 거의 모두 김창집과 이건명의 문하에서 종기를 빨고 치질을 핥는 자들로서, 여우와 쥐새끼의 소굴에서 출몰하는 서캐와 이[蟣蝨]같은 하찮은 잡종들을 삼사에 끌어다 앉혔습니다.

전하께서 유숭(兪崇)에 대해 '시비를 가리고 출척하는 일은 임금이 살필

---

255) 가사도(賈似道)처럼 …… 물러나 : 가사도(1213~1275)는 송나라 이종(理宗)과 도종(度宗) 때의 간신으로, 이종 때 그의 누이가 귀비(貴妃)가 된 것을 기화로 정권을 장악하였다. 도종 3년에 은퇴를 청하였으나 실제로는 은퇴하지 않고 황제로부터 하사받은 저택에 반한당(半閑堂)을 지어 모든 정무를 처리하였다. 즉 겉으로는 은퇴를 내세웠으나 실제로는 정권을 더욱 공고히 장악한 것이다. 《宋史 姦臣列傳 賈似道》

256) 조조(曹操) : 155~220. 후한 헌제(獻帝) 때 승상을 지냈으며, 위왕(魏王)으로 봉해졌다. 헌제를 자신의 보호 아래 둠으로써 후한 조정을 장악하였을 뿐 아니라, 황실의 권위를 배경으로 세력을 크게 확대할 수 있었다. 그 아들 조비(曹丕)가 위나라 황제의 지위에 오른 뒤 무황제(武皇帝)로 추존되었다.

257) 내가 …… 두렵다 : 조조가 자신의 세력이 강성함을 경계하는 이들에게 한 말을 인용한 것이다. 《資治通鑑綱目 漢 獻帝 建安 15年》

258) 내가 …… 위태로워진다 : 출전은 위와 같다.

259) 전지(銓地) : 인사 전형(銓衡)을 담당하던 이조(吏曹)와 병조(兵曹)를 지칭한다.

일이다.'260) 꾸짖었는데, 저들은 감히 그를 대사간에 수의(首擬)261)하였고, 전하께서 이중협에 대해 '임금을 무시하고 도리에 어긋났으며 무엄하다.'는 무거운 죄로 단죄하였는데,262) 저들은 감히 그를 홍문관의 동벽(東壁)263)에 통망(通望)하였습니다.

임금과 맞서 싸우고 당여를 심는데 힘쓰며 국가의 관작(官爵)을 남용하여 제멋대로 간악한 흉적의 소굴을 만드는 등 그 어지럽고 난잡한 행태가 날로 심해지는데, 어찌 아직도 화합하여 협치할 도리로써 저들을 질책할 수 있겠습니까? 신 등은 전하의 뜻이 수고로워지고 전하의 계책만 어그러질까 적잖이 두렵습니다.

아! 저들이 전하를 대하는 것을 보면, 진실로 임금과 신하 모두를 보전할 형세가 없어서, 저쪽이 편안하면 이쪽이 위태롭고 이쪽이 편안하면 저쪽이 위태로운데, 전하께서 어찌 저들을 신하로 삼아 국사를 함께 도모해나갈 수 있겠습니까?

옛말에 '주(周)나라가 쇠망할 무렵에는 추운 해가 없었다.'264) 했으니, 이는 대개 나라의 기강이 실추되고 인륜이 거의 무너져 아랫사람이 윗사람을 능멸하고 윗사람의 권위가 떨어진 것이 동주(東周)에 이르러 극에 이르렀기 때문에 이러한 응험이 있었던 것입니다.

---

260) 시비를 …… 일이다 : 앞서 10월 18일에 형조참의 이인복이 노론 4대신의 연명 차자를 비판하여 상소하였는데, 이에 대해 10월 20일에 우승지 유숭이 이인복 상소 내용을 핑계로 인피하자, 경종이 내린 비답이다. 본서 앞의 해당 일자 기사에 보인다.

261) 수의(首擬) : 의망(擬望)의 삼망(三望) 중 맨 첫 망에 쓴 것을 말한다.

262) 이중협(李重協)에 …… 단죄하였는데 : 앞서 11월 4일 이중협의 사직 상소에 대한 비답에 보인다. 이 비답에 대해서는 김창집 등의 지적에 따라 '무군(無君)'을 '향일(向日)'로 고쳐 내렸다.

263) 동벽(東壁) : 회좌(會座)할 때 좌석의 동쪽에 앉는 벼슬이다. 홍문관에는 응교·부응교가 여기에 해당되었다.

264) 주(周)나라가 …… 없었다 : 《한서(漢書)》〈오행전(五行傳)〉에 "주(周)나라가 쇠망할 무렵에는 추운 해가 없었고, 진(秦)나라 말기에는 더운 해가 없었다." 한 것에서 인용하였다. 정치를 담당한 사람은 경계할 줄을 알아야 한다는 것을 환기하는 내용이다.

지금 위에서는 전하께서 외롭게 선왕의 상중에 있고 아래에서는 억만 백성이 흉흉하여 고개를 수그리고 있는데, 적신(賊臣)은 국정을 농단하고 천위(天位)는 평안하지 못하니 인륜과 기강이 허물어진 것이 쇠미했던 주나라보다도 심합니다.

이제 대한(大寒)이 임박했으니 시기상 매서운 추위가 있어야 마땅할 터인데 땅에는 한 송이 눈도 덮인 것이 없고 강에는 두껍게 언 얼음이 없습니다. 엄숙한 기운과 곧고 굳은 도(道)가 일찍이 천지간에 나타난 일이 없는 것은 대개 이를 초래한 까닭이 있어서이지 다른 이유가 있기 때문이 아닙니다.

만약 전하께서 강건한 덕을 일으키시고 천둥이 울리는 형상을 체득하시어, 천토(天討)를 조속히 시행하시고 더러운 죄악을 숙청함으로써, 허리를 가르고 목을 베어야 마땅한 흉적들이 감히 방자하게 굴지 못하고 적신(賊臣)과 사악한 자들이 죄를 짓지 못하게 하신다면, 사방의 충의지사(忠義之士)가 어찌 다만 눈을 닦고 목을 늘여 태평성대를 바라만 보고 있겠습니까? 위협에 못 이겨 따른 자들이나 두 마음을 품고 정도에서 벗어난 무리들 또한 평정하여 자연히 안정시킬 수 있을 것입니다.

이런 연후에 상하가 서로 닦여지고 정치 교화가 훤히 밝아질 것이니, 하늘은 맑아지고 땅은 평안하며 인도(人道)는 올곧게 될 것입니다. 이는 전하께서 일대 전기를 마련하는 데 달려있으니 아마도 다른 데에서는 구할 수 없을 것입니다.

만약 한결같이 나약하게 진작함이 없이 다만 조정에 화합하는 아름다움이 있기를 바라고 나라 안에 위태로운 재앙이 없기만을 바란다면, 이 어찌 뒷걸음질 치며 앞사람을 따라잡기를 구하는 것[265]과 다르겠습니까? 하루하루

---

265) 뒷걸음질 …… 것: 《공자가어(孔子家語)》〈유행해(儒行解)〉에 "공자가 위나라에 있었을 때, 염구가 계손에게 말하기를 '나라에 성인(聖人)이 있는데 등용하지 않고 치세를 바란다면, 이는 뒷걸음질 치면서 앞사람에게 미치기를 구하는 것과 같으니, 불가능할 따름이다.[孔子在衛, 冉求言於季孫曰 : '國有聖人而不能用, 欲以求治, 是猶却步而欲求及前人, 不可得已.]"고 한 구절을 인용한 것이다.

더 심해지는 정국을 보고만 있자니 종사의 멸망이 곧 닥칠 듯합니다.

신 등은 충분(忠憤)에서 나온 분노가 저절로 격동하여 맹세코 이 역적들과는 함께 한 하늘을 이고 살 수 없는데, 하물며 지금 전하께서 말을 하라고 시키시어 신들은 성교(聖敎)를 몇 번이고 되풀이해 읽고 눈물로 통곡하며 감히 한 목소리로 호소하니 성명께서는 잠시나마 굽어 살펴주소서. 신들은 그저 대궐을 바라보며 격앙되고 감분(感奮)한 마음을 금할 수 없습니다." - 이진유(李眞儒)266), 윤성시(尹聖時)267), 이명의(李明誼)268), 박필몽(朴弼夢)269), 서종하(徐宗廈)270), 정해(鄭楷)271) -

---

266) 이진유(李眞儒) : 1669~1730. 본관은 전주(全州), 자는 사진(士珍), 호는 북곡(北谷)이다. 이경직(李景稷)의 증손, 이정영(李正英)의 손자, 참판 이대성(李大成)의 아들이다. 1707년(숙종33) 진사가 되고, 그 해 별시문과에 급제하여 청요직을 두루 지냈다. 1722년(경종2) 노론 4대신을 제거하는 일에 참여하였다. 1724년 경종이 죽자 이조참판이 되어 고부 겸 주청사(告訃兼奏請使)의 부사로 청나라에 다녀왔다. 이듬해 노론이 등용되자 아주 먼 외딴 지역에 안치되었다가 중앙에 압송되어 문초를 받던 중 옥사하였다.

267) 윤성시(尹聖時) : 1672~1730. 본관은 해평(海平), 자는 계성(季成)이다. 좌찬성 윤근수(尹根壽)의 현손이며, 윤현(尹晛)의 증손이다. 1699년(숙종25) 생원이 되고, 1705년 증광문과에 급제하여 청요직을 두루 거쳤다. 1721년(경종1) 김일경·목호룡 등과 신임옥사를 주도하였다. 영조가 즉위하면서 유배되었다가 의금부에 잡혀 와 고문 받던 끝에 장독(杖毒)으로 죽었다. 1755년(영조31) 나주괘서사건(羅州掛書事件) 때 김일경 이하 6적의 하나로 몰려 역률(逆律)이 추시되었다가, 순종 때 복권되었다.

268) 이명의(李明誼) : 1670~1728. 본관은 한산(韓山), 자는 의백(宜伯)이다. 1702년(숙종28) 진사가 되고, 1712년 정시문과에 급제하여, 경종대 대사간 등을 역임하였다. 영조 즉위 뒤 김일경의 상소에 동참하였다는 죄로 귀양 갔고, 1728년(영조4) 이인좌 난에 연루되어 고문을 당하다가 죽었다. 그 뒤 1755년에 역률(逆律)이 추시(追施)되었으며, 순종 때 복권되었다.

269) 박필몽(朴弼夢) : 1668~1728. 본관은 반남(潘南), 자는 양경(良卿)이다. 1710년(숙종36) 증광문과에 급제하여 청요직을 두루 거쳤다. 1721년 김일경 등과 노론 4대신의 죄를 성토하여 신임옥사를 일으켰다. 영조가 즉위한 뒤 도승지가 되었으나 탄핵을 받아 유배되었다. 1728년(영조4) 이인좌의 난이 일어나자 유배지에서 나와 반란에 가담한 태인현감 박필현(朴弼顯)의 군중으로 가 서울로 진군하려 하였다. 그러나 도중에 반란이 진압되었다는 소식을 듣고 죽도(竹島)에 숨었으며, 검모포(黔毛浦)로 가 잔당들과 다시 거사하려다가 붙잡혀, 서울로 압송되어 처형되었다.

270) 서종하(徐宗廈) : 1670~1730. 본관은 달성(達城), 자는 비세(庇世)이다. 1711년(숙종37) 식년문과에 급제하여 청요직에 진출하였다. 1721년(경종1) 노론 4대신의 처벌을 주장하는 상소에 연명하였다가 1724년 영조가 즉위하자 그 해에 관작을 박탈당하고 이어 유배되었다. 1728년(영조4) 이인좌의 난으로 유배지에서 서울로 압송되어 신문을 받던 중 매를

○ 승정원 - 도승지 신사철(申思喆)272), 좌승지 이교악(李喬岳)273), 우승지 조영복, 동부
승지 조명겸(趙明謙) - 에서 아뢰기를,

"김일경 등이 구언(求言)의 기회를 빙자하여 한 통의 상소를 올렸는데,274)
종이 가득 늘어놓은 장황한 내용이 차마 말할 수도 차마 들을 수도 없는
흉악한 말들이므로 신들은 진실로 조목조목 논변하여 필설을 더럽힐 마음이
없습니다만, 대개 그 뜻의 흉패함은 4대신을 해치는데 그치고 있지 않습니다.
한번 한세량 등의 상소가 나온 이후로 이 무리의 악역(惡逆)을 지으려는

맞고 죽었다. 1755년 역적으로 추시(追弒)되었다.

271) 정해(鄭楷) : 1673~1725. 본관은 연일(延日), 자는 여식(汝式)이다. 1705년(숙종31) 진사가
되고, 알성문과에 급제하여 청요직을 두루 거쳤다. 1721년(경종1) 김일경·박필몽 등과
같이 노론 4대신을 4흉(凶)으로 몰아 논죄하는 소를 올려 이들을 위리안치하게 하고,
이듬해 사사(賜死)시켰다. 1722년 장령을 거쳐 사간이 되어 노론을 비호하는 어유귀를
논죄하는 상소를 올렸다. 1724년 영조가 즉위하자 유배되었다가 이듬해 죽었다.

272) 신사철(申思喆) : 1671~1759. 본관은 평산(平山), 자는 명서(明敍)이다. 장령 신상(申恦)의
아들이다. 1709년(숙종35)에 알성문과에 급제하여, 1713년 홍문록에 올랐다. 경종 즉위
후 대사헌 등을 역임하다가 신축환국 당시 파직되었다. 영조 즉위 후 노론이 집권하자
대사헌과 호조판서가 되었다. 1727년(영조3) 정미환국으로 다시 노론이 추방되자 파직되
었다가 이듬해 등용되어 예조판서·평안도관찰사를 거쳐 1745년 판중추부사로 기로소에
들어갔다.

273) 이교악(李喬岳) : 1653~1728. 본관은 용인(龍仁), 자는 백첨(伯瞻), 호는 석음와(惜陰窩)이
다. 송시열 문인이다. 1696년(숙종22) 사마시를 거쳐 1705년 알성문과에 장원하여 청요직
을 두루 지냈다. 1710년 지평 이방언(李邦彦)과 함께 최석정을 논척하여《예기유편》을
불사르게 하였다. 유생 곽경두가 최석정의 유배를 상소하였다가 왕의 노여움을 사자,
홍우서·이택 등과 함께 그를 옹호하다가 유배되었지만 곧 풀려났다. 경종대 신임옥사가
일어나자 다시 유배되었다. 1725년(영조1) 이후 노론이 득세할 때 도승지 등을 역임하였
지만 1727년 정미환국으로 관작을 삭탈 당하였다. 이후 조정에 돌아와 대사헌 등을
역임하였다.

274) 김일경 …… 올렸는데 : 1721년(경종1) 12월 6일, 소두(疏頭) 김일경을 필두로 이진유·이명
의·박필몽·윤성시·서종하·정해 등이 올린 상소를 이른다. 경종이 왕세제의 대리청정
명을 철회한 이후 거듭된 천재지변으로 구언 교지(求言敎旨)를 내리자 이에 응한 것으로,
김일경 등은 이 상소에서 세제의 정치 참여를 요청한 조성복, 2차 대리청정 명에 의례적인
정청(庭請)을 하다가 바로 중지한 노론 4대신, 대리청정 명의 환수를 청하고자 입궐한
조태구의 청대를 저지한 승지, 이와 관련하여 조태구 등 소론 측 인사들을 탄핵한
삼사를 모두 치죄하기를 청하였다.《景宗實錄 1年 12月 6日》《景宗修正實錄 1年 12月
6日》

마음이 뻗치지 않은 데가 없음을 이미 알고 있었습니다만, 지금 김일경 등의 소를 보니 그 속셈은 불을 보듯 더욱 자명합니다. 그들이 비록 차자를 올린 대신들에게 죄줄 것을 청한다고 핑계대고 있지만 그 부릅뜬 눈과 물어뜯으려는 이빨이 과연 차자를 올린 한 가지 일만을 겨냥하고 있겠습니까?

아! 이들의 음흉하고 간특한 상소는 응당 물리치기에 겨를이 없어야 하나 성상께서 또한 친히 열람하셨으니 엄히 몹시 배척하시어 간사한 싹을 통렬히 잘라버리심이 마땅하겠기에 부득불 봉입합니다. 엎드려 바라건대 성명께서는 속히 처분을 내려 전형(典刑)을 신속히 시행하셔서 국사(國事)를 무탈하게 하신다면 더할 수 없이 다행이겠습니다. 신들이 근밀한 자리에 있으며 구구한 소회(所懷)와 우분강개(憂憤慷慨)한 충심이 있어 황공한 마음으로 감히 아룁니다."

하자, 주상이 "알았다." 답하였다.

○ 승정원에서 아뢰기를,

"영의정 김창집, 영부사 이이명, 판부사 조태채가 김일경 등의 상소로 인해 금오문(金吾門)275) 밖에서 명을 기다리고 있습니다. ……"

하니, 전교하기를, "마음을 편안히 하고, 명을 기다리지 말도록 분부하라." 하였다.

○ 밤 이경(二更, 오후 10시 전후한 시점)에 김일경 등의 상소에 답하기를,

"응지(應旨)276)하여 진언하였으니, 내 기꺼이 가납(嘉納)277)하겠으나 대신을 침범하여 비난한 것은 심히 화평을 해치는 일이다."

하였다.

---

275) 금오문(金吾門) : 의금부의 정문이다.
276) 응지(應旨) : 임금의 구언(求言)에 응하여 의견을 진달하는 것을 이른다. 국가가 위기에 처했을 때 임금이 구언하면 누구나 상소할 수 있었는데, 이것을 응지상소(應旨上疏)라고 한다. 국왕은 이를 통해서 여론을 수렴하고 대책을 모색하였다.
277) 가납(嘉納) : 임금이 신하들의 상소나 계사를 기꺼이 받아들임을 이른다.

○ 다음과 같은 비망기를 내렸다.

"내가 왕위를 이은 이래로 조정의 신하들이 한 짓을 보면 나라를 보호하는 일은 조금도 없었으니, 말하는 사이에 시사를 생각하면 나도 모르게 통탄스럽다. 이처럼 간사한 무리와 함께 국사를 돌본다면 장차 나라는 나라답지 못하게 될 것이고 종사는 위태로워질 것이니, 결단코 엄히 징치하지 않을 수 없다. 먼저 삼사의 신하들을 모두 문외출송(門外黜送)278)하라."

○ 삼사 관원 신석(申晢), 신방(申昉)279), 서종섭(徐宗燮)280), 조문명(趙文命)281), 이기진(李箕鎭)282), 김진상(金鎭商)283), 이희조(李喜朝) - 외방에 있었다. -, 조영세

---

278) 문외출송(門外黜送) : 죄인의 벼슬과 품계를 빼앗고, 도성 바깥으로 내쫓는 형벌을 이른다.

279) 신방(申昉) : 1686~1736. 본관은 평산(平山), 자는 명원(明遠), 호는 둔암(屯菴)이다. 영의정 신완(申琓)의 손자이고, 아버지는 신성하(申聖夏), 어머니는 박세채의 딸이다. 1717년(숙종43) 사마시, 1719년 별시문과에 급제하여, 경종 대 헌납 등을 거쳐 영조대 이조참판 등을 역임하였다.

280) 서종섭(徐宗燮) : 1680~1734. 본관 대구(大丘), 자는 숙화(叔和)이다. 1713년(숙종39) 사마시(司馬試), 1717년(숙종43) 정시(庭試)문과에 합격하여 청요직을 두루 거치고, 영조대 우부승지·대사간 등을 역임하였다. 사후에 좌찬성(左贊成)에 추증되었다.

281) 조문명(趙文命) : 1680~1732. 본관은 풍양(豐壤), 자는 숙장(叔章), 호는 학암(鶴巖)이다. 1705년(숙종31) 생원시, 1713년 증광문과에 급제하여 청요직에 진출하였다. 1721년(경종1) 수찬을 거쳐 부교리가 되어 붕당의 폐해를 통렬히 논했고, 영조 즉위 후에는 파붕당(破朋黨)의 설을 제창하다가 민진원(閔鎭遠)의 배척을 받았다. 1727년(영조3) 그 딸이 세자빈이 되자 도승지와 어영대장을 겸하였으며, 이듬해 이인좌(李麟佐)의 난을 진압한 공로로 분무공신(奮武功臣) 2등에 녹훈, 풍릉군(豐陵君)에 책봉되고 병조판서가 되었다. 이후 이조판서를 거쳐 1730년 우의정, 1732년 좌의정 등을 지내면서 송인명 등과 소론 탕평파를 이끌었다. 시호는 문충(文忠)이다.

282) 이기진(李箕鎭) : 1687~1755. 본관은 덕수(德水), 자는 군범(君範), 호는 목곡(牧谷)이다. 이식(李植)의 증손이고, 권상하(權尙夏) 문인이다. 1717년(숙종43)에 진사가 되고, 같은 해 정시문과에 급제하여 청요직에 진출하였다. 1721년(경종1) 헌납 재직시 세제(世弟) 책봉을 비판한 유봉휘의 처벌을 주장하다가 신임옥사 때 파직되었다. 영조 즉위로 교리에 등용되어 소론에 대한 논죄를 주장하다가 영조의 노여움을 사기도 하였다. 이후 1727년(영조3) 부제학, 1728년 대사성, 1741년 이조판서 등을 거쳐 1751년 판돈녕부사에 이르렀다. 시호는 문헌(文憲)이고, 저서로 《목곡집》이 있다.

283) 김진상(金鎭商) : 1684~1755. 본관은 광산(光山), 자는 여익(汝翼), 호는 퇴어(退漁)이다.

(趙榮世)284), 이의천, 서종급 - 체직을 청한 상태였다. - , 황귀하(黃龜河)285), 어유룡,
정택하(鄭宅河)286) - 외방에 있었다. - , 이자(李滋), 성진령(成震齡)287) - 외방에 있었
다. - , 남세진(南世珍)288), 채응복(蔡膺福)289)의 문외출송을 현고함.

참판 김익훈(金益勳)의 손자, 김만채(金萬埰)의 아들이다. 1699년(숙종25) 진사가 되고
1712년 정시문과에 급제하여 청요직을 두루 거쳐 1720년 홍문록에 올랐다. 1716년
병신처분(丙申處分) 뒤 윤선거를 봉안한 서원과 문집 목판을 훼철하라고 청하였다.
1719년 장희빈의 묘를 이장할 때 동궁이 망곡(望哭)하려는 것을 저지하였다. 1722년(경종
2) 신임옥사로 유배되었다가 영조가 즉위하자 이조정랑에 등용되었다. 1729년 탕평책의
일환으로 단행된 기유처분(己酉處分)에 반발하여 사직하였다가 대사헌·좌참찬 등을
역임하였다.

284) 조영세(趙榮世) : 1679~1728. 본관은 함안(咸安), 자는 효선(孝先), 호는 하일(下一)이다.
1702년(숙종28) 식년시에 생원이 되고, 1714년 증광문과에 급제하여 청요직을 두루
지냈다. 1720년(경종 즉위)에 서장관으로 청나라에 다녀왔다. 경종대 헌납을 거쳐서
1725년(영조1) 승지에 발탁되었다.

285) 황귀하(黃龜河) : 1672~1728. 본관은 창원(昌原), 자는 성징(聖徵)이다. 1705년(숙종31) 알
성문과에 급제하여 청요직을 두루 거쳤다. 1721년 대사간 재직시 노론 4대신이 유배될
때 파직되었다. 영조 즉위 후 대사성에 오르고, 이후 도승지·호조판서 등을 역임하였다.

286) 정택하(鄭宅河) : 1693~1741. 본관은 연일(延日), 자는 자중(子中)이다. 1715년(숙종41) 식
년문과에 급제하여 청요직을 두루 지냈다. 경종 즉위 후 세제 책봉 문제를 둘러싸고
김일경 등의 탄핵을 받아 노론 4대신과 함께 파직되었다. 영조가 즉위하면서 다시
기용되어 헌납·사간 등을 역임하였다.

287) 성진령(成震齡) : 1682~1739. 본관은 창녕(昌寧), 자는 자장(子長), 호는 시은(市隱)이다.
1711년(숙종37) 진사가 되고, 1713년 증광문과에 급제하여 1718년 정언이 되었다. 이때
우의정 조태채를 탄핵하여 면직시켰는데, 1725년(영조1)에 이것을 반성하는 상소를
올리고, 유봉휘·이광좌 등 소론 탄핵에 앞장섰다. 1727년 정미환국으로 파직되었다가
1728년 서용되어 길주목사(吉州牧使)·정선군수(旌善郡守) 등을 역임하였다. 1739년 승지
로 있다가 친족 성유열(成有烈)이 영조 탕평책을 비판하는 상소문을 지어준 것이 드러나
흑산도로 유배되었다.

288) 남세진(南世珍) : 1654~1729. 본관은 의령(宜寧), 자는 군옥(君玉)이다. 1687년(숙종13) 식
년문과에 급제하여 1713년 장령이 되었고, 영조대 공조참의 등을 역임하였다.

289) 채응복(蔡膺福) : 1675~1744. 본관은 평강(平康). 자는 석오(錫五)이다. 1711년(숙종37) 식
년문과에 급제하여, 1721년(경종1) 장령이 되었다. 영조 즉위 후 이의연을 비호하고
김일경을 성토하다가 삭출되었다. 1725년(영조1) 다시 삼사에 진출하여 유봉휘 등을
논핵하는 계사에 참여하였다가 1727년 정미환국으로 파직되었다. 1732년 다시 등용되어
사간·집의 등을 역임하였다.

○ 다음과 같이 전교하였다.

"김일경의 상소는 모두 진언(進言)한 것인데, 승정원에서 가로막고 감히 계사를 올려 내 마음속을 엿보았으니, 지극히 통탄스럽다. 계사에 참여한 승지를 모두 파직하라."

○ 다음과 같이 전교하였다.

"서소(西所)[290]의 위장(衛將) 심필기(沈必沂)를 가승지(假承旨)에 차임하라."

○ 전교하기를, "공망통(空望筒)[291]을 들이라." 하였다.

○ 다음과 같이 전교하였다.

"삼사는 잠시도 비워둘 수 없으니, 전 지평 박필몽을 지평에, 사서(司書) 윤연(尹筵)[292]을 교리에, 전 정언 이명의를 헌납에, 전 헌납 이진유를 정언에 제수하라."

○ 다음과 같이 전교하였다.

"이조판서 권상유와 참판 이병상을 우선 파직하고, 참의가 외방에 있어 변통하지 않을 수 없으니 개차하라. 이조판서에 지사 심단(沈檀)[293]을, 이조참

---

290) 서소(西所) : 오위(五衛)의 순찰 구역 중 하나로, 창덕궁의 서북쪽 담장에 설치된 요금문(耀金門) 밖에 위치하였다. 《萬機要覽 軍政編 五衛 衛將所》

291) 공망통(空望筒) : 의망할 대상의 이름을 쓰지 않은 빈 망단자를 이른다.

292) 윤연(尹筵) : 1680~? 본관은 파평(坡平), 자는 원이(遠爾)이다. 판서 윤강(尹絳)의 손자, 진사 윤지경(尹趾慶)의 아들이다. 1702년(숙종28) 식년시 진사가 되고, 1719년 별시문과에 급제하여, 1721년(경종1) 교리가 된 이후 청요직을 두루 역임하였다. 1725년(영조1) 노론 집권으로 유배 갔다가 1727년 정미환국으로 풀려나 1728년 승지에 올랐는데, 무신난에 연루되어 다시 유배되었다. 1735년 완전히 석방되었다.

293) 심단(沈檀) : 1645~1730. 본관은 청송(青松), 자는 덕여(德輿), 호는 약현(藥峴)·추우당(追尤堂)이다. 아버지는 평시령(平市令) 심광면(沈光沔)이고, 어머니는 예조참의 윤선도(尹善道)의 딸이다. 1662년(현종3) 진사가 되고, 1673년 정시문과에 급제하여 청요직을 두루

판에 김일경을 제수하라."

○ 전교하기를,

"훈련대장 이홍술(李弘述)²⁹⁴)은 간악하고 인륜을 저버렸으며 남몰래 불측한
마음을 품었으니 내가 통탄하는 바이다. 이러한 사람은 훈련대장의 자리에
그대로 둘 수 없으니 우선 삭탈관작하고 문외출송 하라."

하고, 이어 전교하기를,

"이홍술의 거처에 선전관을 즉시 파견하여 병부(兵符)를 빼앗아 오도록
분부하라."

하였다.

○ 전교하기를,

"이러한 쇄신의 시기에 훈련대장의 직임을 오래 비워둘 수 없으니 영돈녕
어유귀(魚有龜)²⁹⁵)에게 훈련대장의 임무를 겸하여 살피게 하라."

거쳤다. 1680년(숙종6) 경신환국으로 10년, 1701년 민언량의 무고로 다시 10년간 유배되었
다가 1711년 풀려났다. 1721년(경종1) 이조·예조판서 등을 역임하면서 경종과 세제인
영조에게 우애를 권장하고, 김일경이 중심이 되어 내시 박상검(朴尙儉)을 매수, 세제를
해치려 했던 사건을 비난하였다. 영조 즉위 후에는 판의금부사·판중추부사·도총관
등을 지냈다. 1728년 노론의 탄핵을 받고 다시 유배 갔다가 1729년 영조의 탕평책으로
풀려나와 1730년 봉조하(奉朝賀)가 되었다.

294) 이홍술(李弘述) : 1647~1722. 본관은 전주(全州), 자는 사선(士善)이다. 덕흥대원군(德興大
院君, 중종의 7자)의 후손이다. 1674년(현종15) 무과에 급제하여 숙종대 포도대장 등을
역임하였다. 경종이 즉위하자 김창집 등과 함께 세제 책봉을 청하였다. 1722년(경종2)
임인옥사 당시 조흡(趙洽)의 공초에서 김창집이 궁성을 호위하고 대리청정의 명을
받아내려고 훈련대장 이홍술을 시켜 중군(中軍)에 임명하여 계획을 세웠다고 자백하였
다. 목호룡(睦虎龍)의 고변과 관련되어 호된 신문을 받고 죽었다. 1741년(영조17) 관작이
복구되고 찬성에 추증되었다.

295) 어유귀(魚有龜) : 1675~1740. 본관은 함종(咸從), 자는 성칙(聖則), 호는 긍재(兢齋)이다.
1699년(숙종25) 사마시, 1707년 별시문과에 급제하여 청요직을 두루 거쳤다. 1718년
딸이 세자빈(선의왕후(宣懿王后))이 되었고, 1720년 경종이 즉위하자 함원부원군(咸原府院
君)에 봉해졌다. 1721년 노론 4대신이 세제 대리청정 문제로 파직되자 무고라고 주장하였

하였다.

○ 전교하기를,

"승정원은 근밀(近密)한 자리여서 잠시도 비워둘 수 없으니, 이정신을 승지에 제수하라. 병조판서 이만성을 지금 우선 개차하고 최석항을 제수하라."

하였다.

○ 다음과 같이 전교하였다.

"승지 이정주(李挺周)는 비록 계사296)에 참여하지는 않았으나, 내가 그속내를 보고자 패초하였는데 아무 일도 없다는 듯 태연히 들어왔으니 지극히무엄하다. 우선 먼저 삭거사판(削去仕版)297)하고, 승지 김제겸도 파직하라."

○ 다음과 같이 전교하였다.

"새롭게 임명한 삼사, 승지 및 이조와 병조의 정관(政官)들을 내일 아침즉시 패초하여 직무를 살피게 하라."

○ 다음과 같이 전교하였다.

"예조판서 이의현을 체차하고 전 참판 이광좌를 제수하라. 호조판서 민진원을 체차하고 전 참판 김연을 제수하라. 형조판서 홍치중(洪致中)298)을 체차하

다. 신임옥사 이후 김일경이 원훈(元勳)에 오를 것을 청했으나 사양하였다. 1728년(영조4)
분무원종공신(奮武原從功臣) 1등에 책록되고, 1735년 훈련대장, 이듬해 수어사로 임명되
었으나 모두 사퇴하였다. 영의정에 추증되었으며, 시호는 익헌(翼獻)이다.

296) 계사 : 김일경 상소가 올라왔을 때, 승정원에서 이 상소의 말이 흉참하니 환급하는
것이 마땅하다는 내용으로 입계한 계사를 이른다.

297) 삭거사판(削去仕版) : 죄를 지은 관리를 처벌하는 규정의 하나로, 사판에서 이름을 삭제
한다는 것은 초사(初仕) 이후의 모든 임관(任官)을 말소하는 것을 이른다.

298) 홍치중(洪致中) : 1667~1732. 본관은 남양(南陽), 자는 사능(士能), 호는 북곡(北谷)이다.
우의정 홍중보(洪重普)의 손자, 관찰사 홍득우(洪得禹)의 아들이다. 1699년(숙종25) 사마
시, 1706년 정시문과에 급제하여 대사간·승지 등을 거쳐 이조참판 등을 지냈다. 1721년(경

고 이조(李肇)를 제수하라. 전 도사 이제(李濟)²⁹⁹⁾를 장령에, 형조참의 양성규(梁
聖揆)³⁰⁰⁾를 대사간에, 전 충청감사 이세근(李世瑾)³⁰¹⁾을 이조참의에 제수하라."

○ 영돈녕부사 어유귀가 청대하자 전교하기를, "밤이 깊었으니, 소회를
글로 써서 들이라." 하자, 소회를 아뢰기를,³⁰²⁾

"신이 삼가 오늘 성상께서 내리신 처분을 보니, 심히 비상한 조처였습니다.
나랏일이 근심스럽고 두려워 동요하고 있는 이때, 갑자기 훈련도감(訓鍊都監)
과 금위영(禁衛營)의 대장을 겸임하라는 명을 받고 심야에 달려왔으나, 신은

종1) 형조판서에 올랐는데, 신임옥사로 홍주목사로 좌천되었다가 1724년 지돈녕부사가
되었다. 영조 즉위 후 예조판서를 거쳐 1726년(영조2) 좌의정 민진원의 천거로 우의정에
올랐다. 1729년 조문명(趙文命) 등이 신임옥사에 대한 시비의 절충을 꾀하자, 노론
4대신과 삼수옥(三手獄) 관련자에 대한 신원문제를 구분해야 한다는 논리를 주장하여
기유처분(己酉處分)을 내리게 하였다. 이어 영의정이 되었다. 시호는 충간(忠簡)이다.

299) 이제(李濟) : 1654~1724. 본관은 전주, 자는 경인(景仁), 호는 성곡(星谷)이다. 박세당의
사위이자 문인이다. 1687년(숙종13) 사마시에 합격하고, 1699년 식년문과에 장원급제하
여 청현직을 두루 거쳤다. 1712년 과거부정 문제를 논하다가 삭직되었다. 1722년(경종2)
사간에 복직되었으나 1724년 소론이 실각할 때 갑산(甲山)에 귀양 가서 죽었다.

300) 양성규(梁聖揆) : 1661~? 본관은 남원(南原), 자는 일경(一卿)이고, 호는 휴재(休齋)이다.
참판 양중하(梁重廈)의 아들이다. 1681년(숙종7) 식년문과에 급제하여 1689년 지평이
되었다가 기사환국 직후 용강현령으로 나갔다. 1694년 갑술환국 이후 다시 정언이
되고, 장령 등을 거쳐 1721년(경종1) 신축환국 이후 대사간에 올랐다. 영조 즉위 후
을사환국으로 유배 갔다가 1727년(영조3) 정미환국으로 석방되어 1728년 승지에 올랐다.
그런데 1739년 형인 양찬규(梁纘揆) 옥사에 연루되어 유배 갔다가 1743년 풀려났다.

301) 이세근(李世瑾) : 1664~1735. 본관은 벽진(碧珍), 자는 성진(聖珍)이다. 1697년(숙종23) 정
시문과에 급제하여 청요직을 두루 지내고, 1706년(숙종32) 홍문록에 올랐다. 1722년(경종
2) 충청감사로서 이이명을 사사(賜死)하라는 전지(傳旨)와 관문(關文)이 이르자 이이명의
사위 김시발(金時發)이 이를 절취하였는데, 이를 빨리 처리하지 않았다 하여 체포되어
심문을 받았다. 영조 즉위 뒤 경상도관찰사·대사헌을 거쳐 1731년(영조7)에 동지의금부
사(同知義禁府事)가 되었다가 70세가 되어 치사(致仕)한 뒤 봉조하(奉朝賀)가 되었다.

302) 소회를 아뢰기를 : 1721년(경종1) 12월 6일, 사직 김일경 등이 상소하여 노론 4대신의
대리청정 주장을 역모라고 비판하여 정국의 반전을 이끌어내자, 어유귀가 4대신이
김일경 등의 무고를 받았다고 주장하며 올린 상소이다. 이에 대해 노론 측에서는
어유귀가 국구(國舅)로서 신축옥사의 배후라는 의심을 받자 부득이 거짓으로 신구하는
상소를 올렸을 뿐, 실상 그의 본심은 아니었다고 보았다. 《景宗實錄 1年 12月 7日》

놀라고 당황하여 어찌할 바를 모르겠습니다. 신은 변변찮은 몸으로 이미 어영청(御營廳)과 호위청(扈衛廳)의 임무를 겸임하고 있으니, 비록 한때의 임시 변통이라 해도 잠시도 그대로 따를 수 없습니다. 바라건대 전의 직임과 새로 명하신 직임 모두를 일체 감당할 만한 적임자에게 옮겨 임명하시어 나랏일을 무탈하게 하십시오.

삼가 생각건대 성상께서는 지극한 덕으로 아랫사람을 대하시는 데다 인후(仁厚)하고 관대하시어 일찍이 기뻐하고 노여워함이 정도에 지나치거나 내리신 처분이 합당함에서 벗어난 일이 없었으므로, 진실로 신하들이 우러러 추앙하였습니다. 그런데 오늘 갑자기 위엄과 노여움이 너무 지나쳐 한밤중에 엄한 분부를 거듭 내리셨으니, 전하께서 무슨 이유로 격노하여 이런 거조를 보이셨는지 모르겠습니다.

어제 김일경이 올린 소는 신이 아직 원본을 보지 못하여 일단 그 내용이 어떠했는지 알지 못하오나, 승정원의 계사로만 보더라도 너무도 흉패하여 오로지 함정을 파서 일망타진하려는 계략에서 나왔음을 알 수 있습니다.

지난번 정청하였을 때, 4대신이 차자를 올려 아뢴 것[303]은 다른 뜻이 있는 것이 아니라 오로지 성궁(聖躬)을 위해 노고를 분담하고자 하는 데서 나온 것이었을 뿐, 본심은 이외에 다른 것이 없습니다. 등대(登對)한 뒤에는 명을 도로 거두어 달라 힘껏 청하였고[304] 이어 자신들의 허물을 스스로 인책하고 논열하였으니, 그 본심에 다른 마음이 없다는 것은 이미 성상께서도 통촉하신 일입니다.

김일경의 상소는 죄를 얽어 무함하는 내용이 끝이 없어, 이 때문에 승정원의

---

303) 4대신이 …… 것 : 1721년(경종1) 10월 10일 세제에게 대리청정을 명하는 경종의 비망기가 내려지자 그 명을 거두도록 정청(庭請)하였는데, 같은 달 17일 정청을 중지하고서 김창집·이이명·이건명·조태채 등 노론 4대신이 연명으로 차자를 올려 대리청정의 명을 받들겠다고 한 일을 이른다.
304) 등대(登對)한 …… 청하였고 : 우의정 조태구 등이 경종을 알현하여 대리청정의 명을 거두라고 청하자 4대신도 이를 좇아 대리청정의 하교를 거둘 것을 청한 일을 이른다.

신하들이 글을 지어 아룀으로써 전하께서 통촉하시기를 바랐던 것인데 모두 견책하여 파직시키셨습니다. 삼사의 신하들과 육경(六卿) 장관들의 경우, 무슨 죄줄 만한 단서가 있기에 삭출하거나 파직하는 등 모두 처벌하고 배척하신 것입니까?

훈련도감의 장수는 선조 때 공을 많이 세운 노장인데 죄를 더한 것이 지극히 무거웠고, 병조판서는 국가의 중대한 임무를 맡고 있는데 아무런 단서도 없이 교체되었으니, 신은 성상을 위해 이번 조처를 애석하게 여기며, 진실로 근심걱정에 속이 타서 대답할 바를 모르겠습니다. 성상께서는 속히 신하들에 대한 교체나 파직·삭직의 명을 거두시고, 하달하신 전지(傳旨)도 일체 환수하시어 성덕(聖德)을 밝히시고 조정을 안정시키소서.

중비(中批)[305]로 관직을 제수하는 것은 본래 성세(聖世)의 아름다운 일이 아닙니다. 심단은 늙고 잔약하여 청명한 세상에 버려진 인물이고, 김일경은 인망이 가볍고 얕아 청현직(淸顯職)에 오르는 길이 막혔는데도 그 사람의 기량이 어떠한지는 묻지 않고 갑자기 전형(銓衡)의 중대한 책임을 맡겨 물정(物情)을 놀라게 하고 의혹스럽게 만들었으니, 마땅히 반복하여 깊이 헤아려보고 개정할 방도를 생각해야 할 것입니다.

아! 대신은 전하의 팔다리와 같습니다. 4대신은 선왕의 특별한 대우를 받고, 나라가 어렵고 근심스러운 때를 만나 몸과 마음을 다 바쳐 성은에 보답하고자 하였는데, 돌연 망극한 무함을 받아 헤아릴 수 없는 죄과로 몰리게 되었습니다. 성상께서 비록 대신을 침해하고 비난하였다고 김일경을 꾸짖으셨으나 대신들을 박대함이 심하셨습니다.

저 4대신은 모두 노성한 구신(舊臣)이니 시골로 돌아가 죽는다한들 또한 무슨 여한이 있겠습니까만 이후로 터무니없는 죄를 날조하여 무함하는 말들이 이루말할 수 없이 어지럽게 일어날 것이 분명합니다.

---

305) 중비(中批) : 규정된 절차를 거치지 않고 특지로 관리를 임명하던 일이다. '중(中)'은 적중(的中)을 의미하고 '비(批)'는 결재를 뜻하는 것으로 특채를 말한다.

  바라옵건대 성상께서는 깊이 생각하고 헤아리시어 행여 동요됨이 없이 아끼고 보전해주어 성덕을 빛내기를 생각하신다면 큰 다행이겠습니다. 신이 외람되이 국척(國戚)의 몸으로 작금의 비상한 조처를 목도하고, 감히 성덕을 보필하고자 하는 뜻으로 죽음을 무릅쓰고 망령되이 아룁니다. ……"

  하였다. 주상이 답하기를,

  "내 뜻은 이미 결정되었으니 경은 번거롭게 하지 말고, 마음을 평안히 하여 사직하지 말라."

  하였다.

  ○ 7일, 전교하기를,

  "대장의 직임은 잠시라도 비워둘 수 없으니, 비어있는 훈련대장 자리에 전 도정(都正) 윤취상(尹就商)[306]을 대신 제수하고, 즉시 패초하여 밀부(密符)[307]를 전해주도록 하라."

  하였다.

  ○ 도승지 이정신이 사은(謝恩)하였다.

  ○ 전교하기를,

---

306) 윤취상(尹就商) : ?~1725. 본관은 함안(咸安)이다. 1676년(숙종2) 무과에 장원급제하여 1701년 총융사가 되었고, 경종 즉위 후 병조참판·동지의금부사를 지냈다. 1722년(경종2) 최흥(崔泓) 등이 세제(世弟)를 독살하려는 음모에 연루된 혐의를 받았으나 풀려나왔고, 형조판서에 올라 김일경과 더불어 노론을 축출하는 데 앞장섰다. 이로 인해 1724년 영조 즉위 후 김일경의 일당으로 몰려 노론에 의하여 탄핵, 파직되었으며 국문을 받고 복주(伏誅)되었다.

307) 밀부(密符) : 군대를 동원할 때 쓰던 병부(兵符)를 이른다. 유수(留守)·감사(監司)·총융사(摠戎使)·절도사(節度使)·방어사(防禦使) 등에게 내려주어 병란(兵亂) 등 유사시에 발병(發兵)할 수 있도록 했다. 둥글고 넓적한 나무패로, 한 면에 '第 몇 符'라 쓰고, 또 다른 면에는 임금의 이름을 친서(親書)·수결(手決)한 다음 이를 둘로 나누어, 하나는 해당 관리에게 주고 다른 하나는 궁중에 보관하였다.

"벌을 이미 받았으니, 이진검을 방송(放送)하고 김시환(金始煥)[308]을 서용하라."
하였다.

○ 다음과 같이 전교하였다.

"새로 제수된 이조참의 이세근이 현재 임소(任所)에 있어서 부임할 수
없으니 우선 개차하고, 감사 서명균(徐命均)[309]을 제수하라. 전 부사 김동필(金
東弼)[310]을 수찬에, 사과 윤순(尹淳)[311]을 교리에 제수하라."

---

308) 김시환(金始煥) : 1673~1739. 본관은 강릉(江陵), 자는 회숙(晦叔), 호는 낙파(駱坡)이다.
　　1700년(숙종26) 춘당대시에 급제하여 청요직을 두루 거치고, 1721년(경종1) 승지가 되어
　　김창집을 탄핵했다가 유배되었는데, 조태구의 건의로 풀려나 평안감사가 되었다. 1725년
　　(영조1) 노론이 집권하여 삭출되었다가 1727년 정미환국으로 대사헌이 되었다. 1728년
　　공조·형조·예조판서 등을 역임하였으며, 그의 아우 김시혁(金始爀)·김시형(金始炯)과
　　함께 기로소에 들어갔다.
309) 서명균(徐命均) : 1680~1745. 본관은 달성(達城), 자는 평보(平甫), 호는 소고(嘯皐)·재간(在
　　澗)·보졸재(保拙齋)·송현(松峴)이다. 영의정 서종태(徐宗泰)의 아들이다. 1705년(숙종31)
　　진사가 되고, 1710년 증광문과에 급제하여 청요직을 두루 지냈다. 1721년(경종1) 이조참
　　의 재직시 장희빈을 공격한 윤지술을 구원하였다가 김일경 등 소론 강경파의 탄핵을
　　받고 안악군수로 좌천되었다. 1725년(영조1) 탕평책을 주장하여 영조 연간 탕평파의
　　핵심이 되었다. 1729년 호조판서, 1732년 우의정을 거쳐 좌의정에 올랐다. 아버지로부터
　　아들 서지수(徐志修)까지 삼대가 정승을 지냈다. 시호는 문익(文翼)이다.
310) 김동필(金東弼) : 1678~1737. 본관은 상산(商山), 자는 자직(子直), 호는 낙건정(樂健亭)이
　　다. 1704년(숙종30) 춘당대 문과(春塘臺文科)에 급제하여 청요직을 두루 거쳤다. 1721년(경
　　종1) 보덕 재직 시 세제를 모해하려는 환관 박상검(朴尙儉)·문유도(文有道) 등을 처벌하게
　　하였다. 신임옥사 당시 김일경을 탄핵하다가 좌천되기도 했다. 영조대 탕평책을 적극
　　협찬하였다. 1728년 이인좌 난 이후 이조·공조판서를 지냈다.
311) 윤순(尹淳) : 1680~1741. 본관은 해평(海平), 자는 중화(仲和), 호는 백하(白下)·학음(鶴陰)
　　이다. 영의정 윤두수(尹斗壽)의 5대손이고, 지평 윤세희(尹世喜)의 아들이며, 판서 윤유(尹
　　游)의 아우이다. 정제두(鄭齊斗) 문인이며, 정제두의 아우 제태(齊泰)의 사위이다. 1712년
　　(숙종38) 진사시에 장원급제하고, 이듬해 증광문과에 합격하여 청요직에 진출하였다.
　　1723년(경종3) 응교로 사은사 서장관(書狀官)이 되어 청나라에 다녀왔다. 1727년(영조3)
　　이조참판으로 대제학을 겸임하고 이듬해 이인좌(李麟佐)의 난 때 감호제군사(監護諸軍使)
　　가 되었으며, 1729년 공조판서가 되고 예조판서를 역임하였다. 1739년 경기도관찰사를
　　지냈으며, 그 뒤 평안도관찰사로 관내를 순찰하던 중 벽동(碧潼)에서 순직(殉職)하였다.

○ 다음과 같이 전교하였다.

"총융사 윤각(尹慤)³¹²)이 간사하고 사특한 자들의 주구가 되어 세력에 빌붙고 의리를 저버린 실상이 있으니, 내가 매우 통탄스럽다. 이러한 무리를 그대로 주장(主將)의 직임에 둘 수 없으니, 우선 문외출송하라."

○ 다음과 같이 전교하였다.

"홍계적이 두세 차례 상소하여 아뢰었는데, 은밀히 불측한 마음을 품고 간사한 무리들과 앞뒤로 화응하여 붕당을 체결하고 나의 의중을 엿보았으니, 극히 통탄스럽다. 나주 흑산도에 위리안치 하겠으니, 즉시 압송하라."

  - 도사는 윤동설(尹東卨)이다. -

○ 정언 이진유가 일찍이 헌납을 역임하였으므로 현재의 직책을 맡는 것은 정격(政格)³¹³)에 맞지 않는다³¹⁴)고 상소를 올렸다.

○ 전교하기를, "이진유를 사간(司諫)에 제수하라." 하였다.

○ 전교하기를, "정관(政官)을 패초하여 삼사를 즉시 차출하게 하라." 하였다.

○ 전교하기를,

"우의정 조태구의 거처에 사관(史官)을 보내 명소(命召)를 전해주고 함께

---

312) 윤각(尹慤) : 1665~1724. 본관은 함안(咸安), 자는 여성(汝誠)이다. 1699년(숙종25) 무과에 급제하여 선전관이 되고, 1711년 이이명의 천거로 금위중군(禁衛中軍)이 되어 공을 세웠다. 1720년(경종 즉위)에 병조참판에 전임되고, 이어 삼도수군통제사에 올랐다. 1721년 총융사 재직시 신축옥사에 연루되어 절도(絶島)에 안치되었다가 1724년 장살(杖殺)되었다.

313) 정격(政格) : 관원의 임면(任免), 출척(黜陟)에 관한 법식을 말한다.

314) 현재의 …… 않으니 : 헌납은 사간원의 정5품 관직이고, 정언은 사간원의 정6품 관직이었으므로, 헌납의 경력이 있는 이진유가 정언이 되는 것은 일종의 좌천에 해당한다.

오도록 하라.”

하였다.

○ 전교하기를, “벌을 이미 받았으니, 한세량을 방송하라.” 하였다.

○ 이조판서 심단이 국구(國舅)가 아뢴 말[315]로 인해 인혐하는 상소를 올리자, 주상이 답하기를, “지금 이 제배(除拜)는 그 뜻이 우연한 것이 아니다.” 하였다.

○ 김일경이 인혐하는 상소에서 말하기를,

“외척이 정사에 간여하는 것은 나라가 반드시 망할 조짐입니다. ……
정국을 쇄신하는 초기에 사당을 비호하고자 공의에 전력으로 맞서 싸우고 있습니다. ……”

하자, 주상이 답하기를, “국구가 글을 올린 것은 예상치 못한 일이었다.” 하였다.

○ 이조참의 서명균이 상소하여,

“신과 같은 자는 의론이 분명하지 않고 인재를 알아보는 식견이 부족합니다. ……”

하였다.

○ 헌납 이명의, 지평 박필몽이 어유귀가 소회를 아뢴 일로 인해 모두 인피하자, 사직하지 말라고 하였다.

---

315) 국구(國舅)가 아뢴 말 : 앞서 12월 6일 기사에서, 어유귀가 글을 올려, 심단은 늙고 잔약하여 청명한 세상에 버려진 인물이니 이조판서의 직임을 맡길 수 없다고 아뢴 말을 이른다.

○ 이조판서와 이조참의가 사은하였다.

○ 삼사-장령 이제, 지평 박필몽, 대사간 양성규, 헌납 이명의, 교리 윤연-가 합계하기를,

"군신의 의리는 천지간에 벗어날 곳이 없고, 《춘추(春秋)》의 법은 반드시 엄하게 징토해야 하므로, 만약 신자로서 군신의 분수를 침범한 자가 있다면 천지간에 단 하루도 용납될 수 없을 것입니다. 아! 지난날 대신들의 죄를 이루 다 주벌할 수 있겠습니까?

전하께서 보위를 계승하신 이후, 조종(祖宗)의 부탁과 신민의 추앙이 어떠하였습니까? 게다가 전하의 어진 효성과 총명함은 백왕(百王)보다 뛰어나서 즉위한 지 얼마 되지도 않아 새로운 덕화가 널리 퍼져 팔도의 신민들이 모두 눈을 씻고 귀를 기울여 전하의 덕을 보고 풍도를 듣고 있었는데, 저 대신이라는 자들은 역적 조성복을 은밀히 사주해서 흉악한 상소를 올리게 하여 군부(君父)로 하여금 그 자리에 편안히 있을 수 없게 하였습니다.

비상한 하교를 겨우 거두셨다가 곧 다시 내리시자 온 나라가 솥에서 물이 끓듯 하였고 인심은 파도처럼 요동쳐 장차 조석(朝夕)을 보장할 수 없는 지경이었는데, 저들만은 무슨 마음에서인지 태연히 낯빛도 변하지 않고 대충 성의 없이 정청을 열었다가 3일 만에 중지하고 곧장 연명 차자를 올려 절목(節目)[316]을 바로 시행하라고 청하였습니다.

지금 보면 시작한 자는 역적 조성복이요 끝맺은 자는 대신들이나, 그 계략을 꾸민 것은 하루아침 하룻저녁의 일이 아니었습니다.

---

316) 절목(節目) : 1721년(경종1) 10월 17일 영의정 김창집 등 노론 4대신이 세제의 대리청정에 대해 정유년의 절목에 따라 품지(稟旨)하여 거행하도록 요청하는 차자(箚子)를 연명(聯名)으로 올렸다. 이때의 절목은 앞서 경종이 세제 연잉군에게 모든 대소사를 대리청정하도록 명한 것에 비해 세제의 결정권을 다소 제한한 것이었다. 노론 4대신은 경종이 세제에게 대리청정하게 하라는 명을 차마 거스르지 못하고 세제의 결정권이 다소 적었던 정유년의 절목에 따라 거행할 것을 청하였다. 《景宗實錄 1年 10月 17日》

대개 김창집이 군부를 위협하고 위복(威福)을 농단한 죄는 진실로 하나하나 열거하기도 어렵습니다. 일찍이 정유년(1717, 숙종43)에는 고묘(告廟)의 의논을 극력으로 저지하였으니,[317] 이는 국본을 동요시키기 어려울까 염려해서였습니다.

이이명은 독대하던 날 대신을 부를 것을 청하여 가부를 물으려 하였으니, 그 속셈은 길가는 사람도 알았습니다. 이건명은 이사명의 종제(從弟)로서 음모나 비밀스러운 계략은 모두 그의 주장이 아닌 것이 없는데, 성상의 하교를 거두어 달라고 청한 것에 불만을 품고 이를 계품(啓稟)한 승정원을 공격하였으며 상소가 전하에게 올라간 것을 불평하며 권력에 기대어 제멋대로 흉언을 내뱉기까지 하였습니다.

조태채는 벼슬을 얻기 전에는 얻지 못할까 근심하고 벼슬을 얻으면 잃어버릴까 걱정하는 비루한 사람으로서, 남의 지시를 따라 오로지 이익만을 좇아서 마침내 세 명의 흉적과 뒤섞여 한통속이 되었으니, 통탄스럽기 그지없습니다.

만약 이 무리가 하루라도 조정에 있으면 반드시 종사(宗社)에 하루치의 근심을 끼칠 것이니, 먼 변방으로 내쳐 화(禍)의 근본을 끊어내야 합니다. 청컨대 영의정 김창집, 영부사 이이명을 외딴 섬에 위리안치하고, 판부사 조태채는 멀리 변방에 유배하며, 좌의정 이건명은 돌아오기를 기다렸다가[318] 아울러 천극(栫棘)의 형전을 시행하소서."

하자, 주상이 답하기를, "윤허하지 않는다." 하였다.

○ 유봉휘를 국문하여 법에 따라 처형할 것을 청하였던 삼사의 합계,

---

317) 고묘(告廟)의 …… 저지하였으니 : 숙종이 당시 세자였던 경종에게 정사를 대리(代理)할 것을 명하자, 다른 이들은 고묘(告廟)할 것을 청하였는데, 유독 영의정 김창집만이 이의(異議)를 제기했던 일을 말한다. 《肅宗實錄補闕正誤 43年 9月 25日》

318) 이건명은 돌아오기를 기다렸다가 : 1721년 10월 28일 연잉군(延礽君)의 왕세제 책봉을 승인받기 위해 좌의정 이건명을 주청사로 하여, 부사 윤양래(尹陽來), 서장관 유척기(兪拓基)가 북경으로 파견되었는데, 이들이 임무를 마치고 돌아오기를 기다려 이건명을 처벌하자는 주장이다.

그리고 한세량의 국문과 조태구의 원찬, 권규(權珪)의 국문을 청하였던 양사의 합계를 정계하였다. - 이후 조태채를 감률(減律)한 일로 인해 대간들이 모두 인피하였다가, 12일 대계(臺啓)에서 문구를 고쳐 모두 도극(島棘)319)을 청하였다. -

○ 사헌부에서 아뢰기를,

"적신(賊臣) 조성복의 죄를 이루 다 주벌할 수 있겠습니까? 한 장의 상소로 군부를 시험해 보고 성상께서 그 자리에 편안히 있지 못하게 만들었습니다. 이는 어리석은 한 사내가 혼자서 저지른 일이 아니라 간특한 괴수의 은밀한 사주를 받아 이러한 흉패한 음모를 꾸민 것입니다.

이로 인해 나라 안의 말들이 떠들썩하여 정상을 숨길 수 없는데 천극의 벌은 끝내 형벌의 정도에서 벗어난 것이니, 그 화응한 실상을 엄중히 밝혀내어 왕법으로 다스리지 않을 수 없습니다. 청컨대 국청을 설치하여 조성복을 엄히 형문하시고 통쾌하게 형전(刑典)을 시행하십시오."

하자, 주상이 답하기를, "윤허하지 않는다." 하였다.

○ 박태항의 원찬과 최석항의 삭출을 논한 전계(前啓)320)를 정계하였다.

○ 사간원에서 조태억을 파직하여 서용하지 말라고 청한 전계 및 홍만조의 삭탈, 승전색인 사알 박귀선(朴貴先)·최군필(崔君弼)의 일을 논한 전계를 정계하였다.

○ 승정원이 아뢰기를, "영의정이 명소패(命召牌)를 가지고 와 올렸습니다."

---

319) 도극(島棘) : 도배 죄인(島配罪人)의 처소에 가시 울타리를 둘러치는 형벌을 가리킨다.
320) 박태항의 …… 전계(前啓) : 앞서 10월 12일에 박태항 등은 세제의 대리청정을 청한 노론 전체를 공격하였다 하여 삭출하라고 청하였고, 10월 17일 최석항은 세제의 대리청정을 1705년에 숙종이 세자에게 양위하려 한 것에 비교하였다 하여 관작을 삭탈하라고 청한 일 등을 말한다.

하자, 전교하기를, "우선 봉입하라." 하였다.

○ 다음과 같이 전교하였다.

"아! 나라의 형세가 위태롭기 그지없구나! 위로는 대신으로부터 아래로는 일반 신료들에 이르기까지 위기를 바로잡을 계책은 하나도 없이 날이고 달이고 일삼아 논하는 바라고는 오로지 당을 비호하는 일뿐이어서 창과 칼을 들고 서로 싸우는 듯한 작태에 마음으로 심히 개탄하며 밤낮으로 근심하니 조금도 편할 겨를이 없다.

지금 영의정은 예기치 못한 대간의 탄핵을 입어 국사를 논하기가 쉽지 않고, 좌의정은 국경 밖에 나가 있어 정석(鼎席, 삼정승의 자리)이 텅 비었으니, 양손이 없는 것과 같은 처지에 무슨 일을 할 수 있겠는가?

경은 나라와 더불어 운명을 같이하는 세신(世臣)[321]이니, 위태로운 시사(時事)를 생각하여 대간의 지난 오류는 개의치 말고 즉시 마음을 돌이켜 속히 출사해 국사를 돌봄으로써 거꾸로 매달린 듯한 위급한 상황을 풀도록 하라."

이어 전교하기를, "승지를 파견하여 우의정을 돈독히 타이르고 함께 올라오도록 하라." 하였다.

○ 삼사의 문외출송 죄인을 다음과 같이 보고하였다. 대사헌 이희조, 집의 조영세, 장령 남세진·채응복, 지평 이의천·서종급, 대사간 황귀하, 사간 어유룡, 정언 이자·성진령, 헌납 정택하, 부교리 신석, 교리 신방, 부수찬 서종섭·조문명, 수찬 이기진·김진상 등을 문외출송함.

○ 이조판서와 이조참판이 개정(開政, 인사 행정을 시행함)하여, 승지 남취

---

321) 나라와 …… 세신(世臣) : 여러 대에 걸쳐서 중요한 자리에 있으며 국가와 운명을 함께하는 신하를 이른다. 《맹자》〈양혜왕 하(梁惠王下)〉에 "이른바 고국이란 높이 치솟은 나무가 있다는 말이 아니요, 대대로 신하를 배출한 오래된 집안이 있다는 것을 의미한다. [所謂故國者, 非謂有喬木之謂也, 有世臣之謂也.]" 하였다.

명(南就明)322)·유중무(柳重茂)323)·권이진(權以鎭)324)·심수현(沈壽賢)·박휘등(朴
彙登)325), 대사헌 이조(李肇), 장령 이정제(李廷濟)326), 부응교 권첨(權詹)327),

---

322) 남취명(南就明) : 1661~1741. 본관은 의령(宜寧), 자는 계량(季良), 호는 약파(藥坡)이다.
1694년(숙종20) 별시문과에 급제하여 청요직을 두루 지냈다. 1704년(숙종30) 수찬으로
재직하면서 박세당의 《사변록(思辨錄)》을 불태우자는 의견에 반대하는 상소를 올렸다.
이듬해에는 남구만·유상운의 신원(伸寃)을 위하여 노력하였다. 1722년(경종2) 노론(老論)
4대신의 사사(賜死)를 감형하려 하자 승지로서 불가하다고 동료들과 함께 역설하였다.
그 뒤 대사간으로 있으면서 소론의 거두 김일경(金一鏡)을 변명하는 한편, 노론 축출에
일익을 담당하였다. 영조가 즉위하면서 노론이 집권하자 한때 관작을 삭탈당하고
문외출송(門外黜送)되었으나, 1727년(영조3)에 다시 서용되어 경기도관찰사 등을 지내고
기로소(耆老所)에 들어갔다.

323) 유중무(柳重茂) : 1652~1728. 본관은 문화(文化), 자는 미중(美仲)이다. 1694년(숙종20) 알
성문과에 급제하여 청요직을 두루 거쳤다. 소론계 대간으로 1694년 갑술환국 이후
세자 보호를 힘써 주장하였다. 정언·장령 등을 거쳐 승지를 지냈다. 1720년(경종 즉위)
우승지로서 노론의 홍문록을 둘러싼 농간을 논박하고, 조태구를 우대하며 이광좌의
억울함을 풀어줄 것을 요청했다가 파직 당했다. 이듬해 승지로 복귀하여 예조·호조참판
등을 역임하였다. 영조가 즉위하자 삭탈관작 되고 유배되었다가 정미환국(1727)으로
도승지에 발탁되었는데, 얼마 안 되어 죽었다.

324) 권이진(權以鎭) : 1668~1734. 본관은 안동(安東), 자는 자정(子定), 호는 유회당(有懷堂)·수
만헌(收漫軒)이다. 우윤(右尹) 권시(權諰)의 손자, 현감 권유(權惟)의 아들이고, 어머니는
송시열(宋時烈)의 딸이며, 윤증 문인이다. 1694년 별시문과에 급제하여 청요직을 두루
지내고, 1728년에는 이인좌의 난을 수습한 공으로 원종공신 1등에 녹훈되었다. 이후
호조·공조판서를 역임하였다.

325) 박휘등(朴彙登) : 1653~1726. 본관은 반남(潘南), 자는 내경(來卿)이다. 1683년(숙종9) 진사
가 되고, 1694년 별시문과에 급제하여 청요직을 두루 지냈다. 1705년(숙종31) 도성
축조에 반대하면서 좌의정 이여를 탄핵했다가 경성판관(鏡城判官)으로 출보되었다.
이듬해 다시 사헌부 장령이 되었으며, 1713년 승지에까지 올랐으나 1716년 병신처분
이후 원주·상주 목사로 나갔다. 경종 즉위 후 다시 승지가 되어 이진유(李眞儒) 등이
주장한 장희빈 추보(追報)에 찬성하였다. 영조 즉위 후 다시 승지가 되었는데, 김일경(金一
鏡) 일파로 몰려 1726년(영조2) 내내 노론의 집요한 공격을 받았지만 영조가 들어주지
않아서 처벌은 면하였다.

326) 이정제(李廷濟) : 1670~1737. 본관은 부평(富平), 자는 중협(仲協), 호는 죽호(竹湖)이다.
1699년(숙종25) 사마시를 거쳐 이듬해 춘당대문과에 급제하여 청요직을 두루 역임하였는
데, 이유·김창집 등 노론계 중신(重臣)을 탄핵하다가 파직되기도 하였다. 경종대 노론
축출에 가담했다가 1725년(영조1) 삭직되었다. 그 뒤 형조판서·호조판서 등을 역임하였
다. 시호는 효정(孝貞)이다.

327) 권첨(權詹) : 1664~1730. 본관은 안동, 자는 숙량(叔良)이다. 1694년(숙종20) 알성문과에
급제하여 지평 등을 거쳐 1722년(경종2) 대사간이 되었다. 영조대 충청도관찰사가

수찬 심공(沈珙)328), 사서 권익관(權益寬)329), 이조좌랑 홍만우(洪萬遇)330), 겸필선 이진유, 겸문학 윤연, 병조참의 한배하, 동지의금부사 김일경, 형조참의 김시환 등을 새로 임명하고, 충청감사 이세근(李世瑾)은 그 직을 그대로 두었다.

○ 8일, 다음과 같이 전교하였다.

"내가 비록 덕이 부족하지만, 임금을 공경하는 마음이 조금이라도 있다면 어찌 감히 '환관·궁첩이 이름을 아는 사람을 복상하였다.'는 등의 말을 발론할 수 있단 말인가? 무엄하고 불경하기가 이보다 심할 수 없으니, 당시 가장 먼저 발론한 사람을 잡아들여 국문해서 그 말의 출처를 엄히 심문하고, 계사에 동참한 사람들은 모두 정배하라."

○ 잡아들여 국문하였다고 보고한 사람은 어유룡, 박치원이고, 계사에 동참하여 잡아들여 가두고 정배하였다고 보고한 사람은 이의천이다.

되었는데, 1728년 이인좌(李麟佐)의 난 당시 역적과 내통하였다는 혐의를 받아 친국을 받다가 옥사하였다.

328) 심공(沈珙) : 1681~1734. 본관은 청송(靑松), 자는 공보(共甫), 호는 이파(梨坡)·취규재(聚奎齋)이다. 참의 심수량(沈壽亮)의 아들이다. 1708년(숙종34) 진사가 되고 1711년 문과에 급제하여, 1716년 홍문록에 올랐다. 1717년 이사명(李師命)의 복관을 반대하였다가 이이명의 탄핵을 받았지만, 경종대 청요직을 두루 역임하다가 영조 즉위 초에 물러났다. 1727년(영조3) 대사간, 1729년 대사헌, 1733년 부제학을 지내다 병으로 사망하였다.

329) 권익관(權益寬) : 1676~1730. 본관은 안동, 자는 홍보(弘甫)이다. 1711년(숙종37) 식년문과에 급제하여 청요직을 두루 지내고, 1723년(경종3) 충청감사가 되었다. 1724년(영조 즉위) 노론에 의해 유배되었다가 1727년(영조3) 풀려나와 공조참의 등을 역임하였다. 1728년 이인좌의 난에 연좌되어 다시 외딴섬에 안치되었다가 이듬해 풀려났는데, 그해 사간원의 탄핵을 받아 또다시 변방에 정배되었다. 1735년 관작이 회복되었으나, 1776년에 다시 반역의 죄상이 추궁되어 관작이 추탈되었다.

330) 홍만우(洪萬遇) : 1671~1722. 본관은 풍산(豊山), 자는 계회(季會)이다. 1701년(숙종27) 알성문과에 급제하여 1713년 홍문록에 올랐다. 1717년 윤지완을 비호하고, 영의정 김창집 등을 탄핵하였다가 귀양 갔다. 1721년(경종1) 이조좌랑이 되고 1722년 수찬으로서 사망하였다.

○ 다음과 같이 전교하였다.

"이중협의 차자 안에 '결탁' 등의 말이 있었는데, 지금 이 전지(傳旨) 안에는 박치원·어유룡이 가장 먼저 발론했다는 내용만 있고 이중협에 관한 일은 포함되어 있지 않으니 지극히 괴이하다. 승정원은 다시 조사하고, 일체 국문하도록 하라." - 이의천을 영암군에 정배하였는데, 이후 대신이 경연에서 아뢰어 시행하지 않았다.331) -

○ 우의정 조태구가 차자를 올려 아뢰기를,

"삼가 아룁니다. 신이 지난번 정청이 중단되던 날에 호소할 길이 끊겨서 어쩔 수 없이 탄핵하는 의론이 한창 진행되는 중에 염치를 무릅쓰고 청대(請對)하였습니다. 이는 고(故) 상신(相臣) 이덕형(李德馨)332) 고사(故事)를 따른 것인데, 대간의 상소가 더욱 격렬해져 지은 죄명이 망극하였습니다.

하늘의 해와 같은 성상께서 계시지 않았다면 신은 이미 몸이 가루가 되었을 것입니다. 신이 죄가 있는지 없는지에 대해서는 성상께서 이미 다 알고 계시니 지금에 와서 신이 어찌 많은 말로 변명하겠습니까?

다만 유감스러운 것은 신의 평소 처신이 형편없어 조정에서 신뢰를 받지 못하여 '결탁'하고 '내통'하였다는 지목이 상주된 글들에 낭자하고, 터무니없는 거짓을 이리저리 얽어 무함하면서도 조금의 거리낌도 없으니, 이는 다만 일신의 명예를 욕되게 하는데 그치는 것이 아닙니다. 이 더럽혀진 자취에 신은 실로 통탄할 뿐인데, 어찌 감히 다시 조정의 반열에 참여하여 청명한 조정을 욕되게 하고 세상을 부끄럽게 하겠습니까?

그런데 뜻밖에도 지금 사관이 서로 지키고, 승지가 잇달아 이르며 돈독히

---

331) 이후 …… 않았다 : 여기의 대신은 조태구이다. 뒤의 12월 9일자 기사에 보인다.

332) 이덕형(李德馨) : 1561~1613. 본관은 광주(廣州), 자는 명보(明甫), 호는 한음(漢陰)·쌍송(雙松)·포옹산인(抱雍散人), 시호는 문익(文翼), 봉호는 한원부원군(漢原府院君)이다. 광해군 대, 영창대군의 처형과 폐모론(廢母論)에 적극 반대하였다. 벼슬이 영의정에 올랐으며, 문집인 《한음문고(漢陰文稿)》가 전한다.

타이르시는 성지(聖旨)는 간절하고 완곡하니, 신이 어찌 감읍하지 않을 수 있겠습니까? 전하의 은덕에 보답하고자 하는 마음은 천지간에 끝이 없으나,333) 다만 신의 처지가 무턱대고 명을 받들 수 없는 상황인 것은 위에서 아뢴 바와 같습니다. ……"

하자, 주상이 답하기를,

"나의 지극한 뜻은 이미 별유(別諭)에서 유시하였으니, 다시 무슨 말을 많이 하겠는가? 경은 지난 일은 개의치 말고, 시속의 세태를 시원하게 떨쳐 내고 조속히 올라와 망해 가는 나라를 부지하라."

하였다.

○ 헌납 이명의가 삼흉(三凶)의 죄를 의율(議律)334)할 때, 뜻하지 않게 '안치(安置)' 위에 '위리(圍籬)' 두 자를 빠뜨리고 쓰지 않은 채 분별없이 전계(傳啓)하였다는 이유로 피혐하고 물러가 여러 사람의 논의를 기다렸다.

○ 사간원 - 정언 서종하(徐宗廈) - 에서 처치하여 출사(出仕)하게 하였다.

○ 지평 윤성시가 아뢰기를,

"흉적들이 조정에 가득하여 권력이 아래로 옮겨지고 망해가는 종사의 형세는 지척에 임박하였습니다. 반드시 토벌해야 한다는 《춘추》의 의리는 잠시도 늦출 수 없으므로 감히 벼슬아치의 말석에 있으며, 목욕하고 토역(討逆)을 청한 의리를 따랐는데, 다행히 성상께서 혁연히 결단하시어 흔쾌히 가납해 주셨습니다. 그런데 사헌부의 관직을 제수하는 새로운 명이 뜻밖에 내려오고 이어서 소패(召牌)가 문 앞에 다다랐습니다.

---

333) 은덕에 …… 없으나 : 《시경(詩經)》 〈소아(小雅)〉 육아(蓼莪)에 "나를 돌아보고 나를 다시 돌아보시고, 출입할 때엔 나를 가슴속에 품으시니, 그 은혜를 갚고자 할진댄, 저 하늘처럼 끝이 없도다.[顧我復我, 出入腹我. 欲報之德, 昊天罔極.]"고 한 것에서 인용한 문구이다.
334) 의율(擬律) : 죄의 경중에 따라 해당하는 법을 적용하는 일을 이른다.

다만 국구가 글로 아뢴 운운하는 말을 보건대, 신들의 말은 실로 일국의 공론을 채택한 것이자 만세의 대의를 부지하고자 한 것인데, 지금 일개 척신의 기롱과 비난을 받은 것이 이 지경에 이르렀으니, 신이 비록 불초하나 무슨 얼굴로 태연히 대간의 반열에 참여하여 성상의 청명한 교화에 누를 끼치겠습니까?

바라건대 신을 속히 파직하시어, 온 세상의 사람들로 하여금 외척은 감히 국정에 간여해서는 안 된다는 사실을 알게 하시고, 또 사대부로 하여금 외척의 비난을 받은 자는 조정의 수치가 된다는 사실을 알게 하소서. ……"

하자, 주상이 답하기를, "사직하지 말라." 하였다.

○ 9일, 우승지 유중무가 서계(書啓)하였다.

"우의정 조태구가 이르기를,

'금일 비망기 중에 대신(臺臣)을 잡아들여 추국하고 말의 출처를 추궁하라는 하교가 있었는데, 신의 입장에서는 불안하고 불편한 점이 있습니다. 따라서 이미 간곡한 하명을 거듭 받았지만, 또한 감히 도성 밖에 그대로 머무를 수만은 없으니, 삼가 응당 사차(私次, 사사로이 머물러 있는 곳)로 가서 처분을 기다리겠습니다.'

하였습니다."

전교하기를, "경이 도성으로 들어온다는 소식을 들으니 기쁘고 다행스러운 마음을 무엇에 비유하겠는가? 잡아들여 추국하라고 한 일은 그 의도가 정대하니, 경에게는 조금도 혐의가 없다. 모름지기 개의치 말고 조속히 나와 국사를 논하여 나의 간절한 바람에 부응하라."

하였다.

○ 승정원에서 아뢰기를,

"이중협은 합계에는 참여하지 않았지만 추후 혼자 옥당에서 차자를 올려

아뢰었으므로 가장 먼저 발론한 사람들과는 함께 기록할 수 없었으며, 또한
계사에 참여한 사람을 조사하는 가운데에서도 누락되어 있으므로 감히 아룁
니다.”

하자, 주상이 답하기를, “알았다.” 하였다. 또 전교하기를, “이중협도 함께
잡아들여 엄히 국문하라.” 하였다.

○ 전교하기를, “내일 아침 즉시 의금부 당상을 모두 패초하여 개좌(開坐)하
게 하라.” 하였다.

○ 이중협을 잡아들여 가두었다.

○ 다음과 같이 전교하였다.
“지금 재배한 사람들은 실로 공의(公議)에 따라 임명하였고 제배한 뜻도
우연한 것이 아닌데, 인혐을 고집하며 출숙(出肅)335)하지 않는 경우가 있으니
진실로 심히 온당치 못하다. 승정원에서는 각별히 신칙하라.”

○ 이광좌를 수어사(守禦使)로, 이삼(李森)336)을 총융사(摠戎使)로 삼았다.

○ 승정원에서 아뢰기를,
“실록청의 당상관과 낭관의 대다수가 죄를 받아 파출(罷黜)되었고, 총재관
은 지금 막 성을 나가 대죄(待罪)하고 있는데, 실록을 찬수하는 역사(役使)가

---

335) 출숙(出肅) : 관직에 임명된 사람이 출사(出仕)하여 임금에게 숙배(肅拜)하는 것을 이른
     다.
336) 이삼(李森) : 1677~1735. 본관은 함평(咸平), 자는 원백(遠伯)이다. 윤증의 문하에서 공부하
     였다. 1705년(숙종31) 무과에 급제하여 평안도병마절도사 등을 지내고, 경종의 신임을
     받아 총융사·어영대장 등을 역임하였다. 1727년(영조3) 훈련대장이 되어 이인좌의 난에
     서 공을 세워 함은군(咸恩君)에 봉해지고, 1729년 병조판서에 올랐다.

긴급하니, 어찌해야겠습니까?"

하자, 전교하기를, "우의정이 총괄하라." 하였다.

○ 다음과 같은 비망기를 내렸다.

"어려움과 근심이 눈앞에 가득하고 국사가 어지러운 이때, 삼정승의 자리는
하나같이 공석(公席)이고 묘당(廟堂)은 모두 비어서 마치 큰 집에 기둥과 들보가
없는 것과 같다. 영의정은 지금 대간의 탄핵을 받아 출사에 기약이 없고,
좌의정은 국경 밖에 나가 있어 조정에 돌아올 날이 아직 멀었으며, 우의정은
이제 겨우 정무를 보다보니, 자신만 혹사당한다[337]는 마음이 없을 수 없다.
부득이하게 변통하지 않을 수 없으니, 영의정과 좌의정을 지금 우선 체개(遞改)
하라."

○ 도승지 이정신이 다음과 같이 상소하였다.

"이전에 신이 이 직책에 있으면서 근심하고 개탄하는 한 통의 상소를
올렸다가[338] 칼날 같은 공격을 한 몸에 받았고 위협하며 겁주는 말과 추악한
모욕이 좌우에서 번갈아 나왔습니다. 이 무리가 임금을 잊고 사당을 비호하는
습성과 성상을 속이고 남을 무함하는 기술을 하늘이 굽어살피고 계시니
제가 따져 분별하고 싶지는 않습니다."

○ 우의정 조태구가 청대 입시하였을 때, 성학에 힘쓸 것, 동궁과 우애할
것, 궁관(宮官)을 가려 뽑을 것, 기강을 진작할 것, 궁금(宮禁)을 엄히 단속할

---

337) 자신만 혹사당한다 : 원문은 "獨賢"이다. 독현은 유독 자신만 혹사당하는 고통을 말한다.
   《시경(詩經)》〈소아(小雅) 북산(北山)〉에 "넓은 하늘 아래 모두가 임금의 땅이요, 해내(海
   內)의 그 누군들 신하 아닌 이 없건마는, 대부의 일처리 균등치 못해서 나만 일하면서
   혼자만 훌륭하네.[溥天之下, 莫非王土 ; 率土之濱, 莫非王臣, 大夫不均, 我從事獨賢.]" 하였다.
338) 신이 …… 올렸다가 : 앞서 11월 9일 도승지 이정신이 상소하여 조태구 등을 변론한
   일을 가리킨다.

것, 민생의 고통을 돌볼 것, 나라의 근본을 굳건히 할 것 등의 말을 진달하였다.

맨 먼저 복상 후 출사하지 않겠다고 고집하였던 이유에 대해 말하기를, "대신이 연이어 인혐하는 가운데, 한 재상은, '복상(卜相) 때 참여하지 않았으니 나는 모르는 일이다.' 말하였고, 또 한 재상은 '복상이 사리에 어긋나 착오가 있었다.' 하였으니,339) 새롭게 재상에 선출된 사람이 어찌 이러한 일들을 무릅쓰고 출사할 수 있겠습니까?

지난 겨울 차자를 올려 진달한 일은 조정으로 하여금 예의를 지키게 하고자 하였을 따름이었습니다. 당시 황지(皇旨)와 자문(咨文)의 내용이 차이가 있어340) 거짓으로 꾸민 것이 있는 듯하였고, 소신이 진달한 내용은 이와 다른 별도의 의리가 아니었으니, 어찌 털끝만큼이라도 동궁을 핍박하거나 해치려는 뜻이 있었겠습니까? 그런데도 '혐의를 무릅쓴다.[冒嫌]'는 두 글자를 칼자루로 삼아 대간의 계사에 올려서 신을 망측한 죄과로 몰아넣으려 하였으니 신은 실로 절통합니다.

나라의 비상한 사태를 당하여, 전하께서는 신을 특별히 불러 '망해 가는

---

339) 한 …… 하였으니 : 조태구가 우의정에 임명되자, 김창집이 차자를 올려, 좌의정 이건명이 미처 명초(命招)를 받지 못하여 복상에 참여하지 못하였으므로, 조태구를 우의정에 낙점한 이번 복상은 상례에 어긋났다고 주장하니. 이에 조태구가 인혐하고 사직하였다. 《景宗實錄 卽位年 11月 20日》 본문에서 복상 때 참여하지 않았다는 재상은 이건명을 가리킨 것이고, 복상이 사리에 어긋났다고 한 재상은 김창집을 가리킨다.

340) 황지(皇旨)와 …… 있어 : 1720년(경종 즉위) 11월에 청나라 칙사가 우리나라에 조문 와서 세자와 종실의 자질(子姪)을 만나보기를 요구하고 신상을 적어 줄 것을 요청하자 영의정 김창집이 적어 주었는데, 우의정 조태구가 청나라의 요구와 영의정의 처신이 부당하다며 강력히 반발하였다. 당시 조태구는 차자를 올려 북사(北使)가 통지하여 알린 문자의 등본(謄本)에 '세자와 그 아우와 종실(宗室)의 자질을 만나 본 후에 급히 돌아오라.' 한 것은 사리로 볼 때 부당하고, 등본의 말단에 '이 표장(表章)을 조선 국왕에게 전하여 아내와 자질에게 고루 유시하라.[這表章傳於朝鮮國王妻子姪均諭.]'고 한 14자(字)가 있을 뿐이니, '왕자가 어느 비빈(妃嬪)의 소생이며, 어느 성씨를 취(娶)했느냐?' 한 글은 애초에 칙서에 없음을 들어 "어찌 황지(皇旨) 가운데에 없는 내용이라고 하며 거절하지 않았습니까? 설령 그 말이 황지에 참으로 있었다 하더라도 어찌 편의에 따르는 방도가 없어서 한결같이 그들의 말만 따라 써서 보여주기에만 급급했단 말입니까?" 하여, 묘당의 대처에 대해 비난하였다. 《景宗實錄 卽位年 11月 10日·26日·27日, 12月 2日》

나라를 평안케 하라.' 하교하셨습니다. 신이 병든 몸을 이끌고 성 밖에 이르러 여러 차례 진달하고 호소하며 명을 도로 거두시기를 바라던 차에 정청이 갑자기 중지되어 전하께 호소할 길이 없었으므로 들어와 청대하였는데 승정원에서 막아서고 물리쳤습니다. 다행히 대신과 여러 신하들이 한목소리로 호소하였던 덕분에 비망기를 도로 거두셨으니, 신은 죽는다 해도 여한이 없습니다.

신이 물러 나온 이후, 대간의 상소는 한층 격화되어 '결탁', '내통' 등의 말로 신을 지목하였고, 급기야 선인문의 일을 북문의 일에 비유[341]하기에 이르렀습니다. 대개 신을 비난하고 모욕하는데 골몰하여 자신들의 말이 이처럼 무엄함을 알지 못하고 마치 하늘의 해가 위에 없는 듯 굴며 소신을 짓이겨 가루로 만들었습니다. 그러나 지금은 전하께서 과감하게 결단을 내리시어 조정이 청명해졌으니 실로 국가의 경사입니다만, 판부사 조태채는 신의 종제이니, 피차의 죄명을 황공하게 어찌 진달할 수 있겠습니까?"

하였다.

또 민생의 곤궁함과 전염병 및 도적의 격퇴, 정승의 인사를 다시 단행할 것 등등을 아뢰었다. 또 말하기를,

"지난해 신이 진계한 상소에 대해 대간의 무함과 비난이 한층 더해지고 있습니다. 신은 전하의 학문이 출중하고 우애가 돈독함을 모르지 않으나, 신하가 군주를 섬기는 도리는 요·순의 도가 아니면 진달하지 않는 것[342]이니, 대순(大舜)의 효우(孝友)로써 우리 전하를 면려하고자 한 것입니다. ……

경연을 자주 여십시오. …… 옥당고사(玉堂故事)[343]의《정관정요(貞觀政要)》[344]

---

341) 선인문의 …… 비유 : 노론 4대신이 정청을 중지하고 비변사에서 왕세제의 대리 절목(節目)을 강정(講定)하고 있을 때, 우의정 조태구가 선인문으로 들어와 경종을 알현한 행동을 두고, 노론 측에서 이를 남곤, 심정 등 훈구 대신들이 경복궁의 북문인 신무문으로 입궐하여 조광조 등 신진 사류를 제거한 기묘사화에 빗대어 비난한 일을 이른다.
342) 신하가 …… 것 :《맹자》〈공손추 하(公孫丑下)〉에 "나는 요순의 도가 아니면 감히 왕 앞에서 아뢰지 않는다.[我非堯舜之道, 不敢以陳於王前.]"고 한 데서 나온 말이다.
343) 옥당고사(玉堂故事) : 홍문관의 상번·하번이 국조(國朝)의 아름다운 일이나 역대 제왕의

…… 궁금을 엄히 단속하시어, 궁 밖의 말이 궁 안으로 들어오지 못하게 하고 궁 안의 말이 궁 밖으로 유출되지 않게 하십시오. ……

언로를 넓히십시오. …… 동궁을 보도(輔導)하십시오. 강관(講官)을 가려 뽑고, 익위(翊衛) 관원도 또한 가려 임명하라고 명하십시오. 전하의 동궁 시절 부솔(副率)345)이었던 김재해(金載海)346)를 강관의 반열에 두십시오. 향외(鄕外)의 추악하고 난잡한 무리는 절대 의망하지 말 것을 전조(銓曹)에 단단히 타일러 경계하십시오."

하였다. 또 말하기를,

"새로운 덕화가 융성한 이때, 응당 민심을 수습할 방도를 생각해야 합니다. 지금 팔도가 모두 굶주리고 있으니 애통해하는 교지를 내리심이 마땅합니다. 기전(畿甸)은 특별히 구휼하는 은전이 없을 수 없으며, 호서와 해서의 대동(大同) 또한 그 두수(斗數)를 조금 감액해 주고 국용을 절감하는 것이 마땅합니다. ……"

하였다. 또 말하기를,

"지금 새로운 덕화가 펼쳐지는 때를 맞이하여, 한쪽 편 사람들을 모두 내쫓아서 처음 시작하는 것과 같으니, 위로는 공경으로부터 아래로는 하급 관리에 이르기까지 필요한 인원을 채울 방도가 없으므로 차례에 따라 승진하게 한 후에야 조정의 모양을 갖출 수 있습니다.

최규서(崔奎瑞)는 인망이 두터워 선조(先朝) 때부터 매번 불러 기용하고자

훌륭한 정치, 명신(名臣)·석유(碩儒)가 진언한 글을 한 단락 또는 몇 단락을 정서(正書)하여 올리는 글을 가리킨다.

344) 정관정요(貞觀政要) : 당나라 오긍(吳兢)이, 당 태종(唐太宗)이 신하들과 문답한 말을 채취하고 당시의 법제·정령 및 의논·사적을 가려 뽑아서 기록한 책이다. 정관은 태종의 연호로 627년부터 649년까지를 이른다.

345) 부솔(副率) : 조선시대 세자익위사(世子翊衛司)에 속한 정7품 벼슬을 이른다.

346) 김재해(金載海) : 1658~1720. 자는 숙함(叔涵), 호는 쌍호(雙湖)이다. 박세채(朴世采) 문인으로 윤증(尹拯) 문하에서도 수학하였다. 성리학에 조예가 깊었고 김창협, 이희조(李喜朝) 등과 교제하였다. 세자익위사 부솔을 지냈으며, 저서에 《쌍호초고(雙湖草稿)》가 있다.

하였으나 지조를 지키는 것이 변함이 없어 끝내 오지 않았는데, 지난번 정청이 중지된 후 즉시 한 통의 상소를 올렸으나 승정원에서 가로막고 진달하지 않았습니다. 이 사람은 진실한 충심으로 평소 동료들의 신망이 두터우니, 결코 초야에 그대로 둘 수 없습니다.

정제두(鄭齊斗)[347]는 평소 유학에 조예가 깊은 사람이니, 지금 별유(別諭)를 내려 반드시 불러들이고자 하신다면 정성이 지극한 곳에 금석 또한 뚫리게 될 것입니다. 이태좌(李台佐)는 여러 차례 주현(州縣)을 맡아 치적이 가장 우수하였고, 박태항(朴泰恒)은 나이는 들었으나 아직 강건하고 그 사람됨이 단아하고 맑으며 분경(奔競)[348]을 일삼지 않고, 윤취상(尹就商)은 무과 출신 중 기용할 만한 인물이므로, 모두 승품(陞品)[349]하여 탁용하는 것이 마땅합니다.

당상관 중 이진검(李眞儉)·이진망(李眞望)[350]·김시환 등도 쉽게 얻을 수 없는 인재이므로 응당 모두 조용(調用)해야 합니다. 당상·당하관 가운데 시종신으

347) 정제두(鄭齊斗) : 1649~1736. 본관은 영일(迎日), 자는 사앙(士仰), 호는 하곡(霞谷)이다. 박세채 문인으로, 과거에 실패하였지만 숙종대 호조좌의, 경종대 대사헌을 거쳐 성균관 좨주를 역임하였다. 처음에는 주자학을 공부하다가 이후 양명학에 심취하여 그 사상적 이해를 체계화 하였다. 이 때문에 1726년(영조2) 노론의 공격을 받았으나 영조의 보호를 받고, 1728년 의정부 우참찬, 1736년 세자 이사(世子貳師) 등을 역임하였다. 아들 정후일(鄭厚一)을 비롯하여 윤순(尹淳), 김택수(金澤秀), 이광사(李匡師) 형제 등이 문인으로서 그의 학풍을 계승하였다. 저서로 양명학의 치양지설(致良知說)과 지행합일설(知行合一說)을 받아들여 저술한 《학변(學辨)》·《존언(存言)》, 경전 주석서인 《중용설》·《대학설》·《논어설》·《맹자설》·《삼경차록(三經箚錄)》·《경학집록》·《하락역상(河洛易象)》, 송대 도학자의 저술에 대한 주석서인 《심경집의(心經集義)》·《정성서해(定性書解)》·《통서해(通書解)》 등이 있다. 시호는 문강(文康)이다.
348) 분경(奔競) : 벼슬을 청탁하기 위하여 권세가를 좇아 분주히 왕래하는 엽관(獵官) 행위를 이른다.
349) 승품(陞品) : 종3품 이상의 품계에 오르는 것을 이른다.
350) 이진망(李眞望) : 1672~1737. 본관은 전주, 자는 구숙(久叔), 호는 도운(陶雲)·퇴운(退雲)이다. 영의정 이경석(李景奭)의 증손이다. 1696년(숙종22) 생원이 되고, 1711년(숙종37)에 식년문과에 장원하여 1716년 홍문록에 올랐고, 1721년(경종1) 승지가 되었다. 1725년(영조1) 대사성 재직시 이광좌의 신원을 상소하였다. 영조의 잠저(潛邸)때 사부(師傅)로서 왕의 예우를 받았다. 1730년 형조판서에 올라 예조판서·대제학 등을 역임하였다. 저서로 《도운유집》이 있다.

로서 적체되어 있는 이들 또한 차례에 따라 승품하는 것이 마땅하니, 신이 전조와 상의하여 시행하도록 하겠습니다."

하자, 주상이 "좋다."고 하였다. 또 말하기를,

"국구가 정치에 간여하는 것은 본래 성세(聖世)의 아름다운 일이라 할 수 없는데, 일전에 그가 소회를 아뢴 것은 실로 뜻밖의 일로, 이러한 일들은 마땅히 엄금해야 할 것입니다."

하였고, 또 말하기를,

"근래 염치가 씻은 듯이 사라졌으니, 지위가 높은 사람은 마땅히 두려운 마음을 가져야 할 것입니다. 관자(管子)가 이르기를, '사유(四維)가 펼쳐지지 않으면 나라가 망한다.'351)고 하였습니다.

관자가 비록 패자(伯者)를 보좌하였지만352) 이후 한(漢)나라의 유자353) 또한 이 말을 인용하였으니, 진실로 하루라도 염치를 놓아버리면 나라가 나라답지 못하게 될 것입니다. 지난번에 염치 일절이 남김없이 모두 무너져 내렸으니, 지금 어찌 전거(前車)의 경계354)를 생각하지 않을 수 있겠습니까?

국구가 올린 서계의 내용에, 쇠잔하고 늙어 세상에 버려진 인물355)이라고

---

351) 사유(四維)가 …… 망한다 :《관자(管子)》〈목민(牧民)〉에 "사유는 예, 의, 염, 치를 이르는 데 사유가 펴지지 않으면 나라가 멸망한다.[四維, 一曰禮, 二曰義, 三曰廉, 四曰恥, 四維不張, 國迺滅亡.]"고 한 말이 있다.

352) 관자가 … 보좌하였지만 : 관자는 춘추시대 제(齊)나라의 정치가 관중(管仲)을 가리키고 패자는 제나라 환공(桓公)을 가리킨다. 관중은 포숙아(鮑叔牙)의 추천으로 정치적으로 반대편이었던 환공에게 발탁되어 경(卿)의 벼슬에 올랐고, 이후 환공을 도와 부국강병을 꾀하였다. 대외적으로는 타국의 제후와 아홉 번 회맹하여 환공으로 하여금 제후의 신뢰를 얻게 하고 남쪽에서 세력을 떨치기 시작한 초(楚)나라를 눌러 제 환공을 춘추오패(春秋五霸)의 하나로 만들었다.

353) 한(漢)나라의 유자 : 한나라 문제(文帝) 때의 문신 가의(賈誼)를 가리킨다. 가의는 기원전 174년에 문제에게 올린 상소에서 관자의 이 말을 인용하여 황제가 치도의 대체(大體)를 깨달아 정치를 시행할 것을 강조하였다.《漢書 卷48 賈誼傳》

354) 전거(前車)의 경계 : 앞에 간 수레의 뒤집힘을 보고 뒤에 따라온 수레가 거울삼는다는 말로, 지나간 일의 실패로 교훈을 삼는다는 뜻의 비유로 쓰인다.《순자(荀子)》〈성상(成相)〉에 "앞의 수레가 이미 뒤집어졌는데 뒤따르는 수레가 길을 바꿀 줄 모르니 언제 깨달을 것인가?[前車已覆, 後未知更, 何覺時?]" 하였다.

하거나 혹은 인망이 가볍고 얇아 청현직에 오르는 길이 막힌 인물356)이라고 지적한 말이 있는데, 비록 말한 것이 반드시 온당하다 할 수는 없으나 어찌 사람들의 말을 돌아보지 않고 한 번 상소에서 갑자기 나왔겠습니까?

더구나 그들이 나와 시행한 인사는 실로 해괴한 것이 대부분이었으니, 기사년 반나절 정청한 사람의 자손을 어찌 가장 먼저 의망할 수 있단 말입니까? 지금 경화(更化)한 초기에 당론을 경계하고 신칙하는 내용을 하교하시어 중외가 모두 감격하여 기뻐하고 있는데, 어찌 전하의 뜻을 받들 생각을 하지 않겠습니까? 그런데 전조(銓曹)의 용인(用人)이 이와 같은 조짐을 보이니, 공의(公議)가 또한 울분에 차 있습니다.

기사년 이후로 지금까지 30여 년의 세월이 흘렀고, 그 후 조정에 등용된 무고한 이들이 적지 않으니, 이처럼 정사(政事)의 처음을 맞이하여 전조의 도리로는 먼저 무고한 사람을 등용하고, 그 나머지 참용(參用)할 수 없는 사람은 서서히 여론을 물어가며 용관(冗官)이나 산직(散職)에 수용하면 괜찮을 터인데, 어찌 갑자기 승지의 자리에 의망할 수 있단 말입니까?

삼사의 의망에도 또한 기사년(1689, 숙종15)의 당인357)으로서 여러 해 동안 벼슬길이 막혔던 사람이 포함되었으므로 공의가 모두 놀라워하고 있습니다. 그중에는 신과 혐의하는 사람도 있으나 전하께서 이미 신에게 보상(輔相)의 직임을 내리셨으니 어찌 혐의를 피하고자 성상의 덕화에 해를 끼치겠습니까? 다만 공의가 이처럼 울분에 차 있고 신이 처신해야 할 도리상 끝내 아무 일도 없는 듯 공무를 시행할 수는 없으니 이조판서를 엄중히 질책함이 마땅합니다."

---

355) 쇠잔하고 …… 인물 : 심단을 이른다.

356) 인망이 …… 인물 : 김일경을 이른다.

357) 기사년의 당인 : 1689년(숙종15) 기사환국(己巳換局)으로 집권한 남인을 이르는데, 여기서는 권대운(權大運, 1612~1699)의 손자 권중경(權重經)과 권유(權愈, 1633~1704)의 아들 권호(權護)를 가리킨다. 《景宗實錄 1年 12月 10日》권대운은 기사환국 때 송시열의 사사를 주도하였다가 1694년(숙종20) 갑술환국으로 삭탈관작 되어 절도에 유배된 인물이고, 권유 또한 기사환국 후 요직에 올랐다가 갑술환국 때 유배된 인물이다.

하자, 주상이 "알았다." 하였다. 또 아뢰기를,

"명의(名義)의 중대함을 하루라도 소홀히 하면 나라가 나라다워질 수 없으므로 인재를 쓰고 버릴 때는 이를 더욱 신중하게 살펴야 하는데, 세월이 이미 오래되고 사리판단이 모호해져 명의를 침범한 사람을 부당하게 청현직에 의망하여 구분 없이 뒤섞어 천거하니 이 또한 반드시 전조에 특별히 신칙하여 청명한 치세의 처음을 더럽히는 일이 없게 해야 할 것입니다."

하자, 주상이 "알았다." 하였다. 또 아뢰기를,

"역옥(逆獄)에 연좌된 사람358)은 쉽게 거두어 서용할 수 없습니다. 전하께서 비록 친친(親親)의 뜻으로 은택을 베푸셨다 해도 이미 전리(田里)로 돌려 보냈으니 성상의 은혜가 흡족하고 나라의 은택 또한 더할 수 없는데, 어찌 다시 견서(甄敍)359)하여 무고한 사람과 똑같이 대하신단 말입니까? 이로 인해 공의가 답답해하고 있으니, 이연·이환·이혁 등을 서용하라는 명을 속히 거두소서."

하자, 주상이 "아뢴 대로 하라." 하였다.

○ 우승지 유중무가 이의천이 합계에 동참한 것은 '결탁' 등의 용어를 삭제한 후의 일인데, 양사에서 잘못 현고하였으니, 유사(攸司)로 하여금 해당 서리(書吏)의 죄를 묻도록 청하자, 조태구가 말하기를,

"사정이 정말 그러하다면 죄인들과 똑같이 유배에 처하는 것은 부당한 듯합니다."360)

---

358) 역옥(逆獄)에 …… 사람 : 경신환국으로 직첩이 회수된 이연·이환·이혁 등을 이른다. 경신환국은 허견(許堅)의 옥사를 기화로 확대되어 남인에서 서인으로의 정권 교체를 가져왔다. 영의정 허적(許積)의 아들인 허견이 숙종이 후사가 없는 상태에서 승하할 경우 복선군(福善君) 이남(李柟)이 왕위를 계승할 것으로 예상하고 이러한 문제를 거론하였다가, 정원로(鄭元老)와 강만철(姜萬鐵)에 의해 역모로 고변(告變)되었다. 이연은 복창군(福昌君) 이정과 복선군(福善君) 이남(李柟)의 동생이고, 이환은 복녕군(福寧君) 이욱(李栯)의 장남으로 복창군 형제의 조카이며, 이혁은 이환의 동생이다.
359) 견서(甄敍) : 벼슬에서 물러난 사람 중에 적임자를 엄선하여 다시 서용하는 일을 이른다.

하자, 주상이 "빼도록 하라." 하였다.

○ 다음과 같이 전교하였다.

"군병을 거느리는 신하가 계속 성 밖에 있으니 진실로 심히 온당치 못하다. 새로 임명된 병조판서 최석항에게 속히 들어와 직무를 살피도록 다시 하유할 일을 분부하라."

○ 10일, 실록청(實錄廳)에서 아뢰기를,

"일방 당상(一房堂上) 신사철이 파직되었으니 예조판서 이광좌로 대신하고, 이방 당상(二房堂上) 권상유가 파직되었으니 병조판서 최석항으로 대신하고, 홍계적은 안치(安置)되었으니 지사 강현(姜鋧)361)으로 대신하고, 황귀하가 문외출송 되었으니 사직 이태좌로 대신하고, 삼방 당상(三房堂上) 이병상이 파직되었으니 사직 박태항으로 대신하고, 도청 낭청(都廳郎廳) 신석이 문외출송 되었으니 사간 이진유로 대신하고, 신방이 문외출송 되었으니 수찬 심공으로 대신하고, 이중협은 수감되었으니 교리 윤순으로 대신하고, 이방 낭청(二房郎廳) 서종섭이 문외출송 되었으니 헌납 이명의로 대신하고, 어유룡이 수감되었으니 지평 윤성시로 대신하고, 삼방 낭청(三房郎廳) 채응복이 문외출송

---

360) 똑같이 …… 듯합니다 : 전날인 12월 8일, 경종이 "환관·궁첩이 이름을 아는 사람을 복상하였다."는 말을 가장 먼저 말한 사람을 잡아들여 국문할 것과 그 계사에 동참한 이들을 모두 정배하라는 명을 내렸는데, 이때 이의천은 계사에 동참한 사람으로 분류되어 영암군에 정배하라는 명이 내렸었다. 유중무가 이의천이 계사에 참여한 것은 '결탁' 등의 용어를 삭제한 후의 일이라는 것을 추후 알게 되었다고 아뢰자, 조태구가 이의천을 그대로 유배 보내는 것은 죄의 경중에 부합하지 않다고 말하고 있다.

361) 강현(姜鋧) : 1650~1733. 본관은 진주(晉州), 자는 자정(子精), 호는 백각(白閣)·경암(敬庵)이다. 판중추부사 강백년(姜柏年)의 아들이다. 1675년(숙종1) 진사시에서 장원하고 1680년 정시문과와 1686년 문과중시에 연이어 급제하였다. 1689년 이조참의, 1708년 대제학, 다음해 예조판서·한성부판윤을 거쳐 경종 때 다시 판의금부사를 지냈다. 경종대 신임옥사에서 노론을 치죄하였는데, 그 죄로 1725년 삭출되었다가 곧 석방되어 판의금부사·좌참찬에 올랐다. 시호는 문안(文安)이다.

되었으니 권익관으로 대신하고, 아직 숙배하지 않은 낭청 권익순(權益淳)362)과
이현장(李顯章)363)은 모두 패초하소서."

하자, 윤허한다고 전교하였다. - 이후의 일은 다 기록하지 않는다. -

○ 의금부에서 유봉휘를 삼수부에 정배하는 단자를 올리자, 전교하기를,
"이미 지난 일이니 그대로 두는 것이 옳다." 하였다.

○ 비망기를 내렸다.
"작년에 윤지술(尹志述)이 지문(誌文)의 개찬을 내세웠는데, 그 의도가 음험
하여 사친(私親)을 무함하고 모욕한 정상364)과 그가 개진한 소회의 지극히
흉악한 정상이 여지없이 드러났다. 결단코 용서할 수 없으니 국법에 따라
속히 처형하라."

○ 승정원에서 아뢰기를,
"윤지술을 국법대로 속히 처형할 일에 대한 명을 내리셨는데, 금부 당상365)
을 패초하여도 나오지 않으니 어찌 하오리까? 감히 아룁니다."
하자, 전교하기를, "모두 개차하라." 하였다.

---

362) 권익순(權益淳) : 1671~? 본관은 안동(安東), 자는 화보(和甫)이다. 1713년(숙종39) 증광문
　　과에 급제하여 1722년(경종2) 부수찬, 1724년 대사간·승지 등을 역임하였다. 1725년(영조
　　1) 삭출되었다가 1727년 다시 승지가 되었다.
363) 이현장(李顯章) : 1674~1728. 본관은 전주, 자는 성보(誠甫)이다. 1713년(숙종39) 증광문과
　　에 급제하여, 1719년 사간원 정언이 되고, 1722년(경종2) 홍문관 부수찬 등을 거쳐
　　이듬해에 교리가 되었다. 영조 즉위 뒤 노론의 탄핵으로 제주에 정배되었다가 1727년
　　정미환국 이후 다시 등용되어 1728년 승지가 되었으나 갑자기 사망하였다.
364) 사친(私親)을 …… 정상 : 사친은 1701년(숙종27) 인현왕후를 저주해 죽게 했다는 혐의를
　　받아 사사(賜死)된 경종의 생모 희빈 장씨(1659~1701)를 가리킨다. 1720년(경종 즉위)
　　성균관 장의(掌議) 윤지술이 상소하여 장희빈을 죽인 처분이 정도(正道)를 호위한 것이라
　　는 내용을 숙종의 지문(誌文)에 넣어 영원히 전해야 한다고 주장한 일을 가리킨다.
365) 금부 당상 : 판의금 민진원, 지의금 이관명, 동의금 김일경을 가리킨다.

○ 홍만조를 판의금부사에 제수하고, 한배하를 지의금부사에, 조태억·이태
좌를 동의금부사에 제수하였다.

○ 승정원에서 아뢰기를,
"한배하는 지금 종2품인데 지의금부사는 정2품이어서, 해당 조(曹)가 좌차
단자를 관례대로 봉입하기 어렵다고 하는데, 어떻게 할까요?"
하자, 전교하기를, "가자(加資)하라." 하였다.

○ 사간원 - 정언 서종하 - 에서 아뢰기를,
"사직 이우항(李宇恒)366)은 타고난 성품이 간악하고 사특하며, 일찍이 장수
의 직임367)을 맡았을 때는 하인도 없이 야행을 일삼아 그 자취가 음험하였고,
대간의 탄핵이 준엄하게 일어나 죄명이 지극히 무거웠는데 조금도 조심하거
나 두려워하지 않고 화단을 일으키려는 마음을 품었습니다.
　작년 여름에는 즉위의 진하(進賀)를 청하는 반열에서 태연히 지레 돌아가
끝내 입참하지 않았으니, 진실로 임금을 사랑하고 받드는 마음이 조금이라도
있다면 어찌 감히 그리하였겠습니까? 임금을 업신여기고 인륜을 저버린
죄를 엄히 징치하지 않을 수 없으니, 청컨대 이우항을 절도에 정배하소서.
　지난번 네 정승이 정청을 파할 것을 논의할 때 조정 신료들에게 그 가부를
물었는데, 두서너 명의 경재(卿宰)와 한명의 대신(臺臣)이 항의하여 힘껏 다투었
던 것 외에는 모두가 한 목소리로 '예예[唯諾]'하며 휩쓸려 따랐습니다.
　이렇듯 원흉의 죄를 청토(請討)하는 날을 맞아, 그 논의를 맹종하였던 이들368)

---

366) 이우항(李宇恒) : 1648~1722. 본관은 광주(廣州), 자는 여구(汝久)이다. 무과에 급제하여
　　함경도병마절도사·총융사·포도대장·삼도수군통제사 등 군사의 요직을 두루 역임하였
　　다. 1721년(경종1)에 부사직 재직시 신축년 환국으로 소론의 탄핵을 받아 유배되었다.
　　이듬해 목호룡 고변으로 백망·이희지(李喜之) 등과 함께 투옥되어 장살되었다. 1727년(영
　　조3)에 신원(伸寃)되었고, 시호는 경무(景武)이다.
367) 장수의 직임 : 이우항(李宇恒)은 총융사를 거쳐 포도대장·삼도수군통제사를 역임하였
　　고, 이른바 3대장 중 한 명으로 노론에 의해 추앙된 인물이다.

의 죄를 엄히 징치하지 않을 수 없으니, 청컨대 전 판서 민진원, 이관명, 이만성(李晚成), 이의현, 신임(申銋)369), 임방(任埅)370), 권상유, 유집일(兪集一)371), 조도빈 및 그날 복합(伏閤)한 삼사의 신하들을 우선 삭탈관작하고 문외출송하소서.

이조판서 심단은 오랫동안 버려졌던 처지로 특은을 받아 관직에 나왔으니 사심 없는 순수한 마음으로 인재의 용사(用捨)에 신중을 기해야 마땅한데, 일전의 인사에서 감히 사당(私黨) 중에 명의(名義)를 해친 권중경(權重經)372)과 권호(權護)373), 시속에 야합한 정운주(鄭雲柱)374), 지은 죄가 지극히 무거운 홍중현(洪重

---

368) 그 …… 이들 : 1721년(경종1) 10월 10일 세제에게 대리청정(代理聽政)을 명하는 경종의 비망기가 내려지자 그 명을 거두도록 정청(庭請)하였는데, 같은 달 17일 정청을 중지하고 서 김창집 등 노론 4대신이 연명으로 차자를 올려 대리청정의 명을 받들겠다고 하였다. 4대신이 정청의 중지를 논의하며 함께 참여하였던 신하들의 의견을 물었는데, 이때 정청의 중지에 적극 동조하며 세제의 대리청정을 관철시키려 하였던 사람들을 '유락(唯諾)', 즉 '예, 예'하며 맹종한 사람들이라고 하였다. 《景宗實錄 1年 12月 6日》《承政院日記 景宗 1年 12月 10日》

369) 신임(申銋) : 1639~1725. 본관은 평산(平山), 자는 화중(華仲), 호는 한죽(寒竹)이다. 박세채(朴世采) 문인이다. 1657년(효종8) 진사시, 1686년(숙종12) 별시문과에 급제하여, 숙종대 공조판서 등을 지냈다. 경종대 세제의 대리청정 근거를 실록에서 초출하였다. 1722년 옥사 당시 소론을 비판하고 동궁을 보호하라고 상소하였다가 유배되었다. 영조 즉위 후 사면되어 돌아오던 도중 죽었다. 영의정에 추증되었으며, 시호는 충경(忠景)이다.

370) 임방(任埅) : 1640~1724. 본관은 풍천(豊川), 자는 대중(大仲), 호는 수촌(水村)·우졸옹(愚拙翁)이다. 송시열과 송준길 문인이다. 1663년(현종4) 사마시, 1701년(숙종27) 알성문과에 급제하고 청요직을 두루 거쳐 1705년 승지, 1719년 공조판서가 되었다. 1721년(경종1) 연잉군의 세제 책봉을 주장하였다가 신임옥사로 귀양 가서 죽었다.

371) 유집일(兪集一) : 1653~1724. 본관은 창원(昌原), 자는 대숙(大叔)이다. 1680년(숙종6) 진사로서 정시문과에 병과로 급제하여 청요직을 두루 거치고, 1718년(숙종44) 형조판서, 이듬해 공조판서 등을 역임하였다. 1720년 숙종이 죽자 산릉도감제조(山陵都監提調)를 지낸 뒤 기로소에 들어갔다.

372) 권중경(權重經) : 1658~1728. 본관은 안동, 자는 도일(道一), 호는 정묵당(靜默堂)·손재(巽齋)이다. 영의정 권대운의 손자이다. 1689년(숙종15) 증광문과에 급제하여 청요직을 두루 지냈다. 1694년 갑술환국으로 유배되었다가 1721년(경종1) 풀려났다. 이듬해 전라도 관찰사를 거쳐 호조참의 등을 역임하였다. 1728년(영조4) 척질(戚姪) 이인좌(李麟佐)가 난을 일으키자 자살하였다. 저서로 《정묵당집》이 있다.

373) 권호(權護) : 1655~? 본관은 안동, 자는 백해(伯諧)이다. 판서 권유(權愈)의 아들이다. 1675년(숙종1) 증광시에 합격하여 생원이 되었고, 1689년 증광문과에 급제하여, 1692년 지평이 되고, 홍문록에 올랐다. 갑술환국 이후 조정을 떠나 있다가 1727년(영조3) 장령,

鉉)375) 등을 급급히 승지와 삼사의 자리에 의망하였으니 공의를 개의치 않고 거리낌 없이 제멋대로 하는 행태가 이보다 심할 수 없습니다. 청컨대 이조판서 심단을 개정(改正)하소서.”

하자, 답하기를, “윤허하지 않는다. 삭출하는 일은 아뢴 대로 시행하라.” 하였다. - 삼사의 관원은 신석, 박치원, 신무일, 황재, 이정소(李廷熽), 이유(李瑜)라고 현고(現告)하였다. -

○ 이조참의 서명균이 상소하여 아뢰기를,

“아! 근래 당의(黨議)가 점차 고질이 되어 자기와 생각이 다른 사람에 대해서는 배척하여 폐고시키는 것만을 일삼고 있으니, 이는 실로 망국의 징조이므로 신이 또한 일찍이 상소하여 여러 차례 아뢴 적이 있습니다. 지금 만약 이 전철을 답습하여 잘못을 그대로 본받으면 성조(聖朝)에서 출척(黜陟)을 단행한 본뜻이 아닐뿐더러 또한 선조(選曹)376)의 공평한 대체(大體)를 손상시키게 될 것입니다.

그렇지만 지난날 윤기(倫紀)에 죄를 얻어 공의로부터 버림을 받은 사람은 결코 쉽게 거론하여 제방(堤防)을 무너뜨려서는 안 되는 것이 도리 상 당연한 일일 것입니다. 그런데 어제 정목(政目)을 보니, 이러한 무리를 마음대로

1728년 사간 등을 역임하였다.

374) 정운주(鄭雲柱) : 1669~1727. 본관은 초계(草溪), 자는 계항(季杭)이다. 1699년(숙종25) 진사가 되고, 1707년 별시문과에 급제하여, 1712년 지평, 1721년(경종1) 장령이 되었다. 1722년 조태구를 비판하다가 파직되었다. 1727년(영조3) 헌납이 되었는데, 사망하였다.

375) 홍중현(洪重鉉) : 1660~1726. 본관은 풍산(豊山), 자는 대옥(大玉), 호는 천일재(天一齋)이다. 예조참판 홍영(洪霙)의 증손, 첨지중추부사 홍만최(洪萬最)의 아들이다. 1684년(숙종10) 사마시를 거쳐 1688년 3월 반궁시(泮宮試)에서 수석합격을 하고, 1689년 증광문과에 급제하였다. 1691년 정언이 되고, 1693년 홍문록에 올랐다. 1694년 갑술환국으로 유배 갔다가 1695년 풀려났다. 1721년(경종1) 수찬이 되었다가 또 파직 당했다. 1725년(영조1) 강릉부사 등에 임명되었으나 나가지 않았다.

376) 선조(選曹) : 문관의 인사행정을 담당하는 이조와 무관의 인사 행정을 담당하는 병조를 이른다.

의망에 올리며 전혀 거리낌이 없었고 국법을 두려워하며 엄수하려는 뜻도 전혀 없었습니다.

신과 같은 자는 성품이 편벽되어 그 사이에 발도 못 붙인 채 사람들의 입술이나 쳐다보고 있으며, 힘이 약해 그 예봉에 대적하거나 수단을 저지하지 못합니다. 이는 다만 제 한 몸의 낭패일 뿐만 아니라 나랏일을 거듭 그르칠까 실로 염려스러우니, 신이 감히 전조(銓曹)의 자리에 구차히 머물 수 없는 이유가 여기에서 분명해졌습니다. 이로 인해 처벌을 받는다 해도 명을 받들어 감당할 도리가 전혀 없습니다. ……"

하자, 답하기를,

"이조참의의 직임을 오랫동안 비워두는 것은 옳지 않으니, 그대는 고집 부리지 말고 속히 나와 직무를 살피라."

하였다.

○ 이조참판 김일경이 상소하여 다음과 같이 아뢰었다.

"삼가 생각건대, 난적(亂賊)이 제멋대로 날뛰어 임금의 형세는 외롭고 위태로우며, 종사가 망하는 것이 거의 한 터럭의 머리카락에 달려 있는 것과 같습니다. 그런데도 온 나라 사람들이 방관하며 숨죽인 채 달아나기에 바빠, 일찍이 한 사람도 군신의 대의에 의거하여 사직을 위한 깊은 계책을 세우려고 하지 않습니다. 그저 잠잠히 입을 다문 채 지금껏 수개월이 흐르고 보니, 이로써 인륜과 기강은 멸절되었고 천리는 어두워져 꽉 막혀버렸습니다.

신이 양조(兩朝)의 시종신으로서 한갓 4흉의 위세를 두려워만 하고 전하께 한 마디도 아뢰지 않는다면 이는 선왕을 잊은 것이자 전하를 저버리는 것입니다. 신이 비록 불충하나 어찌 차마 이러한 짓을 하겠습니까? 이에 마침내 몇 명의 사람들과 4흉의 치죄를 청하는 상소377)를 올렸습니다.

---

377) 몇 …… 상소 : 1721년(경종1) 12월, 소두(疏頭) 김일경이 박필몽(朴弼夢), 이명의(李明誼),
    이진유(李眞儒), 윤성시(尹聖時), 정해(鄭楷), 서종하(徐宗廈) 등과 함께 올린 연명상소를

그런데 이것은 제힘도 모른 채 수레바퀴를 멈추려던 사마귀처럼[378] 무모하게 덤비는 격으로 결과가 좋지 않을 것이 분명하였으나, 다만 사직을 위해 한번 죽어 인륜과 기강을 부식(扶植)함으로써 천하 후세에 영원히 할 말이 있기를 바랐을 뿐이었습니다.

아내와 아이는 울부짖고 친척은 끌어당기며 만류하였으며, 상소를 완성한 후에는 위세에 영합하여 달아나는 자들이 넘쳐났고 연명(聯名)했던 이름을 지우고 떠나는 자들이 즐비하여, 사람들이 모두 하늘까지 뻗친 화색(禍色)이 이로부터 시작되었다고 하였습니다. 그러니 어떻게 오늘이 있을 것이라고 생각하였겠습니까?

그런데 천만뜻밖에도 성상께서 혁연히 결단하시어 과감하게 천지를 다스리시자 하룻밤 사이에 조정이 맑아지니, 이조(吏曹)의 차석(次席)으로 발탁하라는 명이 보잘것없는 천신(賤臣)에게까지 미쳤습니다. 생각을 거듭해보아도 이를 감당해 받들 가능성이 어찌 털끝만큼이라도 있었겠습니까?

그러나 왕실을 돌아보면 눈앞에 가득한 근심과 위태로움이 마치 파도 위의 배가 이리저리 흔들리는 것과 같으니, 신하된 자로서 어찌 감히 팔짱을 끼고 물러앉아 허저(虛佇)[379]하시는 성상의 지극한 뜻에 적극 부응하지 않을 수 있겠습니까?

그리하여 아침에 소패(召牌)를 따라 대궐에 들어오니, 국구의 예사롭지 않은 거조가 별안간 일어났습니다. 그가 상소로 대략의 뜻을 피력하자 성상께

이른다. 김일경 등은 이 상소에서 대리청정을 제기한 조성복과 이를 강행하고자 했던 노론 4대신, 즉 김창집·이이명·이건명·조태채 등을 역모로 공격하여 정국의 반전을 이끌었다. 앞의 12월 6일자 맨 앞 기사에 보인다.

378) 제 …… 사마귀처럼 : 원문은 "拒轍之螳"이다. 제(齊)나라 장공(莊公)이 사냥을 나가는데 버마재비가 앞발을 들고 수레바퀴를 멈추게 하려 했다는《장자(莊子)》〈인간세(人間世)〉의 이야기에서 나온 것으로, 자신의 힘은 생각하지 않고 무모하게 덤벼드는 행동을 비유한 말이다.

379) 허저(虛佇) : 저(宁)는 문(門)과 외병(外屛) 사이로 정당(正堂) 앞의 정중(庭中)에 있는데, 임금이 정사(政事)를 들 때 서는 곳이다. 허저란 이곳을 비운다는 뜻으로, 임금이 마음을 비우고 어진 신하의 말을 듣는다는 것을 비유한 말이다.

서 좋은 말로 비답을 내리시고 이어 다시 재촉해 부르셨습니다. 신이 생각하건
대 국가의 형세는 미약하고 조정은 텅 비었는데 4흉의 기세와 세력은 천지를
뒤흔드니, 만약 그들이 국구로 하여금 돌연 조정의 빈틈을 노리게 한다면 마치
군대의 진(陣)이 미처 대열을 이루기도 전에 성급히 공격하는 것처럼 위태롭게
될 것입니다. 이렇듯 존망을 가름할 위급한 형상이 호흡을 다툴 정도로
급박하였으므로, 결단코 신하가 일신의 염치를 돌아볼 때가 아니었습니다.

또 생각해보면 지난번 대계가 한창이었을 때 우의정 조태구가 어전에
나아가 청대(請對)하였던 것도 대개 나라를 앞세우고 사사로움을 뒤로 하였기
때문이었습니다. 신이 생각하기에 국구가 사사로이 진달한 소회는 비록
양사의 합계와 달랐으나, 이미 개석(開釋)³⁸⁰⁾한다는 비지(批旨)를 받았으니,
또한 죄명의 감단(勘斷)을 청한 것과는 구별되는 것이었으므로, 신이 마침내
애써 공경히 숙배하고 정석(政席)에 참석하였습니다.

그러자 홀연 기롱하고 비난하는 말이 동료 당상에게서 나와 그 어조가
자못 준절하였는데, 신은 그 자중(自重)함이 너무 지나쳐 오만하게 높이 군림하
는 태도를 괴이하게 여겼는데, 결국 인선(人選)에 대해 허물을 들추어냈습니다.

또 신이 듣건대 어제 연석에서 대신이 신을 단번에 염치를 망각한 죄과로
몰아넣었다 합니다. 아, 심합니다! 사람의 식견 없음이 어찌 이 지경에 이르렀
단 말입니까?

저 무리들이 그러했던 것처럼, 신이 아무 일도 없는 평상시에 영예로운
지위에 연연하며 염의(廉義)를 돌보지 않았다고 말하는 것입니까? 오늘날
신이 진실로 영화를 탐하여 외람되이 나아가려 마음먹고 사대부의 대방(大防)
을 무너뜨렸다면, 이는 다만 신이 염치없는 일개 비루한 사람이 되는 것에
그치는 것이 아니라 인재를 식별하는 성상의 밝은 식견을 저버려 조정에
헤아릴 수 없는 치욕을 끼치게 되는 것이 얼마나 되겠습니까? 신의 죄를
논하자면 만 번 죽어도 용서받기 어려우나, 다만 이 한 구절이 사실이라면

---

380) 개석(開釋) : 무고하게 혐의를 받은 신하의 죄를 풀어주는 것을 이른다.

신은 사대부의 반열에 다시 설 수 없을 것입니다.

주의(注擬)한 일에 대해서도 또한 할 말이 있습니다. 신은 일찍이 하늘 아래 왕의 신하 아닌 자가 없다[381]고 하신 선대왕(先大王)의 가르침을 외우며, 전후 요직을 차지하고 권력을 쥔 사람들이 공도(公道)를 넓혀 성상의 뜻을 우러러 본받지 못하고 편당의 사사로운 해악을 초래하는 것을 날마다 개탄하곤 하였습니다.

신의 생각으로는, 무릇 사람을 쓰는 방도는 악역(惡逆)에 간여한 사람이 아니라면 비록 한때의 흠이 있다 해도 세월이 흐른 후까지 내내 폐고(廢錮)하여, 우리 성상의 탕평(蕩平)정치가 펼쳐지지 못하게 하는 것은 옳지 않다고 보았습니다.

또한 《전(傳)》에 이르기를, "벌은 자손에게까지 미치지 않는다."[382] 하였으니, 아들과 손자 모두를 일생동안 금고(禁錮)한다는 것은 신이 생각도 못한 일이기에 결국 가부를 서로 논의하여 결정하고 한두 명을 천거했는데 사방에서 비난이 몰려드니 신은 적이 이해하기 어렵습니다.

아! 지금 조정의 형상을 보면 쇄신을 완료하지 못하여 위태롭기가 마치 큰 병 끝에 새롭게 차도를 보이나 원기가 아직 허한 것과 같습니다. 만약 때맞추어 신 것과 짠 것을 조화시켜 기운을 순조롭게 하는 데 힘쓰지 않는다면 장차 와해될 재앙이 닥칠 터인데, 나라의 안위를 한 몸에 짊어진 대신[383]이 가장 먼저 전형(銓衡)을 손보고[384] 평지풍파를 일으킬 줄 어찌 생각이나

381) 하늘 …… 없다 : 《시경(詩經)》〈소아(小雅) 북산(北山)〉의 "온 하늘의 아래가 왕의 토지 아님이 없으며 온 땅의 안이 왕의 신하 아닌 자가 없다.[普天之下, 莫非王土, 率土之濱, 莫非王臣.]"라는 말을 인용한 것이다.

382) 벌(罰)은 …… 않는다 : 《서경(書經)》〈우서(虞書) 대우모(大禹謨)〉에 보인다.

383) 나라의 …… 대신 : 우의정 조태구를 이른다.

384) 전형(銓衡)을 손보고 : 앞의 12월 9일자 기사에서, 조태구가 상소하여 심단을 이조판서에, 김일경을 이조참판에 임명한 것에 부정적인 의견을 피력하고, 아울러 이들이 이른바 명의죄인(名義罪人)이라 낙인찍힌 남인의 자손들을 청현직에 의망한 것을 강력히 비판한 것을 이른다. 조태구의 이 상소는 현재 《경종실록》, 《경종수정실록》 및 《승정원일기》 경종조 기사에 그 자세한 내용이 실려 있지 않고, 《황극편(皇極編)》에도 요약된 내용만

했겠습니까?

신은 대신과 중표 형제(中表兄弟)385)로, 어려서부터 정의(情義)가 서로 두터웠고, 지금 국가의 안위가 달린 기회를 맞이하여 나라를 위해 목숨을 바치겠다는 뜻도 같으나 4흉의 토죄를 청함에 있어서는 진실로 그 뜻을 마음대로 할 수 없는 점이 있었는데, 대신이 어찌 신의 마음을 헤아리지 못하고 언짢은 감정을 마음에 두고 있단 말입니까? 실로 개탄스럽습니다.

이조참의 서명균에 대해서는 신은 실로 놀라울 따름입니다. 아! 난적(亂賊)의 당에는 우물쭈물 구차히 용납되었으면서 충정(忠正)한 의론에는 멈칫대며 뒷걸음질 치다가, 흉적 김창집에게 어여쁨을 받아 등급을 뛰어넘는 승진을 하였으므로 신이 평소 마음으로 비루하게 여겼는데, 지금 도리어 비난과 배척을 받을 것이라고는 생각지도 못하였으니, 부끄럽기가 마치 저잣거리에서 매질을 당하는 것과 같습니다.

아! 원흉과 거악이 아직 왕성(王城) 밖에 도사리고 있고 그 기세가 치성한 곳에 권모술수가 빈틈없이 자행되고 있어 우려되는 조짐이 하나뿐이 아니니, 신은 국사(國事)를 위해 위태롭게 여기며 세도(世道)를 위해 근심합니다.

지금 의금부의 개좌(開坐) 문제로 소패가 재차 이르렀으니, 신이 비록 어리석으나 '수레를 기다리지 않는다.'386)는 옛사람의 뜻을 어찌 생각하지 않겠습니까? 그러나 대신이 이미 사유(四維)387)가 펼쳐지지 않는다고 걱정하고 있는데 신이 어찌 감히 다시 당돌하게 오직 공손히 명을 좇을 수 있겠습니까? ……"

이에 주상이 답하기를,

간단히 언급되어 있다.

385) 중표 형제(中表兄弟) : 내종 사촌과 외종 사촌을 아울러 이르는 말이다.
386) 수레를 …… 않는다 : 임금의 소명(召命)을 받고 급히 달려가는 의리를 말한다. 《논어》〈향당(鄕黨)〉에, "임금의 부름을 받으면 수레에 멍에를 멜 때까지 기다리지 않았다.[君命召, 不俟駕行矣.]"고 한 공자의 고사를 인용한 것이다.
387) 사유(四維) : 국가를 유지하는 데 필요한 예(禮 : 예절), 의(義 : 법도) 염(廉 : 염치), 치(恥 : 부끄러움)의 네 가지를 가리킨다.

"국구가 소회를 개진한 것은 뜻밖의 일이었다. 깊이 혐의할 필요가 없으니, 경은 사직하지 말고 직무를 살피라."

하였다.

○ 이조판서 심단이 상소하여 아뢰기를,

"삼가 간악한 흉적이 권력을 좌지우지하자 나라의 형세가 날로 고단해지고 위망의 화란이 지척에 임박하였습니다. 일전에 내리신 구언(求言)의 전지는 그 내용의 간곡함이 여느 때보다도 각별하였는데, 그 중 공경히 화합하라는 '인협(寅協)' 두 글자에서 성상께서 지난 백 년 동안 붕당을 일삼아온 풍습을 깊이 통탄하시어 군신 상하가 함께 화합하는 경사를 이루고자 하신 뜻을 볼 수 있었습니다. 또 신하들의 도움을 구하시는 성의가 표현에 넘쳐났으니, 보고 듣는 사람치고 그 누가 감읍하지 않았겠습니까?

신처럼 노쇠한 사람은 지금 세상에 적합하지 않은데, 갑자기 이조판서에 특별히 제수한다는 명을 받은 것은 실로 전혀 의외의 일로서, 사람과 자리가 어울리지 않고, 시세(時勢)를 평안하게 만들기 어렵다는 것을 신이 어찌 모르겠습니까? 그렇지만 신이 80을 바라보며 죽음을 앞둔 나이에 성상께서 홀로 위에서 근심하시고, 안위(安危)의 기미 사이에 털끝 하나도 용납하지 않는 것을 목격하였습니다.

그리하여 일시의 염우(廉隅)는 돌아볼 여유도 없이, 단지 정백(精白)한 마음으로 공도(公道)를 넓혀서 조금이라도 우리 성상께서 탕평(蕩平)을 통해서 소융(消融)하려는 왕성한 의도에 답하려고 하였습니다. 이에 감히 당돌하게 나와 숙배하고 인사를 담당하는 자리를 더럽히고 있자니, 스스로 생각해도 부끄러운데, 사람들은 뭐라고 하겠습니까?

돌아와 집에 누워서 밤새도록 전전긍긍하며 두려워하였습니다. 다만 신이 한번 나온 것은 이전의 구차한 습속을 그대로 답습하려는 계획에서 나온 것이 아니라는 것만 생각하였습니다. 그렇지만 또한 신은 이미 너무 노쇠하여 근력(筋力)이 강건하게 버티기 어렵습니다. ……

신이 상소를 써서 올리려 할 즈음에 아직 상달하지 않은 이조참의 서명균의 상소를 보았는데, 근일 행한 인사에 대해 큰 비방을 가하였고 그 어조가 극히 예사롭지 않아 신은 놀라움과 두려움을 이기지 못하였습니다. 이른바 '윤기(倫紀)에 죄를 얻은 사람'이 누구를 가리키는 것인지 모르겠습니다만, 신이 지난 십년간 버림받았던 한두 사람을 의망한 일이 있기는 합니다.

그러나 모두 연좌된 일이 전혀 없이 공공연히 관로가 막혔던 이들이므로, 정국을 쇄신하는 지금 응당 관로를 터주어서, 지난날 편당을 일삼은 권간의 폐습을 한번 뒤집는 것이 마땅하였습니다. 그리하여 신이 이조참판과 반복 상의하고 형편을 충분히 고려하여 인사를 시행하였으니, 이는 진실로 한 개인의 사사로운 독단에서 나온 것이 아니며 또한 공경히 화합하라는 성상의 하교를 우러러 체득한 것일 따름인데 사람들의 말이 어찌하여 이 지경에 이른 것입니까?

아! 지금이 어느 때입니까? 간흉들에 대한 토죄가 아직 이루어지지 않았고 나라의 형세는 위태로우며 이미 내린 명령은 여전히 봉행되지 못한 채로 있고 응당 시행해야 할 법 또한 미처 손댈 겨를이 없습니다. 한마음으로 협력해도 일이 이뤄지지 않을까 오히려 두려운데, 동석한 동료 간에 의심이 생겨 번다한 국사를 버려두고 있으니, 진실로 사람 마음이 내 마음과 같지 않다고 할 만합니다. 말이 이에 이르니 신은 실로 개탄스러울 뿐이니, 또한 청컨대 신의 죄를 감단하여 사람들의 말에 답하소서. ……"

하자, 답하기를,

"사람들의 말에 지나치게 혐의할 필요가 없으니, 경은 사직하지 말고 속히 공무를 행하라."

하였다.

○ 우의정 조태구가 차자를 올려 아뢰기를,

"삼가 신이 비망기를 보니 윤지술을 국법에 따라 속히 처형하라 전교하셨습니다. 그의 죄상을 논하자면 너무도 절통하니 악행을 징벌하는 법에 대해 누가 불가하다고 하겠습니까? 그러나 지금은 성상의 교화를 다시 새롭게 펼치고 있으니, 덕화의 뜻을 우선하는 것이 마땅한데 이번에 주륙하라는 명이 내려왔습니다.

하찮은 일개 윤지술이 죽고 사는 것이야 동정할 필요가 없다 해도 어질고 성스러운 조정에서 인명을 중시하고 아끼는 것은 살리기를 좋아하는 성상의 덕에 해가 되지는 않을 터이니, 특별히 죽음을 용서하여 절도에 안치하고 천극의 벌을 내린다면 또한 그 죄를 징치하기에 족할 것입니다. 구구한 소회를 감히 숨기지 못하고 아뢰었으니, 바라건대 성명께서 헤아려 처분하소서."

하자, 답하기를,

"차자의 큰 뜻은 진실로 좋으나, 지나간 일을 거슬러 생각하면 나도 모르게 비통할뿐더러 또 윤지술의 정황을 생각하면 엄히 징치하지 않을 수 없으니 조금이라도 늦추어서야 되겠는가? 경은 안심하고 허물하지 말라."

하였다.

○ 대사간 양성규, 지평 박필몽이 합계 때 글자를 빠뜨린 일로 인피하고 물러가 물론을 기다리자, 사간원이 처치하여 모두 출사하도록 청하였다.

○ 전교하기를,

"관찰사의 직임은 잠시도 비워둘 수 없으니, 비어 있는 평안감사의 후임에 예조판서 이광좌를 제수하라. 관서절도사388)의 직임에 노약한 사람을 임명하는 것은 옳지 않으니 우선 개차하고 부사 원휘(元徽)를 제수하라."

하였다.

---

388) 관서 절도사 : 평안 병사를 이른다.

○ 전교하기를,

"약방 제거의 직임을 오래 비워둘 수 없으니, 도제조를 우선 개차(改差)하여 조태구를 그 자리에 제수하고, 제조에 최석항을 제수하라."

하였다.

○ 지평 윤성시가 다음과 같이 상소하였다.

"삼가 신은 소패를 받고 부지런히 나와 숙배하였는데, 참척(慘慽)[389]의 고통을 겪은 여파로 고질병이 만성이 되어 공무에 힘써 봉직할 가망이 없게 되었습니다. 다만 지금 성상의 결단으로 청명한 의론이 크게 펼쳐지는 때를 맞아, 저만 홀로 한마디 말로 하루의 책임을 갈음하는 일도 하지 않는다면 이는 실로 신이 죄를 짓는 것입니다. 이에 비루한 소견이나마 올려 성청(聖聽)을 번거롭게 하려 하니, 성명께서 진퇴를 결정해 주십시오.

아! 4흉의 죄를 이루 다 주벌할 수 있겠습니까? 그 대역부도한 실상은 신이 연명하여 올린 상소에서 이미 나열하였는데, 성상의 비답을 받고 보니 비록 가납은 해주셨으나 도리어 '매우 화평을 해쳤다.'고 하교하셨으므로 신은 매우 억울하였습니다. 곧이어 양사에서 4흉의 죄를 토벌하라고 청한 계사에 대해서도 또 윤허하지 않는다는 비답을 내리신 것을 보고 더욱 당혹함을 금치 못하였습니다.

신은 감히 잘 모르겠습니다만, 성상께서는 정말 4흉의 죄에 털끝만큼이라도 용서해줄 만한 여지가 있다고 여기셔서 일거에 무거운 법으로 다스리고 싶지 않으신 것입니까? 아니면 양사의 계사에 조금 지나친 언사가 있다 여겨 유음(兪音)을 빠르게 내리고 싶지 않으신 것입니까?

저들이 스스로 저지른 죄는 진실로 온 나라의 공론과 삼척의 왕법에서 벗어나기 어려우므로 지난번 상소에서 그들이 지은 죄가 용서받기 어려우며

---

389) 참척(慘慽) : 자손이 먼저 세상을 떠났을 때, 그 부모나 조부모가 겪는 슬픔과 애도의 감정을 이른다. 여기서는 숙종의 죽음을 가리킨다.

그 형적을 가리기 어렵다는 것을 대략 논하였습니다. 그런데 그 요망하고 교활한 실상에 대해서는 미처 조목조목 따져 잘못을 밝히지 못하였지만, 어찌 성심이 이로 인해 망설이는 것이겠습니까? 그렇지만 청컨대 신이 번거로움과 외람됨을 무릅쓰고 하나하나 상세히 아뢰겠습니다.

아! 지난날의 일을 어찌 차마 말할 수 있겠습니까? 조성복의 상소가 올라가자 대리청정의 명이 순식간에 내려왔고, 빈청의 차자가 들어가자 정청이 마침내 중지되었습니다. 만약 천인(天人)의 도움과 성심의 각성이 없었다면, 밤마다 눈물로 지새는 동궁의 정성을 어찌 위로하고, 순식간에 달려올 신민의 바람에 어찌 부응했겠습니까? 오늘이 있게 되었으니, 또한 다행입니다.

아! 바야흐로 조성복의 상소가 나왔던 초에는 나라 안 사람치고 누군들 '이는 일개 조성복이 지은 것이 아니라 반드시 잠복하여 은밀히 엿보고 종용하며 사주한 자가 있을 것인데, 다만 그 자취만 있을 뿐 드러난 형상이 없을 뿐'이라고 하지 않았겠습니까? 무릇 정승이 차자를 올려 정청을 철회하기에 이르자 이른바 잠복하여 은밀히 엿본 자가 처음으로 그 얼굴을 드러냈고, 종용하고 사주한 자가 처음으로 그 본색을 내보였습니다.

조성복 한 사람이 앞에서 말하고 대신 네 사람이 뒤를 따르자, 그 내용이 빈틈없이 부합하고 말의 요지가 상호 관통하는 정상을 수많은 사람들이 지목하여 비로소 가릴 수 없게 되었는데, 조성복만 홀로 절도에 안치되어 천극을 면하지 못하고 저 대신들은 오히려 아무일 없이 편안하니, 조성복의 마음에 어찌 원망이 없겠습니까? 만약 조성복을 국문하라는 명을 끝내 내리지 않으시고 4흉을 법에 따라 처형하라는 청을 끝내 아끼신다면, 아마도 천토(天討)와 왕법(王法)에 어긋나게 될 것입니다.

또한 저 무리가 처음에 조성복의 말을 옳다고 했다면 그만이거니와 그렇지 않다면 그 대역부도한 죄를 엄히 국문하여 그 정절을 캐고, 서둘러 주벌하여 그 제방을 엄중히 쌓는 것이 마땅한데, 무엇을 애석해하고 또 무엇을 두려워하기에 그렇게 하지 않고, 저 무리들이 죄를 청한 것이라고는 다만 '사리에 어긋나 허황되다.'는 것에 그치고, 이에 대한 처벌은 도극(島棘)으로 조율하기에 이르렀습니다.

아! 조성복의 죄가 어찌 '사리에 어긋나 허황된 것'에 그치는 것이겠으며, 이미 '사리에 어긋나 허황되다.' 했으면 그 감률은 또한 어찌 도극에까지 이르는 것입니까? 안으로는 애석한 감정을 품었으므로 다만 '사리에 어긋나 허황되다.' 지척(指斥)한 것이고, 밖으로는 정적이 같은 것을 가리려 하였으므로 우선 도극에 처하였습니다.

말뜻도 맞지 않고 죄명도 부합하지 않은 듯하였으나, 흉악한 차자가 나오기에 이르러 끝내 그 몸에는 죄를 묻고 그 말은 그대로 가져다 쓰는 것을 면하지 못하자, 일종의 간교한 무리도 또한 시종일관 앞뒤가 맞지 않고 좌우로 어긋나 온 세상의 이목을 가리기 어렵다는 것을 알았으므로 조성복을 옹호하는 뜻이 은연중 서종급의 상소[390]에 드러나고 말았습니다. 만약 오늘과 같은 날이 없었다면 서종급의 뒤를 잇는 자의 수가 얼마나 되었을지 또한 모를 일입니다.

저들의 정상이 이처럼 환히 드러났는데도 오히려 또 말도 안 되는 소리로 스스로를 해명하기를, '지금 막 힘껏 청하려 하였는데 중신(重臣, 최석항)이 먼저 입대하였다.' 하였고, 또 말하기를, '이미 정청을 시행하였는데 차마 들을 수 없는 전교를 받고 부득이하게 차자를 올렸다.' 하였으며, 또 말하기를, '이는 선조(先朝)의 고사이다.' 하였고, 또 말하기를, '결국 명을 도로 거둔 것은 영의정이 힘쓴 덕분이다.' 하였습니다.

아! 저 네 가지 주장이 어찌 스스로 해명하기에 충분한 말이겠습니까? 그들은 대역부도한 지경에 빠져들면서도 스스로 벗어날 줄 모르고 있을 뿐입니다.

---

390) 서종급의 상소 : 지평 서종급이 상소하여, 조성복의 상소가 비록 지극히 망령되고 패악하였으나, 그렇다고 이를 기화로 나라에 화를 끼치려는 사람들을 용서해서는 안 된다고 한 주장을 이른다. 앞의 11월 14일 기사에 보인다.

아! 조성복의 상소가 들어간 지 이미 여러 날이 되었으니, 상소의 뜻과 내용에 대해 누구인들 듣지 못하였겠습니까? 비지가 저녁에 내리고 비망기[391]가 연이어 내렸으니, 무릇 전하의 신하된 자라면 마땅히 수레에 명에를 멜 때까지 기다리지 않고 배고파도 음식을 챙겨 먹을 틈도 없이 황급히 달려와 성심을 다해 잘못된 처분을 바로잡기에 겨를이 없었어야 마땅한데, 사직하는 상소를 미리 던져 놓고 편안히 누워 대수롭지 않게 여기는 것이 마치 이세적(李世勣)[392]이 병을 핑계대고 조정에 나오지 않는 것과 같았습니다.

또한 이건명은 무엇을 기다리는지 기꺼이 오려 하지 않다가 중신[393]이 청대하였다는 소식을 듣자 비로소 뒤미처 궐밖에 당도하여 갈팡질팡하는 것이 마치 관망하는 듯하였으니 도대체 어찌된 일입니까? 다음 날 상소를 올렸는데, 그 노여움을 풀 곳이 없게 되자 품계(稟啓)하였던 승정원에 죄를 돌렸습니다.

아! 승정원은 참으로 죄가 있으니, 비망기가 내렸을 때 홍문관과 함께 입대하여 대략 조성복의 파직을 청하면서도 대리청정을 명한 성명의 환수에는 뜻이 없었고, 경고(更鼓)[394]가 채 깊어지기도 전에 물러가 편안히 잠자리에 든 것입니다. 그 죄가 되는 것은 여기에 있지 저기에 있는 것이 아닌데, 그 죄를 청한 것은 저 때문이지 이 때문이 아니었습니다.

아! 중신이 입대한 것이 무슨 미워할 행동이라고 궐문을 엄히 막지 못한

---

391) 비망기 : 1721년(경종1) 10월 10일, 사헌부 집의 조성복이 상소하여 왕세제에게 서무를 대리하게 하자고 청하자 경종은 당일 밤 비망기를 내려 세제의 대리청정을 명하였다. 이에 좌참찬 최석항이 이 소식을 듣고 청대(請對)하여 명령의 환수를 주장하며 강하게 반발하자 경종은 당일에 그 명령을 거두었으나, 이후 3일 만에 대시 대리청정을 명하는 두 번째 비망기를 내렸다. 앞의 같은 날 기사에 보인다.

392) 이세적(李世勣) : 594~669. 본명은 서세적(徐世勣)인데, 공을 세워서 황제로부터 이씨 성을 하사받았으며, 당 태종의 휘(諱)를 피하여 세(世) 자를 빼고 이적(李勣)으로 불렀다. 당나라 초기의 명장이며, 자는 무공(懋功)이다. 능연각(凌煙閣) 24공신 중 한 사람이다.

393) 중신 : 당시 좌참찬 최석항(崔錫恒)을 이른다.

394) 경고(更鼓) : 밤의 시각을 알리기 위해서 치는 북을 이른다. 하룻밤을 5경(更)으로 구분하여 초경(初更)·2경·3경·4경·5경이라고 하였는데, 때가 바뀔 적마다 북을 쳐서 알렸다.

것을 한스러워하며 마침내 노여움을 옮겨 승정원을 공격하였으니, 조성복과
화응한 실상을 또한 볼 수 있습니다. 만약 중신이 먼저 도착하지 않았다면,
신은 잘 모르겠습니다만, 과연 그가 궐문 밖에 모습을 드러냈겠습니까?

아! 살고 있는 집은 사람마다 멀고 가까움이 다른데, 그 무리가 하려는 변명은
멀리 산다는 말로 늦게 온 이유를 그럴듯하게 꾸미는 것이었고, 그 말이 설득력이
없자 이번에는 변고가 이르고 이르지 않고를 가지고 설을 만들었는데, 그
말이 또 궁해지자 끝에 가서는 중신 홀로 비망기가 내릴 줄 알고 있었다는
말을 꾸며냈습니다.

아! 비망기가 내려오기도 전에 중신이 먼저 알고 있었다면, 그 죄가 어찌
삭출에 그치겠습니까? 어찌 분명하게 지적하여 배척하지 않고 감히 이렇게
파악하기 어려운 말을 한단 말입니까? 저들이 비록 이건명을 옹호하기 위하여
중신을 심히 무함했다 해도 지엄한 성상의 위엄은 어찌 두려워하지 않는
것입니까?

아! 정청의 명이 어찌 단지 겉치레에 불과하겠습니까? 정성을 모아 일제히
호소하고 오래 버티며 힘써 간쟁함으로써 반드시 윤허를 받고서야 그만두는
것이니, 일의 체모가 그러합니다. 반나절 정청[395]은 실로 천고에 처음 보는
광경이었으므로, 저들 또한 침을 뱉으며 비웃고 욕하였는데, 뜻밖에도 오늘날
에 와 그대로 답습하였습니다.

반나절 정청하면서는 일찍이 세 번 계사를 올렸는데, 3일간 정청하면서
또한 계사를 올린 것이 세 번에 불과하니, 반나절의 정청과 3일의 정청이
같지 않다고 할 만합니다. 지난번 신이 올린 연명차자에서 이른바 오십
보, 백보 차이에 불과하다 한 것은 또한 지나치게 관대한 말이었습니다.

하루에 여러 차례 계사를 올리지 못한 것은 오히려 비답이 지체되어 그랬다
핑계라도 댈 수 있으나, 날이 저물어 영(令)이 내렸는데 느릿느릿 와서 모인

---

395) 반나절 정청 : 1689년 숙종이 인현왕후를 쫓아낼 때, 당국했던 남인들이 반나절 간
  정청한 일을 가리킨다.

것은 또한 누가 시킨 일입니까?

그날 계사를 지은 신하가 '해를 넘긴다.'는 문구를 넣자, 대신이 불쾌해하며 그 구절을 삭제하였고, 그런지 하루도 되지 않아 정청이 갑자기 중지되었습니다. 저 4대신이 머리를 모아 귓속말로 소곤대며 치밀하게 일을 꾸미고, 이미 차자를 올릴 일을 다 결정한 다음 마침내 모여서 의논하라는 명을 내리자, 뜰 안 가득 모여 바라만 보고 있던 무리들은 그저 '예, 예' 할 뿐이었습니다.

다행히 두세 명의 재신들이 의리를 세워 힘껏 다투며 결연히 흔들리지 않자, 저 상신들도 오히려 꺼림직한 바가 있는지, 분노를 폭발했다 수그러들거나 혹은 고개를 숙이고 침묵하거나 혹은 근거 없는 말들과 터무니없는 말들을 늘어놓았는데, 결국 그 뜻을 꺾을 수 없음을 알고 마지못해 정청을 다시 재개하고 비변사 회의를 다시 소집할 것을 허락하였습니다.

한밤중에 차자를 짓고 날이 밝자마자 황급히 올려서, 지난밤 내렸던 명을 순식간에 없던 일로 만들었으니, 이 무슨 심보이며 이 무슨 행동이란 말입니까? 아! 또한 통탄스럽습니다.

아! 대리청정은 비록 '선조(先朝)에 이미 시행했던 전례가 있다.' 말하지만 시세나 사리 상 크게 다른 점이 있습니다. 우리 선대왕께서는 임어(臨御)하신 40년 동안, 밤낮으로 나라를 걱정하고 근면히 정사를 돌보기에 겨를이 없으셨고, 질환 또한 대개 만기를 총람하는 수고로움에서 생긴 것이었습니다. 이에 을유년(1705, 숙종31)부터 이미 한가롭게 쉬려는 뜻을 가지셨으나, 신하들이 이를 차마 받아들이지 못하였던 까닭에 명을 내렸다가 곧 거두셨습니다.

그러나 정유년(1717)에 이르러서는 춘추가 더욱 높아졌고 질환도 날로 고질이 되어 병석에 누우시니, 대사(大事)만 총괄할 수 있을 뿐, 소사(小事)는 조섭에 방해될까 하여 번거롭게 들으려 하지 않았으니, 이는 오히려 요임금이 정사에 염증을 느끼던 뜻과 배치되지 않았습니다.

그러나 전하의 경우, 춘추로 말하자면 지금 한창이시고, 즉위하신 기간으로 말하자면 올해가 첫 해이십니다. 간혹 예기치 못한 질환이 있다 해도 조회를 보시는 것도 여전하고 일을 듣고 처리하는 것도 막힘이 없으시니, 어찌 대사·소사의 구분이 있고, 어떤 것은 할 수 있고 어떤 것은 할 수 없을 리가 있겠습니까? 그런데도 아래에서 배분하고, 감히 선조 때의 부득이한 일을 끌어다 으레 그러한 일처럼 예사롭게 여기니, 이 어찌 인신이 감히 마음대로 할 수 있는 일이겠습니까? 또한 무엄합니다.

아아! 빈청의 차자가 이미 올라가고 정청은 이미 파하였으니, 만약 우의정이 시속의 태도를 씻어버리고 입대할 것을 청하지 않았다면 절목(節目)은 이미 오래 전에 반포되었을 것입니다. 당시 상하귀천을 막론하고 일국의 신민들이 모두 달려와 궁궐 밖에서 호소하였는데, 저들 4대신은 외사(外司)로 물러나 있으며 스스로 만족한 듯 어서 빨리 비지가 내리기만 우두커니 기다리고 있었습니다.

그러다가 우의정이 문을 밀고 들어갔다는 소식을 갑자기 듣고 이를 막으려 하고 놀라 당황해 하며 등을 밀치고 팔을 붙잡는 등 허둥지둥 어찌할 바를 몰랐으며 계단에서 구르고 모자를 떨어뜨리는 등 다급한 모양이 미친 듯하였습니다.

아! 전일(前日)의 중신과 후일(後日)의 우의정은 똑같이 청대하고 똑같이 명을 거두어 달라 청하였습니다. 그런데 이 무리는 전일에는 조용하고 한가롭게 지내며 자신들은 미치지 못할 듯이 하다가, 후일에는 황망하고 분주하게 움직이며 혹시라도 뒤처질까 염려하였습니다.

이것이 어찌 전일에는 만에 하나 일이 성사되지 않을 경우, 조성복에게 허물을 돌릴 수 있기 때문에 우선 그 성패를 가늠해 본 것인 반면 후일에는 4대신이 친히 저지른 일이었으므로 그 흔적을 가리기에 급급하여 이러한 해괴한 거조를 보인 것이 아니겠습니까?

저 대신들은 또한 사람의 마음을 갖고 있으니, 새벽에 올린 차자에 대한 비답이 아직 내려오지 않자, 바삐 남의 뒤를 따라 어지러이 어전에 들어가 한편으로는 죄를 인책하고 또 한편으로는 대리청정의 명을 거두어 달라

진청하였습니다. 별안간 뒤의 주장을 바꾸어 다시 앞에 했던 말을 거듭하여
하니, 어전을 지척에 두고 어찌 차마 임금을 향해 이런 얼굴을 할 수 있단
말입니까? 하늘의 해가 내려다보고 귀신이 옆에서 살펴보는데 어찌 두려워하
지 않는단 말입니까?

저 한쪽 편 사람들이 자기의 힘을 과시하며 감히 큰소리를 치는 것은,
인간에게는 수치심이 있음을 참으로 모르는 것입니다. 이로써 보건대 저들
대신의 심적이 남김없이 모두 드러났으니, 어찌 저들이 조성복을 죄주려고
했겠습니까? 마지못해 죄를 준 것이었습니다. 어찌 정청을 하고자 했겠습니
까? 마지못해 한 것이었습니다.

저녁에는 대리청정의 명을 거두어 달라 아뢰고, 새벽이 되어서는 절목을
만들어 시행하기를 청하였으며, 얼마 안 있다 다시 다른 사람이 이루어놓은
일에 편승해놓고는 도리어 잘난 체하는 기색을 보였습니다. 안으로는 역심을
품고 밖으로는 공의를 두려워하며, 잠깐 사이에 양이 됐다 음이 됐다, 순식간에
열었다 닫았다 하는 종잡을 수 없는 태도에 애통하고 분개할 뿐입니다.

아! 난신적자가 어느 시대인들 없었겠습니까만, 이 무리처럼 심한 경우는
없었습니다. 옛날의 난신적자는 오히려 남들이 알지 못하는 사이에 은밀히
그 속셈을 자행하였는데, 지금의 난신적자는 사람들이 모두 보고 있는 곳에서
노골적으로 손을 쓰고 있습니다. 또 곧이어 이런저런 말로 변명하며 겉만
그럴듯하게 꾸며 덮어 감추는 계책으로 삼으려 하면서도, 스스로는 역적이
아니라 하니, 누가 믿겠습니까?

지금 절도에 안치하여 천극하자는 청 또한 죄를 감면해 준 것인데, 성상께서
는 비호하실 일이 무엇이라고 즉시 윤허하지 않으십니까? 지금 저들은 정승을
교체하는 것에만 그치거나 혹은 아직도 서추(西樞)396)의 직을 차지하고 있으면
서, 한가롭게 유유자적하고 있으니, 풀리지 않는 민심의 답답함과 땅에 떨어진

---

396) 서추(西樞) : 조선시대 중추부를 달리 이르는 말로, 문무의 당상관으로서 소임이 없는
    자들을 소속시켜 대우하던 기관이다.

공법의 지엄함은 어찌해야 하겠습니까? 원컨대 전하, 도극하자는 청을 즉시
윤허하시어 저들의 죄를 드러내소서.

이 무리의 극악한 죄는 진실로 천지간에 용납되기 어렵지만, 신은 평소
이 무리에 대한 성상의 대처도 천지와 같은 크나큰 도량에 비추어 유감이 없을
수 없다고 생각합니다. 아! 군신의 등위는 진실로 엄절(嚴截)하지만 상하의 입장에
서 서로 소통하는 것이 중요하니, 이것이 어찌 굴레를 씌워야 유종의 미를
거둘 수 있고, 참고 견뎌야 염려가 없다는 것을 보장할 수 있겠습니까!

죄가 있는 자는 배척하고 죄가 없는 자는 용서하며 그 말의 선악에 따라
시비를 가리고 그 일의 곡직을 좇아 진퇴를 결정하면 됩니다. 관용과 형벌이
사시(四時)의 운행을 본받아 그 차례를 잃지 않으면 위권(威權)이 위에 있게
되어 진실로 음모가 싹트기 전에 꺾어버릴 수 있고, 성의(誠意)가 부합하면
간흉(奸凶)을 교화시켜 선량한 사람으로 만드는 방도가 혹 없지도 않을 것입니다.

우리 성상께서는 대리청정 3년을 거쳐 즉위하신 지 1년이 되었는데, 지나치
게 스스로를 숨기고 오로지 침묵만을 숭상하시며, 안으로는 강극(剛克)의
덕을 품고 밖으로는 유극(柔克)의 도에 힘쓰십니다.[397] 대신의 건청(建請)과
삼사의 쟁론에 대해 그 곡직을 밝게 분별하거나 시비를 통렬히 구분하려
하지 않고 일체 그 뜻을 굽혀 따르시니, 그 크고 넓으신 도량을 소신의
얕은 소견으로 헤아릴 수 있는 것은 아닙니다.

그렇지만 성상께서 그러하시기 때문에 일종의 저 불령한 무리가 처음에는
경시하고, 중간에는 업신여겼다가 마지막에는 거리낌 없는 마음이 은밀히

---

397) 안으로는 …… 힘쓰십니다 : 원문의 강극(剛克)과 유극(柔克)은 《서경》〈홍범(洪範)〉에
나오는 삼덕(三德) 가운데 일부이다. 삼덕은 정직(正直)과 강극과 유극이다. 원전의
내용은 "평화롭고 안락할[平康] 때에는 정직(正直)으로 하고, 강경(强梗)해서 따르지
않을 때에는 강극(剛克)으로 하고, 유화(柔和)해서 순종할 때에는 유극(柔克)으로 한다.
그리고 깊이 숨거나 뒤로 물러나려고 하는[沈潛] 경우에 대처할 때에는 강극으로 하고,
높고 밝은[高明] 경우에 대처할 때에는 유극으로 한다." 하였다. 이에 대한 채침(蔡沈)의
주에 "강극과 유극은 위엄을 보이고 복을 주며, 주고 빼앗으며, 억제하고 드날리며,
올리고 물리치는 쓰임이다." 하였다.

불어나고 남몰래 자라나 날로 치성해져 조성복의 상소가 나오기에 이르렀고, 다시 빈청의 차자까지 나오게 된 것입니다.

아! 비록 이 무리의 속마음이라 해도 어찌 처음부터 반드시 대역부도의 마음을 쌓았겠습니까? 다만 권세를 즐기고 이익을 탐하는 마음이 기회를 타고 군부를 경멸하는 마음으로 번져가 결국 대역부도함에 이르고 말았으나 스스로 깨닫지 못하였을 뿐입니다.

만약 전하께서 평소 천둥처럼 엄하고 바람처럼 빠른 위엄을 조금씩 드러내어 이 무리로 하여금 조금이라도 군부를 존경하고 두려워할 줄 알게 하였다면, 나랏일이 지난번처럼 망극한 지경이 되지는 않았을 것이 틀림없으니, 저들의 죄 또한 어찌 오늘과 같이 심한 데 이르렀겠습니까?

그 위엄을 감추어 그들의 버릇을 잘못 들였고, 그 악행을 조장하여 그들을 죽음의 길로 들어서게 하였으니, 어리석은 신이 죽을죄를 무릅쓰고 말씀드리자면, 이것은 대성인이 성(誠)과 인(仁)으로써 아랫사람을 다스리는 도리에 어긋나는 듯합니다.

신이 또한 생각하건대, 성상의 처분에 대해 조정 신하들의 피를 흘리며 다투는 것은 오직 군신의 큰 강령을 부지하고 밝히는 데 있으니, 무릇 강상에 관계된 이 한 조항이 조금이라도 엄중하지 않게 된다면 오늘날의 거조 또한 구차하게 될 것입니다.

하물며 또한 이조(吏曹)는 가장 중요한 직임인데, 새롭게 교화를 펼치면서 가장 먼저 내리신 명이 특별히 여러 해 동안 폐고되어 있던 심단에게 미쳤습니다. 심단은 일찍이 갑술년 이전에 현요직(顯要職)에 출입하며 진퇴를 주장할 때 당색에서 스스로 벗어나지 못하였고, 또한 지난번 4흉이 차자를 올려 재상들이 청대한 날, 경재의 반열에 있으면서 화란의 기틀을 두려워하여 감히 한마디도 힘껏 아뢰지 못하고 방관하듯 있었으니, 또한 신하의 절의에 부끄러움이 없다 할 수 있겠습니까?

이제 조정이 청명해진 때를 맞아 뜻을 같이 하는 사람들이 함께 이끌어주며398)

나오고 있는 지금, 결코 인사권을 가진 기관의 우두머리가 되게 할 수는 없습니다.

그런데 심단은 공의(公議)를 두려워하지 않고 방자하게 함부로 출사하여 한번 정사에 참여하자 온갖 하자 있는 사람들이 쏟아져 나왔고, 심지어 명의에 죄를 얻고 선류(善類)를 무함하여 사적(仕籍)에서 영구히 퇴출된 사람까지 모두 승정원과 삼사의 의망에 올렸으니, 일찍이 조금의 거리끼는 마음도 없는 것입니다.

아! 반나절의 정청이 어떠한 죄인데, 그 허물과 흠이 있는 잔당을 사류 사이에 어지러이 섞어, 윤상(倫常)을 부식하고 시비를 밝히는 논의에 은연중 나란히 세우고자 하니, 신은 참으로 개탄스럽습니다. 신이 생각하건대 전장(銓長)은 반드시 개정해야 하고, 명의를 해친 일에 관계된 자들은 일체 걸러내야 하며, 나머지 하자라 할 만한 것이 없는 자들은 그 재주에 따라 등용하여 공평 정대한 전하의 정치를 밝혀야 합니다.

신은 지금 병으로 시름시름 앓고 있어 대간들의 뒤를 따라 4흉의 죄를 바로잡지는 못하오나, 어리석은 마음에 잊지 않고 품고 있는 생각을 멈출 수 없어서 대략 이렇게 아뢰옵니다. ……"

답하기를,

"이조판서의 마음은 단지 공경히 화합하는 데 있으니, 무슨 하자가 있겠는가? 조성복의 일은 진실로 합당한 의논이니, 엄한 형벌로 추궁하여 그 실상을 자세히 밝혀내기에 힘써야 할 것이다. 그대는 사직하지 말고 속히 직무를 살피도록 하라."

하였다.

---

398) 뜻을 …… 이끌어주며 : 원문은 "茅茹彙征"이다. 조정에 도가 행해지면 현자들이 동료를 이끌고 함께 나와 임금의 정사를 돕는 것을 비유한 말이다. 《주역(周易)》〈태괘(泰卦) 초구(初九)〉에, "띠 뿌리를 뽑으매 그 종류가 따라 뽑히니 길하다.[拔茅茹, 以其彙征, 吉.]"고 한 것에서 나왔다.

○ 동부승지 심탱(沈樘)399)이 윤성시의 상소로 인하여 인혐하는 소에서 말하기를,

"신 또한 새로 의망된 사람 중의 하나입니다. …… 과감한 결단을 내리시어 덕화의 치세가 처음 시작되는 이때, 성교(聖敎)가 간절하게 경계하고 신칙하심이 절실하여 응당 한마음으로 힘을 합해 지금의 위기에 함께 대처해야 마땅합니다. 그런데 공경히 화합할 것은 생각하지 않고 먼저 알력을 일삼고 있으니, 이는 마치 물 위의 배가 이리저리 흔들려 안정시키기 어려운데, 노를 쥐고 젓는 자들이 성난 파도 한가운데에서 날마다 싸우고 있는 것과 같습니다. ……"

하자, 답하기를,

"큰 뜻이 진실로 좋으니 유념하지 않을 수 있겠는가? 그대는 인혐을 고집하지 말라."

하였다.

○ 11일, 경기감사 심택현(沈宅賢)400)이 사직소를 올리자, 체직을 허락하였다.

○ 우의정이 차자를 올렸는데, 그 대강은,

"어제의 비지(批旨)는 마음에 걸리는 점이 있습니다. 신이 만약 임금을 허물하는 죄를 지었다면 장차 어떻게 되겠습니까? ……"

399) 심탱(沈樘) : 1653~1723. 본관은 청송(靑松), 자는 융보(隆甫)이다. 1689년(숙종15) 증광문과에 급제하여, 1692년 사서(司書), 1693년 지평, 1721년(경종1) 승지 등을 역임하였으며, 1723년 병조참의로 있다가 사망하였다.

400) 심택현(沈宅賢) : 1674~1736. 본관은 청송(靑松), 자는 여규(汝揆)이다. 1699년(숙종25) 정시문과에 급제하여 청요직을 두루 거친 뒤 1720년(경종 즉위) 도승지가 되었다. 1722년 임인옥사 이후 향리에 은거하였다가 1725년(영조1) 다시 각 조의 판서를 두루 역임하였다. 1727년 정미환국으로 관작을 삭탈 당하였다가 1728년 판의금이 되어, 홍치중(洪致中)과 함께 이인좌(李麟佐) 난을 수습하고, 신임옥사 때 죽은 김창집·이건명·이이명·조태채 등 노론 4대신의 신원을 건의하였다. 영조 탕평책을 반대하고 당론을 일삼는다는 평을 받았다.

하자, 답하기를,

"경에게는 조금의 혐의도 없는데 이와 같이 허물을 끌어다 자책하니, 마음과 뜻이 부합하지 못한 때문으로 내 심히 부끄럽고 하유할 말이 없다. ……"

하였다.

○ 의금부에서 윤지술, 심전(沈㙫), 임주국(林柱國)[401]을 잡아 가두었다.

○ 이조참의 서명균이 상소하여 아뢰기를,

"신은 본직이 순서에 따라서 통의(通擬)된 것이 아니었으므로 진실로 아무 일도 없다는 듯 염치없이 관직을 받기 어려웠습니다. 또 성조(聖朝)의 인사가 사당(邪黨)으로 귀결되고 사붕(私朋)을 기용한 것을 보고 진실로 통탄스러워, 감히 구차하게 참여할 수 없는 사정을 대략 진달하고 먼저 신 한 몸을 물리쳐 달라 하였는데 말뜻이 잘 전달되지 못하여 왕명에 응하지 않고 버틴다는 책망을 들었으니 신은 진실로 두렵고 답답하여 몸 둘 곳을 모르겠습니다.

이즈음 본조참판 김일경의 상소를 보니, 신의 상소로 인해 크게 분노하여 신은 적이 놀랍고 당혹스럽습니다. 무릇 기사년의 당여는 비록 저지른 죄의 경중이 있다 해도 인륜 기강에 관계된 죄는 세월이 오래되었다고 해서 용서할 수 있는 것이 아니므로, 영구히 세상의 버림을 받는다 한들 어찌 애석하게 여길 것이 있겠습니까?

더구나 새로운 치세로 청명한 나날을 맞아 사특한 무리를 억누르고 사류를 기용하는 것이야말로 탕평(蕩平)에 대한 성상의 진실한 뜻을 저버리지 않는

---

401) 임주국(林柱國) : 1672~1748. 본관은 평택(平澤), 자는 필경(弼卿)이다. 1717년(숙종43) 온
    양 별시문과에 급제하여, 1721년(경종1) 예조좌랑이 되었다. 1724년(영조 즉위) 소론
    대신 유봉휘와 어영대장 이삼의 처벌을 강력히 요구하여 관직에서 쫓겨났다. 이듬해
    지평으로 상소하여 소론 김일경과 조태억, 남인 목호룡 등을 논핵하였다. 1726년에는
    헌납으로서 민진원과 이관명, 신세웅(申世雄) 등을 서용하라고 주장하였다. 1727년
    정미환국으로 파면 당했다가 1728년 병조참지, 1736년 승지, 1746년 형조참판이 되었다.

것이 될 터인데, 지금 어진 자와 어질지 못한 자가 한데 섞여 나오게 되자 소견이 좁고 간사한 무리들의 사기를 올려주어 군자를 해치는[402] 재앙을 열어주기에 이르렀으니, 이와 같이 하면서 인협화충(寅協和衷)[403]이라고 하는 것을 신은 실로 들어본 일이 없습니다.

거리낌 없이 제멋대로 행동하는 것이 이보다 심할 수는 없어 엄히 제재함이 마땅한데, 심단 또한 그 당의 일원이니 그가 하는 말은 진실로 괴이할 것이 없다 하겠으나, 애석하게도 이조참판은 이미 동석(同席)에 참여하고도 이를 바로잡지 못하고 도리어 신을 비방하고 모욕하는 데 전력을 다하였습니다.

신의 상소에는 애초부터 침해하여 핍박할 뜻이 없었는데 미워할 게 무엇이 있다고 모욕을 주고 매도하기가 이 지경에 이르렀습니까? 신은 비록 용렬하나, 그와 더불어 시시비비를 가려 사대부의 수치심을 더하고 싶지는 않습니다. 그렇지만 신이 언관의 직책에 있지 않다고 해서 이미 품은 생각이 있는데, 어찌 자리에서 벗어난다는 혐의 때문에 충애(忠愛)의 정성을 다하지 않겠습니까?

지난번 윤지술이 소회를 써서 진달하였을 때 그 말이 지극히 망령되고 도리에 어긋났으니 그 죄상을 논하자면 너무도 절통하여 진실로 용서할 수 없습니다. 그러나 당초 전하께서 단지 먼 변방에 유배하라고만 명하셨던 것은 그 죄를 용서할 만해서가 아니라 그가 관학유생이었기 때문에 그랬던 것이 아니겠습니까? 우리 조정이 인후(仁厚)한 덕으로 나라를 세운 지 3백 년 이래 일찍이 개인의 사사로운 죄를 가지고 일개 선비를 죽인 적은 없었습니다.

지금 그 죄의 정황이 반역죄와는 차이가 있고 더구나 관학 유생인데, 바로 정형(正刑)을 명하신 것은 사람들이 생각하지도 못한 일이라, 모두 머리를

---

402) 군자를 해치는 : 원문은 "羸豕躑躅"이다. 《주역(周易)》〈구괘(姤卦) 초육(初六)〉의 효사(爻辭)인 "이시부척촉(羸豕孚躑躅)"에서 나왔다. 여윈 돼지가 뛰려는 생각을 품고 있다는 말인데, 이는 소인이 올바르지 못한 마음으로 군자를 해치려는 생각을 품고 있음을 비유한 것이다.

403) 인협화충(寅協和衷) : 신하가 공경히 임금을 섬기면서 다 함께 훌륭한 정사를 이루기 위해 협력한다는 뜻이다. 《서경》〈고요모(皐陶謨)〉에 "군신(君臣)이 공경함을 함께하고 공손함을 합하여 마음을 화합한다.[同寅協恭, 和衷哉.]" 하였다.

모아 놀라고 의혹하며 사기(士氣)가 침체되었으니, 이 어찌 성조(聖朝)에 바라는 일이겠습니까?

고어(古語)에 이르기를, '임금은 필부(匹夫)를 원수로 대하면 안 된다.'[404]고 하였으니, 하찮은 일개 윤지술이 어찌 원수로 삼을 만하겠습니까? 만약 사형을 감형하여 살리기를 좋아하는 덕을 보이신다면 계술(繼述)[405]하는 성덕이 빛날 것이요 또한 후세의 비웃는 논의도 없을 것입니다.

나라를 위하는 대신[406]이 어찌 감히 전하를 의(義)가 아닌 일로 인도하겠습니까? 그의 말은 실로 나라를 걱정하고 임금을 사랑하는 지극한 정성에서 나온 것인데 전하께서 가납하지 않으시니, 신은 개탄스럽습니다.

삼가 신이 보건대 전하께서 보위를 이으신 이래 과묵함이 지나치시고 위엄으로 제압하심이 부족하여 근일의 사태가 초래되고 온갖 변괴가 속출하였으므로 신하들이 근심하고 개탄하지 않는 사람이 없었습니다. 그런데 오늘에 이르러 성상의 결단이 놀랍고 처분이 엄정하여 사람들의 우려는 기쁨으로 바뀌고 서로 즐거이 경하하고 있으나, 신은 이 점에 있어 남몰래 우려하는 점이 있습니다.

무릇 중비로 제배하는 것은 본래 아름다운 일이 아닙니다. 조정이 텅 비어 정사(政事)를 열 사람이 없을 경우라면 간혹 그러한 일이 있기도 하였지만 지금 묘당(廟堂)에는 공무를 시행하는 대신이 있고 전조(銓曹)에도 또한 이미 출사한 관원이 있으니, 전하께서는 오직 마땅히 위임하여 그 책임을 다하게 해야 할 뿐인데 어찌 반드시 자리가 날 때마다 직접 제수하는 것을 응당

---

404) 임금은 …… 된다 : 《춘추좌씨전(春秋左氏傳)》 〈노희공(魯僖公) 24년〉조에 "국군(國君)으로서 필부를 원수로 대한다면 두려워할 사람이 매우 많을 것이다.[國君而讐匹夫, 懼者甚衆矣.]"라는 내용에서 인용한 구절이다.

405) 계술(繼述) : 선대의 뜻과 사업을 잘 계승하여 발전시킨다는 '계지술사(繼志述事)'의 줄임말이다. 《중용장구》 제19장에 "효도란 사람의 뜻을 잘 계승하고, 사람의 일을 잘 준행하는 것이다.[夫孝者, 善繼人之志, 善述人之事者也.]" 하였다.

406) 나라를 …… 대신 : 윤지술의 사형을 감하여 절도에 위리안치 하라고 청한 우의정 조태구를 이른다. 앞의 12월 10일자 기사에 보인다.

시행해야 할 법처럼 여기십니까?

번곤(藩閫)[407]의 경우는 더욱 온당치 못하니, 비록 적임자를 임명했다 할지라도 결국은 여러 사람의 뜻으로 공거(公擧)하여 그 자리에 마땅한 인재를 얻는 것만 못합니다. ……"

하였다. 답하기를,

"이조 두 당상의 일은 자연히 공의가 있을 터이니 소견을 고집할 필요가 없다. 윤지술의 일은 내 뜻이 확고하니 결코 용서할 수 없다. 중비로 제배하는 일이 원래 아름다운 일이 아니라는 것을 나 또한 알고 있으나 부득이해서 행한 일이다. ……"

하였다.

○ 승정원에서 아뢰기를,

"죄인 조성복을 추궁하라는 전지(傳旨)가 방금 내려왔는데 대간에서는 바야흐로 국청을 설치하여 엄히 신문할 것을 청하였습니다. 추궁하는 것과 국청을 설치하는 것은 그 경중에 차이가 있으니, 어떻게 할까요? 감히 여쭙니다."

하자, 전교하기를, "국청을 설치하여 추궁하라." 하였다.

○ 비변사에서 아뢰기를,

"평안감사 이광좌는 대제학에 의망하기로 미리 지정된 사람으로서, 찬수청(纂修廳) 당상을 맡고 있고, 또한 수어사(守禦使)의 직임을 겸하고 있는데, 갑자기 외방에 제수되니 사람들이 모두 애석해하고 있습니다. 찬수청의 설치는 하루가 시급하고 군병을 거느리는 임무는 가벼이 체직할 수 없습니다. 특별히 제수하신 일에 지극히 황공하오나, 지금같이 인재가 부족한 때 내외의 경중에는 또한 차이가 있으니 이광좌의 평안감사 직임을 체개(遞改)하고 수어사 및 찬수청 당상의 직임은 그대로 살피게 하심이 어떻겠습니까?"

---

407) 번곤(藩閫) : 한 도의 통치권과 병권을 맡은 감사(監司), 병사(兵使), 수사(水使)를 이른다.

하자, 전교하기를, "윤허한다." 하였다.

○ 사헌부 - 지평 윤성시, 혹은 지평 박필몽이라고도 한다. - 에서 아뢰기를,
"지난번 우의정이 청대하였을 때 승정원의 신하들이 시종일관 저지하고
막아서서 우의정으로 하여금 전하 가까이 갈 수 없게 하였습니다. 다행히
하늘이 성청(聖聽)을 열어주시어 특별히 입대를 허락하시고 어전 가까이 부르셔서
비망기를 도로 거두셨으니, 이는 실로 종사의 무궁한 경사였습니다.
오늘날 신하된 자라면 누구나 반색하며 서로 경하하기에 여념이 없어야
할 터인데, 당시 승지 홍석보(洪錫輔)는 도리어 불평한 마음을 품고 감히 '어디에서
들었느냐?'408)는 등의 말을 두 번 세 번 다그쳐 물으며 군부를 협박하고 낯빛과
목소리에 노기를 드러내서 옆에서 듣기에 해괴하였습니다.
진실로 경외하는 마음이 조금이라도 있었다면 어찌 감히 군부에게 말의
출처를 핍박하듯 캐물을 수 있단 말입니까? 그 무엄하고 불경한 죄를 다스리지
않을 수 없으니, 청컨대 홍석보를 극변에 원찬하시고 당시 우의정을 저지하고
막아섰던 승지들을 모두 삭탈관작하고 문외출송 하라 명하십시오.
민진원(閔鎭遠)은 척신의 반열에 있는 몸이니 원래부터 나라와 기쁨과 슬픔
을 함께해야 하는 의리가 있어서, 전하께서 융숭하게 대우하는 것이 국구와
다름이 없으니 조심하며 나라를 자기 몸처럼 여기고 성궁을 보호하는 도리가
다른 사람의 배는 되어야 마땅합니다.
그런데 흉얼(凶孼)과 혼인을 맺고409) 음모에 간여하여, 무릇 나라에 해를
끼치고 의리를 어그러뜨린 일을 하지 않은 것이 없습니다. 지난번 등대(登對)하
였을 때, 겉으로는 진계(陳戒)한다는 핑계를 대었지만 안으로는 실로 허물을
들추어내면서 오만방자한 말투로 온갖 능멸의 말을 뱉어냈으며 심지어 '추회

---

408) 어디에서 들었느냐 : 조태구가 입궐하여 청대한 사실을 승정원이 아뢰지 않았는데
    경종이 어떻게 알고 인견하였느냐는 물음이다.
409) 흉얼(凶孼)과 …… 맺고 : 민진원의 아들 민창수(閔昌洙)가 김창집의 딸과 혼인한 일을
    가리킨다.

(追悔)'등의 말로 방자하게 공갈을 일삼으면서도[410] 조금의 거리낌이 없었습니다. 비록 자기와 대등한 이하의 사람이라 해도 차마 이보다 더할 수는 없을 텐데 하물며 군부의 앞에서이겠습니까?

입대를 파하고 물러난 후에는 연석(筵席)에서 했던 말을 글로 써서 사관(史官)에게 주고 널리 드러내도록 하며 알지 못하는 사람이 있을까 염려하였는데, 이는 초고를 불태우고[411] 원고를 삭제[412]하는 옛사람의 의리에 배치되는 일일 뿐만 아니라 그 심사를 헤아리기가 극히 어렵습니다.

또한 조성복이 배소(配所)로 떠날 때, 무릇 사람의 마음을 가진 사람이라면 형정(刑政)이 그 정도를 잃은 것에 분노하지 않는 사람이 없었으므로, 민진원은 의리상 더욱 깊이 미워하고 통렬히 배척하기에 겨를이 없었어야 마땅한데도 스스로 조성복을 찾아가 만나고 비밀리에 물품을 보냈으니 그 빈틈없이 준비한 실정과 자취에 듣는 이들이 놀라고 가증스러워합니다. 무엄하고 불충하며 의리를 멸시하고 나라에 화를 끼친 그의 죄는 삭출이라는 가벼운 벌에 그쳐서는 안 되니, 민진원을 멀리 유배하소서."

하자, 답하기를 "아뢴 대로 하라." 하였다. - 전 승지 홍계적, 한중희, 안중필(安重弼), 조영복, 유숭(兪崇)의 문외출송을 현고하였다. -

---

410) 추회(追悔) …… 일삼으면서도 : 1721년(경종1) 7월 20일, 경종이 신하들을 인견한 자리에서 당시 호조판서 민진원이 거상(居喪) 및 경연에 임하는 경종의 태도를 문제 삼으며 "성덕의 근본이 되는 바탕이 이와 같으시면 무엇으로써 신민들에게 보이실 것이며, 무엇으로써 정치를 하시겠습니까? …… 조종의 3백 년 기업과 선왕의 50년 지사(志事)가 전하의 시대에 이르러 끊어짐을 면치 못한다면 후일 전하께서 지난 일을 뉘우치고[追悔] 자신(自新)하려 하신들 될 수가 있겠습니까?[聖德根本之地如此, 則其何以示臣民乎, 其何以出治乎? …… 祖宗三百年基業, 先王五十年志事, 至于殿下之身, 而將不免隆絶, 則日後殿下雖欲追悔自新, 其可得乎?]"한 말들을 이른다.《景宗實錄 1年 7月 20日》

411) 초고를 불태우고 : 원문은 "焚草"이다. 당나라 때의 문신 고사렴(高士廉)과 송나라의 문신 사홍미(謝弘微) 등이 임금에게 표주(表奏)한 초고를 즉시 불태워 없애서 남이 알지 못하게 한 고사를 이른다.

412) 원고를 삭제 : 원문은 "削藁"이다. 송나라의 정자(程子)가 임금에게 아뢴 말에 대해서는 반드시 그 원고를 없애서, 행여 임금의 허물을 드러내는 일이 없도록 조심했다는 고사를 이른다.

○ 사간원 - 헌납 이명의, 정언 서종하 - 에서 아뢰기를,

"요적(妖賊) 윤지술이 지문(誌文)을 빙자하여 성상을 핍박하고 모욕한 것[413] 은 실로 한법(漢法)의 대불경죄(大不敬罪)에 해당하므로, 지금 바야흐로 엄중하게 징토하는 날을 맞아 즉시 방형(邦刑)에 의해 복주되어야 마땅하지만 윤지술이 어리석고 우매하여 글을 짓지 못하는 정상은 사람들이 모두가 알고 있는 사실입니다.

그가 소회를 써서 진달한 것은 그가 한 일이 아니라 누군가 은밀히 사주하여 대신 써준 것이라는 설이 나라 안에 파다하게 퍼져서 모두가 놀라워하고 있으니, 윤지술을 먼저 경솔하게 처형하여 죄의 원흉으로 하여금 법망에서 빠져나가게 만든다면 끝내 그 종적을 찾을 수 있는 길이 없게 될 것입니다. 청컨대 죄인 윤지술을, 국청을 설치하여 사주한 자를 엄밀히 조사하고 왕법으로 다스리소서.

역적 조성복이 한 통의 상소로써 성상으로 하여금 그 자리에 편안히 있을 수 없게 하였으니, 그 죄를 논하자면 천지간에 용서받기 어려우므로, 그가 받은 천극의 벌은 이미 형정의 법도를 잃었으니, 오늘날 신하된 자라면 목욕하고 징토할 것을 청하기에 겨를이 없어야 마땅할 것입니다.

그런데 지난번 서종급은 감히 비호할 계략을 세우고 역적 조성복의 상소를 '망령되고 패악하다.' 하였습니다. 망령되고 패악하다는 것은 경솔하고 전후 맥락이 어그러졌음을 이르는 말인데, 감히 이렇게 원정(原情)을 참작하여 용서해야 할 말이라고 실상을 호도하고 농간을 부려 임금의 마음을 떠보려는 계책으로 삼을 수 있단 말입니까!

---

413) 지문(誌文)을 …… 것 : 1720년(경종 즉위) 윤지술은 성균관 장의로서 이이명(李頤命)이 편찬한 숙종의 지문(誌文)이 편파적으로 기록되어 있다고 상소하고, 유생들을 선동하여 권당(捲堂)하였다. 윤지술이 문제 삼은 지문의 내용은 희빈(禧嬪) 장씨(張氏)를 사사(賜死) 한 신사처분(辛巳處分, 1701)과 윤선거(尹宣擧)의 문집을 훼판(毁板)한 병신처분(丙申處分, 1716)인데, 그는 이 사안들이 의리상 중대함에도 불구하고 누락되거나 애매하게 기재되었다고 비판하였다.

박필정 등이 상소하여 조성복을 공격한 것은 또한 하늘로부터 부여받는 떳떳한 도리에서 나온 것인데, 이를 두고 도리어 직위를 벗어난 행동이라 배척하고 잘못된 처사라 꾸짖었습니다.

그 실정과 자취를 살펴보면, 대개 조성복을 편들어 먼저 그의 죄를 벗겨줄 근거로 삼고, 성상의 마음을 엿보아 역적 성복의 남은 계략을 다시 추종하려 한 것이 불을 보듯 명확하니, 그 정상(情狀)이 너무도 흉패합니다. 지금 역적을 토죄하는 때를 맞아 징벌하지 않을 수 없으니, 서종급을 절도에 정배하십시오.”

하자, 답하기를, “윤허하지 않는다. 이우항과 서종급의 일은 아뢴 대로 하라.” 하였다.

○ 전교하기를, “우의정 조태구를 좌의정에 승배(陞拜)하라.” 하였다.

○ 다음과 같은 비망기를 내렸다.

“눈앞에 어려움이 가득하고 종사가 장차 망해가려 하니 개탄을 금할 수 없고, 밤낮을 가리지 않는 근심과 두려움에 한시도 편안할 겨를이 없다. 조정 신하들이 하는 짓을 보면, 공경히 화합하여 나랏일을 함께 건사할 것은 생각하지 않고 그저 공격하고 싸우는 일에만 급급하여 조짐이 좋지 않으니 어찌 한심하다 하지 않겠는가? 승정원에서는 이를 중외에 명백히 포고하고 각별히 신칙(申飭)하라.”

○ 판의금 홍만조가 아뢰기를,

“어제 윤지술을 처형하라는 비망기가 내린 후, 금부도사 이지윤(李志尹)[414],

---

414) 이지윤(李志尹) : 1658~1722. 본관은 벽진(碧珍), 자는 유신(幼莘), 호는 송음(松陰)이다. 1699년(숙종25)에 생원시에 합격하고 1701년 학행으로 천거되어 제릉 참봉(齊陵參奉)에 제수되었다. 이후 사옹원 봉사(司饔院奉事)·한성참군(漢城參軍)·통례원 인의(通禮院引儀)·형조좌랑·호조정랑·용담현령(龍潭縣令) 등을 역임하였다. 1721년(경종1)에 의금부 도사가 되어 신축환국 당시 ‘불사(不仕)’ 두 글자를 크게 적어 승정원에 보냈다가 의금부

이도원(李度遠)[415], 민진굉(閔鎭紘)이 '출사하지 않겠다.' 크게 쓴 패자(牌子)를 예리(禮吏)에게 보냈고, 이석신(李碩臣)[416], 권용(權瑢)[417]은 병을 핑계 대는 글을 올려 이번 처분에 대한 불만을 표하고 절의를 내세우는 듯하였으니, 잡아들여 심문하고 죄를 바르게 다스리소서."

하자, 전교하기를,

"윤허한다. 위의 네 사람은 모두 장 일백에 고신(告身)[418]을 빼앗고, 권용이하는 경이 분간(分揀)[419]하라."

하였다.

○ 수찬 심공(沈珙)이 상소하여 대략 다음과 같이 말하였다.

"정유년(1717, 숙종43)에 이사명을 복관하라는 명이 내렸는데, 이사명의 사위 김보택(金普澤)[420]이 윤선거(尹宣擧) 부자[421]를 무함하고 끝내는 추탈하기

당상인 심단(沈檀) 등의 논계를 받고 국문을 당하였다. 이후 백마강에 은거하였다.

415) 이도원(李度遠) : 1684~1742. 본관은 완산(完山), 자는 기보(器甫)이다. 1723년(경종3) 증광 문과에 급제하여 영조 즉위 후 청요직에 진출하였다가 1727년 정미환국으로 파면되었다. 1730년 다시 등용되어 수찬·응교·교리 등을 역임하였다.

416) 이석신(李碩臣) : 1692~1743. 본관은 연안(延安), 자는 백윤(伯尹)이다. 1721년(경종1) 이광 좌가 총재관이 되었을 때 실록청 근무를 거부하였다. 1727년(영조3) 증광문과에 급제하여 사간원 정언 등을 지냈다.

417) 권용(權瑢) : 1678~1733. 본관은 안동(安東), 자는 치규(稚圭), 호는 가은(榢隱)이다. 1705년 (숙종31) 식년시에 합격하여 진사가 되었다. 1725년(영조1) 사용원 주부, 덕산현감(德山縣監) 등을 지냈다.

418) 고신(告身) : 관원에게 품계와 관직을 수여할 때 발급하던 임명장을 이른다.

419) 분간(分揀) : 죄상을 보아서 용서하는 쪽으로 처결하는 것을 이른다.

420) 김보택(金普澤) : 1672~1717. 본관은 광산(光山), 자는 중시(仲施), 호는 척재(惕齋)이다. 김익겸(金益兼)의 증손, 김만기(金萬基) 손자, 김진귀(金鎭龜) 아들이다. 김진귀의 아들이 여덟이었는데, 김춘택·김보택·김운택(金雲澤)·김민택(金民澤)·김조택(金祖澤)·김복택(金福澤)·김정택(金廷澤)·김연택(金延澤)이다. 이사명(李師命)의 사위이고, 이희지(李喜之)와는 동서간이다. 1695년 별시문과에 급제하여 청요직을 두루 거쳤다. 1701년 희빈 장씨의 처벌을 놓고 노론과 소론이 대립할 때 소론 영수 남구만·최석정을 호역죄(護逆罪)로 탄핵했다. 또한 윤증을 배사죄(背師罪)로 논핵하였다. 시호는 익헌(翼獻)이다.

421) 윤선거(尹宣擧) 부자 : 윤선거(1610~1669)와 그의 아들 윤증(尹拯, 1629~1714)을 이른다.

에 이르자, 신이 상소하여 말미에 이 일에 대해 대략 논하였습니다.[422]

이에 김보택의 아우 김민택(金民澤)[423]은, 선신(先臣)인 고 참의 심수량(沈壽亮)[424]이 고 상신(相臣) 송시열(宋時烈)[425]의 문생으로 송시열이 죽자 그 장례에 참석하였고 소식(素食)을 행하였으며 상복을 입었는데, 자식인 신이 윤선거를 신구하였으니 이는 '선친의 뜻을 해쳤다.' 하며 신의 삭판(削板)을 청하였습니다.

이들이 송시열과 정치·사상적으로 대립한 이른바 '회니시비(懷尼是非)'는 이후 노소 분당(老少分黨)의 주요 요인이 되었다. 1716년(숙종42) 숙종은 회니시비에 직접 간여하여, 송시열을 편들고, 윤선거의 문집을 훼판하는 병신처분(丙申處分)을 내려 노론이 정국을 주도할 수 있는 길을 열어주었다. 이듬해 이들의 관작이 추탈되었다가 1722년(경종2) 복관되었다.

422) 신이 …… 논하였습니다 : 1717년(숙종43) 수찬 심공이 상소하여 윤선거 부자의 관작 추탈과 이사명 복관을 비판한 일을 가리킨다. 《肅宗實錄 43년 6월 3일》

423) 김민택(金民澤) : 1678~1722. 본관은 광산(光山), 자는 치중(致中), 호는 죽헌(竹軒)이다. 김익겸의 증손, 광성부원군(光城府院君) 김만기 손자, 호조판서 김진귀 아들이다. 1720년 이진검·이진유 등이 호조참판인 형 김운택(金雲澤)을 논핵하자 용서를 청하여 상소하였다. 1722년 목호룡 고변 명단에 이름이 올라 옥사하였다. 김제겸(金濟謙)·조성복과 함께 신임옥사 때 죽은 삼학사(三學士)로 일컬어진다.

424) 심수량(沈壽亮) : 1644~1692. 본관은 청송(靑松), 자는 용경(龍卿)이다. 부친은 심황(沈榥)이고, 모친은 조위한(趙緯韓)의 딸 한양 조씨(漢陽趙氏)이다. 1668년(현종9) 정시문과, 1672년 별시문과에 모두 급제하여, 청요직을 두루 역임하였다. 1689년(숙종15) 기사환국(己巳換局)으로 인현왕후(仁顯王后) 민씨(閔氏)가 폐위되자 오두인(吳斗寅)·박태보(朴泰輔) 등이 상소를 올릴 때 함께 이름을 올렸다. 이후 여주목사(驪州牧使)에 제수되어 나갔다가 이내 물러나 경기도 양근(楊根) 선산(先山)에 거처하다가 병이 악화되어 49세의 나이로 세상을 떠났다.

425) 송시열(宋時烈) : 1607~1689. 본관은 은진(恩津), 자는 영보(英甫), 호는 우암(尤菴)·우재(尤齋), 시호는 문정(文正)이다. 사옹원 봉사 갑조(甲祚)의 아들이며, 김장생(金長生)·김집(金集) 부자의 문인이다. 1633년(인조11) 생원시에서 장원하고, 1636년 인조의 둘째 아들 봉림대군(鳳林大君)의 사부(師傅)가 되었다. 이해 병자호란이 일어나자 남한산성에서 인조를 호종하였다. 이듬해 삼전도의 치욕 이후 고향에 은거하여 산림(山林)을 자처하였다. 1658년(효종9) 효종은 호서산림(湖西山林) 세력을 재등용하는 일환으로 송시열을 이조판서에 특서(特敍)하였다. 이후 현종대 두 차례 예송(禮訟)에 깊이 간여했다가 1674년(현종15) 서인이 패배하자 파직·삭출되었다. 1680년(숙종6) 경신환국으로 다시 등용되었는데, 이후 서인이 노론과 소론으로 분열하는 과정에서 노론의 종장(宗匠)이 되었다. 1689년 기사환국으로 남인이 재집권했는데, 이때 세자 책봉에 반대하는 소를 올렸다가 유배되었고, 그 해 6월 정읍에서 사약을 받고 죽었다.

그렇지만 송시열의 문집을 보아도 '잠시 강론하였다.' 등의 말이 있어서, 선신과 시열의 정의(情誼)가 깊지 않았다는 것을 알 수 있습니다. 끝에 가서는 송시열이 선신의 외조426)를 공격하여 모욕한 일이 있었으니, 평소 스승으로 섬겼다 해도 그 정의(情義)가 전과 같을 수는 없었으므로 상복을 입은 것은 애초부터 그러한 의리가 없었습니다.

장례에 참석했다는 일은 사람들이 모두 목도한 바가 있는데,427) 지금 김민택이 터무니없는 거짓을 엮어 반드시 이사명의 원수를 갚으려고 합니다. ……"

하였다. 또 상소하여,

"이건명은 신의 처고모부이므로, 합계(合啓)에는 응당 피혐해야 할 혐의가 있습니다."

하였다.

○ 12일, 전교하기를,

"의금부의 죄인에 대한 국문은 조금도 늦출 수가 없는데, 당상에 궐원(闕員)

---

426) 선신의 외조 : 조위한(趙緯韓, 1567~1649)을 이른다. 본관은 한양(漢陽), 자는 지세(持世), 호는 현곡(玄谷)이다. 1592년(선조25) 임진왜란이 일어나자 김덕령(金德齡)을 따라 종군하였으며, 1601년 사마시를 거쳐 1609년(광해군1) 증광문과에 급제, 주부(主簿)·감찰 등을 지냈다. 1613년 국구(國舅) 김제남(金悌男)의 무옥(誣獄)에 연좌되어 여러 조신들과 함께 구금되었다가 1623년 인조반정 이후 장령 등을 거쳐 지중추부사에 올랐다. 장유(張維)의 《계곡만필(谿谷漫筆)》에는 조위한의 말을 인용하여, 김장생(金長生)이 자신의 스승인 이이(李珥)가 입산(入山)했을 때 머리를 깎은 일이 있었던 듯하다고 말한 사실이 기록되어 있는데, 이에 대해 송시열이 변론하는 통문(通文)을 지어 돈암서원(遯巖書院)에 보냈던 일이 있다. 통문의 자세한 내용은 알 수가 없으나, 내용 중에 조위한에 대해 언급한 부분이 있는 듯한데, 본문에서 송시열이 공격하여 모욕을 주었다는 일은 이와 관련된 일을 가리키는 것으로 추정된다.

427) 장례에 …… 있는데 : 이철보(李喆輔)가 지은 심공의 행장에 따르면, 송시열이 죽었을 때 심공은 송시열과의 사이가 이미 소원한 상태였기 때문에 박세채와 더불어 대처해야 할 의리에 대해 논하고 다만 조문(弔問)만 시행하였을 뿐, 송시열의 장례에 참석했다는 것은 김민택의 무함이라는 내용이 있다. 《止庵遺稿 參判沈公墓行狀》

이 있고 도사들은 못된 작태를 보여 아직도 이렇게 지연되고 있으니, 일이 한심하기가 이보다 더할 수 없다. 의금부의 당상에 두 명이 채워지면 우선 개좌(開坐)할 수 있으니, 즉시 분부하여 궐원을 대신할 사람을 찾아서, 무고(無故)한 사람으로 구전차출(口傳差出)[428]하여 자리에 나오게 하라.”

하였다.

○ 이조참판 김일경이 상소하자, 답하기를,

“지금처럼 어렵고 걱정스러울 때, 일마다 고집을 앞세워 국사를 함께 처리할 의리는 생각하지 않고 있으니, 내 깊이 개탄하는 바이다. 경은 사직하지 말고 조속히 직무를 살피라.”

하였다.

○ 전교하기를,

“윤지술의 지극히 흉참하고 의리에 어긋난 작태가 여지없이 드러났는데, 천지간에 어찌 일각이라도 편안히 둘 수 있겠는가? 그가 소회를 써서 진달한 것이 어찌 대술(代述)한 것일 리가 있겠는가?

대신(臺臣)이 추궁하여 심문하라고 청한 것은 다만 정형을 지연시키려 하는 것일 뿐이다. 결단코 용서할 수 없으므로, 일벌백계해야 하니, 조속히 거행할 일을 분부하라.”

하였다.

○ 사간 이진유가 아뢰기를,

“신은 흉당(凶黨)이 분수를 침범하여 군주의 형세가 날로 고립되어가는

---

428) 구전차출(口傳差出) : 벼슬아치를 임명할 때 전조(銓曹)에서 후보자 세 사람을 뽑아 계문(啓聞)하여 윤허하는 낙점을 받는 것이 상례이나, 긴급을 요할 경우 이조에서 단독으로 추천, 승정원에 직송(直送)하여 낙점을 받아 임명하는 일을 이른다.

것을 목도하고 울분을 참을 수 없었는데, 마침 성상께서 구언(求言)하시는
기회를 맞아 감히 시종의 후미에서 합사(合辭) 상소하여 목욕하고 토벌을
청하는 뜻을 삼가 덧붙였습니다.

그런데 뜻밖에도 성상께서 가납한다는 비답을 내리시어 확연히 결단하시
고, 악행을 징토하는 형전(刑典)이 차례로 거행되어 신인(神人)의 분노가 거의
풀리게 되었으니, 이는 진실로 종묘사직과 신민의 큰 다행이었습니다. 그러니
전하의 조정에서 저들을 편드는 자가 아니라면 그 누가 반색을 하며 서로
경하하지 않겠습니까?

그런데 일전에 국구가 소회를 써서 진달하면서 신들의 상소를 힘껏 배척하
며 ‘흉패하다.’ 하였고, 4흉의 죄를 완곡히 비호하며 ‘다른 마음이 없다.’
하였으니, 그 가리키는 뜻이 예사롭지 않고 표현이 위태롭고 절박하였습니다.
왕실의 인척429)으로서 의리상 나라와 기쁨과 슬픔을 함께해야 하는 사람이
감히 이러한 말을 하리라고는 진실로 생각지도 못하였습니다.

내용의 득실을 막론하고 만약 다른 사람이 그러한 말을 했다면 오히려
괜찮다고 할 수도 있겠으나 척신이 국정에 간여하는 것은 결코 성조(聖朝)의
아름다운 일이라 할 수 없습니다. 비록 그러하나 신이 이미 그의 논척을
받았고 같이 상소하였던 신하들도 연이어 인피(引避) 하였으니, 어찌 홀로
편안하게 대간의 직책에 있을 수 있겠습니까? ……”

하자, 답하기를, “사직하지 말라.” 하였다.

○ 양사가 청대하여, 입시하였다. 지평 박필몽이 아뢰기를,

“…… 조태채는 나라의 권병(權柄)을 잡은 지 오래되지 않아 화기(禍機)를
양성한 것이 3흉과 차별을 두지 않을 수 없을 듯하기에 죄를 조율할 때

---

429) 왕실의 인척 : 국구 어유귀(魚有龜)는 경종의 계비 선의왕후(宣懿王后, 1705~1730) 어씨의
아버지이다. 선의왕후는 1718년(숙종44) 첫 번째 세자빈인 심씨(沈氏, 단의왕후(端懿王
后))가 죽자 그 해에 14세의 나이로 세자빈으로 책봉되어 가례를 올렸고, 1720년 경종이
즉위하자 왕비가 되었다.

참작하여 감등하였습니다.

그런데 물러나 사람들의 의견을 들어보니, 연명하여 차자를 올렸으면 그 역절(逆節)이 이미 같은 것이므로 이전에 지은 죄의 경중을 논할 수 없다 하며 정상을 참작해 죄를 감등한 신들의 처사를 크게 비난하였습니다. 공의가 이러한데 어찌 스스로 옳다 하며 대간의 직책에 편안히 있을 수 있겠습니까? ……"

하자, 답하기를, "사직하지 말라." 하였다.

○ 헌납 이명의가 아뢴 내용도 박필몽과 같았다.

○ 양사 - 사간 이진유, 지평 박필몽, 정언 서종하 - 에서 다음과 같이 합계하였다. 《춘추》의 법에 두 마음을 가지면 역(逆)이 되고 장심(將心)을 품으면 반드시 주륙한다 했으니, 신하된 자로서 만약 이러한 죄를 범한다면 천지간에 하루도 용납할 수 없음은 자명합니다. 아! 저 4대신은 안으로 장심을 품고 임금에게 두 마음을 가져, 신하 노릇을 하지 않으려는 마음은 한 장의 차자에서 훤히 드러났고 임금을 업신여기는 악행은 수많은 사람의 눈을 가리기 어렵게 되었으니, 하늘에 닿은 이 죄를 숨길 수 있겠습니까?

아! 성상께서 무강(無疆)한 대역복(大曆服)430)을 이으시어, 선왕이 남기시고 황천(皇天)이 베풀어주시며 종사와 생령을 부탁한 것이 전하의 한 몸에 달려있으니 전하의 몸은 전하의 마음대로 할 수 없는 것인데, 갑작스레 정사를 내려놓고 한가로이 물러나셨습니다. 이에 금일 조정의 신하로서 조금이라도

---

430) 대역복(大曆服) : 국가의 큰 운수와 정사라는 말로, 왕위를 가리키는 용어로도 쓰인다. 역(曆)은 역(歷)으로 쓰기도 한다. 《서경》〈대고(大誥)〉에 "하늘이 우리나라에 재앙을 내려 조금도 기다려 주지 않으시므로, 크게 생각하건대 나 유충(幼沖)한 사람이 끝없는 큰 역복(歷服)을 이어서 명철함에 나아가 백성들을 편안한 곳으로 인도하지 못하였다.[天降割于我家, 不少延, 洪惟我幼沖人, 嗣無疆大歷服, 弗造哲, 迪民康.]" 하였는데, 채침(蔡沈)은 《집전(集傳)》에서 "역(歷)은 역수(歷數)이고, 복(服)은 오복(五服)이다."고 주석하였다.

전하를 섬기는 마음이 있는 자라면 어찌 감히 무심하게 대수롭지 않은 듯
여기겠습니까?

그런데 저 상신(相臣)들은 머리를 맞대고 치밀하게 모의하여 음흉한 속셈으
로 먼저 역적 조성복을 사주하여 갑작스레 흉참한 상소를 올리게 하였습니다.
이로써 전하의 뜻을 떠보는 계략을 은밀히 이루자, 오만방자한 뜻은 더욱
거리낌이 없어졌습니다. 급기야 비상한 하교가 재차 내려오자 온 나라의
신민들이 허둥지둥 어쩔 줄 몰라 했습니다.

그런데 저들은 유독 무슨 마음에서인지 임금을 멸시하고 모두가 매달렸던
정청(庭請)에 건성으로 임하다 중지하였으니, 그 무장(無將)의 죄431)에 대한
주벌은 참으로 피하기 어려울뿐더러, 연명차자를 올려 대리 절목을 거행하도
록 청한 것은 이 어찌 신하가 감히 마음속에 떠올리고 입에 올릴 수 있는
일이겠습니까?

아! 《전(傳)》에 이르기를, '서리를 밟게 되면 곧 굳은 얼음이 얼게 된다.'432)
하였습니다. 저들 4흉이 하늘을 가리키고 땅바닥에 그리면서433) 그들이 억측한
바를 양성해온 것이 하루아침 하룻저녁의 일이 아닙니다. 태아(太阿)434)를
남몰래 농단하고 보의(黼扆)435)를 변모(弁髦)436)처럼 여겼으며 그들의 심복과

---

431) 무장(無將)의 죄 : 무장은 《춘추공양전(春秋公羊傳)》 장공(莊公) 32년 조에 "임금이나 부모
　　에 대해서는 불충한 마음이 없어야 하니, 만약 불충한 마음이 있으면 반드시 주벌한다.[君
　　親無將, 將而誅焉.]"는 말에서 나온 것이다. 원래의 의미는 임금에 대해 신하가 반역하거나
　　찬시(篡弒)하는 마음을 품지 않는 것을 뜻하나, 후세에 와서 마음속에 역모나 시해와
　　같은 불충한 마음을 품고 있음을 가리키는 뜻으로 쓰이게 되었다.
432) 서리를 …… 된다 : 서리가 내리면 날씨가 점차 추워져서 얼음이 언다는 뜻으로, 《주역》
　　〈곤괘(坤卦) 초육(初六)〉에 "서리를 밟게 되면 곧 굳은 얼음이 얼게 된다.[履霜堅氷至.]"는
　　효사(爻辭)를 이른다. 아직 나타나지는 않았지만 조짐이 점점 확대되면 결국 큰 죄악을
　　저지르는 변란이 이른다는 뜻으로 쓰였다.
433) 하늘을 …… 그리면서 : 원문은 "指天畫地"이다. 변고가 일어나기를 바라면서 불만불평을
　　가지고 거리낌 없이 모략을 꾸미는 것을 이른다. 《史記 魏其武安侯列傳》
434) 태아(太阿) : 고대의 명검으로, 형벌을 내리거나 인재를 취사(取捨)하는 등 임금이 행사하
　　는 권력을 이른다.
435) 보의(黼扆) : 붉은 비단에 흑백의 도끼 모양의 무늬를 그린 병풍으로, 임금이 앉는 옥좌

우익을 은밀히 심어 놓아 전후좌우로 그들의 사람 아닌 자가 없었습니다.

이로써 우롱하고 겁박하는 행태가 끝이 없어 우리 전하로 하여금 손을 쓸 수 없게 만들고, 위태롭고 괴로우며 각박하고 옹색한 나머지 차라리 임금의 자리를 버리고 싶게 하였으니, 진실로 그 정상을 논하자면 바닷물을 먹물로 다 쓰고 죽간(竹簡)이 다 없어져도 기록하기 어려울 것입니다.

시험 삼아 현저히 드러난 일로써 말씀드리겠습니다. 김창집이 군부를 위협하고 위복(威福)을 농단한 죄는 하나하나 열거하기도 어렵습니다. 일찍이 정유년(1717, 숙종43)에는 고묘(告廟)의 의논을 극력으로 저지하였으니, 이는 국본을 동요시키기 어려울까 염려해서였으며, 윤지술의 악행을 구원하여 우리 전하의 애통함을 배가시켰습니다.

이이명의 흉악하고 교활한 품성과 음흉한 종적은 이사명보다 더하고 이건명보다 치밀하였습니다. 그가 독대하던 날, 대신을 부를 것을 청하여 가부를 묻고자 했던 속셈은 길 가는 사람도 알았습니다.

이건명은 타고난 성품이 간악하고 마음씀씀이가 사특한데다 은밀한 모의와 비밀스런 계략이 모두 그의 주장이 아닌 것이 없었습니다. 성상의 전지(前旨)를 거두어 달라 청한 것에 불만을 품고 예봉을 옮겨 급하게 공격하였으며, 상소가 전하에게 올라간 것을 혐오하여 언로를 막으라고 청하였습니다.

조태채는 본래 벼슬을 얻지 못해서는 얻기 위해 근심하고 벼슬을 얻으면 잃어버릴까 걱정하는 비루한 자로서, 기회를 틈타 요리조리 살피며 시종일관 서로 호응하면서, 겉으로는 여러 재상을 속여 정청을 그대로 설행한다는 거짓말을 하고 속으로는 3흉을 도와 차자로 절목을 강정하라고 청함으로써 끝내 한통속이 되어 버렸으니, 그 정상이 너무도 흉패합니다.

아! 저 무리들이 은밀히 딴 뜻을 쌓아온 지 무릇 여러 해가 되었습니다.

뒤에 둘러 설치했다. 본문에서는 임금의 옥좌를 이른다.

436) 변모(弁髦) : 변(弁)은 치포관(緇布冠)으로서 관례(冠禮)를 행하기 전에 잠시 쓰는 갓이고, 모(髦)는 총각의 더벅머리를 말한다. 관례가 끝나면 모두 소용없게 되므로, 본문에서는 무용지물의 비유로 쓰였다.

저들이 조석으로 획책한 것은 모두 성궁을 각박하게 단속하는 일이요, 밤낮으로 도모한 것은 모두 임금의 지위를 동요시키는 일이었으므로, 식견이 있는 이들은 오래전부터 지난번의 일이 일어날 줄 알고 있었습니다.

효경(梟獍)437) 같은 무리가 문을 막고 서서 으르렁대며 짖는 바람에 충언을 아뢸 길이 없었는데, 지금 다행히도 하늘이 성심(聖心)을 열어주시어 과감하게 결단을 내리시니, 처분이 크게 정해졌고 조정은 맑아졌습니다.

그리하여 여우와 쥐새끼 같은 무리가 차례로 처단되고, 그들의 심복에게는 천극의 형전이 베풀어졌는데 정작 원흉이라 할 수괴는 홀로 편안히 있으니, 토죄의 상전(常典)에 비추어 보아도 경중이 뒤바뀌었다고 할 만합니다.

삼척(三尺)의 지엄한 법에 의하면 만 번을 죽인다 해도 용서하기 어렵습니다. 만약 이 무리가 하루라도 도성 안에 머무른다면 나라에 하루치의 근심을 끼칠 것이 분명하므로 속히 외딴 섬으로 내쳐 화근을 잘라내지 않을 수 없습니다. 청컨대 전 영의정 김창집, 영부사 이이명, 판부사 조태채를 우선 절도에 위리안치하시고, 전 좌의정 이건명은 일을 마치고 돌아오기를 기다렸다가 아울러 함께 처벌하십시오.”

하자, 이에 주상이 답하기를, “아뢴 대로 하라.” 하였다.

○ 사간 이진유가 아뢰기를,

“문외출송 된 죄인 이홍술이 간악하고 인륜을 저버렸으며 남몰래 불측한 마음을 품은 정황은 성명께서 이미 통촉하신 바입니다. 그는 김창집에게 빌붙어 그 심복이 되자, 창집의 사람들을 끌어들여 막하에 포진시켰으며, 창집의 집을 드나들면서 번번이 한밤중에 달려가 긴밀하게 결탁하였고 종적이 은밀하였습니다.

---

437) 효경(梟獍) : 효(梟)는 어미를 잡아먹는 올빼미 종류의 악조(惡鳥)이며, 경(獍)은 아비를 잡아먹는 호랑이 종류의 악수(惡獸)이다. 매우 흉악하여 인륜을 모르는 사람을 비유하는 말로 쓰인다. 《漢書 郊祀志》

육현(陸玄)은 명인(名人)이라 일컬어지며 술수(術數)에 해박하였는데, 오랫동안 김창집의 밀객(密客)으로 있다가 틈이 생겨 배반하고 떠난 후, 이홍술이 김창집의 사주를 받고 입막음을 하느라 매질해 결국 쳐 죽이고[438] 거짓으로 옥안(獄案)을 만들어 훗날 근거할 자료로 삼으니, 그 정적(情迹)을 헤아리기가 지극히 어려워 나라 안의 의혹이 지금까지도 그치지 않고 있습니다.

이미 내쳐진 후에도 군향전(軍餉錢) 2백 냥과 쌀 50석을 제멋대로 싣고 갔고, 조총색전(鳥銃色錢) 2천 냥·군색전(軍色錢) 5백 냥·면포(綿布) 6동(同)·명주 2동·저포(苧布) 2동은 신영(新營)에 이송한다는 명목으로, 군향미(軍餉米) 6백 석은 고자(庫子)[439]가 축낸 것을 탕감해 주었다는 명목으로, 염초청(焰硝廳)의 돈 6백 냥은 사인(私人) 최태진(崔泰晉)에게 꾸어준 것을 또한 탕감하여 주었다는 명목으로 모두 그 집으로 실어 보내면서 장교(將校)와 이서(吏胥)에게는 넉넉하게 체급(帖給)하여 입을 막는 방책으로 삼았습니다.

이홍술의 집은 본디 거부의 집안으로서 지금 연루된 죄명이 어떠한 명목인데 죄를 지어 파출된 와중에 관고(官庫)를 제멋대로 열고 수천의 군수품을 도적질하여 장차 어디에 쓰려는 것입니까? 그 흉악무도하고 은밀한 정상을 엄히 추궁하여 도로 물어내게 하지 않을 수 없으니, 문외출송된 죄인 이홍술을 잡아들여 엄히 신문하고, 색리(色吏)와 고자(庫子) 등은 본 영(本營)으로 하여금 실정을 조사하여 법에 따라 정죄(正罪)하게 하십시오.”

하자, 주상이 이르기를, “아뢴 대로 하라.” 하였다.

또 아뢰기를,

---

438) 이홍술이 …… 쳐죽이고 : 1720년(경종 즉위) 9월 당시 포도청 대장으로 있던 이홍술이 술사(術士) 육현(陸玄)을 장살(杖殺)한 일이 있었는데,《경종실록 즉위년 9월 21일》기사에는 김창집이 육현과 친밀하게 지내며 은밀한 일을 알려 주었다가 그가 말을 누설할까 두려워 입을 막기 위해 이홍술을 시켜 죽였다고 기록되어 있으나,《경종수정실록》같은 날 기사에는 이홍술이 요사한 술사를 죽이자 사람들이 통쾌해하였는데, 나중에 목호룡이 이로써 이홍술의 죄를 엮어내었다고 기록되어 있다.
439) 고자(庫子) : 조선시대 각종 창고를 지키며 출납을 맡아보던 하급관직으로, ‘고지기’라고도 하였다.

"전 승지 김제겸은 흉악한 괴수440)의 아들로서, 권력에 기대어 음흉한 속셈을 제멋대로 행하고, 그 아비를 부추겨 흉악한 음모를 은밀히 찬조하였으며, 논의를 펼쳐 당류(黨類)를 조종하였습니다. 저들이 나라를 병들게 하고 세도(世道)에 해를 끼친 일들은 모두 이들 가운데서 양성되었으니, 바로 옛날 엄숭(嚴嵩)의 엄세번(嚴世蕃)441)이고, 오늘날 민암(閔黯)의 민장도(閔章道)442)라 할 것입니다.

그리고 상역(商譯)443)과 결탁하여 한정 없이 재물을 탐하였는데, 시험 삼아 드러난 일을 말씀드리겠습니다. 그가 출신(出身)444)했던 초에 그의 아비가 사역원(司譯院)의 제거(提擧)였는데, 이에 설관(舌官)445)에게 넌지시 귀띔하여 명목에 따라 채색 비단을 바침으로써 사은(私恩)을 갚게 하였습니다.

송도의 상인 또한 그 아비가 일찍이 사사로이 비호해 주던 자인데 그에게서 비단을 받아 창기에게 넉넉히 주고 자신의 영분(榮墳)446) 행차를 사치스럽게

---

440) 흉악한 괴수 : 김창집을 이른다.

441) 엄숭(嚴嵩)의 엄세번(嚴世蕃) : 엄숭은 명나라 때의 권신(權臣)이고 엄세번은 그 아들이다. 엄숭은 명나라 세종(世宗)이 도교에 빠진 것을 이용해 국정을 농단하였고 엄세번 역시 환관들을 매수해 세종의 일거수일투족을 모두 파악하니, 사람들이 그들 부자를 '대승상(大丞相)과 소승상(小丞相)'이라고 불렀다. 20여 년간 악행과 부정을 저지른 끝에 결국 탄핵을 받아 엄세번은 참수되고, 엄숭은 고향으로 쫓겨났다가 병으로 죽었다. 《明史 奸臣列傳 嚴嵩》

442) 민암(閔黯)의 민장도(閔章道) : 민암(1636~1694)은 1689년(숙종15) 기사환국 때, 김수항(金壽恒)·송시열(宋時烈)을 탄핵하여 그들의 처형을 관철시킨 남인의 영수였고, 민장도(1655~1694)는 민암의 아들이다. 이들 부자는 1694년(숙종20) 갑술환국 때, 인현왕후를 복위시키려 한다는 고변을 이용하여 일대 옥사를 일으키려 했다는 혐의를 받고 죽임을 당하였다.

443) 상역(商譯) : 역관(譯官)을 이르는 말로, 조선시대 역관들이 무역에 종사하였기 때문에 이렇게 불렀다. 상서(商胥)라고도 한다.

444) 출신(出身) : 김제겸은 1705년(숙종31) 진사가 되고, 1710년 세마(洗馬)로 기용되었으며, 고양군수를 거쳐 사복시첨정(司僕寺僉正)으로 재직 중 1719년(숙종45) 증광문과에 병과로 급제하였다.

445) 설관(舌官) : 역관(譯官)을 이른다.

446) 영분(榮墳) : 새로 과거에 급제하거나 벼슬한 사람이 고향의 조상 묘에 찾아가 풍악을 울리며 그 영예를 아뢰던 일을 이른다.

꾸몄습니다.

유취장(柳就章)447)이 경상도 병마절도사로 있을 때, 안씨 성을 가진 군관을 시켜 백여 관(貫)의 전(錢)과 여러 동(同)의 군목(軍木)을 실어 보내게 하였으니, 이러한 종류의 일은 이루 다 헤아릴 수가 없을 정도입니다.

지난번 시골 유생이 그의 아비를 참(斬)하라 청한 데 대해 비지가 아직 내리지 않았는데, 태연히 호창(呼唱)하며 금려(禁廬)448)에 출입하고 스스로 무고한 듯 행동하였으니, 아비를 업신여기는 그의 패륜한 실상을 이로써 알 수 있습니다.

합계(合啓)가 한창인 지금, 움츠려 근신하고 공경히 처분을 기다리는 뜻은 전혀 없이 야밤에 출몰하고 그 행적이 신출귀몰하니, 이러한 사람은 하루도 도성 안에 그대로 둘 수 없습니다. 청컨대 김제겸을 극변에 원찬하소서."

하자, 주상이 이르기를, "아뢴 대로 하라." 하였다.

또 아뢰기를,

"전 승지 김일경의 사직소에 대한 비답에서 '흉인(凶人)' 두 글자는 이정익을 지척(指斥)한 것이 분명함에도 불구하고 승지 황선(黃璿)449)이 감히 성상의 하교에 착오가 있다 치부하고 사알을 불러 제멋대로 고칠 것을 청하였는데450)

---

447) 유취장(柳就章) : 1669~1722. 본관은 진주(晉州), 자는 여진(汝進)이다. 1721년(경종1)에 분부총관(分副摠管)을 지내고, 이듬해 훈련중군(訓鍊中軍)이 되었다. 신임옥사 때 소론의 탄핵을 받고 유배되었다가 처형되었다. 노론에 의해 백시구(白時耉)·김시태(金時泰)·심진(沈搢)·이상집(李尙馣)과 함께 신임옥사의 다섯 절도사[五節度]로 일컬어졌다.

448) 금려(禁廬) : 대궐에서 시종하는 관원이 머무르는 관사를 이른다. 김제겸은 경종 1년 10월 22일 승지로 임명되었다가 같은 해 12월 6일 파직되었다. 《景宗實錄 1年 10月 22日, 12月 6日》

449) 황선(黃璿) : 1682~1728. 본관은 장수(長水), 자는 성재(聖在), 호는 노정(鷺汀)이다. 1710년 (숙종36) 진사가 되고, 그해 증광문과에 병과로 급제하여 청요직을 두루 역임하였다. 1721년(경종1) 승지로 재직하다가 박필몽의 탄핵을 받아 유배되었다. 1725년(영조1) 복직되어 형조참판 등을 거쳐 1727년 대사간이 되었다. 1728년 이인좌(李麟佐)의 난 때 거창 지방을 뒤흔든 정희량(鄭希亮)의 난을 평정하였다.

450) 흉인(凶人) …… 청하였는데 : 동부승지 김일경이 사직을 청하는 상소에서 "신이 이정익의 핍존(逼尊) 죄를 탄핵하자 10년이 지난 후에 이정익이 갑자기 옛 직첩을 되돌려

본원의 낭청(郎廳)도 또한 함께 듣지 못하였다고 합니다.[451]

만약 성상의 비답에 진실로 오류가 있어서 명백하게 작환(繳還)[452]하였다면 그 누가 불가하다고 하겠습니까? 그런데 사당을 곡진히 비호하고 엄한 하교를 피하고자 동쪽을 일러 서쪽이라 하고 터무니없는 말로 넌지시 아뢰어 끝내 비답을 고쳐 내리게 하고야 말았습니다.[453] 그 핍박하고 우롱하며 기탄하는 바가 없는 정상이 극히 경악스러워, 이미 지나간 일이라 하여 그대로 둘 수 없으니, 황선을 원찬하소서."

하자, 주상이 이르기를, "아뢴 대로 하라." 하였다.

○ 윤지술의 일을 정계하였다.

○ 좌의정 조태구가 차자를 올려 황공한 마음으로 죄를 청하는 일과 체척하여 물러가도록 윤허해주시기 바란다는 일을 아뢰었다. - 중비(中批)로 특별히 복상(卜相)한 일[454]을 논하고, 또 공경히 화합[寅協]하라는 비망기[455]의 내용으로 인책(引責)

받아 도리어 낭자하게 욕설을 퍼부었다." 하자, 경종이 원래 "흉악한 사람이 상소한 말을 어찌 족히 입에 올릴 필요가 있겠는가?[兇人疏語, 何足掛齒?]"라는 비답을 내렸다. 이에 당시 입직 승지였던 황선(黃璿)이 김일경에게 내린 비답의 개정을 청하였다. 훗날 이는 "임금이 유약하여 과단성이 없으니 시배(時輩)들이 더욱 거리낌 없이 쥐고 펴는 것을 제멋대로 하였다."라는 빌미를 만들게 되고, 황선이 이정익을 '흉인'이라고 한 말을 숨기고자 한 것이었다고 하여 황선을 파직시키는 결과를 낳았다.《景宗實錄 即位年 8月 4日·30日》

451) 본원의 …… 합니다 : 황선을 탄핵한 송성명의 상소에 따르면, 황선은 비답의 개정을 청할 때 동료들과 의논도 없이 은밀하게 사알을 부르는 한편, 자신의 행동이 밖으로 새나가지 않도록 이서(吏胥)들을 경계하였다고 한다.《景宗實錄 即位年 8月 30日, 12月 19日》

452) 작환(繳還) : 임금의 전교에 잘못된 부분이 있다고 여길 경우, 승지가 전교를 하달하지 않고 되돌려 올리며 환수하기를 청함을 이른다.

453) 비답을 …… 말았습니다 :《연려술속(燃藜述續) 권1》에 따르면, 승지 황선의 미품에 따라 처음에 내린 비답 중 '흉인의 상소[凶人之疏]'라는 구절을 '기왕의 일[旣往之事]'로 고쳤다고 하였다.《경종실록》에는 처음 비답의 구절을 '흉인소어(兇人疏語)'라 하였고, 이후 고쳐 내린 구절은 밝히지 않았다.《景宗實錄 即位年 8月 4日》

하여 말하기를, "얼마 전 전조(銓曹)에 대한 견책(譴責)을 청한 것456)은 명의(名義)를 엄하게
하고 염치를 권장하라는 뜻에서 아뢴 말이었습니다. ……" 하였다. -

---

454) 중비(中批)로 …… 일 : 경종 1년 12월 11일, 우의정 조태구를 좌의정에 승배(陞拜)한
    일을 이른다. 《承政院日記 景宗 1年 12月 11日》

455) 공경히 …… 비망기 : 경종은 신축년(1721, 경종1) 12월 11일 비망기를 내려, 조정 신하들이
    공경히 화합하여 나랏일을 함께 건사할 것은 생각하지 않고 그저 공격하고 싸우는
    일에만 급급하다고 비판하며 각별히 신칙하는 뜻을 보였다. 《景宗實錄 1年 12月 11日》
    《承政院日記 景宗 1年 12月 11日》

456) 전조(銓曹)에 …… 것 : 우의정 조태구가 청대 입시한 자리에서, 이조판서 심단과 이조참
    판 김일경이 기사년(1689, 숙종15)의 당인(黨人), 즉 남인의 자손들을 청현직에 의망한
    것을 비판하며, 이들의 경책(警責)을 주장했던 일을 이른다. 《景宗實錄 1年 12月 9日》
    《承政院日記 景宗 1年 12月 11日》

《연려술속》 권4

○ **신축년(1721, 경종1) 12월 13일**, 정언 서종하(徐宗廈)와 윤성시(尹聖時)가 어제 자 비망기에서 조정 신료들이 공경히 화합하지 않는다고 한 일로, 헌납 이명의(李明誼)가 윤지술(尹志述)을 추국하라고 아뢴 일[1]과 공경히 화합하라고 한 비망기의 일로 연일 인피(引避)하자, 주상이 물러가 물론(物論)을 기다리게 하였는데, 처치하여 모두 출사하도록 청하였다.[2]

○ 좌의정 조태구(趙泰耉)가 차자를 올려 황공한 마음으로 죄를 청하는 일과 체척하여 물러가도록 윤허해주시기 바란다는 일을 아뢰었다. 차자에서 중비(中批)[3]로 특별히 복상(卜相)한 일을 논하고, 또 공경히 화합하라는 비망기의 내용에 대해 스스로를 허물하며 말하기를,

---

1) 윤지술(尹志述)을 …… 일 : 헌납 이명의와 정언 서종하가 계사를 올려, 윤지술이 지문(誌文)을 빙자하여 임금을 핍박하고 모욕한 것은 복주되어야 마땅할 일이나, 윤지술의 글은 윤지술 자신이 직접 작성한 것이 아니라 누군가가 은밀히 사주하여 대신 써준 정황이 의심되므로 그를 성급히 처형하기보다는 국문을 하여 사주한 자를 찾아내는 것이 우선이라고 주장하였다. 이에 대해 경종은 윤지술의 글이 대술(代述)일 리가 없고, 국청을 열어 신문하라는 대신(臺臣)의 청은 다만 정형을 지연시키려 하는 것에 불과하다고 답하였다. 윤지술의 추국과 관련하여 이명의 등이 인피하게 된 것은 이 때문이었다. 두 사람의 계사는 앞의 12월 11일자 기사에, 비답은 12일자 기사에 보인다.
2) 처치하여 … 청하였다 : 사간원에서 처치하여, 헌납 이명의, 정언 서종하, 지평 윤성시를 모두 출사하게 하도록 청하였다. 《承政院日記 景宗 1年 12月 13日》
3) 중비(中批) : 규정된 절차를 거치지 않고 특지로 관리를 임명하던 일이다. '중(中)'은 적중(的中)을 의미하고 '비(批)'는 결재를 뜻하는 것으로 특채를 말한다.

"얼마 전 전조(銓曹)에 대한 견책(譴責)을 청하였던 것[4]은 명의(名義)를 엄하게 하고 염치를 권장하라는 뜻에서 아뢴 말이었습니다. ……"

하니, 주상이 답하기를,

"어제의 승배(陞拜, 벼슬을 올려줌)는 그 뜻이 우연한 것이 아니다. 야밤의 윤음(綸音)은 조정을 안정시키기 위해 도움을 구하고자 하는 뜻에서 내렸을 뿐이니, 경에게 무슨 혐의할 것이 있겠는가? 경은 마음을 편안히 하여 사양하지 말고, 속히 출사하여 국사를 돌봄으로써 어려운 시국을 구제하고, 이로써 밤낮으로 근심하고 두려워하는 나의 바람에 부응하라."

하였다.

○ 강화유수 권업(權僕)[5]이 사직하자, 체직을 허락하였다.

○ 의금부에서 민진원(閔鎭遠)을 성주에 원찬하였고, 서종급(徐宗伋)을 고금도에, 이우항(李宇恒)을 신지도에 절도정배 하였으며, 홍석보(洪錫輔)를 영암에 극변원찬하였다.

○ 의금부에서 아뢰기를, "윤지술이 서명하기를 거부한다고 합니다." 하자, 전교하기를,

"죄악이 차고 넘치는데, 어찌 서명하기를 기다리겠는가? 정상(情狀)이 더욱 절통하고 해괴하니, 부대시참(不待時斬)[6]을 조속히 거행하라."

---

4) 전조(銓曹)에 …… 것 : 우의정 조태구가 청대 입시한 자리에서, 이조판서 심단과 이조참판 김일경이 기사년(1689, 숙종15)의 당인(黨人), 즉 남인의 자손들을 청현직에 의망한 것을 비판하며, 이들의 경책(警責)을 주장했던 일을 이른다. 《景宗實錄 1年 12月 9日》 《承政院日記 景宗 1年 12月 11日》

5) 권업(權僕) : 1669~1738. 본관은 안동, 자는 사긍(士兢), 호는 기오헌(寄傲軒)이다. 1691년(숙종17) 증광문과에 급제하여 청요직을 두루 거쳤다. 1721년(경종1) 경기감사로 있다가 신축환국으로 체직되었다. 영조 즉위 후 다시 등용되어 공조·형조·예조판서 등을 역임하였다.

하였다. 의금부에서 또 아뢰기를,

"응당 전교에 따라 지체없이 거행해야 하겠으나, 다만 반드시 죽여야 할 죄인이라도 결안(結案)에 대한 공초(供招)를 받아낸[7] 후에 형을 집행하는 것이 법의 취지이니, 각별히 엄형을 가하여 공초를 받은 후에 법에 따라 처형[8]하는 것이 어떻겠습니까?"

하자, 전교하기를,

"예사롭게 다루지 말고, 밤을 새우더라도 각별히 엄형을 가하여 반드시 공초를 받아내도록 하라."

하였다. 또 아뢰기를,

"전교에 따라 죄인 윤지술에게 공초를 받고자 한 차례 형문(刑問)을 가하였으나, 지술이 극악무도하여 형장(刑杖)을 참고 공초를 바치지 않았습니다. 성명이 내리신 명을 받들어 밤새도록 형문을 가해서라도 공초를 받아내야 마땅하나, 대개 의금부에서 형문하는 죄인은 죽여 마땅한 자라도 하루에 한번 형신(刑訊)하는 것 외에는 본디 연달아 형문을 가하는 규례가 없으니, 밤새도록 형문하는 것은 법례(法例)에 어긋납니다. 신들이 유사(有司)의 자리에 있으므로 구구한 소회를 황공한 마음으로 감히 아룁니다."

하자, 전교하기를,

"내일 다시 엄형을 각별히 가하여 공초를 받아낸 후 국법에 따라 속히 처형하되, 이 자는 예사로운 죄수가 아니니, 재소구기(齋素拘忌)[9]를 논하지

---

6) 부대시참(不待時斬) : 십악 대죄(十惡大罪) 등 극악한 죄를 범한 죄인에게 적용하는 형으로, 형이 확정된 후 즉시 참형(斬刑)을 집행하는 것을 말한다. 참고로 대시참(待時斬)은 봄·여름철에는 사형 집행을 중지하고 가을철 추분(秋分)까지 기다리는 것을 이른다.

7) 결안에 …… 받아낸 : 옥안(獄案)을 종결하여 공초(供招)를 받는 것, 곧 혐의자에게서 범죄를 자인하는 진술을 최종적으로 받는 것을 이른다.

8) 법에 …… 처형 : 원문의 '정형(正刑)'은 형벌을 바르게 집행한다는 의미로 대역(大逆)·강상(綱常)을 범한 자 등을 사형에 처하는 것을 말한다. 죄인의 존몰(存沒)에 관계없이 형벌을 집행하였다.

9) 재소구기(齋素拘忌) : 재소는 몸과 마음을 정결히 하여 재계(齋戒)하고 소찬을 먹는 것을 말하고, 구기는 흉하다고 꺼려 금기(禁忌)하는 것을 이른다. 본문에서 "재소구기를

말고 날마다 개좌(開坐)하라.”

하였다. 윤지술에게 두 차례의 형신을 가하였으나, 공초를 바치지 않았다.

○ 의금부에서 이홍술(李弘述)을 잡아 가두고, 김창집(金昌集)을 거제부에, 이이명(李頤命)을 남해에, 조태채(趙泰采)를 진도에 절도 위리안치하였고, 김제겸(金濟謙)을 울산에 극변 정배하였다.

○ **15일**, 사간원 – 이진유(李眞儒) – 에서 아뢰기를,

“지난번 비망기[10]가 내렸을 때, 노비나 아녀자라 할지라도 놀라고 두려운 마음에 경황이 없었는데 예조참판 이재(李縡)는 가까운 거리에 있었고 직책은 홍문관의 장관이었으니, 진실로 허겁지겁 달려와 울부짖으며 호소할 계책을 강구했어야 마땅한데, 시종일관 누운 채로 움직일 생각조차 없었고 종국에는 중병을 이유로 버젓이 사직소를 올렸으니, 신하의 분의(分義)가 땅을 쓴 듯이 사라졌습니다. …… 청컨대 이재를 삭출하소서.

죄인 윤각(尹慤)이 간사하고 사특한 자들의 주구가 되어 세력을 좇아 의리를 저버린 실상을 성명께서는 이미 통촉하고 계십니다. 무부(武夫)의 몸으로 권문(權門)에 빌붙어 남몰래 심복이 되어 은밀하게 이이명의 지시를 받았습니다. 외람되이 직책을 차지하고 교만 방자하게 굴었으며 분수에 넘치는 직임을 희망하며 이를 도모하는데 전념하였습니다.

경재(卿宰)와 시종신이 그의 집을 출입하였는데, 그들과 어깨를 나란히 하고 무시하기를 마치 제 또래의 벗을 대하듯 하였고, 권력을 쥔 상신(相臣)과 인척간이라고 하면서 깊은 밤에 출입하였으며, 자기보다 명성 높은 노련한

논하지 말라”한 것은, 윤지술의 형을 확정짓는 동안 형신을 금기해야 하는 국가의 대재(大齋)·소재(小齋) 등이 겹치더라도, 이에 구애받지 말고 조속히 시행하라는 경종의 특명이라 할 수 있다.

10) 비망기 : 왕세제에게 서무를 대리하게 하라는 조성복의 건의에 대해 경종이 세제의 대리청정을 허락한다는 내용으로 내린 비망기를 이른다.

장수들을 갖가지 계책으로 배척하여 물리치니, 그 간악한 정상에 인심이 놀라 분노하고 있습니다. 삭출은 그 벌이 너무 가벼워 죄를 징계하기에 부족하니, 청컨대 윤각을 원찬하소서.

형조참판 이유민(李裕民)11)은 본디 부끄러움을 모르는 일개 비루한 사내로서, 제 재주를 드러내어 자랑하기를 즐겼고, 이로써 출세의 발판을 삼았으니, 이제까지의 이력은 남우(濫竽)12)가 아닌 것이 없었습니다. 근자에 다시 흉적 김창집을 아첨하여 섬기고 그의 심복이 되어 외람되게도 아경(亞卿)13)의 반열에 오르고 장천(將薦)14)에도 올랐으며 급기야 형조에 제수되었으니, 놀랄 만한 일이 한두 가지가 아닙니다. 청컨대 이유민을 사판(仕版)에서 삭거하소서.

신이 문외출송된 죄인 이홍술을 잡아들여 조사할 것을 논계하여 윤허를 받았으나, 추후 자세히 들어보니, 각종 명목의 쌀과 포(布), 전(錢)의 수효가 신이 계사에서 논열한 외에도 누락된 것이 오히려 많다고 합니다. 해당 부(府)에서 엄밀히 추궁하면 실상을 캐낼 수 있을 것이니, 신이 들은 대로 번번이 논계할 것은 아닙니다.

그런데 화약색랑(火藥色郎) 허원(許源)은 군색(軍色)15)으로서 해당 색랑(色郎)

---

11) 이유민(李裕民) : 1658~1729. 본관은 청해(靑海), 자는 덕유(德裕)이다. 1696년(숙종22) 식년문과에 급제하여 1714년 청요직에 진출하였다. 1721년(경종1) 형조참판에 올랐다가 이진유 등 소론에게 배척을 당하여 관작을 삭탈 당하였다. 1725년(영조1) 병조판서에 특진되고, 이어 기로소(耆老所)에 들어갔다. 1728년 공조판서로서 이인좌(李麟佐)의 난의 평정을 도와 왕의 신임을 받았으며, 도총관·지의금부사를 지냈다. 뒤에 좌찬성에 추증되었고, 시호는 정민(貞敏)이다.

12) 남우(濫竽) : 재주 없이 피리 부는 흉내만 내면서 녹을 먹고 있는 사람이라는 말로, 무능한 사람이 재능이 있는 척만 하고 실제로는 직책이 분에 넘쳐 감당하지 못한다는 뜻이다. 제 선왕(齊宣王)이 우(竽)를 좋아하여, 반드시 300인을 모아 합주하게 하자, 남곽 처사(南郭處士)가 원래 피리를 불지도 못하면서 그 많은 사람들 가운데 끼어 피리를 불어 한때는 속여 넘겼으나, 민왕(湣王)이 즉위하여 한 사람씩 연주하게 하니, 처사가 탄로 날까 두려워서 도망갔다는 고사가 전한다. 《韓非子 內儲說上》

13) 아경(亞卿) : 육조(六曹)의 참판을 이른다.

14) 장천(將薦) : 군문, 즉 훈련도감(訓鍊都監), 어영청(御營廳), 금위영(禁衛營), 수어청(守禦廳), 총융청(摠戎廳) 등 오군영(五軍營) 대장의 천망에 오른 것을 이른다.

15) 군색(軍色) : 조선시대 훈련도감·금위영·어영청·총융청 등 군문(軍門)에 딸린 부서 및

을 대신하여 개좌하라는 분부를 받고 군색전(軍色錢) 5백 냥·면포(綿布) 6동(同)·명주 2동·베 2동·저포(苧布) 2동을 신영(新營)에 이송한다며 그대로 싣고 갔다 합니다. 이는 허원 또한 감히 숨기지 못한다고 하니, 훈련도감의 제색 낭청(諸色郎廳)을 모두 잡아들여 가두고 모두 함께 빙핵(憑覈)[16]하십시오. 또 주고받은 문서를 일일이 찾아내어 비교 조사하고, 색리(色吏)와 고자(庫子) 등도 유사(攸司)로 하여금 잡아 가두고 엄히 조사하여 실정을 알아내게 하소서.

육현(陸玄)을 때려죽였을 때의 일은 비록 주위 사람들을 물리쳤다고는 하나 당시 종사관들은 이 일을 모를 리가 만무하니, 훈련도감으로 하여금 현고(現告)[17]하여 잡아다 조사하게 하소서."

하자, 답하기를, "아뢴 대로 하라." 하였다.

전계(前啓)에서 심단(沈檀)을 개정(改正)하라고 청한 일[18]을 정계(停啓)하였다.

○ 장령 이제(李濟)가 아뢰기를,

"신은 흉얼(凶孼)들이 나라를 좌지우지하며 종묘사직이 점차 위기에 처하는 것을 목도하였으므로 법에 따라 토벌을 청하는 일을 일각이라도 늦출 수가 없다 보고, 삼사의 신하들과 한 목소리로 진계하였습니다.

그런데 조태채는 비록 대신의 반열에는 있으나 정승의 자리에 오른 지 오래되지 않았고 계속해서 서추(西樞)[19]에 있었으므로, 그가 지은 죄는 3흉(三

그 부서에 직속된 벼슬아치를 이른다.

16) 빙핵(憑覈) : 범죄 사실을 증명할 만한 근거에 의거하여 실상을 조사, 밝혀내는 것을 이른다.

17) 현고(現告) : 범죄나 잘못을 저지른 사람의 이름을 지적하여 고하는 것이나 고한 내용으로, 지명현고(指名現告) 또는 지고(指告)라고도 한다.

18) 개정(改正)하라고 …… 일 : 당시 이조판서 심단은 이조참판 김일경과 함께 이른바 명의죄인(名義罪人)이라 낙인찍힌 남인의 자손들을 청현직에 의망한 일로 강력히 비판받고 있었다.

19) 서추(西樞) : 서반(西班)의 종1품 아문인 중추부(中樞府)를 달리 이르는 말이다. 특정한 사무가 없이 문무의 당상관(堂上官)으로서 소임이 없는 사람들을 소속시켜 대우하던 기관이다.

[凶)[20])과 차이가 있는 듯하였고, 연명 차자[21] 또한 수범(首犯)과 종범(從犯)의 구별을 두지 않을 수 없기에 죄를 조율할 때 신이 그의 죄를 차감하였습니다.

이후 물의(物議)를 듣건대 이 한 가지 조항 때문에 큰 비난이 일어나 계사에 참여한 대신(臺臣)들이 잇달아 인피하였으니 신이 어찌 감히 제 소견이 옳다 하며 홀로 편안히 직차(職次)에 있을 수 있겠습니까? 체직을 청합니다."

하고 물러가 물론을 기다리자, 출사하게 하였다.

○ 사헌부 - 이제(李濟)·윤성시(尹聖時) - 에서 아뢰기를,

"몇 해 전, 전 승지 이정익(李禎翊)은 상소에서 '은혜를 팔아 복을 구한다.'[22]는 주장을 방자하게 쓰면서도 윗사람을 핍박[23]하는 혐의에 대해 전혀 거리낌이 없었습니다. 당시 이 무리의 안중에 전하가 보이지 않은 지 오래되었으므로 나라 안의 사람들이 모두 통분하였으니, 이것이 곧 대신(臺臣) 김일경(金一鏡)이 상소를 올려 발론[24]한 까닭입니다.

---

20) 3흉(三凶) : 김창집·이이명·이건명을 가리킨다.

21) 연명 차자 : 1721년(경종1) 10월 17일, 영의정 김창집·영중추부사 이이명·판중추부사 조태채·좌의정 이건명이 올렸던 연명 차자를 가리킨다. 같은 해 10월 10일, 세제(世弟)에게 대리청정을 명하는 경종의 비망기가 내려지자 대소신료들이 그 명을 거두도록 정청(庭請)하였는데, 같은 달 17일 이들 네 대신이 정청을 중지하고 연명으로 차자를 올려 대리청정의 명을 받들겠다고 하였다. 이들은 연명 차자에서 정유년(1717, 숙종43)의 절목(節目)에 의거하여 왕세제의 대리청정을 거행하도록 요청하였다.

22) 은혜를 …… 구한다 : 1706년(숙종32), 이정익은 당시 남구만(南九萬)과 최석정(崔錫鼎), 유상운(柳尙運) 등을 비판한 '깊은 근심과 지나친 염려[深憂過慮]'라는 표현에 대하여 이들의 본질은 '나라를 위한 깊은 근심과 지나친 염려'에 있는 것이 아니라 '은혜를 팔아 복을 구하는데[市恩邀福]' 있다고 주장하였다. 이로써 이정익은 인현왕후에 대한 신하의 의리를 강조하고, 장희재와 장희빈 처벌에 반대했던 남구만 등을 세자에게 아부하였다고 비판하였다. 1720년(경종 즉위), 임금을 핍박하였다는 김일경의 탄핵을 받았고, 이어 1721년(경종1) 원로를 침해했다는 사헌부의 탄핵을 받고 삼수(三水)에 유배되었다.

23) 윗사람을 핍박 : 이정익이 남구만 등을 비판하면서 '시은요복(市恩徼福)'이라고 말한 것은 결국 세자 시절 경종을 핍박하는 말이었다는 의미이다.

24) 소를 …… 발론 : 지평 김일경이, 이정익의 상소 중 "은혜를 팔아 복을 구한다.[市恩徼福.]" 는 네 글자에 대해, "누구에게서 은혜가 나오고 어디에서 복이 생기는 것이며, 누구에게

선대왕께서 이러한 정상을 통찰하시고, 오랫동안 서용하지 않았는데, 전조
(銓曹)에서 일찍이 춘방(春坊)25)의 의망에 올리자 특별히 엄한 하교를 내리셨습
니다. 일찍이 정유년(1717, 숙종43)에 고 상신 윤지완(尹趾完)이 상소하여
그의 죄상을 논한 것은 말이 엄하고 의리가 바른 것이었으므로, 그가 처신하는
도리로는 두려움과 부끄러움에 어쩔 줄 몰라 하는 것이 마땅함에도 감히
당돌하게 글을 올려 조금의 거리낌도 없이 원로를 비난하고 모욕하였습니다.

혹은 '도모하고 억측한 것이 너무도 절통하다.' 하였고, 또 혹은 '다른
사람에게 화를 전가하는 수단이 죽음이 임박한 구십 나이의 대신에게서
나왔다.' 하는 등 제멋대로 입에 올려 추악하게 욕해서 위축되거나 대죄하는
뜻은 조금도 없었으니, 그가 군부를 멸시하고 조정을 경시한 죄를 엄히
다스리지 않을 수 없습니다. 이정익을 극변에 원찬하소서.

유학(幼學) 이희지(李喜之)26)는 이사명(李師命)의 아들로서 천성이 요망하고
사악하여 대대로 악행을 저질러 왔습니다. 생사를 같이 했던 김춘택(金春澤)27)

은혜를 팔고 어느 곳에서 복을 구한다는 것입니까? 아래로는 대신을 위협하고 위로는
항거하며 핍박하는 바가 있습니다."고 비판한 일을 이른다. 《肅宗實錄 32년 1월 21日》
25) 춘방(春坊) : 세자시강원(世子侍講院)을 가리킨다. 세자를 모시고 경사(經史)를 강독하며
도의(道義)를 바르게 계도(啓導)하는 일을 관장하였다.
26) 이희지(李喜之) : 1681~1722. 본관은 전주, 자는 사복(士復), 호는 응재(凝齋)이다. 판서
이사명의 아들이며, 좌의정 이이명의 조카이다. 1722년(경종2) 임인옥사 당시 목호룡(睦
虎龍)이, 김창집의 손자 김성행(金省行), 이이명의 아들 이기지(李器之)와 조카 이희지(李喜
之), 사위 이천기(李天紀), 김춘택(金春澤)의 재종제 김용택(金龍澤) 등 노론 명문가 자제들
이 환관, 궁녀들과 결탁하여 숙종의 임종 무렵 '삼수(三手)'로 당시 세자이던 경종을
죽이려 했다고 고변하였다. '삼수'란 '대급수(大急手), 소급수(小急手), 평지수(平地手)'를
말하는데 '대급수'는 자객을 시켜 칼을 품고 궁중에 들어가 시해하는 것이고 '소급수'는
독약을 궁녀에게 주어 음식물에 타서 독시(毒弑)하는 것이고 '평지수'는 선왕(先王)의
전교를 위조하여 폐출하는 것이다. 당시 이희지는 수사 도중 형장을 맞고 죽었다.
27) 김춘택(金春澤) : 1670~1717. 본관은 광산, 자는 백우(伯雨), 호는 북헌(北軒)이다. 광성부
원군(光城府院君) 김만기(金萬基)의 손자이며, 판서 김진귀(金鎭龜)의 아들이다. 노론
훈척(勳戚) 가문 출신으로 경신환국 이후 더욱 대립이 심해진 당쟁의 중심에 있었으므로,
남구만 등 소론으로부터 정치공작을 펼친다는 비난을 받았다. 1694년(숙종20) 한중혁(韓
重爀) 등과 함께 폐비 민씨의 복위를 도모하였는데, 민암(閔黯) 등이 저지하려다가
도리어 축출되어 서인이 다시 집권하였다. 1701년 소론의 탄핵을 받아 부안(扶安)에

이 죽은 후, 진사 유택기(兪宅基)·전 좌랑 심상길(沈尙吉)[28]·종묘직장 홍의인(洪義人)[29]과 긴밀하게 결탁하여 도성에 출몰하였는데, 깊은 밤 왕래하면서 문을 닫아 손님을 물리쳤습니다.

지난번 간당(奸黨)의 흉악한 상소와 패악한 계사가 모두 이 무리의 손에서 나왔으므로 천 사람이 손가락질하고 온 나라 안에 말들이 떠들썩합니다. 나라가 위기를 맞은 지금, 하루도 이들을 도성 안에 둘 수 없으니, 청컨대 이희지·유택기·심상길·홍의인을 먼 곳에 정배하소서.

요망한 흉적 윤지술이 군부를 핍박하고 욕보인 죄는 실로 왕법으로 용서하기 어려우니, 지금 조정에 있는 신하들 중 어느 누가 감히 너그러이 용서하자고 주장하겠습니까? 그런데 지난번 이조참의 서명균(徐命均)이 상소 말미에 아뢴 소회[30]가 지극히 사리에 어긋났습니다.

윤지술의 말을 '망령되고 흉패하다.'하기도 하고 또 '모두 머리를 모아 놀라고 의혹하며 사기(士氣)가 침체되었다.' 하여, 마치 죄 없는 선비를 죽여 민심이 놀라 두려워하는 듯이 말하였습니다. 윤지술을 법에 따라 처형하라는

유배되었으며, 희빈 장씨의 소생인 세자를 모해하였다는 혐의를 입어 서울로 잡혀가 심문을 받고, 1706년 제주로 옮겨졌다가 1712년 풀려났다.

28) 심상길(沈尙吉) : 1678~1722. 본관은 청송(靑松), 자는 길보(吉甫)·자팔(子八), 호는 연옹(蓮翁)이다. 1702년(숙종28)과 1715년 한성시(漢城試)에서 거듭 장원하고, 잇달아 진사시에 입격하였다. 1716년 침랑(寢郞)이 되었으며, 형조좌랑 등을 역임하였다. 1721년(경종1) 12월 15일, 사헌부가 좌랑 심상길이 이희지·홍의인 등과 서로 작당해 야밤에 왕래하니 원배(遠配)하라 청하여, 웅천현(熊川縣)에 정배(定配)되었다. 이후 1722년(경종2) 목호룡(睦虎龍)의 고변으로 국청(鞫廳)에 잡혀 들어와 형신을 당한 끝에 역적으로 처형되었다. 1766년(영조42)에 복관되었으며, 1802년(순조2) 집의(執義)에 추증되었다.

29) 홍의인(洪義人) : 1683~1722. 선공감 봉사로 있다가 목호룡의 고변으로 투옥되어 네 차례 형문을 받다가 장살되었다. 소론 김일경의 사주를 받은 목호룡은 노론 4대신이 경종을 시해하려 한다고 고변하여 옥사가 크게 일어났는데, 그는 은자(銀子) 50냥을 궁녀에게 주고 궁중과 연락을 취하였다는 혐의를 받았다.

30) 서명균이 …… 소회 : 이조참의 서명균이 1721년(경종1) 12월 11일 상소하여, 윤지술은 관학유생의 신분으로 상소를 올렸고, 소의 내용이 불경하기는 하나 그 죄가 반역죄와는 차이가 있으니 그의 사형을 감형하여 줄 것을 청하였다. 본서 앞의 같은 날짜 기사에 보인다.

전교가 한번 내리자 인심이 뛸 듯이 통쾌해하고 사류들도 모두 칭탄해마지 않는데, 서명균은 사기가 침체되었다는 정황을 어디에서 듣고 이러한 말을 하는 것입니까? 정상을 참작해 용서하자는 논의를 창안하여 흉당의 입을 끌어주고 도와주었으니, 이는 신이 생각지도 못한 일입니다.

대신이 일반적으로 논한 것은 임금의 살리기를 좋아하는 덕[31]을 돕는데 해가 되지 않지만,[32] 지금 서명균이 이처럼 직위에서 벗어난 논의를 낸 것은 직분을 벗어난 월권행위이고 이치에 맞지 않는 말이 많아서 견책하고 처벌하는 방도가 없을 수 없으니, 청컨대 서명균을 파직하소서."

하자, 답하기를, "아뢴 대로 하라." 하였다.

○ 교리 윤연(尹㢞)이 상소하였는데, 그 개략은,

"한두 가지 어리석은 소견을 덧붙여 성상께서 살펴보시고 받아들이도록 대비합니다."

하는 일이었는데, 답하기를,

"아뢴 조항들이 바로 나의 병통을 정확하게 지적하고 있으니, 유념하지 않을 수 있겠는가?"

하였다.

○ 판의금부사 홍만조(洪萬朝)가 서명균의 상소로 인해 인혐하는 상소에서 말하기를,

"신이 당초 숙배하였던 것은 다만 성명을 받들어 흉적들을 조속히 감단(勘

31) 살리기를 …… 덕 : 법관인 고요(皐陶)가 순(舜) 임금에 대해 "죄가 의심스러운 것은 가볍게 벌하시고 공이 의심스러운 것은 후하게 상주시며, 죄 없는 자를 죽이느니 차라리 떳떳한 법대로 하지 않은 실수를 범하겠다고 하시어 살리기를 좋아하는 덕이 민심에 흡족합니다.[罪疑惟輕, 功疑惟重, 與其殺不辜, 寧失不經, 好生之德, 洽于民心.]"고 하여 그 호생지덕(好生之德)을 찬양한 말을 원용한 것이다.《書經 大禹謨》

32) 대신의 …… 않지만 : 1721년 12월 10일 우의정 조태구가 차자를 올려 윤지술을 죽이는 것을 반대한 일을 가리킨다. 본서 앞의 같은 날짜 기사에 보인다.

斷)33)하고자 함이었는데, 사죄(私罪)로써 선비를 죽이려 한다는 논의가 명관(名官)의 입에서 나왔습니다. 한번 인책(引責)하였을 때는 원래 비난하는 말이 없었는데 서명균이 미처 상달하지 못한 소에서는 심지어 잘못을 들추어내어 죄를 삼는다는 말까지 있었습니다. ……"

하였다. 또 말하기를,

"추국 중인 죄인 이홍술의 죄목이 신의 내종제 김창집과 연루되어 있으니34), 응당 피혐해야 할 혐의가 있습니다. ……"

하자, 답하기를,

"사리에 어긋난 말 때문에 혐의할 필요가 없다. 이미 차당(次堂)에게 죄를 심의하라는 명을 내렸다.35)……"

하였다.

○ 동지의금부사 박태항(朴泰恒)이 상소하였는데, 그 대개에,

"신은 지난번 조성복(趙聖復)의 죄를 다스리기를 청한 일 때문에 박치원(朴致遠)으로부터 거듭 무함을 받았으므로, 이번에 박치원을 조사하여 실정을 밝혀내라는 명이 내렸으나 참여하기가 어렵습니다. ……"

하자, 답하기를, "경에게는 혐의가 없다." 하였다.

○ 지의금부사 이징귀(李徵龜)가 사직 상소에서 말하기를,

"역적 윤지술의 죄악에 신인(神人)이 공분(公憤)에 차 있으니, 신하된 자가 이러한 때 어찌 감히 병을 입에 올리겠습니까만 신이 병이 들어 ……"

---

33) 감단(勘斷) : 죄상을 조사 심리(審理)하여 형벌을 정하다.
34) 신의 …… 있으니 : 홍만조의 어머니는 김광찬(金光燦)의 딸로, 김수항(金壽恒)은 홍만조의 외삼촌이 되고, 김수항의 아들 김창집은 홍만조와 내종 사촌 간이 된다.
35) 차당(次堂)에게 …… 내렸다 : 판의금부사(判義禁府事)인 홍만조가 피혐하여 수당상(首堂上)의 자리가 비게 되었으므로 차당상(次堂上)인 지의금부사(知義禁府事)에게 심의의 명을 내렸다고 말한 것이다.

하니, 체직을 허락하였다.

○ 참지 이인복(李仁復)이 상소하여, 유숭(兪崇) 등을 소급해 논하기를,[36]
"지난 소에서 4흉(四凶)[37]의 죄를 다스리기를 청하였는데, 그의 문하로서
승정원에 포진해 있는 자들이 큰 기휘(忌諱)로 간주하여 맹수가 짖어대듯
으르렁거렸습니다. 유숭은 '방자하여 거리낌이 없다.' 하였고, 조영복(趙榮福)
은 '기회를 틈타 준동한다.' 하였으며, 안중필(安重弼)은 '화를 불러일으키려는
마음을 품었다.'하며 이의천(李倚天)을 시켜 탄핵하였고, 서종급(徐宗伋)을 사주
하여 비난하였습니다. ……"
하였다.

○ 전교하기를, "대신을 명초(命招)하여 복상(卜相)하게 하라." 하였다.

○ 병조판서 최석항(崔錫恒), 참찬[38] 홍만조, 형조판서 이광좌(李光佐), 청은
군(淸恩君) 한배하(韓配夏), 공조참판 유봉휘(柳鳳輝), 병조참판 이태좌(李台佐),
사직 박태항, 호조참판 조태억(趙泰億), 이조참판 김일경을 비변사 당상관에
차하(差下)하고, 최석항·이태좌·유봉휘는 유사(有司)의 직임을 그대로 살피게
하였다.

---

36) 유숭 …… 논하기를 : 형조참의였던 이인복이 노론 4대신의 연명 차자를 비판하는
    상소를 올렸는데, 이에 대해 우승지 유숭이 내용이 과격하니 소를 받아들이지 말고
    환급해야 한다고 주장하여 윤허를 받은 일이 있다. 본서 앞의 10월 18일자 기사에
    보인다. 이에 이인복은 이 일을 다시 소급하여 당시 우부승지 유숭, 좌부승지 조영복,
    우승지 안중필 등을 비판하고 있다.
37) 4흉(四凶) : 노론 4대신을 가리킨다. 4대신은 임인년 옥사에서 죽은 김창집·이이명·이건
    명·조태채로서, 왕제인 연잉군(延礽君)을 세제로 추대하였고 곧이어 세제의 대리청정을
    도모하다가 경종에 대한 불충(不忠)이라는 소론의 반격을 받고 이듬해 임인년 옥사에서
    모두 죽임을 당하였다.
38) 참찬 : 《승정원일기 경종 1년 12월 15일》 기사에 따르면 당시 홍만조는 좌참찬이었다.

○ 16일, 좌의정 조태구가 차자를 올려 아뢰기를,

"어제 복상하라는 명을 내리셨는데, 신이 병으로 인해 미처 입궐하지 못하였습니다. ……

하자, 주상이 답하기를,

"과로한 나머지 경의 병세가 이리되었으니, 나의 근심과 우려를 어찌 이루다 말할 수 있겠는가? 경의 뜻[39]을 윤허할 수 없는 것은 사세가 진실로 그러한 것인데, 경은 어찌 병을 허물로 삼아 면직을 바라는가? 신명의 가호로 병은 거의 나을 것이니, 경은 마음을 평안히 하여 사직하지 말고 차분히 잘 조리하라."

하였다.

○ 사헌부 - 이제·윤성시 - 에서 아뢰기를,

"문외출송된 죄인 이만성(李晩成)은 오랫동안 요직을 차지하고 당동벌이(黨同伐異)[40]의 논의를 주장하여, 온 세상이 그 심사와 행동거지를 지목해온 지 오래되었습니다. 조성복의 상소가 나온 후, 조금이라도 신하된 마음을 가진 사람이라면 누군들 깊이 미워하고 통렬히 배척하지 않았겠습니까?

그런데 조성복이 유배를 떠날 때 이만성은 병조판서의 몸으로 직접 가서 만나고 물품을 넉넉하게 보냈으므로 그 긴밀한 정적(情跡)에 사람들이 모두 의혹을 품고 있습니다. 또 한창 정청을 거행하고 있을 때 그가 가장 먼저 지레 정청을 파하자는 논의를 발의한 것을 동렬의 재신(宰臣)들 중에도 직접 들은 자가 있습니다.

그가 흉당과 결탁하여 안팎으로 부화뇌동한 정상이 남김없이 드러났는데, 이처럼 엄중한 징토를 행하고 있는 지금 삭출의 벌로는 그의 죄를 다스리기에

---

39) 경의 뜻 : 좌의정 조태구가 차자를 올려, 병으로 인해 약방 문안과 복상에 참여하지 못하였으니 체직시켜 달라고 한 것을 이른다. 《承政院日記 景宗 1年 12月 16日》

40) 당동벌이(黨同伐異) : 일의 옳고 그름은 따지지 않은 채 뜻이 같은 무리끼리는 서로 돕고 그렇지 않은 무리는 배척함을 이른다.

부족하니, 이만성을 원찬하소서.

몇 년 전, 사친(私親)[41]의 면례(緬禮)[42] 때, 전하께서 망곡례(望哭禮)[43]를 거행하려 하자, 문외출송된 죄인 김진상(金鎭商)이 감히 백어(伯魚)의 고사[44]를 인용하여 극력으로 저지하는 상소를 올렸습니다. 무릇 기년(期年)이 지났는데도 백어가 여전히 곡을 한 것은 예도에서 벗어난 것이요, 마음 내키는 대로 행동한 것이니, 공자께서 그르다 하신 것은 진실로 그러한 이유였습니다.

그러나 그때 전하께서 한번 망곡하시는 일은 천리나 인정 상 참으로 그만둘 수 없는 일이었고, 또 백어의 고사와는 크게 부합하지 않는 점이 있었음에도 불구하고 한데 끌어모아 왜곡하여 인용함으로써 사친께 정성을 다하려 했던 전하의 뜻을 저지하고자 하였으니, 어찌 통탄스럽지 않겠습니까?

당시 예관이 망곡례의 거행을 아뢰고 선왕께서 이를 윤허하셨던 것은

---

41) 사친(私親) : 희빈(嬉嬪) 장씨(1659~1701)를 가리킨다. 희빈의 본관은 인동(仁同)이며, 본명은 장옥정(張玉貞)으로 전해진다. 1680년(숙종6) 무렵부터 숙종의 총애를 받았고, 1688년 낳은 왕자 윤(昀, 뒷날의 경종)이 이듬해 음력 1월 원자로 책봉되면서 희빈의 봉작을 받았다. 기사환국(己巳換局)으로 서인이 몰락하면서 폐위된 인현왕후(仁顯王后, 1667~1701) 민씨 대신 왕비로 책봉되었으나 1694년(숙종20) 갑술환국(甲戌換局)으로 다시 희빈으로 강등되었다. 신사년(1701, 숙종27) 인현왕후를 저주해 죽게 했다는 혐의를 받아 사사(賜死)되었다.

42) 면례(緬禮) : 무덤을 옮겨 다시 장례를 지내는 일로, 곧 이장(移葬)을 말한다. 희빈 장씨의 원 묘소는 인장리(仁章里)에 있었는데, 장지가 불길하다는 함일해(咸一海)의 상소로 인해 1718년 2월, 천장(遷葬)이 결정되었고, 12월 경기도 광주(廣州)의 진해촌(眞海村)으로 천장지(遷葬地)가 결정되어 이듬해 3월 천장하였다.

43) 망곡(望哭) : 어버이의 상례(喪禮)에 직접 참여하지 못할 경우 능소(陵所) 쪽을 향하여 곡하는 예를 이른다.

44) 백어(伯魚)의 고사 : 《예기》〈단궁 상〉에 "백어의 어머니가 죽자, 기년(期年)이 지났는데도 백어가 오히려 곡(哭)하였다. 부자께서 곡소리를 들으시고 '누구인가? 곡하는 자가.'라고 물으시자, 문인(門人)이 '이(鯉)입니다.'라고 대답하였다. 부자께서 말씀하시기를 '아! 심하구나.'라고 하시니, 백어가 이 말씀을 듣고 마침내 곡을 그만두었다.[伯魚之母死, 期而猶哭. 夫子聞之曰 : '誰與哭者?' 門人曰'鯉也'. 夫子曰 : '嘻, 其甚也.' 伯魚聞之, 遂除之.']"고 한 고사를 가리킨다. 이에 대해 진호(陳澔)는 《예기집설대전(禮記集說大全)》에서 "백어의 어머니가 쫓겨나 죽으니, 아버지가 생존하고 어머니를 위해 복을 입을 때에는 기년복을 입고 담제를 지내지만, 쫓겨난 어머니는 담제가 없다.[伯魚之母出而死, 父在爲母, 期而有禫, 出母則無禫.]"하였다.

진실로 지극한 정은 누르기 어렵고 예도에도 혐의가 없기 때문이었는데, 김진상이 방자하게 상소를 올려 강력히 저지하고자 하였으니, 이 무슨 심사였습니까? 그 정상을 논하자면 너무도 해괴하고 통탄스러우니, 이미 지난 일이라 하여 그대로 둘 수는 없습니다. 청컨대 김진상을 극변에 원찬하소서."

하자, 답하기를, "아뢴 대로 하라." 하였다.

○ 정언 권호(權護)가 상소하여 말하기를,

"서명균이 상소하여 전조(銓曹)의 주의(注擬)를 배척하자 대계(臺啓)가 거세게 일어나 전장(銓長)을 공격하니,[45] 그 여파가 사람들에게 몰아쳐 급기야는 신의 이름도 거론되어 명의(名義)를 해쳤다고 하는데,[46] 마음에 되물어보고 지난 일을 상고해보아도 신은 부끄럽거나 떳떳하지 못한 것이 없기에 일소에 부쳐버렸습니다.

고 판서 이돈(李塾)[47]이 '명의로써 함정을 삼는다.' 하였으니,[48] 이는 대개

---

45) 서명균이 …… 공격하더니 : 이조판서 심단과 이조참판 김일경이 이른바 명의죄인(名義罪人)이라 낙인찍힌 남인의 자손들을 청현직에 의망한 것에 대한 비판을 이른다.

46) 신의 …… 하는데 : 본문에서 명의를 해쳤다는 말은 1689년(숙종15), 기사환국(己巳換局)으로 집권한 남인을 범칭하여 이르는 말이다. 기사년(1689, 숙종15), 숙종이 인현왕후(仁顯王后)를 폐하려 하자 좌의정 목내선(睦來善)과 우의정 김덕원(金德遠) 등이 정쟁하였는데, 왕의 정지 명령이 내리자 다음날 곧바로 정쟁하였다. 이후 1694년(숙종20) 갑술환국 때 이 사안이 다시 거론되었는데, 이 문제는 남인이 서인으로부터 '명의 죄인(名義罪人)', 즉 신하로서 중전의 폐위를 죽음으로써 막지 않고 반나절 만에 정쟁을 접은 불충(不忠)한 죄인이라는 공격을 받는 빌미가 되었다. 권호는 권유(權愈, 1633~1704)의 아들로서, 권유는 기사환국 후 요직에 올랐다가 인현왕후가 복위되는 갑술환국 때 유배된 인물이다. 권호는 명의를 해친 죄인인데 청현직에 의망되었다는 비난에 맞서 이 상소를 올렸다.

47) 이돈(李塾) : 1642~1713. 본관은 전주(全州), 자는 진오(進吾), 호는 문천(文泉)이다. 구천군(龜川君) 이수(李晬)의 손자, 봉산군(逢山君) 이형신(李炯信)의 아들이다. 1662년(현종3) 증광시에서 생원·진사가 되었으며, 1672년 별시문과에 급제하여, 1680년(숙종6) 홍문록에 올랐다. 이후 청요직을 두루 거치고, 1688년 승지에 올랐다. 1709년 형조·이조판서, 1710년 예조판서를 지냈다. 1712년 임진과옥에 연루되어 유배 갔다가 이듬해 풀려나서 사망하였다.

48) 이돈(李塾)이 …… 하였으니 : 1705년(숙종31) 대사헌이었던 이돈이 남구만(南九萬)·유상

고질이 된 말입니다. 명의로써 저 무리에게 고통받은 일이 얼마인지 헤아릴 수 없는데 정국이 쇄신된 지 얼마 되지 않은 지금 도리어 명의로써 사람을 공격하니, 허물을 답습하는 것이 어찌 이다지도 빠를 수 있단 말입니까?"
하였다.

○ 의금부에서 아뢰기를,
"윤지술에게 형문을 세 차례 가하였으나 끝내 승복하지 않으니 그 정상이 너무도 가증스럽습니다. 형문을 더하여 공초를 받는 것이 어떻겠습니까?"
하자, 전교하기를,
"윤지술에게 세 차례 형신을 가하였는데도 형장을 참고 끝내 승복하지 않으니, 그 정절(情節)의 흉악함이 이보다 심할 수 없다. 어찌 여러 날 시일을 지연하여 형신을 가하고 문초할 것이 있겠는가? 결단코 용서할 수 없으니 이전 판부(判付)⁴⁹⁾대로 부대시참을 조속히 거행하여 신인(神人)의 분노를 조금이나마 풀게 하라."
하였다.

○ 의금부에서 또 '날이 밝기 전에는 사형을 집행하지 말라.'는 법전의 조항을 아뢰고, 내일을 기다려 형을 집행하겠다는 뜻을 입계하자, 전교하기를, "알았다." 하였다.

○ 판돈녕부사 송상기(宋相琦)가 상소하였는데, 그 개략은,
"감히 사실을 진술하는 글을 올려, 여러 신하들과 함께 파출되는 형전을 받음으로써 국법을 엄히 할 일"

운(柳尙運)을 신구하면서 노론측에서 '명의를 함정으로 삼아[名義爲窄]' 충현(忠賢)을 내쫓는다고 비판하였다가 숙종의 진노를 사 문외출송 되었다. 《肅宗實錄 31年 윤4月 1日》
49) 판부(判付) : 상주(上奏)한 형사 사건에 대한 임금의 재가(裁可) 사항을 이른다.

이었는데, 답하기를, "경은 사직하지 말고, 동궁을 보호(輔護)하라." 하였다.

○ 의금부에서 윤각을 삼화부에 원찬하였고, 포도청 종사관 유일기(兪一基)·
허정(許禎)과 도감군 색낭청 허원(許源)을 잡아들여 가두었다.

○ 장령 정운주(鄭雲柱)가 대간의 말에 대해 변론하는 상소에서,
"초정(初政)을 마치자마자 억지로 흠을 찾는 일이 극성을 부리고 있습니다.
……"
하였다.

○ 17일, 당일 당고개에서 윤지술에게 사형을 집행하였다.

○ 의금부에서 이만성을 부안현에 원찬하였고, 김진상을 울산부에, 이정익
을 삼수부에 극변원찬하였고, 심상길을 웅천현에, 홍의인을 명주에 정배하
였다.

○ 이희지를 장흥에, 유택기를 홍원에 정배하였다.

○ 비망기를 내리기를,
"조중우(趙重遇)[50]의 억울한 죽음을 되짚어 생각해보니 절로 부끄러운 마음
이 든다. 충정어린 말을 미처 다 못한 채 모진 형문을 받고 경폐(徑斃)[51]하였으
니 어찌 통탄스럽지 않겠는가? 특별히 증직(贈職)하고 예관을 보내 치제(致祭)

---

50) 조중우(趙重遇) : ?~1720. 경종 즉위년 폐서인이 된 장희빈의 작위를 회복시켜 달라는
    상소를 올린 용인(龍仁) 유학(幼學)이다. 이 상소가 봉입되자 사헌부의 계청에 따라
    사안을 형조에 내려 조중우를 형신하고 국문하게 하였는데 조중우는 국문 후 배소(配所)
    로 가는 도중에 물고(物故)되었다. 《景宗實錄 卽位年 7月 21日, 24日》
51) 경폐(徑斃) : 형이 확정되기 이전, 또는 형을 집행하기 전에 죄수가 죽는 것을 이른다.

하여, 황천의 외로운 혼을 위로하라."

하였다.

○ 이조판서 심단이 상소를 올려 아뢰기를,

"국구(國舅, 어유귀)의 배척52), 대신의 상주53), 본조 동료의 상소54), 대각(臺
閣)의 계사가 차례로 신을 논핵하는 등 신의 평소 심사가 조정 동료들에게
신뢰를 받지 못하고 있습니다만, 공경히 화합하라는 성상의 하교가 너무도
간곡하여 주의(注擬)할 때 인사의 편중됨을 깨끗이 씻어버렸습니다.

그런데 뜻밖에도 신을 탄핵한 여파가 의망된 이들까지 미쳐서, 권중경(權重
經)·권호 등이 명의를 해친 이들로 지목되었습니다. 권대운(權大運)55)은 갑술
년(1694, 숙종20) 초56)에 비록 견책을 받았으나 곧 큰 은혜를 내리셨고, 그
부고가 들리자 선왕께서 마음으로 깊이 애도하셨으며, 그의 청백(清白)을

---

52) 국구의 배척 : 어유귀가 글을 올려, 심단은 늙고 잔약하여 청명한 세상에 버려진 인물이니
    이조판서의 직임을 맡길 수 없다고 아뢴 말을 이른다. 본서 앞의 12월 6일자 기사에
    보인다.

53) 대신의 상주 : 우의정 조태구가 상소를 올려 심단을 이조판서에, 김일경을 이조참판에
    임명한 것에 부정적인 의견을 피력하고, 아울러 이들이 이른바 명의죄인(名義罪人)이라
    낙인찍힌 남인의 자손들을 청현직에 의망한 것을 강력히 비판한 일을 이른다. 본서
    앞의 12월 8일자 기사에 보인다.

54) 본조 동료의 상소 : 이조참 서명균의 상소를 이른다. 서명균은 이 상소에서 윤기(倫紀)
    에 죄를 얻어 공의로부터 버림을 받은 무리들, 즉 남인들을 의망에 올리는 것은 제방(堤防)
    을 무너뜨리는 일과 같다고 하며 심단과 김일경을 비판하였다. 본서 앞의 12월 10일자
    기사에 보인다.

55) 권대운(權大運) : 1612~1699. 본관은 안동, 자는 시회(時會), 호는 석담(石潭)이다. 1642년
    (인조20)에 진사가 되고, 1649년에 별시문과에 급제하여 청요직을 두루 거쳤다. 1670년(현
    종11) 호조판서, 1675년(숙종1) 우의정이 되었다. 1689년(숙종15) 기사환국으로 영의정에
    올라 송시열의 사사를 주도하였으나, 1694년 갑술환국으로 삭탈관작 되어 절도에 유배되
    었다가 1699년 풀려나 사망하였다.

56) 갑술년(1694, 숙종20) 초 : 갑술환국(甲戌換局)을 이른다. 서인 김춘택(金春澤)·한중혁(韓
    重爀) 등이 폐비 민씨의 복위를 꾀하다가 고발되어 옥사가 일어났는데, 숙종은 이
    일을 계기로 집권 남인세력을 모두 축출하고 기사환국으로 축출되었던 서인 세력을
    다시 중용하였다.

기리고 직질(職秩)을 회복하여 사제(賜祭)하셨습니다.

권유(權愈)[57]가 조정에 선 본말은 네 글자로 포폄하는 제목[58]과는 비슷한 점이 조금도 없었습니다. 전대의 역사를 살펴보면 역률(逆律)을 제외하고는 그 자식과 손자들을 아울러 금고하는 조항은 없었습니다. 신이 시세를 헤아리지 못하고, 한번 물러갔다가 쉽사리 다시 벼슬길에 나와 몸과 명예는 오욕을 뒤집어쓰고 조정은 분열되어 공평한 왕화(王化)가 시작되는 처음에 오점을 남겼습니다. ……"

하였다.

○ 수찬 심공(沈珙)이 차자를 올렸는데, 그 개요는,

"조중우에게 증직하고 치제하라는 명을 내리셨는데, 신이 놀라움과 당혹함을 이기지 못하고 감히 구구한 소회를 아뢰오니, 성명(成命)을 거두시어 성덕(聖德)을 빛낼 일"

이었는데, 답하기를,

"지금 정국을 쇄신하고 왕화를 넓히는 때를 맞아 억울함과 원통함을 신원해 주는 것은 시급한 일이라 할 것인데, 어찌 이처럼 급급하게 저지하는가? 차자 중에 이른바 '대처분(大處分)'이라는 말의 뜻은 무엇을 가리키는 것인가? 한 장의 차자를 조급히 올려 나의 천심(淺深)[59]을 엿보았으니, 심히 온당치 못하다."

---

57) 권유(權愈) : 1633~1704. 본관은 안동(安東), 자는 퇴보(退甫), 호는 하곡(霞谷)·하계이다. 1665년(현종6) 별시문과에 급제하여, 청요직을 두루 거쳐, 1676년(숙종2) 승지가 되었다. 1689년 기사환국으로 남인이 집권하면서 대사간, 예문관 대제학 등 요직을 맡고 지경연사(知經筵事)에 올랐으나, 1694년 갑술환국으로 서인이 정권을 장악하면서 유배되었다. 예문관 대제학으로 있을 때 〈인경왕후 지문(仁敬王后誌文)〉을 지었고, 조선 태조부터 현종까지 역대 임금들의 《열성어제(列聖御製)》 편찬에 참여하였다.
58) 네 …… 제목 : 위에서 언급한 '간범명의(干犯名義)' 네 글자를 가리킨다.
59) 천심(淺深) : 얕고 깊다는 뜻으로, 사안에 따라 각기 다르게 조처되는 적절한 분수나 정도를 이른다.

하였다. 심공의 차자에

"일이 선조(先朝)의 대처분에 관계되니, 지금 관직을 추증하고 제사를 베풀어주는 것은 합당하지 않습니다."

한 것이 있었다.

○ 전라감사 박사익(朴師益)[60]이 사직소를 올리자, 체직을 허락하였다.

○ 18일, 병조판서 최석항, 좌포도대장 윤취상(尹就商)이 사은(謝恩)하였다.

○ 동지의금부사 박태항이 상소를 올려 아뢰기를,

"박치원의 옥사를 국문하는 일에 신이 혐의를 무릅쓰고 있기 어렵습니다.[61]
……"

하니, 답하기를, "이미 차당(次堂)에게 죄를 심의하라는 명을 내렸다. ……"
하였다.

○ 승정원 - 유중무(柳重茂), 심탱(沈樘), 남취명(南就明) - 에서 계사를 올려 아뢰기를,

"어제 홍문관이 차자를 올렸는데, 이미 조중우가 혹독한 형신을 받고 형장 아래 경폐하여 억울하고 원통할 만하다고 말씀하셨으니, 그를 측은해하

---

60) 박사익(朴師益) : 1675~1736. 본관은 반남(潘南), 자는 겸지(兼之), 호는 노주(鷺洲)이다. 금계군(錦溪君) 박동량(朴東亮)의 후손이다. 1710년(숙종36) 생원이 되고, 1712년 정시문과에 급제하여 정언 등을 거쳐 이조좌랑에 올랐다. 경종이 즉위하자 유봉휘와 조태구를 처벌하라고 강력하게 주장하였다. 1723년(경종3) 유배되었다가 영조가 즉위하자 풀려나 강화유수에 올랐다. 이후 대사헌을 거쳐 공조·예조판서 등을 지냈다. 시호는 장익(章翼)이다.

61) 박치원의 …… 어렵습니다 : 1721년(경종1) 박태항을 소두로 한 28인이 연명 상소하여 세제의 참정(參政)을 청한 집의 조성복의 처벌, 그리고 이를 묵인하고 방관한 대신 김창집, 이건명 등의 처벌을 청하는 상소를 올리자, 당시 사헌부 장령이었던 박치원이 박태항을 강력히 탄핵하였다. 본서 앞의 10월 18일자 기사에 보인다.

는 마음을 알 수 있습니다. 그러나 차자의 문구에 온당치 못한 곳이 있다 해도 성상께서는 드넓은 성덕으로 관용을 베풀어주심이 마땅한데, 비지 중 한두 구절은 신하로서는 차마 들을 수 없는 말들이었습니다.

아! 성상의 조치를 '막아서고' 성상의 천심을 '엿보는 것'은 지난날 흉악한 무리가 저지른 죄악으로서 오늘날 조정 신하들이 모두 통분하고 분노하며 한 목소리로 징토할 것을 청하고 있는데, 지금 성상께서 도리어 이러한 말들로 홍문관의 신하들을 지목하시며 조금의 주저함도 없으시니, 신들은 성명을 위하여 적이 애석하게 생각합니다. 위대한 성인이 간언을 경청하는 도리는 그 마음을 살피고 그 허물을 탓하지 않는 것을 소중하게 여깁니다. ……"

하자, 답하기를,

"어제 홍문관의 차자를 보니 말을 가리지 않고 하였기에 크게 배척하여 물리쳤던 것인데, 지금 그대들이 진달하는 내용을 보니 유념하지 않을 수 있겠는가? 원소(原疏)를 들이라."

하였다.

○ 홍문관의 차자를 도로 들이자, 답하기를,

"지금 정국을 바꾸어 왕화를 넓히는 때를 맞아 억울함과 원통함을 신원해주는 것은 시급한 일이라 할 것인데, 어찌 이와 같이 말을 가리지 않고 하는가? 차자 중에 이른바 '대처분'이라는 말의 뜻은 무엇을 가리키는 것인가? 심히 온당치 못하다."

하였다.

○ 수찬 심공이 올린 상소의 대략에,

"엄한 하교에 황공하여 어쩔 줄 몰라 창황히 물러가니, 바라건대 부월(斧鉞)의 주벌[62]을 내리시어 망령된 말을 하는 자의 경계로 삼으소서."

---

62) 부월(斧鉞)의 주벌 : 부는 도끼, 월은 큰 도끼이다. 임금의 생사여탈권을 상징하는 것으로,

하니, 답하기를,

"처음의 비답을 고쳐 내렸으니, 그대는 고집부리지 말고 속히 직무를 살피라."

하였다.

○ 김일경이 조중우에 대한 증직과 치제 및 홍문관 차자에 대한 비답을 거두어달라고 청하는 상소를 올리자, 답하기를,

"조중우를 경폐한 일을 되짚어 생각해보면 실로 모두 나의 우매함 때문에 생긴 일이니, 후회한들 무엇하겠는가? 상소에서 아뢴 말이 절실하니, 증전(贈典)은 시행하지 말되 해당 조(曹)로 하여금 각별히 휼전(恤典)을 거행하게 하라."

하였다.

○ 도승지 이정신(李正臣) 등이 상소하였는데, 그 대개에, "어제 내리신 비망기에 신들은 적이 우려와 개탄을 금할 수 없습니다." 하였다.

○ 윤순(尹淳), 이제(李濟), 이진유 등이 연달아 상소하여 -《난여(爛餘)》[63]에 상세하다. - 조중우의 일을 쟁집하자, 답하기를, "이미 천관(天官)의 소[64]에 내린 비답에서 유시하였다." 하였다.

○ 정사(政事)가 있었는데, 김일경이 독정(獨政)[65]하였다. 강현(姜鋧)을 판의

여기에서는 부월로 주살(誅殺) 당함을 뜻한다.

63) 난여(爛餘) : 숙종이 승하한 1720년 6월부터 1723년 12월까지 노론과 소론이 갈등한 내용을 편년체로 엮은 기록으로서, 김재로(金在魯)가 편찬하였다. 경종대를 다룬 대표적 당론서인 노론측의 《신임기년제요(辛壬紀年提要)》와 소론측의 본서보다 더 원사료에 충실한 자료이다.

64) 천관(天官)의 소 : 바로 위의 이조참판 김일경이 올린 상소를 이른다.

65) 독정(獨政) : 인사(人事)에 관한 정사(政事)에서 이조판서가 유고일 때 참판이나 참의 가운데 한 사람이 판서 대신 거행하는 일을 말한다. 당시 이조판서 심단은 탄핵을

금부사로 - 전 판의금부사 홍만조가 상소하여 체직되고, 그 대신 임명되었다. - , 한배하
를 공조판서로, 이인징(李麟徵)⁶⁶⁾을 지의금부사로, 이하원(李夏源)⁶⁷⁾을 수찬으
로, 서명우(徐命遇)⁶⁸⁾를 필선으로, 이세덕(李世德)⁶⁹⁾을 병조정랑으로, 유필원
(柳弼垣)⁷⁰⁾을 병조좌랑으로, 이삼(李森)을 우윤으로, 권중경을 호조참의로,
이의만(李宜晩)⁷¹⁾을 병조참의로, 김시경(金始慶)⁷²⁾을 원주목사로, 김시환(金始

받아 삭직을 청한 상태였고, 이조참의 서명균은 그 탄핵에 참여한 사람이었으므로
이조의 판서와 참의가 모두 유고한 상태였다.

66) 이인징(李麟徵) : 1643~1729. 본관은 연안(延安), 자는 옥서(玉瑞), 호는 운강(雲崗)이다.
1675년(숙종1) 사마 양시에 합격하고, 1679년 식년문과에 장원한 뒤, 1689년 홍문록에
선발되었다. 1694년 갑술환국으로 외직에 나갔다가 1696년 승지가 되었다. 경종대
공조판서 등을 지냈는데, 영조 초년에 극변에 유배 보내라는 노론의 집요한 주장에도
불구하고 영조는 오히려 한성판윤·공조판서로 기용하였다.

67) 이하원(李夏源) : 1664~1747. 본관은 광주(廣州), 자는 원례(元禮), 호는 예남(蘂南)·정졸재
(貞拙齋)이다. 도승지 이시만(李蓍晩)의 아들이다. 1696년(숙종22) 문과에 급제하여 청요
직을 두루 지내고 순흥부사(順興使)로 나갔다. 1721년(경종1) 다시 순천부사를 거쳐서
대사간·경상도관찰사 등을 역임하고, 영조대 공조판서에까지 올랐다.

68) 서명우(徐命遇) : 1666~? 본관은 달성(達城), 자는 응회(膺會)이다. 1702년(숙종28) 식년시
와 별시문과에 모두 급제하여 청요직을 두루 거쳤다. 1713년 장령으로서 상소하여
노론의 당습을 공격하였다가 삭출되었다. 1721년 다시 삼사에 진출하여 1722년(경종2)
5월 5일 집의 재직시 사사된 이이명과 김창집에게 처자식을 노비로 삼고 가산을 몰수하는
법을 시행하라 청하였는데, 1725년(영조1) 이로 인해 먼 변방에 유배되었다.

69) 이세덕(李世德) : 1662~1724. 본관은 용인(龍仁), 자는 백소(伯邵)이다. 1705년(숙종38) 증
광문과에 급제하여 청요직을 두루 지냈다. 1717년(숙종43) 스승 윤증 부자의 신원(伸寃)을
1만여 마디나 되는 장문으로 상소했다가, 금령을 어긴 죄로 강진현 고금도에 유배되었다.
그 뒤 1722년(경종2)에 다시 상소하여 아무 근거 없이 윤증 부자의 죄를 날조하여
위판(位版)을 철훼하고 끝내 추삭 당하였다고 주장하였다. 이 상소 이후 노론 집권
하에서 아들 이구응(李龜應)은 특별히 등용되었다. 그러나 손자 이재신(李在臣)은 섭기주
(攝記注)에 수망(首望)되었으면서도 사문난적의 후손이라 하여 배척당하였다.

70) 유필원(柳弼垣) : 1689~1743. 본관은 문화(文化), 자는 회지(誨之)이다. 영의정 유상운(柳尙
運)의 손자, 좌의정 유봉휘(柳鳳輝)의 아들이다. 1718년(숙종44) 정시문과에 급제하여
경종대 청요직을 두루 역임하였는데, 1725년(영조1) 노론의 탄핵을 받고 유배되었다가
1727년 석방되어 1729년 승지가 되었다.

71) 이의만(李宜晩) : 1650~1736. 본관은 광주(廣州), 자는 선응(善應), 호는 농은(農隱)이다.
이준경(李浚慶)의 5대손이다. 1691년(숙종17) 증광문과에 급제하여 1694년 갑술환국
이후 청요직에 진출하였다. 1697년 수령들의 실정을 탄핵하였다가 파직 당했다. 1708년
홍문록에 올랐고, 1722년(경종2) 승지가 되었다. 1725년(영조1) 노론의 탄핵으로 관작을

煥)을 평양감사로, 심수현(沈壽賢)을 강화유수로, 한세량(韓世良)을 함경감사로, 유봉휘를 대사헌으로 삼았다.

○ 개성유수 김재로(金在魯)가 상소하여, "예, 예[唯諾]한 일[73]을 자수하였다.

○ 19일, 사헌부 - 박필몽(朴弼夢) - 가 아뢰기를,

"송성명(宋成明),[74] 유중무, 이진검(李眞儉), 김시환(金始煥), 조최수(趙最壽)[75] 등이 상소하여 시사(時事)를 아뢰었을 때, 이를 논계(論啓)하거나 진소(陳疏)한 삼사의 관원들을 모두 삭탈관작하시고, 이들을 따라 참여한 사람들을 파직하소서."

하자, 답하기를, "아뢴 대로 하라." 하였다. - 홍용조(洪龍祚)[76] · 이성룡(李聖龍)[77] ·

삭탈 당하였다가 1731년 한성판윤이 되었고, 1736년 지중추부사로서 사망하였다.

72) 김시경(金始慶) : 1659~1735. 본관은 안동(安東), 자는 선여(善餘), 호는 만은(晩隱)이다. 1682년 생원이 되고, 바로 증광문과에 급제하여, 1709년(숙종35) 사헌부 장령이 되었다가 1716년 승지에 올라 경종대 대부분을 승정원에서 근무하였다. 영조대에도 1727년(영조3), 1731년, 1734년 승지로 영조의 부름을 받았으나 나가지 않았다.

73) 예, 예[唯諾]한 일 : 1721년(경종1) 10월 10일 세제에게 대리청정을 명하는 경종의 비망기가 내려지자 그 명을 거두도록 정청하였는데, 같은 달 17일 정청을 중지하고서 김창집 등 노론 4대신이 연명으로 차자를 올려 대리청정의 명을 받들겠다고 하였다. 4대신이 정청의 중지를 논의하며 함께 참여하였던 신하들의 의견을 물었는데, 이때 정청의 중지에 적극 동조하며 세제의 대리청정을 관철시키려 하였던 사람들을 '유락(唯諾)', 즉 '예, 예'하며 순종한 사람들이라고 하였다. 《景宗實錄 1年 12月 6日》《承政院日記 景宗 1年 12月 10日》

74) 송성명(宋成明) : 1674~1740. 본관은 여산(礪山), 자는 성집(聖集) · 군집(君集), 호는 송석(松石)이다. 호조참판 송징은(宋徵殷)의 아들이다. 1699년(숙종25)에 생원시, 1705년에 증광문과에 급제하여 청요직을 두루 거쳤다. 경종 즉위년(1720) 동부승지, 영조 즉위 후 대사성을 거쳐 공조판서 등을 역임하였다. 저서로《송석헌집(松石軒集)》과 편서인《해동명신록(海東名臣錄)》이 있다.

75) 조최수(趙最壽) : 1670~1739. 본관은 풍양(豐壤), 자는 계량(季良)이다. 1720년(경종 즉위) 사간원 정언으로 있으면서, 신사처분의 정당성을 숙종의 지문(誌文)에 명시할 것을 상소한 성균관 장의 윤지술을 탄핵하였다. 영조대 승지, 대사간, 대사헌 등을 지냈다.

76) 홍용조(洪龍祚) : 1686~1741. 본관은 남양(南陽), 자는 희서(羲瑞), 호는 금백(金伯)이다. 1717년(숙종43) 식년문과에 급제하여 청요직을 두루 거쳤다. 1721년(경종1) 세제 책봉에

김고(金槹)[78]·김만주(金萬冑)·김용경(金龍慶)[79]·송필항(宋必恒)[80]·박필정(朴弼正)·신방(申昉)·홍현보(洪鉉輔)[81]의 삭탈을 현고함. 채응복(蔡膺福), 이완(李浣)[82], 송도함(宋道涵)[83], 이정소(李廷熽)[84], 신무일(愼無逸), 조상경(趙尙絅)[85], 유숭, 신석(申晳), 권적(權樀)[86]의 파직

반대하는 유봉휘를 처형하라고 상소하였다가 파직되었다. 이듬해 신임옥사로 유배되있다가 영조대 호조참의 등을 역임하였다.

77) 이성룡(李聖龍) : 1672~1748. 본관은 경주, 자는 자우(子雨), 호는 기헌(杞軒)이다. 1714년(숙종40) 증광문과에 급제하여 경종대 정언·지평 등을 역임하였다. 1740년 대사간으로 있으면서 이미 죽은 유봉휘와 조태구의 삭탈관작과 영의정 이광좌(李光佐)의 파직을 주장하다가 도리어 삭직당하기도 하였다. 이듬해 특별히 가자되어 기로소(耆老所)에 들어갔으며 관직은 공조판서에 이르렀다.

78) 김고(金槹) : 1670~1727. 본관은 청풍(淸風), 자는 봉년(逢年)이다. 1714년(숙종40) 증광문과에 급제하여, 1719년 지평·정언을 지냈다. 신임옥사 연루되어 유배 갔다가 영조 즉위 후 풀려나 1725년(영조1) 승지가 되었는데, 1727년 다시 파면 당했다.

79) 김용경(金龍慶) : 1678~1738. 본관은 경주(慶州), 자는 이현(而見)이다. 김홍욱(金弘郁)의 증손이다. 1718년(숙종44) 정시문과에 급제하여 설서 등을 거쳐 경종대 정언을 지냈다. 영조대 교리 등을 지내면서 노론 4대신의 관작 회복에 앞장섰다. 이후 대사간을 거쳐 개성부 유수를 역임하였다.

80) 송필항(宋必恒) : 1675~? 본관은 은진(恩津), 자는 원구(元久)이다. 1702년(숙종28) 식년시, 1714년(숙종40) 증광문과에 급제하여 청요직을 두루 역임하였다. 1725년(영조1) 임인옥사를 고변한 목호룡을 끝까지 추문하지 않은 것에 대해서 마음이 아프다고 영조에게 아뢰었다. 또한 언로를 어지럽혔다고 유봉휘(柳鳳輝)·이현장(李顯章)·남태징(南泰徵) 등을 탄핵하였다. 헌납·지제교 등을 역임하였다.

81) 홍현보(洪鉉輔) : 1680~1740. 본관은 풍산(豊山), 자는 군거(君擧), 호는 수재(守齋)이다. 선조의 부마 홍주원(洪柱元)의 현손이고, 홍만용(洪萬容)의 손자, 홍중기(洪重箕)의 아들이다. 1718년(숙종44) 정시문과에 장원급제하여 청현직을 두루 거쳤다. 영조대 대사헌·호조참판 등을 거쳐 예조판서에 올랐다.

82) 이완(李浣) : 1668~? 본관은 한산(韓山), 자는 이승(而承)이다. 1693년(숙종19) 진사가 되고, 1702년 식년문과에 급제하여 1716년(숙종42) 지평, 1721년(경종1)과 1725년(영조1) 장령이 되었다.

83) 송도함(宋道涵) : 1657~1724. 본관은 진천(鎭川), 자는 형보(亨甫)이다. 1682년 증광시에 급제하여 생원이 되고, 1686년 별시문과에 급제하였는데, 1689년 병조좌랑으로서 인현왕후 폐위 당시 교문(敎文) 작성을 거부하고 낙향하였다. 경종대 사헌부 장령을 지냈다.

84) 이정소(李廷熽) : 1674~1736. 본관은 전주(全州), 자는 여장(汝章), 호는 춘파(春坡)이다. 1696년(숙종22) 진사가 되고, 1714년 증광문과에 장원급제하여 청요직을 두루 거쳤다. 1721년(경종1) 노론 4대신과 함께 연잉군을 세제로 정책할 것을 발의하였다. 그러자 김일경 등이 노론 4대신을 4흉(四凶)으로 규정하며 공격하자, 그도 유배되었다. 1725년(영조1) 풀려나온 뒤 병조참판 등을 역임하였다.

을 현고함. -

또 아뢰기를,

"황해병사 김시태(金時泰)[87]는 권흉(權兇)의 친속(親屬)으로서 그 보호 아래 길러졌는데, 깊은 밤 긴밀히 왕래하며 정적(情迹)이 음험하고 비밀스러웠습니다. 웅부(雄府)의 병사(兵使) 자리를 차지하고자 의도적으로 도모하였고, 백성들의 고혈을 짜내어 권문에 실어 보냈습니다.

부총관 유취장(柳就章)은 권흉의 주구로서 미리 은밀한 약속을 받고 여러 차례에 천금을 지불하여 장토(庄土)를 매입해 바쳤습니다.

어영총관 양익표(梁益標)[88]는 권흉들이 그의 허물을 불식시켜 주자 밀실에 잠적하여 그들의 주구가 되었습니다. 정청 때 아무런 실직(實職)도 없이 궐안에 난입하여, 속에는 군복을 입고 겉에는 조복(朝服)을 입은 채 상신(相臣)을 따라다니면서 보호하였으니, 그 종적이 예사롭지 않습니다. 청컨대 모두 먼 변방에 정배하십시오.

---

85) 조상경(趙尙絅) : 1681~1746. 본관은 풍양(豊壤), 자는 자장(子章), 호는 학당(鶴塘)이다. 풍안군 조흡(趙潝)의 증손으로 김창협 문인이다. 1708년(숙종34) 사마시, 1710년 증광문과에 급제하여 청요직을 두루 거쳤다. 1720년 경종 즉위 후 대사간·승지·이조참의 등을 지내다가 1722년 임인옥사로 유배되었다. 1725년(영조1) 풀려났다가 1727년 파직되었다. 1729년 다시 기용되어 병조·이조판서 등을 역임하였다. 시호는 경헌(景獻)이다.

86) 권적(權摘) : 1675~1755. 본관은 안동, 자는 경하(景賀), 호는 창백헌(蒼白軒)·남애(南厓)·계형(繼亨)이다. 승지 권수(權燧)의 아들이다. 1710년(숙종36) 생원이 되고, 1713년 증광문과에 급제하여, 경종대 정언 등을 거쳐 영조대 예조판서 등을 역임하였다. 저서로《창백헌집(蒼白軒集)》이 있고, 시호는 효정(孝靖)이다.

87) 김시태(金時泰) : 1682~1722. 본관은 안동, 자는 대래(大來)이다. 광해군대 승지를 지낸 김상준(金尙寯)의 후손이다. 1714년(숙종40) 증광무과에 급제하여 선전관이 되었다. 1722년(경종2)에 임인옥사에 연루되어, 백열이(白烈伊)·이삼석(李三錫) 등과 함께 국청에 불려가 심문을 받다가 죽었다. 이후 노론에 의해 평안병사 백시구(白時耉)·전라병사 심진(沈搢)·훈련중군 유취장(柳就章)·통제사 이상집(李尙馦)과 함께 신임옥사의 다섯 절도사[五節度]로 일컬어졌다. 영조대 복관되었고, 시호는 충의(忠毅)이다.

88) 양익표(梁益標) : 1685~1722. 본관은 제주이고, 증참판 양일남(梁一南)의 증손이다. 숙종대 무과에 급제하여 김창집 휘하의 우홍규에게 포섭되어 문객이 되었고, 사신으로 중국에 가는 이이명을 수행하기도 했다. 임인년 옥사 당시 궁성을 호위하려는 모의를 알고 있었다고 자백하고 복주되었다.

홍주목사 홍치중(洪致中)은 천성이 아첨에 능한 데다 마음씨가 흉악하고, 좌우의 눈치를 살피며 오직 잇속만을 좇아 밖으로는 사류의 이름을 가탁하고 안으로는 귀역(鬼蜮)[89]의 당에 빌붙었습니다. 지난번 비망기[90]를 내리셨을 때, 가까운 거리에 물러나 있으며 일찍이 한마디 말도 없었고, 추천을 받자마자 외람되게도 상경(上卿)의 자리에 올랐으니, 삭탈하십시오.

사직(司直) 이집(李㙫)은 흉당과 인척[91]이 되어 행동거지가 우물쭈물하였는데, 유봉휘의 국문을 청하였을 때는 앞장서서 들어와 참여하였습니다. 벗을 팔아 제 잇속을 도모하고서 끝에 가 한 장의 상소를 올려 자신을 해명하였으나, 그 몇 마디 말은 책임을 모면하려는 데 불과하였으니 삭탈하십시오.”

하자, 모두 아뢴 대로 하게 하였으나 이집의 일은 윤허하지 않았다. - 김시태는 철산에, 유취장은 장흥에, 양익표는 사천에 정배하였다. -

○ 복상을 명하니, 김우항(金宇杭)[92]·최규서(崔奎瑞)를 올렸는데, 가복(加卜)[93]을 명하여, 최석항을 올렸다. 조태구를 영의정으로, 최규서를 좌의정으로,

---

89) 귀역(鬼蜮) : 귀역은 음모를 꾸며 남을 해치는 사람을 비유하는 말이다. 《시경(詩經)》 〈소아(小雅) 하인사(何人斯)〉에 “귀신이 되고 물여우가 된다.[爲鬼爲蜮.]”고 한 데서 온 말로, 그 풀이에 “물여우는 단호(短狐)라고 하는데 강회(江淮)의 강물에 모두 살고 있다. 물여우가 모래를 머금었다가 물속에 비친 사람의 그림자에 모래를 뿜으면 사람이 문득 병이 들게 되는데, 그 형체는 보이지 않는다.”라고 하였다.

90) 비망기 : 왕세제에게 서무를 대리하게 하라는 조성복의 건의에 대해 경종이 세제의 대리청정을 허락한다는 내용으로 내린 비망기를 이른다.

91) 흉당과 인척 : 이집의 장인인 김수빈(金壽賓)의 또 다른 사위가 이건명으로, 이집과 이건명은 동서 간이 된다.

92) 김우항(金宇杭) : 1649~1723. 본관은 김해(金海), 자는 제중(濟仲), 호는 갑봉(甲峰)·좌은(坐隱)이다. 1669년(현종10) 사마시에 합격, 1675년(숙종1) 유생들과 더불어 자의대비(慈懿大妃) 복상 문제로 송시열(宋時烈)이 유배되자 이의 부당함을 상소하였다. 1681년 식년문과에 급제하여 1689년 도당록(都堂錄)에 올랐다. 1703년 형조판서, 1713년 우의정 등을 역임하였다. 1722년 김일경의 사친 추존론(私親追尊論)을 반대하다가 화를 입었다. 문집으로 《갑봉집》이 있다.

93) 가복(加卜) : 정승 임용 때 망단자(望單子, 3명의 후보 추천서) 중에 적임자가 없을 경우, 왕명으로 후보자를 다시 추가하던 제도이다.

최석항을 우의정으로 삼았다.

○ 정사가 있었는데, 김일경이 독정하였다. 박휘등(朴彙登)을 승지로, 홍만
우(洪萬遇)를 부교리로, 홍정필(洪廷弼)94)을 수찬으로, 박태항을 예조참의로,
윤취상을 형조참판로, 임수간(任守幹)95)을 형조참의로, 홍만우를 겸사서(兼司
書)96)로, 권규(權珪)를 공조참판으로, 정사신(丁思愼)97)을 공조참의로, 이사상
(李師尙)98)을 전라감사로, 한배하를 내의제조로, 황이장(黃爾章)99)을 사성으로,
송상기를 병조판서로 삼았다. - 복상에 오른 최석항을 대신하였다. -

94) 홍정필(洪廷弼) : 1674~1727. 본관은 남양(南陽), 자는 사섭(士燮)이다. 영안위(永安尉) 홍
주원(洪柱元)의 후손이다. 1705년(숙종31) 알성문과에 급제하여 숙종·경종 연간 청요직
을 두루 지내고, 1727년(영조3) 보덕이 되었다.
95) 임수간(任守幹) : 1665~1721. 본관은 풍천(豊川), 자는 용여(用汝), 호는 돈와(遯窩)이다.
1690년(숙종16) 생원시, 1694년 알성문과에 급제하여, 1699년 홍문록에 올랐고, 1709년
사가독서(賜暇讀書)하였다. 이듬해 일시 파직되었다가 경종 즉위 후 1720년에 재기용되어
승지에 올랐다.
96) 겸사서(兼司書) : 세자시강원의 정6품 관직이다. 홍문관원이 겸직하였다. 이날 홍만우는
부교리와 겸사서에 모두 임명되었다. 《景宗實錄 1年 12月 19日》
97) 정사신(丁思愼) : 1662~1722. 본관은 나주(羅州), 자는 성공(聖功), 호는 기수(畸叟)이다.
정시한(丁時翰)의 손자이다. 1687년(숙종13) 사마양시에 모두 합격, 생원·진사가 된
뒤, 1691년 증광문과에 급제하여 청요직을 두루 거쳤다. 1694년 수찬 재직 시 상소하여
권대운·목내선 등을 구원하다가 삭탈관작 되었다. 1707년 다시 등용되어 안성군수·호조
참의 등을 역임하였다.
98) 이사상(李師尙) : 1656~1725. 본관은 전주, 자는 성망(聖望)이다. 1689년(숙종15) 증광문과
에 장원급제하여 청요직을 두루 거치고, 광주부윤을 지내면서 김일경 등과 교유하였다.
1711년 대간의 탄핵을 받아 유배되었다가 1721년(경종1) 전라도관찰사에 부임하였고,
이듬해 대사간으로서 목호룡 고변에 따라 이이명 등 노론 4대신의 단죄를 주장하는
등 신임옥사에서 주요한 역할을 하였다. 이후 도승지 등을 거쳐 대사헌·부제학 등을
역임하였다. 1725년(영조1) 노론의 탄핵을 받아 김일경·목호룡 등과 함께 처형되었다.
99) 황이장(黃爾章) : 1653~1728. 본관은 장수(長水), 자는 자경(子褧)이다. 1712년(숙종38) 정
시문과에 급제하여 청요직을 두루 거쳤다. 1715년 장령 재직 시 논의가 준열하다 하여
'오색대간(五色臺諫)'이라는 별명을 얻었다. 그 뒤 승지·대사간 등을 지냈으며, 영조대
강화유수 등을 역임하였다.

○ **20일**, 조성복을 잡아 가두고 본부에 국청을 설치하였다.

○ 대사간 양성규(楊成揆)가 다음과 같이 상소하였다.

"박치원 등이 '환관과 궁첩이 이름을 안다'[100]는 등의 말을 한 것은 사람을
무함하는데 급급하여 그 무함이 성궁에게까지 미친다는 것을 스스로 깨닫지
못한 것이니 무엄하고 불경(不敬)하여, 그 말의 출처를 조사하여 실상을 밝혀내
라는 명이 내리기에 이르렀습니다. 그렇지만 국조(國朝)에 언론을 맡은 신하가
악역(惡逆)의 죄를 범하지 않는 이상 일찍이 갑자기 국문을 가하는 일은
없었으니, 이러한 길이 한 번 열리면 훗날의 폐단을 막기 어렵습니다. ……"

○ 정언 서종하가 다음과 같이 아뢰었다.

"지난번 민진원 등 9명의 삭출을 논계[101]하여 윤허를 받았는데, 추후 들으니
정청의 논의를 중지하였을 때 이를 따라 참석하였으나 누락된 자가 있기도
하고 혹은 참석하지 않았는데 한데 섞여 거론된 자가 있다고도 합니다.
……"

○ 정사가 있었다. 이인복을 승지로, 이진망(李眞望)을 병조참의로, 박사익

---

100) 환관과 궁첩이 …… 안다 : 1721년(경종1) 우의정 조태구가 세제 대리청정에 반대하여
　　 입궐했을 때 경종이 승정원을 경유하지 않고 직접 내시를 보내 조태구를 인견하자,
　　 당시 교리였던 이중협은 사간 어유룡, 장령 박치원과 함께 승정원을 거치지 않고
　　 경종을 알현한 조태구의 죄를 맹렬히 논척하였는데, "성조(聖朝)의 복상(卜相)이, 환첩(宦
　　 妾)이 이름을 아는 사람에게까지 미쳤으니, 이미 큰 실정(失政)입니다."고 하는 등 조태구
　　 가 환관과 몰래 내통하기를 좋아하고, 이러한 조태구를 복상한 것은 경종의 큰 실정(失政)
　　 이라는 내용이 있어 논란이 되었다. 본서 앞의 10월 18일자 기사에 보인다.
101) 민진원 …… 논계 : 앞서 12월 10일, 사간원에서 민진원·이관명(李觀命)·이만성·이의현
　　 (李宜顯)·신임(申銋)·임방(任埅)·권상유(權尙游)·조도빈(趙道彬)·유집일(兪集一)의 삭탈
　　 관작과 문외출송을 청하였는데, 4대신이 주동한 정청의 중지에 이들이 적극 맹종하며
　　 세제의 대리청정을 관철시키려 하였던 사람들이었다는 이유에서였다. 본서 앞의 같은
　　 날짜 기사에 보인다.

을 경주부윤으로, 이조(李肇)를 지의금부사로, 박만보(朴萬普)[102]를 홍주목사
로 삼았다.

○ 호조의 포폄(褒貶)이 있었다. 호조좌랑 조정빈(趙鼎彬), 의영봉사 이시정
(李蓍定), 광흥주부 이천기(李天紀),[103] 수운판관 송상증(宋相曾)을 중고(中考)에
두었다.

○ **21일**, 사직을 청하는 영의정의 차자에 답하기를,
"경의 재덕(才德)은 참으로 보필(輔弼)에 합당하다. 내 뜻이 먼저 정해졌고
공의(公議)가 함께 동의하였으니, 경은 마음을 편안히 하여 사직하지 말고
조속히 나와 국정을 돌보고, 형국(刑鞫)의 개좌(開坐)를 법식에 따라 시행하라."
하였다.

○ 승정원에서 아뢰기를,
"영의정은 차자에 대한 비답에 형국의 개좌를 법식에 따라 시행하라는
명이 있었다 하고, 우의정은 사은숙배 후에 나아가 참여함이 마땅하다고
하니, 어찌 하오리까?"
하자 전교하기를, "우의정은 사은숙배하고 나아가 참여하라." 하였다.

○ 강현을 판의금부사로, 이인징을 동의금부사로, 이조를 지의금부사로,

---

102) 박만보(朴萬普) : 1663~1730. 본관은 고령(高靈), 자는 원만(遠萬)이다. 1689년(숙종15) 증
    광시에 합격하여 생원이 되고, 1699년 문과에 급제하여, 1710년 장령이 되었다. 경종대
    홍주목사·종성부사 등을 지내고, 1729년(영조5)에 승지로 발탁되었다. 1730년 도적(盜賊)
    사건에 연루되어 장폐(杖斃)하였다.
103) 이천기(李天紀) : 1684~1722. 본관은 전주, 자는 계원(啓元)이다. 판서 송상기(宋相琦)의
    사위이고, 김춘택의 처남이다. 1717년(숙종43) 숙종과 독대한 이이명으로부터 숙종의
    뜻을 듣고 김용택 등과 함께 비상사태에 대비하였다. 1722년(경종2) 경종을 시해하려
    했다는 혐의를 받고 역률(逆律)로 처형되었다.

조문명(趙文命)·이승원(李承源)·정해(鄭楷)·이현장(李顯章)을 문사랑(問事郞)[104]
으로 삼았다.

○ 22일, 영의정이 사은하였다.

○ 우의정이 사직소를 올렸다.

○ 영부사 김우항이 차자를 올려 아뢰기를,

"엎드려 생각하건대, 천지는 만물을 살리는 것으로 마음을 삼고,[105] 성인은
이를 본받아 비록 무지한 초목이라 해도 자라고 있는 것을 꺾지 않았으니
하물며 혈기가 있는 사람이겠습니까? 이 때문에 송나라의 신하 조빈(曹彬)[106]
은 겨울철에 집수리 하는 것을 경계하여 말하기를, '담장과 지붕 사이에
있는 벌레들이 상할까 두렵다.' 하였으니, 그 마음씀이 이와 같아 평생동안
일찍이 한 사람도 함부로 죽이지 않았습니다.

그 후 조씨는 융성한 복록을 얻고 대대로 부귀영화를 누렸으니, 이 어찌
살아있는 것을 죽이지 않아서 나온 분명한 결과가 아니겠습니까? 이 때문에
옛 성왕(聖王)이 천하를 다스릴 때 그 죄가 죽여 마땅한 자나 죽여서는 안

---

104) 문사랑(問事郞) : 문사낭청(問事郞廳)의 준말로, 나라의 큰 죄인을 신문하기 위해 왕명으
로 설치한 임시 관청인 국청(鞫廳)을 비롯해 정국(庭鞫)·성국(省鞫) 등에 차출되어 위관(委
官)과 의금부 당상, 형방승지의 지휘에 따라 죄인의 국문에 참여해 기록과 낭독을
맡은 임시벼슬이다.
105) 천지(天地)는 …… 삼고 : 주희(朱熹)가 《맹자집주(孟子集註)》에서, "천지는 만물을 살리
는 것으로 마음을 삼으니, 태어난 물건들이 이를 통해서 각기 천지의 만물을 살리는
마음을 얻어서 그것으로 마음을 삼았다. 이 때문에 사람들은 모두 사람을 차마 해치지
못하는 마음을 가지고 있다.[天地以生物爲心, 而所生之物, 因各得夫天地生物之心以爲心, 所以
人皆有不忍人之心也.]"고 한 구절을 인용한 것이다. 《孟子集註 公孫丑上》
106) 조빈(曹彬) : 931~999. 송(宋)나라 영수(靈壽) 사람으로, 자는 국화(國華), 시호는 무혜(武惠)
이다. 송 태조(宋太祖)를 도와 천하를 안정시켰다. 촉(蜀)을 정벌하고 남당(南唐)을 이겼으
나 한 사람도 함부로 죽이지 않았다. 노국공(魯國公)에 봉해졌고 죽은 뒤에 제양군왕(濟陽
郡王)에 봉해졌다. 《宋史 卷258 曹彬列傳》

되는 자나 모두 반드시 살리는 의논에 부친 것은 무고한 자를 죽이느니 차라리 법대로 하지 않는 잘못을 범하겠다[107]는 뜻이었으니, 이 어찌 본받아야 할 점이 아니겠습니까?

전하께서 보위를 이으신 이래, 인후함과 관대함으로 하나의 생물이라도 상할까 두려워하셨으니 전하의 살리기를 좋아하는 덕이 민심에 젖어들어, 온 나라의 백성들이 조금이라도 오래 살아 덕화의 융성함을 보게 되기를 바라 마지않습니다. 사람을 차마 해치지 못하는 마음[108]으로 이러한 정치를 지속하고 이러한 명령을 시행하신다면 족히 종사를 안정시키고 영원한 국운을 하늘에 빌 수 있을 것[109]입니다.

불행하게도 지금은 하늘의 노여움이 거듭 진동하고 위벌(威罰)이 너무 지나쳐서, 유사(有司)가 된 자는 일체 주하(柱下)[110]로서 혜문(惠文)[111]만을 일삼아서 찬출이 이어지고 숙청이 날로 심해지고 있으니, 이와 같은 일이

---

107) 무고한 …… 범하겠다 : 법관인 고요(皐陶)가 순(舜)임금의 살리기 좋아하는 덕[好生之德]을 찬양한 말로,《서경》〈대우모(大禹謨)〉에 "죄가 의심스러울 경우에는 가벼운 쪽으로 처벌하고, 공이 의심스러울 경우에는 무거운 쪽으로 상을 주었으며, 무고한 사람을 죽이기보다는 차라리 법대로 집행하지 않았다는 잘못을 감내하려 하셨다.[罪疑惟輕, 功疑惟重, 與其殺不辜, 寧失不經.]"고 한 데서 온 말이다.《書經 大禹謨》

108) 사람을 …… 마음 : 맹자가 "사람마다 차마 해치지 못하는 마음이 있다. 선왕이 차마 해치지 못하는 마음을 가지고 차마 해치지 못하는 정치를 하셨으니, 차마 해치지 못하는 마음으로 차마 해치지 못하는 정치를 한다면 천하를 다스림은 손바닥 위에 놓고 움직일 수 있을 것이다.[人皆有不忍人之心, 先王有不忍人之心, 斯有不忍人之政矣, 以不忍人之心, 行不忍人之政, 治天下, 可運於掌上.]"고 한 말을 인용한 것이다.《孟子 公孫丑上》

109) 영원한 …… 것 : 원문은 "祈天永命"이다. 국운이 영원하도록 하늘에 기원한다는 말이다.《서경》〈소고(召誥)〉에 "새 도읍에 머무시어 왕께서는 속히 덕을 공경하소서. 왕께서 덕을 쓰는 것이 하늘의 영원한 명을 비는 것입니다.[宅新邑, 肆惟王, 其疾敬德. 王其德之用, 祈天永命.]"고 한 구절을 인용하였다.

110) 주하(柱下) : 주하사(柱下史)라고도 하였는데, 주대(周代)에 궁중의 장서(藏書)를 담당하였던 관명(官名)으로, 노자(老子)가 이 벼슬을 지낸 적이 있다. 항상 전각(殿閣)의 기둥 아래에서 시립(侍立)하고 있으므로 이런 이름이 붙게 되었다. 한(漢)나라 이후의 어사(御史)와 같은 직책이다.

111) 혜문(惠文) : 주후혜문(柱後惠文)의 준말로, 법관(法官)과 무관(武官)이 쓰는 모자이다. 전하여 형벌(刑罰)을 위주로 하여 엄하게 정사를 펴는 것을 의미한다..

계속된다면, 신은 전하의 나라가 텅 비어 사람이 없게 될까 두렵습니다.

듣는 이마다 놀라고 당혹하며 정국은 시름에 차 있으니, 당론의 진퇴가 있어온 이래 이처럼 각박하고 참혹한 적은 없었습니다. 주살과 유배로는 그 뜻을 만족시키기 어려울 것인즉 이러한 형세는 점차 걷잡을 수 없이 뻗어가 썩어 문드러진 후에야 그치고 말 것이니, 이와 같이 하고도 나라가 위태롭지 않은 경우를 신은 일찍이 들어본 일이 없습니다.

죽은 자는 다시 살아 돌아올 수 없으니 말을 해도 소용이 없지만 앞으로 일어날 일은 경계할 수 있습니다. 소식(蘇軾)[112]이 말하기를,

'소와 양을 도살하고 물고기와 자라를 회를 치면 먹는 자는 무척 맛있겠지만 죽임을 당하는 대상은 매우 고통스러워합니다. 만약 폐하께서 그것들이 몽둥이와 칼날 아래 큰 소리로 울부짖고 칼과 도마 사이에서 이리저리 뒹구는 모습을 보셨다면, 비록 팔진미라 하더라도 틀림없이 젓가락을 던져 버리고 차마 드시지 못할 것입니다.'[113]

하였습니다.

지금 전하께서는 깊은 구중궁궐에 거처하시면서 '죽여라[殺]'와 '국문하라[鞫]'는 두 글자를 아주 쉽게 말씀하지만 그 일을 당하는 자는 심히 참혹합니다. 만약 전하께서 칼과 차꼬를 차고 도끼와 모루 아래 고통으로 비명을 지르며 피와 살이 낭자한 형상을 직접 보신다면 반드시 얼굴을 찡그리며 차마 보지 못하실 것입니다.

요사이 대신과 전조(銓曹)의 신하들도 또한 이러한 내용으로 차자를 올려 살리기 좋아하는 덕을 권면하여 아뢰고 있으며 홍문관의 신하들은 끝까지

---

112) 소식(蘇軾) : 1036~1101. 중국 북송(北宋)의 문신으로, 자는 자첨(子瞻)·화중(和仲), 호는 동파(東坡)이다. 아버지 소순(蘇洵), 동생 소철(蘇轍)과 함께 3소(三蘇)라 불리며, 같이 당·송 8대가의 한 사람이다. 철종(哲宗) 때 중용되어 구법파(舊法派)의 중심적 인물로 활약하였고 특히 구양수(歐陽修)와 비교되는 대문호로서 유명한 《적벽부(赤壁賦)》를 비롯한 시·사(詞)·고문(古文) 등에 능하며 재질이 뛰어나 서화에도 유명하였다.
113) 소와 …… 것입니다 : 이 말은 소식(蘇軾)이 송나라 신종(神宗)에게 바친 〈대장방평간용병서(代張方平諫用兵書)〉에 보인다. 《東坡集 代張方平諫用兵書》

추궁하는 풍조가 만연해지지 않기를 청하고 있으니, 이는 모두 절실하고 시급한 말이라 할 것인데 탄핵과 공격이 잇따를 뿐만 아니라 성상의 가납도 받지 못하고 있습니다. 지금 바야흐로 재앙의 기미가 하늘에 닿은 것은 반드시 이 때문이 아니라고 할 수만은 없으니 신은 우려와 개탄을 금하지 못하겠습니다.

아! 개나 말도 노고가 있으면 오히려 유개(帷蓋)의 은혜[114]를 베풀어주는데, 저 4대신은 모두 선조(先朝)가 발탁하여 전하에게 남겨놓은 자들로 왕실을 위해 수고롭게 힘쓴 일이 또한 너무도 많은데, 어찌 차마 죽을 지경에 그대로 두고 구휼하지 않는단 말입니까? 신은 4대신을 위해서가 아니라 살리기 좋아하는 우리 전하의 덕에 크게 누가 될까 적이 두려우니, 바라건대 전하께서는 깊이 유념하시어 시종 보전하는 방도로 삼으소서.

또한 세 신하[115]를 잡아들여 국문하라는 명에 대해서도 신은 적이 개탄스럽습니다. 무릇 대각(臺閣)의 신하를 국문하는 것은 실로 전고에 없던 일로, 3백 년 이래 대간의 언론에 죄줄만한 것이 얼마나 많았습니까? 그렇지만 열성조에서 국문했다는 말을 들어본 일이 없는 것은 진실로 국체(國體)를 손상시키고 언로를 막는 일이기 때문입니다.

그런데 지금 전하께서 처음으로 그 일을 하시니 신은 천년 후에 오늘의 일을 구실로 삼을까 두려울 뿐입니다. 만약 대간의 말을 죄주려 한다면 쫓아내면 되고 유배하면 될 일이지 기어이 국문하겠다는 것은 분명코 훗날의 폐단에 크게 관계될 것이니, 바라건대 유의하고 살피시어 가납해주소서.

---

114) 유개(帷蓋)의 은혜 : 개는 수레의 휘장(揮帳)과 차일(遮日)이다. 공자가 기르던 개가 죽자 자공(子貢)을 시켜 묻게 하고서, "해진 휘장을 버리지 않는 것은 죽은 말을 싸서 묻기 위함이고, 해진 수레 덮개를 버리지 않는 것은 죽은 개를 싸서 묻기 위함이다."라고 한 데서 나온 말로, 은혜가 하찮은 데에까지 이름을 의미한다. 《禮記 檀弓下》

115) 세 신하 : 이중협(李重協)·박치원(朴致遠)·어유룡(魚有龍)을 가리킨다. 이들은 "환관·궁첩이 이름을 아는 사람을 복상하였다."는 말로써 승정원을 거치지 않고 경종을 알현한 조태구의 죄를 맹렬히 논척한 이들로, 경종은 앞서 12월 8일에 이들을 잡아들여 국문할 것과 그 계사에 동참한 이들을 모두 정배하라는 명을 내렸다. 본서의 앞에 보인다.

신은 선조의 은혜를 받고도 미처 따라 죽지 못하여[116] 고질이 된 병에 곧 숨이 끊어질 지경이나, 선제를 추념하여 폐하께 보답하겠다[117]는 일념만은 마음속에 맺혀 있으니, 만약 한 마디도 아뢰지 못하고 죽는다면 장차 지하에서 선왕을 뵐 낯이 없을 것입니다.

이에 감히 전하께서 조금이라도 깨우치시기를 기다리며 근근이 호소함으로써 티끌을 없애는[118] 것과 같은 작은 보답이나마 바치고자 합니다. 전하는 말에 '사람이 죽을 때에는 그 말이 선한 법이다.'[119] 하였으니, 채납해주신다면 죽어도 살아있는 것과 같을 것입니다. ……"

하자, 답하기를, "마땅히 유념하겠다." 하였다.

○ 대사헌 유봉휘가 상소를 올려 아뢰기를,

"삼가 신이 망령되이 한 장의 소[120]를 올렸다가 하마터면 큰 죄에 빠질 뻔했는데, 다행히 성명의 천지와 같은 큰 덕과 세제의 관대하고 어진 성은(盛恩)

---

116) 미처 …… 못하여 : 원문은 '螻螘蟻'이다. 깔개가 되어 땅강아지와 개미를 쫓는다는 뜻으로, 승하한 임금을 따라 죽으려는 신하의 충성을 말한다. 전국 시대에 안릉군(安陵君)이 초 공왕(楚共王)에게 "대왕께서 승하하신 뒤에는 이 몸이 황천에 따라가서 잠자리를 만들어 땅강아지와 개미를 쫓고자 합니다."라고 한 고사에서 나온 말이다.《戰國策 楚策1》

117) 선제를 …… 보답하겠다 : 제갈량(諸葛亮)의 〈출사표(出師表)〉에, "선제의 남다른 대우를 추념하여 폐하에게 보답하려는 것입니다.[蓋追先帝之殊遇, 欲報之於陛下也.]"고 한 구절을 인용한 것이다. 여기서는 숙종의 특별한 대우를 추모하여 경종에게 보답하려는 신하의 의리를 말한 것이다.

118) 티끌을 없애는 : 원문은 "消埃"이다. 소애지효(消埃之效)의 줄임말로, 자신의 공(功)을 겸손하게 이르는 말이다.

119) 사람이 …… 법이다 : 증자(曾子)가 병이 위독해져 죽음이 임박했을 때, "새가 죽을 때에는 그 울음이 슬프고, 사람이 죽을 때에는 그 말이 선한 법이다.[鳥之將死, 其鳴也哀, 人之將死, 其言也善.]"고 한 말을 인용한 것이다.《論語 泰伯》

120) 한 장의 소 : 1721년(경종1)에 연잉군(延礽君)을 저위(儲位)로 세우고 위호(位號)를 '왕세제(王世弟)'로 정한 이튿날인 8월 23일, 행 사직 유봉휘가 저위를 세우는 과정에서 노론 측 신하들이 임금을 우롱하고 협박한 죄를 다스려야 한다고 주장한 상소를 이른다.《景宗實錄 1年 8月 23日》《承政院日記 景宗 1年 8月 23日》

에 힘입어 형장의 귀신이 되는 것을 면하였으니, 몸이 가루가 된다 해도 다 말하기에 부족할 것입니다. 신은 망극한 은혜에 보답하고자 하여 감사하는 마음 또한 목을 내놓고 죽음으로 충심을 다하려는 항정(恒情)에 그칠 뿐만이 아닙니다.

생각하건대 신이 처음 상소를 올렸을 때, 대신·경재(卿宰)·삼사의 신하들은 하루종일 복합(伏閤)[121]하였고, 승정원·춘방(春坊)[122]·종반(宗班)[123]·성균관에서는 연이어 상소하여 신이 올린 상소의 문구마다 무함하고 글자마다 교묘하게 얽어 천고의 악명(惡名)을 씌우고 일신의 단안(斷案)[124]을 꾸며냈습니다. 이에 4, 5개월 내내 신은 낮이면 석고대죄로 명을 기다리며 필시 죽을 것이라 여겼고, 밤이면 잠을 잘 때나 꿈을 꿀 때나 소스라치게 놀라 일어나니 살고 싶은 생각이 없었습니다.

시간이 지나 다시 이 일을 떠올리자니 두려움에 미처 안정이 안 되어, 실로 발명할 기회를 어떻게 모색해야 할지 모르겠습니다만, 또한 어찌 하늘 같은 성상께서 위에 계시는 것만을 믿고 천지에 가득한 이 원통함을 한 마디 말로라도 드러내지 않을 수 있겠습니까?

우리 왕세제는 곧 전하의 아우이시고, 또 전하의 아우로서 전하의 저사(儲嗣)인 세제가 되었습니다. 이미 자전(慈殿)의 뜻[125]을 받들고 또 어필(御筆)을

---

121) 복합(伏閤) : 나라에 큰일이 있거나 주청할 중대한 사안이 있을 때, 조신(朝臣)이나 유생들이 대궐문 밖에서 상소한 뒤 승낙을 기다리며 엎드려 물러가지 않는 것을 이른다.
122) 춘방(春坊) : 세자시강원(世子侍講院)의 별칭이다.
123) 종반(宗班) : 국왕의 근친으로 종친(宗親) 반열에 오른 사람들을 총칭하는 용어이다.
124) 단안(斷案) : 죄를 판단하여 결정을 내릴 근거를 이른다.
125) 자전(慈殿)의 뜻 : 자전은 숙종의 계비인 인원왕후(仁元王后, 1687~1757)를 가리킨다. 경은부원군(慶恩府院君) 김주신(金柱臣)의 딸이다. 1701년(숙종27) 인현왕후가 죽자, 간택되어 이듬해 왕비에 책봉되었다. 경종대 연잉군의 세제 책봉을 위해 노론 4대신이 후계자를 세우는 일은 종사(宗社)의 대계(大計)를 위한 것이라는 명분을 앞세워 결단을 내리기를 종용하였고, 마침내 경종의 윤허를 받은 다음에는 곧장 인원왕후의 뜻을 물어 수필(手筆)을 받아오도록 경종에게 요구하였다. 경종은 그들의 요구에 따라 자전의 언문수교를 받은 후 연잉군을 후계자로 삼는다는 전지를 내렸다.

내려 처분을 한 번 정하자 온 나라가 함께 경하하였으니, 이는 실로 종묘사직의 무궁한 복으로서, 하늘을 이고 땅을 딛고 사는 사람이라면 그 누가 감히 그사이에 다른 논의를 하겠습니까?

선신(先臣)126)이 일찍이 기사년(1689, 숙종15)에 유위한(柳緯漢)127)의 논척을 받고 상소를 올려 스스로를 논열할 때 '변함없이 한결된 마음으로 사랑하고 받드는 것이 신하가 태자를 위하여 목숨을 바쳐 충성하는 의리이다.'라고 하였습니다.128) 신이 비록 우매하나 또한 이러한 의리를 알고 있으니, 신의 소에서 이른바 '성명이 이미 내려졌으니 다시 논의할 수 없다.'고 한 것은 바로 이러한 뜻이었습니다.

다만 그 사체가 지극히 중차대함에도 당시 대신이 직접 아뢰어 건의한 것이 아니라 일개 대관(臺官, 이정소)이 성의 없이 간략한 상소를 올렸습니다. 비답이 내린 후에는 또한 다음날 아침까지 천천히 기다렸다 조용히 아뢰어 결정하는 것이 합당함에도 불구하고 미리 궐 안에 모여 있다가 곧바로 청대하여 한밤중에 들어가 종루가 울린 후에야 파하였습니다. 이때 저들이 들락날락 재촉하는 태도는 거의 함부로 떠들어대며 배척하는 것에 가까웠습니다.

이러한 일은 동류배 간에도 조금 존중하는 마음을 갖는다면 할 수 없는 일인데 감히 지극히 존엄한 군부에게 한단 말입니까? 임금에게 무례한 것이

---

126) 선신(先臣) : 임금에게 자기의 선친(先親)을 가리키는 말로서, 여기에서는 유봉휘의 아버지인 유상운(柳尙運, 1636~1707)을 이른다. 유상운의 본관은 문화(文化), 자는 유구(悠久), 호는 약재(約齋)·누실(陋室)이다. 1666년(현종7)에 문과에 급제하여 이조·형조판서를 거쳐 영의정, 판중추부사(判中樞府事)를 지냈다. 1680년(숙종6) 경신환국 이후 서인이 노·소론으로 분기할 때 박세채 등과 함께 김석주(金錫胄)의 전횡을 탄핵하였다. 1694년 장희재의 처형을 주장하는 노론에 반대하였고, 1701년 희빈 장씨를 옹호하다가 남구만(南九萬)과 함께 파직되는 등 소론 탕평파(蕩平派)와 정치적 행보를 같이 하였다.

127) 유위한(柳緯漢) : 1689년(숙종15)에 유학(幼學) 유위한은 상소하여, 희빈(禧嬪) 장씨(張氏)의 소생인 왕자 윤(昀)을 원자(元子)로 책봉하여 국본을 안정시킬 것을 청하였다. 이 일을 계기로 서인이 몰락하고 남인이 정권을 잡는 기사환국(己巳換局)이 단행되었다. 《肅宗實錄 15年 1月 14日》

128) 선신(先臣)이 …… 하였습니다 : 이것은 유상운이 유위한의 상소를 반박하면서 한 말이었다. 《約齋集 柳緯漢疏後待罪疏 己巳》

이와 같았는데도 사람들이 감히 그 잘못을 바로잡지 못하였으므로 신이 개탄을 금할 수 없어 직분을 넘어 말을 한 것이니, '위복(威福)을 아랫사람에게 넘겨주어서는 안 된다.'고 한 것은 전하를 위해 아뢴 말이었고, '국체(國體)를 존중하고자 함'이라고 한 것은 또한 춘궁(春宮)을 위해 아뢴 말이었습니다.

신의 상소에서 어찌 일언반구라도 본사(本事, 연잉군의 세제 책봉)에 대해서 털끝만큼이나마 언급한 곳이 있었습니까? 털을 헤치고 흉터를 들추어내 흠을 찾는 것은 오로지 무함하고 헐뜯으려는 데서 나오는 것이니, 신이 어찌 굳이 조목조목 분변하여 번거롭고 외람된 죄를 범하겠습니까?

신의 상소의 주된 뜻은 대신을 비롯한 신하들이 입대하였을 때 저지른 무엄하고 불경한 죄를 탄핵하는 데 있었을 뿐이니, 그들이 처신해야 할 도리로는 응당 머리를 조아리고 죄를 빌기에 여념이 없어야 할 터인데 도리어 제멋대로 기염을 토하고 자신들의 거조를 과장하였습니다.

저들은 자기들을 거론한 것이 노여워 반드시 쳐부수고야 말겠다는 마음으로, '편안하시겠습니까? 아니겠습니까?'129)라는 등의 말로써 감히 말할 수 없는 곳을 언급하였습니다.

신의 죄상이라는 것이 뻗쳐있지 않는 곳이 없으나, 한마디로 단정해 말한다면 곧 명호가 이미 정해진 후에 운운했다는 것인데, 이에 대해서는 신이 이미 상소에서 '다시 논의할 수 없다.' 말하였습니다. 그러자 또 뒤따라 말을 만들기를, '성명이 내리지 않았다면 장차 다른 논의를 하려 했다는 말인가?' 하였으니, 이것은 이른바 '어찌 할 말이 없을 것을 걱정하겠는가?'130)라는

---

129) 편안하시겠습니까? 아니겠습니까? : 연잉군을 왕세제로 삼는 과정에서 신하들이 임금을 우롱하고 협박한 죄를 다스려야 한다고 한 유봉휘의 주장에 대해 김창집·이건명을 비롯한 노론 측 신하들이 반박 상소를 올렸는데, 그 내용 중에 "명위가 이미 정해져 신인이 의탁하게 되었는데, 만약 '우롱하고 협박하여 이 대계를 이루었다.' 한다면, 우리 춘궁(春宮) 저하(邸下)의 마음이 편안하시겠습니까? 아니겠습니까?(名位已定, 神人有托, 而若曰愚弄迫脅, 成此大計, 則春邸之心, 安乎否乎?)"고 한 구절을 인용한 것이다.

130) 어찌 …… 걱정하겠는가? : 죄를 뒤집어씌우려 한다면 트집 잡을 핑계거리는 많을 것이라는 말이다. 춘추시대 진(晉)나라 혜공(惠公)이 자신의 즉위를 도와준 이극(里克)을

것으로, 또한 그 궁색한 처지를 알 수 있습니다.

　대개 그 뜻은 이와 같이 하지 않으면 죄를 얽어 신을 죽일 수 없고, 신을 죽이지 못하면 스스로 그 죄상을 덮을 수 없다고 생각하여, '은연중에 불만을 가지고 있다.'는 제목을 만들어내고, '국본을 동요시킨다.'는 죄명을 억지로 뒤집어씌웠던 것입니다.

　신의 고심과 지극한 정성은 나라에 충성하고자 하는 것뿐인데, 임금에게 충성을 바치며 임금의 국본을 동요시킨다는 것은 삼척동자라 해도 무고임을 분명하게 알 것이니, 굳이 신이 가슴을 갈라 보여 스스로 해명할 필요도 없을 것입니다.

　이른바 '은연'이라는 두 글자는 참으로 '막수유(莫須有)'[131]의 유의(遺意)에서 나온 것인데, 만약 시종일관 곡진히 보전해주시는 성상의 은덕과 세밀히 살피고 밝혀주신 춘궁의 은혜가 아니었다면, 신의 몸은 가루가 된 지 이미 오래되었을 것입니다.

　가장 주목되는 일로서, 전후의 성교(聖敎)에서 거듭 신이 '광망'한 죄를 범하였다고 하신 것은[132] 실로 신의 본심에 결단코 다른 뜻이 없음을 살펴 통촉하신 것이니, 신은 당장 내일 땅속에 묻힌다 해도 눈을 감을 수 있고 남으로 북으로 찬배되고 유배된다 해도 기꺼운 마음으로 달게 받을 것입니다.

　정국을 쇄신하는 초기에, 엎어 놓은 동이[133] 같은 땅속까지 하늘의 태양이

─────────

죽이려 하자, 이극이 "나에게 죄를 덮어씌우려고 한다면, 어찌 트집 잡을 말이 없겠습니까.[欲加之罪, 其無辭乎?]"고 말하고는 자결했던 고사가 있다. 《春秋左氏傳 僖公10年》

131) 막수유(莫須有) : 막수유는 '그럴 리가 없지만 있을 수 있는 일'이라는 뜻으로 남을 억울하게 죄로 몰아갈 때 쓰는 말이다. 송나라 간신인 진회(秦檜)가 금(金)나라와의 화의(和議)에 반대하는 악비(岳飛)를 죽이기 위하여 악비의 아들 악운(岳雲)이 악비의 장수 장헌(張憲)에게 편지를 보내 국론(國論)을 어기고 대역을 꾀했다는 누명을 씌웠는데, 이에 대하여 한세충(韓世忠)이 그 부당함을 따지자 진회가 "악운이 장헌에게 편지한 것은 분명하지 않다. 그러니 그럴 리야 없겠지만 있을 수 있는 일이다.[飛子雲與張憲書, 雖不明, 其事體, 莫須有.]"고 얼버무렸다는 고사에서 나왔다. 《宋史 岳飛列傳》

132) 전후의 …… 것은 : 경종이 유봉휘 상소에 대한 죄를 의논하라는 하교에서 나온 표현이다. 《景宗實錄 1年 8月 23日》

두루 비추어 정배 단자(定配單子)를 폐기하라는 명이 내렸다는 소식을 듣고, 놀라움에 어쩔 줄 몰라 마치 정신이 나가고 꿈을 꾸는 듯하였고 마치 죽었다 다시 살아난 듯 감격에 복받쳐 대궐을 마주하고 보니, 저도 모르게 피눈물이 흐릅니다.

아! 신하에게 임금은 만물을 생성하는 천지이자 두루 보살펴주는 부모와 같으니, 은혜는 산과 같고 은덕은 바다와 같다거나 죽은 이를 살리고 마른 뼈에 살을 붙여준다[134]는 문구가 어찌 감격스러운 뜻을 형용한 말이 아니겠습니까?

예부터 나라의 은혜를 받은 자 중에 오늘날 신이 받은 만큼의 은혜를 입은 사람은 없다 할 것인데, 또 천만뜻밖에도 대죄하던 거적을 치우기도 전에 관직을 제수하는 은혜로운 전교가 홀연히 내려 공조참판과 실록청·비변사의 직임이 일시에 더해졌습니다.

이에 영예롭게 여기지 않고 도리어 두렵게 여겨 소를 올려 면직을 청하는 것도 당돌한 듯하여 바야흐로 황공하고 위축되어 움츠리고 있던 와중에 사헌부의 직임을 제수하는 새로운 명이 연이어 내렸습니다. 전후의 소패(召牌)가 세 번이나 내려오도록 신이 까마득하니 '수레에 멍에를 멜 때까지 기다리지 않는다'[135]는 의리에 무지한 것처럼 굴었던 것은 성상의 은혜가 융성해질수록

---

133) 엎어 놓은 동이 : 태양이 밝아도 땅에 엎어 놓은 동이 속에는 태양빛이 미치지 못한다는 뜻인데, 억울한 사정을 윗사람이 몰라주는 것을 비유하는 말이다. 《포박자(抱朴子)》〈변문(辨問)〉에 "해와 달도 비치지 못하는 곳이 있고, 성인도 알지 못하는 것이 있다. 그러나 어찌 이 때문에 성인이 하지 않는 것이라고 하며 천하에 신선이 없다고 하겠는가? 이는 곧 삼광이 엎어 놓은 동이 안을 비추지 못한다고 책망하는 격이다.[日月有所不照, 聖人有所不知, 豈可以聖人所不爲, 便云天下無仙? 是責三光不照覆盆之內也.]"하였다.
134) 죽은 …… 붙여준다 : 원문은 "生死肉骨"로, 은혜가 매우 깊고 두터움을 이르는 말이다. 춘추시대 초(楚)나라의 영윤(令尹)인 위자빙(薳子馮)이 8명의 총인(寵人)을 곁에 두었는데 그들이 녹봉이 없는데도 말[馬]을 많이 소유하자, 신숙예가 이전에 영윤 자남(子南)이 관기(觀起)를 총애하였다가 관기가 녹봉 없이 말을 많이 소유한 것으로 인해 자남과 관기 모두 초왕에게 주살당한 고사를 들어 경계하였는데, 이를 들은 위자빙이 크게 깨닫고는 "그는 이른바 죽은 이를 살리고 마른 뼈에 살이 돋아나게 해 주는 자이다."고 한 데서 나온 말이다. 《春秋左氏傳 襄公22年》

신의 심정은 더욱 위축되어 진실로 몸 둘 바를 몰랐기 때문입니다.

이에 어쩔 수 없이 두려운 마음을 아뢰오니, 바라건대 성명께서는 굽어 살피시어 속히 신의 본직과 겸직을 체척하라 명하시고, 이조에 명하여 다시는 의망에 올리지 않게 하소서. 그리하여 신으로 하여금 군함(軍銜)136)이나 얻어 도성을 우러러 의지함으로써 살아서는 성상을 축수하는 사람이 되고 죽어서는 결초보은(結草報恩)137)하는 귀신이 되게 하소서. ……"

하자, 답하기를, "이미 지나간 일이니, 지금에 와 개의할 필요가 없다." 하였다.

○ 전교하기를,

"내가 잠저(潛邸) 시절부터 내관 장세상(張世相)·고봉헌(高鳳獻)·송상욱(宋相郁)138)의 사람됨이 간사하고 사특함을 진심으로 통렬히 미워하였다. 그들을 근시(近侍)의 반열에 그대로 둘 수 없으니 모두 먼 변방에 정배하라."

하였다. - 장세상은 경성에, 고봉헌은 광양에, 송상욱은 장기에 원배하였다. -

---

135) 수레에 …… 않는다 : 임금의 소명(召命)을 받고 급히 달려가는 의리를 말한다. 《논어》 〈향당(鄕黨)〉에, "임금의 부름을 받으면 수레에 멍에를 멜 때까지 기다리지 않았다.[君命召, 不俟駕行矣.]"고 한 공자의 고사를 인용한 것이다.

136) 군함(軍銜) : 군함 체아직(軍銜遞兒職)의 줄임말로, 임시로 증원되거나 체직되어 다음의 인사를 기다리는 관리, 혹은 은퇴한 관리들을 중추원(中樞院)이나 오위(五衛)의 군직에 소속시켜 실무가 없이 녹봉을 받게 하는 임시 군직을 이른다.

137) 결초보은(結草報恩) : 죽어서도 은혜를 갚는다는 말이다. 춘추시대 진(晋)나라 위무자(魏武子)가 평소에 아들 과(顆)에게 자기가 죽으면 첩을 반드시 개가시키라고 하다가 병이 깊어지자 순장시키라고 당부하였다. 이에 위과는 '병이 깊어지면 판단력이 흐려진다'라며 처음의 분부를 따랐다. 나중에 위과가 진(秦)나라의 장수 두회(杜回)와 싸울 때, 어떤 노인이 풀을 묶어 두회의 발을 걸어 넘어뜨린 덕에 그를 사로잡을 수 있었는데, 꿈에 노인이 나타나 자신은 위과가 개가시킨 첩의 아비로 딸을 살려준 은혜에 보답한 것이라고 하였다.

138) 내관 장세상(張世相)·고봉헌(高鳳獻)·송상욱(宋相郁) : 《경종수정실록 1년 12월 22일》 기사에 의하면 이들 세 내관은 모두 박상검(朴尙儉)이 미워하는 사람들이었다고 하였다.

○ 정사가 있었다. 김일경이 독정하여, 임수간을 승지로, 유봉휘를 참지로, 홍중주(洪重疇)139)를 장악원정(掌樂院正)으로, 송인명(宋寅明)140)·조현명(趙顯命)141)·한이조(韓頤朝)142)를 부설서로 삼았다.

○ 밤이 깊은 후에 승정원, 홍문관, 병조참판 이진검 - 이태좌라고 한 곳도 있다. - , 총관 조태억이 궐문 밖에 이르러 청대하였다.

○ 초경(初更, 오후 8시를 전후한 시점)에, 동궁이 하령(下令)143)하기를, "시강원과 익위사144)의 상·하번을 성정각(誠正閣)145)에서 인접(引接)146)하

---

139) 홍중주(洪重疇) : 1672~? 본관은 풍산(豊山), 자는 도진(道陳)이다. 판서 홍만용(洪萬容)의 아들이다. 1699년(숙종25) 식년시 진사에 장원하여, 상의원별제(尙衣院別提)·장악원주부(掌樂院主簿)·파주목사(坡州牧使)·양주목사(楊州牧使) 등을 지냈다.

140) 송인명(宋寅明) : 1689~1746. 본관은 여산(礪山), 자는 성빈(聖賓), 호는 장밀헌(藏密軒)이다. 이조참판 송광연(宋光淵)의 손자이고, 호조참판 송징오(宋徵五)의 아들이며, 어머니는 사헌부집의(司憲府執義) 이단상(李端相)의 딸이다. 1719년(숙종45) 증광문과에 급제, 예문관검열(藝文館檢閱)을 거쳐 세자시강원설서(世子侍講院說書)로 있을 때 당시 세제로 있던 영조의 총애를 받아, 1724년 영조가 즉위하자 충청도관찰사로 기용되었다가 이듬해 동부승지가 되어 영조의 탕평책에 적극 협조하였다. 1731년(영조7) 이조판서, 1736년 우의정, 1740년 좌의정을 역임하였다. 《감란록(勘亂錄)》편찬에 참여하였으며 시호는 충헌(忠憲)이다.

141) 조현명(趙顯命) : 1690~1752. 본관은 풍양, 자는 치회(稚晦), 호는 귀록(歸鹿)·녹옹(鹿翁)이다. 1713년(숙종39) 진사가 되고 1719년 증광문과에 급제하여 검열이 되었다. 1721년(경종 1) 연잉군이 세제로 책봉되자 겸설서(兼說書)로서 세제 보호에 힘썼다. 영조대 교리를 역임하고 1728년(영조4) 이인좌의 난 당시 분무공신(奮武功臣) 3등에 녹훈, 풍원군(豊原君)에 책봉되었다. 이후 이조·호조판서 등의 요직을 두루 역임하였다. 1740년 경신처분(庚申處分) 직후 우의정에 발탁되었고, 1750년 영의정에 올라 균역법 제정을 총괄하였다. 조문명·송인명과 함께 완론 세력을 중심으로 한 이른바 노·소론 중심의 탕평을 주도하였다. 시호는 충효(忠孝)이다.

142) 한이조(韓頤朝) : 1684~? 본관은 청주(淸州), 자는 대관(大觀)이다. 현령 한세기(韓世箕)의 아들이고, 모친은 신익상(申翼相)의 딸이다. 1721년(경종1) 식년문과에 급제하여, 1725년(영조) 정언을 거쳐, 1729년 승지가 되었다.

143) 하령(下令) : 세자가 내리던 명령이다. 국왕이 신하에게 내리던 하교와 구분하여 사용하였다.

144) 시강원과 익위사 : 동궁의 강학을 맡는 세자시강원(世子侍講院)과 시위를 맡는 세자익위

겠다."

하여, 보덕 김동필(金東弼)·사서 권익관(權益寬)·사어(司禦) 홍우현(洪禹賢)[147]
·시직(侍直) 이세환(李世煥)[148]이 진현(進見)하니, 동궁이 하령하기를,

"내가 부덕한 몸으로 외람되이 저명(儲命)을 받들어, 문침(問寢)과 시선(視
膳)[149] 외에는 궁중의 일에 간섭하지 않았다. 그런데 지금 한두 명의 환관[150]이
중간에서 농간을 부려 감히 나를 제거하려는 계략을 꾸미기에, 내가 성상의
앞에 나아가 고하려 하였으나 망설이다 감히 아뢰지 못하였다.

이에 자성(慈聖)께서

'내가 대전을 보고 말하려 하다 병 때문에 할 수 없게 되었지만, 너는
어찌하여 들어가 고하지 않느냐?'

하교하셨다.

사(世子翊衛司)를 이른다. 세자시강원의 관료를 강관(講官)이라고 하고 세자익위사의
관료를 위사(衛司)라고 하였다. 강관은 문과 출신으로 엄선하여 임명하지만 위사는
주로 공신이나 재상 등 권세가의 자제들이 음서로 진출하였다.

145) 성정각(誠正閣) : 창덕궁 동쪽에 소재한 전각으로, 세자시강원의 주연(冑筵)이 열리는
곳으로 사용되었다.

146) 인접(引接) : 원래는 왕이 의정(議政)을 인견할 때, 시신(侍臣)을 시켜 맞아들이는 일을
말하는데, 여기서는 왕세제가 동궁전에서 궁료와 관련 신료들을 불러서 만난다는 의미로
사용되었다.

147) 홍우현(洪禹賢) : 1654~1729. 본관은 남양(南陽), 자는 사희(士希)이다. 공조정랑 홍수제(洪
受濟)의 아들이다. 1682년(숙종8) 증광시에 합격하여 진사가 되었다. 사옹원봉사(司饔院
奉事)·영릉직장(寧陵直長)·형조좌랑(刑曹佐郞)·함열현감(咸悅縣監) 등을 지냈다.

148) 이세환(李世煥) : 1664~1752. 본관은 벽진(碧珍), 자는 계장(季璋)·계장(季章), 호는 과재(果
齋)·율헌(栗軒)·이우당(二憂堂)이다. 박세채(朴世采)·윤증(尹拯)의 문인이다. 1721년(경
종1) 학행(學行)으로 천거 받아 연잉군의 사부(師傅)가 되었고, 1738년(영조14) 동지중추부
사(同知中樞府事)에 올랐다. 박세채가 편찬한《동유사우록(東儒師友錄)》을 이어서《속동
유사우록(續東儒師友錄)》을 편찬하였다.

149) 문침(問寢)과 시선(視膳) : 세자가 왕과 왕비 등 윗전에게 문안을 드리는 일을 말한다.
주나라 문왕(文王)이 세자로 있을 때 아침·점심·저녁 등 하루에 세 차례씩 아버지
왕계(王季)에게 문안을 올리고 수라를 살핀 데서 유래하였다.《禮記 文王世子》

150) 환관 : 원문은 "閹竪"이다. 내시부에 속하여 임금의 시중을 들거나 숙직 따위의 일을
맡아보던 내관을 가리킨다.

내가 자성의 하교를 받든 후 다시 생각해 보니, 옛사람이 이르기를, '향당주
여(鄕黨州閭)¹⁵¹⁾에서 죄를 얻게 하느니 차라리 익히 간하는 것이 낫다.'¹⁵²⁾
하였으니, 지금 종사가 망해 가는 날을 맞아 어찌 입을 다물고 말을 하지
않아 우리 조종을 저버리겠는가?

내가 대조(大朝)께 이러한 뜻을 울며 아뢰자 다행히 잡아들여 추국하라는
명을 내리셨으나 금방 도로 거두시기에 다시 아뢰어 윤허를 받았는데, 뜻밖에
도 감히 듣지 못할 엄한 하교가 내렸다. 이러한 지경에 이르렀으니 내 장차
합문 밖으로 나가 석고대죄하고 사위(辭位)하려 한다."

하였다. 김동필이 아뢰기를,

"환관이 농간을 부린 것은 놀랍고도 모골이 송연한 일이니, 성명의 치세에
이렇듯 나라에 해를 끼치는 변고가 있을 줄 어찌 생각이나 했겠습니까?
감히 듣지 못할 하교에 대해서는 신이 그 사실의 경중(輕重) 여하를 알지
못하니 무슨 말을 아뢰오리까?

다만 저하께서 변고에 대처하는 방도는 성의(誠意)를 쌓기에 힘써 성총(聖聰)
께 개진하고, 해당 환관을 유사에 회부하여 전형(典刑)을 밝히고 바로잡음으로
써 신인(神人)의 분노를 푸는 데 있습니다. 저하께서는 또한 효제(孝悌)를
더욱 돈독히 하여 궁 안에 화기(和氣)가 넘쳐 궁중을 평안하게 하시고, 외인(外
人)은 모르게 하소서.

---

151) 향당주여(鄕黨州閭) : 향은 1만 2천 5백 가호이고 당은 5백 가호이며, 주는 2천 5백 가호이
고 여는 25가호로 이루어진 행정단위를 이른다. 여기에서는 향리(鄕里)를 의미하는
용어로 쓰였다.

152) 향당주여(鄕黨州閭)에서 …… 낫다 : 《예기(禮記)》〈내칙(內則)〉에 나오는 말로, "부모에
게 과실이 있으면 마음을 진정하고 안색을 부드럽게 하며 목소리를 낮추어서 간한다.
간해도 들어주지 않으면 더욱 공경하고 더욱 효도하여 부모가 기뻐하면 다시 간한다.
부모의 기분이 상하더라도 부모가 향리에서 죄를 범하고 비난을 받는 것보다는 차라리
익히 간하는 것이 낫다. 부모가 노여워하고 성을 내어 회초리로 때려 피가 흐르더라도
감히 미워하거나 원망하지 않고 더욱 공경하고 더욱 효도해야 한다.[父母有過, 下氣怡色,
柔聲以諫. 諫若不入, 起敬起孝, 說則復諫. 不說, 與其得罪於鄕黨州閭, 寧孰諫. 父母怒不說而撻之
流血, 不敢疾怨, 起敬起孝.]"고 하였다.

이것이 저하께서 변고에 대처하는 제일 중요한 방도이자 또한 조종 신민의 복이라 할 것이니, 신들이 저하께 바라는 바는 여기에 있습니다. 합문을 나가 사위(辭位)하시겠다는 하교는 신하로서는 차마 들을 수 없는 말이니, 신들은 죽는다 해도 결코 감히 봉승(奉承)할 수 없습니다.”

하였다. 권익관이 아뢰기를,

“대내의 일은 원래 외신(外臣)이 감히 알 수 있는 바가 아닌데, 이렇듯 예사롭지 않은 하교를 돌연 듣게 되니 두렵고도 가슴이 아파 몸 둘 바를 모르겠습니다. 비록 여항(閭巷)의 백성이라 해도 부모와 어른을 섬기는 도리는 더욱 공경하고 더욱 효도하여 그 마음을 감동시키는 데 있습니다. 저하는 대조께 군신의 분수가 있고 부자의 의리가 있으니, 한때 편안치 못한 하교가 내렸다 해도 마땅히 더욱 공경하고 더욱 효성을 다해야 할 뿐입니다.

환관은 옛사람이 가노(家奴)라 일컫던 자들인데, 그 죄악이 이와 같이 현저하니, 대내에서 명백하게 진청(陳請)하여 전형을 바르게 해야 할 뿐만 아니라 조정에서도 또한 즉시 징토를 시행해야 할 것이니, 이 어찌 전하께 불안한 단서가 되겠습니까?

우러러 생각건대 대조께는 또한 저사가 없으므로 종사의 막중함을 생각하시고 자성께 여쭈어 미리 국본을 정하시니, 신인이 모두 기뻐하고 온 나라의 백성이 목을 길게 빼고 바라보았습니다. 더구나 지금 양궁의 사이는 자애와 효성으로 가득한데, 여우와 쥐새끼 같은 무리가 농간을 부렸다 하여 어찌 대죄하는 거조가 있을 수 있습니까?

저하의 지위는 곧 왕위를 계승할 다음 자리이니 국가의 근본이 메여 있습니다. 저위(儲位)가 이미 정해진 후에는 원래 물러나 피할 도리가 없어서, 한번이라도 동요되는 일이 있다면 나라는 따라서 망하게 될 것입니다. 저하께서는 어찌하여 여기까지 생각하지 못하시고 갑작스레 이렇듯 절대 들을 수 없는 하교를 내리시는 것입니까? 신들은 죽으면 죽었지 결코 봉승할 수 없습니다.”

하였다. 홍우현이 아뢰기를,

"계속해서 더욱 공경하고 더욱 효성을 다하여, 대조의 처분을 천천히 지켜보십시오. 더구나 조정에서도 응당 한 목소리로 징토해야 할 것입니다. ……"

하였고, 이세환이 아뢰기를,

"사람의 칠정(七情)[153]은 가볍게 써서는 안 되니, 참고 인내하시며 자세히 살펴 조용하게 대처하소서."

하였다. 동궁이 말하기를,

"이는 내가 한때 우발적으로 하는 말이나 또한 하루아침 하룻저녁의 변고가 아니라 이미 오랫동안 쌓여온 일이 지금에 이른 것이다. 내가 성상의 앞에서 고한 후, 비록 잡아들여 치죄하라는 명이 거두어졌더라도 그들의 도리로 보아 움츠리고 엎드려 대죄하기에 여념이 없어야 할 터인데 전혀 거리낌이 없이 의기양양하게 궁중을 출입하였다. 심지어 오늘은 문침과 시선까지 이들에게 가로막혔다.

만약 내가 이 자리에서 물러나지 않는다면 반드시 저들의 독수(毒手)에 당할 것이니, 자리에서 물러나는 것 말고는 다른 도리가 없다. 당초 자전께서 '선대왕의 혈육이라고는 금상(今上)과 너 뿐이다.' 하교하셨는데, 생각이 매번 여기에 미칠 때마다 나도 모르게 눈물이 흐른다. 종사의 막중함과 신민의 의탁함을 내 어찌 생각하지 않겠느냐?

그런데 지금 사태가 이미 이 지경에 이르고야 말았으니, 효령전(孝寧殿)[154]을 참배할 때, 이 심정을 울며 고하고 사퇴하려 한다. 그러면 망전(望奠)[155]에 들어와 참여할 수 없게 될 것이지만, 이후로는 이 뜻을 이룰 기회가 없을 듯하다. 내가 통곡하며 혼전(魂殿)[156]을 하직하고 그대로 사저로 나가면 되는

---

153) 칠정(七情) : 사람이 가진 일곱 가지 감정으로서, 희(喜)·로(怒)·애(哀)·락(樂)·애(愛)·오(惡)·욕(欲)을 말한다.

154) 효령전(孝寧殿) : 숙종의 혼전(魂殿)으로, 경덕궁(慶德宮) 안에 있었다. 《新增東國輿地勝覽 京都》

155) 망전(望奠) : 상중(喪中)의 매달 음력 보름날 아침에 제사 때와 같이 음식을 차리어 지내던 제사이다.

것을 모르는 바 아니지만, 이는 성상의 전교를 받지 못하였으므로 감히 마음대로 할 수 없는 일이다."

하였다. 김동필이 아뢰기를,

"이와 같은 하교를 받고 보니, 피눈물이 흐르는 통분을 더더욱 견디기 어렵습니다. 저하께서 자성과 대조의 밝은 명을 받들어 새롭게 저위에 오르시자 이 나라의 만백성이 목을 길게 빼고 저하를 위해 죽기를 바랐는데, 지금 여우와 쥐새끼의 농간 때문에 이렇듯 너무도 비상한 말씀이 있게 되었습니다. 성상께서는 지성(至聖)하시니 천둥번개 같은 격렬한 진노를 하루 종일 떨치지는 않으실 것이고, 저 환관들의 흉악함을 제거하는 일이야 외로운 병아리나 썩은 쥐를 대하는 것과 무엇이 다르겠습니까?

저하께서 한번 발자국을 떼는 순간, 뭇 신하들이 놀라 당혹해하고 온 나라가 솥 안의 끓는 물과 같이 되어 나라의 위망이 임박할 것이니, 또한 무엇으로써 하늘에 계신 우리 효령전의 영령을 위로하시겠습니까?"

하였다. 권익관이 아뢰기를,

"…… 이 무리의 악행이 쌓여 역절(逆節)이 이미 드러났으니, 조정의 신하들은 응당 법에 따라 처형하라고 진청해야 하니, 여우와 쥐새끼의 무리들은 스스로 죽는 길을 택한 것입니다. 게다가 대조께서는 더할 수 없이 자애롭고 우애가 깊으시니, 비록 엄한 하교가 있으셨다 해도 노여운 뜻이 아니었음이 분명한데, 저하께서 만약 합문을 나가 대죄한다면 또한 어찌 대조의 마음을 평안케 할 수 있겠습니까? 신의 어리석은 생각에 저하의 이러한 거조는 효령전이 남기신 뜻을 받드는 일이 아닐 듯합니다."

하였다. 동궁이 말하기를,

"지금 이렇게 인접하는 것은 내가 당한 이 절박한 상황을 알리고자 어쩔 수 없이 한 일이다. 궁료(宮僚)[157]들은 나의 본뜻을 모르고 누누이 쟁집하고

156) 혼전(魂殿) : 임금이나 왕비의 국상 중 장사를 마치고 종묘에 입향할 때까지 신위를 모시는 곳이다.

있으나, 나의 뜻은 이미 정해졌으니, 만약 중지할 수 있다면 어찌 궁료들에게 발설하였겠는가? 대내의 일을 내 손으로 널리 알리고 폭로하여, 소리도 없고 냄새도 없게[158] 될 수는 없게 되었으니, 이는 참으로 나의 허물이다. 일이 비록 부득이해서였다고는 하나, 심히 부끄럽다."

하였다. 김동필이 아뢰기를,

"신들이 비록 심히 우매하나, 저하의 본뜻을 어찌 모르겠습니까? 지금 이 하교는 지극히 난처하고 만부득이한 상황에서 나온 것이나, 변고에 대처하는 방도로서 신들이 저하께 아뢰는 것은 가장 급선무의 일로 권면해야 하므로, 신이 감히 궁중을 평안케 하고 외인들은 모르게 하라는 말을 아뢰었던 것입니다. 이것은 저하를 성심으로 개도하여, 대조(大朝)께 조속히 아뢰어 역심을 품은 환관을 적발해서 즉시 상형(常刑)을 시행하고, 궁 안에서 또한 더욱 공경하고 더욱 효성을 지극히 하여 궁을 마침내 화락하고 평안한 곳으로 만들되 외인들은 알지 못하게 한다면, 이 어찌 천만다행한 일이 아니겠습니까?

그러나 정말 부득이하다면 또한 변고에 대처하는 의리를 천천히 궁구하여 가장 합당한 결론에 이르도록 힘써야 하니, 내일 아침까지 조금만 기다렸다가 사부(師傅)·빈객(賓客) 및 시강원의 궁료들을 불러 모아 함께 의리를 확정하고 대처해도 또한 늦지 않을 것입니다.

밤도 깊었고 경황도 없는 지금, 경솔하게 합문 밖으로 나가신다면 이 어찌 신들이 저하께 바라는 일이겠습니까? 저하께서 전대의 역사를 두루 살펴보십시오. 동궁이 자리에 오른 후 일찍이 그 자리가 불안하다 하여 합문 밖에 나아가 사위한 일이 있었습니까? 그런데도 저하께서 마음 내키는 대로 곧장 행동으로 옮기신다면 인심은 놀라 당혹할 것이고 국사는 망극한 지경에

---

157) 궁료(宮僚) : 동궁에 딸린 관료란 뜻으로, 세자시강원 보덕 이하의 벼슬아치를 통틀어 이르는 말이다.

158) 소리도 …… 없게 : 《중용장구》 마지막 장인 제33장에 "상천의 일은 소리도 없고 냄새도 없다는 표현이어야 지극하다 할 것이다.[上天之載, 無聲無臭, 至矣.]"고 한 구절을 인용한 것이다.

빠질 것이니, 역사는 장차 오늘을 어떠한 때라고 기록하겠습니까? 간절히
바라건대 속히 성명을 거두소서."

하였다. 권익관이 아뢰기를,

"시직(侍直)이 아뢴 칠정에 대한 말은 실로 매우 절실한데, 칠정 중에서도
노여움은 제어하기 어렵습니다. 저하의 도량은 매우 깊으니, 제어하기 어려운
우려는 없을 듯하나, 여우나 쥐새끼 같은 하찮은 무리로 인해 이러한 거조가
있게 된다면, 모두 절도에 맞게 행동해야 한다는 의리에 혹여 미치지 못하는
바가 있지 않겠습니까?

이 무리의 죄악이 차고 넘치므로 저하께서 깊이 미워하시는 것은 당연합니
다만, 이 무리로 인해 자신의 뜻을 스스로 지키겠다는 말씀까지 하시니, 아마도
칠정이 거의 평정을 얻지 못한 듯하여, 실로 대 성인이 중도에 맞게 일에
대처하는 도리라고 할 수 없으니, 속히 예지(睿志)를 돌리십시오. ……"

하였다.

김동필이 익위사의 두 관원을 돌아보며 동궁이 반드시 명을 거두도록
각기 소회를 아뢰게 하자, 홍우현이 아뢰기를,

"내일 아침을 기다려 사부와 빈객을 인접하시고, 가부 여하를 두루 물어보십
시오. ……"

하였고, 이세환이 아뢰기를,

"하교가 이와 같으니 말씀을 다하지 않아도 그 뜻을 이해할 수 있습니다만,
그래도 두서너 명의 궁료만으로 어찌 상황을 헤아리고 대처할 방도를 마련해
저하를 보필할 수 있겠습니까? 사부와 빈객은 조정의 대신이니, 간절히
바라건대 그들에게 조용히 자문을 구하소서."

하였다.

세제가 상소의 초본을 내어 보이자, 김동필과 권익관이 펼쳐 보고 이어
익위사의 두 관원에게도 보여준 다음 세제에게 도로 돌려주고 일어났다
엎드려 아뢰기를,

"환관이 사람과 나라에 해를 끼친 일은 이전의 역사에 뚜렷하니, 법에
따라 처형하기를 진청(陳請)하는 일을 조금도 늦출 수 없습니다. 그렇지만
상소 내용 중에 '궁을 떠나 석고대죄하고, 사위(辭位)하겠다.'는 등의 말은
결코 경솔하게 해서는 안 되는 말입니다.

저하께서 일찍이 서연(書筵)159)에서 '궁료들은 붕우나 다름없다'고 하교하
셨을 때, 신은 감동하고 감사하였습니다. 지금 이 비상한 거조에 대해 신들이
정성을 다해 쟁집하니 구구한 충심을 저하께서 통촉하셔야 할 터인데, 어전에
서 밤을 새워 아뢰어도 예총(睿聰)의 아득함이 이와 같으니 궁료들에게 물으시
겠다는 성대한 뜻은 어디에 있으며, 또한 강관(講官)은 어디에 쓰려 하십니까?"

하였다. 권익관이 아뢰기를,

"하늘에 닿을 이 무리의 죄악이 이처럼 탄로 났으니, 신은 마땅히 외조(外朝)
로 나아가 속히 법대로 시행해 줄 것을 즉시 진청할 수 있는데, 어찌 이것이
저하께 조금이라도 불안의 단서가 될 수 있겠습니까?

요순(堯舜)의 도는 효제(孝弟)일 따름160)이니, 효제의 도는 다른 것이 아니라
그 뜻을 공순히 하는 것뿐입니다. 지금 대조의 이 엄한 하교는 무슨 까닭으로
내리셨는지 알 수 없으나, 저하께서 다만 효심으로써 대조께서 우애하는
마음을 받든다면, 비록 한때 엄한 하교가 있으셨다 해도 양궁(兩宮)의 자애와
효심은 진실로 변함없을 것인데, 저하의 마음에 어찌 털끝만한 불안이 있다고
이를 상소에 드러낸단 말입니까?

상소하여 아뢰는 것을 그만둘 수 없다면, 단지 환관의 죄를 청하는 것은
불가할 것이 없지만, 어찌하여 합문을 나가겠다는 등의 말을 언어문자 상에

---

159) 서연(書筵) : 세자가 경사(經史)를 강론하고 도의(道義)를 연마하는 자리이다. 이연(離筵)
　　또는 주연(胄筵)이라고도 한다.
160) 요순(堯舜)의 …… 따름 : "천천히 걸어서 어른 뒤에 가는 것을 공경한다고 이르고,
　　빨리 걸어서 어른 앞서 가는 것을 공경치 못한다고 한다. …… 요·순의 도는 효도와
　　공경 뿐이다.[徐行後長者, 謂之弟 ; 疾行先長者, 謂之不弟. …… 堯舜之道, 孝悌而已矣.]"고
　　한 맹자의 말을 인용한 것이다. 《孟子 告子》

드러내실 수 있단 말입니까? 저하께서 한번 합문 밖으로 나가시면 국본이 동요될 것이니, 국본이 동요하고도 나라가 건재한 일은 없었습니다.

　나라 안의 인심이 놀라 당혹스러워 하고, 양전(兩殿, 인원왕후와 경종)의 성심(聖心)이 놀라고 근심할 것도 이루 말할 수 없을 것입니다. 지금 뜻을 공순히 하는 효제의 도리에 비추어 보아 어찌 다만 그 뜻을 시행하는 것만 생각하고 양전에 걱정을 끼칠 일은 생각하지 않아도 됩니까? ……"

　하였고, 이세환이 아뢰기를,

　"환관의 재앙은 참으로 두려워할 만한 일이니, 상소하여 성의(誠意)를 진달하고 석고대죄하는 것이야 안 될 것이 없습니다만, 합문을 나가겠다는 말을 굳이 소장에 쓸 필요는 없을 듯합니다."

　하였다.

　동궁이 말하기를,

　"우리 성상의 인후한 덕이야 조정의 신하들 중 모르는 사람이 없을 터이니, 한때 비노(匪怒)[161]한 하교가 있었다 하여 내 어찌 감히 이러한 거조를 보이는 것이겠는가? 그러나 지금은 이 무리가 성총을 속이고 가리어 나를 불안하게 만들고 있으니, 오늘의 일로 인해 이 무리와 나는 형세 상 양립할 수 없게 되었다. 차라리 이 자리를 떠나 선조(先朝)로부터 받은 봉작으로 나의 본분이나 지키는 것이 내 지극한 소원이니, 내 결심은 결코 바뀌지 않을 것이다."

　하였다. 김동필이 아뢰기를,

　"저하께서는 어찌하여 이러한 말씀을 하십니까? 저들은 곧 저하의 가노(家奴)이자 여우와 쥐새끼 같은 무리일 뿐이니, 그들을 죽여 제거하는데 무슨 어려움이 있겠습니까? 저하께서 형세 상 저들과 양립할 수 없다고 하신 것은 마치 저들을 저하와 나란히 견주는 듯한 말씀이니, 어리석은 신이

---

161) 비노(匪怒) : 노여워한 것이 아니라 가르치려 한 것이라는 의미이다. 《시경》〈반수(泮水)〉에 "얼굴빛을 화락하게 하고 웃으시니, 노한 것이 아니라 가르치시는 것이로다.[載色載笑, 匪怒伊教.]"고 한 구절을 인용한 것이다.

생각건대 이 점에서는 저하께서 실언(失言)을 면치 못하신 듯합니다."

하였다. 동궁이 말하기를,

"형세 상 양립할 수 없다 한 것은 저들을 나란히 동렬에 둔 듯한 말이니, 과연 나의 실언이다. 소대(召對)162)에서 또한 태백(泰伯)과 중옹(仲雍)의 일163) 을 말한 것은 나의 본심이 본래 이들과 같기 때문이다.

생각하건대 지금 종사가 망해 가는데 내가 구제할 수 없으니, 위로는 조종과 선대왕, 자전의 뜻을 저버렸고, 다음으로 금상을 저버린 죄가 막대하여, 자리에서 물러나는 것 외에는 다른 방도가 없다. 만약 털끝만큼이라도 속이거나 숨기는 것이 있다면, 천지신명이 환히 들여다보며 삼엄히 벌여서 있고164) 선대왕의 영령이 실로 감독하고 계시니, 어찌 속일 수 있겠는가?"

하였다. 김동필이 아뢰기를,

"…… 소신들이 물러가 사부와 빈객에게 응당 이 사실을 알릴 것입니다. 궁관은 비록 조정의 일에 간섭해서는 안 되지만 이 일은 조정 신하들에게 즉시 알려 한시도 지체없이 징토의 법을 시행해야 하니, 죄인들을 복주하고 나면 저하께 어찌 조금이라도 불안한 단서가 남겠습니까?"

하였다. 권익관이 아뢰기를,

"저하의 하교가 조정에 한 번 알려지면, 여우나 쥐새끼 같은 무리는 응당 복주될 것이나, 다만 석고대죄하고 사위하겠다는 저하의 거조는 일찍이 역사에도 실린 적이 없고 나라에도 없던 일로서, 위로는 양전에 근심을 끼치고 아래로는 사방에 소문이 퍼질 것이니, 작은 일이 아닙니다. 신들은 말씀도 다 드렸고 생각도 다하였으니, 저 역심을 품은 환관의 죄를 피를 토하며

---

162) 소대(召對) : 왕명으로 입대(入對)하여 정사(政事)에 관한 의견을 아뢰는 일을 말한다.

163) 태백(泰伯)과 중옹(仲雍)의 일 : 태백과 중옹은 주(周)나라 태왕(大王)의 맏아들과 둘째 아들로, 태왕이 막내 계력(季歷)에게 전위할 의사가 있음을 알고, 왕위를 양보하여 형만(荊蠻)의 땅으로 떠났다. 《史記 吳太伯世家》

164) 천지신명이 …… 있고 : 한유(韓愈)의 〈여맹상서서(與孟尙書書)〉에 "천지신명이 밝게 포진하고 삼엄히 벌여 있으니, 속일 수 있는 일이 아니다.[天地神祇, 昭布森列, 非可誣也.]"고 한 구절을 인용한 것이다.

징토하겠으나 합문을 나가겠다는 일만은 목숨을 걸고 간쟁할 뿐입니다."

하였다.

홍우현이 운운하였고, 이세환이 아뢰기를,

"의리는 무궁하니, 부모가 기뻐하지 않고 진노하여 회초리에 피가 흐르더라도 더욱 공경하고 더욱 효심을 지극히 하는 것이 곧 올바른 법이요, 작은 매를 드시면 맞고 큰 매를 드시면 달아나는 의리는 법 밖의 일입니다. 경솔하게 시행해서는 안 되니, 망극한 나머지 다시 아뢸 말이 없습니다."

하였다. 김동필이 아뢰기를,

"시직이 아뢴 큰 매, 작은 매 이야기는 그 비유가 적합하지는 않은 듯합니다. 저하는 성상과 비록 형제간이나 실로 군신과 부자의 의리가 있습니다. 한때 엄한 하교가 있으셨다 하나 인인(仁人)은 아우에게 노여움을 품지 않는 법165)이므로, 저하께서 처신할 도리는 더욱 공경하고 더욱 효심을 다하여 한없는 화평을 기하는 데 있으니, 큰 매·작은 매를 어찌 논할 것이 있겠습니까? 설령 저하의 처신에 어려운 점이 있다 해도, 오직 참을 '인(忍)' 한 글자로 더욱 힘쓰기에 유념하소서."

하였다. 동궁이 말하기를,

"참을 '인'자 이야기야 내 어찌 모르겠는가? 다만 내 뜻은 이미 정해졌고, 또한 이미 말도 꺼냈으니, 내 결심은 결코 바꿀 수 없다."

하였다. 김동필이 아뢰기를,

"신들은 여기에서 밤을 지새우더라도 청을 들어주시지 않으시면 물러가지 않을 것입니다. 대개 말과 행동을 실천에 옮기기 전에는 잘한다 잘못한다 말할 수 없고 반드시 실행에 옮긴 후에야 그 시비를 볼 수 있으며, 성인 또한 일찍이 사람에게 허물이 없기를 바라지 않고 반드시 허물을 고치는

---

165) 인인(仁人)은 …… 법 : 《맹자》〈만장 상(萬章上)〉에 "어진 이는 아우에 대해서 노여움을 간직하지 아니하며, 원망을 묵혀 두지 아니하고, 그를 친애(親愛)할 뿐이다.[仁人之於弟也, 不藏怒焉, 不宿怨焉, 親愛之而已矣.]"고 한 구절을 인용한 것이다.

것을 귀하게 여겼습니다.166) 지금 저하께서는 이미 말을 꺼낸 후라 중지할
수 없다는 말로 신들의 청을 완강히 거부하는 빌미로 삼고 계시니, 저하의
고매한 학문으로 어찌 생각이 여기에 미치지 못하십니까? 신은 적이 저하를
위하여 애석하게 여깁니다."

하였다. 권익관이 아뢰기를,

"제왕가는 계서(繼序)167)가 중요한 법이니, 저하는 대조와 친속으로는 형제
간이나 의리로는 부자간입니다. 경전(經傳)에 이르기를, '천하에 옳지 않은
부모는 없다.' 하였는데, 이에 대해 선유(先儒)는 '이와 같은 후에야 천하의
부자관계에 있는 이들이 안정된다.'168) 하였습니다.

안정된다는 것은 자식은 효도하고 어버이는 자애하여 각기 제 자리를
지키면 그 지위가 불안함이 없다는 뜻으로, 자식된 자는 항상 이러한 생각을

---

166) 허물이 …… 여겼습니다 : 당나라 육지(陸贄)가 덕종(德宗) 건중(建中) 4년(783)에 올린
    상소문에서 "중훼(仲虺)는 상나라 성탕을 찬양하되, 허물이 없는 것을 칭찬하지 않고
    허물을 고치는 것을 칭찬하였다. 길보(吉甫)는 주나라 선왕을 찬송하되, 실수가 없는
    것을 찬미하지 않고 실수를 보완하는 것을 찬미하였다. 이는 성현의 뜻이 분명히
    드러난 것이니, 오직 허물을 고치는 것을 현능하다고 하고, 허물이 없는 것을 귀하게
    여기지 않은 것이다. 대개 사람이 행동하면 반드시 허물과 잘못이 있는 법이니, 이는
    상지(上智)나 하우(下愚) 모두 면할 수 없는 것이다.[仲虺贊揚成湯, 不稱其無過, 而稱其改過.
    吉甫歌誦周宣, 不美其無闕, 而美其補闕. 是則聖賢之意較然著明, 惟以改過爲能, 不以無過爲貴.
    蓋爲人之行己, 必有過差, 上智下愚俱所不免.]"고 한 말을 변용하여 인용한 것이다. 《資治通鑑
    卷229 唐紀45 德宗 建中4》
167) 계서(繼序) : 종통(宗統)을 계승하는 순서를 이른다.
168) 천하에 …… 안정된다 : 선유는 나종언(羅從彦, 1072~1135)으로, 자는 중소(仲素)이고
    호는 예장(豫章)이다. 순(舜)의 부친인 고수(瞽瞍)가 완악하여 순을 몇 차례나 죽이려고까
    지 하였으나 "순이 어버이 모시는 도리를 극진히 행하자 고수도 기뻐함에 이르렀다.[舜盡
    事親之道, 瞽瞍底豫.]"는 고사가 《맹자》〈이루 상(離婁上)〉에 나오는데, 이에 대한 주석에서
    "순 임금이 고수(瞽瞍)로 하여금 기뻐함에 이르게 한 것은 순 임금이 어버이 섬기는
    도리를 다하여 공손히 자식 된 직분을 하고 부모의 잘못을 보지 않았기 때문일 뿐이다.
    옛적에 나중소(羅仲素)가 이것을 말하기를 '다만 천하에 옳지 않은 부모가 없다고 여겼기
    때문이다.' 하였다."라고 하였다. 《소학》〈가언〉에도 "나중소는 '고수(瞽瞍)가 기뻐함에
    이르자 천하의 부자 관계에 있는 사람들이 안정되었다.'는 말을 논하여 말하기를,
    '다만 천하에 옳지 않은 부모가 없다고 여겼기 때문이다.'고 하였다.[羅仲素 論瞽瞍底豫而天
    下之爲父子者定云, 只爲天下無不是底父母.]"는 내용이 보인다. 《孟子 離婁》《小學 嘉言》

마음속에 간직해야 부모를 섬기는 도리에 유감이 없게 되고 자애와 효심이 모두 온전하게 될 것입니다.

　지금 성상께서 종사의 막중한 책임을 저하께 부탁하셨으니, 저하께서 선왕을 섬기던 효심을 지금의 성상을 섬기는 데로 옮긴다면 화목한 즐거움[169]과 화락한 기쁨[170]이 양궁(兩宮) 간에 극진하게 될 것입니다. 지금 이처럼 변고에 대처하기 어려운 상황을 맞아 저하께서 이러한 뜻을 더욱 명심하시고 항상 스스로를 면려하신다면 예덕(睿德)은 더욱 빛날 것이고, 이보다 더 어려운 일이 있다 해도 아무런 문제없이 헤쳐 나갈 수 있을 것입니다.

　경전에서 말하는 효는 이 한 구절이 가장 절실하므로, 단락의 뜻을 취하여 아뢴 것이니, 저하께서는 유념해주소서. 역심을 품은 환관을 조속히 복주하는 것이야 진실로 터럭 한 가닥 움직이는 것만도 못한 일이나, 합문을 나아가 사위하겠다는 말씀은 결단코 부당한 줄로 압니다.”

　하였다. 김동필이 또 아뢰기를,

　“자전께서 건강을 조섭하시고, 대조의 병환이 더해진 때, 만약 저하께서 합문을 나가셨다는 말을 들으시면 그 놀라움과 근심이 또한 어떠하시겠습니까? ……”

　하였다. 동궁이 말하기를,

---

169) 화목한 즐거움 : 원문은 ‘融洩之樂’이다. ‘融洩’는 ‘융융예예(融融洩洩)’의 준말로, 《춘추좌씨전》 은공(隱公) 원년에 나오는 말이다. 정(鄭)나라 장공(莊公)이 아우 공숙단(共叔段)의 반란을 평정한 뒤에 그와 공모(共謀)한 어머니 강씨(姜氏)를 성영(城潁)에 유폐하고 다시 안 만나겠다고 했다가, 영고숙(潁考叔)의 충언을 듣고 땅굴을 통해 들어가서 강씨를 만났다. 그때 장공이 노래하기를 “대수 안에 그 즐거움이 화락하네.[大隧之中, 其樂也融融.]” 하였고, 그 어머니가 나와서 노래하기를 “대수 밖에는 그 즐거움이 펴지도다.[大隧之外, 其樂也洩洩.]” 하였다. 그 주석에 “‘융융’은 화락(和樂)이고 ‘예예’는 서산(舒散)이다.” 하였다.

170) 화락한 기쁨 : 원문은 ‘怡愉之歡’이다. ‘이유(怡愉)’는 어버이를 옆에서 모시면서 기쁘고 즐겁게 해 드리는 것을 말한다. 당(唐)나라 한유(韓愈)가 〈원화성덕시(元和聖德詩)〉에서, “기쁘고 즐거운 기색으로 태황후를 받들었다.[怡怡愉愉, 奉太皇后.]”고 한 데서 유래하였다.

"궁료들이 이렇게 지성으로 누누이 진달하니 감동하지 않을 수 있겠는가? 내일 사부를 비롯한 궁료들을 만나보고 나의 뜻을 실행할 것이니, 우선 물러가라."

하였다. 김동필과 권익관이 일어나 절을 하고 아뢰기를,

"신들이 아뢴 바를 허락하지는 않으셨으나, 내일을 기다리겠다는 하교를 받았으니 지극히 기쁘고 다행함을 이기지 못하겠습니다. ……"

하였다. 이들이 물러나 합문 밖으로 나오니, 시간이 이미 3경(三更) 4점(四點)[171]이었다.

○ 밤이 깊은 후, 승정원, 홍문관, 병조참판 이태좌, 총관 조태억이 궐문 밖에 이르러 청대하였으나 하교를 받지 못하자 여러 신하들과 함께 들어왔다.

○ 23일, 우의정 최석항, 대사헌 유봉휘, 병조판서 송상기, 형조판서 이광좌가 사은(謝恩)하였다.

○ 날이 밝기 전, 영의정 조태구, 우의정 최석항, 호조판서 김연(金演), 예조판서 이조, 공조판서 한배하, 이조판서 심단, 병조참판 이태좌, 호조참판 조태억, 이조참판 김일경, 훈련대상 윤취상, 승지 이정신·유중무·박휘등·이인복·심탱, 양사 이진유·이제·이명의·박필몽, 홍문관 윤연·윤순·심공, 가주서 이보욱(李普昱),[172] 기사관 신처수(申處洙),[173] 편수관 김극겸(金克謙)이 청대

---

171) 3경(三更) 4점(四點) : 하룻밤을 초경(初更), 이경(二更), 삼경(三更), 사경(四更), 오경(五更) 등 5개의 경(更)으로 나누고, 다시 이경, 삼경, 사경은 5개의 점(點)으로, 초경과 오경은 3개의 점으로 나누었다. 일반적으로 삼경은 11시~다음 날 오전 1시이고, 삼경의 1점은 24분에 해당하므로, 3경 4점은 밤 12시 30분을 약간 넘긴 시간이 된다.

172) 이보욱(李普昱) : 1688~? 본관은 용인(龍仁), 자는 휘백(輝伯)이다. 1719년(숙종45) 증광문과에 급제하여 청요직을 두루 거쳤다. 1723년(경종3) 이만성 등이 노론 4대신의 흉역에 참여하였다 하여 국문하기를 청하였다. 또 임인옥을 고변한 목호룡만 녹훈(錄勳)되자, 옥사를 다스린 여러 신하들이 함께 녹훈되어야 한다고 주장하였다. 이때 옥사를 담당한

하고, 참판[174] 박태항, 대사간 양성규, 지평 윤성시, 정언 서종하가 뒤미처 들어왔다. 입시하였을 때, 조태구가 아뢰기를,

"지난밤 춘궁이 궁료들을 인접하여,

'환관이 중간에서 농간을 부려 문침과 시선까지 가로막고 나를 제거하려는 계략을 꾸미기에 울며 아뢰었는데, 처음에는 잡아들여 추국하라는 명이 내렸으나 곧 도로 거두어들이시고 엄한 하교도 내리셨으니, 내 장차 합문을 나아가 사위(辭位)하려 한다.'

하였다 하니, 신은 알지 못하겠습니다만 어찌하여 일이 이 지경에 이르렀고, 또한 무슨 까닭으로 잡아들여 추국하는 일을 갑자기 거두신 것입니까? 환관이 농간을 부린 일은 막대한 변고이니, 청컨대 엄히 추국하여 법에 따라 처형하소서."

하였다. 최석항이 또 아뢰기를,

"옛사람은 환관을 가동(家童)에 비유하였으니, 사가(私家)의 일로써 말해보겠습니다. 노복의 말을 믿고 형제간에 화합하지 않는다면, 그 집은 흥하겠습니까? 아니면 망하겠습니까? 처음에는 잡아들여 추국하게 하셨다가 금방 도로 명을 거두셨으니, 동궁의 불안한 마음이 어떻겠습니까? 전하께서는 어찌하여 하찮은 일개 가동을 아끼시어, 즉각 엄히 추국하고 법에 따라 처형하는 일로써 춘궁을 위로하지 않으십니까?

전하께서 항상 우애의 정을 돈독히 하시고 춘궁께서 효도하고 공경하는 실제에 극진히 힘쓰신다면 형제간에는 즐거움과 기쁨이 넘쳐날 것이요, 궁궐

대신들이 모두 소론이었던 만큼, 영조 즉위로 노론이 득세하자 김일경·목호룡의 여당으로 몰려 탄핵을 받고 유배되었다. 1727년(영조3) 정미환국으로 다시 삼사에 진출하여 1743년과 1750년 승지가 되었다. 사후 1755년 을해옥사 당시 관작을 추탈 당하였다.

173) 신처수(申處洙) : 1690~1742. 본관은 고령(高靈), 자는 여인(汝仁)이다. 1711년(숙종37)에 진사(進士)가 되고, 1721년(경종1) 증광문과에 급제하였다. 1725년(영조1) 청요직에 진출하였다가 1727년 파면되었다. 1729년 장령(掌令)으로 복귀하여 이진유 등 소론을 탄핵하였다가 갑산에 위리안치 되었다. 1732년 가까운 곳으로 옮겨지고 1735년 직첩을 돌려받았다. 다시 사간으로 있다가 1741년 왕명을 어겼다 하여 진도군수로 좌천되고 이듬해 복귀하였으나 사망하였다. 1772년 관작이 추탈되었다.

174) 참판 : 실록 기사에 따르면 이때 박태항은 예조참판이었다. 《景宗實錄 1年 12月 23日》

안은 화목함과 화락함이 가득할 것이니, 하늘에 계신 선왕의 영령이 아득한 저세상에서 어찌 보살펴주고 기뻐하지 않겠으며 자성의 마음 또한 어찌 즐겁고 기쁘지 않겠습니까? 설령 그사이에 화합하지 못할 뜻이 있다 해도, 전하께서 대처하실 방도는 그때마다 관용을 베푸셔야 하니, 각별히 유념하여 생각하소서."

하였다. 우의정이 또 아뢰기를,

"선왕의 골육으로는 전하와 춘궁만 계실 뿐인데 춘궁의 마음이 불안하다면 하늘에 계신 선왕의 영령이 어찌 근심하지 않으시겠습니까?"

하였고, 영의정이 아뢰기를,

"전하께서는 일찍이 '아픔을 나누고 괴로움을 나눈다.'는 하교[175]를 내리신 바 있는데, 한두 명의 환관이 감히 방자하게도 농간을 부려 이렇듯 소통이 막히는 비상한 변고가 생겨났으니, 고통을 나누고 아픔을 나누는 뜻이 어디에 있습니까? ……"

하였다. 심단이 아뢰기를,

"왕세제의 하령 중에 이미 나를 제거하려 한다는 하교가 있었으니, 이는 대역(大逆)에 관계되는 일입니다. 신의 생각으로는, 굳이 국문할 필요 없이 곧바로 정법(正法)을 시행하는 것이 마땅합니다."

하자, 한배하와 이태좌가 모두 참형에 처할 것을 청하였고, 이인복은 속히 여러 신하들의 청을 윤허해 달라 청하였으며, 조태억·이정신·유중무도 모두 법에 따라 처형할 것을 청하였다.

우의정이 아뢰기를,

"예부터 제왕가의 부자·형제 사이에 의심이 쌓이고 틈이 벌어졌던 것은

---

175) 아픔을 …… 하교 : 1721년(경종1) 10월, 왕세제가 대리청정의 명을 거두어 달라 거듭 청하자, 이때 경종이 "형제간에 괴로움과 아픔을 나누는 의(義)를 깊이 생각하여, 나로 하여금 병중에 수양하고 보신(補身)하는 방도를 취하도록 하는 것이 내가 바라는 바이다. [弟兄間, 深思分苦分痛之義, 使予病裏頤養補身之道, 是所望也.]"고 답한 것을 이른다. 《景宗實錄 1年 10月 14日》《景宗修正實錄 1年 10月 14日》《承政院日記 景宗 1年 10月 14日》

모두 환관·궁첩의 이간질과 무함에서 연유하였으니, 국법에 따라 속히 처형하소서. ……"

하였고, 이인복이 아뢰기를,

"전하께서는 그들에게 무슨 두둔해 줄 게 있다고 이리도 우물쭈물 주저하십니까? 성덕에 누가 됨이 참으로 가볍지 않습니다. 훗날 역사에 기록하고 야사에 실을 때 전하를 어떠한 임금이었다고 하겠습니까?"

하였고, 김일경이 아뢰기를,

"국문하여 결안(結案)에 대한 공초를 받아낸 후 왕법에 따라 지체없이 처형하소서. ……"

하였다. 박태항이 뒤미처 들어와 국청을 설치하고 법에 따라 처형할 것을 청하였고, 영의정과 우의정이 모두 추국을 청하였다. 박필몽이 아뢰기를,

"대개 국청을 설치하는 것은 반드시 추궁해야 할 은밀한 정상이 있기 때문인데, 지금은 세제의 하령이 곧 단안이니, 바로 법에 따라 처형하는 것이 실로 사체에 합당할 듯합니다."

하였고, 이진유가 아뢰기를,

"효종 때 서변(徐忭)이 죄를 얽어 인평대군(麟坪大君)을 무함[176]하자, 즉시 국청을 설치하고 법에 따라 처형하였습니다. 오늘의 일을 서변의 일에 비한다면 그 경중이 어떠합니까? 그런데도 전하께서 의심을 가지고 결단하지 않으며 두둔하는 모양이 현저하시니, 이와 같은데도 형제간에 화합하고 나라를 보전할 수 있겠습니까?"

하였으며, 영의정이 아뢰기를,

"형제란 본래 저절로 얻기 어려운 법이니, 한 번이라도 화합하지 못하면 가도(家道)가 무너지게 됩니다."

---

176) 서변(徐忭)이 …… 무함 : 1656년(효종7)에 효종의 아우인 인평대군이 베푼 연석(宴席)에서 승지 유도삼(柳道三)이 취중에 인평대군 앞에서 신(臣)이라 말한 것을 천안군수 서변(徐忭)이 전해 듣고 고변하였다. 이에 진노한 효종이 직접 국문하여 서변은 형장 아래 죽었고 그 말을 전한 사람은 찬출되었다. 《孝宗實錄 7年 5月 12日》《孝宗實錄 行狀》

하였다.

윤순이 아뢰기를,

"한(漢)·당(唐)·명(明)나라는 모두 환관으로 인해 멸망하였으나 우리나라는 조종조 이래로 이러한 일이 없었는데, 전하의 대에 이르러 이러한 막대한 변고가 생겨 삼백 년의 규모가 하루아침에 모두 무너지고 말았습니다. 지난번 세 명의 환관을 찬배하였을 때, 비록 무슨 일에 연관된 것인지는 모르겠으나 일찍이 조금의 주저함도 없이 그들을 내치셨는데, 어찌하여 그들에게는 지체없이 시행하고 이들에게는 처분을 아끼십니까?

전하께서 평소 형제간 우애의 도리를 다하셨다면 어찌 하찮은 환관들이 감히 이간질할 계략을 꾸몄겠습니까? 이것이 참으로 전하께서 스스로 돌아보고 반성해야 할 점입니다."

하였고, 영의정이 아뢰기를,

"저 환관들이 춘궁에게 불순하기가 이와 같은데 어찌 전하에게 충성할 리가 있겠습니까?"

하였고, 또 아뢰기를,

"신이 어찌 감히 털끝만큼이라도 의리가 아닌 일로써 전하를 인도하겠습니까?"

말하고, 오열하며 눈물을 흘렸다.

이진유가 아뢰기를,

"지금 환관을 옹호하여 선왕의 막중한 부탁을 잊고 동기간 화합의 도리를 잃는다면, 전하께서는 장차 무슨 낯으로 효령전에 들어가시겠습니까?"

하였고, 영의정이 아뢰기를,

"전하께서는 인애(仁愛)의 정이 지극하시어 사람을 해칠 마음이 없으신데, 신이 어찌 감히 사람을 죽이는 것으로 전하를 이끌겠습니까?"

하였다. 이진유가 아뢰기를,

"잡아들여 추국하라는 명을 도로 거두시니, 동궁의 두려워하는 마음이 더욱 배가되었고, 저들의 교만 방자함은 더욱 심해졌습니다."

하였고, 조태억이 아뢰기를,

"신은 맏형이 죽고 단지 한 명의 형만 남아 서로 의지하며 살아가고 있습니다. 전하께서 더불어 의지할 수 있는 사람은 세제뿐이니, 세제의 마음을 평안하게 하지 못한다면 장차 천하 후세가 전하를 일러 어떠한 임금이라 하겠습니까?

임금은 마땅히 인명을 아끼는데 마음을 두어야 하므로, 송나라 사람이 말하기를, '임금이 이러한 일에 만성이 되게 해서는 안 된다.'177) 하였고, 영중추부사 김우항이 차자에서 말한 살리기 좋아하는 덕 또한 좋은 말이라 하겠으나, 이러한 흉역의 무리에게 어찌 온전히 살리기 좋아하는 덕을 말하고 악행을 징토하지 않을 수 있겠습니까?"

하였다.

이명의가 아뢰기를,

"전하께서 동궁이셨을 때, 선대왕께서 하교하시기를, '강신(强臣), 흉얼(凶孼)이 국본을 동요시킨다면 역률(逆律)로써 다스리겠다.'178)라 하셨는데, 지금 이 환관들의 변고는 국본을 동요시키는 데 그치지 않았습니다."

하였고, 김일경이 아뢰기를,

"전하께서 끝내 결단하지 않으시니, 성상의 심중을 신들이 감히 헤아리기 어렵습니다. 자상한 말씀으로 신료들이 훤히 알아듣게 해주신다면 이 답답함

---

177) 임금이 …… 된다 : 원문은 "人主不可使之手滑"이다. 여기에서 수활(手滑)은 습관이 되어 고치기 어려움을 이른다. 송나라 경력(慶曆) 연간에 근시(近侍)가 죄를 범하자, 집정대신들은 모두 그의 죄상을 무겁게 여겨 죽이기를 청하였으나 오직 범중엄(范仲淹)만은 아무 말도 하지 않고 물러 나와 동렬(同列)들에게 경계하기를 "제공(諸公)들이 군주에게 법 밖의 규정으로 근신(近臣)을 죽이도록 권하는데, 비록 일시적으로 마음이 통쾌할지 모르나 군주로 하여금 수활하게 해서는 안 된다." 하니, 여러 공들이 묵묵히 말이 없었다는 고사가 있다. 《夢溪筆談 人事》

178) 강신(强臣) …… 다스리겠다 : 1694년 갑술환국 벽두에 나온 숙종의 하교이다. 《肅宗實錄 20年 4月 1日》

이 조금이나마 풀릴 수 있을 것입니다."

하였고, 이조가 아뢰기를,

"신하들이 이처럼 극력으로 간청하니, 적발하여 법에 따라 처형하라고 하교하심이 어떻겠습니까?"

하였다. 이에 삼사가 합계하여 농간을 부린 환관들을 유사에 회부하여 국법에 따라 속히 처형할 것을 청하였다. 조태구가 아뢰기를,

"윤지술이 결안을 바치지 않았는데, 그대로 참형에 처한 것은 참으로 훗날의 폐단이 있을 것이기에 신이 늘 한번 아뢰고자 하였습니다. 그러나 이 흉적들의 경우, 그 죄가 이미 분명하게 드러났으니 여러 신하들이 아뢴 대로 곧장 형을 집행해야 할 것입니다."

하였다. 주상이 결단을 내리는 듯하였으나 분명하지가 않자, 조태구가 앞으로 나와 엎드려 다시 상세히 듣기를 청하였다. 이에 주상이 "적발하여 법에 따라 처형함이 옳다." 하고 삼사에 답하기를, "아뢴 대로 하라." 하였다. 이에 신하들이 모두 일어나 절하고 칭하(稱賀)한 다음 이어 형제간의 우애에 더욱 힘쓸 것을 청하였다. - 삼사 합계의 문구는 《난여》에 있다. -

○ 이집의 일을 정계하였다.

○ 사부 조태구, 보덕 김동필, 겸필선 이진유, 문학 정석오(鄭錫五)[179], 겸문학 윤연, 사서 권익관, 설서 송인명 등이 청대하였다. 사부가 말하기를, "작년에 시약(侍藥)이 형편없이 미흡하였습니다. ……" 하자, 세제도 또한 하교하기를,

---

179) 정석오(鄭錫五) : 1691~1748. 본관은 동래(東萊), 자는 유호(攸好)이다. 영의정 정태화(鄭太和)의 증손이다. 1715년(숙종41) 식년문과에 급제하여 청요직을 두루 거쳤다. 1721년(경종1) 지평 재직시 김일경 등과 김창집 등 노론 4대신 탄핵을 주도하였다. 영조가 즉위하자 삭출 당하였다가 1727년(영조3) 정미환국으로 세자시강원 사서로 기용되었다. 이후 대사헌 등을 지내고 1746년 우의정을 거쳐 좌의정에 올랐다. 1748년 영돈녕부사로서 동지 겸 사은사(冬至兼謝恩使)가 되어 효현황후(孝賢皇后)에게 시호를 올린 일을 진하하고 연공(年貢)을 진헌하기 위하여 청나라에 가던 중 병사하였다. 시호는 정간(貞簡)이다.

"입진(入診)을 주선하였는데 하늘이 무너지는 듯한 망극한 일[180]을 당하였습니다."

하고, 또 말하기를,

"지난번 진계(陳戒)한 상소를 보고 스승께서 소자를 위하여 애쓰는 지극한 뜻을 깊이 알게 되었습니다."

하였다. 사부가 말하기를,

"밤사이 궁관이 보고한 환관의 역절(逆節)이 놀랍고도 망극하여 서둘러 청대하였는데, 성상께서 법에 따라 처형할 것을 결단하셨으니 종사의 경사입니다. 청대를 마치고 물러나오며 신이 또한 저하를 위로하시라는 뜻을 아뢰었더니, 용안에 기뻐하시는 기색이 역력했습니다."

하자, 세제가 말하기를,

"당초 자성께서 하교하신 혈맥(血脈)과 골육(骨肉)[181]의 말씀은 초목도 감동할 일이라서 감히 제 뜻대로 하지 못하였습니다. 그렇지만 지금은 제 결심이 이미 확고하니 바꿀 수 없습니다."

하였다. 사부가 말하기를,

"성상께서 이미 처분을 내리셨는데, 저하께서는 어찌하여 이러한 하교를 하시는 것입니까? 《시경(詩經)》에 이르기를, '형제가 이미 화합하였다.'[182] 하였고, 《중용(中庸)》에서는 이 말을 인용하여 말을 맺기를 '부모가 편안하실 것이다'[183] 하였습니다. 저하께서는 성상과 비록 형제간이나, 저위(儲位)에

---

180) 하늘이 …… 일 : 원문은 "天崩罔極"이다. 여기서는 1720년 숙종의 승하를 가리킨다.

181) 자성께서 …… 골육(骨肉) : 1721년(경종1) 연잉군을 세제로 정하는 과정에서 당시 왕대비로 있던 인원왕후가 내린 언문 교지에 "효종대왕의 혈맥과 선대왕의 골육은 주상과 연잉군뿐이니, 어찌 딴 뜻이 있겠소. 내 뜻은 이와 같으니, 대신들에게 하교하는 것이 옳을 것이오.[孝宗大王血脈, 先大王骨肉, 只主上與延礽君而已, 有何他意? 予意如此, 下敎大臣宜矣.]"고 한 일을 가리킨다. 《景宗實錄 1年 8月 20日》《景宗修正實錄 1年 8月 20日》《承政院日記 景宗 1年 8月 20日》

182) 형제가 …… 화합하였다 : 《시경》〈상체(常棣)〉에 "형제간이 화합하여 화락하고 또 길이 즐겁도다.[兄弟既翕, 和樂且湛.]"고 한 구절을 인용한 것이다.

183) 부모가 …… 것이다 : 《중용장구》제15장에 "《시경》에 '처자간에 정이 좋고 뜻이 합함이

오르셨으니 부자의 의리가 있는데, 어찌하여 성상의 뜻을 체득하여 자성을 위로하고 기쁘게 하는 도리로 삼지 않으십니까?

더구나 성상께서 결단을 내리신 마당에 저하께서 계속 이렇게 행동하시는 것은 부당하니, 저하께서는 마음을 평안히 하여 문침·시선의 예절을 봉행함으로써 효경(孝敬)의 도리를 다하소서."

하자, 세제가 말하기를,

"소자가 어찌 감히 효경의 도리에 스스로 힘쓰지 않겠습니까? 어제의 일은 실로 만부득이한 데서 나온 것이지만, 그 과정에서 불충과 불효를 드러내고 말았습니다."

하였다.

사부가 아뢰기를,

"신이 대조께는 매번 우애의 도리를 아뢰었고, 저하께는 효경(孝敬) 말고는 달리 권면하여 아뢴 말이 없으니, 양궁의 화락함이야말로 어찌 국가의 복이 아니겠습니까? 또 대내에서 한때 엄한 하교가 있었다 해도 또한 이를 외부 사람이 알아 전파하도록 두어서는 안 됩니다. 신은 옳지 않다고 생각하니, 하교를 도로 거두심이 마땅합니다."

하니, 세제가 말하기를,

"소자가 조정의 신하들을 번거롭게 하는 것이 대단히 미안한 일임을 모르는 바 아니나 그럼에도 불구하고 이렇게 하는 것이니 제 확고한 뜻을 더욱 볼 수 있을 것입니다. ……"

하였다. 김동필이 아뢰기를,

"저하께서 하령하신 말뜻이 너무도 통렬하고 절실하여 부득이하고 대단히 난처한 상황임을 알 수 있으니, 궁료에게 상의하신 것이 무슨 문제 될 게

금슬을 타는 듯하며, 형제간이 화합하여 화락하고 또 즐겁도다. 너의 가정을 마땅하게 하며 너의 처자들을 즐겁게 한다.' 하였는데, 공자가 이 시를 보고서 '이렇게 되면 부모가 편안하실 것이다.'라고 하였다.[詩曰, 妻子好合, 如鼓瑟琴. 兄弟旣翕, 和樂且耽. 宜爾室家, 樂爾妻孥. 子曰, 父母其順矣乎.]"고 한 구절을 인용한 것이다.

있겠습니까? 신들이 조정에 논의를 청한 것은 다만 토역(討逆)의 일일 뿐인데 저하의 하교가 전파될 위험이 어디에 있다는 말입니까?"

하니, 사부가 말하기를,

"신들이 아뢴 일을 대조께서 모두 가납해주셨고 용안 또한 지극히 화평하셨는데, 저하께서 이처럼 고집하시니 이는 신들이 바라는 바가 아닙니다."

하였고, 김동필도 괘념하여 고집하는 것은 옳지 못하다는 뜻을 아뢰었다.

이진유가 아뢰기를,

"어진 사람은 아우에게 노여움을 감춰두지 않고 원한을 묵혀두지 않으며 그저 친애할 뿐이라고 하였습니다.[184] 지금 성상께서 법에 따라 처형할 것을 흔쾌히 허락한 후에, 저하께서 계속 이렇게 행동하시는 것은 온당치 않습니다. 환관의 재앙은 노복의 재앙과 같은 것으로, 여염(閭閻)에서는 간혹 노복들이 이간질하는 말로 형제간의 화기(和氣)를 잃게 하여 끝내 집안이 패망하고 마는 일이 있으니, 마땅히 경계하고 삼가야 합니다."

하였고, 정석오·윤연·권익관이 운운(云云)하자, 세제가 말하기를,

"나의 뜻은 확고히 정해졌으나, 성상의 인애(仁愛)한 덕은 진실로 흠잡을 데가 없습니다."

하였다. 사부가 아뢰기를,

"저하께서 이미 종사를 부탁하신 막중한 책임을 받으셨으니, 지금 비록 저하의 뜻대로 하고자 한들 어찌 감히 백관과 만민을 버리실 수 있겠습니까?

---

184) 어진 사람은 …… 하였습니다 : 《맹자》〈만장 상(萬章上)〉에 나온다. 순임금의 이복동생인 상(象)이 아버지 고수(瞽瞍)와 함께 순을 죽이려고 여러 차례 시도하였지만, 순임금이 천자가 되어 아우 상을 유비(有庳)에 제후로 봉하고 부귀하게 해주었는데, 상은 불인(不仁)하여 관리로서의 자질이 안 되었기 때문에 다른 관리를 파견하여 대신 다스리게 하고 세금만 상에게 바치는 방식으로 하였다. 이에 대해 맹자는 "어진 사람은 아우에 대하여 노여움을 마음에 숨겨 두지 않으며, 원한을 가슴속에 남겨 두지 않고 그를 친애할 뿐이다. 친하게 여긴다면 그를 귀하게 하고 싶고, 사랑한다면 그를 부유하게 하고 싶은 것이다.[仁人之於弟也, 不藏怒焉, 不宿怨焉, 親愛之而已矣. 親之, 欲其貴也, 愛之, 欲其富也.]"고 말한 것에서 인용하였다.

또한 저하께서 한때의 변고로 이러한 거조를 보이신다면 무슨 얼굴로 다시 효령전을 찾아뵙겠습니까?"

하였다. 송인명이 아뢰기를,

"신은 창졸간에 한밤중의 비상한 하령을 받고 나서 몽매함을 무릅쓰고 나와 사은숙배하였습니다. 생각하건대 성상께는 마음에서 우러나오는 자애로움이 있고 저하께는 하늘이 낸 효심과 공경하는 마음이 있으니, 비록 한때 편치 않은 일이 있었다 해도 저절로 영원히 화락한 경지에 이를 수 있었습니다. 과연 실제로 성상께서 적발하여 법에 따라 처형하라는 결단을 내리셨으니, 이제 저하께서도 안심하셔도 될 것입니다.

저하께서 지금 당장 힘쓰실 바는 더욱 효와 경을 극진히 한다는 '익진효경(益盡孝敬)' 네 글자뿐으로, 이는 사부와 궁료들이 누누이 아뢴 일입니다. 옛말에 이르기를,

'서린 뿌리와 뒤엉킨 마디를 만나지 않으면 예리한 연장을 구별할 수 없다.'[185)]

하였으니, 신이 생각하기에 이는 만약 지극히 난처한 경우에 잘 대처하지 못하면 성인(聖人)이라고 칭할 수 없다는 말입니다. 지금 저하께서 당한 상황 또한 순탄하다고는 할 수 없으니, 잘 대처할 방도를 생각하지 않을 수 있겠습니까?

일찍이 듣건대 저하께서 서연(書筵)에 임하시어 학문에 대한 하교가 있었디고 하는데, 학문에 힘을 얻게 되는 것은 바로 여기에 달려 있습니다. 예로부터 임금으로서 총명하고 인검(仁儉)한 사람도 간혹 덕량이 부족하여 결국 난망을 면치 못하는 사람이 없지 않았습니다.

---

185) 서린 …… 없다 : 원문은 "盤根錯節"이다. 서린 뿌리와 얼크러진 마디를 가리킨다. 이런 경우를 만나야 칼이 제대로 드는지를 알 수 있다는 말로, 대처하기가 매우 어려운 사건을 만나야 훌륭한 인재가 자신의 재능을 보일 수 있는 기회를 얻게 된다는 뜻이다. 후한(後漢)의 우후(虞詡)가 "반근착절의 상황을 만나지 않는다면 칼이 예리한지 무딘지 분간할 수가 없으니, 지금이야말로 내가 공을 세울 기회이다.[不遇盤根錯節, 無以別利器, 此乃吾立功之秋.]"고 한 고사에서 나온 말이다. 《後漢書 虞傅蓋臧列傳 虞詡》

저하께서 진실로 덕을 높이고 도량을 넓히는 도리에 더욱 유념하실 수 있다면 대처하기 어려운 일들에 대해 틀림없이 덕으로 진정시키고 도량으로 포용할 수 있을 것입니다. 두려워하거나 동요하지 않고 몸가짐을 바르고 장중하게 하여 오직 나의 진실하고 공경하는 마음을 다한다면 성색(聲色)을 동요하지 않고도 만나는 일마다 잘 대응할 수 있을 것입니다.

삼가 들으니 저하께서 지금 《강목(綱目)》을 강론하고 계신다는데, 당나라 숙종이 어찌 중흥을 이룬 명철한 임금이 아니겠습니까마는, 환관 이보국(李輔國)이 궁중을 교란하여 대종(代宗)이 여러 번 위태롭고 불안한 지경에 처하였으나 다행히 이필(李泌)이 충성을 다해 주선하고 보호한 데 힘입어 마침내 아무 일 없이 보전되었습니다.186) 지금의 대신 또한 어찌 이필의 책임을 감당하기에 부족하겠습니까? 바라건대 저하께서 먼저 효와 경의 도리를 다하신 다음 대신에게 이필의 일을 일체 책임지우는 것이 신의 구구한 바람입니다."

하였다. 사부가 아뢰기를,

"처신하기 어려운 지경에 잘 대처하기는 어려운 법이나, 저하의 인효(仁孝)로써 잘 대처할 방도를 생각하지 않을 수 있겠습니까? 또한 마땅히 근습(近習)을 엄히 경계하시어 이간질하는 조짐이 없게 하소서."

하였고, 여러 신하들이 운운하였다. 세제가 말하기를,

"사부와 궁료들이 누누이 진달하여 면려하고 설서의 말 또한 나를 감동시킨 점이 있어서 처음 내 뜻을 조금 변하게 할 만합니다. 인용한 이필의 일은 사부에게 바라지 않을 수 없습니다."

하자, 조태구가 아뢰기를,

"신은 삼가 마땅히 고굉(股肱)의 힘을 다하여 선왕의 특별했던 은우(恩遇)와

---

186) 대종(代宗)이 …… 보전되었습니다 : 이필(李泌)은 당나라의 명신으로, 숙종(肅宗) 때 환관 이보국(李輔國) 등이 참소하여 훗날 대종(代宗)이 된 광평왕(廣平王) 이숙(李俶)을 해치려 하자 충심으로 보호하여 저지하였고, 덕종(德宗) 때에는 훗날 순종(順宗)이 된 태자가 폐위될 위기에 처하자 태자의 무죄를 주장하며 간언하여 중지시켰다.《新唐書 李泌列傳》

저하의 은혜로운 뜻을 저버리지 않을 것입니다."

하니, 세제가 말하기를,

"설서의 말이 진실하고 간절하기가 지극하니, 다시한번 바라건대 스승께서는 이필의 일을 유념해주십시오."

하였다. 송인명이 아뢰기를,

"근습을 엄히 경계하라는 말은 참으로 성대한 절목이나, 이는 오히려 자신이 속한 곳에 대해서만 말한 것에 그칠 수 있습니다. 원컨대 저하께서는 성상의 좌우에 있는 모두의 환심을 얻기에 힘써, 그들로 하여금 어진 교화 속에 함께 있게 하소서."

하였다. 세제가 말하기를, "상소하여 아뢰려고 한 일은 어찌해야 하겠는가?" 하자, 김동필이 아뢰기를,

"일이 지나간 후에는 흔적도 없이 사라질 것인데, 상소하여 아뢸 일이 무엇이 있겠습니까?"

하니, 세제가 말하기를, "그만두는 것이 옳겠다." 하였다.

○ 다음과 같이 전교하였다.

"승전색 문유도(文有道)와 장번 내관 박상검(朴尙儉)[187]은 환관으로서 중간

---

187) 박상검(朴尙儉) : 1702~1722. 평안도 영변(寧邊) 출신의 내관으로, 본관은 충주(忠州)이다. 어려서 심익창(沈益昌)에게 글을 배운 인연으로 심익창과 교분이 있었던 김일경과 교류하게 되었고, 이 친분은 내관이 되어서도 계속되었다. 1722년(경종2) 1월 왕세제가 입직궁관(立直宮官)과 익위사관(翊衛司官)에게, 내관들이 생명을 위협하니 독수(毒手)를 피하고자 사위(辭位)한다는 뜻을 알리면서 이른바 '박상검의 옥사'가 일어났다. 다음날 대신들의 주청으로 경종은 박상검과 문유도(文有道)를 국문하였는데, 당시 혐의 내용은 박상검이 김일경의 사주를 받고 왕세제가 경종에게 문침(問寢)하는 길을 막아 불화를 조성하는 한편 대전의 궁녀들로 하여금 왕세제를 헐뜯는 말을 하도록 시켜 왕세제를 제거하려고 하였다는 것이었다. 《경종수정실록 2년 9월 21일》 기사에는 "박상검이 김일경의 손발이 되어 안팎에서 선동"하였다는 내용이 보이나, 사건의 전모가 밝혀지기 전 박상검이 환열(轘裂)에 처해진 관계로 이 사건은 전모가 채 밝혀지기 전에 흐지부지 마무리되었다. 이후 1725년(영조1) 김일경 등이 박상검의 배후로 지목되어 탄핵되었고, 내시 손형좌(孫荊佐) 등에 대한 국문이 이루어지면서 이 사건은 다시 재소환되어 노·소론

에서 농간을 부려 춘궁을 제거할 계략을 꾸미려고 하였다. 금일의 문침·시선 또한 이들이 가로막았으니, 국본을 동요시킨 대역부도한 그 죄는 사형에 해당한다. 부대시참(不待時斬)에 처하라."

○ 대비전에서 언서(諺書)로 하교하여 말하기를,

"효종의 자손과 선왕의 혈속은 다만 대전과 연잉군뿐이므로, 선왕의 유교(遺敎)로써 연잉군을 책립하였으므로 양궁(兩宮)은 화합하였다. 그런데 불행히도 중관(中官)과 나인이 양궁 사이를 이간질하여 세제가 장차 헤아리기 어려운 죄과에 빠지게 되었으니, 차라리 선왕이 내린 작호(爵號)를 따라 소원대로 궁 밖으로 나가게 하기 바란다."

하였다. - 글의 내용이 간절하나 차마 들을 수 없는 말이 있으므로 등사하여 전하지 않았다. 《창상록(滄桑錄)》188)에서 운운한 말에 보인다. -

○ 대비전이 언문 하교를 약방에 내린 후, 영의정과 우의정이 구전으로 아뢰기를,

"삼가 승전색이 전한 언문 하교를 받고 신들은 놀람과 두려움에 떨리는

간 갈등을 격화시켰다. 노론은 신임옥사의 부당함을 주장하기 위해 이 사건에 대한 재조사와 관련자의 처벌을 요구하였다. 결국 정조 때 다시 만든 《경종수정실록》에는 "박상검이 김일경의 손발이 되어 은밀한 기회를 몰래 주선하여 안팎에서 선동하였다."라고 기록되었다. 《景宗實錄 1年 12月 22日·23日·24日·25日, 2年 1月 4日·6日》《景宗修正實錄 1年 12月 22日》《承政院日記 景宗 2年 1月 6日·7日》

188) 《창상록(滄桑錄)》: 홍계희(洪啓禧, 1703~1771)의 저술이다. 홍계희의 본관은 남양(南陽), 자는 순보(純甫), 호는 담와(澹窩)이다. 이재(李縡) 문인이다. 1737년(영조13) 별시문과에 장원급제하여, 각조의 판서 및 예문관 대제학을 역임하였다. 1762년(영조38) 경기도관찰사로 있으면서 사도세자(思悼世子)의 잘못을 고변케 함으로써 세자가 죽게 되는 계기를 마련하였다. 그 뒤 이조·예조의 판서를 거쳐, 판중추부사로서 봉조하(奉朝賀)가 되었다. 저서로 《삼운성휘(三韻聲彙)》가 있고, 편저로 《균역사실(均役事實)》《창상록(滄桑錄)》 등이 있다. 시호가 문간(文簡)이었으나, 두 손자가 정조 시해 미수사건에 연루되어 홍지해·홍술해, 두 아들과 일가가 처형당하게 되자, 관작이 추탈되고 역안(逆案)에 이름이 올랐다.

마음을 이기지 못하였습니다. 동궁이 저위를 이은 것은 실로 종사의 끝없는 복으로서 온 나라의 신민이 모두 목을 길게 빼고 받들기를 원하였는데, 뜻밖에도 중인(中人)의 이간질이 동궁[189]을 불안하게 만들고야 말았습니다.

지난밤 동궁이 궁료들을 인접하였을 때 누누이 내린 휘교(徽敎)는 실로 신하로서는 차마 들을 수 없는 말들이었으므로, 신들이 두려운 마음과 절박한 근심을 감당하지 못하고 함께 청대 진청하여 이미 해당 환관을 적발하여 법에 따라 처형하라는 명을 받았으니, 이로써 신인(神人)의 분노를 조금이나마 풀 수 있게 되었습니다.

신 조태구가 지금 막 동궁을 청견(請見)하여 위로의 뜻을 극진히 전하였는데, 천만뜻밖의 하교를 받았습니다. 선대왕께서 의탁하신 후사는 단지 전하와 동궁이 있을 뿐인데, 신들이 죽으면 죽었지 어찌 감히 보호에 정성을 다하지 않겠습니까?

더구나 지금은 처분이 이미 정해졌으니, 이러한 언문 하교로 여러 이목을 번거롭게 할 필요가 없을 것이므로, 삼가 이처럼 봉환(封還)합니다. 신들이 대조와 동궁께 마땅히 진달하여 권면할 것은 다만 우애를 돈독히 하고 효경(孝敬)을 극진히 하며 삼전(三殿)이 화합하는 뜻뿐이니, 바라옵건대 내전(內殿)에서도 항상 양궁의 사이를 권면하여 화평의 복을 다하소서. 이것이 신들의 구구한 소망입니다.

나인이 저지른 죄는 조정의 신하로서 알 수 있는 일이 아니니, 내전에서 유사(攸司)에 회부하여 전형(典刑)을 분명히 바로잡는 것이 마땅할 듯하여 구구한 소회를 감히 아울러 진달합니다."

하자, 자전이 전교하기를, "두 상신(相臣)은 잠시 남아 대령하라." 하였다.

○ 대비전이 또 언문 하교를 내리기를,

---

[189] 동궁 : 원문은 "震邸"이다. 팔괘의 진(震)이 동쪽 방위를 가리키므로 동궁과 같은 말로 쓰였다.

"저사의 결정은 선왕의 유교(遺敎)를 받든 것으로, 대전이 친히 작호를 썼고 내가 또 언서로 대신에게 하교하여 결정하였다. 불행히도 궁인과 환관이 양궁을 이간질하여 성총을 속이고 가려서 내가 마음으로 항상 개탄스럽게 여겼다. 이에 일찍이 궁인을 불러서 여러모로 타일러 화합할 방도로 삼고자 하였으나, 감히 대전과 내 앞에서 흉패한 말들을 방자하게 늘어놓았으니, 그 죄상에 대해서는 반드시 합당한 형률이 있을 것이다.

그중 한 궁인은 환관과 결탁한 자이니, 법에 따라 처치해야 마땅하다. -《회통(會通)》[190]에서는, '궁인과 결탁하고 환관과 결탁한 자 또한 법에 따라 처치해야 마땅하다.'[191] 라고 하였다. - 아울러 경들은 응당 우리 주상과 동궁을 잘 보호하여 3백 년 종사를 보전하고 선대왕의 유교를 저버리지 말아야 할 것이니, 이것이 내가 바라는 바이다. 대전 나인은 석렬(石烈)과 필정(必貞)이다."[192]

하였다. - 자전이 언문으로 쓴 글을 두 차례에 걸쳐 약방에 내렸는데, 영의정이 언서로 하교를 내린 것이 매우 온당치 않다는 뜻으로 네다섯 차례 왕복한 끝에, 한 차례의 언문 하교만 옮겨 적었고, 다른 한 차례의 하교는 뜯어보고 다시 봉환(封還)하였으므로 밖으로

---

190) 《회통(會通)》:《연려실기술(燃藜室記述) 별집(別集) 문예전고(文藝典攷) 야사류(野史類)》 목록에 소개된 김재구(金載久, 1726~1791) 저술의 《조야회통(朝野會通)》으로 추정된다. 김재구의 본관은 연안(延安), 자는 성적(聖適), 호는 송음(松陰)이다. 정랑 김형(金炯)의 아들이다. 1759년(영조35) 식년시에 입격하여 진사가 되었다. 임천군수(林川郡守) 등을 지냈다. 《조야회통》의 내용은 조선 태조의 탄생에서부터 영조 1년(1725)까지의 기사가 실려 있다. 태조로부터 숙종 초기에 이르기까지의 기사는 편년체로 서술되어 있으나 대체로 야사의 성격을 많이 띠고 있다. 서인이 정권을 잡은 숙종 중기 이후의 기록은 그때까지의 편찬 체재를 따르지 않고 당파적 대립을 드러내는 상소문 등을 자세하게 싣고 있다.

191) 궁인과 …… 마땅하다 : 현전 실록의 해당 기사를 보면, 자전의 하교에서는 흉패한 말을 늘어놓았던 궁인에 대하여 언급한 뒤에 이어서 "그중 한 궁인은 바로 환관과 결탁한 자이니 마땅히 법률에 따라 처결해야한다.[其一宮人, 乃締結宦寺者也. 當依律處置.]" 하였다. 《景宗實錄 1年 12月 23日》《景宗修正實錄 1年 12月 23日》 그러나 《회통》의 내용은 궁인, 환관과 결탁하여 그들을 사주한 자가 따로 있으니, 그들 또한 적발하여 처단해야 한다는 것으로, 실록 내용과는 차이가 있다.

192) 대전 …… 필정(必貞)이다 : 언교를 쓴 종이 아래쪽에 대비가 두 궁인의 이름을 쓴 것이다. 《景宗實錄 1年 12月 23日》《景宗修正實錄 1年 12月 23日》

전해지지 않았다고 한다. -

○ 대신이 구전으로 다시 아뢰기를,

"또다시 언문 하교를 받고 놀라움과 애타는 마음을 더욱 금할 수 없습니다. 하교하신 두 궁인은 지금 당장 대조께 진계하여 유사에 회부하고 일체 법에 따라 처형할 것을 청하겠습니다. 하교 중 말단의 내용에 관해서는, 생각하건대 우리 성상께서는 지인(至仁)·지효(至孝)하시고 저궁 또한 효경의 도리에 극진하시며, 종사(宗社)는 선왕의 혼령이 명명(冥冥)한 가운데서 묵묵히 보우하시니, 어찌 조금이라도 달리 염려할 것이 있겠습니까?

신이 비록 보잘 것 없으나 감히 성심을 다하고 온 힘을 다해 죽을 각오로 선대왕의 유교를 받들고 동궁을 보호하는 도리에 더욱 힘써서 자성의 간곡한 하교를 저버리지 않도록 하지 않겠습니까? 바라건대 자성 전하께서는 마음을 편히 하고 염려를 놓으시어 조용히 조섭(調攝)하는 가운데 번뇌로 인해 성후(聖候)의 손상이 더해지지 않게 하소서."

하자, 답하기를, "잘 알았다." 하였다.

○ 영의정 조태구 등이 소회를 글로 써서 아뢰기를,

"삼가 자전의 하교를 받들건대 …… 그중 한 궁인은 바로 환관과 결탁한 자라 하시고 이어 석렬과 필정 두 사람의 이름을 그 아래에 쓰셨으니, 이와 같이 극악무도한 무리는 잠시도 숨을 붙여놓을 수 없습니다. 청컨대 유사에 회부하시어 일체 법에 따라 처형하소서."

하였다. - 승정원이 아뢴 내용도 같다. -

○ 삼사가 합계하기를,

"신들이 지금 자성께서 대신에게 내리셨다는 언교를 들어보니, 아랫단에 석렬과 필정 두 사람의 이름이 있는데, 그중 한 사람은 지엄지존한 전하와

자성 앞에서 흉패한 말들을 방자하게 늘어놓았다 하고, 또 한 사람은 환관과
결탁한 자라 합니다. 이와 같은 자성의 하교로 양궁을 이간질한 그들의
극악무도한 죄가 여지없이 드러났으니, 결코 하루도 천지간에 살려둘 수
없습니다. 청컨대 국법에 따라 궁인들을 속히 처형하소서."

하자, 답하기를, "아뢴 대로 하라." 하였다.

○ 삼사가 소회를 진계(陳戒)하였다. -《난여(爛餘)》에 상세하다. -

○ 영부사 김우항이 차자를 올렸는데, 그 대략에,

"성명(聖明)의 치세에 어찌 이러한 망국(亡國)의 일이 일어났단 말입니까?
동궁을 모해한 일이 어떠한 악역(惡逆)인데 국청도 설치하지 않고 그 실정을
알아낼 수 있단 말입니까? 예로부터 죄명이 반역일 경우, 추국을 엄히 시행하
지 않고 참형에 처하는 일은 없었고, 반역의 정상이 명백히 드러났다 해도
승복을 받지 않고 참형에 처하는 일은 없었습니다.

이는 다만 국법이 지엄할 뿐만 아니니, 농간을 부려 동궁을 모해한 정상을
반드시 명백하게 밝혀내고 왕법에 따라 조속히 처형한 후에야 신인의 분노를
조금이나마 풀 수 있을 것입니다. ……"

하자, 답하기를, "다시 신문할 만한 것이 없으니, 이전의 하교에 따라
거행하라." 하였다.

○ 문유도와 박상검을 잡아 가두었다.

○ 문사낭청 이승원이 외직에 보임되어 정래주(鄭來周)[193]로 대신하였고,

___

193) 정래주(鄭來周) : 1680~1745. 본관은 동래(東萊), 자는 내중(來仲), 호는 동계(東溪)이다.
    1705년(숙종31) 식년문과에 급제하였는데, 1730년(영조6) 비로소 승지가 되었다. 1742년
    형조참판, 1743년 동지의금부사(同知義禁府事)에 올랐다가 같은 해 남양부사(南陽府使)로
    나갔다. 저서로는 《동계만록(東溪漫錄)》과 《관혼의상제례일통(冠婚儀喪祭禮一統)》이 전

조문명이 병이 들어 신필회(申弼誨)[194]로 대신하였다.

○ 죄인 조성복이 원정(元情)[195]에서 승복하지 않았다.

○ 의금부의 계목(啓目)에 이르기를,
"죄인 조성복이 승복하지 않았고, 납초한 말들도 대부분 지리하고 쓸데없는 말들을 늘어놓은 것이며, 문목 안의 사연(辭緣)도 성의 없이 언급하여 본래부터 분명하게 밝힌 말이 없었으니, 그 정상이 개탄스럽습니다. 청컨대 다시 형추하소서."
하였다.

○ 24일, 형조판서 이광좌, 도승지 이정신, 대사간 양성규, 사간 이진유, 헌납 이명의, 장령 이제가 상소하자, 돌려주라고 전교하였다.

○ 죄인 조성복에게 다시 공초를 받았지만 승복하지 않았다.

○ 필정을 잡아들여 가두었다.

○ 사간 이진유와 지평 윤성시가, 두 명의 환관과 두 명의 궁인을 국문하지 말고 바로 법에 따라 처형하라고 청하여 물의를 빚은 일로 인피하자 사직하지 말라고 답하였다. 대사간 양성규와 장령 이제도 같은 말로 인피하자, 사직하지

한다.
194) 신필회(申弼誨) : 1678~1739. 본관은 평산(平山), 자는 헌가(獻可)이다. 판윤 신후재(申厚載)의 아들이고, 승지 신필현(申弼賢)의 아우이다. 1705년(숙종31) 증광문과에 급제하여 1722년(경종2) 정언이 되었다. 당시 이조판서 이조(李肇)를 공격하였다가 지평 박필몽(朴弼夢)의 탄핵을 받았다. 1728년(영조4) 무신난 당시 영덕현감(盈德縣監)으로 재직하면서 의심스러운 행적으로 유배되었다.
195) 원정(原情) : 형조나 의금부에 수금되고 나서 경위를 진술해 놓은 사건 조사서이다.

말라고 답하였다.

○ 의금부에서 필정·문유도·박상검이 결안을 거역하였으니, 모두 엄형을 가하여 공초를 받아낼 일로 초기(草記)¹⁹⁶⁾를 올리자, 윤허하였다.

○ 석렬이 집에서 자결하였고, 필정은 옥중에서 자결하였다.

○ 개성유수 김재로가 상소를 올렸는데, 그 대략에,
"성상께서 종사의 대계(大計)를 깊이 생각하시어 저사를 세우시고 책봉받는 자리에 친림하셨으며, 또한 이미 종묘사직에 공경히 고하였고 선왕을 경건히 뵈었으며 팔도의 만백성에게 반포하였습니다. 생각건대 지금 이후로는 아무리 극악무도한 부류라 해도 감히 국본을 동요시킬 계략을 꾸미지 못해야 할 터인데 아직 한두 명의 환관이 패역한 마음을 품고 반드시 함정에 빠뜨리려 하고 있습니다.
이렇듯 치밀하게 도모한 그들의 정상은 하루아침 하룻저녁에 이루어진 일이 아닌데, 처음에 잡아들여 추국하라 명하심으로써 이미 너무 너그럽게 대하는 실책을 범하셨고, 곧 다시 명을 철회하셨으나 마치 별일 아닌 것처럼 치부하셨습니다.
신은 전하께서 결코 이와 같이 할 리가 없다고 알고 있는데, 동궁이 아침에 문후하는 의례가 가로막혔던 일로 미루어볼 때, 이 무리가 경각이라도 목숨을 부지하고자 도모하여 우선 이를 중지시킨 것 아닙니까? 진실로 혹 그러하다면 전하께서는 어찌 이를 용인하여 발설하지 않으시고, 세간의 수군거림을 그치게 할 방도를 생각하지 않으십니까?"
하였다.

___
196) 초기(草記) : 각 관서(官署)에서 국왕에게 올리는 문서이다. 정무 상 사안의 내용만 간단히 적어 올리는 서식이다.

○ 교리 윤순(尹淳)이 올린 상소의 개략에서 또한 논사(論事)를 제대로 살피지 못한 잘못을 말하고, 아울러 흉적들을 국문하여 다스리는 것이 마땅하다고 아뢰었다. ……

○ 수찬 심공이 올린 상소의 개략에서 삼사가 합사한 논의에 의율(擬律)[197]을 제대로 살피지 못한 잘못이 있음을 아뢰고, 이어 양사의 계사를 속히 윤허해달라고 청하였다. ……

국기(國忌)의 재계(齋戒)를 이유로 아울러 정원에 머물러 두게 하였다.

○ 양사 - 이진유, 윤성시 - 에서 청대하자, 소회를 써서 들이라는 전교가 있었으므로 양사가 계사를 올려 소회를 아뢰기를,

"두 환관의 죄는 춘궁이 궁료들을 인접하였을 때 말한 '제거' 두 글자로 단안을 삼기에 충분하고, 두 궁인의 죄는 자성의 언교에 그 정상이 자세히 드러났으니, 이것이 바로 신들이 곧장 법에 따라 처형할 것을 청한 이유입니다. 역적을 다스리는 방도는 유사에 회부하여 국청을 설치하고 엄히 신문하여 그 실정을 알아낸 후 전형(典刑)을 밝히고 바로잡는 것이 본래의 바꿀 수 없는 떳떳한 법입니다.

이 역적들은 비록 역모의 정상이 소상히 드러나 다시 신문할 만한 단서가 없다 하나 곧바로 처단하고 철저히 추궁하지 않는 것은 이미 상법(常法)에 어긋나고 또 훗날의 폐단에도 관계됩니다. 청컨대 내관 문유도와 박상검, 궁녀 석렬과 필정 등에 대해 국청을 설치하고 실정을 밝혀내어 전형을 바로잡으십시오."

하였다.

○ 승정원에서 아뢰기를,

---

197) 의율(擬律) : 죄의 경중에 따라 법을 적용하는 것을 이른다.

"이미 들인 상소들을 다시 돌려주라는 하교를 보았는데, 네 대신(臺臣)[198]의 소도 그 속에 들어있으니, 신들은 삼가 온당치 못한 처사라고 생각합니다. 무릇 대신의 말은 그 사체가 각별하니, 비록 한두 가지 성상의 마음에 들지 않는 것이 있더라도 진실로 비지를 분명하게 보여 대각을 우대해야 마땅합니다.

그런데 지금은 그렇지 않아서 가부에 대한 비답을 내리지 않은 채 일체 다시 돌려주게 하시니, 이는 실로 전에 없던 일이고 또한 대 성인이 간언을 듣는 도리에 어긋납니다. 바라건대 성명께서는 어서 심사숙고하시어 상소들을 도로 들이게 하고 속히 비지를 내리시어 성덕을 빛내소서."

하자, 전교하기를, "알았다. 대신의 원 상소를 도로 들이라." 하였다.

○ 국청 - 우의정 최석항, 판의금부사 강현, 지의금부사 이조, 동의금부사 박태항·이인징 - 에서 아뢰기를,

"죄인 조성복의 문목에 꾀어서 사주하였다는 조항이 중요한 대목인데, 다시 공초하는 중에 '어찌 다른 사람의 사주를 받은 일이 있겠습니까?' 하였습니다. 어제 첫 추문(推問)에서 '이미 자세히 진술하였다.'는 등의 말로 모호하게 공초를 바친 후 내내 입을 굳게 다물고 있습니다. 이처럼 중대한 일은 한 사람의 소견으로 상소할 수 없다는 것은 분명한 사실인데 끝끝내 실토하지 않으니 지극히 통탄스럽습니다. 청컨대 다시 추문하는 것이 어떻겠습니까?"

하자, 전교하기를,

"지난번 대각의 상소를 미처 다 살펴보지 못하여 다시 거두어들이려 하였는데, 이미 죄인을 잡아왔으니 그 원정을 보고 처분을 내리려고 하였다. 그가 진술한 내용을 보니, 경망한 탓에 일어난 일에 불과하여 더 이상 신문할 단서가 없으니, 배소(配所)로 돌려보내라."

하였다.

---

198) 네 대신(臺臣) : 바로 위에 보이는 윤순, 심공, 이진유, 윤성시 등을 가리킨다.

○ **25일**, 국청에서, 조성복을 배소로 돌려보내라는 명이 내렸으니, 의금부에서 이송을 거행할 뜻을 입계하였다.

○ 양사가 소회를 아뢴 일에 대해 답하기를,

"흉악하고 참혹한 죄상이 이미 드러나 다시 신문할 만한 단서가 없으니, 전의 전교대로 신속히 거행하라."

하였다.

○ 병조판서 송상기가 상소하였는데, 그 대략에,

"먼 곳에 거주하는 까닭에 빈청에서 계사를 올린다는 소식을 뒤늦게 듣고 겨우 참여하였다가 파하고 나온 후, 자성의 언교 중에 '궁인 및 환관과 결탁한 자를 법에 따라 처벌해야 한다.'는 내용이 있다고 들었는데, 빈청의 계사에는 '궁인이 환관과 결탁하였다.' 하였으니, 이는 자교(慈敎)의 본뜻과 차이가 있다고 합니다.

신이 들은 말이 과연 틀린 것이 아니라면, 그 도리로 볼 때 과연 어떠하겠습니까? 어제 아침 자교에서 이미 궁인을 지목해 그 이름을 써서 내리셨다 하니 일각도 편안히 살려둘 수 없는데, 종일 밤낮을 집에 편안히 머물게 하였습니다.

어제 계사를 윤허 받고도 그 이튿날이 되어서야 잡아 가두어 역적 한 명을 지레 먼저 자진하게 하였습니다. 그 사이 무슨 곡절이 있었는지 몰라도 승정원과 의금부에서 일을 지체하고 소홀히 대하는 의도를 드러냈으니, 신은 적이 해괴하게 생각합니다. ……"

하였다. 답하기를,

"빈청의 계사 중, 한 궁인이 환관과 결탁했다는 말은 곧 자성께서 두 번째 내리신 언교 중에 있는 말로 처음에 내린 하교의 내용과는 차이가 있다. 도로 봉환한 것은 또한 사체를 중히 여겼기 때문이다."

하였다. - 27일에 비답을 내렸다. -

○ 사직 이기익(李箕翊)[199] - 이병상(李秉常), 신사철(申思喆), 이민영(李敏英)[200], 이교악(李喬岳), 이성룡, 이성조(李聖肇)[201], 박성로(朴聖輅), 정형익(鄭亨益), 김취로(金取魯)[202], 박사익, 이정주(李挺周), 윤심형(尹心衡)[203] - 등이 다음과 같이 상소하였다.

"양전을 이간질하고 동궁을 위태롭게 할 것을 모의한 변고는 실로 고금 천하에 보지 못한 일입니다. 그들이 서로 결탁하여 화응하고 치밀하고 은밀하게 주선하였던 정상을 명백하게 밝혀내지 않을 수 없으니, 응당 유사에게 명하여 즉시 국청을 설치해야 합니다.

또한 삼가 생각건대 동궁의 하교에서 환관들을 지적하여 거론한 뜻이 심히 통탄스러우니, 궁료들의 도리로는 속히 대조께 아뢰어 엄히 다스릴 것을 청해야 마땅한데, 도리어 '외인(外人)들은 모르게 하라.'는 등의 근거 없는 말로 앙대(仰對)하였으니, 그들이 놀라 동요하는 마음이 없었음을 알 수 있습니다. 자성께서 처음에 내리신 하교를 대신이 가로막아 봉환하고 끝내 밖으로

---

199) 이기익(李箕翊) : 1654~1739. 본관은 전주, 자는 국필(國弼), 호는 시은(市隱)이다. 1687년(숙종13) 진사가 되어 1694년 성균관 유생을 이끌고 송시열의 신원(伸寃)을 요청하는 상소를 올렸다. 1713년 60세의 나이로 증광문과에 합격, 청요직을 두루 거쳐 1725년(영조1) 병조참판이 되고, 1736년에는 공조판서에 올랐다.

200) 이민영(李敏英) : 1653~1722. 본관은 전주, 자는 사행(士行)이다. 1684년(숙종10) 정시문과에 급제하여 청요직을 두루 거쳐 1701년 승지가 되었다.

201) 이성조(李聖肇) : 1662~1739. 본관은 전의(全義), 자는 시중(時中), 호는 정묵재(鄭默齋)이다. 1692년(숙종18)에 성균관 유생들에게 보이는 시험에서 장원하고, 이듬해 식년문과에 급제하였다. 1700년 청요직에 진출하여 1717년 승지가 되었으며, 영조대 병조참의·광주부윤 등을 역임하였다.

202) 김취로(金取魯) : 1682~1740. 본관은 청풍, 자는 취사(取斯)이다. 대제학 김유(金楺)의 아들, 좌의정 김약로와 영의정 김상로의 형이고, 김재로와는 종형제 사이이다. 1710년(숙종36) 증광문과에 급제하여 청요직을 두루 역임하였다. 1723년(경종3) 신임옥사로 유배되었다가 영조의 즉위로 복귀하여 1730년(영조6) 이후 각조의 판서를 두루 역임하다가 1737년 임금을 속였다고 유배되었다.

203) 윤심형(尹心衡) : 1698~1754. 본관은 파평(坡平), 자는 경평(景平), 호는 임재(臨齋)이다. 1721년(경종1) 진사가 되고, 같은 해 정시문과에 장원하여, 1722년 정언 재직 시 박상검·문유도 등을 심문하여 사실을 밝힐 것을 상소했다. 신임환국으로 삭직되었다가 영조 즉위 뒤 청요직을 두루 거쳤다. 1727년 정미환국으로 파직되자 이후 관직에 나가지 않았다. 저서로 《임재집(臨齋集)》이 있고, 시호는 청헌(淸獻)이다.

전하지 않아 신하들이 그 내용을 알 수 없게 만들었습니다.

또한 역적을 잡아들이는 일이 얼마나 엄중하고 긴급한 일인데 유사(攸司)에서 극히 지체하고 소홀하게 봉행하여 두 궁인으로 하여금 차례로 자살하게 하였으니, 온 나라의 사람들이 의혹을 품고 세간의 여론이 분노하며 개탄하고 있으므로 적이 통분한 마음을 이길 수가 없습니다. ……"

○ 정언 권호(權護)가 세 번째 정사(呈辭)204)하여 입계하니, 전교하기를, "도로 내주어라." 하였다.

○ 좌승지 유중무, 동부승지 심탱이 상소를 올렸는데, 그 대개에, "신들이 직임을 제대로 수행하지 못했다는 논척을 받았으니 감히 태연하게 자리에 있을 수 없습니다. ……" 하였다.

○ 지평 박필몽과 정언 서종하가 피혐하였는데, 그 대개에, "신들이 두 환관에 대한 감률(勘律)205)을 제대로 잘 살피지 못한 잘못이 있습니다. ……" 하였는데, 승정원에 올리자, 도로 내주었다.

○ 영의정 조태구가 차자를 올렸는데, 그 대략에, "어전에서 신이 처음에 국청을 설치하여 법에 따라 처형하라고 청하였던 것은 대개 법이 한번 흔들리면 뒷날의 폐단을 막기 어려울까 염려해서였습니다. 지금 원임 대신과 대신(臺臣)들이 모두 국청을 설치하자고 청하는 것은 신이 지난밤 아뢰었던 것과 같은 뜻에서 나온 것입니다. 법에 따라 국청을

204) 정사(呈辭) : 조선시대 관원이 국왕에게 사직·휴직·휴가 등을 청하는 문서를 이른다.
205) 감률(勘律) : 죄인에 대하여 해당하는 법 조항을 적용하던 일을 이른다.

설치하여 진상을 알아내고 전형(典刑)을 분명하게 시행하는 것이야말로 사리에 합당합니다. ……"

하자, 답하기를,

"…… 경의 병이 이와 같아 심히 염려하였는데, 병 때문에 참석하지 못한 것이 무슨 문제가 되겠는가? 궁인의 죄상에 대해 이미 자성께서 언교로 비답을 내리신 일과 두 환관의 죄상에 대해 동궁이 궁료들을 인접하여 말한 일로 나 또한 통탄하고 있다. 그렇지만 더이상 신문할 만한 일이 없으니 이전의 하교대로 거행하라."

하였다.

○ 우의정 최석항이 올린 차자의 개요에, "감히 천견(淺見)을 아뢰오니, 살펴 가납해주시기를 바라는 일"이라고 하였는데, 답하기를, "궁인의 죄상은 ……" 하였다. - 위와 같다. -

○ 장령 정운주가 상소하였는데, 그 대개에,

"신은 창졸간에 삼사와 대신이 청대한 일을 듣고, 정세를 돌아보지 않고 허둥지둥 나와 숙배한 후 그대로 합계 및 삼사가 소회를 써서 올리는 반열에 참여하였습니다. 그런데 뒤에 물의(物議)를 들어보니, 계사 중에 곧장 법에 따라 처형할 것을 청한 일로 크게 비난이 일었다 하니, 신의 관직을 깎아버리십시오. ……"

하였다.

○ 좌승지 유중무, 우승지 박휘등, 동부승지 심탱 등이 상소하였는데, 그 대개에,

"병조판서가 올린 상소에 대해 신들은 두려운 마음을 금할 수 없습니다. 신들이 지체하고 소홀히 대했다고 하는데, 석렬 등에 대한 계사에 대해

23일 초저녁 비답이 내려왔으므로 즉시 써서 들였고, 전지(傳旨)는 24일 진시에
야 비로소 내려왔으므로 곧바로 승전(承傳)을 받들어 의금부에 내렸으니,
어찌 지체하고 소홀하게 대한 일이 있겠습니까? ……"
하였다.

○ 동부승지 심탱이 상소하였는데, 그 대개에,
"신은 승정원 동료들이 물러나간 것과 생각이 다르지 않으나, 청(廳) 안이
텅 비어 수직(守直)할 사람이 없으므로, 이에 한 장의 소를 올려 엄명을
기다립니다. ……"
하였다.

○ 우부승지 이인복이 상소하였는데, 그 대개에,
"중신(重臣)이 상소한 말이 있으니, 신은 감히 일각도 자리에 태연히 있을
수 없습니다."
하였다.

○ 도승지 이정신이 상소하였는데, 그 대개에, "중신(重臣)이 상소한 말이
있으니, 신은 ……"이라고 하자, 이정신 등의 상소에 대해 답하기를, "경에게는
조금의 잘못도 없으니, 사직하지 말고 속히 직임을 살피라." 하였다. - 27일에
비답이 내렸다. -

○ 헌납 이명의가 상소하였는데, 그 대개에,
"신이 일전에 올린 합계에서 의율(擬律)을 제대로 살피지 못한 잘못이
있으므로, 다시 아뢰어 국문을 청하면서, 참작하여 살피는 것에 대비하는
일"이라고 하였다.

○ 사과 유복명(柳復明)이 상소하였는데, 그 대략에,

"춘궁이 당한 변고를 어찌 차마 말할 수 있겠습니까? 그런데도 조정 신하들은 놀라 동요하는 뜻은 조금도 없이 덮어 감추려는 자취가 뚜렷하고, 의금부의 신하들은 역심을 품은 환관을 속히 토죄할 생각은 하지 않고 먼저 조성복의 추국을 시행하였으니 그 마음 둔 곳을 진실로 가릴 수 없습니다.

궁인을 잡아들이라는 명을 즉시 거행하지 않아 종일 밤낮을 자기 집에서 보내게 하고, 한 사람이 지레 죽자 비로소 다른 한 사람을 잡아들였는데 그도 곧 옥중에서 자진하였으니, 온 나라 사람들의 의혹이 어찌 그치겠습니까?

삼사에서 비로소 법에 따라 처형할 것을 청한 것은 오히려 단서가 드러날까 두려워한 것이었고, 두 궁비(宮婢)가 지레 죽은 후에는 느릿느릿 토죄를 청하고 예사롭게 국청의 설치를 청하였으니, 동궁을 위해 징토하려는 뜻이 조금도 없었습니다. 이는 한두 명의 환관이 홀로 시행할 수 있는 일이 아니니, 시급히 국청을 설치하여 역모의 정상을 철저히 조사하지 않을 수 없습니다. 우선 의금부와 삼사를 모두 내치십시오. ……"

하였다.

○ 우참찬 홍만조가 상소하였는데, 그 대개에,

"일전에 병든 몸을 이끌고 입궐하였으나 등대(登對)하는 반열에는 참여하지 못했으므로 감히 애타는 마음을 상소로 진달하고자 합니다. ……"

하였다.

○ 사직 허윤(許玧)206)이 상소하였는데, 그 대개에,

---

206) 허윤(許玧) : 1645~1729. 본관은 양천(陽川), 자는 윤옥(允玉), 호는 계주(桂洲)이다. 좌의정 허침(許琛)의 후손이다. 1672(현종13) 생원과 진사 양시에 합격했으며, 1683년(숙종9) 증광문과에 장원으로 급제하여, 병조참판 등을 역임하였다. 경종 즉위 후 신임옥사로 쫓겨났다가 1725년(영조1) 예조판서가 되고, 지중추부사로 승진하였다. 시호는 양경(良景)이다.

"신이 나라에 예사롭지 않은 망극한 변고가 생긴 것을 목도한 후, 놀랍고 애통한 마음을 금할 수 없어, 감히 나라를 걱정하고 임금을 사랑하는 정성을 아뢰어 삼가 지엄한 성상께 올립니다. ……"

하였다.

○ 지평 윤성시가 아뢰기를,

"신이 어제 국청(鞫廳)의 판부 가운데 전하께서 조성복을 배소로 돌려보내라는 명을 내리며 '지난번 대각의 상소를 미처 다 살펴보지 못하였다.' 하교하신 것을 보았는데, 신은 이에 두려운 마음을 금할 수 없습니다. 아! 조성복의 죄를 이루 다 주벌할 수 있겠습니까?

성상께서 그 자리에 편안히 있을 수 없게 만든 것이 누구입니까? 앞에서 올린 상소와 뒤에서 올린 차자의 취지가 일맥상통하나, 그 지은 죄를 논한다면 실로 조성복이 앞장서서 주창한 것입니다.

신이 전에 올린 상소에서 그들이 서로 화응하고 사주한 자취를 논한 것은 이 때문이었는데, 성상께서 온화한 비답을 내려 특별히 신문하여 조사할 것을 허락하셨고, 또 승정원의 계사를 따라 다시 국청을 설치하라는 명을 내리셨으니, 귀신과 물여우 같은 그들의 정상이 천감(天鑑) 아래 이미 드러난 것이 틀림없다 하겠습니다.

이제 국옥(鞫獄)이 막 시작되어 아직 간악한 정상을 밝혀내지 못하였는데 성상의 하교가 갑자기 내려왔으니, 신은 알지 못하겠습니다만, 전하께서 처음에 미처 다 살펴보지 못했다는 것은 어떤 일이고, 지금 살펴보겠다는 것은 어떤 일입니까? 앞서 신의 상소를 미처 다 살펴보지 못했다고 하신 것은 신의 상소를 믿을 만하지 못하다고 여기신 것입니다.

신이 임금의 마음을 개도(開導)하지 못하여, 마침내 죄인으로 하여금 국문을 받고도 다시 배소로 돌아가게 하여 나라의 체모가 전도되었으니, 이 또한 신의 죄입니다. 대간의 체모로 헤아려볼 때 사리 상 자리에 태연히 있기 어렵습니다. ……"

하자, 답하기를, "사직하지 말고 물러가 물론(物論)을 기다리라." 하였다.

○ 양사 - 사간 이진유, 장령 이제, 지평 윤성시·박필몽, 정언 서종하 - 에서 합계하기를,

"이이명의 죄목을 첨입(添入)하자면, '끝내 어육(魚肉)처럼 참살되리라는 것을 신도 참으로 알고 있다.'[207]는 말을 장주(章奏)에서 아뢸 만큼, 그 자신도 전하와 양립할 수 없는 정상을 알았던 것이니, 계략을 꾸미는 것이 날로 심해진 것은 대개 이 때문입니다. …… - 12일의 전계(前啓)와 모두 같다. -

천극(栫棘)에 처하라는 청을 즉시 윤허하셨으니, 이로써 성상께서 악을 징치하는 법을 볼 수 있었으나, 삼척(三尺)의 지엄한 국법에 비추어 볼 때 만 번 죽어도 용서받기 어려운 죄이니, 이러한 죄명을 지고 있는 신하를 용서할 방도는 결코 없습니다. 청컨대 절도에 위리안치한 죄인 김창집과 이이명을 모두 법에 따라 처단하고, 이건명은 일을 마치고 돌아오기를 기다려[208] 일체 형률을 적용하소서.

조태채의 경우 …… - 전계와 같다. - 정승의 자리에 있은 지 오래되지 않았으므로, 화심(禍心)을 마음속에 감추고 음험한 모략을 꾸민 것은 삼흉과 비교할 때 오히려 수범(首犯)과 종범(從犯)의 구별이 있다 하겠으나 좋은 곳에 그대로 배소를 두는 것은 너무 관대한 처분이니, 진도에 위리안치한 죄인 조태채를

---

207) 끝내 …… 있다 : 숙종 32년(1706) 5월, 충청도 유생 임부(林溥)가 연명 상소를 올려 동궁을 모해하는 무리를 조사하여 제거할 것을 청하였고, 같은 해 9월, 경기 유학 이잠(李潛)이 상소하여 김춘택을 죽이고 이이명을 출척하여 동궁을 보호할 것을 청하였다. 이에 이이명이 상소하여 이들이 자신을 무함하였다고 항변하였는데, 본문의 이 말은 이 상소에 있는 말이다. 원문은 "이번 멸문(滅門)의 화(禍)는 이미 흉악한 말에 기틀을 두었으므로 끝내 어육(魚肉)처럼 참살되리라는 것을 신도 스스로 면하기 어려울 줄 알았습니다.[今此湛宗之禍, 已基於凶言, 畢竟魚肉, 臣自知其難免矣.]"이다.《肅宗實錄 32年 10月 10日》
208) 일을 …… 기다려 : 이건명은 1721년(경종1) 왕세제 책봉을 청하기 위해 주청사로 연경에 가 있는 상태였다.

사형을 감하여 제주에 위리안치하소서."

하자, 답하기를,

"이들은 모두 선조(先朝)의 구신(舊臣)이고, 이미 안치(安置)의 형률을 적용하였으니, 형률을 더하자는 이 조항은 매우 타당하지 않다."

하였다.

○ 사헌부 - 지평 박필몽 - 가 아뢰기를,

"적신(賊臣) 조성복 …… 본부에서 계사를 올리거나 상소하여 반드시 국청을 열어 엄히 신문해야 한다고 청한 것은 대개 그 간악한 정상을 철저히 조사하여 사주한 자들을 적발하고자 한 것입니다. 성상께서 신속히 윤허하시고 자세히 밝혀내기에 힘쓰라고 하교하신 것 또한 상세히 조사하여 실정을 캐내라는 뜻에서 나온 것이었습니다.

따라서 그가 비록 얼마간 스스로 변명하는 말을 했더라도 계략을 꾸미고 뜻을 조작한 것이 이미 분명하여 각별히 추궁하고 신문하는 것이 한시가 급한데, 재차 다시 추문하며 형추(刑推)를 청하지 않은 것은 너무 관대하게 대한 실책이었습니다.

그런데 지금 의언(議讞)[209] 하고 판부하신 내용 중, 조성복의 상소는 경망한 데 불과하다 하시며 용서할 뜻을 보이시고, 이어 배소로 돌려보내라고 명하시어 수괴로 하여금 법망에서 벗어나게 하시니, 간악한 정상은 미처 다 드러나지 못하였고 처분은 전도되어 민심이 놀라 의혹에 차 있습니다. 옥사의 체모로 논하자면 결코 그대로 둘 수 없으니, 청컨대 조성복을 배소로 돌려보내라는 명을 속히 거두시고 엄히 국문하여 실정을 밝히소서.

김운택(金雲澤)[210] · 김조택(金祖澤)[211] · 김민택(金民澤) 등은 김춘택의 아우로

---

209) 의언(議讞) : 죄의 경중을 평의(評議)하는 일을 이른다. 보통은 의금부에서 죄인을 심의, 판결하여 임금에게 상주하면, 임금은 이를 살펴 최종 재가한 판부(判付)를 내린다.
210) 김운택(金雲澤) : 1673~1722. 본관은 광산, 자는 중행(仲行), 호는 백운헌(白雲軒)이다. 광성부원군(光城府院君) 김만기(金萬基)의 손자, 예조판서 김진귀(金鎭龜)의 아들, 김춘택

서 흉측한 음모를 답습하여 그 실정을 헤아리기 어려운데, 이이명의 아들인 이기지(李器之)212), 김춘택의 처남(妻娚) 광흥창 주부(廣興倉主簿) 이천기(李天紀), 조이중(趙爾重)의 아들 조흡(趙洽), 이입신(李立身)213)의 손자 이덕중(李德重), 이광한(李光漢)214)의 아들 이숭조(李崇祖), 이행창(李行昌)의 손자 이정식(李廷植)215), 윤휴경(尹休畊), 형의빈(邢義賓)216), 조송(趙松), 김성절(金盛節)217), 이수

(金春澤)의 동생이다. 1699년(숙종25) 사마시, 1704년 춘당대 문과에 급제하여 형조참판 등을 역임하였다. 1722년에 신임옥사 때 유배되었다가 목호룡의 고변으로 노론 4대신과 함께 죽임을 당했다. 뒤에 이조판서에 추증되었으며, 시호는 충정(忠貞)이다.

211) 김조택(金祖澤) : 1680~1730. 본관은 광산(光山), 자는 극념(克念)이다. 광성부원군(光城府院君) 김만기(金萬基)의 손자, 호조판서 김진귀(金鎭龜)의 아들이고, 김춘택의 아우이다. 1721년(경종1) 정시문과에 급제하여 정언이 되었다. 1722년 임인년 옥사에 연루되어 유배되었다가 1724년(영조 즉위) 풀려나 이듬해 서용되어 승지에 올랐지만 1727년 삭출되었다.

212) 이기지(李器之) : 1690~1722. 본관은 전주, 자는 사안(士安), 호는 일암(一庵)이다. 좌의정 이이명의 아들이다. 1715년(숙종41) 진사가 되었는데, 1722년(경종2) 임인옥사에 연루되어 유배되었다가 다시 압송되어 고문받다가 죽었다. 1725년(영조1) 신원되어 사헌부지평으로 추증되었다. 저서로《일암집(一庵集)》이 있다.

213) 이입신(李立身) : 1680년(숙종6) 경신환국 이후 김석주의 지시를 받고 남인을 기찰한 인물로, 허견(許堅)의 옥사를 기화로 경신환국을 확대하는데 가담하였다. 그 공으로 이입신은 보사공신(保社功臣) 2등에 녹훈되고, 흥양군(興陽君)에 봉해졌으나, 1689년 기사환국으로 남인이 집권하자 훈록을 박탈당하고 고문받다가 죽었다.

214) 이광한(李光漢) : ?~1689. 1680년(숙종6) 어영대장 김익훈(金益勳)의 심복이 되어 허견(許堅)의 집을 여러 차례 왕래하면서 정탐하였다. 이어 정원로(鄭元老)·강만철(姜萬鐵) 등을 데리고 역모를 고변하게 사주하여 허견의 옥사를 일으키고 이로써 남인세력을 제거하였다. 그 공으로 이광한은 보사공신(保社功臣) 3등에 추록되어 용계군(龍溪君)에 봉하여졌으며, 이어 영변부사에 임명되었으나, 1689년 기사환국으로 참형을 당하였다.

215) 이정식(李正植) : 1722년(경종2) 3월 목호룡의 고변으로 발생한 임인년 옥사에서 경종을 시해하기 위한 3가지 방법인 삼수(三手) 가운데 서덕수·김창도와 함께 독약을 쓰는 소급수(小急手)를 담당하였다는 혐의를 받고 죽임을 당하였다. 조흡의 공초에 따르면, 이정식은 이건명의 서사촌(庶四寸)이고 김운택의 오촌 조카이며 이만성(李晩成)의 가까운 친족이라고 한다. 또 본인의 공초에 의하면, 서덕수와 7촌 사이이고 김창도와는 사돈이며 환관 장세상과는 절친한 사이라고 하였다.

216) 형의빈(邢義賓) : 역관(譯官)으로서, 사행 시 독약을 구입하여 경종을 독살하려는 음모에 가담했다는 혐의를 받고, 임인옥사 때 장살되었다.

217) 김성절(金盛節) : 김상용(金尙容)의 서얼 후손이다. 조흡과 더불어 삼수 가운데 독약을 쓰는 일에 참여한 일로 고변된 인물이다. 김씨 성의 궁인(宮人)이 어선(御膳)에 독약을

절(李秀節), 전인좌(錢仁佐), 안귀서(安龜瑞) 등과 더불어 생사(生死)를 맹세한 당(黨)을 만들고, 어두운 밤에 모여 정상을 치밀하게 모의하며 별고(別庫)의 재물을 물 쓰듯 가져다 쓰니, 나라 안에 말들이 자자하고 인심은 의심하며 두려워하고 있습니다.

그중 이기지는 이이명의 독자인데도 배소로 따라가지 않고 서울 집에 머무르며 문을 닫고 손님을 물리친 채, 김운택 등과 함께 새벽부터 밤까지 출몰하며 음험하고 비밀스러운 행적으로 간인(奸人)의 소굴을 만들어 못하는 짓이 없습니다.

이처럼 위태로운 때, 이런 흉악한 무리들이 하루라도 도성에 모여 있으며 나라에 근심을 끼치게 둘 수 없으니, 청컨대 김운택·김민택·김조택·이기지·이천기·조흡·이덕중·이숭조·이정식·윤휴경·형의빈·조송·김성절·이수절·전인좌·안귀서 등 16인을 모두 먼 변방에 정배하시되, 당일로 압송하여 화근을 끊으소서."

하자, 답하기를, "윤허하지 않는다." 하였으나, 이후 아뢴 대로 따랐다. - 임인년(1722, 경종2) 10월 5일, 김운택을 영변에, 김민택을 선천에, 김조택을 창성에, 이기지를 남원에, 이천기를 남평에, 조흡을 단천에, 이덕중을 부령에, 이숭조를 벽동에, 이정식을 회령에, 윤휴경을 순천에, 형의빈을 위원에, 조송을 진주에, 김성절을 용천에, 이수절을 갑산에, 전인좌를 이산에, 안귀서를 경원에 정배하였다. -

○ 사간원 - 사간 이진유, 정언 서종하 - 에서 아뢰기를,

"두 궁인의 죄상이 자성의 하교 안에 분명하게 드러났으므로, 성상께서 이미 합계를 윤허하시어 법에 따라 처형하라는 명을 내리셨습니다. 그런데 석렬은 미처 잡아들이기 전에 이미 자결하였으니, 이는 옥관(獄官)의 죄가 아니라 하겠으나, 필정의 경우는 이미 잡아들인 후에 또 갑자기 지레 죽었습니다.

탔다는 말이 김성절의 공초 내용에 있는데 이 말은 경종을 독살했다는 혐의에 대한 단초를 열어 놓았다. 《景宗實錄 2年 8月 18日》

오늘날 나라의 기강이 해이해졌다고는 하나, 악역을 저지른 죄수가 얼마나 중대한 죄수인데, 옥관이라는 자가 이졸들을 엄히 신칙해 음식을 통제하지 못하여 자결하게 한 환난을 초래하였으니, 이보다 더 놀랍고 통탄스러운 일이 없습니다. 청컨대 해당 금부도사를 잡아다 신문하여 정죄(定罪)하고, 감옥을 지키던 이졸들은 유사로 하여금 잡아 가두고 조사하여 정죄하소서.

지난번 대신이 현도(縣道)를 통해 올린[218] 한 통의 상소[219]는 고사(古事)를 인용하여 잘못을 바로잡겠다는 뜻을 자임한 것에 불과했는데, 양사가 합계하여 삭출시킬 것을 바로 청하였으니, 위험한 말들로 화를 전가시키려는 뜻이 뚜렷하였습니다.

지난번 정청을 파한 후, 대신이 병든 몸을 아랑곳하지 않고 지레 궁궐문을 밀고 들어와 죽을힘을 다해 쟁집하였으니, 그 한결같은 충심이 해와 별처럼 빛났는데, 도리어 허물이 없는 곳에서 허물을 찾아내어 대신을 반드시 헤아릴 수 없는 죄과로 몰아넣고자 하였습니다.

아! 그날 대리청정의 명을 도로 거두신 것은 실로 대신의 청대에 힘입은 것이니, 인지상정으로 헤아려볼 때 반색하며 서로 경하했어야 마땅한데, 은밀히 불평하는 마음을 품고 반드시 죄를 얽어 무함하고자 하여, 처음에는 바로 잡아들여 국문하라 청하였다가 곧 다시 변경하여 원찬하라 하였으니, 자유자재로 농간을 부리는 작태가 차마 똑바로 쳐다볼 수 없을 지경입니다. 전후 합계를 발론한 대간을 원찬하시고, 연계(連啓)에 참여한 사람들도 모두 삭탈관작하소서.

박치원·어유룡(魚有龍)·이중협(李重協) 등은 터무니없는 말을 날조하여 마

---

218) 현도(縣道)를 …… 올린 : 향리에 있는 신하가 직접 승정원에 소를 접수시키기 어려울 경우, 현이나 도에 소를 접수시켜 대신 올리게 하는 현도 상소(縣道上疏)를 이른다.

219) 대신이 …… 상소 : 1720년의 국휼 때, 조상(弔喪)하는 칙사(勅使)가 와서 세자와 아우, 아들, 조카를 만나게 해 줄 것을 청하자, 조태구가 시골에 있다가 상소하여, 상국(上國)이 열국(列國)의 군주를 조문하면서 아우와 조카까지 아울러 배신(陪臣)으로 삼는 일은 옛날에는 없었다 하고, 배신으로서 그것을 받아들이면 '혐의를 무릅쓰는 것'이 된다고 하였다. 《景宗實錄 卽位年 11月 26日》《景宗修正實錄 卽位年 11月 26日》《闡義昭鑑 辛丑年》

음 씀이 위험한데, 그들의 의도를 요약하자면 전적으로 대신을 무함하는
것에만 있는 것이 아니라, 무함이 성상에게까지 미치기로는 이보다 심한
것이 없습니다.[220]

만약 한 번이라도 그 말의 출처를 추궁하여 밝히지 않는다면 이는 대신을
암담한 죄과에 방치해 두는 일일 뿐 아니라 성덕에 끼친 누도 분명하게
씻을 길이 없게 되는데, 대사간 양성규가 상주하여 대각의 체모를 중시하고
뒷날의 폐단을 막는다는 말을 하였으니, 이는 자신도 모르게 작은 것을
살피다 큰 것을 놓치고 만 것입니다. 공의(公議)로 볼 때 바로잡고 경계하는
방도가 없을 수 없으니, 청컨대 대사간 양성규를 체차하소서.

신이 지난번 정청을 중지하자고 논의하였을 때의 일로 신하들을 삭출하자
고 한 논계는 윤허를 받았습니다. 그중에는 참석하지 않았는데 한데 섞여
거론된 자도 있고 혹은 참석했는데 누락된 자도 있어서, 신이 이미 이 때문에
인피하였습니다.

만약 상세히 조사하여 처리하지 않는다면, 죄가 있는 자는 요행히 모면하고
죄가 없는 자는 뜻밖의 재앙을 당하게 되고 말 것이니, 그날 정청을 파할
것을 논의하였을 때 이의를 제기했던 사람을 제외하고 한 목소리로 '예예[唯諾]'
하였던 신하들[221]에 대해, 승정원으로 하여금 자수를 받아 일체 형률을

---

220) 무함이 …… 없습니다. : 1721년(경종1) 우의정 조태구가 세제 대리청정에 반대하여
    입궐했을 때 경종이 승정원을 경유하지 않고 직접 내시를 보내 조태구를 인견하자,
    당시 교리 이중협·사간 어유룡·장령 박치원이 승정원을 거치지 않고 경종을 알현한
    조태구의 죄를 맹렬히 논척하였는데, "성조(聖朝)의 복상(卜相)이, 환첩(宦妾)이 이름을
    아는 사람에게까지 미쳤으니, 이미 큰 실정(失政)입니다."고 하는 등 조태구가 환관과
    몰래 내통하기를 좋아하고, 이러한 조태구를 복상한 것은 경종의 큰 실정(失政)이라는
    내용이 있어 논란이 되었다. 본서 앞의 1721년 10월 18일자 기사에 보인다.
221) 예예[唯諾]하였던 신하들 : 1721년(경종1) 10월 10일 세제에게 대리청정을 명하는 경종의
    비망기가 내려지자 그 명을 거두도록 정청(庭請)하였는데, 같은 달 17일 정청을 중지하고
    서 김창집 등 노론 4대신이 연명으로 차자를 올려 대리청정의 명을 받들겠다고 하였다.
    4대신이 정청의 중지를 논의하며 정청에 함께 참여하였던 신하들의 의견을 물었는데,
    이때 정청의 중지에 적극 동조하며 세제의 대리청정을 관철시키려 하였던 사람들을
    '예, 예[唯諾]'하며 맹종한 사람들이라고 하였다. 본서 앞의 12월 7일자 기사에 보인다.

적용하게 하소서.”

하자, 답하기를, “윤허하지 않는다. 위 조항의 일은 아뢴 대로 하라.” 하였다.

○ 금부도사 이태악(李泰岳)을 잡아 가둔 것을 현고함.

○ 다음과 같이 전교하였다.

“두 환관의 극악무도한 죄상은 모두 이미 드러나 내가 훤히 알고 있다. 더 이상 신문할 만한 일도 없고 일각도 머물러 둘 수 없으니, 오늘 안으로 신속히 결안에 대한 공초를 받아내어 왕법에 따라 처형하라.

두 궁인이 지레 죽어 왕법에 따라 처형하지 못한 것이 지극히 가증스러운데, 석렬의 경우 자기 집에서 지레 죽었으니 더욱 흉참하다. 반드시 간교한 실상이 있을 것이고 뒷날의 폐단과 관계되는 일이니만큼 그대로 둘 수 없으니, 각별히 엄중하게 조사하여 그 죄를 바로잡으라.”

○ 26일, 대사헌 유봉휘가 상소하였는데, 그 대개에,

“삼사가 합계하여 두 궁인을 국법에 따라 속히 처형하는 일을 청하였을 때 신도 나와 참여하였습니다. 그런데 지금 동료들이 물의를 빚었다는 이유로 서로 잇달아 인혐하고 있는데, 신은 다리의 병이 악화되는 바람에 대청에 나아가 자열(自列)²²²)할 수 없으므로, 부득불 절박한 심정을 우러러 아뢰오니, 바라건대 소신을 해직하시어 물의를 빚은 데 대해 사죄하게 하소서.”

하였다. -《난여》에 상세하다. -

○ 영의정 조태구가 차자를 올려 대략 다음과 같이 말하였다.

“생각건대 신은 그동안의 비방이 뼈에 사무쳐 고질병이 온몸을 뒤덮은 까닭에 목숨은 겨우 붙어 있고 정신은 이미 흐릿하나, 다만 어렵고 근심스러운

222) 자열(自列) : 자신의 죄상에 대해 스스로 진술함을 이른다.

때를 맞아 차마 결연히 물러나지 못하고 성치 못한 몸을 억지로 이끌어 외람되이 영의정의 중임을 맡았으니, 곁에서 엿보며 헐뜯고 비방하는 것은 필연적인 형세라, 조만간 낭패를 당할 것은 신 또한 스스로 알고 있었습니다.

불행히도 일전에 갑자기 나라에 큰 변고가 생겼다는 소식을 듣고 창황히 달려와 합문을 두드려 청대하고, 역적 환관을 법에 따라 처형할 것을 청하여 흔쾌히 윤허 받은 후 곧바로 동궁으로 가 위안하는 뜻을 갖추어 아뢰었습니다.

그리고 약원(藥院)으로 물러 나와 문후의 예를 겨우 시행하고 있던 참에 중관(中官)이 자성의 언교를 가지고 와 전하기에, 신이 승지와 사관을 불러 언교를 받들고 자세히 살펴보니, 말씀하신 내용 중 동궁과 관계된 일에 신하로서는 감히 들을 수 없는 말이 있기에 옛사람이 왕명을 반려하던 뜻을 따라 되돌려 올렸고, 또 역적 궁비를 유사에 회부할 것을 청하였습니다.

잠시 후, 자교가 재차 내려와 신이 또 승지와 함께 봉인을 뜯고 읽어본즉 맨 먼저

'저사의 결정은 선대왕의 유교(遺敎)를 받든 것으로, 대전이 친히 작호를 썼고 내가 또한 언교를 대신에게 내렸다.'

하교하셨습니다. 또

'궁인과 환관이 양궁을 이간질하여 성총을 속이고 가리기에 내가 항상 개탄스럽게 여기고 궁인을 불러서 타일렀으나, 감히 대전과 내 앞에서 흉패한 말들을 방자하게 늘어놓았으니, 그 죄상에 대해서는 반드시 합당한 형률이 있을 것이다. 그중 한 궁인은 환관과 결탁한 자이니, 법에 따라 처치해야 마땅하다.'

하교하셨습니다. 또

'경들은 응당 양궁을 잘 보호하여 우리의 삼백 년 종사를 보전하고 선왕의 유교를 저버리지 말아야 할 것이다.'

하시고는, 아래쪽에 석렬(石烈)과 필정(必貞), 두 궁비의 이름을 쓰셨습니다. 신의 생각에 이 하교는 첫 하교와 달랐으므로 사관으로 하여금 언교를 번역해

일기에 신도록 하고, 또한 궁중에 머물러 있던 경재(卿宰) 몇 사람 및 홍문관과
시강원의 신하들에게 보인 후 삼가 다시 봉함하여 서명하였습니다. 또한
'두 역적 궁비를 대조께 아뢰어 일체 법에 따라 처형하십시오. 신은 또한
성심과 충성을 다하여 죽을 각오로 선대왕의 유교를 받들고 양궁을 보호할
도리를 더욱 극진히 하며 자성의 간곡한 하교를 저버리지 않을 것입니다'
는 뜻을 중관에게 써서 주고 구전으로 아뢰게 하였습니다.

또 이 일을 어전에서 직접 진달하고자 다시 입대를 청하였는데, 소회를
써서 들이라는 명이 내렸습니다. 조용히 조섭하시는 중에 감히 재차 번거롭게
해 드리고 싶지 않아 마침내 여러 신하와 함께 진계하여 먼저 두 역적 궁비를
모두 법에 따라 처형할 것을 청하여 윤허받았습니다.

자성의 첫 언교를 반려한 이유와 두 번째 하교 하단에서 미천한 신을
타이르신 말은 이후 등대한 뒤를 기다려 진달하려 하였으니, 그때의 실상은
이와 같은 데 지나지 않습니다.

어리석은 식견과 얕은 생각으로 창졸간에 큰일을 당하여 주선하고 대처한
것이 감히 일일이 법도에 맞았다고 자처할 수는 없으나, 변함없는 충심을
성상께서 환히 살펴주시니 명령과 하교를 받듦에 다행히 죄를 짓지는 않았다
여겼는데, 봉함한 언교를 들이자마자 사람들로부터 헤아리기 어려운 말을
들을 줄 어찌 생각이나 했겠습니까?

심지어 병조판서 송상기가 상소에서 말하기를,
'자교 중에, 「궁인 및 환관과 결탁한 자가 있으니 마땅히 법에 따라 처치해야
한다.」는 하교가 있었는데, 빈청의 계사에는 「한 궁인이 환관과 결탁하였다.」
하였으니, 이는 자교의 본뜻과 차이가 있습니다.'
하였고, 또 말하기를,
'이는 자전의 하교를 애초에 널리 선포하지 않아서 외부 사람이 알 길이
없었기 때문에 생긴 일입니다.'
하였습니다. 아! 이것이 무슨 말입니까? 자성의 수찰(手札)이 얼마나 지엄(至

嚴)하고 지경(至敬)한 것이며, 또 이 일이 관계된 바가 얼마나 중대한 일인데, 신하된 자로서 하늘을 이고 땅을 밟고 살며 어찌 감히 한 자라도 증손(增損)하거나 본뜻을 왜곡하여 감히 스스로 부도한 죄에 빠지겠습니까?

이는 신의 해명을 기다릴 필요도 없는 것이, 승지와 사관이 목도하였고 여러 신하들이 함께 참석하여 보았으며 자애로운 성상이 위에 계시는데 어찌 감히 속일 수 있겠습니까?

'애초에 선포하지 않았다.'는 말의 경우, 비록 외조(外朝)의 예사로운 문자라 해도 조금이라도 기휘(忌諱)에 저촉되면 조보(朝報)223)에 내지 않는 일이 다반사인데, 하물며 이렇듯 궁궐의 중대사에 관계된 일을 중외(中外)에 선포하고 널리 퍼뜨려 인심을 놀래 당혹하게 하는 것이 과연 도리에 합당한 일입니까?

더구나 사초(史草)가 명확히 존재하여 지금과 후세의 참조(參操)가 될 수 있는데, 잘 모르겠습니다만 중신(重臣)은 어디에서 무슨 말을 들었기에 속이기 어려운 실제 기록을 믿지 않고, 갑자기 아무 근거 없이 떠도는 말로 선동하여 곧장 자교의 본뜻과 다르다 말하고 이를 신의 망극한 죄안으로 삼아 마치 증거를 제시하듯 하는 것입니까?

이는 한 궁인이 환관과 결탁하였다는 하교를 거짓으로 교묘하게 꾸미며, 은연중 환관·궁첩과 결탁한 외인이 정말로 있는 것처럼 어지럽히고 현혹시키는 계책으로 삼은 것에 지나지 않는데, 중신이 자기도 모르는 사이 자성의 전지(傳旨)를 왜곡하는데 이르고야 말았으니, 아! 또한 참혹합니다.

신이 비록 형편없지만 지위가 이에 이르렀고 머리털은 모두 세었으며 대비전을 지척에 두고 천찰(天札)을 받들어 사관에게 기록하게 하고 이를 임금께 아뢰는 글에 갖추어 적었는데, 도리어 조정 동료들에게 자전의 전지를 숨기고 사실을 왜곡하여 상하를 속였다고 의심받고 있으니, 이는 신의 평소 언행이 사람들에게 신뢰를 받지 못한 것입니다. ……

---

223) 조보(朝報) : 승정원에서 처리한 사항을 매일 아침 기록하여 반포하던 관보(官報)로, 조지(朝紙)라고도 한다.

　신이 또한 이기익(李箕翊) 등의 상소를 보건대, 자성의 첫 언교를 봉환한 것을 신의 죄안으로 삼았으니, 이는 이른바 '어찌 할 말이 없을 것을 걱정하겠는가?'[224]와 같은 격으로, 어찌 진실로 애써 분변할 일이겠습니까? 옛날의 대신은 이러한 경우 반드시 외인이 알지 못하게 하는 것을 변고에 대처하는 가장 중요한 의리로 삼았는데, 지금 사람들은 외인이 듣지 못한 것으로 남을 무함하는 기화로 삼으니, 고도(古道)를 행하기 어려움과 남의 마음이 내 마음 같지 않은 것이 심하다 하겠습니다.

　유복명(柳復明)이 올린 상소의 경우, 어찌 그리 함부로 입을 놀려 야박한 말을 내뱉으며 억지만을 일삼는단 말입니까? 아! 그날의 일을 어찌 차마 말할 수 있겠습니까? 궁관이 한밤중에 소식을 전해오자 중외가 놀라고 온 도성이 뒤숭숭하여 대소 신료들의 수레바퀴와 말발굽이 뒤엉켜 대궐 앞에 모여들었으니, 그 분주하고 황급한 상황은 많은 사람들이 함께 목도한 바입니다.

　연석(筵席)에 나아가서는 국문하기를 청하는 논의와 참형으로 다스릴 것을 청하는 논의가 번갈아 일어났는데, 간절하고 절박한 마음에 말이 점점 더 강개해져 마침내 저자에서 주륙할 것을 청하여 허락을 받았으니, 이는 성상께서 굽어살피신 바입니다.

　그때는 오직 죄인을 속히 참형에 처하는 것만 통쾌하게 여겨 국문과 주륙의 득실을 생각할 겨를이 없었으니, 이른바 '놀라 동요하는 뜻은 조금도 없이', '덮어 감추려는 자취가 뚜렷하다.'는 말은 무엇에 근거하여 나온 것입니까? - 《난여》에 상세하다. - 전에는 환관·궁첩과 결탁했다는 참소를 입었고, 후에는 자교를 왜곡했다는 비방을 받았습니다. ……"

　답하기를,

　"지난번 자성께서 처음 내리신 언교 중에는 궁비와 환관이 결탁하였다는

----

224) 어찌 …… 걱정하겠는가 : 처벌할 작정만 한다면 트집 잡을 핑계거리는 많을 것이라는 말이다. 춘추 시대 진(晉)나라 혜공(惠公)이 자신의 즉위를 도와준 이극(里克)을 죽이려 하자, 이극이 "나에게 죄를 뒤집어씌우려 한다면, 어찌 트집 잡을 말이 없겠습니까?(欲加之罪, 其無辭乎?)"고 말하고는 자결했던 고사가 있다. 《春秋左氏傳 僖公10年》

말씀이 있었고, 두 번째 언교 중 궁인의 이름을 써서 내리셨을 때에는 그 중 한 사람이 환관과 결탁했다는 것이었다.

경들이 소회를 아뢰었던 글에는 결단코 다른 일이 없었고, 중신의 상소는 원래 이 일을 알지 못한 것이므로, 진실로 허물을 끌어다 자책할 일이 아니니 도로 봉입(封入) 하여 일의 체모를 중하게 하였다. 경에게는 혐의할 일이 조금도 없으니, 마음을 편안히 하여 사직하지 말고 속히 나와 국사를 돌보라."

하였다. - 27일, 비답이 내렸다. -

○ 우의정 최석항이 차자를 올렸는데, 그 대략에,

"또한 신은 조성복을 다시 국문하라는 계사에 대해 감히 스스로 편안할 수 없는 점이 있습니다. 대개 국옥은 일의 체모가 엄중하기 때문에 반드시 두 번 세 번 자세히 캐물어 그 단서를 알아낸 후에야 비로소 형문을 청하는 것이 곧 이전부터 내려오는 국문의 규례이므로, 신이 의금부 당상 및 양사의 신하들과 상의하여 아뢰었습니다. 그런데 지금 대신(臺臣)이 이를 두고 너무 관대하게 처리하였다고 말하니, 신은 부끄럽고 황송한 마음을 금할 수 없습니다."

하자, 답하기를,

"이번의 처분은 내 뜻대로 한 것이니, 경에게는 조금의 잘못도 없다. 안심하고 사직하지 말라."

하였다. - 29일, 비답이 내렸다. -

○ 의금부가 아뢰기를,

"두 환관에 대해 성상의 하교대로 즉시 봉행해야 합니다만, 양사가 지금 국청을 열어 엄히 형문함으로써 실정을 알아내야 한다고 합계한 까닭에 아직 하교를 거행하지 못하고 있으므로, 감히 아룁니다."

하자, 전교하기를,

"그들의 죄상이 남김없이 드러났으니, 대신이 올린 차자에 비답을 내려 이미 다 말하였다. 이들이 아직껏 살아있는 것이 더욱 절통하니, 이들은 규례를 따를 죄인이 아닌데 어찌 대계가 수습하여 결론을 내기를 기다리겠는 가? 일각도 지체하지 말고, 전교한대로 조속히 거행하라.”

하였다.

○ 판의금부사 강현, 지의금부사 이조, 동의금부사 박태항·이인징 등이 상소하여 아뢰기를,

“지금 이 두 환관과 두 궁비의 흉악무도한 악행은 전에 없던 일로, 대내에서 이미 따로 하교를 내리셨으니, 오늘날 신하된 자가 누구인들 즉시 법에 따라 처형하여 시원스레 왕법을 시행하려 하지 않겠습니까? 그러나 왕부(王府) 의 법례에는 반드시 전지(傳旨)를 받들고 나서야 비로소 봉행한다 하였습니다.

이에 등대하여 두 환관을 국법에 따라 속히 처형하라고 청하여 윤허 받았는 데, 그 다음날인 미시(未時, 오후 2시 전후한 시점)에 비로소 전지가 내려왔습니 다. 조성복에 대한 국문이 이미 진행 중이었으므로, 신들은 즉시 서청(西廳)에 모여서 결안에 대한 공초를 받고자 하였으나 거역하므로 형추를 청하는 초기를 올렸던 것입니다.

두 궁비의 경우, 전지가 내린 것은 빈청의 계사가 윤허 받은 후 다음날 사시(巳時, 오전 10시 전후한 시점)로서, 국청이 개좌하기 전이므로 신들이 먼저 서청에 모여 공초를 받고자 하였으나 또한 거역하므로 형추를 청한다는 초기를 또 올렸습니다. 당시 전지(傳旨)가 내려졌을 때, 본부에서 공초를 받은 시각이 일렀는지 늦었는지는 여러 사람이 목도하였으므로 조사하면 모두 알 수 있는데, 어찌 속일 수 있겠습니까?

석렬이 자살한 것은 전지가 내리기 전에 있었던 일이고, 필정이 연이어 죽은 것은 잡아 가둔 당일에 있었던 일로서 잡아들인 처음부터 이미 말이 통하지 않았으니, 그가 집에 있었을 때의 간사한 정상에 대해서는 본부가 알 수 없었습니다.

이번 옥사는 실로 온 나라 사람들이 함께 분노하여, 대소 신료가 한목소리로 징토하라는 청을 올리고 있으니, 신들이 어찌 감히 일각이라도 늦출 수 있겠으며, 또한 어찌 이졸(吏卒)을 엄히 신칙하지 않았겠습니까? 그런데 두 환관이 자복하지 않고 옥에 갇힌 죄수도 지레 죽어 버려 천토(天討)를 조속히 시행할 수 없었으니, 이는 참으로 신들이 통분해 하는 점입니다.

지금 중신을 비롯한 여러 신하가 잇달아 상소하여 배척하고 단속하는 것이 갈수록 험악해지고 있는데, 원 상소가 아직 내려오지 않아 비록 보지는 못하였으나 그 말뜻은 대략 신들을 헤아릴 수 없는 죄과로 곧장 몰아넣는 것이니, 신들은 두렵고 놀라운 마음을 금할 수 없습니다.

그들이 주장하는 요지는 거행의 빠르고 늦음에 따라 개좌(開坐)가 지체되었다는 것에 불과한데, 그간의 사정은 이미 위에서 다 아뢴 대로입니다.

지금 죄를 얽는 데 급급하여 갑자기 터무니없는 말을 일삼고 신하로서는 감히 들을 수 없는 말을 가하니, 아! 심합니다. 또한 본부의 낭료(郎僚)와 이졸에 대해, 대간의 논죄가 지엄한데, 신들에게는 또한 이들을 검칙하지 못한 잘못이 있으므로, 잠시도 자리에 편안히 있을 수 없습니다. ……"

하자, 답하기를,

"경들에게는 옥사를 살피지 못한 잘못이 별로 없는데, 뜻밖의 배척에 어찌 굳이 인혐하는가? 마음을 편안히 하여 사직하지 말고 속히 공무를 행하라. ……"

하였다. - 27일에 비답이 내렸다. -

○ 좌윤 황일하(黃一夏)[225]가 상소하였는데, 그 대략에,

"그날 동궁이 궁료들에게 영(令)을 내리고, 자전께서 약원에 수찰(手札)을

---

225) 황일하(黃一夏) : 1644~1726. 본관은 창원, 자는 자우(子羽)이다. 1696년(숙종22) 정시문과에 급제하여 청요직을 두루 거쳐 1717년 도승지가 되었고, 1722년(경종2) 한성좌윤을 거쳐 1725년(영조1) 공조판서·좌참찬 등을 역임하였다.

내리신 것은 대개 재앙이 임박했음에도 손쓸 곳이 없어 실로 너무도 위태롭고 절박한 마음에서 한 일이었는데, 궁관은 외인이 모르게 하라 청하고 대신은 내려온 봉서(封書)를 소매에 숨겨 비밀로 하였으니, 이는 상정(常情)으로 헤아릴 수 있는 일이 아닙니다.

빈청에서 이미 '결탁했다.' 아뢰었으니, 이는 한두 명의 환관이나 궁비가 결탁하여 독자적으로 행할 수 있는 일이 아닙니다. 삼사의 경우 요망한 궁비가 죽어 신문할 길이 없어진 후에야 느릿느릿 국문하기를 청하였으며, 옥관(獄官)은 고의로 자살하게 하여 상세히 신문할 길을 끊어버렸으니, 그 단서가 드러날까 두려워하여 엄호하려는 듯한 의도가 뚜렷하여 가리기 어렵습니다.

이것뿐만이 아닙니다. 동궁을 핍박하는 말에 대해 징토가 엄하지 않은 것은 물론 도리어 널리 권장하기에 급급하여 병조의 장관에 올려 의망하거나 혹은 관찰사의 직임에 발탁하여 마치 공로에 상을 주고 수고에 보답하듯이 하며 조금의 거리낌도 없으니, 저 환관·궁비가 중간에서 농간을 부린 것도 진실로 괴이할 것이 없습니다."

하였다.

○ 사간 이진유, 정언 서종하, 지평 윤성시·박필몽이 아뢰기를,

"신들이 삼가 듣건대, 사과 유복명이 상소하여 환관들에 대해 국문을 청하지 않을 일을 두고 이것저것 주워 모은 것으로 크게 트집을 잡았는데, 그 말뜻이 음흉하고 참혹하여 삼사를 무함한 것이 끝이 없다고 합니다.

심지어 '오직 단서가 드러날까 두려워하였다.' 하고, '동궁을 위해 징토하려는 뜻이 조금도 없었다.' 하였다 하니, 상소에 대한 비답이 아직 내려오지 않아 그 상세한 내용을 알 수는 없지만 신들은 듣고서 저도 모르게 모골이 모두 송연하였습니다.

신들은 그날 궁료가 작은 종이에 알려온 내용을 보고 비로소 비상한 변고가

생겼음을 알아 놀라고 두려운 마음에 오장이 타들어가는 듯하여 새벽부터 밤까지 분주하게 서둘러 대궐로 모여들었습니다. 다리가 불편해 걷기 어렵고 중병이 든 사람조차 감히 뒤처지는 자 하나 없이 모두 어전에 입대하여 한목소리로 우러러 호소하고 눈물을 흘리며 아뢰었습니다.

대신과 재신들이 국문하기를 청하기도 하고 참형에 처하라고 청하기도 하였는데, 신들의 생각에는 애초 동궁의 하령이 이미 명백하여 그 극악무도한 정상이 이미 단안이 되었으므로, 잠시라도 살려두는 것은 오히려 지체하고 소홀히 대하는 것과 같겠기에 국법에 따라 속히 처형할 것을 청하였던 것입니다.

다음날 다시 국청을 열라고 청하는 계사를 발론하였던 것은 대개 옥사의 체모를 중시하고 법전을 밝히려는 뜻이었으므로, 국문을 청하거나 처형할 것을 청하거나 애초부터 경중을 논할 것이 없었습니다. 그런데 저 유복명은 유독 무슨 심보로 기회를 틈타 준동하며 반드시 죄를 얽으려 하는 것입니까? 그 심술을 논하자면, 아! 또한 참혹합니다.

무릇 단서가 드러나거나 드러나지 않거나 그것이 무슨 이해(利害)가 있는 것인지 모르겠으나, 두려워하였다는 '공(恐)'자[226] 한 글자를 더하여 화를 전가시키는 계책을 이루고자 하였습니다. 흉악한 환관에 대한 단서는 조정에서 알 수 있는 것이 아닌데 유복명만 홀로 그것을 말하니,[227] 잘 모르겠습니다만 남들은 모르는 와중에 복명만 별도로 아는 바가 있어서 그러한 것입니까?

아! 오늘날 조정의 신하들은 모두 동궁에게 충성을 바치기를 원하여 장차 충성을 다하지 않을 사람이 없으니, 진실로 4흉(四凶)이나 조성복 같은 자가 아니라면 누가 감히 역적을 토죄하는 일을 지체하거나 소홀히 할 수 있겠습니까? 그런데도 유복명은 자신만이 홀로 동궁을 위해 충성을 다한다고 자부하며

---

226) 공(恐)자 : 사과 유복명이 앞서 12월 25일 올린 상소문에서, "처음에 삼사가 법에 따라 처형할 것을 청한 것은 오히려 단서가 드러날까 두려워한 것이다.[三司則始請正刑, 猶恐端緖之或露.]"고 한 구절을 이른다.

227) 유복명만 …… 말하니 : 유복명이 상소에서 "이는 한두 명의 환관이 홀로 시행할 수 있는 일이 아니다.[此非一二閹竪所可獨辦.]"고 한 말을 이른다.

여러 신하들을 헤아릴 수 없는 지경으로 몰아넣었으니, 이 또한 어찌 그의 본심이겠습니까? 아니면 또한 관건이 되는 특별한 무엇인가가 있어 차마 하지 못할 말을 이렇게 하는 것입니까? 비록 그렇다 해도 신들은 이미 한없는 비난을 받았으니, 어찌 스스로 옳다고 여겨 대간의 직차를 그대로 차지하고 있을 수 있겠습니까? ……"

하자, 답하기를, "사직하지 말라." 하였다.

○ 이조참의 김일경이 다음과 같이 상소하였다.

"삼가 아뢰건대, 신은 이달 22일 밤에 정사를 마치고 유문(留門)²²⁸⁾하여 궐을 나왔는데, 집이 외지고 멀어서 귀가하고 나니 2경 3점(二更三點, 오후 10시 전후한 시점)이었습니다. 겨우 잠자리에 들었는데, 갑자기 춘방(春坊)에서 사람이 왔다는 소리를 듣고 등불을 켜 봉투를 뜯고 글을 읽어보니, 너무도 놀랍고 당혹스러운 마음을 금할 수 없어 급히 일어나 행장을 재촉할 즈음에 하리(下吏)가 또 영의정과 우의정이 이미 궐하(闕下)에 도착했다는 소식을 연이어 전해왔는데, 그때가 이미 밤 4고(四鼓)²²⁹⁾였습니다.

신이 마침내 허둥지둥 대궐 앞으로 달려가 그대로 대신 및 여러 신하들을 따라 어전에 입대하였습니다. 대신이 처음에는 두 환관의 죄상을 들어 잡아들여 국문하기를 청하였는데, 한 중신이 맨 먼저 곧바로 참형에 처하라고 청하자 대신 또한 이를 따라 동조하였고 여러 재신들도 한목소리로 참형을 청하였습니다.

신이 생각하기에, 동궁이 이미 '나를 제거하려 한다.'고 궁료들에게 유시하였으니, 이는 바로 역적입니다. 무릇 역적을 다스리는 도리는 유사에게 회부하여 국청을 열고 엄히 신문하여 실정을 알아내고 자복을 받아낸 후 전형(典刑)을

---

228) 유문(留門) : 궁궐 문을 열고 닫는 것은 정해진 시간이 있으나, 특별한 사정이 있을 경우 궐문을 닫을 시각에 열어 놓거나 열 시각에 닫아두는 것을 이른다.
229) 4고(四鼓) : 사경(四更), 곧 오전 2시~4시 사이에 치는 북소리를 이른다.

분명하게 바로 하는 것이 본래 바꿀 수 없는 떳떳한 법입니다.

이전의 사례를 살펴볼 때, 역절(逆節)이 분명하게 드러나면 비록 심기원(沈器遠)230) 같은 자라도 또한 오히려 그렇게 하였으니231), 이런 요사하고 악독한 무리를 어찌 경솔하게 곧장 처단하여 그 정상을 캐어내지 않을 수 있겠습니까? 이에 신이 감히 국청을 설치하여 처단하라는 뜻으로 대략 아뢰었으나 윤허받지 못하였습니다.

신료 중에는 간혹 동궁이 이미 명확한 하교를 내렸는데, 지금 국청을 열자고 청하는 것은 동궁의 하교를 그대로 믿지 못하는 혐의가 있는 듯하니, 곧장 참형에 처하는 것이 심히 합당하다고 말하는 이도 있었으므로, 신만 홀로 감히 국청을 설치하자고 힘써 간쟁하기 어려웠습니다. 연석에서 아뢰는 말들이 분분하였고, 심지어 눈물을 흘리며 진청한 말이 천백 가지나 되었는데 전하께서는 한결같이 침묵을 지키셨습니다.

신이 답답한 마음에, 상하 사이에 마음과 뜻이 소통하지 못하여 나랏일을 할 수 있는 길이 없으니 성상께서 마음속에 생각하시는 바를 자상하게 가르쳐주어 신하들로 하여금 환히 알 수 있게 해달라고 청하자, 성상께서 저들의 죄상을 적발하여 사형에 처하라는 하교를 특별히 내리시고 이어 청대를 마쳤습니다.

아! 신이 홀로 국청을 설치하자고 청한 것은 옥사를 다스리는 일의 체모를 엄중히 하려는 생각에서였고, 여러 신하들이 모두 곧장 참형에 처할 것을 청한 것은 또한 동궁의 하교를 존신(尊信)하여 다시 물을 필요가 없다는

---

230) 심기원(沈器遠) : 1587~1644. 본관은 청송(靑松), 자는 수지(遂之)이다. 군수 심간(沈諫)의 아들이고, 권필(權韠)의 문인이다. 유생으로 이귀(李貴) 등과 협력하여 1623년 인조반정에 공을 세워 정사공신(靖社功臣) 1등에 책록되고 청원부원군(靑原府院君)에 봉해졌다. 1644년 좌의정으로 남한산성 수어사를 겸임한 것을 기회로, 심복의 장사들을 호위대에 두고 전 지사 이일원(李一元)·광주부윤 권억(權澺) 등과 모의하여 회은군(懷恩君) 덕인(德仁)을 추대하려는 반란을 꾀하였다가, 부하 황헌(黃瀗)·이원로(李元老) 등이 훈련대장 구인후(具仁垕)에게 밀고하여 거사 전에 죽임을 당하였다.

231) 오히려 그렇게 하였으니 : 1644년(인조22) 3월, 좌의정 심기원의 역모가 발각되었을 때, 인조는 먼저 추국을 명하였고, 죄상을 자복 받은 후 사형에 처하였다.

뜻에서 나온 것입니다.

그 본뜻을 따져 보면 모두 동궁을 위하여 역심을 품은 환관을 징토하려는 것이니, 진실로 같고 다름을 논할 만하지 않지만 일의 체모가 갖추어지기로는 결국 국청을 설치하여 합당하게 처리해야만 했기에 양사가 이튿날 국문을 청한 것입니다.

그러자 뜻을 잃고 나라를 원망하는 무리가 기회를 틈타 준동하며 흉계를 이루고자 하였는데, 조정의 처분에 대해 털을 불어 흠을 찾듯 해도 들출만한 잘못이 없자, 감히 말하기를, '조정 신하들이 놀라 동요하는 뜻은 조금도 없이 덮어 감추려는 자취가 뚜렷이 드러났다.[232]' 하였습니다.

아! 그의 비난과 무함은 지극히 교묘하고 참혹하지만, 지금 아뢰는 한마디 말이면 그의 속셈을 깨뜨리기에 충분합니다. 한밤중에 급작스럽게 허둥지둥 달려온 이들이 전후로 계속 이어져서 유문하여 청대하였고, 사정상 어려운 점이 있어 즉시 나와 숙배하지 않은 사람이나 사직 상소를 올렸으나 아직 비답을 받지 못한 사람이나 모두 막론하고 법연(法筵)에 나아가 간절한 진심을 아뢰었습니다.

심지어 병이 악화되어 고질이 된 유봉휘나 집이 강외(江外)에 있는 이광좌조차 모두 궐정(闕庭)에 나아가 직분을 다하여, 일찍이 한 사람도 낙오하여 대궐에 나오지 않는 자가 없었으니, 이는 진실로 전하께서 굽어살피신 바이며 나라 사람들이 모두 목격한 일입니다. 그런데도 조금도 놀라 동요함이 없었다고 배척하니, 과연 털끝만큼이라도 비슷합니까?

아, 지난번 망극한 때를 당했을 때는, 중신 한 사람이 청대한 일을 제외하고는 편안히 누워 단잠을 이루고 관망하며 주저하였으니, 만약 김창집이나 이건명 같은 무리가 오늘을 다시 살아 이 죄로써 벌을 받게 된다면 응당 거부하지 못할 것입니다.

지금 소인배가 터무니없는 말을 날조하여 감히 함정에 빠뜨리고자 하니,

---

232) 조정 …… 드러났다 : 앞서 12월 25일 유복명의 상소에서 나온 말이다.

그 정상이 너무나 통탄스럽습니다. 무릇 국문이나 참형이나 모두 역적을
다스리는 준엄한 법도에 관계되는 것이니, 어찌 덮어 감추는 것과 조금이라도
비슷한 것이 있겠습니까?

또 신이 그날 입대를 마친 뒤 물러나와 집으로 돌아왔는데, 자성의 언교가
갑작스레 내려와 대신과 경재, 삼사가 다시 청대하고 있다는 소식을 뒤늦게
듣고 서둘러 입궐하였습니다. 전하께서 진대(進對)를 허락하지 않으시고 소회
를 써서 들이라는 명을 내리셨으므로, 계본(啓本)을 깨끗이 베껴 쓰고 신도
여기에 연명(聯名)하였습니다.

처음 언교가 내려왔을 때, 신은 참석하지 못하였으나 사관이 이를 옮겨
적고 대신 및 여러 재신들이 함께 보았는데, 어찌 신하가 한 자라도 옮길
수 있겠습니까? 그런데 송상기는 그때 계사를 올릴 때 이미 참여해 놓고도,
돌연 상소하여 자성의 하교를 왜곡하고 문구를 옮김으로써 성상을 현혹하고
조정 신료를 무함하는 계책으로 삼았으니, 아! 모든 사람이 본 것을 가릴
수 있겠습니까? 그가 꾸민 계책은 공교(工巧)하게 하려다 도리어 치졸하게
되었다고 하겠습니다.

아! 두 환관과 두 궁녀의 흉악한 역변(逆變)이 대내에서 거듭 발생하니,
성명의 치세에 국가의 불행이 어찌 이 지경에 이르렀단 말입니까? 그러나
그 정상을 전혀 파헤치지 않고 곧장 처형하는 것은 상법(常法)에 어긋나고
훗날의 폐단에도 관계되는 일입니다. 대신과 여러 재상이 연이어 국문하기를
청한 것은 참으로 일의 체모에 합당한데, 전하께서는 어찌하여 이를 윤허하여
온 나라 사람들의 심정에 부응하지 않으십니까?

아! 궁녀는 비록 죽었다 해도 환관은 아직 살아있으니, 낱낱이 신문하고
샅샅이 추궁하여 정상을 모두 드러내고, 이로써 나라 안의 이목(耳目)을 비추고
왕부(王府)의 전형(典刑)을 엄중히 하며, 의심할 여지를 조금도 남기지 않고
사람들이 날조한 말을 분명하게 끊어낸다면 어찌 통쾌하지 않겠습니까?
......"

답하기를,

"말단에서 언급한 일은 대신의 차자에 내린 비답 및 삼사의 합계와 의금부·승정원에 내린 비답에 이미 유시하였다."

하였다. - 27일에 비답이 내렸다. -

○ 장령 이제(李濟)와 헌납 이명의(李明誼)가 상소하였는데, 그 대개에, "신들은 유복명의 상소에서 혹독한 무함을 받았으나, 병이 한창 심한 탓에, 혹은 격례(格例)에 구애되어 대각에 나아가 스스로를 논열하지 못하였습니다. ……"

하였다.

○ 승정원에서 두 환관에 대해 의금부의 계사를 따르라는 뜻으로 논계하자, 전교하기를, "이전 판부에 따라 거행하라." 하니, 승정원에서, 본부의 당상들이 현재 상소를 올리고 대죄하는 중이라는 말을 금부도사가 전하였으므로 전교대로 거행할 수 없다는 뜻을 품계하였다.

○ 27일, 보덕 김동필이 상소하였는데, 그 대개에, "신은 이기익(李箕翊)과 황일하(黃一夏) 등이 무함한 상소에 대해 삼가 두려운 마음을 금할 수 없습니다. ……"

하였다. -《난여》에 상세하다. -

○ 형조판서 이광좌가 송상기의 상소를 논핵하는 상소에서 아뢰기를, "자전의 하교와 차이가 있다고 하면서 심지어 어리석게도 죄를 인책하기까지 하였습니다. 처음에는 계사에 동참하였다가 끝내는 물러나 뒷말을 하며 사리를 벗어난 의심을 하고 망측한 죄과로 몰아넣었습니다."

하였다. 주상이 비답 없이 상소를 도로 내렸다.

○ 전 참의 조상경 - 김려(金礪)[233]·박필정·정광제(鄭匡濟)[234]·신처수·유응환(柳應煥)[235]·성대열(成大烈)[236] - 등이 상소하였는데, 그 대개는,

"속히 밝은 명을 내리시어 국청을 열고 엄히 신문하여 귀신과 사람의 울분을 풀어줄 일"이라고 하였다.

○ 부호군 심택현(沈宅賢)이 동궁의 보호를 청하며, 승정원과 의금부가 일을 지체하고 소홀히 한다고 상소하였다.

○ 군자감 주부 이지규(李志逵)[237] 등이 엄히 국문할 것을 청하고 옥사의 지체를 논핵하는 소를 올렸다.

○ 영의정 조태구가 황일하의 상소로 인해 금오문 밖에서 대명(待命)하니, 주상이 대명하지 말라고 명하였다.

---

233) 김려(金礪) : 1675~1728. 본관은 경주(慶州), 자는 용여(用汝), 호는 설재(雪齋)이다. 1705년(숙종31) 사마시, 1713년 증광문과에 급제하여 청요직을 두루 지냈다. 1723년(경종3) 유배되었다가 1725년(영조1) 풀려나 다시 집의 등을 역임하였다.

234) 정광제(鄭匡濟) : 1688~1753. 본관은 연일(延日), 자는 정숙(正叔)이다. 1717년(숙종43) 온양(溫陽) 별시문과에 급제하여, 영조 즉위 후 장령을 거쳐 승지 등을 역임하였다.

235) 유응환(柳應煥) : 1695~? 본관은 진주(晉州), 자는 숙장(叔章)이다. 1719년(숙종45) 증광문과에 병과로 급제하여, 강원도 도사를 지냈다. 1725년(영조1) 김일경 사건을 재조사하고 조태구를 처벌하라고 상소하였다.

236) 성대열(成大烈) : 1686~? 본관은 창녕(昌寧), 자는 백훈(伯勛)이다. 1721년(경종1) 식년문과에 급제하여, 1726년(영조2) 정언이 되어 소론에 대한 토역의 의리를 제창하였다. 1727년 정미환국으로 파면되었다.

237) 이지규(李志逵) : ?~?. 본관은 벽진(碧珍), 자는 점우(漸于)이다. 현종 때 승지를 지낸 이인(李墣)의 아들로, 첨지중추부사를 지냈다. 성품이 강개하여 북정(北亭) 윤지술(尹志述)이 신임옥사에서 죽임을 당하자, 그의 집에 찾아가 통곡하고 《논어》의 구절을 인용하며, '인(仁)을 구하여 인을 얻었으니, 또한 무엇을 원망하겠느냐.'는 제문을 지었다. 이 일로 1722년(경종2)에 사헌부(司憲府)의 탄핵을 받고 전라도 낙안(樂安)으로 유배되었으나, 1725년(영조1)에 장령(掌令) 김담(金墰)의 상소로 유배에서 풀려나 복직되었다.

○ 사서 권익관이 상소하였는데, 그 대개에,

"신이 듣건대, 이기익이 상소에서 지난번 인접(引接)하였을 때의 일을 제기하며 궁관을 무함하였는데, 그 말뜻이 불측하니, 신은 놀랍고도 두려운 마음을 금할 수 없어 있는 그대로의 사실을 대략이나마 피력하겠습니다. ……"

하였다.

○ 사헌부 - 지평 윤성시·박필몽 - 에서 새롭게 아뢰기를,

"조정에서 대각(臺閣)을 대우하는 것은 일의 체모가 각별하므로, 일의 대소를 막론하고 대간이 만약 쟁집하면 성명(成命)이 내렸다 해도 유사(有司)가 봉행할 수 없으니, 이는 옛 규례가 그러합니다. 하물며 두 환관을 역률로써 토벌하는 일은 양사에서 합사하여 청한 것으로, 이것이 얼마나 중대한 일입니까?

그런데 국청을 열라는 계청이 한창일 때 갑자기 법대로 처형하라는 명을 내리셨습니다. 이에 승정원에서 전례를 인용하여 복역(覆逆)[238]하고 의금부에서 의리에 근거하여 쟁집하였으나 전하께서는 윤허하지 않으시고 매번 속히 거행하라고 하교하셨습니다.

전하께서 대각을 경시하는 것은 이미 말할 것도 없거니와, 바꿀 수 없는 선왕의 법을 무너뜨려 훗날의 끝없는 폐단을 열어주는 것이 이보다 더 클 수 없습니다. 청컨대 두 환관에 대해 이전에 판부(判付)[239]한 대로 조속히 거행하라는 명을 속히 거두어주소서.

신들이 방금 병조판서 송상기의 소본(疏本)을 보니,

'자전의 언교 중에 「궁인 및 환관과 결탁한 자를 법에 따라 처벌하라.」는 말씀이 있다고 들었는데, 빈청의 계사에는 「한 궁인이 환관과 결탁하였다.」 하였으니, 이는 자교(慈敎)의 본뜻과는 차이가 있다 하겠습니다.'

---

238) 복역(覆逆) : 명령 출납을 관장하는 승지들이 부당하다고 여기는 왕명에 대해 출납을 거부하고 다시 아뢰어 재고(再考)를 청하는 일을 이른다.
239) 판부(判付) : 상주(上奏)한 형사 사건에 대한 임금의 재가(裁可) 사항을 이른다.

하였습니다. 송상기가 어디에서 들은 말인지 모르겠으나 감히 이렇게 허망한 말을 한단 말입니까? 자전 언교의 말뜻에 대해서는 영의정이 상소에서 이미 그 곡절을 자세히 아뢰었고 성상의 비답에 또다시 명시하였으며, 자성께서 위에 계시기까지 하니, 어찌 속일 수 있겠습니까? 그런데도 송상기가 감히 자성의 언교를 거짓으로 꾸며 장주(章奏)에 쓸 수 있단 말입니까?

대개 그 뜻은 조정의 신하를 무함하는 데 급급하여, '한 궁인이 환관과 결탁했다.'는 언교에서 '한'이라는 글자를 삭제하고, '결탁'이라는 글자를 궁인의 위에 올려놓은 다음 궁인과 환관 사이에 '및' 자를 더하여 왜곡하여 조합하고 문세(文勢)를 종잡을 수 없이 꾸밈으로써, 마치 환관과 궁첩이 서로 결탁한 것 외에 별도로 환관·궁첩과 결탁한 이가 있는데 조정 신하들이 고의로 은폐한 것처럼 하였으니, 그 속셈과 의도가 참으로 음흉하고 간특합니다. 그가 비록 조정의 신하를 무함하는 데 급급했다 해도 어찌 감히 자성의 뜻을 거짓으로 꾸며 이처럼 방자하게 군단 말입니까.

아! 문자를 끄집어내 사류를 해치려 모의하는 것은 진실로 이 무리의 수법이지만, 송상기처럼 자구를 고치고 글자를 바꾸어 궁 안에서 내린 하교의 내용을 첨삭했다고 하는 것은 일찍이 들어보지 못한 일이니, 윗사람을 속인 그의 무엄한 죄를 통렬히 징계하지 않을 수 없습니다. 청컨대 병조판서 송상기를 극변에 원찬하소서."

하자, 주상이 답하기를, "윤허하지 않는다." 하였다.

○ 사간원에서 새롭게 아뢰기를,

"적신(賊臣) 조성복에 대해 국청을 열어 엄한 형문으로 추궁할 사안에 대해 사헌부에서 재차 논계하였으나 성상께서 아직도 윤허하지 않으시니 신들은 지극히 답답한 마음을 금할 수 없습니다. 무릇 남의 사주를 받고 천위(天位)의 동요를 도모하는 것이 얼마나 큰 죄악입니까?

그런데 이처럼 관대하게 용서하여 더 이상 추궁하지 않아서, 은밀한 곳에 잠복시켜 그를 매나 개처럼 부린 무리가 법망을 빠져나가게 한다면 어찌 형벌을 잘못 적용한 것이 크다 하지 않겠습니까? 청컨대 조성복을 배소로 보내라는 명을 속히 중지하고 이전대로 국청을 열어 엄형(嚴刑)으로 국문하소서."

하자, 주상이 답하기를, "윤허하지 않는다." 하였다.

○ **28일**, 김일경 및 양사가 청대하여 입시하였을 때, 지평 윤성시와 박필몽이 아뢰기를,

"신들이 김운택 등을 변방에 정배하는 일로 논계한 일이 있습니다. …… 또한 재신(宰臣)을 논죄할 때 일찍이 정배(定配)로 감률한 적이 없다고 들었는데, 논계에 오른 사람들이 대부분 소관(小官)이나 백도(白徒)240)인 탓에 급히 서두르는 사이에 일을 구별하지 못하고 뒤섞어 정배를 청하였으니, 신들이 규례를 모르는 잘못이 이에 더욱 드러났습니다. ……"

하자, 주상이 이르기를, "사직하지 말라." 하였다.

○ 헌납 이명의가 아뢰기를,

"신이 일전에 역적 환관과 궁비를 법대로 처형할 일에 대해 삼사의 신하들과 함께 논계하여 윤허 받았습니다. 그런데 물러나 물의(物議)를 들으니 지레 먼저 법대로 처형하는 것은 크게 잘못된 일이라 합니다.

그러나 지난번 사직 상소를 도로 들인 후 지금까지 비답을 받지 못하였으므로 격례(格例) 상 대청(臺廳)에 나아가 스스로 논열하지 못하고, 의율(擬律)을 제대로 살피지 못했다는 혐의로써 즉시 노장(露章)241)을 올려 국청을 열고 환관과 궁비를 철저히 조사하기를 청하며 호소하였으나 승정원에서 시종일관 물리치는 바람에 성상께 올릴 길이 없었습니다.

---

240) 백도(白徒) : 과거를 거치지 않고 관료가 된 사람, 혹은 일에 미숙한 사람을 지칭하는 용어이다.
241) 노장(露章) : 사람들에게 그 내용을 알리기 위해 봉(封)하지 않고 올리는 소장(疏章)을 이른다.

또 듣기에 유복명이 상소하여 삼사의 신하들을 터무니없이 무함한 것이 끝이 없었다고 하는데도 또한 감히 대청에 나아가지 못하였습니다. 어제 헌신(憲臣)과 함께 연명으로 소장을 올려 견책을 청한 후 바야흐로 심히 황공하고 불안해하던 차에 삼가 승정원의 계사를 보니, 역적 환관을 판부대로 거행하라는 하교가 있었습니다.

이에 신은 놀라움과 의아함을 이기지 못하여 일반적인 격식을 돌아보지 않고 마침내 양사의 동료들과 급급히 어전에 나아가 힘써 간쟁할 생각을 하였습니다. 다만 유복명은 감히 역적 환관을 국문하라는 청을 빙자하여 조정의 신하를 모함하려는 계책을 이루려 하였으니, 그의 의도와 언사를 참으로 헤아리기 어렵습니다.

그날 춘궁께서 갑자기 야심한 시각에 감히 들을 수 없는 하교를 내리시니, 대소 신료들이 천지가 무너진 듯 놀라고 두려워하여 새벽부터 밤까지 분주하게 서둘러 대궐에 나아가 재차 청대하여 전석(前席)에서 항변하기도 하고 합문 밖에서 성심을 진달하기도 하였습니다.

그 당시 눈물을 흘리며 경황없던 정황과 고심어린 정성을 성명(聖明) 또한 이미 굽어살피셨으니, 사람들의 말이 조금이라도 실상에 가깝다 하겠습니까, 가깝지 않다 하겠습니까?

당초 국법에 따라 속히 처형하라고 한 것은 실로 흉악한 역적을 통렬히 미워하여 잠시도 편히 쉬게 하지 않으려는 뜻이었는데 무함하는 말이 이와 같은 지경에 이르렀으니, 만약 국문할 것을 논하여 청한다면 또한 머뭇거리며 지연시킨다고 죄를 삼을 것입니까? 사람을 함정에 빠트리는 흉당의 계책에 어찌 구실이 없을까 걱정하겠습니까?

심지어 그 상소에서 말한 이른바 '느릿느릿' 등의 말은 곧 지난날 저 흉악한 괴수의 속셈에 해당하는 말인데, 도리어 남에게 억지로 뒤집어씌우고 입에서 나오는 대로 멋대로 떠들어 대니, 저들이 만약 돌이켜 본다면 부끄럽지 않겠습니까?

오늘날 신하로서 전하께 충성을 다하는 사람은 또한 동궁에게 충성을 다하는 사람입니다. 4흉의 잔당이 이미 전하에게 불충한 이상 동궁에게도 또한 참으로 충성을 바치려는 정성이 있다 보장할 수 없으니, 그들은 오직 뜻을 잃고 나라를 원망하여 남몰래 화심(禍心)을 품고 기회를 틈타 독기를 부리고 날뛰며[242] 반드시 나라에 화를 끼치려 하고야 말 것입니다.

저 유복명이라는 자는 지난번 정청 때의 일로 그들에게 버림을 받은 탓에 자신의 정성을 보일 계책으로 이렇게 해괴하고 사리에 어긋난 짓을 하였으니, 이 어찌 그의 본심이겠습니까? 대개 스스로 그만둘 수 없어서 그러한 것이니, 이 또한 애처롭다 할 것이니, 노여워하기에도 부족합니다. 그러나 일의 여하를 막론하고 이미 그의 논척을 받아 사리 상 편안히 있기 어려우니, 신의 직임을 체척하라 명하소서.”

하자, 주상이 말하기를, “사직하지 말라.” 하였다. - 정청의 철회를 논의할 때 유복명은 저들과 의견을 달리하였다. -

○ 양사가 합사하여 박상검과 문유도 등의 일에 대해 소회를 아뢰자, 주상이 “아뢴 대로 하라.” 하였고, 또 김창집 등의 일에 대해 소회를 아뢰자 주상이 “번거롭게 하지 말라.” 하였다.

○ 사헌부가 조성복의 일에 대해 소회를 아뢰자, 주상이 이르기를, “이전대로 거행하여 배소로 도로 돌려보내라.” 하였다. 또 김운택 등을 원찬하고 김민택 등을 변방에 유배하는 일에 대해 소회를 아뢰자, 주상이 “번거롭게 하지 말라.” 하였고, 또 송상기의 일에 대해 소회를 아뢰자, 주상이 “아뢴

---

242) 날뛰며 : 원문은 “蹢躅”이다. 발을 굴러 팔짝팔짝 뛴다는 뜻으로, 척촉(蹢躅)이라고도 한다. 《주역》〈구괘 초육(姤卦初六)〉에 “약한 돼지가 날뛰고 싶은 마음이 간절하다.[羸豕孚蹢躅]”라고 한 데서 나온 말로, 이는 어린 돼지가 비록 강하지는 못하지만 항상 날뛸 뜻을 품고 있듯이 소인이 기세가 아무리 미약할지라도 항상 군자를 해치려는 뜻을 품고 있음을 이른다.

대로 하라." 하였다. - 강진에 원찬하였다. -

○ 사간원에서 조성복의 일에 대해 소회를 아뢰자, 주상이 이르기를, "이전
대로 거행하여 배소로 돌려보내라." 하였다.

○ 경연에서 두 환관의 국문을 청하는 말을 하려고 입시하였을 때, 사간
이진유가 아뢰기를,

"국기(國忌)의 재계(齋戒)로 말미암아 감히 연계(聯啓)하지 못하고 소회를
아룁니다. …… 두 환관의 국문을 청합니다. …… 유복명·송상기의 흉악하고
사리에 어긋난 말로 상하가 모두 망극한 무함을 받았으니, 국청을 열고
엄히 신문하여 중외로 하여금 분명히 알게 해야 합니다."

하였다. 지평 박필몽·윤성시가 모두 말하기를,

"저들 무리는 '혹시라도 단서가 탄로 날까 두려워한다.'[243] 하는데, 이른바
단서라는 것이 무슨 일인지 모르겠으나 망측한 언사로 기필코 무함하려
하니, 만약 국청을 열지 않는다면 저들은 마치 기화(奇貨)를 얻은 것처럼
반드시 이것을 구실로 삼을 것입니다."

하였다.

이조참의 김일경이 아뢰기를,

"소신은 환관과 궁비를 취조하여 결안을 받아낸 뒤 처형하는 일에 대해
이미 홀로 아뢰었습니다만, 신하들은 모두 「나를 제거하려 한다.」는 춘궁의
하교가 내린 마당에 취조하여 결안을 받는 것은 마치 춘궁의 말을 믿지
못하는 모양새가 되어 일의 체모에 온당치 못하다.' 여긴다 합니다.

지금 사람들의 말이 망극하기 이를 데 없으니 양사의 청을 속히 윤허하셔야

---

243) 혹시라도 …… 두렵다 : 유복명의 상소 중에 "처음에 삼사가 법에 따라 처형할 것을
     청한 것은 오히려 단서가 드러날까 두려워한 것[三司之臣, 則始請直爲正刑, 猶恐端緒之或
     露.]"이라고 한 말을 이른다. 본서 앞의 12월 25일자 기사에 보인다.

합니다. 이중협과 어유룡이 환관과 교통한다는 등의 말로 성궁을 모욕하고
조정의 신하들을 무함하였습니다. ……"

하였고, 이진유가 아뢰기를,

"전하께서는 무엇을 망설이시어 국청의 설치를 허락하지 않으십니까?
이미 법대로 처형하라는 하교를 내리셨으니, 전하께서는 이미 환관의 죄가
결코 용서받을 수 없다는 것을 알고 계십니다. 그런데도 유독 국문에 대해
윤허하지 않으시면 사람들의 의혹은 필시 더 심해질 것입니다. 속히 국문을
가하여 털끝만큼의 의혹도 남기지 않은 다음 차례대로 이중협 등을 신문해야
할 것입니다. ……"

하였다. 헌납 이명의와 정언 서종하가 운운하였다.

이진유가 말하기를,

"비록 흉도들이 구실 삼는 말이 없더라도 옥사의 체모로 보아 국청을
여는 것이 당연합니다. 하물며 사람들이 '입을 막는다.'고까지 말하는 지경이
니 ……"

하였다. 김일경이 말하기를,

"이중협 등이 이미 '환관과 교통한다.'는 말을 하였는데, 지금은 이중협 한
사람뿐만 아니라 저들 무리가 모두 이중협과 같은 말을 하니, 두 환관을 반드시
엄히 국문한 후에야 저들의 간악한 정상이 모두 드러나게 될 것입니다."

하였다. 승지 유중무가 운운하였고, 여러 신하들이 누누이 아뢰었다.

이진유가 말하기를,

"의심을 품으면 참소하는 무리의 무함이 따르는 법이니,[244] 바라건대 속히

---

244) 의심을 …… 법이니 : 《한서(漢書)》〈초원왕전(楚元王傳)〉에 "임금이 현인에 대해서 의심
을 품으면 참소하는 무리가 모함을 하게 된다.[執狐疑之心者, 來讒賊之口.]"고 한 구절을
인용한 말이다. 소망지(蕭望之)가 자결한 뒤에 유향(劉向)이 원제(元帝)에게 올린 소에
나오는 내용이다. 인용구의 '호의(狐疑)'는 여우처럼 의심이 많은 것을 이르는 말로,
어떤 일을 의심하여 주저하고 결정하지 못하는 것을 비유하는 호의불결(狐疑不決)에서
온 말이다.

따르십시오."

하자, 주상이 "아뢴 대로 하라." 하였다. 이에 신하들이 모두 일어나 절하며 아뢰기를, "성상의 결단이 이에 이르렀으니, 국가에 매우 다행입니다." 하였다.

○ 29일, 겸필선 이진유, 문학 정석오, 설서 송인명, 겸설서 조현명이 상서하여 효성과 우애에 힘쓸 것을 아뢰자, 동궁이 답하기를,

"근래의 일은 나의 정성과 신의가 미덥지 못한 탓에 궁궐에서 변고가 발생하고 대조(大朝)를 놀라게 하였으니, 참담하고 두려운 마음을 어찌 말로 다하겠는가? 지금 이처럼 애써 경계하라는 말은 참으로 나라를 걱정하고 임금을 사랑하는 마음에서 나온 것이니 마음 깊이 새기지 않을 수 있겠는가?" 하였다.

○ 국청의 문사낭청에 김려(金礪), 이중환(李重煥)[245], 권익순(權益淳), 서명구(徐命九)[246]를 임명하였다.

○ 국청 대신 이하 - 우의정, 판의금부사 강현, 지의금부사 이조, 승지 이인복, 사간 이진유, 지평 박필몽, 가주서 이보욱, 겸사(兼史)[247] 최수경(崔守慶)[248]·김극겸(金克謙)

---

245) 이중환(李重煥) : 1690~1756. 본관은 여주(驪州), 자는 휘조(輝祖), 호는 청담(淸潭)·청화산인(靑華山人)이다. 참판 이진휴(李震休)의 아들이며, 이익(李瀷)의 문인이다. 1713년(숙종39) 증광문과에 급제하여 승문원 정자를 거쳐, 1722년(경종2) 병조정랑·전적 등을 역임하였다. 영조가 즉위하자 목호룡의 당여로 사로잡혀 유배되었다. 1735년(영조11) 풀려났는데, 1739년 다시 의금부에 수금되었다가 이듬해 병으로 겨우 풀려났다. 저서로 《택리지(擇里志)》가 있다.

246) 서명구(徐命九) : 1692~1754. 본관은 달성(達城), 자는 우경(虞卿), 호는 약허(若虛)이다. 선공감(繕工監) 감역 서종신(徐宗愼)의 아들이며, 영조비 정성왕후(貞聖王后)의 사촌이다. 1717년(숙종43) 식년문과에 급제하여, 1721년(경종1) 승문원 정자(正字)를 거쳐 성균관 전적(典籍)이 되어 실록청 겸춘추(兼春秋)를 겸하였다. 1725년(영조1) 집의가 된 뒤 1726년 홍문록에 올랐다. 이후 청요직을 두루 거치고, 1731년 승지, 1745년 대사헌, 1750년 병조참판 등을 역임하였다.

247) 겸사(兼史) : 다른 관서 관원이면서 춘추관의 사관(史官)을 겸임한 관원을 이른다.

입시 - 가 청대하여 동의금부사 박태항과 이인징을 개차(改差)하는 일에 대해 정탈(定奪)[249]하였다.

○ 문유도와 박상검이 원정(原情)에서 승복하지 않았다.

○ 입시하였을 때 죄인의 원정을 바쳤다. 문유도는 공초에서, "다만 승전색으로서 대소 공사(公事)를 봉납하였을 뿐이다." 하였다.

박상검은 공초에서,

"이달 22일에 동관(同官)의 말을 들으니, 그 전날 밤 동궁이 대조께 문후를 올리며 아뢰기를,

'환관 무리가 조정 일에 간여하여, 근래에 들으니, 대부분의 처분이 그들의 손에서 나온다 합니다. 명백하게 밝혀내어 엄히 징치할 것을 청합니다.'

하자, 주상께서 전교하기를,

'이는 내가 한 일이지만, 너의 말이 이와 같으니 사실을 조사해 밝혀내는 것이 좋겠다.'

하셨다 합니다. 세제가 즉시 청음정(淸陰亭)으로 나와 환관들을 불러 조사하였고, 그 내용을 비망기로 주상께 계품한 다음 그대로 승정원에 내리라고 하령하기에, 주상께 계하(啓下) 여부를 여쭈었는데, 주상께서 도로 거두어 찢어버리셨습니다. 심지어 '나를 제거하려 한다.'는 말은 너무도 모호한 일입니다. ……"

하였다.

최석항이 아뢰기를,

---

248) 최수경(崔守慶) : 1668~? 본관은 전주(全州), 자는 경여(慶餘)이다. 1697년(숙종23) 정시문과에 급제하였으나 삭과되었다가 1708년 복과되었다. 1711년 승문원 정자를 거쳐 1721년 (경종1) 병조좌랑이 되어 춘추관 기사관을 겸하였다. 1722년 태인현감(泰仁縣監)을 지냈다.

249) 정탈(定奪) : 신하의 건의를 거친 사안에 대해 국왕이 최종 재결하는 일을 이른다.

"박상검이 초사에서 성궁을 무함하고 동궁을 무함하였으니, 감히 규례에 따른 형벌을 청하지는 못하겠습니다. 전하께서 분명히 통촉하시어 명백하게 하교해 주십시오."

하자, 여러 신하들이 이어 누누이 아뢰었다. 주상이 "엄히 형문하여 자복을 받아내라." 하자, 최석항이 아뢰기를, "문유도 또한 엄히 형문해야 마땅할 것입니다." 하니, 주상이 "그리하라." 하였다.

○ 30일, 영의정 조태구가 차자를 올렸는데, 그 대개는 감히 죄를 청하는 소장을 올리니 죄에 따른 처분을 내려주기 바라고, 겸하여 전일에 이미 올린 차자 - 효성과 우애에 힘쓸 것을 아뢰었다. - 를 밝게 살펴주기 바란다는 내용이었다. - 《난여》에 상세하다. -

또 진계(陳戒)하는 상서를 동궁에게 올리니, 동궁이 다음과 같이 답하였다.

"내가 재주와 덕이 부족한 몸으로 외람되이 저사(儲嗣)의 자리를 차지하여, 마치 깊은 골짜기에 떨어진 것 같이 밤낮으로 두려워하며 대조의 부탁을 저버릴까 두려워하던 차에, 평소 저의 정성과 신의가 성상을 감동시키지 못하여 대내 환관의 변고가 예상치 못한 데에서 발생하였습니다.

성심(聖心)이 경악하고 백관이 경황없이 허둥지둥한 것은 그 허물이 실로 저로 인한 것이기에 부끄럽고 송구한 마음으로 자책하고 있으니, 누누이 면려하고 경계하는 말을 감히 가슴에 새기지 않을 수 있겠습니까? 원서(原書) 그대로 두고 좌우명으로 삼겠습니다."

○ 설서 송인명이 상서하였는데, 그 대개에,

"전하에게 충성하는 자가 저하에게도 충성하고, 전하에게 불충하는 자는 또한 저하에게도 불충합니다."

하였다.

○ 함경감사 한세량이 사직소를 승정원에 올리자, 도로 돌려주었다.

○ 문유도와 박상검을 1차 형문하였으나 승복하지 않았다.

○ 송상기를 강진현에 극변원찬하고, 서종급을 잡아들였다.

○ 지의금부사 김연이 사은하였고, 동의금부사 이태좌는 패초하였으나 나오지 않았다.

○ **임인년(1722, 경종2) 정월 1일**, 문유도와 박상검을 2차 형문하였으나 승복하지 않았다. 국청대신이 아뢰기를,

"근래 조정의 기강이 점차 해이해져, 신진(新進)의 태만한 버릇이 날로 심해지고 있습니다. 막중한 국옥이 얼마나 엄중한 일인데, 사과 권익순과 병조정랑 윤유(尹游)250)는 신병을 핑계로 여러 번 재촉해도 들어올 뜻이 없으니, 모두 의금부에 내려 추고하는 것이 어떻겠습니까?"

하자, 전교하기를, "윤허한다." 하였다.

○ **2일**, 승정원에서 아뢰기를,

"방금 사직 정호(鄭澔)251)가 가동(家僮)을 시켜 한 통의 상소를 올렸는데,

---

250) 윤유(尹游) : 1674~1737. 본관은 해평(海平), 자는 백수(伯修), 호는 만하(晚霞)이다. 윤세희(尹世喜)의 아들이고, 윤순(尹淳)의 형이다. 1702년(숙종28) 생원이 되고, 1718년 정시문과에 급제하여 청요직을 두루 역임하였다. 1725년(영조1) 신임옥사 주동자의 한 사람으로 지목되어 삭출되었다. 정미환국(1727) 직후 대사간에 복직되었고, 형조·이조·예조판서를 역임하였다.

251) 정호(鄭澔) : 1648~1736. 본관은 연일(延日), 자는 중순(仲淳), 호는 장암(丈巖)이다. 정철(鄭澈)의 현손, 정종명(鄭宗溟)의 증손으로, 송시열 문인이다. 숙종대 검열을 거쳐 정언이 되어 오도일이 붕당을 키우고 권세를 부린다고 탄핵하였다. 1689년(숙종15) 기사환국으로 유배되었다가 1694년 갑술환국으로 풀려나 수찬·교리 등을 역임하였다. 1713년 대사성 재직 시 송시열의 묘정배향을 건의하였고, 1715년에 유계의 유저(遺著)인 《가례원

그 말을 보니 자성의 언교를 도로 봉입한 일과 역적 환관의 처형을 곧장 청한 것으로 대신과 조정 신료들의 죄안을 삼았습니다.

그러나 자전의 언문 교지를 봉환한 것은 성상께서 이미 일의 체모를 중시했기 때문이라 하교하셨고, 역적 환관의 정절은 지금 한창 국문 중이니 다시 논할 것이 없는데도, 뜻을 잃고 틈을 엿보는 무리들이 이 사단을 기화로 조정 신하들에게 화를 입히려는 계책을 이루려 하고 있으니 그 의도가 참으로 불측합니다.

지금 정호의 상소 또한 이러한 수법을 답습해서 화심(禍心)을 품어 그 말이 지극히 위험하니 곧장 물리쳐야 마땅하겠으나, 이것이 중신(重臣)의 상소이므로 부득불 봉입하였다는 뜻을 감히 아룁니다."

하자, 주상이 전교하기를, "알았다." 하였다.

○ 정호의 상소 내용은 대략 다음과 같다.

"삼가 들건대 전하께서 새로이 대처분을 내리시어, 선조(先朝)에서 예우하던 대신들을 모두 쫓아내고 언사를 맡은 대간과 태학의 선비를 처형하지 않으면 천극(栫棘)의 형벌을 내렸다고 합니다. 이들이 진실로 무슨 사단으로 인해 이리 심한 죄악을 저질렀는지 모르겠습니다만, 이는 사위(嗣位)한 이후에 없던 일일 뿐만 아니라, 실로 이전 기록에도 실려 있다는 것을 들어본 적이 없는 일입니다. 돌아보건대 신 또한 선조의 일개 구물(舊物)일 따름이니, 의리상 출척과 영욕을 혼자만 달리할 수 없습니다.

문득 들리는 말에 국본을 동요하는 조짐이 있어 자성께서 애통해하는

류》의 발문을 썼는데, 윤증이 송시열을 배반했다는 내용이 문제되어 파직되었다. 이듬해 대사헌 재직 시 《노서유고(魯西遺稿)》가 간행되자, 효종에게 불손한 내용으로 썼다 하여 훼판(毀板)하고 윤선거 부자의 관작도 추탈하게 하였다. 1717년 소론의 반대에도 불구하고 세자 대리청정을 강행하였다. 그 뒤 이조판서에 올랐다가 1721년(경종1) 신임옥사로 노론 4대신과 함께 파직되어 유배되었다. 1725년(영조1) 풀려나와 삼정승을 두루 역임하였고, 노론 4대신의 신원(伸寃)을 위해 노력하였다. 저서로 《장암집》이 전해지고, 편서로 《문의통고(文義通攷)》가 있다. 시호는 문경(文敬)이다.

전교를 내리셨다고 하니, 성명의 치세에 느닷없이 이런 일이 생길 줄 어찌
생각이나 했겠습니까? 성상의 춘추가 한창이시나 자손이 번창하는 경사²⁵²⁾가
아직 더디니, 한 나라의 인심이 매여 있는 사람이 춘궁이 아니면 누구이겠습니까.
당초 건저할 때 자교(慈敎)에서 하신 말씀²⁵³⁾이 있으니, 이 자교만은 천지에
질정할 수 있고 귀신도 울릴 만합니다.

불행히도 일단의 무엄한 무리가 감히 불평불만을 품고 번갈아 나와 기필코
선동하고 동요시키려 하니, 삼성(三聖, 현종·효종·숙종)의 혈맥이 어찌 끊어지
지 않겠습니까. 이번에 한두 환관이 갑자기 양궁을 이간질할 계책을 꾸몄는데,
이 어찌 하찮고 무식한 자가 홀로 할 수 있는 일이겠습니까.

더욱 놀라운 것은, 자성이 내리신 수교(手敎)의 함의가 과연 무엇인지 모르겠
으나 그 관계된 사안이 이미 크고 일의 체모 또한 중하니 진실로 신료들에게
반포하여 사람들로 하여금 분명히 알게 해야 하는데, 대신이란 자가 도리어
중간에서 가로막고 서둘러 봉환하여 자성의 애통하고 절박한 뜻이 전혀
드러나지 못하게 하였습니다.

또한 등대(登對)하였을 때 국청을 설치하여 실정을 캐내기를 청하지 않고
도리어 지레 먼저 정형(正刑)에 처하라고 한목소리로 힘껏 청하였으니, 이것은
무슨 생각이란 말입니까? ······"

○ 박상검과 문유도를 3차 형문하였으나 승복하지 않자, 전교하기를, "추국

---

252) 자손이 번창하는 경사 : 원문은 "螽斯之慶"이다. 《시경》〈주남(周南) 종사(螽斯)〉에 "수많
　　은 베짱이가 화목하게 모여들 듯, 그대의 자손 또한 번성하리라.[螽斯羽, 詵詵兮, 宜爾子孫振
　　振兮.]"하였다. 베짱이는 한 번에 99개의 알을 낳는다고 한다.

253) 자교(慈敎)에서 하신 말씀 : 대비 인원왕후는 언문교서에서 "효종의 혈맥과 선대왕(先大
　　王)의 골육(骨肉)으로는 주상과 연잉군뿐이니, 어찌 다른 뜻이 있겠소?" 하여, 연잉군의
　　왕세제 책봉에 힘을 실어주었고, 이 교서는 다시 전지(傳旨)로 작성되어 연잉군의 왕세제
　　책봉을 대외적으로 천명하였다. 대비가 거론한 삼종혈맥(三宗血脈), 즉 연잉군이 효종과
　　현종, 숙종을 잇는 혈육이라는 명분은 연잉군의 왕세제 책봉이 정당성을 보장받는
　　중요한 논리가 되었다.

을 우선 파하라." 하였다.

○ 의금부에서 아뢰기를,

"지난번 언문 교지에 두 궁인의 이름이 있었는데, 하나는 지극히 존엄한 안전(案前)에서 흉패한 말을 방자하게 늘어놓은 자이고, 또 하나는 환관과 결탁한 자라고 하니, 지금 이 두 환관이 결탁한 실정을 엄히 신문하지 않을 수 없습니다. 박상검이 공초 중에 언급한 동료의 성명을 현고하게 한 뒤에 일체 엄히 조사해서 분명하게 형전을 시행해야 하니, 이 두 가지 조항을 문목(問目) 안에 첨가해 넣는 것이 어떻겠습니까?"

하자, "아뢴 대로 하라." 하였다.

○ 3일, 환관 박찬문(朴贊文)을 잡아들여 가두었고, 환관 김몽상(金夢詳)을 잡아들여 가두었다.

○ 박상검과 문유도를 4차 형문하였으나 승복하지 않았다. 박찬문이 원정을 바치자, 주상이 전교하기를, "추국을 잠시 파하라." 하였다.

○ 사직 남도규(南道揆)[254]가 상소하였는데, 그 대개에,

"신이 병이 들어 궁벽한 시골에 누워있느라, 궁궐에 비상한 변고가 생겼다는 소식을 뒤늦게 듣고, 중병임에도 죽음을 무릅쓰고 조금씩 전진하여 지금에야 비로소 몸을 이끌고 도성 안에 들어와 감히 나라를 근심하고 임금을 사랑하는 절박한 심정을 아룁니다. 엎드려 바라건대 성명께서는 철저히 조사하여 다스릴 것을 엄명하시어 춘궁을 보호하고 자성을 위로하소서."

---

254) 남도규(南道揆) : 1662~1724. 본관은 의령(宜寧), 자는 상일(尙一), 호는 삼족(三足)·여일(汝一)이다. 1699년(숙종25) 진사시, 1710년 증광문과에 급제하여, 1717년 승지, 1718년 대사간이 되었다. 경종 즉위 후에도 충청도관찰사·승지·대사간 등을 역임하였다.

하였다. 상소 중에 이르기를,

"느릿느릿 허술하게 다스려 두 명의 계집종을 잇따라 자진하게 하였고, 두 명의 환관은 아직도 실토를 주저하게 만들었습니다."

하였고, 또 말하기를,

"이미 '결탁'이라 하였으니, 이는 한두 부시(婦寺)²⁵⁵)가 홀로 도모할 수 있는 일이 아닙니다. 만약 죄상을 명백하게 밝혀내지 못한다면, 이후로 흉계를 꾸미는 자가 단지 이 역적 환관에 그치지 않을 것입니다."

하였다.

○ 4일, 국청에서 아뢰기를,

"권익순과 윤유가 의금부의 추고를 받고 풀려난 후에도 여러 차례 재촉하였으나 끝내 나오지 않으니 모두 파직하시고, 이형장(李衡章)과 윤심형(尹心衡)을 차하(差下, 벼슬을 임명하는 것)하십시오."

하였다. 윤심형이 지방에 있어, 대신 병조정랑 이경석(李慶錫)²⁵⁶)을 차하하였다.

○ 병조판서 이광좌가 사은하였다.

○ 춘향대제(春享大祭)를 위한 재계(齋戒)로 인해 추국을 중지하였다.

○ 5일, 문유도가 물고되었다.

○ 김몽상이 원정을 바쳤다.

---

255) 부시(婦寺) : 궁중에서 일을 보는 여자와 환관을 가리킨다.

256) 이경석(李慶錫) : 1685~? 본관은 한산(韓山), 자는 운회(雲會)이다. 1711년(숙종37) 식년문과에 급제하여, 1720년(경종 즉위) 예조좌랑, 1721년 병조좌랑·겸춘추, 1722년 강원도사(江原都事), 1723년 홍산현감(鴻山縣監) 등을 지냈다. 1727년(영조3) 사헌부 장령에 올랐다.

○ 국청에서 다음과 같이 아뢰었다.

"박찬문이 공초하기를,

'애초에 들은 바가 없는데, 어찌 말을 전하는 일이 있었겠습니까? 박상검이 감히 죽을 고비에서 살길을 찾고자 이런 미친 말을 하여 사람을 불측한 지경으로 몰아넣었습니다. ……'

하였습니다."

○ 국청에서 또 아뢰기를,

"김몽상이 공초하기를, '나인과 결탁하였다는 등의 말은 박상검의 애초 공초에는 없는 말입니다.' 하였습니다. 그가 양궁을 무함한 요망하고 부도한 말은 박상검보다도 더 심하니, 형추하여 실정을 캐내소서."

하자, 전교하기를, "박찬문과 김몽상을 우선 박상검과 대질시키도록 하라." 하였다.

○ 6일, 국청 문사낭청에 유만중(柳萬重)[257]과 홍상인(洪尙寅)[258]을 계하하였다.

○ 국청에서 아뢰기를,

"김몽상과 박상검의 말이 대체로 서로 부합하나 양궁을 무함한 요망하고

---

257) 유만중(柳萬重) : 1677~? 본관은 진주(晉州), 자는 후중(厚仲)이다. 1702년(숙종28) 식년시 진사가 되고, 1709년 알성문과에 급제하여, 1721년(경종1) 고산찰방(高山察訪)이 되었다. 1722년 장령을 거쳐 1724년 승지에 오르고, 경주부윤(慶州府尹) 등을 역임하였다. 1727년 (영조3) 다시 장령을 거쳐 승지가 되었다. 1737년 병조참의를 거쳐 다시 승정원에 오래 근무하다가 1749년 동의금부사가 되었다.

258) 홍상인(洪尙寅) : 1682~? 본관은 남양(南陽), 자는 건춘(建春)이다. 1708년(숙종34) 식년문 과에 급제하여, 1713년 병조좌랑·겸춘추가 되었다. 1722년(경종2) 영해부사(寧海府使)로 나갔다가 1727년(영조3) 장령이 되고, 이후 사간·함경도도사(咸鏡道都事) 등을 역임하였다.

패악한 말이 박상검보다도 더한 점이 있으니, 전에 아뢰어 청한 대로 형벌을 내리십시오. 박찬문의 경우 박상검과 대질하였을 때, 상검은 능히 변파(辨破)하지 못하고 단지 허망하다고만 하였지만, 찬문은 말에 꿀린 단서가 없었으니, 지금은 우선 그대로 가두어두고 종결을 기다리십시오."

하자, 전교하기를,

"아뢴 대로 하라. 김몽상과 박찬문의 초사(招辭)를 보니, 박상검이 세제를 모해하려한 역모의 정황이 여지없이 드러났는데, 감히 방자하게 사리에 어긋난 말로 공초를 바치고 시종일관 형장을 견디며 승복하지 않으니 지극히 흉악하다. 다시 첫 공초 내용으로 문목을 만들어 각별히 엄한 형신을 가하여 반드시 실토를 받아내도록 하라. 김몽상은 박상검의 초사를 본 후 처리해야 하니, 우선 형추하지 말라."

하였다.

○ 사간원 - 사간 이진유·정언 서종하 - 에서 새롭게 아뢰기를,

"윤지술이 소회를 아뢰며 성궁을 핍박하고 모욕하여 더이상 사람의 도리를 포기하였으니, 사유(師儒)의 직임에 있는 자는 응당 엄히 배척하기에 겨를이 없어야 했습니다.

그런데 당시 성균관 당상은 예사롭게 보아 넘겼을 뿐만 아니라 규례대로 봉입하며 성균관의 공당(空堂)259)을 핑계로 말을 만들어 계품하였으니 군부를 겁박하고 단속하는 데 조금의 거리낌도 없었습니다. 그 무엄하고 불경한 죄를 징치하지 않을 수 없으니, 청컨대 동지성균관사와 대사성을 모두 원찬하라 명하소서."

하자, 주상이 답하기를, "윤허하지 않는다." 하였다.

---

259) 공당(空堂) : 성균관 유생들이 행하던 일종의 동맹휴학이다. 자신들의 주장이 관철되지 않을 때, 또는 재회(齋會, 자치기관)에서 결정된 사론(士論)에 대하여 부당한 처분을 받게 될 때, 유생들이 식당에 들어가는 것을 거부하거나 아니면 성균관을 비워두고 나감으로써 항거의 의사를 표현하였다. 권당(捲堂) 혹은 공관(空館)이라고도 한다.

○ 양성규의 일260)을 정계하였다.

○ 밤에 통명전(通明殿, 창경궁의 정전(正殿)) 행각(行閣)에서 불이 나자, 전교하기를,

"입번한 별감들만으로는 불을 끄기 어려우니, 숙위하는 군병을 들이는 것이 어떠한가?"

하였다. 승정원에서 들일 것을 계청하자, 동인문(同仁門)261)으로 들어오게 하였다.

○ 화재 후, 승정원이 대비전·대전·중전·세제궁·빈궁에 문안하였다.

○ 7일, 국청 죄인 박상검을 다섯 차례 형문하여 위엄을 보이자 승복하였다.

"박상검. 나이 21세. 공초하기를,

'궁인 필정과 결탁한 것은 과연 사실입니다. 이른바 결탁이란, 서찰을 왕래하며 이런저런 말을 주고받은 등의 일을 말합니다. 소위 서찰은 성상께서 노여움이 치성하여 환관들의 출척이 잦기에 틈을 타 상달함으로써 제 직위를 공고히 하려 한 것입니다. 이른바 이런저런 말을 주고받았다는 것은 대전 수라의 많고 적음과 잠자리의 편안함 여부를 알고자 한 것이었습니다.

동궁이 침선을 살피고 문안하는 절차는 본래 내간(內間)의 일이고, 청휘문(淸輝門)은 곧 세제가 문안을 위해 왕래하는 문인데, 문을 열라는 세제의 영이 내렸으나 제가 달려가 문을 열지 않았습니다. 내관의 몸으로 어찌 반역의 마음을 품었겠습니까만 일찍이 동궁에게 죄를 지은 일이 있었으므로 후환이 있을까 두려워 필정과 함께 동궁을 제거할 마음을 가졌을 뿐이고, 다른

---

260) 양성규의 일 : 1721년 12월 25일 대사간 양성규가 박치원 등을 구원한 상소에 대해, 사간원에서 그를 체차하라고 청한 일을 가리킨다.
261) 동인문(同仁門) : 창덕궁의 편전(便殿)인 희정당(熙政堂)의 동쪽 문이다.

절차는 없었습니다. 모역이 적실함을 지만(遲晚)[262]합니다.'

하였으니, 부대시 능지처참(不待時凌遲處斬)에 처하십시오."

당일로 군기시 앞길에서 능지처참 하였다.

○ 국청에서 아뢰기를,

"판부(判付) 안에 '김몽상은 박상검의 초사를 보고 처리하려 하니, 우선 형추하지 말라.'는 하교가 있었는데, 몽상이 상검과 대질하였을 때 문답한 말이 대부분 부합하였고, 또 양궁을 무함한 요망하고 부도한 말을 상검에게 이미 전하였으니, 엄히 국문하여 실정을 알아내지 않을 수 없습니다. ……"

하자, 전교하기를,

"김몽상이 처음 공초 중에 말한 청음정의 일은 당시 세제가 우러러 여쭌 뒤 내관에게 말했던 일에 불과하므로 진실로 부도한 말이 아니고, 박상검이 이미 승복한 마당에 다시 형문할 단서도 없으니, 박찬문과 김몽상을 모두 방송하라."

하였다.

○ 양사 - 사간 이진유, 지평 박필몽, 정언 서종하 - 가 합계하며[263] 말단의 조어(措語)를 고쳐 아뢰기를,

"삼척(三尺)의 국법이 지엄하여 여전히 많은 사람들이 떠들썩합니다. 오늘날 수천 리 온 나라의 생민들은 이 역적들과 결코 같은 하늘을 이고 살 수 없습니다. 일전에 - 25일 - 신들이 형률을 더하라고 청한 것은 대개 이들을

---

262) 지만(遲晩) : "너무 오래 속여서 미안하다."는 뜻으로, 죄인이 형벌을 받을 때에 자복(自服)하는 말이다.

263) 양사가 합계하며 : 노론 4대신에 대하여 더욱 엄한 처벌을 청하는 내용의 양사 합계는 처음 12월 12일에 나와서 김창집 등을 절도에 안치하라고 청하여 경종이 따르자, 12월 25일에는 이들을 처단하라고 청하였지만 경종이 따르지 않아서, 해를 넘겨서 다시 합계가 나왔다. 모두 본서 앞의 해당 날짜 기사에 보인다.

죽이겠다는 온 나라 사람들의 마음을 따른 것이자 목욕하고 토벌을 청하는 성인의 의리[264]를 본받은 것인데, 성상의 비답에서는 '선조(先朝)의 구신(舊臣)'이라고 하교하셨으니, 신들의 의혹이 이에 더욱 심해졌습니다.

아! 우리 선왕께서 두터운 은혜로 감싸고 주요한 자리를 내려준 까닭은 바로 그 특별한 은우(恩遇)를 돌이켜 오늘날 보답하게 하려는 것이었는데, 은혜를 망각하고 은덕을 배반하여 방자하게 흉역을 저지른 것이 이 지경에 이르렀으니, 이는 곧 선조의 죄인이므로 전하께서 사사로이 할 수 있는 일이 아닙니다.

신들이 지난날 연명으로 올린 상소는 효종께서 즉위하신 초기에 바로 김자점(金自點)을 주살한 고사[265]를 전하를 위해 아뢴 것이었습니다. 그리고 명종께서도 즉위하신 초에 수상 이준경(李浚慶)이 권신 심통원(沈通源)의 죄를 청하였고[266], 우리 선대왕의 살리기 좋아하는 덕으로도 현종 조의 구신에게 용서할 수 없는 죄가 있자 법으로 다스리는데 조금도 의심하거나 어렵게 여기지 않았습니다. 세 분 성왕의 고사야말로 어찌 전하께서 응당 본받아야

---

264) 목욕하고 …… 의리 : 역적을 토벌하는 의리를 말한다. 춘추시대 제(齊)나라 진항(陳恒)이 그 임금인 간공(簡公)을 시해하자, 공자가 목욕하고 노(魯)나라 애공(哀公)에게 조회하여 역적 진항을 토벌할 것을 청한 고사에서 유래하였다. 《論語 憲問》

265) 효종께서 …… 고사 : 김자점(金自點, 1588~1651)은 1636년 병자호란 때 도원수로서 임진강 이북에서 청군을 저지해야 할 총책임을 맡았으나 적군의 급속한 남하를 막지 못하여 1년 동안 강화도에 위리안치 되었다. 이후 인조의 신임 아래 다시 정권을 담당하며 정치적 입지를 굳혀갔다. 효종의 즉위 후 김집·송시열 등의 공격을 받아 홍천에 유배되자 역관 정명수(鄭命壽), 이형장(李馨長)을 시켜 조선의 새 왕이 옛 신하들을 몰아내고 청나라를 치려 한다고 고발하고, 그 증거로 청나라의 연호를 쓰지 않은 장릉지문(長陵誌文)을 보냈다. 이로 인해 광양으로 유배되었고, 이후 아들 김익(金釴)이 수어청 군사와 수원 군대를 동원해 원두표·김집·송시열·송준길을 제거하고 숭선군(崇善君)을 추대하려 한 역모가 폭로되어 아들과 함께 복주되었다.

266) 명종께서 …… 청하였고 : 심통원(沈通源, 1499~1572)은 명종 비 인순왕후(仁順王后)와 심의겸(沈義謙)의 종조부(從祖父)이다. 명종의 재위 기간 동안, 외척임을 빙자하여 온갖 비리를 행하며 축재를 거듭하였다. 이에 선조(宣祖) 즉위 후 이준경을 위시한 삼공(三公)과 삼사(三司)가 정청하여 관작을 삭탈하고 귀양 보내기를 청하였다. 《宣祖實錄 卽位年 9月 1日》 따라서 본문의 '명종'은 '선조(宣祖)'의 오기(誤記)로 추정된다.

할 일이 아니겠습니까. …… 청컨대 절도에 위리안치 한 죄인 ……267)."
이라고 하였다. - 모두 25일 계사와 같다. -

○ 사헌부에서 신계를 올려, 김몽상을 감사(減死)하여 극변에 정배할 일을
아뢰었으나 윤허하지 않았다.

○ 예조참판 이조가 동의금부사를 사양하는 소를 올려268) 아뢰기를,
"박치원과 이중협에 대한 옥사의 처리를 외람되이 맡을 수 없으며 - 이중협이
홍문관 차자에서 조사를 청한 일은 신을 가리킨 것입니다. …… -, 죄인이 지레 죽었는데
신이 단속하지 못하였습니다. ……"
하였다.

○ 병조참판 이태좌 또한 소를 올려 의금부의 직을 겸임하기에는 혐애(嫌礙)
의 단서가 있다269)고 아뢰었다.

○ 좌부승지 박휘등이 상소하여, 능을 전알(展謁)할 것과 상소에 대한 비답을
내려줄 것을 청하고, 이기익(李箕翊) 등 9인270)을 논핵하여 그들이 올린 상소의

---

267) 청컨대 …… 죄인 …… : 본서 앞의 12월 25일자 합계에 따르면 이 문장의 전체 내용은
"청컨대 절도에 위리안치한 죄인 김창집과 이이명을 모두 형률에 따라 처단하소서請絶島
圍籬安置罪人金昌集李頤命, 竝按律處斷.]"이다.

268) 예조참판 …… 올려 : 앞의 12월 23일자 기사에 따르면, 당시 이조는 예조판서였고
그가 겸임하였던 의금부의 직 또한 12월 29일자 기사에 의하면 동의금이 아닌 지의금(知義
禁)이었다. 《景宗實錄 1年 12月 20日》《承政院日記 景宗 2年 1月 19日》《承政院日記 景宗
1年 12月 20日》

269) 혐애(嫌礙)의 단서가 있다 : 《승정원일기 경종 1년 12월 11일》 기사에 따르면, 동지의금부
사에 제수된 이태좌가 자신은 이중협의 논척을 받았기 때문에 옥사를 담당할 수 없으니
속히 체차시켜달라고 상소하였다.

270) 이기익 등 9인 : 《승정원일기 경종 2년 1월 16일》 기사에 따르면 본문의 9인은 이기익(李箕
翊)·유복명(柳復明)·조상경(趙尙絅)·황일하(黃一夏)·심택현(沈宅賢)·김재로(金在魯)·이
지규(李志逵)·허윤(許玧)·정호(鄭澔)를 이른다.

말이 반목과 무함을 일삼았다고 운운하였다.

○ 8일, 승정원에서 아뢰기를,

"병조판서 이광좌가 올린 수어사(守禦使) 사직 상소에 아직 비답이 내리지 않아 공무를 행할 수 없습니다."

하자, 전교하기를,

"아직 상소에 대한 비답을 내리지는 않았으나, 즉시 패초하여 정사를 열도록 하라."

하였다.

○ 강화유수 심수현(沈壽賢)이 사은하였다.

○ 10일, 전교하기를, "이번 명릉(明陵)271)을 전알할 때, 세제가 수행하도록 하라."라고 하였다. - 전알할 길일(吉日)은 2월 9일이다. -

○ 인견하였을 때 전교하기를,

"형조판서 김석연(金錫衍)272)과 판윤 윤헌주(尹憲柱)273)를 개차하고, 대신에게

---

271) 명릉(明陵) : 숙종과 계비(繼妃) 인현왕후(仁顯王后)의 능이다.

272) 김석연(金錫衍) : 1648~1723. 본관은 청풍(淸風), 자는 여백(汝伯)이다. 영의정 김육(金堉) 의 손자, 청풍부원군(淸風府院君) 김우명(金佑明)의 아들이자 명성왕후(明聖王后)의 동생 으로, 숙종의 외숙이다. 1680년(숙종6)에 음보로 관직에 나아가 예빈시 정(禮賓寺正)·전설 별검(典設別檢)을 역임하였다. 기사환국으로 관직에서 추방당하였다가 갑술옥사 후 다시 기용되어 공조참판·한성부 우윤·강화유수·어영대장·형조판서 등을 역임하였다. 시호는 정희(貞僖)이다.

273) 윤헌주(尹憲柱) : 1661~1729. 본관은 파평(坡平), 자는 길보(吉甫), 호는 이지당(二知堂)이 다. 1683년(숙종9) 사마시에 합격해 진사가 되고, 1698년 알성문과에 장원 급제하였다. 숙종대 병조·호조참판을 거쳐 도승지를 지냈다. 경종대 한성판윤으로 있다가 대간의 탄핵을 받고 유배되었다. 영조 즉위 뒤 석방되어 평안감사를 거쳐 각조의 판서를 역임하였다. 무신란을 토평한 공으로 분무원종공신(奮武原從功臣)에 추록되고 영의정을 추증받았다. 시호는 익헌(翼獻)이다.

물어 종2품 중에서 차출하라."

라고 하였다.

○ 인견 때, 우의정 최석항이 가장 먼저 아뢰기를,

"역적 환관이 복주되니 공분에 찬 여론이 조금이나마 풀렸으나, 김몽상이 궁궐의 말을 누설하였으니, 바라건대 대계를 윤허하소서."

하였다. 또 말하기를,

"하루에 세 번 문안하고 시선(視膳)하는[274] 외에도 동궁을 자주 인접하여 경사(經史)를 강론하거나 혹은 의리를 탐문하여, 양궁 사이에 화락한 기운이 충만해진다면 비록 요사한 무리가 있더라도 대명천지에 감히 술책을 부리지 못할 것입니다."

하였다. 또 말하기를,

"대소 신료들이 한밤중에 허둥지둥 대궐 아래 모이고 어전에서 진달하여, 적발해서 법에 따라 처형하라는 전교를 이미 받았는데, 추후 바깥의 의론을 들었습니다. 신과 영의정 조태구가 차자를 올려 국문하기를 청하고 양사가 합계 쟁집하여, 이윽고 윤허 받아 국청을 설치한 후 종일토록 형문하여 마침내 자백을 받고 국법에 따라 처단하였으니, 여기에 어찌 엄하지 않거나 미진한 단서가 있겠습니까.

그런데도 한쪽에서 방관하던 사람들이 마치 기화(奇貨)라도 얻은 것처럼 서로 번갈아 상소하여 위험한 말들이 이르지 않는 곳이 없는데, 영의정이 당한 일은 더욱 예사롭지 않습니다. 대비전에서 약원(藥院)에 내리신 첫 번째 언교는 도로 봉환하는 외에는 다른 도리가 없었고, 나중에 내리신 언교의 경우, 신은 국청에 있느라 미처 참여해 보지 못하였습니다만, 영의정과 경재(卿

---

274) 하루 …… 시선(視膳)하는 : 세자가 아침저녁으로 왕과 왕비에게 문안을 드리고, 임금이 드실 수라상을 몸소 돌보시는 일이다. 주나라 문왕(文王)이 세자로 있을 적에 아침과 점심과 저녁 등 하루에 세 차례씩 아버지 왕계(王季)에게 문안을 올리고 수라를 살핀 데서 유래하였다. 《禮記 文王世子》

宰) 및 삼사가 처음에 탑전에서 직접 진달하고자 하였으나 소회를 써서
들이라는 명이 내렸으므로 서계(書啓) 중에 실상을 갖추어 아뢰었는데 사람들
의 분노가 마구 가해지고 애당초 중외에 반포하지 않은 것을 잘못이라고까지
말합니다.

　옛사람 중에는 바깥사람이 알지 못하게 한 일도 있었고 혹은 촛불로 조서를
불태운 일도 있었으니, 이 어찌 오늘날의 대신이 응당 본받아야 할 일이
아니겠습니까? 차자를 올려 인책(引責)하였는데 상소에 대한 비답이 아직
내리지 않았으니, 바라건대 분명히 분변하고 통렬히 배척하는 뜻으로 속히
차자에 대한 비답을 내리소서."

　하자, 주상이 말하기를, "아뢴 대로 하겠다." 하였다.

　또 여러 신하들의 상소에 대해 비답을 내릴 일을 아뢰고, 말하기를,
"좌의정 최규서는 물러나 쉰 지 20년이 되었으나 덕망이 매우 두터운데,
첫 상소에 대한 비답을 지금까지 내리지 않으시니, 떠나려는 마음을 속히
되돌려 나랏일을 함께 하기를 바랄 수 있겠습니까? 서둘러 비답을 내리고
별도로 유시하는 어찰을 보내 정중히 부르기를 빈번하게 하소서. ……"

　하자, 주상이 이르기를, "아뢴 대로 하겠다." 하였다.

　○ 양사가 합계하여 4대신의 일[275]을 아뢰었다.

　○ 지평 박필몽이 조성복의 일과 김운택·김민택 등의 일, 공물(貢物)을
감소하지 말 일, 김몽상의 일을 아뢰었다.

　○ 사간 이진유가 합계한 대관(臺官)의 일[276]과 정청 때 '예, 예[唯諾]'한

275) 4대신의 일 : 앞서 1월 7일자 기사에 보이는 김창집·이이명·이건명의 처단, 조태채의
　　배소 변경 등을 청한 일이다.
276) 합계한 대관(臺官)의 일 : 1721년(경종1) 우의정 조태구가 세제 대리청정에 반대하여
　　입궐했을 때 경종이 승정원을 경유하지 않고 직접 내시를 보내 조태구를 인견하자,

일, 대동미를 견감하는 일, 조성복의 일, 동지성균관사의 일을 아뢰었다.

○ 여러 계사 가운데 공물[277]을 줄이지 말 일을 허락하고 - 또한 대신의 말에 따라 아뢴 대로 하게 하였다. -, 그 나머지는 모두 번거롭게 아뢰지 말게 하였다.

○ 인견(引見)하였을 때, 이조참판 김일경이 아뢰기를,
"지난번 영의정의 차자에 대해 전하께서 내리신 비답에, '지난 일을 거슬러 생각하면 나도 모르게 비통한 심정이다.'[278] 하교하셨으니, 오늘날 신하된 자라면 누구인들 가슴 아프지 않겠습니까. 전하께서 이미 천승(千乘)의 지위에 계시므로, 돌보아 길러주신 사친의 은혜에 뒤늦게나마 보답하는 도리가 있어야 마땅하니, 대신에게 하문하여 처리하심이 어떻겠습니까?"
하였다. 우의정 최석항이 아뢰기를,
"전하의 정리(情理)로는 성궁을 낳아 길러주신 은혜에 대해 추보(追報)의 도리가 없어서는 안 됩니다. 신의 생각으로는 별도로 사당을 건립하고 제향에 필요한 물품을 해당 관사로 하여금 봉진하게 하며 또 별도의 칭호를 세워 일의 체모를 중히 하는 것이 인정과 예에 합당할 듯합니다.
영의정이 병으로 연석에 참석하지 못하였으니, 영의정과 원임 대신에게 문의하여 처리해야 마땅할 듯합니다. 절목은 해당 관사로 하여금 전례(典禮)를

당시 교리 이중협·사간 어유룡·장령 박치원이 승정원을 거치지 않고 경종을 알현한 조태구의 죄를 맹렬히 논척하였다. 본서 앞의 10월 18·19·20일자 기사에 보인다. 이 문제는 임인옥사의 과정에서 불경한 발론이었다는 죄목으로 다시 소환되어, 당시 소론이 장악한 대각에서는 이 의론을 발론한 대간의 원찬과 이 사안에 연계(連啓)한 이들의 삭탈관작을 주장하였다. 본서 앞의 12월 25일 기사에 보인다.

277) 공물 : 연대기 기사에 따르면 공물 주인(貢物主人)에게 지급하는 공물가(貢物價)를 이른다. 《景宗實錄 2年 1月 10日》《承政院日記 景宗 2年 1月 20日》

278) 지난 …… 심정이다 : 당시 우의정 조태구가 윤지술(尹志述)의 감사(減死)를 청하는 차자를 올리자, 경종이 이에 대해 내린 비답의 일부이다. 본서 앞의 1721년 12월 10일자 기사에 보인다.

널리 상고하여 상의한 후 강정(講定)하게 하는 것이 마땅합니다."

하였다. 김일경이 아뢰기를,

"이 일은 일의 체모가 중대하니, 예관으로 하여금 입시하지 않은 대신과 지방에 있는 대신에게 문의한 후, 대신 및 2품 이상이 조정에서 회의를 거쳐 절목을 강정하는 것이 사의(事宜)에 합당할 듯합니다."

하였다. 공조판서 한배하가 아뢰기를,

"전하께서 왕위를 계승한 뒤인데, 아직 길러주신 은혜279)에 보답하지 못한 것은 실로 온당치 못한 일이므로, 조정의 의론은 모두 추보의 도리가 있어야 한다고 합니다. 지금 만약 사당을 건립하고 칭호를 세우며 절목을 강정한다면 공의(公義)에 있어서나 사정(私情)에 있어서나 모두 마땅함을 얻게 될 것입니다."

하고, 호조판서 김연이 아뢰기를,

"전하께서 즉위하신 후 사친에 대한 추복의 도리가 있어야 마땅한데 지금까지 겨를이 없어 행하지 못한 것은 참으로 온당치 못하니, 재상이 아뢴 것이 실로 옳습니다. 대신과 예관에게 하문하여 속히 상의해서 거행하는 것이 어떻겠습니까?"

하였다. 우승지 김시경이 아뢰기를,

"전하께서 즉위하신 이래 사친에 대해 추숭하고 추보하는 도리를 즉시 거행했어야 했습니다. 그런데 지난번에는 건의한 사람이 없어서 지금까지 거행하지 못하였으니 천리와 인정에 어찌 흠이 되지 않겠습니까?"

하였다. 사간 이진유가 아뢰기를,

---

279) 길러주신 은혜 : 원문은 "顧復"이다. 돌아보고 반복하여 보살핀다는 뜻으로, 자식을 길러준 어버이의 은혜를 말한다. 《시경》〈소아(小雅) 육아(蓼莪)〉에 "아버지여! 나를 낳으시고, 어머니여! 나를 길러주시니, 나를 어루만지고 나를 길러주시며, 나를 자라게 하고 나를 키워주시며, 나를 돌아보고 다시 돌아보시며 출입할 때에 나를 가슴속에 두시니, 그 은덕을 갚고자 할진댄 하늘처럼 다함이 없도다.[父兮生我, 母兮鞠我, 拊我畜我, 長我育我, 顧我復我, 出入腹我, 欲報之德, 昊天罔極.]"고 한 구절에서 유래하였다.

"재신(宰臣)이 아뢴 것이 천리와 인정에 참으로 합당하니, 청컨대 아뢴 대로 참작하여 절목을 강정해 거행하는 것이 좋을 듯합니다."

하였다. 지평 박필몽이 아뢰기를,

"전하께서 왕위에 오르신 후 사친께서 돌보아 길러주신 은혜에 아직 추보의 도리를 행하지 못하셨으니, 재신이 아뢴 것이 천리와 인정에 참으로 합당합니다."

하였다. 주상이 이르기를, "아뢴 대로 하라." 하였다.

○ 대신과 의논하도록 명하였다. 영의정이 병으로 헌의(獻議)하지 못하고 다만 말하기를,

"사친에 대해 추보하는 것은 천리와 인정에 있어 그만둘 수 없으니, 반드시 예제와 사정을 참작하고 절충하여 마땅함을 얻은 후라야 한때의 물정(物情)에 부합하고 후세의 비방을 막을 수 있습니다. ……"

하였다. 영부사 김우항이 다음과 같이 헌의하였다.

"작년 시골들 유생의 상소[280]에 대한 비답은 말이 엄정하고 뜻이 옳았으니, 오늘날 신하된 자는 받들어 따르기에 여념이 없어야 할 터인데, 도리어 경전에 반하는 논의가 홀연 연석에서 나와 묘당에 모여 논의할 것을 청하기에 이르렀으니, 아! 이 무슨 거조란 말입니까.

전하의 지극한 효성으로, 낳아 길러주신 은혜에 추보하는 일에 어찌 신하들의 간청을 기다리겠습니까? 일찍이 이 문제를 제기하는 이가 없었던 것은 이 일이 선조(先朝)에 관계되어 경솔하게 의논하기 어렵기 때문이 아니겠습니까.

신의 생각으로는 옛 사당을 그대로 두고 제수를 풍족히 마련하는 것으로

---

280) 작년 …… 상소 : 1720년(경종 즉위) 11월 4일 경기 유학 김행진(金行進)이 상소하여 숙종의 묘지문에 희빈 장씨가 처단된 사실을 명백히 기입하자고 상소한 윤지술을 추국하여 인륜이 무너지지 않게 할 것을 청하였다. 또 충청도 유학 홍흡(洪潝) 등도 소를 올려 윤지술을 참할 것을 청하였다. 본서《연려술속 1》같은 날짜 기사에 보인다.

추보의 정성을 보인다면, 선왕의 뜻을 계승하고 사정을 펴는 의리를 모두 온전하게 보존할 수 있을 것이고, 사당을 건립하고 칭호를 세우자는 논의에 대해서는 신의 얕은 식견이 미칠 수 있는 일이 아닙니다. 바라건대 성명께서는 의리를 깊이 생각하시고 시종일관 동요하지 마시어 후세에 조롱하는 논의가 나오지 않게 하십시오."

○ 좌의정 최규서가 헌의하지 않자, 전교에 따라 다시 가서 수의(收議)하니 이르기를,

"신이 처한 의리가 전과 같아서 감히 헌의하지 못하겠습니다만, 삼가 생각건대 오늘날의 일은 전하의 끝없는 효심에도 불구하고 임어하신 지 몇 년이 지난 뒤 신하들이 말을 꺼내기를 반드시 기다리셨으니, 신중을 기하는 지극한 뜻을 볼 수 있습니다.

신하들이 이미 천리와 인정에 근거해 말하고 있는데도 오히려 즉시 용단을 내리지 않으시고 반드시 재야의 천신(賤臣)에게 재차 하문하게 하셨으니, 신중에 신중을 더하려는 모습을 더욱 볼 수 있습니다. 이를 미루어 간다면 반드시 공과 사, 사정과 공의의 구분을 참작하여 털끝만큼의 잘못도 없게 할 수 있을 것이니, 신은 다만 성상의 덕을 우러러 흠모할 뿐입니다."

하였다.

○ 우의정 최석항이 아뢰기를,

"지난번 합문 밖 대신들에게 순문(詢問)하셨을 때, 경재(卿宰) 중 신임(申鈓), 임방(任埅), 유집일(兪集一), 권상유(權尙游) 등 4인은 늙고 병들어 문이 닫히기 전에 먼저 나갔는데, 대관(臺官)이 좌목(座目)에만 의거하다 보니 죄적(罪籍) 안에 섞여 들어가 있어 몹시 억울하게 되었습니다.

간혹 순문 때 참석했는데도 죄적에서 홀로 누락된 경우도 있으니, 대관이 이러한 내용으로 논계하면 대계를 윤허하시어 한데 섞여 요행히 모면하는

폐단이 없도록 하는 것이 어떻겠습니까?"

하자, 주상이 말하기를, "아뢴 대로 하라." 하였다. - 유락(唯諾)한 일을 자수한 개성유수 김재로, 전 참판 이병상, 행부호군 오중주(吳重周)²⁸¹)를 문외출송 하라는 전지 중의 내용을 개부표(改付標)²⁸²)하여 재가를 받고, 신임·임방·유집일·권상유 등 4인을 제외 하였다. -

또 아뢰기를,

"근래 홍문관에는 공무를 행하는 사람이 없습니다. 응교 김동필이 지지난해 올린 글²⁸³)은 대개 관원의 잘못을 바로잡으려는 뜻에서 나온 것이었으나, 시의(時議)를 크게 거스른 까닭에 뜻밖의 욕을 당하였으므로, 홍문관 관직에 제수된 전후로 누차 엄한 소명을 어기고 끝내 명을 받들지 않았습니다.

그 이유는, 언사 때문에 선조에게 욕이 미쳤으므로,²⁸⁴) 이 때문에 언의(言議) 를 담당하는 삼사의 자리에 스스로 선을 그었기 때문이라고 합니다. 횡역(橫逆) 이 닥치는 것은 사람이 모면하기 어려운 일이지만, 그가 받은 비난은 전적으로 은어(隱語)로 한 비방으로서 공의(公議)가 모두 놀라워하고 있으니, 그 스스로 선을 긋는 것은 결코 옳지 않은 행동임을 알 수 있습니다.

전 교리 윤순은 병신년(1716, 숙종42)에 개록(改錄)할 때 삭제되었던 것

---

281) 오중주(吳重周) : 1654~1735. 본관은 해주(海州), 자는 자후(子厚), 호는 야은(野隱)이다. 숙종대 수군절도사 등을 지냈으며, 1722년 임인옥사 당시 유배되었다. 영조 즉위 뒤 금군별장 등에 기용되었으나 사퇴하였다. 1728년 이인좌의 난 당시 통제사로서 공을 세우고 이어 사퇴하였다.

282) 개부표(改付標) : 한 번 임금의 재가를 받은 문서의 일부분을 고쳐야 할 경우, 다시 재가를 받기 위하여 수정할 부분에 붙이던 황색 부전(附箋), 또는 그것을 붙이는 일을 이른다.

283) 김동필이 …… 글 : 1720년(숙종46) 당시 부수찬이었던 김동필이 상서하여, 김상옥(金相玉)·조상건(趙尙健)·윤혼(尹焜)·김태수(金台壽)·홍계적(洪啓迪) 등을 논척한 일을 이른다. 《肅宗實錄 46년 3월 10일》

284) 선조에게 욕이 미쳤으므로 : 김동필의 위의 상서에 대해 집의 윤석래(尹錫來)가 상서하여 김동필을 논척하였는데, 이때 김동필의 고조인 김덕함(金德諴)과 증조인 김설(金卨)의 일을 끌어들였다.《숙종실록 46년 3월 12일》기사에 상서 내용의 일부가 실려 있는데, 김덕함의 일은 빠져 있고 김설의 일만 언급되어 있다.

때문에 인혐하였는데,285) 그때 개록한 일은 오로지 자신과 생각이 다른 사람을 배척하려는 계책에서 나온 것으로 공의가 지금까지 울분을 품고 있으니, 지금 이로써 나아가기 어려운 단서로 삼아서는 안 됩니다.

윤연(尹延)은 처음에 이미 나와 숙배하였다가 곧 다시 인책하고 들어갔는데, 이른바 삭록(削錄)의 주장은 또한 정석(政席)286)에서 우연히 언급한 말에 지나지 않으니 애당초 의도가 있어서 한 말이 아닙니다.

대개 작년의 신록(新錄)은 거조가 해괴하여 분에 넘치게 차지한 것이 많기 때문에 한두 승지의 경우 비록 홍문록에서 삭제해 달라는 청이 있었으나 홍문록을 개록하거나 삭록하는 것은 모두 아름다운 일이 아니므로 해를 넘긴 지금에 와 이미 가벼이 논의하기는 어렵습니다.

다만 그중 공의에 부합하지 않는 자는 전조(銓曹)에서 응당 공의를 따라 처리해야 하되, 윤연 등과 같은 이들은 참으로 공의에 부합하는 사람으로 인혐할 만한 혐의가 조금도 없으니, 이 세 사람은 각별히 신칙하여 공무를 행하게 하십시오. 또 그중 연좌되어 파직된 사람 또한 서용해야 마땅합니다.

그런데 제수된 사람들까지 두 달 동안 소명(召命)을 받고도 올라올 뜻이 없고, 지난번 나라에 큰 변고가 있을 때도 달려와 문안하는 일이 없었습니다. 비록 병세가 어떠한지는 모르겠으나 일이 매우 온당치 못하니 모두 종중추고(從重推考)287) 하십시오.

비록 상소에 대한 비답을 받지 못한 사람이라도 승정원으로 하여금 각별히 엄히 신칙하여 속히 올라오게 하십시오. 비어 있는 부제학의 후임을 후일의 정사에서 또한 차출하여 즉시 홍문록에 권점(圈點)하게 하는 것이

---

285) 윤순은 …… 인혐하였는데 : 1716년(숙종42)에, 당국자가 자신의 뜻대로 홍문록을 개록(改錄)하면서 기존에 올라와 있던 윤순(尹淳)을 누락시켰다. 후에 복록(復祿)되기는 하였지만, 이 일로 윤순은 깊이 인혐하여 홍문관의 직임에는 한사코 출사하지 않았다. 《承政院日記 景宗 2年 1月 10日》《承政院日記 英祖 卽位年 12月 7日·11日》

286) 정석(政席) : 벼슬아치의 임면에 관계되는 일을 의논하는 자리를 이른다.

287) 종중추고(從重推考) : 벼슬아치의 죄과를 신문하여 그중 중벌에 따라 징계하는 것을 이른다.

어떻겠습니까?"

하자, 주상이 이르기를, "아뢴 대로 하라." 하였다.

사간 이진유(李眞儒)가 아뢰기를,

"대신(大臣)이 홍문관 신하들의 일로 아뢴 바가 있는데, 소신의 처지로는 비록 감히 경연을 담당하는 기관의 구신(舊臣)으로 자처할 수 없지만, 이미 소회가 있어 감히 아뢰지 않을 수 없습니다.

김동필이 인혐한 것은 대개 연전에 윤석래(尹錫來)288)가 상소에서 은어를 써서 암암리에 그 두 선조의 일을 제기하였기 때문으로, 동필은 언사 때문에 조상에게 욕을 끼쳤다고 운운하며 언관의 자리에는 기필코 스스로 선을 긋고자 하였습니다. 무릇 윤석래의 상소는 당동벌이(黨同伐異)289) 하는 데 뜻을 두고 사람을 바꿔가며 조목조목 변론하였으나 적당한 말을 찾지 못하자 오로지 비방과 무함을 일삼으며 통쾌하게 여겼습니다.

김동필이 상소 중에, '귀양살이한 일로 영화를 도모했다.'290)는 말로 조상건 (趙尙健)291)의 지나친 욕심을 지적하여 배척하였는데, 윤석래가 김동필의 고조인 옛 명신(名臣) 김덕함(金德諴)292)이 유배에서 풀려난 뒤에 승진 발탁된

288) 윤석래(尹錫來) : 1665~1725. 본관은 파평(坡平), 자는 중길(仲吉), 호는 둔정(鈍靜)·만회(晚晦)이다. 1690년(숙종16) 진사가 되고, 1710년 증광문과에 급제하여 청요직을 두루 거쳤다. 1722년(경종2) 신임옥사로 소론이 집권하게 되자 동래부사를 사직하고 물러났다. 1724년 영조가 즉위하면서 노론이 재집권하자 도승지·병조참판 등을 역임하였다.
289) 당동벌이(黨同伐異) : 일의 옳고 그름은 따지지 않은 채 뜻이 같은 무리끼리는 서로 돕고 그렇지 않은 무리는 배척함을 이른다.
290) 귀양살이한 …… 도모했다 : 1720년 김동필이 상서하여 조상건을 이조전랑직에 올린 일을 꼬집어 배척하며, "조상건의 우둔하고 용렬함은 본래 청선에 부합되지 않는데, 귀양간 일로 영화에 줄을 대니, 이에 침을 뱉고 손가락질한 것이 많았습니다.[趙尙健之冗猥蠢劣, 本不合於淸選, 而因謫媒榮, 已多嗤點. 至於天郞極望, 太不近似, 且其通擬之際, 亦多持難之論, 而二望苟充, 恬不知愧.]" 하였다. 《肅宗實錄 46年 3月 10日》
291) 조상건(趙尙健) : 1672~1721. 본관은 풍양(豐壤), 자는 자이(子以)이다. 1713년(숙종39) 증광문과에 급제하여 1714년 지평이 되었다. 1716년 정언 재직 시 《가례원류》문제로 윤증을 배척하고 송시열을 옹호하는 상소를 올렸다가 관작을 삭탈당하였다. 1717년 다시 지평이 되고 홍문록에도 올랐다.
292) 김덕함(金德諴) : 1562~1636. 본관은 상주(尙州), 자는 경화(景和), 호는 성옹(醒翁)이다.

일을 은밀히 끌어다가 은연중에 침해하여 말하였습니다. 김덕함은 광해
조에서 큰 절개를 세운 사람으로 천 길 높이 벼랑 같은 지조가 있었으니,
윤석래 같은 무리가 감히 논의에 올릴 사람이 아닙니다.

또한 김원(金垣)의 일을 인용한 것은 더더욱 지극히 교묘하고 은밀합니다.
대개 김동필의 증조인 고 수찬 김설(金卨)[293]이 정묘년(1627, 인조5)에 귀양을
간 것은 김원의 상소 때문이었는데,[294] 김설의 이 일은 원훈(元勳)에게 미움을
받아 끝내 찬적(竄謫)된 것이었기 때문에 선배들 중에는 원통하게 여기는
이들이 많았습니다.

더구나 김동필이 몇 년 전에 올린 상서(上書)는 대개 한때의 공론에서
나온 말로 관원의 잘못을 바로잡으려는 뜻에 불과한데, 이를 김원의 상소와
털끝만큼이라도 어떤 비슷한 점이 있다고 왜곡하여 은연중 비유한 것은
그 뜻이 무함하는 데에 있는 것입니다.

언사를 맡은 사람에게 노여움을 품고 죽은 조상에게 독기를 부리는 것은

1589년(선조17) 증광문과에 합격하였고, 1609년에 안주목사(安州牧使)에 부임하였다.
광해군대 폐모론(廢母論)에 반대하여 유배되었다가 인조반정 이후 사면되어 집의·춘천
부사(春川府使)·대사간·대사성을 거쳐 1636년 대사헌에 올랐다. 1627년 정묘호란 때는
호소사(號召使)로 활약했으며 청나라에 대한 척화를 강력히 주장하였다. 문집으로 《성옹
유고(醒翁遺稿)》가 전한다. 시호는 충정(忠貞)이다.

293) 김설(金卨) : 1595~1668. 본관은 상주, 자는 순보(舜甫), 호는 정헌(靜軒)이다. 대사헌 김덕
함의 아들이다. 1615년(광해군7)에 진사시에 합격하고 1623년(인조1)에 정시문과에 급제
하여, 1625년 지평, 1627년 수찬이 되었다. 같은 해, 반정공신인 김류(金瑬)와 이귀(李貴)의
대립이 심화되는 상황에서 인천 유생 김원(金垣)이 김류 부자의 횡포를 비난하는 소를
올리자 이귀의 사위로서 그 상소의 배후인물로 지목되어 온성으로 유배당하였다.
1629년 해남으로 옮겼다가 이듬해 사면되었다. 1648년 김류가 죽은 다음 고산찰방(高山察
訪)에 기용되었으나 요직에는 나가지 못하고 예빈시정(禮賓寺正)에 그쳤다. 1722년(경종
2) 경연관(經筵官) 이진유(李眞儒)에 의해서 어전에서 원통함이 밝혀졌다.

294) 김설(金卨)이 …… 때문이었는데 : 1627년(인조5) 인천 유생 김원이 김류 부자의 횡포를
비난하는 소를 올리자 이귀의 사위였던 김설은 그 상소의 배후자로 지목되어 이듬해
함경도 온성으로 정배되었다. 1630년 유배에서 풀려났지만 1648년 김류가 죽은 다음에야
고산찰방(高山察訪)에 기용되어, 이 20여 년 동안 김설은 관직에 오르지 못하였다. 《承政
院日記 仁祖 6年 10月 23日, 26年 7月 22日》

실로 사람의 마음으로 차마 할 수 있는 일이 아닙니다. 그 말이 의리에
어긋나고 인륜을 손상하였으므로 공의가 모두 해괴하게 여겼고, 김동필에게
는 한때 들이닥친 횡역에 불과하므로, 이 일로 스스로 선을 긋는 것은 결단코
지나친 처사임을 알 수 있습니다.

심지어 이번에 당한 일은 더더욱 실정에서 벗어났는데, 본직(本職)에 제수되
었을 때 올린 사직 상소에 아직 비답을 내리지 않으시니, 연일 패초를 어기고
감히 상소하지 못한 것입니다.

대개 그날 동궁이 궁료들을 인접하였을 때, 김동필이 동료들과 함께 죄를
징토하여 변고에 대처하는 의리를 번갈아 아뢰며 밤늦도록 힘껏 간쟁함으로
써 합문을 나가 저위(儲位)에서 물러나겠다는 동궁을 만류하여 중지시켰습니
다. 그리고 춘궁을 나와 외정(外廷)에 달려가 보고함으로써 신하들이 유문(留
門)295)하고 청대하여 법에 따라 처형하라는 청을 허락받도록 창졸간에 주선하
였으니, 직책을 저버리지 않았다고 할 수 있습니다.

그런데 춘방의 연설(筵說)을 미처 달하(達下)296)하기도 전에 한 통의 위조문
서가 신하들 사이에 퍼졌는데, 사실을 바꾸고 문자를 끄집어내어 '외인(外人)이
알지 못하게 하라.'는 한 조항의 말만 두고 앞뒤 말은 자른 채로 억지 문안을
만들어 장주(章奏)에 올리기까지 하였습니다.

무릇 옛사람이 말한 '외인이 알지 못하게 하라.'는 것과 '이 뜻을 드러내지
말라.'는 등의 말은 모두 충의(忠義)의 정성에서 나왔으니, 궁관이 이러한
뜻으로 우러러 권면한 것은 진실로 직책상 당연한 일입니다. 역적 환관의
일에 대해서는 김동필이 아뢰기를 '속히 대조께 아뢰어 유사에 회부하라.'
하였고, 또 아뢰기를, '외조(外朝)에 알려, 즉시 토벌하게 하십시오.' 하였는데,
이를 두고 도리어 외인이 알지 못하게 하려고 했다 하니, 말이나 됩니까?

---

295) 유문(留門) : 특별한 사정으로 인해 궁궐문이나 성문(城門) 닫는 것을 보류하던 일을
    이른다.
296) 달하(達下) : 왕세자가 재결하는 일을 이른다.

그 후 자전의 언문 교서에 대해서도 거짓으로 말을 만들어냈으니 인심과 세도가 참으로 한심합니다. 문자를 끄집어내어 사람을 헤아릴 수 없는 죄과로 몰아넣는 것은 참으로 저들의 수법으로, 이기익과 황일하의 상소는 그 말뜻이 음험하고 참혹하여 오로지 어지럽히고 위태롭게 동요시키려는 계책에서 나왔습니다.

성상께서 이와 같은 정상을 밝게 살피시어, 피차의 상소에 대해 엄중히 분변하고 무고한 이들의 억울함을 풀어주는 비답을 분명하게 내려주신 뒤라야 참소하는 말을 미워하는 성덕(盛德)이 빛날 수 있을 것입니다. 김동필이 시종일관 홍문관의 직임에 대해 고집을 부리는 것은 실로 너무 지나치나, 신록(新錄)이 목전에 닥쳤으니 동벽(東壁)²⁹⁷⁾을 잠시도 비워 두어서는 안 됩니다. 김동필을 재촉하여 공무를 행하게 하고 신록에 참석하게 하는 것이 마땅할 듯합니다."

하자, 주상이 "알았다." 하였다.

○ 11일, 정사(政事)가 있었다. 대사간에 이사상, 부제학에 조태억, 형조참의에 이인복, 예조참의에 양성규, 보덕에 이하원을 임명하였다.

○ 12일, 사간원이 전계한, 당일 정청(庭請)을 파할 때, 한 목소리로 '예예'하였던 신하들을 일체 감률(勘律)²⁹⁸⁾할 일을 정계하였다.

○ 13일, 춘추관 낭청이 영사(領事)의 뜻으로 아뢰기를,
"한림을 새로 천거하는 일을 속히 거행하도록 이미 명을 내리셨는데, 별겸춘추 조문명은 패초를 어겨 파직되었고, 심공과 박필몽은 이미 나와

---

297) 동벽(東壁) : 회좌(會座)할 때 좌석의 동쪽에 앉는 벼슬이다. 홍문관에는 응교·부응교가 여기에 해당된다.
298) 감률(勘律) : 죄인에 대하여 해당하는 법 조항을 적용하던 일을 이른다.

숙배하였으나, 필몽의 경우 일찍이 회천(回薦)[299]할 때의 가부(可否) 문제로 대간의 논핵을 받기까지 하여 자리에 편안히 있기 어려운 점이 있어 공무를 행하지 못하고 있습니다.

이는 당시의 대론(臺論)이 너무도 터무니없어서, 대신(大臣)과 대신(臺臣)들 또한 드러내 놓고 이를 배척하였으니, 이에 대한 공의를 볼 수 있습니다. 지금 천거하는 일이 하루가 급한 상황에서, 이를 재촉하는 조정의 명령에 결코 억지로 인혐해서는 안 됨에도 불구하고 줄곧 고집을 부리니 각별히 신칙하여 공무를 행하게 하십시오.

또 박필몽은 현재 대간의 직임과 함께 사관의 직임을 겸하고 있어, 일의 체모로 볼 때 온당치 못합니다. 일찍이 예전에도 대간의 직임을 변통한 전례가 있으니 박필몽이 맡고 있는 대간의 직임을 우선 체차하십시오.

별겸춘추 윤혜교(尹惠敎)[300]가 지금 지방에 있으며 아직 올라오지 않고 있으나, 심공·박필몽에 비하면 하위(下位)입니다. 하위가 직임을 맡고 있는데 우위(右位)에서 천거하는 일을 대신 행하는 것도 홍문관의 규례가 아닙니다. 윤혜교의 별겸춘추의 직을 또한 감하(減下)하여 속히 천망을 완료하소서."

하자, 전교하기를, "윤허한다." 하였다.

○ 한림에 조지빈(趙趾彬)[301]·조현명·송인명·신치운(申致雲)[302]을 천거하

---

299) 회천(回薦) : 한림(翰林)을 천망(薦望)할 때 현직·전직 한림이 모여서 권점(圈點)을 찍어 그 기록을 대신과 관각당상(館閣堂上)들에게 회람하여 가부를 정하는 일을 이른다.

300) 윤혜교(尹惠敎) : 1676~1739. 본관은 파평, 자는 여적(汝迪), 호는 완기헌(玩棋軒)이다. 윤황(尹煌)의 증손, 윤순거(尹舜擧)의 손자, 윤진(尹晉)의 아들이다. 1714년(숙종40) 증광문과에 급제하여 1718년 도당록에 올랐다. 경종대 청요직을 두루 역임하고, 1724년 영조가 즉위하자 승지가 되었다. 1725년 물러났다가 1727년 다시 등용되어 부제학·이조참의·대사헌 등을 거쳐서 1737년(영조13) 공조판서·홍문관제학·예조판서 등을 지내고 1739년 이조판서가 되었다.

301) 조지빈(趙趾彬) : 1691~1730. 본관은 양주(楊州), 자는 인지(麟之)이다. 좌의정 조태억의 아들이다. 1718년(숙종44) 정시문과에 급제하여, 1723년(경종3) 홍문록에 올랐다. 1725년(영조1) 노론의 탄핵을 받고 유배 갔다가 1727년 풀려나 이조좌랑이 되었으며, 승지·대사

였다.

○ **14일**, 승정원에서 아뢰기를,

"근래 조신(朝臣)의 소차를 입계하였으나 아직 비답을 내리지 않은 것이 매우 많아, 비답을 받들기를 기다리는 와중에 직무가 방치되고 있는 것이 참으로 염려스럽습니다. 대신이 차자를 올린 것은 일의 체모가 자별한데도 모두 비답을 받지 못하였고, 두 전조(銓曹)의 장관은 그 직임이 더욱 막중하여 일전에 연석에서 대신이 이미 이 문제를 진달하여 윤허를 받았습니다.

그렇지만 그 뒤로 또 여러 날이 지나 사무가 방치되는 것이 날로 심해져 대정(大政)303)이 지금까지 지연되고 있으며, 지방은 전최(殿最)304)한 수령 및 곤수(閫帥)305)의 빈자리에 후임을 차출하지 못한 지 오래입니다. 지금과 같은 흉년에 각 고을의 수령이 비어 있는 폐단과 여러 곤수의 마부와 말이 그대로 지체되어 있는 것이 모두 염려스럽습니다.

안으로 동전(東銓)의 경우, 이조참판이 간혹 정사를 열기도 하지만 격례에 구애되어 거부당하는 일이 있고, 서전(西銓)의 경우 도목정사를 새해가 되기

간 등을 역임하였다.

302) 신치운(申致雲) : 1700~1755. 본관은 평산(平山), 자는 공망(公望)이다. 영의정 신흠(申欽)의 5세손, 대사간 신면(申冕)의 증손, 신종화(申宗華)의 손자이다. 1721년(경종1) 증광문과에 급제하여 청요직을 두루 지냈다. 1723년 노론 거두 권상하·이희조 등을 축출하는데 앞장섰다. 1725년(영조1) 노론의 탄핵을 받고 관작을 삭탈당했다가 1727년 다시 청요직에 진출하여 승지 등을 역임하였지만 노론의 탄핵이 집요하게 이어졌다. 1755년 나주괘서 사건이 발생한 직후 심정연(沈鼎衍)·김인제(金寅濟)·박사집(朴師緝) 등과 함께 모반사건에 연루되어 경상도 흥해군에 유배되었다가 처형당하였다.

303) 대정(大政) : 해마다 12월에 시행되는 도목정사(都目政事)를 가리킨다. 도목정사는 관원의 치적(治績)을 종합 심사하여 고과 성적에 따라 영전, 좌천 또는 파면시키는 일로, 1년에 6월과 12월에 두 차례 거행되었는데, 12월의 것이 규모가 커서 대정이라 하였다.

304) 전최(殿最) : 조선조 때 관리들의 근무 성적을 상·하로 평정하던 법이다. 상이면 최(最), 하면 전(殿)이라 한 데에서 나온 말로, 경관은 각 관사의 당상관·제조가, 외관은 관찰사가 매년 6월 15일과 12월 15일 두 차례에 걸쳐 등제를 매겨 계문하였다.

305) 곤수(閫帥) : 곤외(閫外) 즉, 문지방 밖, 대궐 밖의 신하라는 뜻의 곤외지신(閫外之臣)에서 나온 말로서, 병마절도사와 수군절도사를 통틀어 이르던 말이다.

전에 거행했어야 하나 지금까지 지연되고 있으니, 먹을 것을 기다리는 군병들의 굶주림이 특히 심하여 장차 보전하기 어려운 지경에 이를 것입니다. 형조와 한성부는 모두 사송(詞訟)을 처리하는 분주한 곳인데, 오랫동안 자리가 비어 있어 변통할 길이 없습니다. 이 밖의 폐단은 감히 일일이 번거롭게 아뢰지 못하겠습니다.

본원의 일로 말하자면, 도승지 이정신, 좌부승지 박휘등이 모두 비답을 받지 못한 까닭에 사진(仕進)하지 않은 지 이미 여러 날이 되어서 약방의 문안은 매번 대방(代房)306)에서 나아가고 있습니다. 신 등의 직임이 왕명을 출납하는 자리에 있으므로 답답한 마음을 이기지 못하여 외람됨을 무릅쓰고 황공한 마음으로 감히 아룁니다."

하자, 전교하기를, "알았다." 하였다.

○ 15일, 사직 정형익(鄭亨益)이 상소하였는데, 그 대략에,

"아! 통탄스럽습니다. 선침(仙寢)307)을 아직 거두지 않았고 옥음이 어제처럼 들리는 듯한데, 입대한 신하들은 다만 전하에게 아첨하려고만 할 뿐, 선왕에 대해 삼가거나 두려워할 줄을 모르고 조금의 거리낌도 없이 즐겨 들어주기를 바라며 총애를 굳히려 하고 있습니다.

저 김일경의 무리야 어찌 말할 것이 있겠습니까만, 선조(先朝)의 두터운 은혜를 받아 오늘날 대신이 된 자가 따라서 부화뇌동하는 주장을 하며 선조의 대처분(大處分)308)에 대해서는 일언반구도 반복하여 진달하지 않는다면, 훗날

---

306) 대방(代房) : 승정원 해당 방의 승지가 사정이 생겨서 업무를 못볼 경우에는 그 업무를 대신 볼 수 있도록 두 방씩 짝을 지어 놓았는데, 이를 말한다. 이방과 예방, 호방과 공방, 병방과 형방이 서로 대방이 되었다. 《銀臺便攷 通攷 承旨》
307) 선침(仙寢) : 왕릉(王陵)을 달리 이르는 말로, 여기서는 숙종의 능을 가리킨다.
308) 선조의 대처분 : 신사년(1701, 숙종27)에 있었던 무고(巫蠱) 사건을 계기로 희빈(禧嬪) 장씨(張氏)를 사사(賜死)하도록 명한 처분을 이른다. 당시 장희빈이 취선당(就善堂) 서쪽에 신당(神堂)을 설치하고 중궁으로 복위하기를 기도한 사실이 발각되자, 소론은 세자를 위하여 장희빈을 용서할 것을 청하였지만 숙종은 사약을 내리고 장희재 등 장씨 일파를

지하에서 장차 무슨 말로 선왕을 마주하겠습니까? ……"

하였다.

○ 김일경이 상소하여 말하기를,

"전하께서는 일국에 군림하고 계시니, 사친에 대해 추보하는 것은 진실로 선조의 처분과 털끝만큼의 어긋남도 없는데, 신하로서 감히 입에 올릴 수 없는 말을 억지로 끌어와 상하를 조종하는 계책으로 삼으니, 이는 실로 지난날의 역신 김창집의 무리가 임금을 무시했던 행태를 답습한 것입니다. 저 무리는 참으로 흉악하고 사나우니, 저들이 모두 공상(空桑)309)에서 나지 않고서야 어찌 감히 그렇게 한단 말입니까? 아! 사친을 들어 모욕하였으니, 얼마나 큰 원수입니까? 이 한 구절만으로도 또한 전하께 신하 노릇하지 않으려는 저들의 마음을 볼 수 있습니다. ……"

하였다.

○ 설서 송인명이 상소하여 아뢰기를,

"정형익의 상소는 표현이 지나치게 과격하고 뜻이 준엄한 듯하나 그 주장하는 의리만은 모두 상의하기에 합당합니다. 무릇 아들이 어머니에게 작위를 줄 수 없음은 예경(禮經)의 큰 원칙이니, 칭호를 추가함은 부당하고, 중자(仲子)의 궁은 《춘추》에서 논의한 바가 있으니,310) 묘우를 별도로 건립하는 것은

국문하여 죽였다. 아울러 남구만·유상운·최석정 등 소론 대신들을 귀양 또는 파면시켰다. 이 사건을 계기로 노론이 다시 득세하게 되었다.

309) 공상(空桑) : 유신씨(有莘氏)의 땅 이름인데, 유신씨의 여자가 이천(伊川)에서 뽕을 따다가 아이를 주워 푸줏간에서 길렀는데, 자라서 현덕(賢德)이 있어 은나라의 윤(尹)이 되었기 때문에 이윤(伊尹)이라고 하였다 한다. 《水經註 卷15》 부모 없이 태어나 소생이나 내력이 불분명함을 이른다.

310) 중자(仲子)의 …… 있으니 : 《춘추좌씨전(春秋左氏傳)》 은공(隱公) 5년 조에 "중자의 사당이 완성되었다.[考仲子之宮.]"는 경문(經文)이 나온다. 중자는 노나라 혜공(惠公)의 첩이자 환공(桓公)의 어머니이다. 혜공은 원비(元妃) 맹자가 죽자 성자(聲子)를 계실(繼室)로 맞이하여 은공(隱公)을 낳았고, 중자를 첩으로 들여 환공을 낳았다. 혜공은 환공을

부당합니다.

선조(宣祖)가 창빈(昌嬪)311)에 대해, 인묘(仁廟)가 인빈(仁嬪)312)에 대해 은혜와 의리의 막중함은 낳아준 것과 무슨 차이가 있겠습니까? 그렇지만 또한 모두 그 옛 칭호를 따르고 추가로 더함이 없었으며 사묘(私廟)에 제향하고 따로 묘우를 세우지 않았으니, 이 어찌 오늘날 마땅히 우러러 본받을 일이 아니겠습니까.

더구나 이 일은 선조(先朝)와 관련이 있어 더욱 각별합니다. 이에 명현(名賢)의 의논을 또한 거울삼을 수 있으니, 공적으로는 비록 융숭하게 추봉하는 일은 할 수 없다 해도 사적으로는 향사(享祀)를 지낼 장소까지 없을 수는 없지만, 예전의 옛 칭호를 그대로 따르고 지금은 굳이 추가할 필요가 없을 것입니다.

그런데 애석하게도 사람들의 견해는 같지 않고 예의 뜻은 끝이 없어, 사친에 대한 추보를 천리와 인정에 부합한다고 하면서도, 그 뜻과 행동을 살펴보고 나서 기뻐하지 않을 수 없는 것이 진정으로 천리와 인정에 부합된다는 점에 대해서는 생각이 미치지 못하고 있습니다. 바라건대 전하께서는 의리를 깊이 궁구하여 사정을 애써 억누르고, 정형익의 뜻은 물리치더라도

태자로 세우고 싶었으나 뜻을 이루지 못한 채 갑자기 죽었고, 은공은 부친의 뜻을 이루어 주기 위해 어린 동생 환공을 태자로 세운 뒤 자신이 섭정하면서 중자가 죽자 사당을 세워 준 것이다. 이 일이 대해 《춘추호씨전(春秋胡氏傳)》에서는 "공자는 '제후는 두 번 장가들지 않으니 예법상 두 사람의 적처(嫡妻)가 없다고 하였다. 그런데 맹자의 신주가 혜공의 사당에 들어가자 중자를 제향할 장소가 없다 하여 별궁을 세워 제사를 지냈으니, 예가 아니다.'고 생각한 것이다." 하였다.

311) 창빈(昌嬪) : 1499~1549. 중종(中宗)의 후궁이자 선조의 친조모인 창빈 안씨(安氏)이다. 중종과의 사이에 2남 1녀를 두었는데 그 차남이 덕흥대원군(德興大院君) 이초(李岹)이며, 선조는 덕흥대원군의 셋째 아들이다. 1577년(선조10)에 창빈에 추봉되었고, 1658년(효종9)에 불천위(不遷位)로 정해졌다. 《藥泉集 昌嬪墓誌銘》

312) 인빈(仁嬪) : 1555~1613. 선조의 후궁으로, 추존왕(追尊王)인 원종(元宗)의 생모이자 인조의 조모이다. 후궁 가운데에서 선조의 총애를 가장 많이 받아 정원군(定遠君 : 元宗)을 포함, 4남 5녀를 두었다. 영조 때 시호를 경혜(敬惠), 궁을 저경(儲慶), 무덤은 순강원(順康園)으로 정하였다.

그의 의론은 버리지 마십시오.

생각해보면 오늘날 조정의 신하들은 문을 제치고 밀고 들어올 때 죽을힘을 다하기도 하고 혹은 정청(庭請)의 중지를 논의할 때 정론(正論)으로 항거하기도 하는 등, 나라를 향한 정성이 실로 볼만한 점이 있으니, 전하께서 그들을 높이 등용하신 것은 참으로 이 때문일 것입니다. 그렇지만 언론과 주장 가운데 의리에 대한 이해가 부족한 부분에 대해서는 또한 재제하여 지당한 데로 귀결되도록 힘써야 할 것입니다. ……"

하였다. - 승정원에 바친 뒤에 송인명이 강규(講規)를 문의할 일로 좌의정에게 갔다가 본가에 가지고 가는 바람에 20일에 다시 올렸다. -

○ 18일, 김일경을 수어사로 삼았다. - 수망(首望)과 부망(副望)은 이조(李肇)와 이태좌(李台佐)였다. -

○ 19일, 영의정이 차자를 올려 이조판서를 개차하고, 이진검과 조최수를 복직[313]시켰다.

○ 20일, 사헌부 - 지평 조원명(趙遠命)[314] - 에서 새롭게 아뢰기를,

"도리(道理)를 평이하게 말하면서 가부(可否)를 다투는 것은 혹 그럴 수도 있습니다. 다만 아뢴 내용 중 '3년 동안 아버지의 도를 고치지 않는다.'[315]라는

---

313) 복직 : 원문은 "甄復"이다. 퇴임자 중에서 적합한 사람을 골라 다시 관직에 복귀하게 함을 말하는 것으로, 견서(甄叙) 또는 견임(甄任)이라고도 한다.

314) 조원명(趙遠命) : 1675~1749. 본관은 풍양(豊壤), 자는 치경(致卿)이다. 판서 조형(趙珩)의 증손이다. 1702년(숙종28) 사마시, 1710년 증광문과에 급제하여 경종대 청요직을 두루 지냈다가 1724년 영조 즉위후 파직되었다. 1727년 정미환국으로 다시 등용되어 승지·대사성 등을 거쳐 1749년(영조25) 정헌대부로 의정부 좌참찬에 올랐다. 시호는 정간(貞簡)이다.

315) 3년 …… 않는다 : 《논어》〈학이(學而)〉에 "아버지가 살아 계실 적에는 그 뜻을 살피고, 아버지가 돌아가시면 그 행실을 살펴서 3년 동안 아버지가 하신 것을 고침이 없어야 효라고 말할 수 있다.[子曰 ; 父在, 觀其志 ; 父沒, 觀其行, 三年無改於父之道, 可謂孝矣.]"고

말이나 '선대의 뜻을 잘 계승하고 그 사업을 잘 준행하라.'316)는 말은 모두
딱 들어맞지도 않거니와 다 억지를 부린 것입니다. 지금 만약 선조께서
거두신 작호를 복구시킨다면, 조정에서 먼저 '3년 동안 선대의 도를 고치지
말' 것과 '선대의 사업을 잘 준행하라.'는 청을 발론하는 것이 마땅하므로
이 무리가 상소하여 아뢰기를 기다릴 필요도 없는 일입니다.

그런데 이들은 지금 이 일을 핑계로 포효하며 임금을 위협하고 조정 신하를
무함하는 계책으로 삼으려 합니다. 심지어 처분이 지극히 엄중했다는 등의
말은 곧 전하께 차마 제기할 수도, 차마 아뢸 수도 없는 말인데, 이들은
이 말을 쉽게 꺼내며 조금의 거리낌이나 두려움도 없습니다.

그런데도 근일 전하께서 내리신 처분은 윤지술을 주벌할 때와 차이가
있으니, 흉참한 상소와 무함하는 소장을 여러 달 동안 그대로 두고 엄한
비답을 내리지 않으시므로, 이 무리가 성상의 뜻을 엿보며 임금을 업신여기고
모욕하는 말을 꺼내기에 이른 것입니다. 청컨대 사과 정형익을 원찬하고
박필정을 문외출송 하십시오."

하였다. - 박필정이 사친에 대해 사우(祠宇)를 세우고 제사지내는 일을 물어서 의논하라
는 명을 거두어 달라 청하였다. - 주상이 답하기를, "번거롭게 하지 말라." 하였다.

○ 생원 이기중(李箕重)317) 등이 상소하여 장희빈의 사우(祠宇)를 건립하고
칭호를 세우는 것이 불가하다고 극언하자, 승정원에서 조사(措辭)하여 입계하
였다.

한 구절을 인용한 것이다.

316) 선대의 …… 준행하라 : 선대의 뜻과 사업을 잘 계승하여 발전시킨다는 '계지술사(繼志述
事)'를 이른다.《중용장구》제19장에 "효도란 사람의 뜻을 잘 계승하고, 사람의 일을
잘 준행하는 것이다.[夫孝者, 善繼人之志, 善述人之事者也.]"고 하였다.
317) 이기중(李箕重) : 1697~1761. 본관은 한산(韓山), 자는 자유(子由)이다. 이색(李穡)의 13대
손으로, 이희조(李喜朝) 문인이다. 1722년(경종2) 장희빈을 추보하는 일을 비판하였다.
영조대 장녕전 참봉·진천현감 등을 역임하였다.

○ **22일**, 전 낭청(郞廳) 최선(崔鐥)이 상소하여, 임창(任敞)에게 시원하게 왕법(王法)을 바로잡고 역률로써 처단할 것, 윤지술의 소회에 동참한 유생 조징(趙徵)·김고(金橰) 및 정형익·박필정을 모두 사형에 처하여 앞으로의 화란을 막을 것, 그리고 강세귀(姜世龜)[318]에게 시호를 내리고 작질(爵秩)을 추증할 일을 청하였다.

○ **25일**, 김일경이 다음의 상소를 올렸다.
"새로 제수된 수원부사 이진유는 지조가 강직하고 언의가 예리하고 곧아 하루라도 조정에 없어서는 안 되니, 내직으로 옮기소서."

○ **26일**, 사간원에서 새롭게 아뢰기를, "이전의 판부대로 박치원을 엄히 추궁하소서." 하자, 주상이 답하기를, "윤허하지 않는다." 하였다.

○ **2월 3일**, 흰 무지개가 해를 관통하였다.

○ **2일**, 이조판서 이조(李肇)가 사은하였다.

○ **4일**, 사방이 어두컴컴한 것이 마치 먼지가 자욱하게 낀 듯하였다. 사간원이 새롭게 아뢰어 황일하의 삭출을 청하였으나, 윤허하지 않았다.

○ **5일**, 정사가 있었다. 판서와 참판이 참석하였다. 예문관 제학에 이광좌, 이조참의에 이진유, 부제학에 이진망, 홍문관 제학에 조태억을 임명하였다.

---

318) 강세귀(姜世龜) : 1632~1703. 본관은 진주, 자는 중보(重寶), 호는 삼휴당(三休堂)이고, 장령 강학년(姜鶴年)의 손자이다. 1660년(현종1) 진사, 1678년(숙종4) 증광문과에 급제하여 정언·수찬을 거쳐 대사간·공조참판 등을 지냈다. 1701년 희빈 장씨 사사에 반대하다가 홍원에 유배되어 그곳에서 죽었다. 뒤에 복관되고, 회덕의 용호서원(龍湖書院)에 제향되었으며, 시호는 문안(文安)이다.

○ 대신과 비국당상을 인견하였을 때, 사헌부 - 조원명 - 가 김운택 등의 일과 황일하의 일 - 16인[319]의 배소에 대해서는 위의 신축년 12월 25일 기사에 보인다. - 을 아뢰자, 주상이 아뢴 대로 하라고 하였다.

사간원 - 김유(金濡)[320] - 에서 박치원 등의 일을 아뢰자, 품처(稟處)할 동안 의금부에게 잠시 중지하게 하였다.

○ 우의정 최석항이 아뢰기를,

"세제가 잠저에 있을 때는 사친 신주의 방제(傍題)에 '효자(孝子) 아무개 봉사(奉祀)'라고 썼으나, 지금 저위(儲位)에 자리하였는데 그대로 두고 고치지 않는다면 일의 체모에 온당치 않으니 즉시 고쳐 쓰지 않을 수 없습니다."

하자, 주상이 "그리 하라." 하였다.

○ 6일, 해가 흔들리고 달이 필성(畢星)[321]을 침범하였다.

○ 9일, 대가(大駕)가 명릉에 행행(行幸)하였는데, 세제가 수행하였다. -《남천기(南泉記)》에 이르기를, 기군세마(旗軍洗馬)[322]를 거행할 때 용대기(龍大旗)[323]가 거꾸로

---

319) 16인 : 1721년(경종1) 12월 25일, 양사에서 합계하여 세제의 대리청정을 주청한 조성복(趙聖復) 및 연명차자를 올려 세제의 대리청정을 확정하고자 한 노론 4대신의 처벌을 주청하며, 이들과 혈당을 맺어 암약한 인물들로 거론한 이들이다. 구체적으로는 김운택(金雲澤)·김조택(金祖澤)·김민택(金民澤)·이기지(李器之)·이천기(李天紀)·조흡(趙洽)·이덕중(李德重)·이숭조(李崇祖)·이정식(李廷植)·윤휴경(尹休畊)·형의빈(邢義賓)·조송(趙松)·김성절(金盛節)·이수절(李秀節)·전인좌(錢仁佐)·안귀서(安龜瑞)이다. 당시 양사에서는 이들을 즉일로 먼 변경에 정배할 것을 청하였다.

320) 김유(金濡) : 1685~1748. 본관은 안동, 자는 여즙(汝楫)이다. 1702년(숙종28) 생원이 되고, 1710년 증광문과에 급제하여 경종·영조 연간 청요직을 두루 거치고, 1731년(영조7) 승지가 되었다. 1739년 대사간으로 있다가 '임금을 업신여긴 죄'로 기장현(機張縣)에 천극(栫棘)되었는데, 이듬해 풀려났다.

321) 필성(畢星) : 28수(宿)의 별자리 가운데 하나로 8개의 별로 이루어졌으며 비를 관장하여, 우사(雨師)라고 지칭하기도 한다.《시경》〈삼삼지석(漸漸之石)〉에 "달이 필성에 걸려 있으니 비가 주룩주룩 내리리로다.[月離于畢, 俾滂沱矣.]"라고 하였다.

엎어졌다고 한다. -

○ **10일**, 달이 여귀성(輿鬼星)[324]을 침범하였다. 이날 대비전이 약방에 언문 교지를 내렸으나, 뜯어보지 않고 봉환하였다. -《초종설(初從說)》[325] -

○ **12일**, 한 줄기 흰 구름이 서방에서 일어나 똑바로 동방을 가리켰는데, 길이가 양쪽 하늘에 닿고 너비가 1자 정도였으며, 점차 북방으로 이동하더니 한참 있다가 사라졌다.

○ 승지 김시경이 상소하여 서명균을 배척하며 말하기를, "도적을 가리켜 선비라고 하는 자 또한 한 명의 도적입니다.[326]" 하였고, 또 아뢰기를, "황상중(黃尙中)은 김운택의 혈당(血黨)인데, 그만 유독 16인의 명단에서 누락되었습니다. 지금 이씨 성을 가진 두 사람과 함께 곤수[327]의 수결(手決)을 위조하여 허다한 전포 첩문(錢布帖文)을 가짜로 만들고 이를 남에게 몰래

---

322) 기군세마(旗軍洗馬) : 왕이 행행(幸行)하기 전에 어승마(御乘馬)와 가교마(駕轎馬)로 적합한 말들을 조련하고 최종 점검하여 삼망(三望)을 올리기 위해 미리 날짜를 잡아 궐문이나 궐 밖의 특정 장소에서 1차례 이상 행하던 의식을 말한다. 《六典條例 兵典 司僕寺 內寺總例》

323) 용대기(龍大旗) : 임금이 거둥하거나 열병(閱兵)할 때 사용되던 깃발을 이른다. 누런 바탕의 기면(旗面)에 용틀임과 구름을 채색하였고, 가장자리에는 불꽃을 상징하는 붉은 헝겊을 달았다.

324) 여귀성(輿鬼星) : 28수 중 23번째 별자리인 귀수(鬼宿) 또는 귀성(鬼星)을 가리킨다. 해, 달, 오행성이 지나가는 황도(黃道)의 가운데에 위치하고 있으며 사망과 질병을 주관한다고 한다.

325) 초종설(初從說) : 구준원(具駿遠)이 지은 《신임기년제요(辛壬紀年提要)》에 따르면, 이재(李縡)가 지은 《초종설》이 인용되어 있는데, 현재는 전하지 않는다.

326) 도적을 …… 도적입니다 : 이조참의 서명균이 1721년 12월 11일 상소에서 윤지술의 처형에 반대하면서, 윤지술이 잘못을 저질렀지만 선비이니 죽여서는 안 된다고 말한 사실을 가리켜 말한 것이다. 본서 앞의 같은 날짜 기사에 보인다.

327) 곤수 : 《경종실록 2년 2월 19일》 기사에 따르면, 여기에서의 곤수는 서수(西帥), 즉 평안 병사를 이른다.

팔다가 곤수에게 붙잡혔습니다. 집안사람이 포도청에 정소(呈訴)하여 그 간악
한 정상이 모두 드러났으나 포도대장이 강도가 아니라는 핑계를 들어 기각시
켰다고 합니다. 황상중은 온 세상이 지목한 사람으로, 은화를 모으려한 자취가
낭자하니, 청컨대 포도청으로 하여금 엄히 조사하게 하소서."

하자, 비답을 내리기를, "아래 조항의 일은 해당 관사로 하여금 품처하게
하겠다." 하였다. ‒ 한림취재(翰林取才)[328]를 시행하여 조지빈(趙趾彬)을 뽑았다. ‒

○ **13일**, 책봉 정시(冊封庭試)에서 9인을 뽑았다. ‒ 조경명(趙景命)[329]·이광덕(李
匡德)[330]·윤휘정(尹彙貞)[331]·이진순(李眞淳)[332]·윤용(尹容)[333]·남태경(南泰慶)[334]·강필귀

328) 한림취재(翰林取才) : 한림, 곧 예문관의 봉교, 대교, 검열에 합당한 사람을 천거하는
일을 이른다. 홍문록(弘文錄)의 예(例)에 따라 7품 이하의 예문관원이 문과 급제자 중에서
한림 후보자를 선출하고 현임 한림과 전임 한림 3인 이상이 회합하여 각기 적임자의
성명 위에 권점(圈點)을 찍어 뽑는다. 단 후보자 전원이 소정의 권점을 얻지 못하면
다시 의정(議政)과 제학(提學)에게 명하여 권점을 시행하는데, 그 결과를 왕에게 주달하면
왕은 영사(領事), 감사(監事), 관각(館閣) 등의 당상관 및 홍문관 관원들에게 명하여
과거 성적을 참고해서 뽑게 하며, 이에 뽑힌 자를 시험의 등급에 따라 순서대로 보직한다.
《大典會通 吏典 京官職》
329) 조경명(趙景命) : 1674~1726. 본관은 풍양(豊壤), 자는 군석(君錫), 호는 귀락정(歸樂亭)이
다. 좌의정 조문명과 영의정 조현명의 형이다. 1702년(숙종28) 진사시에 합격하여 음보(蔭
補)로 현감이 되었으며, 1722년(경종2) 49세의 나이로 정시문과에 장원 급제하여 승지가
되었다. 1725년(영조1) 대사간으로 있을 때 노론의 탄핵을 받았다.
330) 이광덕(李匡德) : 1690~1748. 본관은 전주, 자는 성뢰(聖賴), 호는 관양(冠陽)이다. 영의정
이경석(李景奭)의 현손이고, 대제학 이진망(李眞望)의 아들이며, 어머니는 탕평론을 최초
로 주창했던 박세채(朴世采)의 손녀이다. 1722년(경종2) 정시문과에 급제하여, 1723년
도당록에 올랐다. 1724년 지평으로서 민진원을 석방하라고 주장하였다가 체차되었다.
1724년 영조 즉위 뒤 청요직을 두루 거치고, 1739년 동지 겸 사은부사(冬至兼謝恩副使)로
청나라에 다녀온 뒤 대제학·예조참판을 지냈다. 1741년 이른바 위시사건(僞詩事件)이
일어났을 때 아우인 지평 이광의(李匡誼)가 김복택(金福澤)을 논죄하다가 국문을 받자,
이광의를 구하려고 변론해 정주에 유배된 뒤 다시 친국을 받고 해남에 이배되었다.
이듬해 풀려나와 과천에 은거하던 중, 1744년 서용(敍用)하도록 명이 내려 한성부우윤·좌
윤 등에 임명되었으나 관직을 사양하였다. 만년에는 급소계열로 노선을 바꾸었으나
쓰이지 못한 채 죽었다. 저서로는 《관양집》이 있다.
331) 윤휘정(尹彙貞) : 1676~1754. 본관은 파평(坡平), 자는 언길(彦吉)이다. 관찰사 윤지경(尹知
敬)의 증손, 참판 윤집(尹鏶)의 손자, 판서 윤심(尹深)의 아들이다. 1710년(숙종36) 증광시

(姜必龜)·박세표(朴世杓)·이절(李梲) -

○ **18일**, 사방이 어두컴컴하였다. 호서 유생 허벽(許壁)이 상소하여 신사년 (1701, 숙종27)의 일335)에 대해 말하기를, "무고(巫蠱)의 옥사는 예로부터 부실하였습니다." 하며, 전대(前代)에 추숭하여 원통함을 풀어준 일을 잡다하 게 인용하였다. 승정원에서 차마 들을 수도 의논할 수도 없는 일이라는 말과 함께 봉입하지 않았다. - 도승지 김시환이 혼자 계사를 올렸고, 권중경·남취명은 연명(聯)하지 않았다. -

---

에 합격하여 진사가 되고, 1722년(경종2) 정시문과에 급제하여, 1724년(영조 즉위) 정언이 되었다. 1725년 을사환국으로 조정을 떠났다가 1727년 정미환국으로 병조정랑이 되고, 1728년 수찬에 올라 이후 삼사의 청요직을 두루 지냈다. 1738년 승지가 되고, 이후 우윤(右尹)·대사간 등을 역임하였다.

332) 이진순(李眞淳) : 1679~1738. 본관은 전주, 자는 자후(子厚), 호는 하서(荷西)이다. 판서 이경직(李景稷)의 증손, 참의 이덕성(李德成)의 아들이다. 1708년(숙종34) 사마시에 합격 하고, 1722년(경종2) 신천군수로 재직시 정시문과에 급제하여 정언이 되었다. 이해 이건명과 조태채를 처단하라는 합계에 참여하였다. 1724년 영조가 즉위하여 승지가 되었는데, 1725년(영조1) 탄핵을 받고 유배되었다가 1727년 정미환국으로 풀려났다. 그 뒤 대사헌·도승지 등을 역임한 뒤, 1738년 전라도관찰사로 나가 임소에서 죽었다.

333) 윤용(尹容) : 1684~1746. 본관은 파평(坡平), 자는 수보(受甫)이다. 병조판서 윤지인(尹趾 仁)의 아들이며, 소론의 영수인 우의정 윤지완(尹趾完)의 조카이다. 어머니는 판중추부사 이정영(李正英)의 딸이다. 1722년(경종2) 정시문과에 급제하여 다음 해 홍문록에 선발되 었다. 이후 청요직을 두루 역임하다가 1724년 영조 즉위 직후 파직 당했다. 1727년(영조3) 다시 부수찬이 되고, 1728년 형조참의, 1733년 승지, 1745년 공조판서에 올랐다가 1746년 대사헌을 끝으로 사망하였다.

334) 남태경(南泰慶) : 1682~? 본관은 의령(宜寧), 자는 선여(善餘)이다. 참판 남치훈(南致熏)의 손자이다. 1713년(숙종39) 증광시에 합격하여 생원이 되고, 1722년(경종2) 정시문과에 급제하여, 1729년(영조5) 정언이 되었다. 1735년 승지로 발탁되었다가 철원부사로 나갔 다.

335) 신사년(辛巳年)의 일 : 1701년(숙종27) 인현왕후가 승하한 뒤, 희빈 장씨가 취선당에 신당(神堂)을 설치하고 왕후를 저주하였다는 혐의를 받고 사사된 일을 가리킨다. 허벽은 상소에서 이러한 혐의는 사실이 아니라는 인식에서 이 사건을 '무고(巫蠱)'로 규정하고 있다.

○ 청주 사람 이덕배(李德培)가 상소하여 아뢰기를,

"난적(亂賊)이 어느 시대인들 없었겠습니까? 그 기미는 이미 무진년(1688,
숙종14) 정호(定號)336)하던 날에 발생하였고 그 유폐(流弊)는 또 작년 절목(節目)
의 논의337)에 집중되었습니다.

임금을 무시하는 마음은 본래 전법(傳法)이 있었는데, 홍치상(洪致祥)338)의
죄와 이사명의 죄339)는 선왕께서 통촉하셨고, 김수흥(金壽興)340)과 남용익(南

---

336) 정호(定號) : 1688년(숙종14) 희빈 장씨에게서 왕자가 탄생하자 숙종이 원자(元子)로
    명호(名號)를 정하려 한 일을 이른다. 후궁의 소생이라 하더라도 일단 원자로서의
    명호를 정하면 차후 왕비가 대군을 낳더라도 명호가 정해진 왕자의 왕위계승권은
    여전히 유효할 수 있었다. 따라서 원자 정호 문제는 지극히 예민한 정치 사안으로
    남인과 서인 간 정쟁을 촉발할 요인이었고, 기사환국의 직접적인 계기로 작용하였다.
337) 절목(節目)의 논의 : 1721년(경종1) 10월 17일, 영의정 김창집·영중추부사 이이명·판중추
    부사 조태채·좌의정 이건명이 왕세제의 대리청정에 대해 정유년(1717, 숙종43)의 절목에
    따라 품지(稟旨)하여 거행하도록 요청하는 차자를 연명으로 올렸다. 이때의 절목은
    앞서 경종이 세제인 연잉군에게 모든 대소사를 대리청정 하도록 명한 것에 비해 세자의
    결정권을 다소 제한한 것으로서, 노론 4대신은 차마 경종의 명을 그대로 따르지는
    못하고 세제의 결정권이 다소 적었던 정유년의 절목에 따라 거행할 것을 청하였다.
338) 홍치상(洪致祥) : ?~1689. 본관은 남양(南陽), 자는 응화(應和)이다. 익평위(益平尉) 홍득기
    (洪得箕)와 숙안공주(淑安公主)의 아들로서, 숙안공주는 숙종의 고모이자 효종의 장녀이
    다. 1687년(숙종13) 홍치상은 조사석(趙師錫)이 우의정에 임명되자 "후궁 장씨의 모친이
    조사석의 여종 출신이기 때문에 이 연줄로 정승이 되었다."고 주장하여 결국 이 일로
    교형(絞刑)에 처해졌다.
339) 이사명의 죄 : 1687년(숙종13) 5월 숙종은 공석이었던 우의정에 이조판서 조사석(趙師錫)
    을 임명하였다. 노론 측에서는 희빈 장씨의 어머니가 조사석 처가의 노비로 장씨
    가에 출가한 후에도 종종 조사석의 집에 왕래했다는 소문이 퍼져 있었다. 1687년 조사석
    이 우의정에 발탁되자 노론 측에서는 조사석이 동평군 이항을 매개로 한 후궁 장씨의
    도움으로 우의정에 특제되었다는 소문이 돌았고, 그해 12월 김만중(金萬重)이 이를
    경연석상에서 공식적으로 거론하였다. 이사명 또한 1688년(숙종14) 병조판서로 있으며
    종실(宗室) 이항(李杭)과 좌의정 조사석을 몰래 규찰하는 한편 궁금(宮禁)을 사찰(伺察)하
    고 밀고를 주장했다는 등의 죄목으로 탄핵을 받아 삭주에 유배되었다가, 이듬해인
    기사환국 때 복주(伏誅)되었다.
340) 김수흥(金壽興) : 1626~1690. 본관은 안동, 자는 기지(起之), 호는 퇴우당(退憂堂)·동곽산인
    (東郭散人)이다. 김상헌(金尙憲)의 손자이고, 영의정 김수항(金壽恒)의 형이다. 효종대
    대사간·도승지 등을 역임하고, 1666년(현종7) 호조판서를 거쳐, 1673년에 영의정에
    올랐다가 1674년 갑인예송(甲寅禮訟)으로 남인이 집권하자 춘천에 유배되었다. 1680년

龍翼)341)이 번갈아 서로 저지한 것은 또한 송시열(宋時烈)의 의중을 따른 것이었습니다.

　신사년(1701, 숙종27)의 일은 김춘택이 조금씩 조성하고, 이세백(李世白)342)이 크게 확대하였는데, 전하께 오늘이 있게 된 것은 모두 임부(林溥)와 이잠(李潛)343) 등이 자신의 몸을 희생하여 국본을 보전344)한 덕분입니다. 또한 역적 이이명이 독대(獨對)345)하자 중외가 흉흉하고, 원로가 병든 몸을 수레에 싣는

(숙종6) 경신환국으로 다시 영의정에 올랐으나 1689년 기사환국으로 장기(長鬐)에 유배가서 이듬해 배소에서 죽었다.

341) 남용익(南龍翼) : 1628~1692. 본관은 의령(宜寧), 자는 운경(雲卿), 호는 호곡(壺谷)이다. 1646년(인조24) 진사가 되고 1648년 정시문과에 급제하여 청요직을 두루 역임하였다. 효종대 예조참의 등을 거쳐 현종대 형조판서에 올랐다. 1689년 숙종이 소의 장씨가 낳은 왕자를 원자로 삼으려 하자 이를 반대하다가 유배되어 죽었다. 저서로 신라시대부터 조선 인조대까지의 명인 497인의 시를 모아 엮은 《기아(箕雅)》 및 《부상록(扶桑錄)》, 그리고 자신의 시문집인 《호곡집(壺谷集)》을 남겼다. 시호는 문헌(文憲)이다.

342) 이세백(李世白) : 1635~1703. 본관은 용인(龍仁), 자는 중경(仲庚), 호는 우사(雩沙)·북계(北溪)이다. 목사 이정악(李挺岳)의 아들이며, 김상헌(金尙憲)의 외증손, 김수항(金壽恒)의 외종질이고, 도곡(陶谷) 이의현(李宜顯)의 아비이다. 1657년(효종8) 진사시, 1675년(숙종1) 증광문과에 급제하여 청요직을 두루 거쳤다. 1689년(숙종15) 도승지 재직 시 송시열을 유배시키라는 전지(傳旨)를 쓰지 않아서 파직되었다. 1694년 갑술환국 이후 좌의정에까지 올랐다. 문집으로 《우사집》이 있고, 시호는 충정(忠正)이다.

343) 이잠(李潛) : 1660~1706. 본관은 여주(驪州), 자는 중연(仲淵), 호는 섬계(剡溪)·서산(西山)이다. 실학자 성호(星湖) 이익(李瀷)의 형이다. 1706년 김춘택이 원자의 세자 책봉을 미루는 것이 원자를 제거하고 연잉군(延礽君, 영조)을 후사로 삼기 위한 것이라고 보고, 상소를 올렸다가 장살되었다.

344) 임부(林溥)와 …… 보전 : 1706년(숙종32)에 충청도 유생 임부 등이 연명 상소를 올려 윤증(尹拯)을 조정에 부를 것과 동궁을 모해하는 무리들을 조사하여 제거할 것 등을 청하였고, 같은 해 9월 17일 경기 유학 이잠은 노론인 김춘택을 속히 죽이고 이이명을 출척하여 동궁을 보호할 것을 청하는 상소를 올렸다. 이들은 모두 국청에서 형문을 받고 죽었다. 《承政院日記 肅宗 32年 5月 29日, 9月 17日》

345) 독대(獨對) : 정유년(1717, 숙종43) 숙종이 좌의정 이이명을 불러 독대한 이른바 정유독대(丁酉獨對)를 말한다. 이때 사관이 동석하지 않았기 때문에 그 자세한 내용은 알 수 없다. 다만 독대 직후 세자의 대리청정을 명하였고 또 노론이 이를 적극 찬성한 정황으로 인해, 숙종이 노론 측에 연잉군을 부탁한 것이 독대의 내용이라는 추론이 대세였는데, 《당의통략(黨議通略)》에 따르면 이 내용은 영조대에 와서 사실로 확인되었다고 한다. 구체적으로는 숙종이 연령군(延齡君)이나 연잉군으로 세자를 바꿀 뜻이 있다는 의사를

등346) 경황이 없는데, 작년에 대리청정을 겁박하여 청한 것에서 그 행태가 극에 달하였습니다.

송시열부터 지금의 뭇 역적들까지 전하에 대해 모의해 온 계책은 한 꿰미에 꿴 것과 같으니, 오늘날의 징토는 반드시 송시열을 수괴로 삼아 그 주구와 심복들까지 모두 역률로 감률해야 하고, 충심을 지니고 원통함을 품은 자들은 그 원한을 풀어주고 포장(襃奬)해야 마땅합니다."

하였다.

○ **19일**, 어두컴컴하였다. 사헌부 - 정해(鄭楷) - 에서 새롭게 아뢰기를, 포도청으로 하여금 황상중을 철저히 조사하여 엄히 처리하라고 아뢰자, 아뢴 대로 하라고 하였다.

○ **22일**, 사헌부 - 박희진(朴熙晉)347) - 에서 새롭게 아뢰기를,

"청컨대 허벽을 원찬하소서. 청주목사 안상원(安相元)은 일찍이 해주 판관으로 있을 때 탐학하여 과부들의 명부를 만들고 그들의 생산이 감소한 것을 두고 제대로 수절하지 않았다고 꾸짖으며 속전(贖錢)을 독촉해 거두어들였습니다.

전하고, 노론 측에 세자 교체 과정에서 예상되는 만약의 사태에 대비하여 줄 것을 지시하였다는 내용이 그것이다. 정유독대에 대해 소론측은 아직 정무 능력을 갖추지 못한 세자를 조기에 등판시켜 실수를 기대함으로써 후계 구도를 흔들려는 음모로 파악, 독대를 세자를 폐하기 위한 수순으로 보았다. 이렇듯 정유독대는 왕위계승 문제를 둘러싸고 노론과 소론의 갈등을 본격화한 도화선으로 작용하였다고 할 수 있다.

346) 원로(元老)가 …… 등 : 1717년 숙종이 좌의정 이이명과 독대한 후 세자(경종)에게 청정을 명하자, 영중추부사 윤지완이 시골에서 상경하여 세자의 지위를 위협하는 노론 대신들을 비판한 일을 가리킨다. 당시 윤지완의 나이는 90에 가까웠으며, 병이 들어 위급한 지경에 있었다. 《肅宗實錄補闕正誤 43年 8月 14日》

347) 박희진(朴熙晉) : 1657~? 본관은 반남(潘南), 자는 명중(明仲)이다. 1687년(숙종13) 진사가 되고, 1699년 문과정시에 급제하였다. 1703년 이후 청요직을 두루 거쳐 1722년(경종2) 승지로서 김창집 등을 육시(戮屍)하라고 주장하였다. 이 일로 1725년(영조1) 삭출되었다.

큰 고을로 승진 발탁된 다음에는 군병의 대탈(代頉)348)에 돈을 받았으며,
또 수행하는 하인을 물리친 채 아침저녁으로 정배 죄인 이수절(李秀節)의
집에 드나들었으니, 청컨대 삭판하소서."

하였다. - 조사 결과 근거 없는 말로 드러나, 안상원을 분간(分揀)349)하였다. -

○ 25일, 대신과 비국 당상을 인견하였을 때, 황상중을 두 명의 포도대장으
로 하여금 철저히 조사하게 하였고, 박치원도 전에 판부한 대로 의금부로
하여금 거행하게 하였으며, 평안감사 이진검은 재촉하여 부임하게 하였다.

○ 27일, 사간원 - 신필회 - 에서 새롭게 아뢰기를,

"4흉에 대해 합계한 후, 홍문관과 양사에서 올린 계사에 불참한 사람들은
파직하고 서용하지 마소서. 권업(權𢢝)이 경상감사로 있을 때, 정유년의 위태
롭고 의심스러운 소식이 마침 도내에서 과장(科場)이 열리는 날에 당도하여
수많은 선비들이 상소를 올리느라 응시를 파하였습니다.350) 이에 권업이
주동자를 적발하고 잡아들인 자들로 감옥을 가득 채웠으니, 극변에 원찬하소
서. 서명균은 군부를 모욕한 역적351)을 일러 감히 '사죄(私罪)'라 하고, '선비를
죽인 것'이라 하였으니, 극변에 원찬하소서. 이조판서 이조는 권업과 서명균을
도승지의 청망(淸望)과 병조의 현직(顯職)에 의망하였으니, 파직하소서."

하자, 주상이 답하기를, "번거롭게 하지 말라." 하였다.

---

348) 대탈(代頉) : 탈이 난 군병을 다른 사람으로 대신하여 충원하는 것을 이른다.
349) 분간(分揀) : 죄상(罪狀)을 보아서 용서하는 쪽으로 처결하는 것을 이른다.
350) 정유년의 …… 파하였습니다 : 1717년 정유독대 이후 경상도 유생들이 과거 응시를
거부한 사건이 있었다. 당시 경상감사 권업은 이들의 정상을 장계로 조정에 보고하여
처벌하게 하였다.《肅宗實錄 43年 12月 2日》
351) 군부를 모욕한 역적 : 1720년(경종 즉위), 숙종의 지문(誌文)에 장희빈의 죄목을 기록하고,
장희빈을 사사한 처분이 정도(正道)를 보위한 것임을 분명히 밝혀놓아야 한다고 주장한
성균관 장의(掌議) 윤지술을 이른다.

○ 의금부에서 다음과 같이 아뢰었다.

"이중협의 원정에 이르기를,

'조태구가 나아가 청대(請對)할 때, 승정원의 품계(稟啓)를 거치지 않아 양사가 이로 인해 합계를 발의하였으므로, 저의 차자 중 「결탁」과 「내통」은 합계에서 이른바 「환관과 내통한다.」, 「음험한 자들과 결탁하였다.」고 한 말과 그 뜻이 같은 데 불과합니다. ……'

하였습니다. 어유룡의 원정에 이르기를,

'승정원이 미처 아뢰기도 전에 조태구의 청대를 허락하는 명이 먼저 내린 까닭에 듣는 이들이 의혹을 품었으므로, 박치원과 함께 연명으로 논하여 아뢴 것입니다. 「환관과 궁첩이 이름을 안다.」 한 것은 옛말을 잘라 인용하여 경계하고 바로잡는 뜻을 담은 것에 불과하니, 실제 대답할 만한 말의 출처는 없습니다.'

하였습니다. 박치원의 원정에 이르기를,

'조태구가 승정원을 경유하지 않고 청대하였으니, 이에 대해 합사하여 조사할 것을 청한 것은 실로 공의였으므로, 어유룡과 연명으로 계사를 올리며 「환관과 궁첩이 이름을 안다.」는 말을 한 것입니다. 아! 옛 사람이 복상(卜相)할 때 반드시 환관·궁첩이 이름을 아는 사람을 뽑지 않으려 한 뜻은 진실로 제방을 엄히 하고 취사를 분명히 한 데 있었으니, 이 때문에 첫 계사에서 옛 말을 잘라 인용하여 저 대신의 거조가 심히 광명정대하지 못함을 배척하였던 것입니다. 더구나 그때의 일은 성상께서도 또한 의혹을 품으시고 철저히 조사해 다스릴 것을 명하셨으므로, 대간의 직책상 즉시 따라서 논척한 것인데, 이를 두고 감히 의심할 수 없는 곳을 의심하게 만들었다고 하니, 이는 애당초 제 마음속에서 싹튼 일이 아니었습니다.

송나라의 당개(唐介)[352]가 내시를 통해 궁액(宮掖)과 결탁하여 권력을 장악

---

352) 당개(唐介) : 1010~1069. 북송(北宋) 인종(仁宗) 때 직신(直臣)으로서 이름을 떨쳤던 문신이다. 자는 자방(子方)이며 강릉(江陵) 출신이다. 인종(仁宗) 천성(天聖) 8년(1030) 진사(進士)

할 수 있었다는 말로 문언박(文彦博)353)을 대대적으로 논척하였으나, 어찌
인종(仁宗)354)에게 사심(私心)이 있다고 여겨 이러한 말을 한 것이겠습니까?
실로 임금을 사랑하고 숨김이 없어야 한다는 의리355)를 따랐기 때문에 당시
인종이 따져 묻지 않고 특별히 옹호하였던 것입니다.

신처럼 형편없는 사람이 감히 옛사람으로 자처할 수는 없으나, 다만 우리
조종조에서는 대대로 언관을 대우하는 것이 각별하여 일찍이 말의 출처를
추궁한 일이 없었습니다. 그런데 지금 만약 망령되이 저촉했다는 이유로
문득 국문하라 명하신다면 한 시대의 놀라움과 의혹을 더하기에 충분하여
나라의 체모가 손상될 수도 있으니, 이는 모두 저의 언행이 군부에게 신뢰를
받지 못한 소치입니다. ……'

하였습니다."

주상이 전교하기를,

"이 공사(供辭)를 보면 그 말의 망령됨을 알 수 있으나, 재차 엄히 신문하면
대각을 대하는 도리에 어긋나니 모두 풀어주어라."

하였다.

○ 승정원 - 남취명, 심탱 - 이 세 번에 걸쳐 아뢰기를, "박치원 등을 방송하라

가 되었다. 무릉위(武陵尉)를 지내다 평강령(平江令)으로 옮겼다. 황우(皇祐) 연간에
전중시어사(殿中侍御史)로 있으며 당시 재상인 문언박(文彦博)에 대해 "문언박은 진기한
비단으로 궁액(宮掖)과 내통하여 그로 인해 등용되었다."는 등의 말로 탄핵한 일로
인해 영주(英州)로 유배되었다. 《宋史 唐介列傳》

353) 문언박(文彦博) : 1006~1097. 북송 때 재상이다. 인종(仁宗) 때 진사에 급제, 이청현[翼城縣]
지사를 지낸 뒤 1055년에 재상이 되었다. 이어 영종(英宗)·신종(神宗)·철종(哲宗) 등
4대에 걸쳐서 50여 년간 재상 또는 장군으로서 충성을 다하였다. 왕안석(王安石)의
신법을 반대하여 낙양(洛陽)으로 돌아와 얼마 후 다시 재상으로 있었다.

354) 인종(仁宗) : 1010~1063. 중국 북송의 제4대 황제이다. 중앙집권적 관료지배도 안정되고,
과거제도도 정비되어 사마광(司馬光) 등의 명신이 정치를 맡았고, 주돈이(周敦頤)·이정자
(二程子) 등의 유학자도 나와서 '경력(慶曆)의 치(治)'라는 북송의 전성기를 맞았다.

355) 숨김이 …… 의리 : "임금을 섬길 때에는 임금의 뜻을 거스르게 되더라도 그 허물을
숨기지 않고 말해야 한다.[事君, 有犯而無隱.]"는 것을 이르는 말이다. 《禮記 檀弓上》

는 명을 거두시고 다시 철저히 조사하소서." 하였으나, 주상이 답하기를,
"번거롭게 하지 말라." 하였다.

○ 28일, 이홍술의 원정에 이르기를,
"훈련도감은 다른 군영과 달라서 천총(千摠)과 별장(別將)은 곤수의 직을
역임한 사람을 임명하고, 장교는 그 항오(行伍)에서 승차시키니, 이른바 김창집
의 사인(私人)이 누구를 말하는지 모르겠습니다.

　육가(陸哥)의 일은, 극악한 도적 신봉당(申奉堂)의 초사(招辭)에
'도적질을 할 때마다 생원 육덕명(陸德明)에게 택일(擇日)을 하고, 물건은
매번 함께 나누어 가졌다.'

하여, 덕명을 잡아들여 추궁해서 실토를 받아내고자 난장(亂杖) 20도(度)를
시행하였더니 며칠 후 옥중에서 죽었는데, 이를 두고 입을 막고자 죽여
버렸다고 하니 참으로 뜻밖입니다. 지금 이 육현(陸玄)이 곧 덕명을 가리키는
것[356] 아니겠습니까?

　전곡(錢穀)의 일은 각색(各色)마다 모두 봉상(捧上)을 위한 체하(帖下)[357] 문서
가 있습니다. 「최봉진(崔奉鎭)[358], 600냥」은 중기(重記)[359]에 아직 거두어들이
지 못하였다고 기록되어 있고, 군향미(軍餉米)라고 한 것은 잉미(剩米) 36석으로,
빈궁한 족속의 원역(員役)에 대비해 둔 것입니다. ……"
　하였다.

---

356) 육현(陸玄)이 …… 것 : 덕명은 육현(陸玄)의 자이다. 육현이 자신의 운명을 점쳤더니
　　 "현덕명(玄德明)에게 죽는다." 하여, 이름은 현, 자는 덕명이라 하여 죽음을 면해 보려
　　 하였는데, 그가 죽을 때에 체포했던 자가 과연 현덕명이었다고 한다. 《靑城雜記 醒言》

357) 체하(帖下) : 관에서 사용하는 문서 양식의 하나로서, 하급 이례(下級吏隸)에게 전곡(錢穀)
　　 을 지급할 때, 그 물품 지령서에 체(帖)자의 목인(木印)을 찍어 내려보내면 이에 따라
　　 현물을 지급하였다.

358) 최봉진(崔奉鎭) : 본서 앞의 1721년 12월 12일자 기사에 실린 이진유의 상소에는 "최태진
　　 (崔泰晉)"으로 되어 있다.

359) 중기(重記) : 전곡(錢穀)을 출납하던 관아의 장부이다.

○ 백시구(白時耉)[360]는 제멋대로 자백한다고 하였는데, 나이도 70세였으므로, 형장을 면제하여 정배하되 공감(功減)[361]하였다.

○ 정언 신필회가 상소하여 조최수를 특별히 체차할 것을 청하며 말하기를, "거조가 가소롭습니다." 하였다.

○ 지평 조최수가 상소하여 아뢰기를,
"신필회가 일망타진하려 날뛰고 있는데 승정원이 이에 화응하여 상소를 물리치고 있으니, 사마문(司馬門)에서 3일 동안 기다리게 했던 일[362]과 다름이 없습니다. ……"
하였다.

○ 29일, 사헌부가 아뢰어 신필회의 삭탈을 청하였다.

○ 3월 2일, 거둥할 때 조중수(趙重遂)가 다음과 같이 상언하였다.
"저의 형 조중우(趙重遇)가 진해리(眞海里)로 천장(遷葬)[363]할 때 명정(銘旌)에

---

360) 백시구(白時耉) : 1722년 당시 평안병사로 있으면서 역모에 평안병영의 은을 내주며 가담하였다는 혐의를 받고 물고(物故)되었다. 통제사 이상집(李尙馣), 전라병사 심진(沈搢), 훈련 중군 유취장(柳就章), 황해병사 김시태(金時泰)와 함께 신임옥사의 다섯 절도사[五節度]로 일컬어졌다.

361) 공감(功減) : 나라에 공로가 있는 사람의 범죄에 대해서 형벌의 등급을 감하는 것을 이른다.

362) 사마문(司馬門)에서 …… 일 : '사마문'은 왕궁의 사방 담장을 사마(司馬)가 호위하여 지킨 일에서 유래하여 왕궁의 외문(外門)을 일컫게 되었다. '사마문에서 3일 동안 기다리게 했던 일'은 진 이세(秦二世) 때 소부(少府) 장감(章邯) 등이 군대를 이끌고 항우(項羽)와 거록(巨鹿)에서 싸울 때 진 이세가 장감이 자주 패전한 것에 대해 비난하자 장감이 함양에 사신을 보냈는데, 장감의 사신이 함양에 이르러 사마문에서 3일 동안 머물렀으나 승상 조고(趙高)가 장감의 사신을 만나주지 않은 이를 이른다. 이에 두려움을 느낀 장감이 결국 항우에게 투항함으로써, 이 일은 임금이 충언과 직언을 듣지 못하여 나라가 망할 징조를 의미하는 고사로 활용되었다. 《史記 項羽本紀》

'장씨의 널[張氏之柩]'이라는 네 글자만 쓰여 있는 것을 보고 개탄스러움을 이기지 못해 대략 상소를 올렸다가 홍계적(洪啓迪)·박필정·조관빈(趙觀彬) 등에게 무함을 받았습니다.364)

형관(刑官)이었던 황선(黃璿)이 행각 밖에 나와 앉아, 다듬지 않아 거칠고 서까래 같이 큰 나무를 별도로 선택하여 일일이 따져 물으며 형장을 치기를 14도(度)에 이르니, 정강이뼈가 바스러져 들것에 실려 성을 나오다 결국 숨을 거두었습니다. 바라건대 속히 반좌율(反坐律)365)을 시행하소서."

○ 6일, 사간원 - 헌납 김계환(金啓煥)366) - 에서 권업을 삭출할 일, 연계(連啓)에 참여한 삼사의 관원을 파직할 일을 아뢰었다. 서명균을 극변에 찬배하는 일과 이조판서를 파직하는 일은 모두 정계하였다.

○ 4대신을 등급을 나누어 처벌하자고 논계한 일로 여러 대신(臺臣)들이 전후로 모두 인피하였다.

---

363) 진해리(眞海里)로 천장(遷葬) : 1702년(숙종28) 1월 30일, 장희빈을 인장리(仁章里)에 장사 지냈는데, 함일해(咸一海)가 처음으로 땅이 불길하다는 내용으로 상서함으로써 1718년에 2월에 천장하도록 결정하였고, 12월에 경기도 광주(廣州)의 진해촌(眞海村)으로 천장지(遷葬地)를 결정하였다. 이듬해 3월에 천장하고 세자와 세자빈이 망곡례를 행하였다. 《肅宗實錄 28年 1月 30日, 44年 2月 20日, 12月 23日, 45年 3月 8日·12日, 4月 7日》

364) 조중우(趙重遇)가 …… 받았습니다 : 조중우는 1720년(경종 즉위) 폐서인이 된 장희빈의 작위를 회복시켜 달라는 상소를 올린 용인(龍仁) 유학(幼學)이다. 이 상소가 봉입되자 사헌부의 계청에 따라 사안을 형조에 내려 조중우를 형신하고 국문하게 하였는데 조중우는 국문 후 배소로 가는 도중에 물고되었다. 《景宗實錄 卽位年 7月 21日·24日》

365) 반좌율(反坐律) : 무고(誣告) 또는 위증(僞證)으로 타인을 죄에 빠뜨린 사람에게 피해자가 받았던 동일한 형벌을 적용하도록 규정한 형률이다.

366) 김계환(金啓煥) : 1669~? 본관은 광산(光山), 자는 중명(仲明), 호는 소암(素巖)이다. 1696년(숙종22) 생원·진사가 되고, 1706년 정시문과에 급제하여, 1711년 지평이 되었다. 1716년 사간원의 탄핵을 받고 관작이 삭탈되었다가 1722년(경종2)에 사간이 되었다. 1724년 영조 즉위 직후 승지가 되었지만 1725년 노론의 탄핵을 받고 귀양 갔다. 1728년 다시 나아가 대사간·승지 등을 역임하였다.

○ 7일, 한림취재를 시행하여 조현명·신치운·송인명을 뽑았다.

○ 창평 사람 고응엽(高應曄)이 상소하여 김창집 등의 죄상을 극론하고, 또 말하기를,

"신의 5대조 고경명(高敬命)367), 고조 고인후(高仁厚), 종고조 고종후(高從厚)368) 부자 세 사람은 나라를 위해 함께 죽었는데, 신은 대대로 내려오는 가업(家業)을 실추시킬까 두렵습니다."

하였다.

○ 22일, 사간원 - 헌납 윤회(尹會)369) - 이 피혐한 대간들을 처치하여 아뢰기를,

"당초에 등급을 나눈 것은 비록 죄상을 참량(參量)한 데서 나온 것이나, 공의가 거세게 일어났으니 형세 상 재직하기 어렵습니다. 정해, 박필몽, 유만중(柳萬重)을 모두 체차하도록 명하소서."

하였다.

---

367) 고경명(高敬命) : 1533~1592. 본관은 장흥(長興), 자는 이순(而順), 호는 제봉(霽峰)·태헌(苔軒)이다. 1558년(명종13)에 문과에 장원급제하여 서산 군수, 한성부 서윤 등을 역임하였다. 1592년 임진왜란이 일어나자 격문을 돌려 담양에서 6,000여 명의 의병을 규합하여 곽영(郭嶸)의 관군과 함께 금산(錦山)에서 왜군에 맞서 싸우다가 전사하였다.

368) 고종후(高從厚) : 1554~1593. 본관은 장흥(長興), 자는 도충(道冲), 호는 준봉(隼峰)이다. 의병장 고경명의 아들이다. 1570년(선조3) 진사가 되고 1577년 별시문과에 급제해 교서관 정자가 되었다. 1592년 임진왜란이 일어나자 아버지 고경명의 뜻에 따라 아우 고인후(高因厚)와 함께 군졸을 모집하여 고경명 의병군에 합류하였다. 그런데 금산 전투에서 두 사람이 전사하자 시체를 거두어 장례를 치렀다. 이듬해 복수 의병군(復讐義兵軍)을 조직하여 진주성 전투에 참여하였다가 김천일(金千鎰)·최경회(崔慶會)와 함께 남강에 투신하여 순절하였다. 도승지에 이어 이조판서에 추증되었으며, 광주의 포충사(褒忠祠)와 진주의 충민사(忠愍祠)에 제향되었다. 시호는 효열(孝烈)이다.

369) 윤회(尹會) : 1657~1733. 본관은 파평, 자는 성제(聖際)이다. 1683년(숙종9) 생원이 되고, 1691년 증광문과에 급제하여 청요직을 두루 지냈다. 1709년 노론 중신 이관명과 이만성을 탄핵하고, 최석정을 변론하였다. 경종대 신임옥사 당시 노론 일파를 논죄하고 숙청하는 데 앞장섰다가 1725년(영조1) 유배되었다.

○ **23일**, 황상중의 아들 황기(黃箕)가 격쟁(擊錚)을 하였다.

○ **24일**, 홍문록(弘文錄)[370] - 이진망, 이정제(李廷濟), 심공(沈珙), 윤혜교(尹惠敎) - 에서 4점을 받은 사람은 박필몽·오명신(吳命新)[371]·여선장(呂善長)[372]·유필원 (柳弼垣)이고, 3점을 받은 사람은 이승원·이세덕·윤성시·조익명(趙翼命)[373]· 김상규(金尙奎)[374]·김계환(金啓煥)·조석명(趙錫命)[375]·김시환·조원명·권두경

---

370) 홍문록(弘文錄) : 홍문관의 관원을 선발하는 절차, 또는 그 절차에 따라 선발된 사람의 명단을 가리킨다. 홍문록은 3년마다 시행하는 것이 원칙이었으며, 홍문관 관원의 선발은 보통 세 단계로 나누어 실시되었다. 첫 번째 단계는 문신이나 문과 급제자 중에서 적합한 후보를 뽑은 뒤에 홍문관의 현직 관원이 모여 후보의 이름 밑에 권점을 찍어 그 권점의 숫자에 따라 순위를 정하는 것이다. 이를 홍문록, 본관록(本館錄) 혹은 관록(館錄)이라고 하였다. 두 번째 단계는 본관록을 행한 뒤에 이조에서 본관록에 선발된 후보를 다시 한번 검증하였는데 이를 이조록이라고 하였다. 세 번째 단계는 의정부·이조·홍문관 당상들이 모여 홍문관과 이조를 거쳐 올라온 명단을 검토하여 후보의 이름에 권점을 찍어 적합 여부를 판정하는 것이다. 이때 일정한 점수를 얻지 못한 사람은 탈락시키고 나머지 사람만을 가지고 점수 순서에 따라 명단을 작성하였다. 이를 도당록(都堂錄)이라고 하였다. 《銀臺便攷 禮房攷 弘文館》《六典條例 禮典 弘文館 總例》

371) 오명신(吳命新) : 1682~? 본관은 해주(海州), 자는 문보(文甫)이다. 여성제(呂聖齊)의 외손이고 오수량(吳遂良) 아들이며, 오명준(吳命峻)·오명항(吳命恒)의 아우이다. 1710년(숙종36) 진사가 되고, 1713년 증광문과에 급제하여, 1722년(경종2) 부수찬에 올랐다. 이후 청요직을 두루 역임하여 1724년(영조 즉위) 이조정랑이 되었다. 1727년(영조3) 교리로 다시 삼사에 진출하여 1728년 승지, 1729년 대사간·이조참의 등을 역임하였다.

372) 여선장(呂善長) : 1686~? 본관은 함양(咸陽), 자는 원백(元伯)이다. 영의정 여성제(呂聖齊)의 증손이다. 1717년(숙종43) 진사가 되고, 1718년 증광문과에 급제하여 경종대 청요직을 두루 지냈다. 1725년(영조1) 유배되었다가 1727년 정미환국으로 다시 청요직에 등용되어 1730년 승지가 되었다.

373) 조익명(趙翼命) : 1677~1744. 본관은 풍양(豊壤), 자는 사필(士弼)이다. 직장(直長) 조형(趙珩)의 증손이고, 조원명(趙遠命)의 동생이다. 1705년(숙종31) 진사가 되고, 그 해 별시문과에 급제하여, 1709년 정언이 되었다. 1716년 지평 재직시《가례원류(家禮源流)》의 서문에서 윤증을 비난한 권상하(權尙夏)를 비판하였다. 경종대 삼사의 언관을 역임하였다. 영조가 즉위하자 노론 4대신의 옥사 때 삼사의 언관직에 있으면서 이를 제지하지 못한 책임을 지고 파직 당하였다. 1727년(영조3) 복직되어 보덕(輔德)이 되었으며, 1729년 윤순(尹淳)·권일형(權一衡)과 같이 동지사(冬至使)로 청나라에 다녀와 대사간·승지 등을 역임하였다.

374) 김상규(金尙奎) : 1682~1736. 본관은 강릉, 자 사창(士昌)이다. 김시환(金始煥)의 아들이다.

(權斗經)376)· 정수기(鄭壽期)377)· 박사성(朴師聖)· 권익관· 이명의· 이현장· 윤동형(尹東衡)378)· 권익순(權益淳)· 이중환(李重煥)· 조최수· 유복명· 윤유(尹游)이다. - 이조 홍문록(吏曹弘文錄)379)에 오른 사람은 박필몽과 유필원이다. -

○ 26일, 동지사의 선래(先來)와 주청사의 장계380)가 들어왔다. 주청이

1705년(숙종31) 증광문과에 급제하여 1712년 정언이 되고 이후 청요직을 두루 거쳐 영조대 대사성 등을 역임하였다.

375) 조석명(趙錫命) : 1674~1753. 본관은 풍양(豊壤), 자는 백승(伯承), 호는 묵소(墨沼)· 묵원(墨園)이다. 아버지는 조대수(趙大壽), 어머니는 서문중(徐文重)의 딸이고, 조문명· 조현명과 종형제 사이다. 1707년(숙종33) 별시문과에 급제하여 청요직을 두루 거쳤다. 영조 즉위 뒤에는 물러나 있다가 1727년(영조3) 승지가 되고 이후 대사간· 대사성 등을 거쳐 1746년 형조판서에 올랐으며, 1753년 판돈녕부사로 사망하였다.

376) 권두경(權斗經) : 1654~1726. 본관은 안동(安東), 자는 천장(天章), 호는 창설재(蒼雪齋)이다. 충정공(忠定公) 권벌(權橃)의 5세손이며, 권두인(權斗寅)의 아우이다. 이현일(李玄逸)의 문인으로 이재(李栽) 등과 교유하였다. 1679년(숙종5)에 사마시에 합격하여 형조좌랑 등을 역임하다가 1710년 문과에 급제하여 1712년 정언이 되었다. 1717년 영남유생 만인소의 상소문을 기초하였다. 1723년 부수찬, 1724년 수찬이 되었다. 저서로 《창설집》이 있고, 편서로는 《퇴계선생언행록(退溪先生言行錄)》과 《도산급문제현록(陶山及門諸賢錄)》이 있다.

377) 정수기(鄭壽期) : 1664~1752. 본관은 연일(延日), 자는 순년(舜年), 호는 곡구(谷口)이다. 1699년(숙종25) 증광문과에 급제하여, 1716년 홍문록에 올랐다. 1722년(경종2) 세제 대리청정을 주청한 김창집 등을 탄핵하면서 숙종대 노론의 출발점이 되었던 김익훈과 이사명까지 거슬러 올라가 비판하였다. 1725년(영조1) 신임옥사의 주동 인물이라고 탄핵을 받고 삭출되었다. 1727년 정미환국 이후 대사간으로 복직하여 우참찬· 예조판서 등을 역임하였다. 시호는 정간(貞簡)이다.

378) 윤동형(尹東衡) : 1674~1754. 본관은 파평, 자는 사임(士任)이다. 윤순거(尹舜擧)의 증손, 윤절(尹晢)의 손자이고, 윤증 문인이다. 1711년(숙종37) 진사가 되고, 1713년(숙종39) 증광문과에 급제하였는데, 1722년 노론을 추종하였다고 삭판되었다. 1727년(영조3) 다시 등용되어 홍문록에 올랐다. 1732년 승지, 1733년 대사간을 거쳐서 1753년(영조29) 한성부판윤에 올랐다가 지돈녕부사로 기로소(耆老所)에 들어갔다.

379) 이조 홍문록(吏曹弘文錄) : 이조낭관이 자천(自薦)을 시행할 때, 홍문록에 오른 사람 중에서 가장 명망 높은 사람을 권점하였으므로 홍문록은 곧 이홍(吏弘), 이조홍문록(吏曹弘文錄), 전홍(銓弘)이라고도 불렸다. 《銀臺便攷 禮房攷 弘文館》《六典條例 禮典 弘文館 總例》

380) 주청사의 장계 : 1721년 10월 28일, 연잉군의 세제 책봉을 승인받기 위하여 주청사(奏請使)인 좌의정 이건명과 부사(副使) 윤양래(尹陽來), 서장관(書狀官) 유척기(兪拓基)가 북경으

초기에는 순조롭게 이루어지다 중간에 갑자기 저지당하는 바람에, 처음에는 은자 만 오천 냥을 주었고, 중간에 탈이 나 또 다시 오천 냥을 주고 일을 성사시켰다고 한다.

○ 이조좌랑 홍만우가 이조에서 대간과 춘방을 새로 통망(通望)하며 낭관에게 묻지 않았다는 이유로 이조의 하리를 잡아 가두자, 이조에서 초기(草記)[381]를 올려 홍만우를 파직시켰다. 이에 좌승지 심탱이 상소하여 이조를 논척하였는데 승정원이 도로 물리쳤는데, 이조판서와 이조참의는 인혐하여 나오지 않았다. 이에 승정원에서 대정(大政)이 지연되고 있으니 패초하여 정사를 열 것을 청하자, 주상이 "윤허한다." 하였다.

○ 이조좌랑에 심공(沈珙)을 임명하였다.

○ 27일, 어사(御史)의 포계(褒啓)[382]에 따라 홍주목사 이정제(李廷濟)를 특명으로 가자(加資)하였다. 전교하기를,
"지금 사신(使臣)의 장계를 보니, 봉전(封典)[383]이 잘 이루어졌으니 그 다행스러움이 어찌 끝이 있겠는가? 선래 군관과 역관 등 3사람을 모두 우선 가자하라."
하였다.

로 떠나, 이듬해 3월 26일에 선래(先來)가 도착하여 세제 책봉을 승인받았음을 전하였다.
381) 초기(草記) : 상주문(上奏文)의 한 가지로, 각 관서에서 정무 상 보고해야 할 사항의 사실관계만을 간단히 적어 상주하는 문서를 말한다. 초기는 담당 승지가 국왕에게 올리는데, 국왕은 이를 살펴보고 처분을 내리게 되며, 초기의 내용과 관련 있는 관서에 하달하게 된다.
382) 포계(褒啓) : 포창(褒彰)하도록 상주하는 것을 말한다.
383) 봉전(封典) : 세자를 결정하는 건저(建儲), 왕위계승을 결정한 사위(嗣位), 왕비를 책봉하는 책비(冊妃), 왕위에 오르지 못하고 세상을 떠난 왕족에게 군호(君號)를 수여하는 추숭(追崇) 등에서 중국 황제의 결재를 받던 일을 이른다. 이 밖에 새로운 왕이 등극할 때 왕으로 인정하고 관작을 수여하는 봉작(封爵)과 사의(賜衣)의 봉전도 있었다.

《燃藜述續二》校勘·標點

燃藜述續 卷之三

○ **辛丑十月十七日**, 右議政趙泰耈詣政院請對, 傳曰：“右相趙泰耈·政院·三司引見時, 時任·原任大臣及重臣·宰臣同爲入侍. 入侍時, 前後兩度備忘記及去夜所下批旨還納事, 榻前定奪.” 入侍時, 上御進修堂.

金昌集曰：“臣等累日伏閤庭請, 入侍終未允許. 臣等誠意淺薄, 不能感回天聽, 臣等[1]之罪萬戮[2]猶輕. 昨批有不忍聞之敎, 故尤爲罔極, 臣等未知何以爲之, 而一向强聒, 亦[3]有所不敢, 朝與諸大臣陳箚, 姑未承批, 而因在外大臣請對, 臣等亦隨以入, 不能力爭之罪, 萬死無惜.”

李頤命曰：“臣於國恤初, 奉命出疆. 云云. 今始入侍, 敢請先瞻玉色. 云云. 非常之敎, 云云. 昨日下敎, 尤不忍聞, 切欲封還傳敎, 更欲稟達, 姑罷庭請矣.”

李健命曰：“云云. 昨日批旨云云, 若因此輾轉層加, 則恐有難言之憂, ‘幷令裁斷’, 前所未有之事, 故敢引丁酉事, 遂陳一箚, 此則殿下所親經也. 云云.”

趙泰耈曰：“臣纔遭臺彈, 退處鄉外, 疾病危劇而忍死, 來伏城外. 前後特敎云云, 自聞此敎云云, 非不知一身廉隅之不可放倒, 而此時, 義不顧私, 冒沒進身, 及聞庭籲之批, 累日靳允. 今日又聞大臣議于二品, 有欲停庭請之議. 臣聞來, 不勝崩迫震駭, 他不暇顧, 欲以死生必爭,[4] 敢此[5]請對, 以冀回天乃已.

---

1) 等：底本과 成均館大 尊經閣 所藏 《燃藜述續》(이하 ‘존경각본’으로 줄인다)에는 없다. 《景宗實錄 1年 10月 17日》《景宗修正實錄 1年 10月 17日》 기사에 근거하여 보충하였다.

2) 戮：《景宗實錄 1年 10月 17日》《景宗修正實錄 1年 10月 17日》 기사에는 “死”로 되어 있다.

3) 亦：底本과 존경각본에는 없다. 《景宗實錄 1年 10月 17日》《景宗修正實錄 1年 10月 17日》 기사에 근거하여 보충하였다.

此非臣一人之言. 殿下以火熱升降云云, 心定意平, 則自可烟消霧歇, 志慮清明. 如此之時, 從容裁決, 物來順應, 則云云. 若其火熱乍升之時, 則姑停酬應, 調便氣候. 如此漸熟, 則治國與治病, 兩行不悖. 云云.

國家, 非殿下之國家, 乃祖宗之國家. 寧考之付托於殿下者, 何如也? 神人之依歸於殿下者, 何如也? 殿下昨年踐阼, 才周一期, 春秋鼎盛, 政宜勵精圖治, 仰慰祖宗陟降之靈, 毋負先王付托之重, 以副一國臣民上下之望, 而何遽有此萬萬不可行之擧耶? 云云. 大寶之位, 非人主自私之地. 歷考前史, 未有人主, 徒循一己之私, 率意徑[6]行, 如殿下今日之爲[7]也.

昔我先大王, 積年憂勤, 勞悴成疾, 曾於乙酉, 欲爲傳禪之擧而云云. 知人情之不可强怫, 黽勉俯從, 其在繼述先志之道, 不可不早賜允從云云. 東宮邸下, 涕泣呼籲, 寢食靡寧, 引接宮僚, 咽不成聲, 中外聞者, 莫不感泣, 以殿下乙酉心事, 何不念及於東宮耶? 白首老臣, 不死於昨年遺弓之日, 忍見今日此擧. 臣於此, 不能匡救, 則不特負殿下也, 亦所以負先王也, 臣生亦何爲? 今日如不得反汗之命, 則有死而已. 伏乞聖明廓然回思, 亟收成命, 以安春宮之心·以慰擧國臣民之望." 因泣下被面.

閔鎭遠云云. 崔錫恒曰: "昨日庭請批答, 三更始下, 而有驚心語, 大臣詢問意見, 臣以'雖經月閱歲, 未得準請之前, 萬無停止之理'. 諸臣雖不無異同, 與臣相同者, 亦頗有之. 大臣以'姑退, 陳箚待罪, 仍請入侍, 陳達於榻前'爲定, 卽以卿宰·百官待令之意出令. 臣以問安事來詣藥房, 得見聯箚, 則乃以丁酉節目擧行爲辭. 臣誠驚惑, 莫知其故, 略具短章, 呈于政院, 則無端退却矣. 今

---

4) 爭: 底本과 존경각본에는 이 뒤에 "之義"가 더 있다. 《景宗實錄 1年 10月 17日》《景宗修正實錄 1年 10月 17日》 기사에 근거하여 삭제하였다.

5) 此: 《景宗實錄 1年 10月 17日》《景宗修正實錄 1年 10月 17日》 기사에는 "來"로 되어 있다.

6) 徑: 底本과 존경각본에는 "經"으로 되어 있다. 《景宗實錄 1年 10月 17日》《景宗修正實錄 1年 10月 17日》 기사에 근거하여 수정하였다.

7) 爲: 《景宗實錄 1年 10月 17日》《景宗修正實錄 1年 10月 17日》 기사에는 이 뒤에 "者"자가 더 있다.

幸登對, 敢陳所懷. 云云."

權尙游云云. 李肇曰:"云云. 去夜有遽停庭請之意, 臣更無可達之處, 欲爲請對, 而未有路矣. 適因來對, 仰瞻天顔. 云云. 殿下雖一向堅執, 今日臣子, 孰敢有奉承之心乎? 雖經年閱歲, 有死之外, 決不敢止, 而卽今事勢, 有若因循奉行者然, 世間安有如許道理耶?"

李光佐曰:"臣六年屛處江郊, 不幸先大王奄棄群臣, 痛迫之忱, 有倍他人. 今日幸登天陛, 仰瞻玉色. 云云. 今日之擧, 無論八域群生之遑遑, 祖宗·先王在天之靈, 必多憂憾於冥冥之中. 云云."

金演曰:"云云. 乙酉傳禪之敎, 其時先大王春秋晼晚, 聖候沈綿, 雖有是敎, 因諸臣力爭, 卽爲還收. 殿下春秋鼎盛云云, 乙酉下敎, 比今日備忘, 輕重不啻相懸, 而先大王俯察群情, 還寢成命, 此豈非殿下所當法者乎? 云云." 錫恒曰:"乙酉云云, 豈非殿下所當法者乎?" 金在魯曰:"聽政與傳禪, 異矣."

李健命曰:"國朝故事, 乃耳目所及, 誰不知乎? 去夜批旨, 一節深於一節, 至於'左右'云云之敎, 一倍驚遑, 心膽戰慄, 爲臣子者, 不敢掛口. 到此地頭, 更無他計, 若一向力爭, 則恐未知至於何境, 乃敢以依丁酉擧行之意, 陳箚矣. 世宗大王享國三年, 至於末年, 令世子參決, 肆惟文宗大王受命參決, 與今時有異. 殿下乃有'幷令裁斷'之敎, 臣雖萬被戮云云, 至於丁酉事, 有所差間, 故云云."

韓配夏:"云云. 東宮虞仲之德, 何安受此敎耶?" 諸臣各有所陳. 昌集曰:"云云. 且恐漸⁸⁾次層加, 以至難言之境, 陳箚. 云云. 今者, 諸臣皆以收還爲請, 必欲⁹⁾收還之意, 臣亦豈異哉? 今若亟收前旨, 則臣雖萬被誅戮. 云云."

健命曰:"云云. 乙酉年間, 百僚庭請, 久不允從, 故相臣尹趾完, 以依文宗朝故事擧行之意, 送言于大臣. 其時大臣徐文重·崔錫鼎·申琓·李濡等, 皆以

---

8) 漸:《景宗實錄 1年 10月 17日》《景宗修正實錄 1年 10月 17日》 기사에는 "節"로 되어 있다.

9) 欲:底本과 존경각본에는 "爲"로 되어 있다.《景宗實錄 1年 10月 17日》《景宗修正實錄 1年 10月 17日》 기사에 근거하여 수정하였다.

爲然, 未及陳稟, 卽下允從, 人臣事君之義, 固當如是. 聯箚實出於不得已也, 若許收還, 不勝萬幸."

泰耉曰"亟收成命". 頤命曰"備忘還收". 錫恒曰"云云". 演曰: "伏願以乙酉事爲法, 亟收前旨." 昌集曰: "錫恒·演輒以傳禪爲言, 不亦危悖乎? 殿下若不及今收還, 則危言悖說, 將無不至, 臣等不能回天之罪, 將無以自解."

錫恒曰: "凡援例故事, 取其大義而已. 臣則只取反汗成命, 爲今日可法, 設或有差殊, 有何10)大段所傷?" 頤命曰: "臣等烏得無罪? 誠意淺薄. 云云." 泰耉曰: "兩大臣經先引咎, 不亦過乎?"

昌集曰: "云云. 請備忘記還收." 上曰: "唯." 昌集曰: "忙遽入來之際, 備忘未及持來, 遣史官, 持來何如?"

史官出去, 持備忘二度·批旨一張入來, 傳于領相, 領相跪納.

泰耉曰: "云云. 今因大臣陳達, 特許還納備忘. 自此人心可定. 云云." 昌集曰: "招接醫官. 云云."

大臣以下退出後, 洪錫輔11)曰: "云云. 右相入來之由, 旣無政院陳稟之事, 而殿下何以知之? 云云. 豈可使內外無防, 私逕傍開? 云云. 其入告之人, 不可不摘發論斷, 永杜後弊." 榮福曰: "云云. 此乃司謁之罪也." 三司一時云云.

啓迪曰: "自今置政院, 無益矣." 錫輔曰: "請賜下敎明白處分, 亟正入告者之罪." 致遠·晳12)云云, 崇曰: "殿下待臣下之道, 當一體視之, 而大臣諸臣連日伏閤, 不許入對, 今於右相, 特賜引見, 顯有厚薄之異, 臣不勝訝惑." 錫輔曰: "泰耉前後罪狀, 決不可置之. 云云."

○ 時, 泰耉聞聯箚事, 蒼黃入到訓局直房. 往復於領·左相, 自宣仁門入來,

---

10) 何: 底本에는 없다. 존경각본에 근거하여 보충하였다.
11) 洪錫輔:《景宗修正實錄 1年 10月 17日》기사에는 "洪啓迪"으로 되어 있다.
12) 晳: 底本에는 "晳"로 되어 있고,《景宗實錄 1年 10月 17日》《景宗修正實錄 1年 10月 17日》기사에서도 "晳"로 되어 있으나,《知守齋集 卷9 弘文館應敎申公墓碣銘》에 근거하여 "晳"으로 수정하였다.

送言政院, 將欲請對, 政院以臺啓相持之際, 司謁傳于政院曰：“聞右相入來, 卽爲進對.” 時崔錫恒·李光佐·李肇·韓配夏·金演·李台佐, 亦追到闕外請對.

○ 領相金昌集·左相李健命·領中樞李頤命·右相趙泰耉·戶判閔鎭遠·參贊崔錫恒·判敦寧宋相琦·工判李觀命·禮判李宜顯·吏判權尙游·兵判李晩成·淸恩君韓配夏·司直李光佐·江留李台佐·司直李正臣·吏參李秉常·兵參金在魯·江監金演·刑參李肇·禮參李㙫·都承旨洪啓迪·承旨洪錫輔·趙榮福·安重弼·兪崇·韓重熙·三司應敎申晢·校13)理李重協·司諫魚有龍·掌令朴致遠·持平柳復明【避嫌, 未承批.】·正言愼無逸·黃梓·史官金克謙·朴師聖·朴埈等, 三十六人入侍. 諸臣各請還收, 上曰“唯”. 領相忙遽入來, 故備忘未及持來, 遣史官, 備忘二度·批旨一張持來, 昌集跪納.

○ 答三司合啓曰“亟停勿煩”. 答府啓曰“不允”. 答院啓曰“勿煩”.【此啓, 皆昨日入啓者, 新啓後, 始下批.】

○ 答持平柳復明·李瑜昨日避嫌曰“勿辭, 退待物論.”

○ 藥房啓辭, 無批答還下.【此亦昨日啓.】

○ 傳曰：“備忘旣已還收, 此上疏十七張, 還出給.”

○ 政院啓曰：“大臣箚子, 朝已入啓, 今則備忘記旣已還收, 箚子還下宜當. 大臣之意如此, 敢稟.” 傳曰“還下.”【右議政趙泰耉疏·圻監沈宅賢等疏·前郡守鄭重萬等疏·前監司尹陽來等疏·前牧使李衡佐等疏·刑議李仁復等疏·前牧使柳述等疏·護軍沈壽賢等疏·翊衛李挺英等疏·生員南弼明等疏·司果鄭錫三等疏·嫡長忠義奉14)鶴周等疏·贊善李喜朝疏·司直

13) 校：底本에는 “敎”로 되어 있다. 존경각본에 근거하여 수정하였다.

李東龜疏·知敦寧李徵龜疏·江留李台佐疏.】

○ 引見時, 兩司合啓：“伏聞臺論削黜[15]罪人趙泰耉, 偃然着公服, 自宣仁
門突入云. 雖未知其意, 而當此臺閣討罪之日, 乃敢擅入闕門, 略無顧忌, 古今
天下, 安有如許變怪耶? 今日國綱, 雖無餘地, 一日有國家, 則豈可一任其恣,
爲悖亂而莫之禁乎? 請趙泰耉爲先遠竄.” 上曰“勿煩.”【合啓與府·院啓, 皆昨日啓未
下批之前.】

○ 引見時府啓【掌令朴致遠】曰：“傳禪與代理, 截然有異, 而左參贊崔錫恒,
筵前陳達之時, 輒以今日代理之命, 指爲乙酉傳禪之事, 以爲驚惑人心之計,
其心所在, 誠不可測. 且當初備忘之下, 在於更漏已深之後, 大臣諸宰擧皆驚
惶罔措, 奔走闕下, 以爲登對爭執之計.

雖有進詣之差先, 固當待其齊會, 相率請對, 而錫恒或恐他人之同入, 大臣
方至而不少遲待, 徑[16]自獨入, 逆杜諸臣力爭之路, 要衒自家獨辦之跡, 其爲
情態, 有不忍正視者. 豈意卿宰之列, 有此黯黮之人哉? 決不可置而不論, 請左
參贊崔錫恒削奪官爵, 門外黜送.” 上曰“勿煩.”

○ 引見時,【司諫魚有龍·正言愼無逸·黃梓】啓曰：“臣伏聞右議政趙泰耉, 從宣仁
門入來請對, 則政院以臺啓方張, 有難稟達之意, 往復之際, 俄而司謁以右議
政及政院·三司入侍事, 來傳上敎. 夫臣隣之晉[17]接, 關由喉司者, 乃三百年定

---

14) 耉：底本과 존경각본에는 “南”으로 되어 있다.《景宗實錄 1年 10月 16日》기사에 근거하여
    수정하였다.
15) 黜：底本과 존경각본에는 “出”로 되어 있다.《承政院日記 1年 10月 18日》기사에 근거하여
    수정하였다.
16) 徑：底本과 존경각본에는 “經”으로 되어 있다.《承政院日記 景宗 1年 10月 18日》《景宗實錄
    1年 10月 17日》《景宗修正實錄 1年 10月 17日》기사에 근거하여 수정하였다. 이하 동일한
    사례에 대해서는 별도의 校勘記를 달지 않는다.
17) 晉：底本과 존경각본에는 “進”으로 되어 있다.《承政院日記 景宗 1年 10月 18日》《景宗實錄

規, 而今者大臣, 未知有[18]何私逕[19], 微稟入來之由乎? 此路一開, 則日後, 雖或有北門之變, 無以隄[20]防, 請當該承傳色·司謁, 竝命拿鞫嚴問."上曰:"依啓."

○ 十八日, 兩司合啓:"國本大定, 神人胥悅, 自非與鳳輝同一逆肝賊膽者, 則孰敢有不滿之意於已定之大策? 而右議政趙泰耉向日護逆之疏, 旨意叵測. 乙酉之擧, 事實各異, 而肆然誣引;戊辰之事, 與今不襯, 而故爲提說. 多少譬引, 專出眩惑, 而至以忠赤, 奬詡凶賊, 則是其爲心, 不但護逆而已.

昨年'冒嫌'之說, 指意有在, 而今又營救凶賊, 益可見其肝肺之盡露. 合辭請討, 實出於嚴懲討·杜[21]亂萌之意, 而閱月爭論, 兪音尙閟, 彼乃敢益懷放肆之心, 視朝廷若無, 及乎昨日偃然着公服, 自宣仁門突入.

噫! 彼符同陰釀禍亂之眞儉, 奬詡欲害國本之鳳輝, 罪關王章, 臺論方張, 而及夫請對也, 政院斥其不可擅請, 方在往復之際, 引見之命忽下於政院. 此旣政院所未稟之事, 則未知趙泰耉入來之由, 從何徹於天聽, 而致有此擧耶? 當該承傳色·司謁, 雖已有拿覈之命, 而泰耉之[22]平日交通宦侍之狀, 昭不可掩.

噫! 聖朝卜相之及於此等宦官·宮妾知名之人, 則是聖朝失政[23]之大者, 而

1年 10月 17日》《景宗修正實錄 1年 10月 17日》 기사에 근거하여 수정하였다.

18) 有:《承政院日記 景宗 1年 10月 18日》《景宗實錄 1年 10月 17日》《景宗修正實錄 1年 10月 17日》 기사에는 "自"로 되어 있다.

19) 逕:底本과 존경각본에는 "逕"으로 되어 있다.《承政院日記 景宗 1年 10月 18日》《景宗實錄 1年 10月 17日》《景宗修正實錄 1年 10月 17日》 기사에 근거하여 수정하였다. 이하 동일사례에는 校勘記를 달지 않는다.

20) 隄:底本과 존경각본에는 "堤"로 되어 있다.《承政院日記 景宗 1年 10月 18日》《景宗實錄 1年 10月 17日》《景宗修正實錄 1年 10月 17日》 기사에 근거하여 수정하였다.

21) 討杜:底本과 존경각본에는 없다.《承政院日記 景宗 1年 10月 18日》 기사에 근거하여 보충하였다.

22) 之:底本에는 없다. 존경각본 및《承政院日記 景宗 1年 10月 18日》 기사에 근거하여 보충하였다.

古語曰 : '事關宦豎, 莫不傷氣.' 彼亦士夫, 亦何忍名爲大臣, 而甘與宦侍, 潛相干通, 至於此哉? 內言出於外, 外言入於內, 自是亡國之事, 而今此密開私逕, 締結陰凶之迹, 忽發於大臣之列, 此而若不嚴覈痛懲, 則國之危亂, 必在朝夕. 請右議政趙泰耉拿鞫處斷." 答曰 : "亟停, 勿煩."

○ 府前啓, 崔錫恒削黜啓辭中, "不忍正視"下, 添入"況其夜標信不由喉院·該曹而直下云, 此路一開, 則日後雖或有北門之變, 恐無以隄防"等語.

○ 朴泰恒遠竄, 疏下削黜事.

○ 府新啓【朴致遠】 : 噫! 泰恒之罪, 可勝誅哉? 乘機投疏, 旨意絶悖, 投畀懲惡, 公議皆然. 當初勘律, 實出嚴勵之意, 而持平柳復命, 猝生阿附彼輩之意, 暗改已勘之律, 簡通于堂后, 而竝潛書同僚之名於簡通, 欲掩其異議獨簡之迹, 使其同僚爲其所[24]瞞, 而不知其名之入於簡通, 終未及可否於律名改勘之際. 其臺體之壞敗·情迹之黯黮, 已不可言, 而張皇引避, 顯有自效一邊之計, 聽聞所及, 莫不爲駭[25]. 請持平柳復明削去仕版." 答曰"亟停, 勿煩.[26]"

○ 前啓當該承旨罷職不敍事, 停啓.[27]

---

23) 政 : 底本과 존경각본에는 "刑"으로 되어 있다.《景宗實錄 1年 10月 18日》《承政院日記 景宗 1年 10月 18日》기사에 근거하여 수정하였다.

24) 所 : 존경각본에는 없다.

25) 駭 : 底本과 존경각본에는 "該"로 되어 있다.《承政院日記 景宗 1年 10月 18日》기사에 근거하여 수정하였다.

26) 煩 : 底本과 존경각본에는 "請"으로 되어 있다.《承政院日記 景宗 1年 10月 18日》기사에 근거하여 수정하였다.

27) 前 …… 啓 : 底本과 존경각본에서는 별도의 기사로 기술하였으나,《承政院日記 景宗 1年 10月 18日》기사에는 앞 기사의 아래에 수록되어 있다.

○ 李瑜處置, 追改律名, 所失在彼, 請出仕.

○ 判府事趙泰采箚：“引見命下之後, 諸臣亦多趨入, 而連日冷處, 重得泄痢, 退伏闕外, 未得同陳所懷. 云云.” 答曰：“有何所傷? 安心善攝.”

○ 拿問現告當該承傳色崔泓·司謁金天錫.

○ 校理李重協箚曰：“締結宦侍, 內外交通, 命令不由於政院, 卽亡國之兆也. 而昨日趙泰耈之潛入請對也, 政院未及陳稟, 而引見之命遽28)下, 其締結·交通之狀, 昭不可掩. 拿覈之請, 實出於扶王綱·杜私逕之意, 而乃以‘勿煩’爲敎, 殿下縱欲顧惜於便媚29)一倖30)幸相, 獨不念三百年洪業, 從玆傾墜耶? 伏乞快31)恢聖聰, 卽允臺啓, 明正其罪, 以解國人之惑焉.

且伏聞數三宰臣32)隨其後者, 聚會闕中僻處, 蹤迹極其陰秘, 顯有同謀交通之情, 宜明覈正律, 以彰淸明之治. 云云.”

答曰：“‘締結’·‘交通’等說, 殊極無嚴, 誠未可曉也. 更勿煩論.”【十九日, 始下.】

○ 刑曹參議李仁復疏：“庭班忽撤於二日之內, 四大臣合辭陳箚, 不知大臣何故而遽爲此也. 君父有過擧, 而爲臣子, 不能耐久力爭, 以期反汗, 乃曰‘不敢違拒以傷聖心’, 肆然以區別節目間事, 欲爲倉卒了當之計, 臣竊痛之.”

○ 政院啓【兪崇】曰：“李仁復昨投一疏, 侵及大臣, 語意甚緊. 臺諫方以洪萬

---

28) 遽 : 존경각본에는 “劇”으로 되어 있다.
29) 便媚 :《景宗實錄 1年 10月 19日》기사에는 없다.
30) 倖 : 底本과 존경각본에는 “幸”으로 되어 있다.《景宗實錄 1年 10月 19日》기사에 근거하여 수정하였다.
31) 快 : 존경각본에는 “夬”로 되어 있다.
32) 臣 :《景宗實錄 1年 10月 19日》기사에는 그 뒤에 “之”자가 더 있다.

朝削黜論罰, 則渠以其疏下, 俟罪不暇, 而成命還寢之後, 肆然欲售傾陷搢
紳[33]之計. 此等疏章, 旣有勿捧之敎, 故措辭還給, 則今又來呈, 侵辱本院, 依前
敎還給, 何如?" 答曰"允."

○ 十九日, 府新啓【掌令朴致遠】: "再昨趙泰耉之䝱[34]緣宦侍, 潛圖進見, 是
乃夜開北門之手段. 身爲宰列者, 苟有一分人心, 宜不忍與同其行止, 而一種
不逞之徒, 略不知恥, 密謀潛通, 影從其後, 如此陰秘不正之類, 不可置而不論.
請其時與趙泰耉, 自宣仁門同時潛入者, 金演·李肇及其他和應突入諸人, 一
併削奪官爵·門外黜送." 答曰"勿煩."

○ 正言愼無逸避嫌: "柳復命臺啓勘律事, 旣有參涉, 不可晏然. 云云."

○ 二十日, 校理李重協經出疏: "伏以皇天默佑, 聖心飜悟, 卽收非常之敎,
懽忻聳忭, 曷以言諭? 第念引對之命, 不在於大小臣僚力請之日, 而乃在於負
罪相臣冒入闕中[35]之後, 不待政院之陳稟, 而宦侍中間傳命, 國言喧藉, 莫不
喪氣. 此實從古國家亂亡之階, 而大有累於聖明之治. 故臣不勝憂憤, 略效區
區之言, 以尊朝廷於日月之明, 而無使邪穢于其間者, 是臣之赤心愛君耳.
殿下不少究察, 而反下'無嚴'之敎, 臣於是震駭罔措, 繼以慨歎也. 殿下置經
幄之臣, 將欲隨事匡正, 屛其陰翳, 而言涉宦侍, 輒加催折, 使不得畢慮盡忠,
恐非國家之福. 顧臣誠微言淺, 旣不能有槪於聖聰, 而不敢苟居於論思之地,
玆不得不露章自列, 徑出禁門. 伏乞亟命鐫削臣職. 云云."
答曰: "憑藉匡正, 語涉無倫. 若宦寺, 非有傳敎而任自爲之, 殺之可也, 族

---

33) 搢紳: 底本과 존경각본에는 없다. 《承政院日記 景宗 1年 10月 19日》 기사에 근거하여
　　보충하였다.
34) 䝱: 존경각본에는 "寅"으로 되어 있다.
35) 中: 존경각본에는 "門"으로 되어 있다.

之可也, 而旣因君³⁶⁾命, 則有何可罪之端乎? 有若曲護者然, 未知其妥當也. 爾其勿辭察職."【二十一日下.】

○ 右承旨兪崇疏槪 : "臣於李仁復之疏, 有不可一刻仍冒於職次者. 云云." 答曰 : "是非·黜陟, 人主所柄,³⁷⁾ 而中自退却, 未知得當也."

○ 禁府啓目【判禁閔鎭遠】 : "內官崔泓原情 : '今月十七日, 以當番承傳, 入番矣, 聞臺啓傳草已久, 來候於喉院稍近之地, 而元無臣僚請對牌, 書入之事. 忽於此際, 有大臣·三司接見之敎, 矣身及時趨詣, 得參於入侍而已. 伊時別監來傳入侍事, 而亦未能記其姓名, 其時只聞大臣而已. 右相引見之說, 亦未及聞, 右相去就, 本無與知之事, 亦無陳稟之擧. 無請對而有引見, 矣身亦甚怪訝. 云云.'

司謁金天錫原情 : '矣身以司謁入番, 十七日巳時量, 自差備急招, 蒼黃進去, 則內官金景杓以引見傳命. 矣身以爲「此何引見, 將傳於何處?」, 內官入去, 俄而出傳以爲「右議政·政院·三司引見, 傳命」. 矣身以爲「元無啓稟, 而有此引見傳敎, 更爲詳知來言」, 則景杓再三督促, 故蒼黃來言於政院, 他無所知. 云云.'

崔泓以當番承傳色, 伊日事狀, 萬無不知之理, 而全然牢諱【分叱不喩】, 入侍事傳說之別監姓名, 亦不指告, 殊極奸詐, 以此更爲推問【爲乎旀】, 金天錫段, 內官金景杓言于其矣身, 問其無請對有引見之由, 而景杓只爲再三督促【是如爲有置³⁸⁾】, 金景杓拿囚憑問後, 稟處何如?"啓.

傳曰 : "廷臣設請以後, 連坐進修堂, 伊日閤門外, 有誼譁前導之聲. 故問

---

36) 君 : 底本에는 "國"으로 되어 있다. 존경각본과《景宗實錄 1年 10月 21日》기사에 근거하여 수정하였다.

37) 柄 : 존경각본에는 "諒"으로 되어 있다.

38) 是如爲有置 : 底本은 "是爲如有置"이다. 존경각본에 근거하여 수정하였다.

之, 則右相入來云. 予始知其由而下敎, 此非自下微稟之事. 承傳色·司謁, 元無可罪之事, 置之."

○ 三司合啓<u>柳鳳輝</u>事, 亟停, 勿煩.

○ 兩司合啓中, 右議政<u>趙泰耉</u>改律, 極邊遠竄.

○ 司諫<u>魚有龍</u>·掌令<u>朴致遠</u>, 以玉堂箚批難安, 且於大臣拿鞫之律, 有差誤之失, 引避. 出槪, 政院還給後, 以遠竄改論.

○ 府新啓【<u>朴致遠</u>】:"昨日金吾判付, 有承傳色置之之命, 不勝慨然之至. 頃夜<u>崔錫恒</u>之獨先請對也, 不待啓請[39]而標信徑下;<u>趙泰耉</u>之冒入禁門也, 無[40]稟啓而挾隷汲汲招入, 擧國之疑惑, 到此益深.

雖只取[41]聖敎而論之, 故令喧譁, 使之聲入於大內者, 誰也? 以某某之來, 仰達於聖聽[42]者, 誰也? 査問纔始, 遽命全釋, 此豈所望於聖明者哉? 此而置之, 國[43]不爲國, 請<u>崔泓</u>等, 仍命嚴加究覈." 答曰"勿煩."

○ 二十一日, 左承旨<u>兪崇</u>初度呈辭, 遞差.

○ 增廣覆試.

---

39) 請:底本과 존경각본에는 없다.《承政院日記 景宗 1年 10月 20日》기사에 근거하여 보충하였다.

40) 無:《承政院日記 景宗 1年 10月 20日》기사에는 이 앞에 "初"가 더 있다.

41) 取:《承政院日記 景宗 1年 10月 20日》기사에는 "依"로 되어 있다.

42) 聽:底本과 존경각본에는 "聰"으로 되어 있다.《承政院日記景宗 1年 10月 20日》기사에 근거하여 수정하였다.

43) 國:《承政院日記 景宗 1年 10月 20日》기사에는 이 아래 "將"이 더 있다.

○ 政副學洪啓迪.

○ 二十二日, 同副承旨洪錫輔牌不進, 罷職.

○ 二十三日, 禁府啓 : "卽伏見下院判付, 有罪人崔泓·金天錫置之之命, 臣等竊以爲未安也. 伊日自上, 雖或親聞喧譁之聲, 有所問[44]知, 而不由喉司, 直命引見, 此實三百年來所無之事. 承傳色不爲啓達, 如許事例[45], 卽爲奉行, 終至貽累聖德, 大壞防限, 決不可全然無罪, 則司謁所引金景杓, 請拿囚嚴問. 間仍囚內官, 金景杓依前啓請, 拿囚憑問, 恐合於按法之體. 臣等待罪法官, 不敢循例奉行. 云云." 傳曰 : "內官金景杓, 因傳敎問啓, 則別無可問之端, 幷放送可也."

○ 禁府, 又以臺諫方以還收論啓, 姑不得擧行之意, 入啓.

○ 二十四日, 府前啓【持平李倚天】中【見上十九日】, 拔金演, 只請同時潛入者李肇削黜. '夤緣宦侍', 改以'不由政院', 又刪'及他和應突入諸人'等句語.

○ 二十七日, 府前啓中承傳色·司謁更加究覈事, 停啓.

○ 冬至兼奏請正使李健命·副使尹陽來·書狀兪拓基出去.
建儲奏文曰 : "謹奏爲敢陳小邦情勢, 冀蒙矜察事. 小邦僻處海隅, 迹甚疏遠, 而曲被皇朝字小之恩. 凡係大小事情, 有籲必許, 無願不遂, 使小邦宗社得保今日者, 莫非皇上所賜也. 今臣, 情有所懇憫, 勢有所切急, 則亦安可以僭[46]

---

44) 問 : 底本과 존경각본에는 "聞"으로 되어 있다. 《承政院日記 景宗 1年 10月 23日》기사에 근거하여 수정하였다.
45) 例 : 底本과 존경각본에는 "體"로 되어 있다. 《承政院日記 景宗 1年 10月 23日》기사에 근거하여 수정하였다.

越爲懼, 不爲之疾聲·哀號以悉暴於仁覆之下哉?

臣不幸自幼善疾, 寧日恒少, 方在壯年, 而氣甚痿弱. 最是嗣屬之路, 絕望已久, 多般醫藥, 終無寸效, 先臣僖順王在世時, 常以是爲宗社之慮. 積年浸病, 困篤呻吟, 而惟此一事, 痞寐耿結, 終至抱憂而薨逝, 臣之不孝, 固莫大矣. 臣嗣位以來, 怛然痛恨, 若添一病, 不敢晷刻自安.

況臣母妃金氏, 哀疚漸毀之中, 每與臣相對, 念先王之遺意, 憫後嗣之無繼, 未嘗⁴⁷⁾不懍然寒心, 臣母子今日情懷, 當復如何? 臣久抱痼疾, 完復無期, 叨受重寄, 艱虞溢日, 冊定儲副, 以係屬人心者, 誠不可少緩.

顧念臣曾祖忠宣王曁臣祖莊恪王, 俱無傍支, 先臣血屬, 只有臣及延礽君某, 而聰明·孝友, 年又長成. 臣旣無子, 則繼臣身而承先臣之業者, 捨玆其誰? 當此國勢孤危之日, 必須早建世弟之號, 然後累世之宗祧, 有托; 一邦之民庶, 有恃. 此非但臣日夜之所祝, 抑可以少寬母妃憫泣之心, 而慰先臣長逝之魂矣.

且伏念以弟繼兄, 不但小邦祖宗之世, 多有是例, 歷代傳序, 班班可考. 今臣以某爲嗣, 恐不悖於天理人倫, 而宜蒙皇上之矜許也. 曾在康熙五十年丙子, 先臣以臣請封儲貳, 而其時禮部援《會典》中, '藩王五十歲無嫡嗣'之文, 覆議不許, 終蒙皇上俯諒, 外服事例, 有異宗藩; 小邦形勢, 實難遲待之狀, 旋卽許施. 小邦臣民, 至今感戴, 我皇上明見萬里, 斷自宸衷, 曲循小邦情願, 出尋常萬萬矣.

目今小邦事情, 比前日尤有切悶, 而臣之疾病沉痼, 斷無一分生育之望, 又有如上所陳者. 今日預建儲嗣, 以定名號者, 寔出於追先志·樹國本之意, 其在天朝, 亦可謂鞏固屏翰之圖也.

伏惟皇上以天地之仁·日月之明, 儻賜諒察於此, 其所惻然而垂憐, 夫豈有前後之殊哉? 玆敢仰恃洪庥, 悉陳悲懇, 伏乞益加顧恤之盛念, 特依已行之令

---

46) 僭: 존경각본에는 "潛"으로 되어 있다.
47) 嘗: 底本에는 "常"으로 되어 있다. 존경각본에 근거하여 수정하였다.

典, 快允所請, 亟降封典, 以副臣母子之願·慰一國臣民之望, 不勝大幸. 緣係敢陳小邦情勢, 冀蒙矜察事, 爲此謹具奏聞."【出《槐山藏》.】

○ 藥房【都提金昌集·副提李宜顯】請對, 命所懷書入, 請明陵展謁, 差待春和. 答曰:"時雖嚴沍, 欲與世弟同爲[48]展謁, 大臣之言如此, 春間退行, 宜矣.

○ 二十九日, 政院啓曰:"卽者, 忠淸左道檢覈官李承源, 以驛路陳疏到院, 而觀其措語, 則以頃日備忘還收事云云, 原疏固當還送, 而第疏中有曰:'近來廷臣之進言者, 或少憂愛之誠, 率多專攻之語, 心常竊歎分義之未安.' 又曰:'聖復之爲此言者, 又孰使然也?' 其遣辭陰譎, 用意叵測, 已極可駭. 而疏中多有誤字, 連幅又不着名, 不由縣[49], 馳驛, 大違常規, 而本院請推之外, 無他可施之罰, 從重推考, 何如?" 傳曰"允."

○ 三十日, 掌令朴致遠啓:"云云. 臣於僚臺之拔去金演一事, 臣之難冒之端, 尤加一節, 而亦不能無訝惑者. 當初右議政趙泰耉自宣仁門潛入也, 金演·李肇一時突入之狀, 十目所視, 萬口皆言. 況臣伊時, 適在臺廳, 某某人之入某門, 旣有親聞而親見者, 且闕中入直之人, 亦皆明言.

臣之發啓時, 以此二人指名論斥, 不啻十分詳審, 而出一時之公誦, 則僚臺乃於詣臺之初, 未詳事實之如何, 動於偏[50]護者之言, 猝然拔去. 臣之見輕, 固不足恤, 而從今以後, 視以爲例, 各主己見, 今日改一啓, 明日刪一人, 則日後之弊, 當復如何? 云云." 答曰:"勿辭, 退待物論."

---

48) 爲:底本과 존경각본에는 "參"으로 되어 있다. 《承政院日記 景宗 1年 10月 29日》기사에 근거하여 수정하였다.

49) 縣:底本에는 "懸"으로 되어 있다. 존경각본과 《承政院日記 景宗 1年 10月 29日》기사에 근거하여 수정하였다.

50) 偏:底本과 존경각본에는 "徧"으로 되어 있다. 《承政院日記 景宗 1年 10月 30日》기사에 근거하여 수정하였다.

○ 十一月初一日, 政院啓【左副趙榮福·右副金濟謙】: "卽者, 黃海監司李堪, 因其辭疏, 提論向者備忘於事定日久之後者, 已極無嚴, 而況其憑籍臚列, 罔非黨同伐異之言. 堪以當初同被臺參之人, 挺身力戰於公議方張之日, 欲售乘機傾陷之計, 其所用意, 殊極叵測. 頃日旣有此等疏章勿捧之命, 臣等不敢捧入之意啓." 傳曰"入之."

○ 李堪疏: "伏以臣於廷議, 有所未曉者. 前參贊臣崔錫恒獨先入對, 果何罪耶? 所欲言者, 何等大事, 身旣到闕, 惟當卽時呼籲以冀反汗, 忔忔默默, 遲待他人, 夫豈分義之所宜乎? 苟有若是者, 誠可誅責, 而今反以不如是爲罪, 此非常情之所可度也. 無論先後, 但得回天, 斯爲至幸, 獨辦與共辦, 何暇論乎? 至謂備忘未下, 先到闕下, 雖三尺童子, 其誰信之?

至若右議政臣趙泰耈, 承殿下特降之敎, 至曰'快滌時態, 幡然入來, 以安將亡之國', 人臣承此敎, 其敢堅守常規乎? 爲國忘身, 少效大臣之責, 方寸炳然可質神明, 乃以此謂視朝廷若無者, 其何說也?

出入之由東闕, 只仍疾病凜綴, 取行步之稍近耳, 又宣仁門, 時御正門, 雖不病者, 由此出入, 從古何限, 而乃敢以是搆罪乎? 其行也, 呼唱於白日; 其入也, 請對喉司; 其所言者, 乃欲反君上釋務之命也, 今其聲罪, 或曰'突入', 或曰'潛圖進見', 天下寧有是哉?

若夫引見之徑下, 又豈相臣之所敢知? 其時委折, 殿下旣已明白下敎, 亦可以洞然矣, 猶且藉口而甘心, 片刻之內, 自黜而竄, 明日自竄而鞫, 又明日自鞫而竄, 阻搪低仰, 惟意所欲, 嗚呼! 其太無忌憚也. 臣竊聞大臣雖有罪過, 不許拿問, 明有先王下敎, 而猶且弁髦之不顧, 其他又何說也? 相臣之平生行己, 國人所知, 去就辭受, 狷隘則或有之矣, 交通宦寺, 夫豈近似於此人? 而白地橫加, 曾不少難, 至謂'枚卜於宦妾知名之人', 是則竝與聖簡而誣矣, 豈不痛哉?

嗚呼! 君父猝降非常之敎, 竭誠挽回, 衆心齊奮. 吾身之所不能, 或[51]他人能

---

51) 或 : 底本과 존경각본에는 "感"으로 되어 있다. 《景宗實錄 1年 11月 2日》 기사에 근거하여

之；常例之所不可爲, 或破格而爲之, 適足爲事過後相慶之資而已. 此固天理
·人情所必然者, 而今反抑勒操持, 猶恐不力, 臣誠爲世道慨然也.

　臣素性疎緩, 未嘗交涉於時論, 而此則關係不細, 待罪宰臣之後, 不敢不一
言, 伏願殿下少垂澄省, 無使人臣抱此黯黮之寃也. 至於所懷陳章, 政院不得
任自退却, 乃是古規, 而於庭請停止之日, 重臣進言之疏, 來呈政院, 而公然不
捧. 若是則事關國家者, 勿論輕重, 更無由於上聞, 後弊所係, 宜加嚴飭.

　而抑臣有大不安者. 臣於相臣請對之日, 聞數三宰臣, 欲一時請對之故, 臣
亦欲同之, 卽入闕中, 則已有諸宰臣同入之命, 遂隨衆而入對矣. 其時求對之
擧, 只緣庭請已停, 籲天無路, 爲此萬不獲已之計, 而玉堂·臺閣, 籲啓交沓,
加以叵測之名, 至以正律爲請. 臣雖時刻差遲, 不及於請對之時, 若其入闕,
實出於同請之意, 則何敢以苟免爲幸, 厭然自掩乎?"

　答曰："匡救進言, 予深嘉尙. 而今此時事之慨惋, 實由予涼德不明. 嗚呼!
是誰之愆? 夫復何言? 卿勿追提, 往欽哉!"

　○ 初二日, 副學洪啓迪·右承旨趙榮福·左承旨韓重熙, 皆因李堜疏陳疏.
洪疏有云："一自崔錫恒入對後, 一邊人以諸臣之未及同入, 交構傾陷, '誠可
誅責'等語, 亦一般意思也." 又論："崔·趙則引對, 庭請則厭薄, 先朝禮遇之
臣, 徒困讒搆, 莫暴忠愛. 云云." 答曰："於卿, 別無所嫌."

　○ 都承旨李正臣因臺言引嫌疏云："柳鳳輝請鞫時, 不參賓啓, 又以右相
請對時 同入人, 論啓削黜, 而臣獨倖逭. 云云."

　○ 初三日, 持平李倚天啓："伏見僚臺【僚臺卽朴致遠.】避辭, 則因臣向日傳啓
時, 拔去金演事, 盛加詆斥, 滿紙臚列, 旨意深緊, 臣竊[52]以爲慨然也. 蓋伊日金

수정하였다.
52) 竊：底本과 존경각본에는 "切"로 되어 있다. 《承政院日記 景宗 1年 11月 3日》 기사에

演, 於大臣諸臣引見之後, 乃與數三卿宰, 微稟追入, 則其非同時突入之狀, 據此可知. 臣意以爲此則不可無區別之道, 故及至詣臺[53]之日, 欲爲簡問僚臺, 則纔入試院, 罷出未易, 欲爲謄傳故紙, 則知非不改, 有愧吾心, 所以拔去於前啓, 而未及消詳於發論之人者也. 云云. 請命遞斥臣職[54]." 答曰"勿辭, 退待".

○ 初四日, 執義李重協辭疏云:"旣允臺啓, 至有承傳色拿問之命, 則國人安得不疑惑於伊日引對, 臣安得不憂憤而一言乎?" 答曰:"以予之涼德不明, 無君無嚴之論, 發於意外. 未知以宦妾知名之人除拜, 幾許人耶? 念時事之如此, 不覺慨然. 爾其勿辭, 調理察職."【初五日賓對, 因金昌集·李晩成·申晢等所達, 還入疏批, 初八日始下, 而"無君"二字, 改以"向日";"調理"二字, 抹去以下.】

○ 初五日, 備局堂上引見時, 李重協疏批還入事, 楊前下敎.【筵說見《爛報》[55].】應敎申晢云:"'宦妾知名'等語, 始發於臺啓, 而今則臺啓[56], 亦已刪改云. 李重協則前後箚啓, 元無此語."

○ 初六日, 司諫魚有龍疏, 有云:"藩臣疏, 傾陷欺誣 至以'誣聖簡'爲言. 罪名旣重, 則自黜而至拿;委折旣著, 則自拿而還竄. 合辭始發之時, 不敢開喙, 追提於日久之後. 云云. 憲臣疏批, 毛骨俱竦. 啓語已刪, 聖批又改, 不必費辭. 而當初不過引用古語, 晰事端於疑惑, 嚴堤防於臺陛, 尊聖德於日月, 躋朝廷於淸明. 云云." 答曰:"臺彈旣發, 則縷縷疊床, 殊涉過當."

근거하여 수정하였다.

53) 詣臺:底本에는 "請對"로 되어 있다. 존경각본과 《承政院日記 景宗 1年 11月 3日》 기사에 근거하여 수정하였다.

54) 臣職:底本과 존경각본에는 없다. 《承政院日記 景宗 1年 11月 3日》 기사에 근거하여 보충하였다.

55) 報:底本과 존경각본에는 "解"로 되어 있다. 용어 관례에 따라서 수정하였다.

56) 啓:底本에는 없다. 존경각본에 근거하여 보충하였다.

○ 初七日, 堂箚請朴致遠遞差·李倚天出仕. 處置措語曰:"當初擧劾, 雖出激慨, 混淪之際, 或有不審, 未及簡問, 事勢適然, 僚臺避辭, 何必深嫌?"

○ 黃監金有慶仍仕.【《備局草記》】

○ 江華留守李台佐疏辨李重協疏語云:"臣與數三宰臣, 同詣漏局, 卽闕中大路邊, 閣門咫57)尺之58)地, 今番庭請時, 大小諸臣歇泊處, 何以曰'僻處'乎?"答曰:"處分已定, 卿勿追提, 往欽哉!"

○ 初八日, 持平李倚天啓:"云云. 日者藩臣之疏, 云云. 夫趙泰耉潛圖進見之迹·崔錫恒巧譎熒惑之計, 十目俱睹, 情迹難掩, 則今此討罪之擧, 實出公共之論. 今李塡游辭分疏59), 欲以疑亂是非, 沮撓王法, 顯有乘機傾陷之意於公議方張之日, 何其無忌憚之甚也?

且趙泰耉與鳳輝, 二而一者也, 塡嘗同參於討鳳輝之列, 今於泰耉, 獨爲救伸, 猶恐不及, 無乃欲自效於其黨, 故不暇恤其得罪公議耶? 若是者, 何足責也? 臣且伏見江華留守李台佐疏, 大意與塡疏相符, 而罔非黨同伐異·分疏營救之意, 臣不欲與之呶呶對辨. 云云."答曰"勿辭".

○ 淸恩君 韓配夏疏槪:"臺章混及, 情地危蹙, 玆敢以短疏略陳自劾之意", 呈政院, 還出給.【十二日, 李正臣疏批下後, 傳曰:"韓配夏疏, 入之."】疏云:"右揆請對時, 臣亦與金演, 從宣仁門便路, 追後入對. 云云. 相箚一上, 庭籲遽撤, 右議政趙泰耉忠憤所激, 不顧情病, 曳到闕下, 復欲設請, 則大臣不肯趁詣闕門, 又

---

57) 咫:底本에는 "只"로 되어 있다. 존경각본에 근거하여 수정하였다.

58) 之:존경각본에는 없다.

59) 疏:底本과 존경각본에는 "釋"으로 되어 있다.《承政院日記 景宗 1年 11月 8日》기사에 근거하여 수정하였다.

欲請入, 則喉司牢拒之, 進退狼狽, 遲回彷徨, 不意天聽若雷, 特命賜對, 臣僚隨入, 至收成命. 苟非如聖復心腹者, 固宜忭喜嘉獎, 而乃反請竄·請鞫, 聲罪狼藉, 白地搆出'交通'·'締結'等語, 繩之以重律, 其心所在, 誠不可測.

至於前參贊崔錫恒, 勒加'黜陟'·'要衘'之目, 有若先奪己功者, 若非錫恒一人, 則今日朝廷, 果有能辦是事者耶? 臣老而不死, 目見主勢孤·王綱頹, 不覺痛哭流涕."

○ 府新啓【李倚天引避後, 不爲退待, 因卽傳啓.】: "向日備忘之還收, 實是宗社莫大之慶, 處分旣定, 更無可言, 一種不逞之徒, 乘時闖發, 必欲罔打朝紳而後已, 可勝痛哉! 李仁復唱之於前·李堣和之於後, 傾陷在廷之臣, 恣意誣毁; 伸救被論之人, 極口獎詡, 其力戰公議·甘心死黨之習, 有不忍正視.

而卽者, 淸恩君韓配夏踵其餘套, 投進一疏. 政院雖因勿捧之敎, 才已退却, 而蓋聞其疏語之凶悖殆, 有甚焉. 此等壞亂之徒, 決不可置而不論, 請淸恩君韓配夏·前參議李仁復·前監司李堣罷職不敍." 答曰"勿煩."

○ 初九日, 都承旨李正臣疏要語: "韓配夏疏, 憂慨近事, 陳其所懷, 臣以速捧送言, 而院僚無端阻搪. 云云. 主勢孤·黨與成, 喉司專務壅遏, 臺閣惟事擊逐, 君父之敎令, 不通咫尺, 群下之衷悃, 無路陳暴.

日昨右相別諭, 辭旨惻怛, 而再度沮遏, 使吾君敷心之敎, 格而不行. 云云. 右相請對, 非不出於常格, 特以庭請適撤, 成命莫回, 急於匡救, 他不暇顧, 蒼黃詣闕, 欲陳忠悃, 則登時稟啓, 冀其回天, 人情之所同, 而極力阻搪, 彷徨闕庭.

前判書崔奎瑞, 草野憂憤, 瀝血陳章, 而到院退却; 參贊崔錫恒, 當庭請旣停之日, 慨然陳疏, 往復數四, 終至不捧; 藩臣之疏, 語涉時諱, 則措辭阻搪, 且請不捧. 日昨承宣[60]疏批, 有'是非·黜陟, 人主所柄'之敎, 出納之地, 固宜恍

<hr>

60) 宣: 底本과 존경각본에는 "傳"으로 되어 있으나, 존경각본에는 오른쪽 옆에 작은 글씨로 "宣"이라고 쓴 수정자가 있다. 존경각본 수정자 및 《景宗實錄 1年 11月 9日》기사에

然震悚, 革心奉行, 而略不懲畏, 至於退却<u>韓配夏</u>疏而極矣[61]. 此輩如有一分嚴畏, 則縱恣無忌, 胡至此極?

請對重臣削黜之啓, 已非常情, 而右相之扶病入對, 涕泣匡救, 終得感回天聽, 上以慰春宮震迫之情, 下以鎭擧國波蕩之心. 而居臺閣者, 惟恐擠陷之不力, 首以'交通宦侍', 勒成罪案;末以'宦妾知名', 竝誣聖簡, 昨窺今鞫, 又變爲窺, 隨手低仰, 倏忽慌忙. 大臣之不許拿問, 先朝令典, 容易弁髦;承傳色之因上問而仰對, 聖敎昭示, 而曾不少恤, 拒之極力, 君臣分義, 滅絕無餘, 此而可忍, 何事不可爲?

<u>柳復明</u>之慷慨爭執, 有何可惡, 而故據他事, 必欲中傷, <u>朴泰恒</u>聯名疏請討<u>聖復</u>無將之罪, 卽一國公共之論, 或竄或黜, 盡驅半庭薦紳於罟獲陷穽之中. 至於<u>韓配</u>[62]夏疏, 喉司一邊阻搪, 臺閣一邊迎擊, 殿下朝廷, 反爲此輩所簸弄, 將至莫敢誰何之域.

殿下過於仁恕, 執德不固, 凡於羣下, 知其罪而不敢言之, 知其非而不敢正之, 旣或言之罪之, 而輒因欺蔽之言, 或卽還收. 惟其如是, 故此輩略無忌憚云, 摠攬權綱, 使主威振而國勢振, 祖宗臣民之福. 云云."

疏槪:"敢陳溺職之罪, 冀蒙遞改, 兼貢憂國之忱, 乞垂裁省事."

答曰:"疏槩予已知之, 卿其勿辭, 從速察職."【十二日, 下批.】

○ 同副承旨<u>趙鳴謙</u>疏槪:"臣於李正臣之疏, 有不敢晏然者. 云云."

○ 左副承旨<u>李挺周</u>疏槪:"卽伏見都承旨<u>李正臣</u>之疏, 因<u>韓配夏</u>辭疏之不捧, 拖及前事, 搆陷廷臣而聲罪院僚, 罔有紀極. 該房旣已陳疏徑出, 則臣之難冒之勢, 與同僚無異. 云云."左副<u>趙榮福</u>與右副<u>金濟謙</u>【李墣疏啓稟承旨.】皆有

근거하여 수정하였다.
61) 矣:底本에는 없다.《景宗實錄 1年 11月 9日》기사에 근거하여 보충하였다.
62) 配:존경각본에는 "熙"로 되어 있다.

疏.

　　答趙鳴謙·李挺周疏曰："處分已定, 爾其勿辭, 察職."

　　○ 初十日, 應敎申晳因李正臣疏, 陳辨疏.

　　○ 忠淸監司書目, 呈以司直申慶濟上疏上送事, 傳[63]曰："處分已定, 此上疏, 還爲下送, 分付."

　　○ 十一日, 持平李倚天疏："臣於合啓, 旣以姑停書出, 則與參無異. 崔錫恒啓, 則一再連啓, 況韓配夏之啓, 臣所獨發, 則李正臣之狂叫亂嚷, 無非罪狀臣者. 備忘卽收, 處分已定, 而此輩改頭換面, 愈出愈奇, 有若決死生於一戰者, 未知所爭者何事, 而將欲何爲也. 致此紛紜, 殿下使之也, 不有公議, 寬暇臺論, 諸人長宵小之心, 來讒賊之口. 云云."

　　○ 十二日, 持平徐宗伋疏槪："敢暴病重實狀, 兼付一二憂慨之忱, 以備裁察事."

　　○ 十三日, 傳曰："持平徐宗伋上疏, 還出給."

　　○ 十四日, 政院啓："夫臺閣言事之疏, 事體自別, 言可用, 固當夬賜敷納, 言雖不可用, 亦宜明示開誨, 使進言者自服. 而今者不然, 不問曲直, 直令還給, 實有乖於聖朝待臺閣之道. 儻於千萬世後, 有以今日爲口實, 而遂成惡·直拒諫之風, 則其將謂聖朝何如也? 臣等此言, 非敢有一毫爲臺臣地, 惟恐聖德之有損, 伏望聖明卽命[64]還入, 因賜批旨, 使聖敎昭如日月, 無人不瞻. 云云."

---

63) 傳：底本에는 "殿"으로 되어 있다. 尊經閣本에 근거하여 수정하였다.
64) 命：底本에는 "【缺】"로 되어 있다.《承政院日記 景宗 1年 11月 14日》기사에 근거하여

傳曰：“知道. 原疏入之.”

○ 徐疏要語：“不逞之徒, 輒加寬貸, 牢拒臺啓, 至於李㙫疏批, 至以‘凉德’等語, 過自撝謙, 使群下之心擧懷不安. 如韓配夏·李仁復輩敢窺測淺深, 李正臣首尾臚列, 無非禍心所發. 至於‘承傳色’等語, 渠雖欲藉重聖敎, 苟有一分未泯之羞惡, 則身居淸朝之宰列, 豈忍以營護近習之言, 顯誦於口頭耶?

聖復之疏, 雖極妄悖, 三司諸臣, 次第論啓, 則固無待於冗官散職, 而朴弼正·朴致遠汲汲聯疏, 擧措顚妄, 辭意謬[65]戾. 平日自謂不昧是非之天者, 亦不免與彼乘時攘臂, 藉爲口實者, 同歸一套. 云云.”

○ 傳曰：“淸恩君韓配夏上疏, 還給.”【韓疏要語見上.】

○ 十五日, 副提學洪啓迪疏略云：“李正臣疏所謂‘主勢孤·黨與成’, 眞嫁禍手段. 雖以正臣之曲護大臣, 亦謂‘出於常格’, 旣爲破格之事, 而欲望循例之稟, 非可駭之甚乎? 蓋其主意, 專以‘壅遏’·‘阻搪’之目, 欲爲網打之計, 謂‘壅遏’, 非但遏其進, 遏其言也；謂‘阻搪’, 非但阻其人也, 阻其言也. 執此爲說, 天聽謂可欺；指此爲案, 廷臣謂可罪. 云云.”

疏槪：“臣於都承旨李正臣之疏, 有不可晏然於榮次者. 云云.” 答曰：“已往之事, 人人追提, 實是怪訝, 亦欠和平. 云云.”

○ 答徐宗伋疏曰：“旣往之事, 意外追提, 殊欠和平. 爾其勿辭, 察職.”

○ 十六日, 持平徐宗伋啓曰：“臣妄陳一疏, 旣給還入, 不賜別白之敎, 泛以

보충하였다.

65) 謬：底本과 존경각본에는 “繆”로 되어 있다. 《皇極編》(규장각 소장, 청구기호 古4250-34)에 근거하여 수정하였다.

'殊欠和平'等語爲批, 臣誠惶惑失圖, 繼之以慨然也. 噫! 今日, 朝象之不靖, 國勢之日非, 豈有他哉? 直由於殿下過於寬仁, 事有當前, 不問曲直, 不分忠佞, 惟以容覆爲主, 使大憝得以偃息, 群小得以躑躅, 而論人之啓, 如水投石; 言事之疏, 茫若墮井, 公議之鬱而不伸, 物情之久而愈激, 良以此也. 若此不已, 則幾何其不至於泯泯棼棼, 淪胥以鋪也哉? 此臣所以深有慨於近事之處分者也.

夫和平, 豈不誠好? 而在臺閣, 猶爲第二義, 雖以臣疏中下款事言之, 略加警責, 固無不可, 而況可論者論之, 可罪者罪之, 方可謂眞正定和平者耶! 且事苟在可言之科, 則雖於累年之後, 不嫌其溯論, 而至於正臣之事, 旣非旣往, 又非追提, 罪與不罪之間, 未蒙發落之音, 臣之惑, 於是滋甚.

噫! 正臣之疏, 其計則嫁禍逞毒也, 其心則吮癰舐痔也, 苟求其罪狀, 則削黜之請, 亦云未減, 而聖批略不提及, 顯示不慨之意. 臣恐從今以往, 奸細之徒, 益無懲畏, 不知幾正臣將接踵而起, 國事終無稅駕之地, 豈不大可寒心? 云云."

答曰: "勿辭, 退待物論."

○ 堂箚請出仕, 依啓.

○ 持平李倚天疏請: "金興慶 · 李綌[66] · 權𢙗 · 洪錫輔 · 趙觀彬六人, 望實俱未易得, 而或退處鄕廬, 或屢違召牌. 云云. 避內求外爲一痼弊, 持樞重臣, 外薦方岳 · 松留新除, 練達事務此兩臣, 宜居內而不宜居外."

○ 十八日, 昭訓李氏卒.

---

66) 綌: 底本과 존경각본에는 "樺"로 되어 있다.《景宗實錄》및 한국역대인물종합시스템에 따라 수정하였다.

○ 十九日 啓覆時, 持平<u>李倚天</u>所啓前啓中, <u>朴泰恒</u>疏下諸人, 一倂削黜事, 及前持平<u>柳復明</u>削去仕版事, 停啓.[67]

○ 二十日, 啓覆時, <u>平監</u>【<u>趙道彬</u>】<u>開留</u>【<u>金在魯</u>】仍赴事, 定奪. 啓覆時, 承傳諸臣, 以<u>鄭亨益</u>斬黜事, 縷縷陳達, 而無發落.

○ 三司合啓<u>鳳輝</u>事.

○ 兩司合啓<u>世良</u>事·<u>泰耉</u>事·<u>珪</u>事.

○ 持平<u>李倚天</u>所啓, <u>朴泰恒</u>事·<u>崔錫恒</u>事·與<u>泰耉</u>潛入者<u>李肇</u>事·<u>韓配夏</u>事·<u>李仁復</u>事·<u>李埰</u>事.

○ 司諫<u>魚有龍</u>所啓<u>趙泰億</u>·<u>洪萬朝</u>事.

○ 二十二日, 府前啓<u>朴泰恒</u>·<u>崔錫恒</u>事入啓, <u>李肇</u>事·<u>韓配夏</u>·<u>李仁復</u>·<u>李埰</u>事, 停啓.

○ 二十四日, 副校理<u>李重協</u>疏: "臣之向箚, 在臺啓旣發·金吾判付未下前, 不過因臺啓而繼發之, 欲贊聖朝淸明之治·解國人疑惑之心, '宦妾知名', 非臣箚所及. 引對之命, 若下於大臣·臣僚伏閤之日, 則群下擧仰聖德之光明, 必無今日之紛紜. 臣性太愚·言太激, 所謂狂簡而不知裁. 云云."

○ 二十六日, 備忘記: "予以不穀, 丕承艱大之業, 于玆二[68]周, 而天災時

---

67) 啓覆時 …… 停啓 : 底本에는 세주로 처리되어 있으나, 존경각본에 의거하여 원문으로 처리하였다.

變, 斯月層出, 年荒歲蕪, 稼穡失稔, 蔀屋之下, 愁聲未撤, 十室之內, 怨讟猶存.
此乃寔由於孤之涼德, 亦在朝著之不思寅協而然耶! 陽月已盡, 臘前三白, 未
必期焉, 孤之憂遑, 尤切于中, 罔知攸爲. 內之大小僚臣, 外而八方方伯及兩都
留守, 詳畫(69)救濟之策, 以副小子夙夜憂懼之意. 承宣代草, 廣求直言."

○ 政院啓："臣等卽伏見備忘記, 十行綸音, 丁寧懇惻, 其責躬求助之意,
溢於辭表. 大哉之言, 有足以感激(70)天人之心者, 臣等雖欲代草, 終無以彷彿
其萬一, 而祗爲文具之歸, 直以備忘宣布中外之意, 敢啓." 傳曰："文辭拙訥,
未盡予意, 勿辭代草, 宣布中外."

○ 政院三啓, 傳曰："毋庸煩瀆, 代草頒布."

○ 二十七日, 司直<u>李光佐</u>疏："向日入對, 獲瞻天光, 親睹轉環之慶出, 與率
土含生, 同其忭喜, 退塡丘壑, 無恨矣. 不意一日之內, 駭機猝發, 堂箚·臺啓,
旨意叵測, 遣辭無倫.

其時入闕請對之委折, 不過庭請遽停, 籲呼路絕, 叩闕求對之外, 更無廻天
之道. 臣未知何惡於此, 而目之以'和應突入'; 何罪於此, 而擬之以削黜【臺啓】
正律【堂箚】, 誠非人理所可測度也.

呼唱而入, 止歇於路傍, 請對於政院, 萬目所睹也; 旣入前席, 合辭陳請,
又上下之所洞見也. 其曰'潛入'也·'僻處'也·'詭秘'也·'陰秘'也者, 果何謂也?
其曰'同謀'·'密謀'者, 以爲謀何事也? 其曰'潛通'·'交通'者, 以爲通何所也?

臣但知意在回天者, 爲得臣節, 爲此請對者, 爲可同入耳, 豈知以當日籲天

---

68) 二：底本과 존경각본에는 "三"으로 되어 있고, 《承政院日記 景宗 1年 11月 26日》기사에는
"已"로 되어 있다. 《景宗實錄 1年 11月 26日》기사에 근거하여 수정하였다.

69) 畫：《承政院日記 景宗 1年 11月 26日》기사에는 "盡"으로 되어 있다.

70) 激：《承政院日記 景宗 1年 11月 26日》기사에는 "格"으로 되어 있다.

之擧, 擬於北門手段; 以當日求對之事, 謂不可與同行止乎? 渠亦臣子, 戴天
履地, 忍爲此言, 信如言者之言, 臣宜亟伏常刑, 爲他人戒. 如其不然, 欺天誣
人, 亦自有律, 堂堂聖朝, 豈可一任其縱恣乎?

原啓才停, 今始自列, 乞命有司議臣罪有無, 明賜處分, 以嚴國體. 云云."

答曰: "既往之事, 不必介懷, 卿其勿辭, 察職."

○ 十二月 初三日, 政院啓: "臣等伏見吏曹歲抄單子, 則有連坐罪人㮚·
煥·爀等, 職牒還給之命, 臣等竊惑焉. 夫庚申之獄, 逆節狼藉, 罪惡貫盈, 即天
地之所不容, 神人之所共忿也. 凡在收[71]司之律者, 不當混入於蒙宥之中, 前
冬還給告身, 而旋即反汗, 曾未幾何, 而復有是命, 此必聖明未及深察而然.
而處分顚倒, 懲討失當, 揆以王法, 決不可置之. 請還收㮚·爀等職牒還給之
命, 仍令該曹勿復檢擧於歲抄文書. 臣等既有區區所懷, 惶恐敢啓."

傳曰: "事在既往, 累經赦宥, 其於欽恤之道, 有何所嫌? 勿煩."

○ 初六日, 司直金一鏡等疏曰: "伏以綱有三焉, 而君爲臣綱, 冠其三; 倫
有五焉, 而君臣有義, 首於五, 此天之常而民之彝也. 夫人之所以爲人·國之所
以爲國, 上下之所以維持, 獨賴有此耳. 噫! 倫綱之重, 或至淪替, 下有凌犯,
而上無按治, 則君不得爲君, 臣不得爲臣, 亂賊肆行, 社稷從而墟矣, 吁, 亦懼
哉!

昔孔子作《春秋》, 正大綱, 明人倫, 嚴事君之義, 一爲臣之分, 謹之於微漸,
察之於萌芽, 貳則爲逆, 將則必誅. 運聖人數寸之管, 揭王者[72]三尺之律, 而亂
臣賊子懼焉, 此誠天下萬世之大經大法也.

嗚呼!《春秋》之不講於斯世也, 久矣. 微而不防, 漸而靡杜; 萌而且著, 芽而
復蘗, 頹綱敗倫, 莫今日若. 聖復闢於前, 而顯戮之典, 尙不加焉; 四凶肆於後,

而沐浴之討, 迄未聞焉. 向所謂下有凌犯, 而上無按治者, 直是歇后語也.

職是而主勢日孤, 凶徒寔繁. 喉院之縱恣欺蔽, 三司之橫拏駈逼, 無復有君臣分義, 容護聖復者, 接迹而起. 綱旣滅矣, 倫亦斁矣, 社稷之爲墟, 特次第事耳. 興言及此, 寧不痛心? 臣等請爲殿下沐血而陳之.

嗚呼! 向日之事, 尙忍言哉? 宗社罔極, 臣民罔極 溯千古而所未聞, 稽國乘而所未有. 今日廷臣, 苟有一分北面於殿下之心, 咸伏闕庭, 碎首刳肝, 雖至經閱歲籥, 不忍遽退者, 自是天常民彝之不容但已也.

噫! 一端愛君之心, 人人同得乎天, 彼相臣者, 何獨牿亡? 謂吾君不足愛乎, 則君臣猶父子, 彼其之子, 曾不愛其父乎? 謂吾君誠亦愛乎, 則吾君之新服謝事, 其於臣子之情, 驚隕痛迫, 顧當如何?

伏閣庭籲, 黽勉塞責, 止於三日者 其可忍爲而爲之乎? 矧又聯名上箚, 任自裁定, 乃曰: '臣子亦安敢以輕遽爲拘, 一併違拒?', 又曰: '亟令攸司, 節目擧行.' 噫! 是豈人臣所敢萌于心·發諸口·筆於書, 而告其君者哉!

與聖復, 首尾和應·相爲表裏之狀, 的然可見. 情形莫逃而亟令云者, 不容徐遲之意也, 時刻之間, 事將叵測, 儻非自外新入之大臣, 忘軀命, 殉社稷, 首稽天陛, 面承玉音, 國之爲國, 有未可料也.

臣等竊觀甲戌兩司合啓, 論己巳大臣半日庭請之罪曰: '造·訒·仁弘, 無以復加.' 噫! 半日·三日, 眞是百步之於五十步也. 己巳諸相, 尙斥以造·訒·仁弘之科, 則今日彼輩, 固難逭冀·顯·莽·操之誅矣. 罪通于天, 其可赦乎? 且夫己巳, 獨未有自下箚請, 如彼輩者也.

嗚呼! 代理聽政之擧, 代不常聞, 而間或有之焉, 參互於前世往蹟, 攷据乎本朝故實, 率皆臨御累十載, 春秋晼晚, 疾病沈淹之後, 寔出於迫不得已也, 此非可議於今日, 而有所譬擬者也. 前後章奏, 旣已備陳, 臣等固不必一一塵瀆於宸嚴之聽, 而設令異日, 殿下若値堯年之倦勤, 分勞參決, 容有其道, 在臣子情地, 缺然雖極, 亦不無援依而行之者矣.

今我殿下卽位初元, 寶籌方盛, 亦未有形現之疢疾. 凡我在廷之臣, 服事殿下, 歲月幾何, 尙忍捨殿下於今日者, 未知於汝心安乎? 向來中外輿情, 波駭鼎沸, 咸指彼相曰: '此眞逆也, 胡乃捨吾王也?'

抑又惟天·惟祖宗, 默佑陰隲, 彼計未成, 噫! 天意·人心, 誠有不可誣者, 而四凶之罪, 固難戴頭於覆載之間也. 臣等誠竊有憤惋于心者, 取見彼輩私黨之論聖復之疏, 有曰“內懷吾君不能之心.”, 彼輩情狀, 足見其端倪矣.

噫噫, 痛哉! 彼輩之謂'吾君不能'者, 于何而致之也? 夫臨朝淵默, 固聖德之沈凝寡言, 而其發於絲綸也, 則旨意之含弘深遠, 字句之嚴正縝密, 雖唐虞典·謨·商·周誥·訓, 不啻過也, 聖度涵博, 如天地之大 ; 本源澄澈, 如日月之明, 推是心, 行乎政, 大猷之治, 何遽不做?

臣等死罪妄謂, 殿下第於仁·武二字,[73] 武字似或有歉焉. 竊覰殿下, 誠亦有不總權綱, 徒事因循之病也, 彼輩俯仰窺覘, 慢而易之. 侵侮之習, 逐月漸長 ; 脅制之計, 鎭日至深, 權柄幾[74]移于下, 威福不在乎上. 此猶[75]不厭, 內蓄將心, 陰相規劃, 密聚喉咬, 賊疏先嘗, 凶箚繼上, 此由於吾君不能, 而謂我誰何之意也. 噫! 彼輩之陰凶巧猾, 固無足論, 亦恐殿下殊欠剛克之政, 使之然也.

臣等竊伏惟念前日李師命·李翔等之初復官也, 故判書臣朴泰尙, 以大司憲上章論之, 又以'不總權綱, 徒事因循'八字, 仰規我先大王盛德, 先大王亟賜嘉納, 奬之以'切中予病', 因收復官之命. 臣等庸愚, 誠愧前良之讜直. 伏願殿下, 克追先大王奮發之威·轉圜[76]之美, 毋復因循, 亟行按治, 使彼四凶毋得猖獗, 而群不逞有所懲畏焉.

噫! 殿下受先大王投遺之至重, 爲宗廟社稷之[77]主, 今之不忠於殿下者, 乃

---

73) 仁武二字:《景宗實錄 1年 12月 6日》기사에는 “仁明武三字”로 되어 있다.

74) 幾:《景宗實錄 1年 12月 6日》기사에는 “旣”로 되어 있다.

75) 猶:底本과 존경각본에는 “惟”로 되어 있다.《景宗實錄 1年 12月 6日》기사에 근거하여 수정하였다.

76) 圜:底本과 존경각본에는 “環”으로 되어 있다.《景宗實錄 1年 12月 6日》기사에 근거하여 수정하였다.

77) 之:底本과 존경각본에는 없다.《景宗實錄 1年 12月 6日》기사에 의거하여 보충하였다.

所以不忠於先王也. 彼四人者, 荷兩朝眷待之隆, 處萬民具瞻之位, 一毛一髮, 罔非國恩, 而忘先王·負殿下, 一至於此, 罪貫惡盈, 婦孺莫不唾罵, 國人皆曰 可殺, 何殿下過加寬貰, 尙置之於巖廊之上哉? 無或殿下克寬克恕, 謂'渠先朝 舊物, 遽施誅殛, 有所不忍也哉!' 審如是也, 大有所不然者, 臣等請明之.

　賊臣自點, 嘗以仁廟朝寵遇首相, 兼且有不世殊勳, 惟我孝宗大王, 嗣服之 初, 亟命遠竄, 旋復按法誅之, 衆情咸快, 至今稱之, 斯豈非我殿下師法於今日 者乎? 況彼輩無尺寸可紀之微勞, 有王法必誅之重犯乎? 嗚呼! 天下之惡, 莫 過於逆, 而自古首犯其惡者, 必食君厚祿, 位在極品之人, 蓋其所由來漸矣, 非 一朝一夕之故也. 臣等請溯而論之.

　粤惟我先大王, 乃於甲戌之初, 特下備忘: '强臣·凶孽有動搖國本, 繩以逆 律.' 於戲! 先大王明睿之照, 靡有不及, 蓋慮不悅於元良者, 或有其人, 日月滋 久, 氷霜可戒也, 故爰有此敎. 又有一二元老, 苦心長慮, 力爲調護之道, 則彼 其之類, 視若仇讎, 輒以非理加之, 自經[78]辛巳以來, 指斥尤甚.

　任敞·朴奎瑞·成揆憲·朴尙初等, 換面迭興, 恣口逞凶, 及夫禎翊之疏出, 而 軋逼敲撼, 不啻狼藉. 曾在丙[79]戌春, 臣一鏡待罪憲司也, 論罪禎翊之語, 有云 '見無禮於儲君, 如逐鳥雀'.

　噫! 彼輩之無禮吾君, 權輿于是, 輒用此等一種陰邪癡獸者, 流爲之先嘗, 乃其伎倆也. 及至丁酉頤命獨對, 則前席取旨, 旣不如李泌之爲, 而請招諸相, 欲詢可否, 苟究其情, 誠有難測. 若夫代攝天職, 虔告太廟, 則唐虞故事, 明有 可據, 而昌集力爲阻遏者, 或恐事體之漸就嚴重, 其勢難動故耳. 寔賴先大王 止慈之德, 高出百王, 殿下之仁孝, 人無間焉, 而百里興疾, 亦有一介黃髮之效 忠, 保有今日.

　逮我殿下嗣登寶位, 妖賊志述, 逼辱聖躬, 無復人理, 昌集輩群起而和之,

---

78) 經: 底本에는 "徑"으로 되어 있다. 존경각본에 근거하여 수정하였다.

79) 丙: 底本과 존경각본에는 "甲"으로 되어 있다. 《肅宗實錄補闕正誤 32年 1月 27日》 기사에 근거하여 수정하였다.

劫迫殿下, 末減薄譴, 猶不獲施. 昌集又以召還引退諸臣爲請, 而至曰：'謂殿下不足與有爲也.' 云, 遣辭之絶悖, 胡至此極? 其所謂內懷不能者, 執此觀之, 亦不但內懷而已, 彼輩旣不以君父待殿下, 而亦不以臣子自處也者, 節節昭著, 擧國臣民, 孰不駭痛? 其所積漸, 蓋嘗如此, 所以有今日也.

彼聖復, 卽彼輩指揮使令中一者也, 一疏先投, 嘗試之謀潛售, 屢日淹過, 非常之敎遂降. 彼輩之偵伺揣摩, 固已爛熟, 力爭回天, 元非本情. 雖以外面事體言之, 身居大臣之列, 而國有罔極之擧, 則病不敢言矣, 駕不得俟矣, 進身象魏, 亦何可後於人哉? 集也, 左足不窺於戶外；健也, 緩驅僅止於闕下. 或假托休致之請, 偃蹇陳箚, 而至如國家之處分, 曾無片言之到, 或恚恨於請收聖敎, 露章顯攻, 而其於聖復之罪狀, 未有半辭之及, 如是而尙可掩其心迹乎?

及其昌集之許免也, 則健命·泰采與兩司群醜, 奔走慌忙, 或箚或疏, 自上靳許, 批旨未安. 而方當卿宰·侍從聲罪請討之際, 健命又肆然請對, 終夜於淸禁之中, 書納所懷, 必復黨魁之位. 噫! 老賊引年而使之釋柄, 則何其悶迫之至此? 明主履端而遽爾謝事, 則何其忽視之若彼哉?

頃年鄕曲一賤者上疏, 敢請先王釋務就閑, 朝廷駭[80]痛, 設鞫刑死. 噫! 幺麼愚迷無知識, 而國家刑典, 斯不得不嚴. 況今聖復職忝臺垣, 四凶位列鼎席, 疏以試之, 箚以繼之, 撐肚陰計, 非出於愚而無知；肆口凶言, 不由於迷而無識. 論其情犯, 比于前萬萬凶慘, 而前則戮之, 今乃晏然. 噫! 若非無王·無法之國, 典刑之嚴, 豈但施於寒乞, 而廢於權勢哉?

嗚呼! 昌集, 故領議政壽恒之子也. 壽恒死於己巳, 而丁寧臨絶之戒其子者, '力避權要'四字. 蓋當善言之日, 誠有隱痛於中, 他人聞之, 尙亦悲矣. 集乃恬然自若, 忽棄罔念, 冒居勻軸, 把据邦衡, 貪權樂勢, 放縱自肆. 渠亦人子, 回望碧波, 能不怵于心而泚其顙耶? 爲子不孝, 旣如是矣；爲臣不忠, 固其所也.

頣命, 乃以師命之弟, 包藏禍心, 積有年所, 俟罪江郊, 惡毒尤憯, 遙執朝權, 排布甚密. 頃承召命, 遂陳一疏, 而只引己私, 不爲主憂, 入城翌日, 卽辨是箚.

---

80) 駭：底本에는 "該"로 되어 있다. 尊經閣本에 근거하여 修正하였다.

泰耉, 本以患得失之鄙夫, 忘恩負義, 惟利是趨. 乘機投合, 情態巧黠, 卒與集·健爛熳同歸. 健命, 賦性暗曲, 處心回慝,[81] 傳法於師命之妖邪, 護法於頤命之凶猾, 昌集之惡, 與之相濟；泰耉之奸, 取以爲助. 病國害民, 特其細故；犯分悖義, 便作能事.

四凶勢成, 百邪影從, 爪牙心腹 狐伏近密, 左右前後, 無非相國之人, 其視寶辰, 殆若弁髦. 今日國事, 危且急矣者, 誠如聖敎, 是殿下固已慮之久矣. 噫! 傳曰'四罪而天下咸服', 殿下胡不取則於大舜乎? 唉! 彼聖復自是鷹犬, 栫棘之典, 失刑雖甚, 元惡大憝, 息偃自在, 可謂聖復之冤也.

臣等又聞宰臣李光佐諸人, 在庭請之班, 聞邊停之議, 抗辭爭之, 健命則辭氣相加, 泰耉從傍誆[82]誘, 昌集遂不得已佯出明日庭班之令, 聚首搆箚, 趁曉投呈,[83] 又以停請, 分布各司. 噫! 渠輩奸腸, 已有成筭, 而公議難抑, 若將勉從, 甫及退散, 旋卽變幻, 造意之陰巧·用計之詐譎, 殆不忍正視也.

右議政臣趙泰耉, 忽聞庭班之停, 急到闕外, 送錄事于四相團會之所, 言其不可遽撤, 俾卽更設. 彼輩遂以箚本投示, 謂：'俺等此外, 無他道理, 惟執事隨意爲之.' 右揆於是, 進詣禁局之內, 使政院稟旨求對, 承旨及兩司之官, 承望四凶之風旨, 一邊沮[84]尼, 一邊劻擊, 宣室特召, 天啓明斷. 集與健也, 蒼黃窘步, 跳跟顚蹶, 景象駭怪, 走卒指笑, 吏胥代憨.

噫! 渠輩累日請對, 一兪終靳, 是聖上俯燭其不以誠懇故也. 況乎班已撤矣, 箚已入矣, 則肝肺畢露, 作孽難逃, 若聞右揆之賜對, 固當駢首於金吾, 席藁惶蹙, 恭俟鈇鉞, 更擧何顔, 靦然於香案之前哉?

當其在閤門之外也, 有一宰臣言其停請之非, 集則曰'吾不忠也', 健則曰'吾無狀也'. 噫! 不忠·無狀, 渠亦自知, 而初拒右揆, 如有所執, 至是服罪, 似若乞

81) 慝：底本에는 "匿"으로 되어 있다. 존경각본에 근거하여 수정하였다.
82) 誆：존경각본에는 "狂"으로 되어 있다.
83) 呈：底本에는 "逞"으로 되어 있다. 존경각본에 근거하여 수정하였다.
84) 沮：底本에는 "阻"로 되어 있다. 존경각본에 근거하여 수정하였다.

哀, 情狀之切痛, 又何如哉?

齊籲之路, 旣阻 ; 箚請之事, 將行, 顧瞻王室, 岌岌殆哉! 身佩安危之大臣, 只欲進死一步, 則渠輩獨不汗顔而愧心乎? 況復一覩耿光於咫尺之天, 幸奉兪音於崩迫之際, 苟非凶逆, 孰不聳忭? 居臺閣者, 敢以'有何陰機'等語, 勒成重案, 直請鞫.

噫! 勖我明辟, 復摠萬機, 何等正大·何等光明, 而'陰機'二字, 其意安在? 噫! '安敢違拒'之說, 四凶倡之, '有何陰機'之言, 群奸和之, 殆若鼀聲鼀應, 梟音鵂答. 快快忿忿於前旨之命還, 志在於懟上禦下, 計出於架虛鑿空, 目之以'締結'·'交通', 公肆誣衊, 直欲代勘.

嗚呼! 臣等窺觀歷代往牒, 世値衰叔, 禁闡不嚴, 扳援宮掖, 密開蹊徑者, 有之 ; 締結閹豎, 潛行貨賂者, 有之 ; 交通內外, 幹旋陰機者, 有之. 禍人家國, 隨手覆亡, 臣等讀史至此, 未嘗不歎息痛恨, 今我聖明之世, 豈有彷佛於斯? 而彼輩遽以黯黮題目形諸文字, 謄播遠邇, 略無顧憚, 其爲設心, 凶且慘矣.

抑臣等竊惟我春宮, 向於倉卒深夜, 忽承聖敎之非常, 驚惶震惕, 涕泗汍瀾, 屢接宮僚, 言不成聲. 有以見至誠惻怛, 感動臣隣, 宮僚莫不贊歎, 向人傳說, 臣等固已稔聞之矣. 今此四凶, 忝在保傅輔導之職, 不思奉承慰安之道, 非惟殿下之逆臣, 實亦春宮之罪人也.

噫! 舒慘伸縮, 都在於四凶之掌握 ; 操縱闔闢, 亦出於四凶之意指. 汲引私人, 列據要路, 嚴旨朝降, 薦剡暮登, 進退黜陟, 惟渠所欲, 特殿下徒擁虛器耳. 玆故如'無嚴'·'無君'·'無倫'等, 峻批絡繹而下, 視若尋常, 專無畏忌.

至於啓迪, 奸之尤者, 眞是晋敦之充·鳳也. 奸情慝態, 閃忽變幻, 夾助巨猾, 召募凶徒, 殿下之股肱, 割而截之 ; 殿下之羽翼, 剪而去之. 嗚呼! 前夜之反汗, 賴於重臣 ; 伊日之繳還, 由於右揆, 殿下之所倚仗[85], 惟此一二臣, 而請竄請黜, 逐之惟恐不及. 凡諸爲殿下殫誠竭忠, 欲自盡臣子之職分者, 一倂請罪,

---

85) 仗 : 底本과 존경각본에는 "杖"으로 되어 있다. 《景宗實錄 1年 12月 6日》 기사에 근거하여 수정하였다.

俾不得擁守輦轂, 必欲令殿下孤立乃已, 臣等不知渠輩將欲何爲. 噫! 古今天
下寧有是耶?

君臣分義, 至嚴且重, 毫忽之頃, 一有蹉跌, 惡逆之名, 簒弑之誅, 有不得辭
者, 或湛族於當世, 或戮魄於朽壤. 況彼輩積漸旣久, 凌犯且大, 不臣之志, 一
笴孔彰, 無君之惡, 萬目難掩, 三綱之冠, 五倫之首, 其亦滅絶靡餘, 《春秋》無
將, 不足以繩其罪, 漢法不道, 不足以準其律. 此實天地之所不容, 神人之所共
憤, 縱殿下仁恕寬大, 亦有所不可始終私庇者也.

伏願殿下特下明旨, 亟擧常刑, 賊臣<u>聖復</u>及四凶首惡, 一以三尺斷之, 無少
饒貸, 喉院·三司無君無嚴無倫之罪, 倂加懲討. 立君臣之大綱, 建斯民之常
倫, 使亂賊不敢復作, 忠赤得以自勵, 宗社綴旒之危, 賴以復安.

臣等曩在闕下, 連日拜章, 而目見四凶得肆胸臆, 私與扼腕悲憤, 寧欲擧笏
仟顙, 登時請討, 豈敢少緩? 而彼輩負犯旣重,[86] 猶恐臣等之議其後也, 弰彀急
張, 蠆矢齊發, 三十薦紳, 半夜擊逐. 臣等退屛私次, 只自腐心, 尙賴聖明在上,
讒說自息. 環顧朝廷, 曾無一人義士, 爲君父討亂賊, 吾東方禮義之域, 將不免
夷狄·禽獸之歸, 臣等嘗忝侍從之後, 顧安敢以處散自嫌·畏禍自沮, 不爲之明
目張膽乎?

臣等疏旣具而未及上也, 伏睹殿下特宣德音, 廣求直言, 十行天札, 辭旨懇
惻, 上以敬天之怒, 下以恤民之隱. 聖躬, 則痛自刻責而憂懼於夙夜; 臣工,
則勉其寅協而慨悗於朝象. 嗚呼! 殿下微發其端, 臣請爲殿下伸[87]之焉.

噫! 雷電轟燁於純陰之月, 螮蝀交輝於沍寒之日, 淫雨·毒霧, 時候輒愆, 日
微星妖, 乾文多錯. 昔<u>漢</u>臣<u>梅福</u>告其君曰: '不見其形, 願察其影.' 殿下何不察
其影而求其形乎?

噫! 賊魁<u>昌集</u>, 敢據元輔, 氣焰薰天, 勢力駃人, 左右縱擊[88], 惟其頤指; 朝

夕遷除, 擧是血黨. 至於將領進退, 惟視趙舍異同, 此正口含天憲, 手握王爵者也, 廉恥一節, 不宜責之此人. 而聖上許免, 便是已退之身, 私黨請仍, 豈無獨愧之心? 雖以賈似道之詐退諷留, 尙臥湖上十日, 此則蹲據盤礴, 不動一跬, 賊操所謂'誠恐離兵, 爲人所禍'者, 固是昌集之實情也, 而'己敗則國家傾危'者, 亦操之言, 而昌集之又所自引者也.

噫! 漢室之傾危, 不在乎操之去兵, 而在乎操之不去兵也; 今日國勢之傾危, 正在乎[89]昌集之不釋權, 而不在乎昌集之釋權也. 居銓地者, 率是凶黨, 吮舐於集·健之門, 出沒於狐鼠之藪, 蟣蝨雜種, 引置三司.

殿下於崇也, 責之以'是非·黜陟, 人主所諒'云爾, 則渠敢首擬於薇垣長官; 殿下於協也, 斷之以無君·無倫·無嚴之重科, 則渠敢新通於玉堂東壁. 角勝君父, 務樹黨與, 濫藉國家之名器, 擅作奸賊之窠窟, 濁亂猥雜, 日以益深, 尙何以寅協之道, 責之彼輩乎? 臣等竊恐殿下之志則勞矣, 殿下之計則左矣. 嗚呼! 彼輩之於殿下, 固無君臣兩全之勢, 彼安則此危, 此安則彼危, 殿下顧安得臣使彼輩, 而與共國事也?

語有之'周衰, 無寒歲', 蓋王綱不振, 彝倫殆廢, 上凌[90]下替者, 至東周而極焉, 故有斯應也. 今殿下煢煢宅恤於上, 億兆洶洶崩角於下, 而賊臣擅國, 天位靡安, 倫綱之頹墜, 殆甚於衰周. 迺者, 大寒奄[91]過, 時宜栗烈, 而地無點雪之覆, 江無厚氷之凝. 嚴肅之氣·貞固之道, 不曾見乎天地之間者, 蓋有所召, 非有他故.

儻殿下奮乾剛之德, 體雷發之象, 快行天討, 肅淸穢惡, 妖腰亂領, 莫敢自肆, 而賊臣·惡子, 不得干犯,[92] 則四方忠義之士, 何但拭目延頸, 想[93]望太平? 脅

---

89) 乎 : 존경각본에는 "於"로 되어 있다.

90) 凌 : 底本과 존경각본에는 "陵"으로 되어 있다.《景宗實錄 1年 12月 6日》《景宗修正實錄 1年 12月 6日》기사에 근거하여 수정하였다.

91) 奄 : 底本에는 "掩"으로 되어 있다. 존경각본에 근거하여 수정하였다.

92) 犯 : 존경각본에는 "紀"로 되어 있다.

93) 想 : 底本에는 "相"으로 되어 있다. 존경각본에 근거하여 수정하였다.

從·反側[94]之徒, 亦可使之底定自安矣. 夫然後上下交修, 而政化昭明, 則乾淸坤寧, 人道貞矣. 是在殿下一轉移之機, 恐不可他求之也. 若夫[95]一向委靡, 不畏振刷, 但欲使朝著有寅協之休, 邦國無危亂之禍, 則是何異於卻步求前乎? 適見其一日甚於一日, 宗社之亡, 可立而待也.

臣等忠憤自激, 誓不與此賊, 共戴一天, 矧今殿下導之使言, 臣等圭復聖教, 流涕痛器, 玆敢齊聲叫閤, 惟聖明少垂察焉. 臣等無任瞻望雲霄, 激仰感奮之至."【李眞儒·尹聖時·李明誼·朴弼夢·徐宗廈·鄭楷】

○ 政院啓【都申思喆·左李喬岳·右趙榮福·同趙明[96]謙】曰: "金一鏡等, 憑藉求言之會, 投進一疏, 而滿紙張皇, 罔非不忍言·不忍聞之凶言, 臣等誠不欲逐款論辨, 汚諸筆舌, 而槪其意之凶悖, 不但在於戕害四大臣也. 一自世良等疏出之後, 已知此輩惡逆之心, 無所不至, 而今以一鏡等疏觀之, 其心所在, 尤不啻明若觀火. 渠雖托以請罪陳箚之大臣, 而其所怒目·咬牙, 果但在於陳箚一款耶?

噫嘻! 此等陰凶奸慝之疏, 惟當斥退之不暇, 而聖上亦宜觀覽, 而嚴加痛斥, 以折奸萌, 故不得不捧入. 伏乞聖明亟賜處分, 快施典刑, 以幸國事, 不勝幸甚. 臣等忝居近密, 旣有區區所懷, 憂憤之忱, 惶恐敢啓." 答曰"知道".

○ 政院啓: "領相金昌集·領府事李頤命·判府事趙泰采, 因金一鏡等疏, 方待命於金吾門外. 云云." 傳曰: "安心勿待命事, 分付."

○ 夜二更, 答金一鏡等疏曰: "應旨進言, 予用嘉納, 而侵詆大臣, 殊欠和平矣."

---

94) 側 : 底本에는 "側"으로 되어 있다. 존경각본에 근거하여 수정하였다.

95) 夫 : 존경각본에는 "復"으로 되어 있다.

96) 明 : 底本과 존경각본에는 "鳴"으로 되어 있다. 《景宗實錄 1年 12月 6日》《景宗修正實錄 1年 12月 6日》기사에 근거하여 수정하였다.

○ 備忘記：“予一自嗣位以來, 觀其朝臣之所爲, 少無保護國家之事, 言念時事, 不覺痛惋. 如此奸細之輩, 與共國事, 則將至於國不爲國, 宗社危矣, 決不可不嚴懲. 爲先三司諸臣, 一倂門外出送.”

○ 三司門黜現告, 申晢·申昉·徐宗燮·趙文命·李箕鎭·金鎭商·李喜朝【在外.】·趙榮世·李倚天·徐宗伋【呈遞.】·黃龜河·魚有龍·鄭宅河【在外.】·李滋·成震齡【在外.】·南世珍·蔡膺福.

○ 傳曰：“金一境之疏, 皆是進言, 而喉司阻遏, 敢陳啓辭, 窺見予之淺深, 極爲痛惋. 參啓承旨, 竝罷職.”

○ 傳曰：“西所衛將沈必沂[97], 假承旨差下.”

○ 傳曰：“空望筒, 入之.”

○ 傳曰：“三司不容暫曠, 前持平朴弼夢, 持平除授；司書尹㝔, 校理除授；前正言李明誼, 獻納除授；前獻納李眞儒, 正言除授.”

○ 傳曰：“吏曹判書權尙游·參判李秉常, 姑先罷職, 參議在外, 不可不變通, 改差. 吏曹判書, 知事沈檀除授；參判, 金一鏡除授.”

○ 傳曰：“訓將李弘述, 奸凶滅倫, 陰懷不測之心, 予痛之. 如此之人, 不可置之將任, 姑先削奪官爵, 門外黜送.” 仍傳曰：“宣傳官卽爲發送於李弘述處, 奪符以來事, 分付.”

---

97) 沂：底本과 존경각본에는 모두 “河”로 되어 있다. 《景宗實錄 1年 12月 6日》 기사에 근거하여 수정하였다.

○ 傳曰 : "當此草創[98]之時, 將任不可久曠, 領敦寧魚有龜, 訓將兼察."

○ 傳曰 : "銀臺近密之地, 不容暫曠, 李正臣承旨除授. 兵判李晚成今姑改差, 崔錫恒除授."

○ 傳曰 : "承旨李挺周[99]雖無參涉啓事, 而欲觀渠之心腸, 牌招則晏然入來, 極爲無嚴, 姑先削去仕版. 承旨金濟謙, 亦爲罷職."

○ 傳曰 : "新除授三司 · 承旨及政官, 待明朝, 卽爲牌招察任."

○ 傳曰 : "禮曹判書李宜顯遞差, 前參判李光佐除授. 戶曹判書閔鎮遠遞差, 前參判金演除授. 刑曹判書洪致中遞差, 李肇除授. 前都事李濟, 掌令除授 ; 刑曹參議梁聖揆, 大司諫除授. 前忠淸監司李世瑾, 吏曹參議除授."

○ 領敦寧魚有龜請對, 傳曰 : "夜深, 所懷書入." 所懷啓曰 : "臣伏見聖上今日之處分, 爲萬萬非常之擧. 爲國事憂惶震掉之際, 忽有訓局 · 禁營兩將兼察之命, 深夜趨詣, 驚惶罔措. 臣以無似, 旣兼御營 · 扈衛之任, 此雖一時變通, 而旣不可一刻仍帶. 伏願立與前帶及新察兩任, 一倂移授於可堪之人, 以幸國事焉.

仍竊伏念我聖上至德臨下, 仁厚寬裕, 未嘗有喜怒之過中 · 處分之失當, 此固群下之所欽仰頌祝者. 忽於今日, 威怒太過, 半夜之間, 嚴旨荐下, 未審殿下有何激怒而爲此擧也. 昨者金一鏡之疏, 臣未得見其原本, 姑未知其措[100]語

---

98) 創 : 底本에는 "草"로 되어 있다. 존경각본에 근거하여 수정하였다.

99) 周 : 底本과 존경각본에는 "舟"로 되어 있다. 《景宗實錄 1年 12月 6日》 기사에 근거하여 수정하였다.

100) 措 : 존경각본에는 "指"로 되어 있다.

之如何, 而雖以喉院啓辭觀之, 可知萬萬凶悖, 專出傾陷網打之計也.

大抵向日庭請之時, 四大臣之陳箚, 非有他意, 專出於爲聖躬分勞, 本心斷斷. 及夫登對後, 力請收還, 仍又引咎自列, 則其本心之無他, 業已聖鑑所洞燭. 一鏡之疏, 搆誣罔極, 此喉院諸臣之所以措辭仰稟, 以冀鑑燭者, 而一倂譴罷.

至於三司諸臣及六卿長官, 有何可罪之端, 而或削·或罷, 一倂譴斥? 訓局之帥, 卽先朝宿將, 而加罪至重；本兵之長, 受國家重任, 而遞改無端, 臣竊爲聖躬惜此擧, 臣誠煎迫憂歎, 罔知所以仰對也. 惟聖上亟收諸臣遞改·罷削之命, 所下傳旨一倂反汗, 以光聖德·以靖朝著焉.

至於中批除拜, 本非聖世之美事, 而沈檀則衰朽老殘, 爲淸時之棄物；一鏡則人望輕淺, 枳淸顯之職秩, 而不問人器之如何, 遽授銓衡之重任, 以致物情之駭惑, 正宜反復深究, 思所以改之也.

噫! 大臣, 卽殿下之股肱. 四大臣, 受先王之殊遇, 値國家之艱虞, 鞠躬盡瘁, 期報聖恩, 猝被罔極之誣, 將陷不測之罪. 聖上雖以侵詆大臣咎責一鏡, 而其厭薄, 則甚矣. 彼四大臣, 俱以老成舊臣, 屛還丘壑, 死且何恨, 而此後搆誣之言, 必不勝其紛紜.

伏願聖上深加思察, 無或見撓, 思所以愛惜保全, 以光聖德, 不勝大幸. 臣猥忝國戚, 目見非常之擧, 敢以匡輔聖德之意, 冒死妄陳. 云云."

答曰："予志已決, 卿其勿煩, 安心勿辭."

○ 初七日, 傳曰："將任不可暫曠, 訓將有闕之代, 前都正尹就商除授. 卽爲牌招, 傳授密符."

○ 謝恩, 都承旨李正臣.

○ 傳曰："罰已行矣, 李眞儉放送, 金始煥敍用."

○ 傳曰：“新除授吏曹參議<u>李世瑾</u>, 時在任所, 不可等待, 今姑改差, 監司<u>徐命均</u>除授. 前府使<u>金東弼</u>, 修撰除授, 司果<u>尹淳</u>, 校理除授.”

○ 傳曰：“摠戎使<u>尹慤</u>, 作爲奸詐之鷹犬, 趨勢滅義之狀, 予甚痛惋. 如此之輩, 不可置之將任, 爲先門外黜送.”

○ 傳曰：“<u>洪啓迪</u>之再三陳疏, 陰懷不測之心, 與奸邪之輩首尾和應, 締結朋比, 窺予之深淺, 極爲痛惋. <u>羅州</u> <u>黑山島</u>, 圍籬安置, 卽爲押送.”【都事<u>尹東卨</u>】

○ 正言<u>李眞儒</u>, 以曾叨納言, 見帶之職, 有違政格, 進疏.

○ 傳曰：“<u>李眞儒</u>, 司諫除授.”

○ 傳曰：“政官牌招, 三司卽爲差出.”

○ 傳曰：“右議政<u>趙泰耇</u>處, 遣史官, 命召傳授, 與之偕來.”

○ 傳曰：“罰已行矣, <u>韓世良</u>放送.”

○ 吏曹<u>沈檀</u>因國舅所懷引嫌疏, 答曰：“今此除拜, 意非偶然.”

○ <u>一鏡</u>引[101]嫌疏有云：“外戚干政, 必亡之兆. 云云. 欲護私黨, 力戰公議於改紀之初. 云云.”答曰：“國舅書進, 出於意外.”

○ 吏議<u>徐命均</u>疏：“如臣者, 言議模糊, 藻鑑眊瞙. 云云.”

---

101) 引：底本에는 “因”으로 되어 있다. 존경각본에 근거하여 수정하였다.

○ 獻納<u>李明誼</u>·持平<u>朴弼夢</u>, 因<u>魚有龜</u>所懷, 皆引避, 勿辭.

○ 吏判·吏參謝恩.

○ 三司合啓【掌令<u>李濟</u>·持平<u>朴弼夢</u>·大諫<u>梁聖揆</u>·獻納<u>李明誼</u>·校理<u>尹竑</u>】曰："君臣之義, 莫逃於天地 ;《春秋》之法, 必嚴於懲討, 苟有爲臣子而犯君臣之分者, 不宜一日容息於覆載之間矣. 噫! 向日諸大臣之罪, 可勝誅哉? 殿下嗣服之後, 祖宗之所付托·臣民之所仰戴, 當復如何? 而伏況[102]殿下仁孝·聰明, 逈出百王, 卽祚未幾, 新化旁[103]流, 八域臣民, 莫不拭目傾耳, 觀德聽風, 而彼大臣者, 陰嗾賊復, 投進凶疏, 至令君父不得安其位.

非常之敎, 才收旋降, 擧國鼎沸, 人心波蕩, 若將不保朝夕, 彼獨何心, 恬不動色, 草草庭籲, 三日卽止, 繼上聯名之箚, 直請節目之行. 以今觀之, 始之者賊復, 結之者大臣, 而其所醞釀, 非一朝一夕之故也.

蓋<u>金昌集</u>, 則其脅制君父·擅弄威福之罪, 固難毛擧. 而曾在丁酉, 力沮告廟之議, 惟恐國本之難撓. <u>李頤命</u>, 則獨對之日, 請招大臣, 欲詢可否, 其心所在, 路人亦知. <u>李健命</u>, 以<u>師命</u>之從弟, 陰謀·秘計, 無不主張, 恚恨於上敎之請收, 移攻稟啓之喉司 ; 嫌惡於章牘之登徹, 至肆藉重之凶言. <u>趙泰采</u>, 則以患得失之鄙夫, 仰人喉吻, 惟利是趍, 卒與三凶, 爛熳同歸, 可勝痛哉!

若使此輩一日在朝, 必貽宗社一日之憂, 不可不屛諸荒裔, 以絶禍本. 請領議政<u>金昌集</u>·領府事<u>李頤命</u>, 竝絶島圍籬安置 ; 判府事<u>趙泰采</u>, 極邊遠竄 ; 左議政<u>李健命</u>, 待其竣事回還, 竝施栫棘之典事." 答曰"不允."

○ 三司合啓<u>柳鳳輝</u>鞫問正法事, 兩司合啓<u>韓世良</u>鞫問·<u>趙泰耉</u>遠竄·<u>權珪</u>

---

102) 況 : 底本에는 "祝"으로 되어 있다. 存敬閣本에 근거하여 수정하였다.

103) 旁 : 底本과 存敬閣本에는 "傍"으로 되어 있다.《景宗實錄 1年 12月 7日》《承政院日記 景宗 1年 12月 7日》기사에 근거하여 수정하였다.

鞫問事, 停啓.【後以趙泰采滅律事, 諸臺皆引避, 十二日, 臺啓改措語, 幷請島棘.】

○ 府啓: "賊臣聖復之罪, 可勝誅哉? 投進一疏, 嘗試君父, 使聖上不得安其位焉. 此非癡騃一漢所可獨辦, 潛受巨慝之嗾唆, 作此凶悖之陰計. 國言喧藉, 情狀莫逃, 栫棘之典, 終歸失刑, 其和應情節, 不可不嚴覈以正王法. 請聖復設鞫嚴刑, 夬施典刑." 答曰 "不允."

○ 前啓朴泰恒遠竄·崔錫恒削黜事, 停啓.

○ 院前啓趙泰億罷職不敍·洪萬朝削奪·承傳色司謁朴貴先·崔君弼事, 停啓.

○ 政院啓: "領相命召來納." 傳曰: "姑爲捧入."

○ 傳曰: "噫! 國勢可謂岌岌乎殆哉! 上自大臣, 下至庶僚, 少無匡救之策, 日事月論, 專出於護黨, 相攻戈戟, 相尋者然, 心甚慨然, 旰宵憂悶, 不遑寧處. 卽今首揆, 意外臺彈, 論道未易, 左相出疆, 鼎席皆空, 如無左右手, 有何可施? 卿以喬木世臣, 念時事之觭杌兀,, 滌昔日臺言之謬戾, 卽廻遐心, 速出論道, 以解倒懸之急." 仍傳曰: "遣承旨, 敦諭于右相, 與之偕來."

○ 三司門黜現告. 大司憲李喜朝·執義趙榮世·掌令南世珍·蔡膺福·持平李倚天·徐宗伋·大司諫黃龜河·司諫魚有龍·正言李滋·成震齡·獻納鄭宅河·副校理申晳·校理申昉·副修撰徐宗爕·趙文命·修撰李箕鎭·金鎭商等, 門黜.

○ 判書·參判開政. "承旨南就明·柳重茂·權以鎭·沈壽賢·朴彙登·大憲

李肇·掌令李廷濟·副應教權詹·修撰[104]沈珙·司書權益寬·吏佐洪萬遇·兼
弼善李眞儒·兼文學尹㝖·兵參韓配夏·同禁金一鏡·刑議金始煥. 忠監李世
瑾仍仕."

○ 初八日, 傳曰："予雖否德, 少有敬君之心, 何敢以卜相於宦妾知名人等
語發論耶? 無嚴不敬, 莫甚, 其時首發人拿鞫, 嚴問言根出處, 參啓諸人, 竝邊
遠定配."

○ 拿鞫, 現告魚有龍·朴致遠. 拿囚參啓定配, 現告李倚天.

○ 傳曰："李重協箚有'締結'等語, 而今此傳旨中, 只以朴致遠·魚有龍爲
首發, 而李重協則不入其中, 極可怪異. 令本院更爲查覈, 一體鞫問."【李倚天
靈巖郡定配, 後因大臣筵奏, 勿施.】

○ 右相趙泰耇箚："伏以臣頃於庭請輟罷之日, 籲呼路絶, 不得不冒昧請
對於劾論方張之中者, 蓋循故相臣李德馨故事, 而臺章層激, 罪名罔極, 如非
天日在上, 臣久已爲薤粉矣. 臣之有罪·無罪, 聖明旣已盡燭之矣, 到今臣何庸
費辭辨明?
而只恨臣平日, 行身無狀, 不能見信於同朝, '締結'·'交通'之目, 狼藉於章牘
之間, 白地橫加, 無復顧忌, 此不但玷辱身名而已. 臣實痛恨於此滓穢之蹤,
何敢復厠於班行, 以辱淸朝而羞當世哉? 不意今者, 史官相守, 承宣繼辱, 敦諭
聖旨, 懇惻丁寧, 臣以何心能不感泣? 欲報之德, 天地罔極, 而第臣情地之不可
唐突趨命者, 如上所陳. 云云." 答曰："予之至意, 已諭於別諭矣, 更何多誥?
卿勿念往事, 快滌時態, 從速入來, 以扶將亡之國."

104) 修撰：底本과 존경각본에는 이 아래 "應敎"가 더 있다.《景宗實錄 1年 12月 7日》기사에
근거하여 삭제하였다.

○ 獻納李明誼以三凶議律"安置"上"圍籬"二字, 偶然落書, 曚然傳啓, 避嫌退待.

○ 院【正言徐宗廈】處置出仕.

○ 持平尹聖時啓曰: "衆凶滿朝, 權柄下移, 宗社将亡之勢, 迫在呼吸.《春秋》必討之義, 不容暫緩, 敢隨縉紳之末, 竊附沐浴之請, 幸蒙聖斷赫然, 快賜嘉納. 栢府新命, 遽下意外, 繼而召牌臨門.

第伏見國舅書陳云云, 臣等之言, 實採一國之共誦, 欲扶萬世之大義, 今爲一戚臣所譏詆, 至於如此, 臣雖不肖, 以何顔面, 晏然於臺列, 以累聖上清明之化哉? 伏願亟罷臣職, 使一世之人知外戚之臣不敢干國事, 使士大夫知被詆於外戚者之爲朝廷羞恥事. 云云." 答曰"勿辭."

○ 初九日, 右承旨柳重茂書啓: "右議政趙泰耉以爲'今日備望中, 有拿鞫臺臣, 究問言根之敎, 在臣私義, 有所臬兀不自安者. 而旣承申命之諄勤, 亦不敢仍留城外, 謹當入就私次, 以俟處分.'云矣."

傳曰: "聞卿入城, 欣幸曷喩? 拿鞫事, 意在正大, 則卿少無嫌. 須勿介懷, 速出論道, 以副如渴之望."

○ 政院啓: "李重協, 則不參於合啓, 而追後獨陳堂箚, 故不得混錄於首發, 而亦漏於參啓人查出中, 敢啓." 答曰"知道". 又傳曰: "李重協, 一體拿鞫嚴問."

○ 傳曰: "明朝禁府堂上, 并卽牌招, 使之開坐."

○ 李重協拿囚.

○ 傳曰：“今此除拜之人, 實循公議, 意非偶然, 則或引嫌撕捱, 不爲出肅, 誠甚未安. 本院各別申飭.”

○ 守禦使李光佐, 摠戎使李森.

○ 政院啓：“實錄堂郎, 多在罪黜, 總裁官方出城待罪, 纂修役急, 何以爲之?” 傳曰：“右相摠察.”

○ 備忘記：“當此艱虞溢目·國事波蕩之時, 台席一空, 廊廟俱虛, 如大廈之無棟樑. 領相方被臺彈, 出仕無期；左揆出疆, 還朝期遠；右相才已視事, 不無獨賢之勞. 不可不變通, 不得已領·左相, 今姑遞改.”

○ 都承旨李正臣疏：“前忝是職, 因一憂慨之疏, 鋒鏑叢身, 危怖之說·醜悖之辱, 左右迭出. 此輩忘君護黨之習·誣上陷人之術, 天鑑俯燭, 不欲較辨.”

○ 右議政趙泰耉請對入侍時, 以勤聖學·友東宮·擇宮官·振紀綱·嚴宮禁·恤民困·固邦本等語陳達.

首言枚卜後撕捱之由云：“大臣相繼引嫌, 一相則曰‘不與於卜相時, 吾所不知’, 一相則‘顚錯誤了’云, 被卜之人, 何可冒出?

前冬箚陳之事, 不過欲使朝廷守禮義而已. 其時皇旨·否文, 辭意逕庭, 有似假飾, 小臣所達, 不是別件義理, 有何一毫逼碍於東宮者耶? 至以‘冒嫌’二字, 作爲欛柄, 登諸臺啓, 欲置罔測之科, 臣實痛迫.

當國家非常之擧, 有特召以‘安將亡之國’爲敎, 駄病至城外, 數次陳籲, 以冀收還, 而庭請遽止, 呼天無路, 入來請對, 而政院阻却. 幸賴大臣·諸臣同辭陳籲, 還收備望, 臣雖歸死, 無恨矣.

出去之後, 臺章層激, 以‘締結’·‘交通’爲目, 至比宣仁門於北門. 蓋欲詬辱小

臣, 而不知其言之若是無嚴, 如非天日在上, 小臣爲薤粉矣. 今則乾斷廓揮,
朝著淸明, 實國家之慶, 而判府事趙泰采卽臣從弟, 彼此罪名, 惶恐何可達?"

又陳生民困悴, 癘疫·盜賊斥退, 改卜云云. 又曰:"上年臣陳戒之疏, 益被
臺臣之誣辱. 臣非不知聖學出天, 友愛至篤, 而人臣事君之道, 非堯·舜, 不陳,
期以大舜之孝友, 勉我殿下. 云云. 頻開經筵. 云云. 玉堂故事, 《貞觀政要》云
云. 嚴宮禁, 使外言不入於內·內言不出於外. 云云. 恢廣言路. 云云. 輔導東
宮, 另擇講官, 翊衛官員, 亦令擇差. 殿下在東宮時副率金載海, 置講官之列.
鄕外猥雜之類, 切勿充擬事, 申飭銓曹."

又云:"新化隆洽之日, 宜思收拾民心之道. 卽今八路同飢, 宜下哀痛之旨.
畿甸不可無別樣存恤之典, 湖西·海西大同, 亦宜稍減斗數, 節國用. 云云."

又曰:"今當新化, 一邊之人, 盡爲逐去, 有同草創. 上自正卿, 下至庶位,
無以備員, 次次升擢, 然後可成朝儀.

崔奎瑞, 身負重望, 自在先朝, 每欲召用, 而守志不變, 終不入來, 向日庭請卽
止之後, 卽呈一疏, 而政院壅蔽不達. 其人之誠忠, 素見重於儕輩, 決不可置之
草野中.

鄭齊斗, 素有儒學, 今若別諭, 必欲招致, 則精誠至所, 金石亦透. 李台佐屢
典州縣, 治績最優, 朴泰恒雖老而尙健, 爲人恬靜, 不事奔競, 尹就商武科中可
用人, 并宜陞品擢用. 堂上中, 如李眞儉·李眞望·金始煥諸人, 亦不易得之才,
并宜調用. 堂上·堂下, 侍從積滯人, 亦宜次次陞品, 臣當與銓曹相議爲之矣."
上曰"好".

又言:"國舅干政, 本非聖世之美事. 日昨所懷, 實是意外, 如此等事, 宜加
禁抑." 又曰:"近來廉隅掃地, 位高之人, 宜加惕念. 管子曰:'四維不張, 國乃
滅亡.' 管子雖是伯者之輔, 其後漢儒, 亦引用此言, 苟或一日放倒, 國不爲國.
向來廉隅一節, 壞盡無餘, 到今何可不存前車之戒哉?

國舅書啓中, 或指以衰朽老殘, 爲世棄物; 或指以人望輕淺, 枳於淸塗, 雖
其所言, 不必當矣, 而豈可不恤人言, 一番陳疏, 突爾輕出乎? 況其出而行政實

多駁然者, 己巳半日庭請諸人之子與孫, 何可首先擧擬乎? 今當更化之初, 至以戒飭黨論爲敎, 中外莫不感悅, 豈無奉承之意? 而銓曹用人, 其漸如此, 公議亦拂鬱矣.

己巳以後, 至今三十餘年, 其後登朝無故之人, 不爲不多, 銓曹道理, 當此初政, 先用無故之人, 其餘不可參用之人, 則徐徐採取物議, 許以冗官·散職, 容或可也, 何可突然備擬於承旨之望乎?

三司擬望, 亦不無己巳黨人積年見枳者, 公議莫不爲駭. 其中或有與臣爲嫌者, 而殿下旣責臣以輔[105]相之任, 何可曲避嫌碍, 以傷聖化? 公議如是咈鬱, 而其在自處之道, 終不可晏然行公, 吏判宜幷加警責矣." 上曰"唯."

又啓:"名義之重, 一日放倒, 則國不可爲國, 用舍之際, 尤爲審愼. 年月已久, 事理迷昧, 或有干名犯義之人, 不當擬於淸塗顯秩, 亦有混然幷擧者, 此又不可不另飭銓曹, 以無汚始初淸明之治也." 上曰"唯."

又啓:"逆獄連坐, 不可輕易收敍. 殿下雖以親親之意, 施其恩澤, 旣已放還田里, 涵泳聖澤, 國恩已是罔極, 豈可復加甄敍, 使同無故人哉? 公議咈鬱, 㮨·煥·赫等敍命, 亟命還收." 上曰"依爲之."

○ 右承旨柳重茂以李倚天參啓, 在於'締結'等句語刪去之後, 而兩司誤爲現告, 該書吏, 請令攸司科罪, 泰耈曰:"果然則同爲被謫, 似不當矣." 上曰"拔去."

○ 傳曰:"將兵之臣, 連在城外, 誠甚未安. 新除授兵曹判書崔錫恒, 斯速入來察任事, 更爲下諭事, 分付."

○ 初十日, 實錄廳啓:"一房堂上申思喆罷職, 代禮判李光佐;二房堂上權尙游罷職, 代兵判崔錫恒;洪啓迪安置, 代知事姜銳;黃龜河門黜, 代司直

李台佐；三房堂上李秉常罷職, 代司直朴泰恒；都廳郎廳申哲門黜, 代司諫
李眞儒；申昉門黜, 代修撰沈珙；李重協拿囚, 代校理尹淳；二房郎廳徐宗
燮門黜, 代獻納李明誼；魚有龍拿囚, 代持平尹聖時；三房郎廳蔡膺福門黜,
代權益寬；未肅拜郎廳權益淳·李顯章, 一體牌招." 傳曰"允."【以後不盡錄.】

○ 禁府, 柳鳳輝 三水府定配單子, 傳曰："事在旣往, 置之可也."

○ 備忘記："昨年尹志述, 憑藉改撰誌文, 遣意陰險, 誣辱私親之狀·渠之
書陳所懷, 窮凶情節, 畢露無餘. 斷不饒貸, 亟正邦刑."

○ 政院啓："尹志述亟正邦刑事, 命下矣, 禁府堂上, 牌招不進, 何以爲之?
敢稟." 傳曰"竝改差."

○ 判義禁洪萬朝除授, 知義禁韓配夏·同義禁趙泰億·李台佐除授.

○ 政院啓："韓配夏, 身在從二品, 知義禁乃是正二品, 座次[106]單子, 該曹
有難循例捧入, 何以爲之?" 傳曰"加資."

○ 院啓【正言徐宗廈】："司直李宇恒, 賦性奸譎, 締結凶孽, 曾爲將任, 屛騶夜
行, 情迹陰秘, 臺彈峻發, 罪名至重, 而不少懲畏, 益懷禍心. 昨夏, 卽祚之請稱
賀之班, 偃然徑歸, 終不入參, 苟有一分愛戴之心, 何敢乃爾? 其無君蔑倫之
罪, 不可不嚴懲, 請李宇恒絶島定配.
頃者, 四相臣庭請議罷之際, 詢問可否於在廷諸臣, 則數三卿宰·一臺臣抗
辭力爭之外, 擧皆合辭唯諾, 靡然從之. 當此元惡懲討之日, 隨從諸人, 不可不

嚴懲其罪, 請前判書閔鎭遠·李觀命·李晚成·李宜顯·申銋·任堕·權尙游·兪集一·趙道彬及當日伏閣三司諸人, 姑先削奪官爵·門外黜送.

　吏判沈檀以久廢之蹤, 當特除之恩, 則所當精白一心, 審愼用捨,[107] 而日昨政目, 敢以私黨中干犯名義之權重經·權護·投合時好之鄭雲柱·負犯至重之洪重鉉, 汲汲擧擬於承旨·三司之望, 其不有公議, 全無顧憚, 莫此爲甚, 請吏判沈檀改正事." 答院曰[108]: "不允. 削黜事依啓."【三司現告, 申晳·朴致遠·愼無逸·黃梓·李廷爌[109]·李瑜.】

　○ 吏曹參議徐命均疏曰: "噫! 近來黨議漸痼, 排軋異己, 專事錮塞, 實爲亡國之徵, 臣亦嘗屢陳於章奏矣. 今若一襲前轍, 從而效尤, 則已非聖朝黜斥之本意, 亦乖選曹公平之大體. 而至於向時得罪倫紀·見枳公議之人, 決不可容易擧論·隳壞堤防者, 道理當然. 而昨見政目, 若此之類, 任意通擬, 略不顧忌, 全無嚴畏國法之意.

　如臣者, 性褊而旣不容廁迹其間, 仰人口吻, 力弱而又不能抵敵其鋒, 沮遏手段. 非特一身之顚沛, 實慮重誤於國事, 臣之終不敢苟冒於銓地, 於是乎決矣. 是雖被誅譴, 萬無承當之理. 云云." 答曰: "天官佐貳之任, 不宜久曠, 爾勿撕捱, 從速察職."

　○ 吏曹參判金一鏡疏: "伏以亂賊橫恣, 主勢孤危, 宗社之亡, 幾於一髮. 擧國傍觀, 屛氣鼠竄, 曾無一人, 仗君臣之大義, 爲社稷之深計. 泯泯默默, 拖至數月之久, 倫綱滅絶, 天理晦塞. 臣忝兩朝侍從, 徒畏四凶威勢, 不以一言聞於殿下, 是忘先王也, 負殿下也. 臣雖不忠, 何忍爲此? 遂與若干人, 上章請討.

107) 捨 : 底本과 존경각본에는 "舍"로 되어 있다.《承政院日記 景宗 1年 12月 10日》기사에 근거하여 수정하였다.
108) 答院曰 : 底本과 존경각본에는 없다.《承政院日記 景宗 1年 12月 10日》기사에 근거하여 보충하였다.
109) 爌 : 底本에는 "爀"으로 되어 있다.《皇極編 卷9》에 의거하여 수정하였다.

而自以拒轍之螳, 必無幸矣, 祗欲爲社稷一死, 扶樹倫綱, 永有辭於天下後世而已. 妻兒[110]啼泣, 親戚牽挽, 疏成之後, 望風而走者, 滔滔 ; 割名而去者, 比比, 人皆謂亘天禍色, 自此始矣. 顧安有今日也?

乃者, 千千萬萬夢想之外, 聖斷赫然, 廓揮天地, 半夜之間, 朝廷肅淸, 天官亞席, 寵擢之命, 至及於無似之賤臣. 反復揣量, 夫豈有毫分堪承之望? 而顧瞻王室, 憂危溢目, 比如波上之舟, 搖搖靡定, 爲臣子者, 尙安敢袖手退坐, 厚孤聖上虛佇之至意也哉?

朝隨天牌, 進詣闕下, 而國舅異常之擧, 猝發於俄頃之間, 陳章略暴, 聖批優渥, 仍又促召. 臣竊念國勢單弱, 位著空虛, 四凶之氣焰·勢力掀天動地, 致令國舅乘虛突然, 殆若戎陣[111]之未及成列而急擊者然, 存亡危急之狀, 迫在呼吸, 決非臣子顧恤一身廉恥之日.

而且念右議政趙泰耈, 向當臺啓方張之除, 進對前席, 蓋爲先國後私故也. 臣竊謂[112]國舅之私進所懷, 雖異於兩司合啓, 旣承開釋之批旨, 則且別於罪名之勘請, 故臣果僶勉祗肅, 入參政席矣. 譏刺之言, 忽發於僚堂, 語意頗峻, 臣竊怪自重太過, 傲然高臥, 末乃抉摘於注措之間也.

臣竊伏聞昨日筵中大臣陳白, 以臣一出直驅之於忘廉冒恥之科. 噫嘻, 甚矣! 人之不諒, 胡至此極? 謂臣當無事平常之日, 顧戀寵位, 不恤廉義, 如彼輩所爲者哉? 何其待人, 若是之薄也耶? 臣於今日, 眞以貪榮冒進爲心, 斲壞士大夫之大防, 特一無恥之鄙夫, 其所以負聖上則哲之明, 貽朝端罔測之辱, 當如何哉? 論臣之罪, 萬殞難贖, 只此一節已是, 臣不可復立於士大夫之林者.

而至於政注間事, 亦有所可言者. 臣嘗竊誦先大王普天之下, 莫非王臣之敎, 每恨前後當軸秉柄之人, 不克恢弘公道, 仰體聖意, 馴致偏私之害, 靡日不

---

110) 兒 : 底本에는 "臾"로 되어 있다. 존경각본에 근거하여 수정하였다.

111) 陣 : 底本과 존경각본에는 "陳"으로 되어 있다. 《景宗實錄 1年 12月 10日》 기사에 근거하여 수정하였다.

112) 謂 : 底本에는 "爲"로 되어 있다. 존경각본에 근거하여 수정하였다.

在. 臣意竊以爲凡用人之道, 苟非干係惡逆, 雖有一時瑕疵,[113] 恐不宜一向痼
廢於時往年邁之後, 使我聖上蕩平之政, 或有所不能宣暢湮鬱者. 抑又《傳》
曰"罰不及嗣", 子與孫之竝錮一生, 非臣意慮之攸及. 故臣果有商確可否, 而
一二檢擧者矣, 咎責四至, 臣竊爲之未曉也.

噫! 目今朝象, 草創未完, 殆若大病新差·元氣尙虛者然. 若不及時調劑酸
醎, 務歸順便, 將必有瓦解之禍, 豈料身佩安危之大臣, 先下手於銓衡, 激起平
地之波瀾也哉? 臣與大臣, 中表兄弟也, 粤自少小, 情義相孚, 及今日當國家安
危之會, 以身殉國, 其志則同, 至於四凶之請討, 固自有不能上下其意者, 豈大
臣不諒臣心, 有所介懷者哉? 臣實慨然也.

至於右堂, 臣實駭焉. 噫! 依違苟容於亂賊之黨, 逡巡却步於忠正之論, 受憐
於凶集, 被其不次之超遷, 臣於平日, 心常鄙之. 不謂今者, 反被刺斥, 臣心愧
恥, 若撻於市. 噫! 元惡巨慝, 尙伏王城之外, 氣勢所驅, 機關甚密, 憂虞之端,
不一其象, 臣竊爲國事憂之, 爲世道憂焉. 今以金吾開坐, 召牌再臨, 臣雖蠢愚,
豈不念古人'駕不俟'之義? 而大臣旣以四維之不張爲憂, 臣何敢更復唐突, 唯
以趨命爲恭哉? 云云." 答曰:"國舅所進, 出於意外, 不必深嫌, 卿其勿辭, 察
職."

○ 吏曹判書沈檀疏曰:"伏以奸凶秉國, 國勢日孤, 危亡之禍, 迫在朝夕.
日昨求言之旨, 十行懇惻, 迥出尋常, 而其中'寅協'二字, 尤足以仰見聖上深痛
百年朋比之習, 欲致上下和同之慶. 而其求助臣隣之意, 藹然於言表, 凡在瞻
聆, 孰不感泣?

如臣衰朽, 不適於時世, 遽受天官特除之命, 實是萬萬意外, 人器之不稱,
時勢之難平, 臣豈不知? 而臣以望八垂死之年, 目見聖上獨憂於上, 而安危之
機, 間不容髮. 故一時廉隅, 有不暇計, 只欲精白一心, 恢張公道, 小答我聖上
蕩平消融之盛意. 乃敢唐突出肅, 冒忝政席, 自顧靦然, 人謂斯何? 歸臥私次,

---

113) 疵:底本에는 "庇"로 되어 있다. 존경각본에 근거하여 수정하였다.

達宵兢惶. 但念臣之一出, 非有因仍苟存之計, 且臣老敗已甚, 筋力難强, 云云.

臣治疏將上之際, 伏見本曹參議徐命均未徹之疏, 以日政注間事大加侵詆, 語極非常, 臣於是不勝駭怖之至. 其所謂'得罪倫紀'者, 臣未知果指誰某, 而十年廢棄之人, 臣果有一二備擬者矣. 此皆元無所坐, 公然見枳, 則當此更化之初, 宜有疏通之擧, 一反向來權奸偏黨之習. 故臣與亞僚, 反復相議, 斟量塡注, 則固非出於一人之私意擅便, 而此亦不過仰體聖上寅協之敎, 則人之爲言, 胡至於此?

噫! 此何等時? 群奸未討, 國勢岌業, 已下之命, 尙未及奉行；應施之典, 亦多有未遑. 假使一心倂力, 猶懼不濟, 而同席之間, 自在疑貳, 悠悠國事, 且置度外, 良可謂人心不如我心也. 興言及此, 臣實慨然, 亦乞勘斷臣罪, 以謝人言. 云云." 答曰："人言不必過嫌, 卿其勿辭, 從速行公."

○ 右議政趙泰耉箚："伏以臣伏見備忘記, 有尹志述亟正邦刑之敎. 論其罪狀, 萬萬絶痛, 懲惡之典, 夫誰曰不可? 而第今聖化更新, 德意宜先, 而誅戮之命下於此際.[114] 幺麽一志述之死生, 雖不足恤, 仁聖之朝, 重惜人命, 不害爲好生之德, 特爲貸死栫棘絶島, 亦足以懲其罪也. 區區所懷, 不敢自隱, 伏願聖明諒處焉." 答曰："箚陳大意, 固好, 而追念往事, 不覺悲痛, 又思志述之情節, 不可不嚴懲, 其可少緩哉? 卿其安心休咎焉."

○ 大司諫梁聖揆·持平朴弼夢以合啓落字引避退待, 院啓處置, 幷請出仕.

○ 傳曰："藩任不容暫曠, 平安監司有闕之代, 禮曹判書李光佐除授. 關西節度之任, 不可以老孱之人畀之, 今姑改差, 府使元徵除授."

○ 傳曰："藥房提擧之任, 不宜久曠, 都提調今姑改差, 趙泰耉除授, 提調崔

---

114) 際：底本에는 "除"로 되어 있다. 尊經閣本에 근거하여 수정하였다.

<u>錫恒</u>除授."

○ 持平<u>尹聖時</u>疏："伏以臣於召牌之下, 黽勉出肅, 而慘戚之餘, 痼病纏身, 奔走供職, 已無其望. 第當此聖斷夬揮, 淸議大張之日, 獨無一言, 以塞一日之責, 則臣實有罪焉. 玆不得不略貢鄙見, 仰瀆宸聽, 惟聖明進退焉.

嗚呼! 四凶之罪, 可勝誅哉? 其無將不道之狀, 固已臚列於臣聯名之疏, 及承聖批, 雖賜開納, 而反以'殊欠和平'爲敎, 臣旣抑菀之至. 繼伏見兩司請討之啓, 又以不允答之, 尤不勝訝惑焉. 臣未敢知聖上果以四凶之罪, 謂有一毫可恕之端, 而不欲遽加之重典乎? 抑以兩司之啓, 謂有一毫或過之語, 而不欲亟賜之兪音耶?

惟彼自作之孽, 固難逃於一國之公誦·三尺之王章, 而向日之疏, 槪論其負犯之難貸·形迹之難掩者而已. 若其閃幻狡猾之情節, 則亦未及逐端辨詰, 豈聖心亦或以此爲之留難耶? 臣請不避煩猥, 一一詳陳焉.

噫! 向日之事, 尙忍言哉? <u>聖復</u>之疏上, 而聽政之命, 遽下矣; 賓廳之箚入, 而庭請之班, 遂撤矣. 儻微天人協扶·聖心翻悟, 則何以慰東宮日夜涕泣之誠? 何以副臣民呼吸奔走之望? 而得有今日亦幸矣.

噫! 方<u>聖復</u>疏出之初, 擧國之人, 孰不曰: '此非一<u>聖復</u>所辦者, 其必有潛伏陰伺·慫慂喋囑者, 而特有其迹, 而無其形矣.' 及夫相箚出, 庭請撤, 則其所謂潛伏陰伺者, 始現其面目矣; 慫慂喋囑者, 始露其手脚矣.

一<u>聖復</u>先言,[115] 四大臣後之, 其言議綢繆·血脈貫通之狀, 千人所指, 始不可掩, 而<u>聖復</u>獨不免於島棘, 彼大臣者, 猶晏然而已, 則<u>聖復</u>之心, 豈不自以爲冤乎? 若使<u>聖復</u>終無鞫問之命, 四凶卒靳正法之請, 則天討·王法, 恐不當若是矣.

且彼輩, 初若以<u>聖復</u>之言爲是也則已, 不然則其無將不道之罪, 固當嚴鞫之, 以究其情節; 亟誅之, 以嚴其堤防, 而顧何所愛惜? 亦何所畏忌? 不此之

―――――――――――――――――――――
115) 言: 존경각본에는 "焉"으로 되어 있다.

爲, 而其徒之所以請罪者, 只曰'謬妄', 及其勘律, 擬以島棘.

噫! 聖復之罪, 豈但止於'謬妄'? 既曰'謬妄', 則其律, 亦豈至於島棘耶? 內懷愛惜之情, 則只斥以謬妄 ; 外掩同情之迹, 則姑置之島棘. 殆若不成言議, 殆若不成罪名, 及夫凶箚出, 而終不免罪其身而用其言, 則一種奸黠之徒, 亦自知其首尾橫決, 左右破綻, 難遮一世之耳目, 則容護聖復之意, 隱然已售於徐宗伋之疏. 若無今日, 則繼宗伋而起者, 又不知幾許人哉!

彼輩情狀, 若是彰露, 而猶且強自解之曰 : '方欲力請, 而重臣先入也.' 又曰 : '既設庭請, 而及承不忍聞之敎, 則不得已上箚矣.' 又曰 : '此先朝故事也.' 又曰 : '畢竟還寢, 出於首相之力.' 噫! 彼四說者, 何足以自解耶? 適見其入於無將不道之域, 而莫知自拔也.

嗚呼! 聖復疏入, 已有日矣, 疏中旨意 孰不聞之? 批旨夕下, 備忘繼降, 則凡爲殿下臣子者, 宜其車不俟駕, 飢不及餐, 汲汲趨詣, 竭誠匡救之不暇. 惟彼預投乞身之章, 偃臥而睨視者, 殆如李世勣[116]之稱疾不朝. 而健命則何所等待, 不肯趺來, 及聞重臣之請對, 始乃追到於闕外, 徘徊岐路, 有若觀望, 抑獨何哉?

及乎翌日上章, 則無所發怒, 反罪稟啓之喉司. 噫! 喉司誠亦有罪, 方其備忘之下, 與玉堂而同對, 略請聖復之譴罷, 無意成命之撤還, 更鼓未深, 退而安寢. 其爲罪也, 在此而不在彼 ; 其請罪也, 以彼而不以此.

噫! 重臣入對, 有何可惡, 而惟恨閤拒之不嚴, 遂乃遷怒而移攻, 其和應聖復之狀, 亦可見矣. 若無重臣之先到, 則臣未知渠之形影, 果能及於闕門之外乎? 噫! 所住居第, 孰遠孰近, 而其徒之欲爲分疏者, 猝爲居遠之說 以飾來遲之由, 其言既敗, 則變以爲或及或不及之說, 其說又窮, 則末乃做出獨知備忘將下之說.

噫! 備忘未下, 重臣先知, 則其罪, 豈止削黜而止哉? 何不明指顯斥, 而敢爲此沒把捉之言也? 彼雖欲厚誣重臣爲健命地, 而獨不畏天威之至嚴哉? 嗚呼!

---

116) 勣 : 底本과 존경각본에는 "續"으로 되어 있다. 《舊唐書 李勣列傳》에 근거하여 수정하였다.

庭請之命, 豈但爲文具而設哉? 積誠齊籲, 持久力爭, 必準乃已, 事體則然. 半日庭請, 實是千古之所創見, 渠輩亦唾而笑罵, 不意今日尤而效之. 半日之請, 固嘗爲三啓; 三日之請, 亦不過三啓, 則半日·三日, 可謂將無同矣, 向日聯名, 所謂五十步·百步之說, 其亦恕之過矣. 一日之不能累啓, 猶可諉之於批答之遲下, 而若其日晏而出令, 緩緩來會, 其亦孰使之哉?

伊日撰啓之臣, 下得'經年閱歲'字, 則大臣輒不快而刪抹之, 不日而庭籲遽停. 彼四相者, 低頭附耳, 囁呫綢繆, 旣決上箚之計, 卒出會議之令, 滿庭承望之輩, 但曰'唯唯'. 賴有二三宰臣, 乃能據義力爭, 抗然不撓, 彼相臣輩, 亦尙有所顧憚, 或暴怒而稍戢, 或垂首而對默, 或游辭而閃說, 終知其不可奪也, 則勉許闕庭之更籲·籌司之更會. 而半夜搆箚, 趁曉忙投, 昨夕旣出之令, 則倏已捲矣, 此何心腸? 此何擧措? 噫! 亦痛矣.

嗚呼! 聽政, 雖曰'先朝已行之例', 而時勢·事理, 大有不同者. 惟我先大王四十年臨御, 憂國勤政, 夙宵靡暇, 疾疹之祟, 蓋在於萬機之勞悴. 始自乙酉, 已有就閑之意, 而以其群下之不忍捨也, 故旣命而旋寢. 至於丁酉, 則春秋益高, 疾疹日痼, 枕席涔淹之中, 只可摠營大事, 而小事則不欲煩聽以防調攝, 此猶不害於帝堯倦勤之意.

至於殿下, 以言乎春秋, 則方撫盛壯矣; 以言乎踐祚, 則卽是初元也. 雖或有无妄之疾, 而視朝自如矣, 聽斷無滯矣, 此豈有大事·小事, 或可·或不可之理? 而自下分排, 敢引先朝不得已之事, 視爲故常, 此豈人臣所敢擅者哉? 其亦無嚴矣.

嗚呼! 賓箚旣上矣, 庭請旣罷矣, 若非右相之滌去時態, 進請入對, 則節目之頒, 必已久矣. 當其時也, 無論上下貴賤, 一國臣民, 擧皆奔走, 號籲於九闕之外, 而彼四相者, 退待外司, 充然若自得, 只佇批旨之速下矣. 忽聞右揆排闥之擧, 有甚妨碍, 有甚驚惶, 挨背挾掖, 忙忙失措, 顚陛墜帽, 汲汲如狂.

噫! 前之重臣·後之右揆, 同一請對也, 同一請寢也. 此輩前何從容暇豫, 而自恕以不及; 後何慌忙奔走, 而猶恐其或後. 此豈非在前日, 則萬一不遂, 猶

可歸咎於聖復也, 故姑觀其成敗；在後日, 則四相親自犯手, 急於掩迹, 故爲
此駭擧?

　彼大臣, 亦有心焉, 曉箚之批, 尙未及下矣, 忙隨人後, 亂入前席, 一邊引罪·
一邊陳請, 猝變後說, 更申前言, 咫尺殿陛之間, 何忍作此面向人主耶? 天日下
臨, 鬼神傍照, 獨不畏懼乎?

　彼一邊之人, 攬作己力, 敢爲大言, 眞所謂不知人間有羞恥也. 由此觀之,
彼諸臣之心迹畢露而無餘矣, 豈嘗欲罪聖復? 而不得已罪之；豈嘗欲設庭
請? 而不得已設之. 夕則爲收還之啓, 曉而作節目之請, 俄復因人成事, 反有自
多之色. 其內懷將心, 外怵公議, 乍陽乍陰, 倏張倏翕之態, 令人哀痛, 亦令人
憤惋也.

　噫! 亂臣賊子, 何代無之, 而未有若此輩之甚者也. 古之亂賊, 尙有潛逞胸臆
於人所不知之中；而今之亂賊, 顯犯手勢於衆所共睹之地. 又從而爲之辭, 欲
以爲周遮文飾之計, 自以爲非逆人, 孰信之? 今此島棘之請, 亦云末減, 而聖上
何所容護, 不卽賜允? 或只遞相職, 或猶據西樞, 尙今偃息自在, 則如群情之莫
洩·公法之不嚴, 何哉? 惟願殿下, 卽賜快許, 以彰其罪焉.

　此輩窮凶之罪, 固難容息於覆載之間, 而抑臣於聖上之平日所以處此輩, 亦
不能無憾於天地之大焉. 噫! 君臣之等威, 固爲嚴截, 而上下情地, 貴相流通,
此豈羈縻而可能有終, 隱忍而可保無慮也哉! 有罪者斥之, 無罪者恕之, 隨其
言之善惡, 而爲之是非焉；逐其事之曲直, 而爲之進退焉. 陽舒陰慘, 克體四
時之運, 無或失其序也, 則威權在上, 固可以逆折陰圖於未萌之中, 誠意所孚,
或不無化奸凶爲良善之道.

　而惟我聖上代理三載·卽阼一期, 過自韜晦, 專尙淵默, 內蘊剛克之德, 外務
柔克之道. 凡大臣之所建請·三司之所爭論, 不欲明辨曲直, 痛別是非, 一切曲
循其意, 宏度弘量, 類非淺局所測. 故惟彼一種不逞之輩, 始則輕押之, 中則慢
侮之, 終則無忌憚之心, 潛滋暗長, 日熾月盛, 至有聖復之疏, 又有賓廳之箚.

　噫! 雖此輩之胸肚, 初豈必盡蓄無將不道之心哉? 特以樂權貪利之心, 乘機

積漸, 輕蔑君父, 滾至於無將不道之域, 而不自覺焉. 儻以殿下雷厲風飛之威,
稍露於平日, 使此輩少知尊敬, 少知畏戢焉, 則國家之事, 必不如向者之罔極,
而彼輩之罪, 亦何至於今日之甚乎?

藏其威而使之狃, 長其惡而使之斃, 臣愚死罪, 此恐有乖於大聖人以誠仁御
下之道也. 臣且伏念聖上之處分, 廷臣之血爭, 惟在於扶明君臣之大綱, 凡係
綱常一款, 稍或不嚴, 則今日之擧, 其亦苟矣.

況且天官之爲任最重, 而新化一初之命, 特及於積年廢錮之沈檀. 檀曾在甲
戌以前, 亦嘗出入顯要, 主張進退, 不能自拔於黨人之中. 且於向者四凶陳箚,
諸宰請對之日, 身在卿列, 畏怵禍機, 不敢力陳一言, 有若傍觀, 亦可謂無愧於
臣節乎? 當此朝著淸明, 茅茹彙征之時, 決不可首玷政柄, 而彼乃不畏公議,
肆然冒出, 一番參政, 疵類百出, 至以得罪名義·搆誣善類, 永枳仕籍之人, 一
倂通擬於銀臺·三司之望, 曾無一分顧忌之心.

噫! 半日庭請, 何等罪累, 而以其瑕釁餘黨, 爛熳幷擬於士類之間, 隱然欲齒
於扶倫常·明是非之論, 臣竊痛之. 臣謂銓長, 則必有改正之擧, 而凡係干名犯
義之人, 一倂澄汰, 其餘無可疵累者, 隨才量用, 以昭殿下平正之治焉. 臣方病
伏涔涔, 不能隨諸臺之後, 以正四凶之罪, 愚衷耿耿, 懷不能已, 略此槪陳. 云
云."

答曰: "吏判之心, 只在寅協, 有何所疵? 聖復之事, 誠甚得宜, 嚴刑究問,
務盡詳悉. 爾其勿辭, 從速察職."

○ 同副沈檀因尹聖時疏引嫌疏: "臣亦新擬中一人. 云云. 乾斷廓揮, 化理
初新, 聖敎諄復復,[117] 戒勅維切, 所當同心合力, 共濟時艱. 而不思寅協, 先事
傾軋, 如有[118]中流之舟, 泛泛難定, 而持楫搖櫓之人, 日與交鬪於驚波怒濤之
中. 云云." 答曰: "大意固好, 可不體念? 爾勿撕捱."

---

117) 復 : 존경각본에는 "復"으로 되어 있다.
118) 如有 : 존경각본에는 "有如"로 되어 있다.

○ 十一日, 京畿監司沈宅賢辭職疏, 許遞.

○ 右相箚槪：“昨日批旨, 有難安之端. 臣如咎君罪, 將如何? 云云.”答曰：“於卿少無所嫌, 而如是引咎, 情志未孚, 予甚憮惡, 無以爲喩. 云云.”

○ 禁府, 尹志述·沈𡌧·林柱國拿囚.

○ 吏曹參議徐命均疏：“臣於本職, 旣非循次通擬, 固難晏然冒承. 又見聖朝政柄, 歸於邪黨, 汲引私朋, 誠極痛恠, 略陳不敢苟參之勢, 乞賜先斥臣身, 而辭不達意, 責以撕捱, 臣誠惶悶抑塞, 靡所容措.

此際伏見本曹亞堂之疏, 因臣疏語, 盛加恚怒, 臣竊駭惑焉. 夫己巳餘黨, 雖有罪犯之輕重, 其干係倫紀者, 固不可以歲月之久遠, 有所容貸, 政使永世廢棄, 顧何足惜? 況當新理淸明之日, 尤宜沮抑陰邪, 登進士類, 始可以不負我聖上蕩平之誠意, 而今乃氷炭同器, 薰蕕雜進, 至使宵小之輩, 增氣以啓贏豕蹢躅之禍, 如是而謂之寅協和衷, 臣實未聞也.

縱肆無憚, 莫此爲甚, 唯當嚴加隄防, 而沈檀亦其黨之一, 則其所爲言, 固無足怪, 惜乎亞銓, 旣參同席, 不能捄正 乃反醜辱臣身, 不遺餘力. 臣疏, 初無侵逼之意, 則有何忤, 而乃反醜辱憤詈, 至於此極? 臣雖疲劣, 實不欲與之較辨, 以益士大夫之羞恥也. 且臣職非言責, 旣有所懷, 何敢以出位之嫌, 不盡其忠愛之忱哉?

向日尹志述書進所懷, 語極妄悖無倫, 論其罪狀, 萬萬絶痛, 固在罔赦. 而當初殿下, 只命遠配者, 非以其罪可恕也, 豈不以其爲館學儒生而然耶? 我朝立國仁厚, 三百年來, 未嘗以私罪殺一士. 今其情犯, 旣與叛逆有異, 而況是館學儒生, 則直下正刑之命, 出於群情之外, 聚首驚惑, 士氣沮喪, 此豈所望於聖朝者哉?

古語曰：“國君不讎匹夫.”幺麼一志述, 何足讎乎? 儻從減死之律, 以示好生之恩, 則實有光於繼述之聖德, 而亦無後世之譏議矣. 體國大臣, 豈敢導殿下以非義之事? 其言, 實出於憂愛之至誠, 而不賜開納, 臣竊慨然.

臣竊覯殿下嗣服以來, 淵默太過, 威制不足, 馴致近日, 變怪百出, 凡在群下莫不憂嘆. 式至今者, 睿斷赫然, 處分嚴正, 衆情回憂爲喜, 欣欣相慶, 而臣於此, 竊有所隱憂者. 夫中批除拜, 本非美事. 若値朝著一空, 開政無人, 則或有之, 而見今廟堂有行公大臣, 銓曹亦有已出仕之員, 殿下惟當委任責成而已, 何必隨窠親除, 有若應行之典乎? 至於藩閫, 尤爲未安, 雖其差授, 鑿鑿得人, 終不如僉議公擧之得當. 云云."

答曰: "銓曹兩堂之事, 自有公議, 不必撕捱. 志述事, 予志牢定, 斷不饒貸. 中批除拜, 元非美事, 予亦知之, 而蓋出於不得已也. 云云."

○ 政院啓曰: "罪人趙聖復究問傳旨, 才已啓下矣, 臺諫方以設鞫嚴問爲請. 究問·設鞫, 輕重自別, 何以爲之? 敢稟." 傳曰"設鞫究問."

○ 備邊司啓: "平安監司李光佐, 以文衡儲望之人, 方帶纂修堂上, 且兼守禦之任, 而遽爾外除, 群情咸以爲惜. 纂修之設, 一日爲急；將兵之任, 不可輕遞. 特除之下, 雖極惶恐, 當此人才眇然之日, 內外輕重, 亦且有別. 李光佐平安監司之任遞改, 守禦使及纂修堂上, 竝爲仍察, 何如?" 傳曰"允."

○ 府啓【持平尹聖時, 或云持平朴弼夢.】: "向日右揆之請對也, 喉司諸臣, 終始阻搪, 使不得進身於咫尺天陛. 幸而天啓聖聽, 特許賜對, 卽於前席, 還收備忘, 此實宗社無疆之大慶也. 凡爲今日臣子者, 唯當動色相賀之不暇, 而其時承旨洪錫輔, 反懷恚懟之心, 乃敢以'從何得聞'等語, 再三逼問, 迫脅君父, 聲色暴戾, 傍聽爲駭. 苟有一分嚴畏之心則, 安敢以言根出處迫問於君父乎? 其無嚴不敬之罪, 不可不懲, 請洪錫輔極邊遠竄, 其時阻搪承旨, 竝命削奪官爵·門外黜送.

閔鎭遠, 身在戚畹之列, 自有休戚之義, 殿下之所以眷待者, 無異元舅, 則其所以小心體國·保護聖躬之道, 宜有倍於他人. 而結婚凶孽, 干預陰謀, 凡諸害國悖義之事, 無所不爲. 日者登對之時, 外托陳戒, 內實訐揚, 辭氣悖慢, 信口凌藉, 至以'追悔'等說, 肆然恐喝, 略不顧忌. 雖於敵己以下, 亦不忍加之以此, 況於君父之前哉? 及夫罷對退出也, 具書筵說, 付諸史官, 傳示暴揚, 惟恐人之不知, 其於古人焚草·削藁之義, 不啻背馳, 其心所在, 已極叵測.

而且於聖復之發配也, 凡有人心者, 不無以失刑爲憤惋, 則在鎭遠之義, 尤宜深惡痛斥之不暇, 而乃自往見, 密地資送, 情迹綢繆, 聽聞駭惡. 其無嚴不忠·蔑義禍國之罪, 不可以削黜薄罰而止, 請鎭遠遠竄." 答曰"依啓".【門黜現告, 前承旨洪啓迪·韓重熙·安重弼·趙榮福·兪崇.】

○ 院啓【獻李明誼, 正徐宗廈】:"妖賊志述, 憑藉誌文, 逼辱聖宮, 此實漢法之大不敬, 當此懲討方嚴之日, 宜卽先伏邦刑, 而第志述癡騃不文之壯, 人所共知. 其書進所懷, 非渠所辦, 密地指嗾, 代述文字之說, 國人喧藉傳言, 莫不爲駭, 不可輕先正法, 使罪魁漏網, 終無求得之路. 請罪人志述設鞫, 究覈指嗾, 以正王法.

賊臣聖復投進一疏, 使聖上不得安其位, 論其負犯, 覆載難容, 栫棘旣是失刑, 則爲今日臣子者, 惟當沐浴請討之不暇. 而向者徐宗伋敢生營護之計, 乃以賊復之疏, 謂之'妄悖'. 妄悖者, 率爾顚錯之謂也, 敢以此等原恕之言, 游辭幻弄, 以爲嘗試之計哉!

至於朴弼正等疏攻聖復, 亦出一段秉彝之天, 而乃反斥之以出位, 責之以謬戾. 究其情迹, 蓋欲左袒聖復, 先爲救解之張本, 探揣上心, 復踵賊復之餘計者, 明若觀火, 其爲情狀, 萬萬凶悖. 當此討逆之日, 不可不懲, 請徐宗伋絶島定配." 答曰:"不允. 李宇恒·徐宗伋事, 依啓."

○ 傳曰:"右相趙泰耉, 陞拜左議政."

○ 備忘記：“難虞溢目, 宗社將亡, 不勝慨惋, 旰宵憂懼, 不遑寧處矣. 觀其朝臣之所爲, 不思寅協, 共濟國事, 汲汲擊戰, 爻象不佳, 豈不寒心? 喉[119]司以此明白布告中外, 另加申飭.”

○ 判義禁洪萬朝所啓：“昨日尹志述正刑備忘後, 本府都事李志尹·李度[120]遠·閔鎭紘, 大書‘不仕’, 作牌於禮吏, 李碩臣·權瑢稱病呈狀, 不滿處分, 有若立節, 請拿問正罪.” 傳曰：“允. 上四人, 并杖一百, 奪告身, 瑢以下, 卿分揀.”

○ 修撰沈珙疏略：“丁酉間, 有李師命復官之命, 而師命女婿金普澤, 搆誣尹宣擧父子, 終至追奪. 臣於疏末, 略論此事矣. 普澤弟民澤以爲先臣故參議壽亮, 以故相臣宋時烈門生, 其歿也, 會葬·食素·行服, 而臣乃敎宣擧, 謂之‘悖先’, 仍請削板. 雖以時烈文集見之, 有‘暫時講論’等語, 則情誼之不深可知. 末梢時烈有侵辱先臣外祖之事, 則雖使平日服事者, 情義固難如前, 行服初無其義, 至於會葬, 衆目所睹, 而今民澤白地構捏, 必欲爲師命報仇. 云云.”
又有疏以“李健命, 卽臣妻姑母夫, 合啓有應避之嫌.”

○ 十二日, 傳曰：“禁府罪人鞫問之擧, 不可小緩, 因堂上之不齊及都事作梗, 尙此遷就, 事之寒心, 莫此爲甚. 本府堂上, 備二員, 則可以爲先開坐, 卽爲分付, 有闕之代, 以無故人, 口傳差出, 使之赴坐.”

○ 吏參金一鏡疏, 答曰：“如此艱虞之時, 隨事撕捱, 不思共濟之義, 予深慨歎. 卿其勿辭, 從速察職.”

119) 喉：底本과 존경각본에는 “籌”로 되어 있다. 《景宗實錄 1年 12月 11日》《承政院日記 景宗 1年 12月 11日》 기사에 근거하여 수정하였다.
120) 度：底本과 존경각본에는 “慶”으로 되어 있다. 《承政院日記 景宗 1年 12月 11日》 기사에 근거하여 수정하였다.

○ 傳曰：“志述之窮凶悖義, 畢露無餘, 何可一刻偃息於覆載之間哉? 渠之書進所懷, 豈有代述之理哉? 臺臣究問之請, 欲其延拖而已. 斷不饒貸, 懲一勵百, 須斯速擧行事, 分付.”

○ 司諫<u>李眞儒</u>啓曰：“臣目見凶黨犯分, 主勢日孤, 不勝憂憤, 適當聖上求言之會, 敢隨侍從之後, 合辭陳章, 竊附沐浴請討之意. 不意聖批嘉納, 乾斷廓然, 懲惡之典, 次第將擧 ; 神人之憤, 庶幾快洩, 此誠宗社 · 臣民之大幸. 凡在殿下之廷者, 苟非左袒於彼輩者, 孰不動色相賀?

而日昨國舅書進所懷, 力斥臣等之疏, 至謂‘凶悖’ ; 曲護四凶之罪, 謂之‘無他’, 指意非常, 遣辭危怕, 誠不料親居肺腑, 義同休戚者, 乃敢爲此言也. 勿論疏語得失, 他人言之, 猶或可也, 戚畹之臣, 干預國政, 大非聖朝之美事也. 雖然, 臣旣受其斥, 同事諸臣, 相繼引避, 則臣何獨晏然於臺次乎? 云云.” 答曰“勿辭.”

○ 兩司請對入侍. 持平<u>朴弼夢</u>啓曰：“云云. <u>趙泰采</u>, 則旣無久秉國柄之事, 其所以醞釀禍機, 與三凶似或不無差別之道, 勘律之際, 果有所參酌減等. 退聞物議, 皆以爲聯名陳箚, 逆節旣同, 則從前負犯之輕重, 有不可論, 乃以參酌減等, 大加非斥. 公議所在, 何可自是, 而晏然於臺次? 云云.” 答曰“勿辭.”

○ 獻納<u>李明誼</u>所啓, 與<u>弼夢</u>同.

○ 兩司合啓【司諫<u>李眞儒</u> · 持平<u>朴弼夢</u> · 正言<u>徐宗廈</u>】：“《春秋》之法, 貳則爲逆, 將則必誅, 爲人臣子, 而苟或干犯於此, 則其不可一日容息於覆載間者, 決矣. 噫! 彼四大臣, 內懷將心, 貳於吾君, 不臣之心, 一箚孔彰 ; 無君之惡, 萬目難掩, 罪通于天, 其可逃乎?

嗚呼! 惟我聖上嗣無疆大曆服, 先王之所投遺 · 皇天之所付畀 · 宗社 · 生靈之托, 擔在殿下一身之上, 殿下尙不容自私其身, 遽爾就閑. 今日廷臣, 苟有一分北面於殿下之心者, 顧安敢恝然歇視?

而彼相臣輩, 聚首綢繆, 設心陰凶, 先嗾賊復, 遽投凶疏, 嘗試之謀, 潛售; 而侮慢[121]之意, 益肆. 及夫非常之敎, 再降, 而擧國臣民, 遑遑崩迫. 彼獨何心, 蔑我君父, 黽勉庭籲, 塞責而止, 其無將之誅, 固已難逃, 而聯名上箚, 請擧節目, 是豈人臣之敢萌於心而發諸口哉?

噫!《傳》曰'履霜堅冰至'. 彼四凶之指天畫地, 其所以醞釀揣摩, 非一朝一夕之故也. 竊弄太阿, 弁髦黼扆, 腹心·羽翼, 排布密地, 左右前後, 罔非私人. 愚弄迫脅, 罔有紀極, 使我殿下無所措手, 危苦迫隘, 寧欲脫屣千乘, 苟論其情狀, 竭海罄竹, 流書難盡.

試以著見者, 言之. 金昌集, 脅制君父·擅弄威福之罪, 難以毛擧. 而曾在丁酉, 力沮告廟之議, 惟恐國本之難動, 營救志述之惡, 增我殿下之盡傷.

李頤命, 凶猾之性·陰秘之迹, 浮於師命, 密於健命, 及至獨對之日, 請招諸相, 欲詢可否, 其心所在, 路人亦知.

李健命, 賦性奸毒, 處心暗忒, 陰謀·秘計, 靡不主張. 恚恨於前旨之請收, 移鋒急擊; 嫌惡於章牘之登徹, 請塞言路.

趙泰采, 本以患得失之鄙夫, 乘機俯仰, 首尾和應, 外瞞諸宰, 佯言庭班之仍設; 內助三凶, 箚請節目之講定, 卒乃爛熳同歸, 其爲情狀, 萬萬凶悖.

噫! 彼輩之陰蓄異志, 凡幾年矣. 朝夕之所謀劃, 無非操切上躬; 日夜之所經營, 無非動撓天位, 識者之知有向日事, 久矣. 而梟獍之黨, 當閫吠狺; 願忠之言, 無路上聞. 今幸天啓聖衷, 廓揮乾斷, 處分大定, 朝著肅淸. 狐鼠之輩, 次第勘斷, 其爪牙之類, 至施栫棘之典, 則凶魁巨慝之獨爲僥息, 求諸討罪之常典, 可謂輕重之倒置, 三尺至嚴, 萬戮難贖.[122]

---

121) 侮慢 : 底本에는 "慢侮"로 되어 있다. 존경각본에 근거하여 수정하였다.

122) 贖 : 底本에는 "續"으로 되어 있다. 존경각본과《承政院日記 景宗 1年 12月 13日》기사에 근거하여 수정하였다.

若此輩一日在輦轂之下, 必貽宗社一日之憂, 不可不亟投海島, 以絶禍根.
請前領議政金昌集·領府事李頤命·判府事趙泰采, 竝姑先絶島圍籬安置, 前
左議政李健命, 待其竣事回還, 幷一體勘律."

上曰"依啓".

○ 司諫李眞儒所啓:"門黜罪人李弘述, 奸凶蔑倫·陰懷不測之狀, 聖明業
已洞燭. 而附麗金昌集, 作爲腹心, 引進昌集之私人, 布列幕府, 往來昌集之家,
輒趁昏夜, 締結綢繆, 蹤迹詭秘. 陸玄稱名人, 曉解術數, 久作昌集之密客, 及
其孼生叛去之後, 弘述受昌集之密囑, 塞口亂杖, 終至打殺, 僞成獄案, 以爲後
考之資, 其爲情迹, 極涉叵測, 國人之疑, 至今未已.

及其旣黜之後, 軍餉錢二百兩·米五十石, 肆然載去, 鳥銃色錢二千兩·軍色
錢五百兩·木六同·紬二同·苧布二同, 稱以移送新營; 軍餉米六百石, 稱以
庫子, 無面蕩減; 焰焇廳錢六百兩, 稱以私人崔泰晉所貸, 亦爲蕩減, 卒皆輸
送其家, 而將校·吏胥, 優數帖給, 以爲防口之計.

弘述家本巨富, 卽今所坐, 亦是何名, 而乃於罪黜之中, 擅開官庫, 盜出累千
軍需, 將欲何用? 其凶恣詭秘之狀, 不可不嚴究徵出, 請門黜罪人李弘述, 拿鞫
嚴覈, 色吏·庫子等, 令本營覈實得情, 依法正罪." 上曰"依啓."

又所啓:"前承旨金濟謙, 以凶魁之子, 憑籍權力, 恣行凶臆; 慫恩其父, 密
贊凶謀; 排張論議, 驅使黨類. 其所以病國家·害世道者, 無不從中釀成, 卽古
之嚴嵩之世蕃, 今之閔黯之章道也. 締結商譯, 黷貨無厭,[123] 試以表著者, 言
之.

出身之初, 譯院卽其父之所提擧, 故微諷舌官, 逐名呈綵, 以助私恩. 松都商
賈, 亦其父之所嘗私庇者, 亦受錦段, 厚給倡優, 以侈榮墳之行. 柳就章之在嶺
閫也, 使其軍官安姓人載送百餘貫錢·數同軍木, 凡若此類, 不可勝數.

---

123) 厭: 底本에는 "嚴"으로 되어 있다.《承政院日記 景宗 1年 12月 13日》기사에 근거하여
수정하였다.

向者鄕生之請斬其父, 批旨未下, 晏然呼唱, 出入禁廬, 自同無故, 其悖倫無父之狀, 據此可知. 到今合啓方張之日, 全無縮伏恭俟之義, 昏夜出沒, 行迹閃倏, 如此之人, 不可一日置之輦轂之下. 請金濟謙極邊遠竄." 上曰"依啓."

又所啓:"前承旨金一鏡辭疏之批, '凶人'二字, 指斥禎翊, 不啻的然, 而承旨黃璿敢以聖敎歸之於錯謬, 招致司謁, 肆然請改, 而本院郞廳, 亦不得與聞. 苟使聖批誠有差失, 則明白繳還, 夫誰曰不可? 而曲庇私黨, 欲諱嚴敎, 指東爲西, 游辭微稟, 終至改下而後已. 其抑勒·愚弄·無所忌憚之狀, 極爲痛駭, 不可以事在旣往而置之, 黃璿遠竄." 上曰"依啓."

○ 尹志述事停啓.

○ 左相趙泰耈箚, 敢陳惶懼乞罪之請, 冀蒙斥退事.【論中批特卜, 又以寅協備忘引咎云:"日昨警責銓曹之請, 出於嚴名義·勵廉恥. 云云."】

燃藜述續 卷之四

○ 辛丑十二月十三日, 正言徐宗廈·尹聖時以昨日備忘不思寅協事, 獻納李明誼以尹志述鞫[1]啓事·又以寅協備忘事, 連日引避, 退待物論, 幷請出.

○ 左相趙泰耉箚, 敢進惶懼乞罪之請, 冀蒙斥退事. 箚論中批特卜, 又以寅協備望引咎 : "日昨警責銓曹之請, 出於嚴名義·勵廉恥. 云云." 答曰 : "昨日陞拜, 意非偶然. 夜下綸宣, 思欲靜帖求助而已, 於卿有何所嫌? 卿其安心勿辭, 速出論道, 以濟時艱, 以副小子夙夜憂懼之望."

○ 江華留守權㯳辭職, 許遞.

○ 禁府, 閔鎭遠 星州遠竄, 徐宗伋 古今島·李宇恒 薪智島絶島定配, 洪錫輔 靈巖極邊遠竄.[2]

○ 禁府啓 : "尹志述着名拒逆云." 傳曰 : "罪惡貫盈, 何待渠之着名乎? 情狀尤切痛駭, 不待時, 斯速擧行." 禁府又啓 : "所當依傳敎擧行, 不容少緩, 而第念雖是必誅之罪人, 結案取招, 然後行刑, 法意有在. 各別嚴刑取招, 然後正刑, 何如?" 傳曰 : "除尋常, 各別嚴刑, 期於取招, 而達夜爲之."

---

1) 鞫 : 底本에는 "鞫"으로 되어 있다. 존경각본에 근거하여 수정하였다.
2) 極邊遠竄 : 底本에는 없다.《承政院日記 景宗 1年 12月 13日》기사에 근거하여 보충하였다.

又啓曰：“罪人志述, 依傳敎取招次, 刑問一次, 而窮凶極惡, 忍杖不爲納招. 所當奉承明命, 達夜施刑, 期於取招, 而大凡本府刑推罪人, 雖是應死者, 一日之內, 一次刑訊外, 本無連次加刑之規, 達夜施刑, 有違法例³⁾. 臣等忝在有司之位, 區區所懷, 惶恐敢啓.” 傳曰：“明日更爲各別嚴刑取招後, 亟正邦刑, 而此非等閑罪囚, 勿論齋素拘忌, 逐日⁴⁾開坐.” 尹志述刑二次, 不爲納招.

○ 禁府, 李弘述拿囚, 金昌集 巨濟府·李頤命 南海·趙泰采 珍島絶島圍籬安置, 黃璿 茂長遠竄, 金濟謙 蔚山極邊定配.

○ 十五日, 院啓【李眞儒】：“頃日備忘之下, 雖輿儓婦孺⁵⁾, 莫不奔走驚惶, 而禮曹參判李綖, 居在莽蒼之地, 職帶玉署之長, 則固當竭⁶⁾蹶趨入, 以爲籲呼之計⁷⁾, 而終始堅臥, 略不動念, 末乃以病重辭狀, 偃然上聞, 臣子分義, 掃地盡矣. 云云. 請李綖削黜.

門黜罪人尹慤, 作爲奸邪之鷹犬, 趨勢蔑義之狀, 聖明旣已洞燭矣. 身爲武夫, 附麗權門, 密作心腹, 隱受頤指. 居濫叨之職, 而肆然驕縱；希非分之任, 而極意營求. 卿宰·侍從, 出入其家, 比肩狎侮, 視若平交, 權相謂有戚誼, 而昏夜出入, 宿將名在己右, 則百計排擯, 情狀奸惡, 人心駭憤. 削黜薄罰, 不足以懲其罪, 請尹慤遠竄.

刑曹參判李裕民, 本以無恥之一鄙夫, 善事衙能, 以爲拔身之堦, 從前踐歷, 無非濫竽. 近復諂事凶集, 作爲心腹, 猥參亞卿, 濫登將薦, 及授秋曹, 可駭之

3) 例：《承政院日記 景宗 1年 12月 13日》기사에는 “意”로 되어 있다.
4) 逐日：底本에는 없다. 《承政院日記 景宗 1年 12月 13日》기사에 근거하여 보충하였다.
5) 孺：《承政院日記 景宗1年 12月 15日》기사에는 “孺”로 되어 있다.
6) 竭：底本에는 “羯”로 되어 있다.《承政院日記 景宗 1年 12月 15日》기사에 근거하여 수정하였다.
7) 計：底本에는 “地”로 되어 있다.《承政院日記 景宗 1年 12月 15日》기사에 근거하여 수정하였다.

舉, 不一而足. 請李裕民削出仕版.

臣以門黜罪人李弘述拿覈事, 論啓蒙允矣, 追後詳聞, 則各色[8]米·布·錢數
爻, 臣啓中所論列外, 猶多見漏者, 該府嚴劾, 則自當鉤得, 臣不必隨聞輒論.
而火藥色郎許源, 以軍色代色郎, 受其分付開坐, 軍色錢五百兩·木六同·紬二
同·布二同·苧布二同, 移送新營, 仍卽載去. 此則許源, 亦不敢隱諱云, 訓局諸
色郎廳, 一竝拿囚, 一體[9]憑覈. 移去移來文書, 一一推出相考, 色吏·庫子
等[10], 亦令攸司囚禁, 嚴覈得實.

陸玄撲殺時事, 雖曰屛去左右, 其時從事官輩, 萬無不知之理, 請令訓局現
告拿覈." 答曰"依啓".

前啓沈檀改正事, 停啓.

○ 掌令李濟啓曰: "臣目見凶孼擅國, 宗社漸危, 案法請討之擧, 不容一刻
少緩, 與三司諸臣, 同辭陳啓. 而其中趙泰采, 雖在大臣之列, 旣不久當勻軸,
連在西樞, 則其所負犯, 似或有間於三凶, 末梢聯名之箚, 亦不無首從之別, 故
勘律之際, 臣果差減其等矣. 追聞物議, 以此一款大加非斥, 參啓諸臺相繼引
避, 則臣何敢自是己見, 而獨爲晏然於職次乎? 請遞[11]." 退待物論, 出仕.

○ 府啓【李濟·尹聖時】: 前承旨李禎翊, 頃年一疏, 以'市恩徼福'之說, 肆然筆
之於書, 逼尊之嫌, 全不顧忌. 當此之時, 此輩之目中, 無殿下者, 久矣, 國人莫
不痛心, 此臺臣金一鏡之疏所以發也. 先大王洞察其情狀, 久不收錄, 銓曹間
嘗擧擬於春坊之望, 則特下嚴敎.

曾在丁酉, 故相臣尹趾完疏中, 論其罪狀, 辭嚴義正, 則在渠之道, 惟當惶恐

---

8) 色：底本에는 없다.《承政院日記 景宗 1年 12月 15日》기사에 근거하여 보충하였다.

9) 體：底本에는 "處"로 되어 있다.《承政院日記 景宗 1年 12月 15日》기사에 근거하여 수정하였
다.

10) 等：底本에는 없다.《承政院日記 景宗 1年 12月 15日》기사에 근거하여 보충하였다.

11) 遞：底本에는 이 아래 "繼"가 더 있다. 존경각본에 근거하여 삭제하였다.

惡縮之不暇, 而乃敢突然上章, 侵辱元老, 略無顧憚. 或謂之'經營揣摩, 萬萬絶痛', 或謂之'禍人手段, 乃出於九十垂死之大臣', 肆口醜辱, 少無縮伏俟罪之意, 其蔑君父·輕朝廷之罪, 不可不嚴懲. 請李禎翊極邊遠竄.

幼學李喜之, 卽師命之子, 而賦性妖邪, 世濟其惡. 其血黨春澤已死, 與進士兪宅基·前佐郎沈尙吉·宗廟直長洪義人締結綢繆, 出沒京輦, 昏夜往來, 閉門諱客. 向來奸黨之凶疏·悖啓, 無不出於此輩之手, 千人所指, 國言喧藉. 當此國家危疑之際, 不可一日置之韋轂之下, 請李喜之·兪宅基·沈尙吉·洪義人, 遠地定配.

妖賊志述, 逼辱君父之罪, 實是王法所難貸, 今日在廷之臣, 孰敢爲寬貸之論? 而乃者吏曹參議徐命均疏末所懷, 極其謬戾. 或謂之'妄悖', 或謂之'聚首驚惶, 士氣沮喪', 有若非辜殺士, 輿情驚駭者然. 正法之敎一下, 人心莫不聳快·士類莫不稱歎, 士氣沮喪之狀, 命均從何認得而有此言耶? 創爲原恕之論, 導藉凶黨之口, 非臣意慮所及也. 大臣泛論, 或不害爲仰贊好生之德, 今此出位之論, 事涉越俎, 語多無脊, 不可無責罰之道, 請命均罷職." 答曰 "依啓."

○ 校理尹㝏疏槪"兼附一二愚見, 以備察納"事, 答曰："下款所陳, 正中予病, 可不留心?"

○ 判禁洪萬朝因徐命均疏, 引嫌疏云："臣之當初一肅, 只爲奉行成命, 速勘凶賊, 而私罪殺士之議, 遽發於名官之口. 一番引咎, 元無侵及之語, 而徐命均未徹之疏, 至以訐揚求罪爲言. 云云." 又言："拿鞫罪人李弘述罪目, 干涉於臣之內從弟金昌集, 此乃應避之嫌. 云云." 答曰："謬戾之言, 不必爲嫌. 旣有次堂議讞之命. 云云."

○ 同禁朴泰恒向上疏大槪[12]："以聖復請討事, 重被朴致遠之構誣, 今此

---

12) 上疏大槪：底本에는 없다.《承政院日記 景宗 1年 12月 15日》기사에 근거하여 보충하였다.

究覈之命, 有難參涉. 云云." 答曰 "於卿無嫌."

○ 知禁李徵龜辭疏[13]云: "賊述罪惡, 神人公憤, 臣子何敢言病於此時? 而臣病云云." 許遞.

○ 參知李仁復疏, 追論兪崇等云: "頃疏請討四凶, 而其沙門之盤據喉院者, 看作大諱, 猛吠狺狺. 崇則曰 '放肆無忌', 榮福則曰 '乘機闖發', 重弼則曰 '包藏禍心', 囑倚天而彈之, 喉宗伋而詆之. 云云."

○ 傳曰: "大臣命招卜相."

○ 備堂差下兵判崔錫恒·參贊洪萬朝·刑判李光佐·淸恩君 韓配夏·工參柳鳳輝·兵參李台佐·司直朴泰恒·戶參趙泰億·吏參金一鏡, 而崔錫恒·李台佐·柳鳳輝, 仍察有司之任.

○ 十六日, 左相趙泰耉箚曰: "昨日有枚卜之命, 而病未詣闕. 云云." 答曰: "勞瘁之餘, 疾恙如斯, 予之慮念, 曷可勝諭? 不得允副, 勢所固然, 何用引咎, 祈免哉? 神明所扶, 庶幾痊可, 卿其安心勿辭, 從容善攝."

○ 府啓【李濟·尹聖時】: "門黜罪人李晩成久置權要之地, 主張黨伐之論, 其處心·行事爲一世指目, 久矣. 聖復疏出之後, 凡有一分臣子之心者, 孰不深惡痛斥? 而及其發配也, 晩成方爲本兵之長, 身自往見, 資送甚厚, 情跡綢繆, 人皆疑惑. 至於庭班方設之時, 首發徑[14]罷之論, 同班宰臣, 亦有親聞者. 其連結

---

13) 辭疏: 底本에는 "疏辭"로 되어 있다. 존경각본에 근거하여 수정하였다.

14) 徑: 底本에는 "經"으로 되어 있다.《承政院日記 景宗 1年 12月 16日》기사에 근거하여 수정하였다.

凶黨·表裏和應之狀, 彰露無餘, 當此懲討方嚴之日, 削黜之罰, 不足以懲其罪, 請李晚成遠竄.

頃年殿下於私親緬禮時, 欲行望哭之禮, 則門黜罪人金鎭商, 敢引伯魚之事, 陳疏力沮. 夫伯魚之期而猶哭, 踰禮也·徑情也, 夫子非之, 固然矣. 其時殿下之一番望哭, 此固天理人情之所不容已也, 視諸伯魚之事, 大不相襯, 而兙攬拗引, 欲沮殿下自盡之誠, 豈不痛哉? 伊時禮官, 以望哭啓稟而先王許之者, 誠以至情難抑, 而於禮無嫌也, 鎭商之肆然投疏, 强欲沮尼者, 此何心腸也? 論其情狀, 萬萬痛駭, 不可以事在旣往而置之. 請金鎭商極邊遠竄." 答曰"依啓."

○ 正言權護上疏:"徐命均疏, 非斥政注, 臺啓峻發, 攻斥銓長, 餘波射人, 至擧臣姓名, 謂奸犯名義, 質之於心, 考之於事, 不愧不怍, 付之一笑. 故判書李墍之言曰'以名義爲穽', 蓋苦疾之語也. 以名義受困於彼輩者, 不知其幾何, 而更化屬耳, 乃反以名義攻人, 是何效尤之速也?"

○ 禁府啓:"尹志述刑問三次, 終不承款, 情狀萬萬痛惡, 加刑取招, 何如?" 傳曰:"志述之三次刑訊, 忍杖終不承款, 窮凶情節莫此爲甚. 有何曠日持久, 加刑取招之理哉? 斷不饒貸, 不待時, 依前判下, 卽速擧行, 少洩神人之憤."

○ 禁府, 又以法典內"夜未明, 勿行死刑"云, 待明日行刑之意, 入啓, 傳曰:"知道."

○ 判敦寧宋相琦疏槪:"敢陳首實之章, 乞與諸臣, 同被顯黜之典以嚴國法事." 答曰;"卿其勿辭, 輔護春宮."

○ 禁府, 尹慤 三和府遠竄, 捕盜從事官兪一基·許禎·都監軍色郎廳許源,拿囚.

○ 掌令鄭雲柱因臺言陳辨疏, "初政甫畢, 吹覓備至. 云云."

○ 十七日, 尹志述當日唐古介行刑.

○ 禁府, 李晚成 扶安縣遠竄, 金鎭商 蔚山府·李禎翊 三水府極邊遠竄, 沈尙吉 熊川縣·洪義人 明川定配.

○ 定配[15]李喜之 長興, 兪宅基 洪原.

○ 備忘記: "追惟趙重遇之枉死, 不覺忧怋于中. 忠言未暴, 徑斃酷刑, 豈不痛恨哉? 特爲贈職, 遣禮官致祭, 以慰泉壤之孤魂."

○ 吏判沈檀疏: "國舅之斥·大臣之奏·僚疏·臺啓次第勘論, 平日心事, 不能見信於同朝. 寅協之聖教, 不啻丁寧, 注擬之際, 洗滌偏係. 不意劾臣餘波, 偏及擬望諸人, 權重經·權護等, 目之以干犯名義. 權大運, 甲戌之初, 雖被行譴, 旋垂霈澤, 及其訃聞, 淵衷震悼, 獎其淸白, 復秩賜祭. 權愈之立朝本末, 少無彷彿於四字題目. 歷觀前史, 除逆律外, 無子與孫竝錮之文. 臣不諒時勢, 容易出脚, 身名謬辱, 朝象潰裂, 貽累於始初公平之化. 云云."

○ 修撰沈珙箚槪: "臣於趙重遇贈職致祭之命, 不勝驚惑, 敢陳區區所懷, 乞收成命, 以光聖德事." 答曰: "當此改紀, 弘化之際, 伸理冤枉, 可謂急務, 若是其急急阻[16]搪? 箚中所謂'大處分'之意, 何所指的? 急投一箚, 窺予之淺

---

15) 定配: 底本에는 없다. 《景宗實錄 1年 12月 20日》《承政院日記 景宗 1年 12月 20日》기사에 근거하여 보충하였다.

深, 殊未妥當也." 箚云"事係先朝大處分, 今不當贈官設祭"云.

○ 全羅監司朴師益辭疏, 許遞.

○ 十八日, 謝恩兵曹判書崔錫恒·左捕盜大將尹就商.

○ 同禁朴泰恒疏：“朴致遠鞫獄, 難冒. 云云." 答曰：“已諭次堂議讞之命. 云云."

○ 政院啓【柳重茂·沈樟·南就明】曰：“昨日玉堂箚, 既以趙重遇酷刑杖斃, 可謂冤枉爲辭, 則其心之閔惻, 可知也. 措語之際, 雖有未安之處, 以聖上恢弘之德, 固宜寬假, 而批旨中一二句語, 有非人臣所忍聞者.

噫! '阻搪'·'窺測', 卽向來奸凶輩罪惡, 今日廷臣, 莫不痛惋憤嫉, 齊聲請討, 而今聖上反以此等題目, 加之於論思之臣, 而不少留難, 臣等竊爲聖明惜之也. 大聖人聽言之道, 貴於察其心而略其過. 云云." 答曰：“昨見堂箚, 語涉不擇, 故大加拒斥, 今觀爾等之陳達, 可不留意? 原疏入之."

○ 玉堂箚還入, 答曰：“當此改紀, 弘化之際, 伸雪冤枉, 可謂急務, 若是其言不擇發? 箚中所謂'大處分'之意, 何所指的? 殊未妥當矣."

○ 修撰沈珙疏槪：“嚴敎之下, 惶恐罔措, 蒼黃进出, 乞伏鈇鉞之誅, 以爲妄言者之戒." 答曰：“原批改下, 爾勿執滯, 從速察職."

○ 一鏡請收趙重遇贈祭及堂箚批疏, 答曰：‘追念趙重遇徑斃, 實皆予之寡昧, 噬臍何及? 疏陳切實, 勿施贈典, 令該曹各別恤典."

16) 阻：底本에는 “狙”로 되어 있다. 존경각본에 근거하여 수정하였다.

○ 都承旨李正臣等疏槪：“臣等於昨日備忘之下, 竊不勝憂慨之忱.”

○ 尹淳·李濟·李眞儒等連疏,【詳《爛餘》.】爭執趙重遇事, 答曰：“已諭於天官疏批矣.”

○ 政, 一鏡獨政. 判禁姜鋧【前判禁洪萬朝疏遞代[17].】, 工判韓配夏, 知禁李麟[18]徵, 修撰李夏源, 弼善徐命遇, 兵正李世德, 佐郎柳弼垣, 右尹李森, 戶議權重經, 兵議李宜晚, 原牧金始慶, 平監金始煥, 江留沈壽賢, 咸監韓世良, 大憲柳鳳輝.

○ 開城留守金在魯疏, 唯諾自首.

○ 十九日, 府啓【朴弼夢】：“宋成明·柳重茂·李眞儉·金始煥·趙最壽等言事疏時, 三司論啓·陳疏人, 幷請削奪官爵, 隨參人罷職.” 答曰：“依啓.”【削奪現告洪龍祚·李聖龍·金樟·金萬胄·金龍慶·宋必恒·朴弼正·申昉·洪鉉輔. 罷職現告蔡膺福·李浣[19]·宋道涵·李廷爐·愼無逸·趙尙絅·兪崇·申晢·權熵.】

又所啓：“黃海兵使金時泰, 權兇親屬, 受其卵育, 昏夜綢繆, 情跡陰秘. 雄府腴邑, 惟意圖占, 浚民膏血, 輦輸權門. 副摠管柳就章, 權兇鷹犬, 預受密約, 屢費千金, 買納庄土. 御營千摠梁益標, 爲權兇輩拂拭, 潛跡密室, 作爲爪牙. 庭請時, 身無實職, 闌入闕中, 內着軍服, 外衣朝衣, 跟護相臣, 蹤跡非常, 請竝邊遠定配.

---

17) 代：존경각본에는 없다.
18) 麟：底本과 존경각본에는 “獜”으로 되어 있다. 《景宗實錄 1年 12月 18日》《承政院日記 景宗 1年 12月 18日》기사에 근거하여 수정하였다. 이하 같은 사례에서는 교감기를 달지 않는다.
19) 浣：底本과 존경각본에는 “琓”으로 되어 있다. 《承政院日記 景宗 1年 12月 21日》기사에 근거하여 수정하였다.

洪州牧使洪致中, 賦性便佞, 處心崎嶇, 左右顧瞻, 唯利是趍, 外假士類之名, 內附鬼蜮之黨. 頃日備忘之下, 退在近地, 曾無片言, 卽被吹噓, 濫躋上卿, 請削奪. 司直李堚, 結姻凶黨, 依違俯仰, 柳鳳輝之請鞫, 挺身入參. 賣友圖利, 末後一疏, 自謂發明, 而草草數語, 不過塞責, 請削奪." 幷依啓, 李堚事, 不允.【金時泰 鐵山·柳就章 長興·梁益標 泗川定配.】

○ 卜相, 金宇杭·崔奎瑞, 加卜崔錫恒. 領相趙泰耉·左相崔奎瑞·右相崔錫恒.

○ 政. 一鏡獨政, 承旨朴彙登, 副校理洪萬遇, 修撰洪廷弼, 禮參朴泰恒, 刑參尹就商·刑議任守幹, 兼司書洪萬遇, 工參權珪, 工議丁思愼, 全監李師尙, 內提韓配夏, 司成黃爾章, 兵判宋相琦.【崔錫恒卜相代.】

○ 二十日, 趙聖復拿囚, 本府設鞫.

○ 臺諫楊成揆疏: "朴致遠等'宦妾知名'等語, 急於陷人, 自不覺其誣及上躬之歸, 無嚴不敬, 至於言根究覈之命. 國朝言事之臣, 苟非罪犯惡逆, 未嘗遽加鞫問, 此路一開, 後弊難防. 云云."

○ 正言徐宗廈啓: "頃以閔鎭遠等九人削黜事論啓蒙允, 追聞, 廷請議罷時, 或隨參而見漏, 或不參而混入. 云云."

○ 政. 承旨李仁復, 兵議李眞望, 慶尹朴師益, 知禁李肇, 洪州 朴萬普.

○ 戶曹褒貶. 戶佐趙鼎彬·盈奉李著定·廣簿李天紀·運判宋相曾中.

○ 二十一日, 答領相辭箚曰: "卿之才德, 允合輔弼. 余志先定, 公議僉同, 卿其安心勿辭, 速出論道, 刑鞫之坐, 定式施行."

○ 政院啓: "領相以爲箚批有刑鞫坐定式施行之命, 右相以爲肅謝後當進參, 何以爲之?" 傳曰: "右相肅拜進參."

○ 判義禁姜鋧, 同義禁李麟徵, 知義禁李肇, 問郞趙文命·李承源·鄭楷·李顯章.

○ 二十二日, 領相謝恩.

○ 右相辭疏.

○ 領府事金宇杭箚曰: "伏以竊惟天地以生物爲心, 聖人則之, 雖草木之無知, 猶且不折方長, 況有血氣之倫者乎? 是故宋臣曺彬, 戒冬時修屋曰'恐傷墻屋間蟄蟲'. 其用心如此, 故平生未嘗妄戮一人. 其後曺氏福祿隆盛, 累世富貴, 斯豈非不殺之明驗耶? 是故古昔聖王之治天下也, 罪在於當死·不當死者, 必傅之生議, 與其殺不辜, 寧失不經, 此豈非可法處耶?

殿下自嗣位以來, 仁厚寬恕, 猶恐一物之或傷, 好生之德, 浹于民心, 八域人民, 莫不願少須臾無死, 思見德化之隆洽也. 以殿下不忍人之心, 執此之政·行此之令, 足以安宗社而祈天永命也.

不幸今者, 天怒震疊, 威罰太過, 而爲有司者, 一切以柱下惠文從事, 竄逐相望, 爬櫛日甚, 若此不已, 臣恐殿下之國, 空無人矣. 聽聞駭惑, 景色愁痛, 自有黨論進退以來, 未有若是之嚴急慘刻者. 誅竄不足以厭其意, 則其勢必至於漸益滋蔓, 糜爛而後已也, 如是而國不危者, 臣未之聞也.

死者不可復活, 言之無益, 來者猶可戒也. 蘇軾有言曰: '屠殺牛羊·刳斮魚

鰲, 食者甚美, 死者甚苦. 若使陛下見其呼號於梃刃之下·宛轉於刀俎之間, 雖八珍之味, 必將投箸而不忍食也.'

今殿下深居九重, '殺'與'鞫'兩字, 言之甚易, 而當之者甚慘. 倘使殿下親見其桁楊斧鑕·叫呼痛楚·血肉狼藉之狀, 必將顰蹙, 有不忍見矣. 近日大臣及銓曹之臣, 亦以此陳箚, 勉之以好生之德, 玉署之臣, 請勿窮治蔓延, 此可謂切急時之言, 而非但彈擊隨至, 亦未蒙聖上之開納. 方今禍色之彌天, 未必不由於此也, 臣切痛歎焉.

噫嘻! 犬馬有勞, 尙有帷蓋之恩, 彼四大臣者, 俱是先朝簡拔以遺殿下者, 而勤勞王室, 亦已多矣, 何忍置之死地而莫之恤乎? 臣非爲四臣之地, 竊恐貽累於我殿下好生之德, 大矣, 伏願殿下深留睿念, 以爲終始保全之道焉.

且於三臣拿鞫之命, 竊有所慨然. 夫鞫問臺閣之臣, 實是前古所無之事, 三百年來, 臺言可罪者, 何限? 而列聖朝, 未聞有鞫問者, 誠以傷國體·杜言路也. 今殿下創之, 則臣恐千載之下, 以今日爲口實耳. 若以其言爲罪, 則逐之可也·竄之可也, 至於鞫問, 決知其大關後弊也, 願留神察納焉.

臣受恩先朝, 未蔭螻蟻, 沈疴奄奄, 只有追先帝·報陛下之一念, 耿結于中, 若不一言而死, 將無以見先王於地下. 玆敢稍俟小醒, 僅僅號召, 以效消埃之答焉. 傳曰: '人之將死, 其言也善.' 倘蒙採納, 雖死如生矣. 云云." 答曰"當留念."

○ 大憲柳鳳輝疏曰: "伏以臣妄陳一疏, 幾陷大戾, 幸蒙聖明天地之大德·世弟寬仁之盛恩, 得不爲桁楊之鬼, 糜身粉骨, 不足以喩. 臣欲報罔極之恩, 而感戴之心, 亦不但延頸願死之恒情而已.

仍念臣疏之初上也, 大臣·卿宰·三司之臣, 鎭日伏閣, 以至喉司·春坊·宗班·館學相繼投章, 以臣疏語, 句句而誣解, 字字而巧織, 湊合千古之惡名, 粧成一身之斷案. 首尾四五朔之間, 臣晝則席藁脣命, 自分必死; 夜則寢驚夢愕, 寧欲無生. 過時追攝, 驚魂未定, 實不知所以摸[20]捉伸白, 而亦何可徒恃天日之在上, 不爲之一言, 以自暴其窮天極地之冤也哉?

惟我王世弟, 卽我殿下之介弟也, 以殿下之介弟, 爲殿下之儲嗣. 旣稟慈旨, 又下御筆, 處分一定, 擧國同慶, 此實宗社無疆之福, 戴天履地, 孰敢有異議於其間乎? 先臣曾於己巳, 被柳緯漢之斥, 疏自列, 有曰‘由後之一心愛戴, 卽臣子死太子之義’. 臣雖愚迷, 亦知斯義, 臣疏所謂‘成命已下, 無容21)更議’者, 卽此意也.

第其事體至重且大, 伊時大臣, 不爲親自建白, 一臺官草草疏論. 及至批下之後, 亦當遲待明朝, 從容稟定, 預會闕中, 仍卽請對, 夜分而入, 鍾鳴乃罷. 出入催促, 殆近呼斥. 此不可行之於儕流間稍加尊敬之地, 其敢行之於君父之至尊至嚴耶? 無禮於君若是, 而人莫敢矯其非, 臣不勝其慨然, 越俎而言之, 其曰‘無使威福下移’者, 乃所以爲殿下也 ; 其‘欲國體之尊重’者, 亦所以爲春宮也.

臣疏語意, 寧有一言半辭, 幾微毫忽之及於本事? 而其所吹毛而覓·洗瘢而求者, 專出於誣陷構毁, 臣何必一一條辨, 以犯煩猥之誅乎? 臣疏主意, 不過刺擧大臣·諸臣入對時, 無嚴不敬之罪, 其在自處之道, 惟當泥首乞罪之不暇, 而乃反益肆其氣燄, 張大其擧措.

其心則怒在於議己, 必欲撲殺而後已, 敢以‘安乎? 否乎?’等語, 攙及不敢言之地. 其所以罪狀臣身者, 無所不有, 而若其所以一言蔽之者, 則乃是名號旣定之後云云, 此則臣疏已有‘無容更議’之語. 故又從而爲之辭曰‘成命未下, 則抑將容他議乎?’云, 眞所謂‘何患無辭?’, 而亦可以知其所窮矣.

槪其意以爲, 不如此則無以構殺臣, 不殺臣則無以自掩其罪狀, 而創出此‘隱然不滿’之題目, 勒加‘動搖國本’之罪名. 臣之苦心血誠, 所欲忠者國耳, 忠於其君, 而動搖其君之國本, 雖三尺童子, 亦必知其爲誣, 固不待臣之刺心以

---

20) 摸 : 底本에는 “模”로 되어 있다. 존경각본과 《承政院日記 景宗 1年 12月 22日》 기사에 근거하여 수정하였다.

21) 容 : 底本과 존경각본은 “用”으로 되어 있다. 《景宗實錄 1年 12月 22日》 《承政院日記 景宗 1年 12月 22日》 기사에 근거하여 수정하였다.

自明. 而所謂隱然二字, 眞出於'莫須有'之意, 倘非我聖上終始曲全之德·春宮
照察解釋之恩, 臣身之虀[22]粉, 固已久矣.

最是前後聖教, 輒以'狂妄'爲臣之罪者, 實亦鑑燭臣本情之斷斷無他, 臣雖
明日入地, 死目將瞑, 南竄北謫, 實所甘心. 乃者更化之初, 天日之光, 回照於
覆盆之下, 至有配單置之之命, 聞來惝怳, 如癡如夢, 若死更生, 感極而悲, 闔門
相對, 不覺血涕之交流.

噫! 人君之於人臣, 天地之生成也·父母之顧復也, 恩山德海·生死肉骨等文
字, 何莫非形容感激底意之辭? 而從古以來, 受國恩者, 未有若臣今日之所被
也. 又於千萬夢寐之外, 待罪之席藁, 未掇; 除職之恩旨, 忽降, 工部貳佐·史
局·籌司之任一時荐加. 於此不以爲榮, 反以爲懼, 陳疏乞免, 亦涉唐突.

方在惶悶蹙伏之中, 栢府新命繼下此際. 前後召牌, 至於二降, 臣則冥然,
若全昧不俟駕之義者然, 聖眷愈隆, 臣情愈蹙, 誠不知所以措躬也. 玆不得不
仰暴危悃, 伏乞聖明俯賜諒察, 亟命遞斥臣本兼任, 仍命選部勿復檢擧. 俾臣
得以軍銜瞻依京輦, 生爲祝聖之人, 死作結草之鬼. 云云." 答曰: "旣往之事,
今不必介懷."

○ 傳曰: "予自潛邸, 心常痛惡於內官張世相·高鳳獻·宋相郁之爲人奸
譎. 不可置之近侍之列, 竝邊遠定配.【世相 鏡城·鳳獻 光陽·相郁 長鬐, 遠配.】

○ 政. 一鏡獨政, 承旨任守幹·參知柳鳳輝·樂正洪重疇·副說書宋寅明·趙
顯命·韓頤朝.

○ 夜深後, 政院·玉堂·兵曹參判李眞儉【他作李台佐.】·摠管趙泰億詣闕門
外, 請對.

22) 虀: 底本과 존경각본에는 "菹"로 되어 있다.《承政院日記 景宗 1年 12月 22日》기사에
근거하여 수정하였다.

○ 初更, 東宮下令曰: "侍講院·翊衛司上·下番, 引接于誠正閣." 輔德金東弼·司書權益寬·司禦洪禹賢·侍直李世煥進見, 令曰: "予以否德, 冒承儲命, 問寢·視膳之外, 宮中之事, 亦不干涉. 今者, 一二閹竪, 作俑中間, 敢生除去吾身之計, 吾欲入告上前, 而趑趄不敢矣, 慈聖下敎: '吾欲見大殿言之, 而以病不能, 汝何不入告乎?' 予承慈敎之後, 更思之, 古人以爲'與其得罪於鄉黨州閭, 寧熟諫', 方當宗社將亡之日, 何可泯默不言, 以負我朝宗乎? 予以此義, 泣陳於大朝, 幸下拿推之命, 旋又還收, 更陳蒙允矣, 意外遽下不敢聞之嚴敎. 到此地頭, 將欲出閤外, 席藁俟罪, 因又辭23)位矣."

東弼曰: "閹竪作俑之事, 驚心竦骨, 豈意聖明之世, 乃有此禍人國家之變故也? 至於不敢聞之敎, 臣未知事實輕重之如何, 將以何辭24)仰對乎? 在底下處變之道, 務積誠意, 開陳聖聰, 當該閹竪, 出付有司, 明正典刑, 以雪神人之憤. 邸下亦宜益篤孝悌, 宮闈之間, 和氣藹然, 使宮中妥帖·外人不知. 此爲底下處變之第一義, 亦可爲祖宗臣民之福, 臣等所望於邸下者, 亦在於此. 至於出閤辭位之敎, 有非臣子所忍聞者, 臣等雖死, 決不敢奉承矣."

益寬曰: "內間之事, 元非外臣所敢知, 猝然聞此非常之敎, 驚惶震剝,25) 罔知攸措. 雖閭巷匹庶, 事親事長之道, 必起敬起孝, 期於感動. 邸下之於大朝, 有君臣之分, 有父子之義, 雖有一時未安之敎, 固當起敬起孝而已. 至於閹竪, 古人稱爲家奴, 罪惡如是彰著, 不惟自內明白陳請, 以正典刑, 外廷亦當卽行懲討, 此何足爲邸下難安之端乎?

仰惟大朝尙無儲嗣, 念宗社之重, 稟慈聖之旨, 預定國本, 神人胥悅, 八域延頸. 況今兩宮之間, 慈孝無間, 則因此狐鼠輩作俑之事, 豈可有俟罪之擧? 邸下位, 卽嗣副之位, 而國本之所係也. 儲位旣定之後, 元無辭避之道, 一或動搖, 國隨以亡. 邸下何不念及於此, 而遽下此萬萬不敢聞之敎乎? 臣等有死而已,

---

23) 辭: 底本에는 "俟"로 되어 있다. 존경각본에 근거하여 수정하였다.

24) 辭: 底本에는 "事"로 되어 있다. 존경각본에 근거하여 수정하였다.

25) 剝: 수정 전의 底本과 존경각본에는 "薄"으로 되어 있다.

決不敢奉承矣."

禹賢曰: "更爲起敬起孝, 徐觀大朝處分. 況外廷亦當同聲請討. 云云." 世煥曰: "人之七情, 不可輕用, 勉抑隱忍, 從容詳處. 云云."

令曰: "此非予一時偶發之言也, 亦非一朝一夕之故也, 積漸旣久, 已至於此. 吾旣告上前之後, 雖收拿治之命, 渠輩之道, 當縮伏俟罪之不暇, 而略無忌憚, 揚揚出入於禁中. 至於今日, 則問寢·視膳, 亦因此輩而隔塞. 予若不避此位, 則必遭渠輩之毒手, 避位之外, 無他道理矣.

當初慈殿至以'先大王骨肉, 只有今上與汝'爲敎, 每念及此, 不覺下淚. 宗社之重·臣民之托, 予豈不念? 而今則事已至此, 孝寧殿展謁時, 欲爲泣告心事而辭退, 望奠未能入參, 此後則此意恐亦莫之遂也. 予非不知哭辭魂殿, 仍出私第, 而此則未承聖敎, 不敢擅便."

東弼曰: "承此下敎, 尤不任血泣憤痛之至. 邸下承慈聖·大朝之明命, 新陞儲位, 八域含生, 延頸願死, 今因狐鼠作俑, 有此萬萬非常之敎. 聖上至聖, 雷霆無竟日之怒, 閹竪輩去惡除凶, 何異於孤雛腐鼠乎? 邸下一擧足之間, 群情驚惑, 中外鼎沸, 危亡立待, 亦何以慰我孝寧殿在天之靈乎?"

益寬曰: "云云. 此輩稔惡, 逆節已彰, 則外廷之臣, 固當陳請正法, 狐鼠自取殄滅. 況大朝止慈則友之情, 雖有嚴敎, 必是匪怒之意, 則邸下果若出閤俟罪, 亦豈安於大朝之心哉? 臣愚死罪, 竊恐邸下此擧, 非所以奉承孝寧殿遺意也."

令曰: "今此引接者, 蓋欲令知予所遭之切急, 不得已作此擧耳. 宮僚不知予之本意, 縷縷爭執, 余志已定, 如可中止, 則何可發說於宮僚耶? 內間之事, 予未免宣布暴揚, 不能爲無聲無臭之歸, 此誠予之咎也. 事雖出於不得已, 而愧恧甚矣."

東弼曰: "臣等雖甚迷昧, 邸下本意, 豈不知之? 今此下敎, 出於至難處, 萬不得已, 而臣等仰贊邸下之處變者, 惟當勉之以第一義. 故臣敢以宮闈妥帖·外人不知之說, 有所仰達. 蓋欲勉邸下以誠心開導, 亟啓大朝, 摘發逆閹, 卽正常刑, 宮闈之內, 亦宜起敬起孝, 終至於和平悅豫之域, 而勿使外人知之, 此豈非萬萬幸甚者乎?

然若有萬不得已者, 則亦宜徐究處變之義, 務歸至當之地, 稍待明朝, 招接師傅·賓客·本院諸僚, 而同確義理而處之 亦未爲晩. 今於深夜造次之間, 輕出閤外, 是豈臣等所望於邸下者乎? 邸下歷觀前史. 儲貳陞位之後, 曷嘗有不安其位, 而出閤辭位之擧乎? 邸下若徑情直行, 則人心驚惑, 國事罔極, 書之史冊, 其將以今日爲如何時哉? 萬望亟收成命."

益寬曰:"侍直所達七情之說, 實甚切實, 七情之中, 惟怒難制. 邸下睿量淵深, 恐無難制之慮, 而因幺麼狐鼠輩, 有此擧, 則其於發皆中節之義, 或有所歉耶? 此輩罪惡貫盈, 宜邸下之深加疾惡, 而因緣此輩, 至有自守己志之敎, 則恐近於七情之不得其平, 而實非大聖人處事得中之道, 亟回睿志. 云云."

東弼顧兩衛司, 令各陳所懷, 期於收回, 禹賢曰:"待明朝, 引接師傅·賓客, 詢問可否. 云云." 世煥曰:"下敎如此, 雖不畢辭, 可以意解, 數三宮僚, 何以能忖度成算, 仰贊徽旨乎? 師傅·賓客, 是朝廷大臣, 切願訪詢從容. 云云."

世弟出示疏草, 東弼與益寬展開, 因示兩衛司, 還納, 起伏曰:"閹竪之禍人·國家, 前史班班, 陳請正法, 不容少緩. 而至於疏中'離宮, 席藁俟罪, 辭位'等語, 決不可輕易爲語. 邸下嘗於書筵下敎曰'宮僚無異朋友', 臣嘗感動而頌祝矣. 今於非常之擧, 臣等竭[26]誠爭執, 區區血忱, 天日下燭, 竟夜前席, 睿聰邈然若爾, 則安在其俯詢宮僚之盛意, 亦安用講官爲哉?"

益寬曰:"此輩通天之罪, 如是彰露, 臣卽當出言于外朝, 可以登時陳請, 亟加常憲, 豈可以此小有不安之端耶? 堯·舜之道, 孝悌而已, 孝悌之道, 無他, 順其志而已. 今此大朝嚴敎, 雖未知何故, 而以邸下止孝之心, 承大朝則友之愛, 雖有一時嚴敎, 兩宮之慈孝固自如也, 則邸下之心有何一毫不安, 而形之於奏牘之間哉?

疏陳如不可已, 則只請閹竪之罪, 固無不可, 而出閤等語, 何可形諸言語文

---

26) 竭:底本에는 "渴"로 되어 있다. 존경각본에 근거하여 수정하였다.

字間? 邸下一出閤外, 國本搖, 國本搖而未有不亡之國. 中外人情之惶惑, 已不勝言, 而兩殿聖心之驚憂, 有不可言者, 其在順志孝悌之道, 其可徒行其志, 而不念貽憂於兩殿? 云云."

世煥曰: "閹竪之禍, 誠可畏, 上疏而導達誠意, 席藁俟罪, 未爲不可, 而不必出閤陳章."

令曰: "我聖上仁厚之德, 外廷之臣, 無不知矣, 雖有一時匪怒之敎, 予豈敢發此擧? 而今者此輩, 欺蔽聖聰, 致予不安, 今日之事, 此輩與予, 勢不可[27]兩立, 毋寧釋去此位, 以先朝受賜之爵號, 守吾本分, 是予至願, 斷不撓改矣."

東弼曰: "邸下何爲發此敎? 彼卽邸下家奴, 而直是狐鼠耳, 殛之去之, 何難之有? 而邸下敎之以勢不兩立, 有若比對者然, 臣愚死罪, 邸下於此, 恐未免失言之歸."

令曰: "勢不兩立, 若似比而同之者然, 予果失言矣. 召對, 亦言泰伯·仲雍之事矣, 予之本心, 本自如此. 念今宗社將亡, 予不能救, 上負祖宗及先大王暨慈旨, 中負當宁聖明, 罪莫大焉, 釋位之外, 更無他道. 若有一毫欺隱, 則天地鬼神, 昭布森列, 先大王陟降之靈, 實所監臨, 焉可誣也?"

東弼曰: "云云. 退出之後, 師傅·賓客, 卽當知之. 宮官雖無干涉朝議之事, 而此事則可以卽言于外廷諸臣, 懲討之典, 必不待時刻, 罪人伏法之後, 則邸下豈有一分難安之端乎?"

益寬曰: "微敎一聞於外廷, 狐鼠輩固當卽伏常刑, 而只此席藁·辭位之擧, 史牒之所未嘗載, 國家之所未嘗有, 上而貽憂於兩殿, 下而播聞於四方, 非細事也. 臣等辭渴意窮, 惟是逆竪之罪, 沫血而討之, 出閤之事, 抵死而爭之而已."

禹賢曰"云云." 世煥曰: "義理無窮, 有父母怒不悅, 撻之流血, 起敬起孝, 是乃正法, 又有小杖則受·大杖則走之義, 此則法外. 不可輕易行之, 罔極之外, 更無所達."

東弼曰: "侍直大杖·小杖之說, 引喩恐不襯着矣. 邸下之於聖上, 雖是兄弟之間, 實有君臣·父子之義. 設有一時嚴敎, 仁人之於弟也, 不藏怒焉, 其在邸下之道, 亦宜起敬起孝, 無盡和平, 大杖·小杖, 有何可論? 邸下設有難處之端, 惟以一忍字, 加意勉旃焉."

令曰: "忍字之說, 吾豈不知? 第予志已定, 亦旣發言, 斷無撓改之理."

東弼曰: "臣等雖竟夜於此, 不得請則不可退. 大凡言與行, 未發之前, 固無善·不善之可言, 必於旣發之後, 是非可見, 聖人亦未嘗責人以無過, 而必以改過爲貴. 今邸下乃以發言之後不可中止, 爲牢拒臣等之資, 以睿學高明, 何不念及於此? 臣竊爲邸下惜之."

益寬曰: "帝王家以繼序爲重, 邸下之於大朝, 親則兄弟, 而義則父子也. 傳曰: '天下無不是底父母.' 先儒以爲: '如此而後, 天下之爲父子者, 定.' 定者, 子孝父慈, 各止其所而無不安其位之意也. 爲人子者, 恒以無不是之意, 着在肚裏, 然後庶無憾於事親之道, 而慈孝俱得也.

今聖上以宗社之重, 付托於邸下, 而邸下以事先王之孝, 移事當宁, 則融洩之樂·怡愉之歡, 可謂交盡於兩宮. 而當此事變難處之會, 尤操持此意, 恒自勉勵, 則益光於睿德, 而事雖有難於此者, 當沛然行其所無事也. 經傳之言孝者, 無過於此一句, 痛切, 故斷章紉義而陳之, 唯邸下加意焉. 逆堅之自速天誅, 固不足以動一髮, 而出閤辭位, 決知其萬萬不當矣."

東弼又以 "慈殿玉候靜攝, 大朝愆度添加, 若聞出閤之擧, 則驚懼慮念, 當復如何? 云云."

令曰: "宮僚之縷縷陳達, 出於至誠, 可不感動? 待明日, 相見師傅諸僚後, 當行己志, 姑爲退出."

東弼·益寬起拜曰: "臣等所達, 雖未準請, 伏承差待明日之敎, 亦不勝喜幸之至. 云云."

退出閤外, 已三更四點矣.

○ 夜深後, 政院·玉堂·兵曹參判李台佐·摠管[28]趙泰億詣闕門外, 請對, 未承下敎, 與諸臣同入.

○ 二十三日, 謝恩右議政崔錫恒·大司憲柳鳳輝·兵判宋相琦·刑判李光佐.

○ 未明, 領相趙泰耇·右相崔錫恒·戶判金演·禮判李肇·工判韓配夏·吏判沈檀·兵參李台佐·戶參趙泰億·吏參金一鏡·訓將尹就商·承旨李正臣·柳重茂·朴彙登·李仁復·沈樘·兩司李眞儒·李濟·李明誼·朴弼夢·玉堂尹淀·尹淳·沈珙·假注書李普昱·記事官申處洙·編修官金克謙等請對, 參判朴泰恒·大諫梁聖揆·持平尹聖時·正言徐宗廈追入.

入侍時, 泰耇曰：“昨夜春宮引接宮僚, 令曰：‘閹竪作俑中間, 問寢·視膳, 亦至隔塞, 欲生除去吾身之計. 故涕泣陳達, 初有拿推之命, 而旋爲還收, 又承嚴敎, 將欲出閤辭位.’臣不知緣何而至於此境, 亦何故而遽寢拿推耶? 閹竪作俑莫大之變, 請嚴鞫正法.”

錫恒又曰：“古人以閹竪譬家僮, 試以私家言之. 信僕隸之言, 爲兄弟不協之事, 其家興乎? 否乎? 初旣拿推, 旋命還收, 東宮不安之心, 當復如何? 殿下何可[29]愛么麼一家僮, 不卽嚴鞫正法, 以爲慰安春宮之道耶?

殿下恒篤友愛之情, 春宮務盡孝敬之實, 兄弟之間, 湛樂怡愉；宮闈之內, 雍睦和悅, 則先王在天之靈, 豈不眷顧悅豫於冥冥之中? 而慈聖之心, 亦豈不歡欣於此乎? 其間設有不合底意, 其在殿下之道, 每當寬假, 思有以曲念之矣.”

右相又曰：“先王骨肉, 只有殿下與春宮, 春宮之心不安, 則先王在天之靈, 安得不傷?”領相曰：“殿下曾有‘分痛分苦’之敎, 一二閹竪, 敢肆作俑, 爲此阻

---

28) 摠管：《景宗實錄 1年 12月 22日》에는 ‘副摠管’으로 되어 있다.

29) 何可：底本과 존경각본에는 없다. 《景宗實錄 1年 12月 23日》 기사에 근거하여 보충하였다.

隔非常之變, 則烏在乎分苦分痛之意? 云云." <u>沈檀</u>曰: "王世弟下令中, 旣有除去吾身之敎, 則係是大逆. 臣意則不必鞫問, 直爲正法, 宜矣."

<u>韓配夏</u>·<u>李台佐</u>皆請斬, <u>李仁復</u>請亟允諸臣之請, <u>趙泰億</u>·<u>李正臣</u>·<u>柳重茂</u>皆請正法.

右相曰: "自古帝王家, 父子·兄弟之間, 積成嫌隙, 莫不由於宦妾交構, 亟正邦刑. 云云." <u>仁復</u>曰: "殿下有何顧藉, 而若是持難? 爲累聖德, 誠不淺. 他日書於國史, 載之野史, 以殿下爲何如主耶?" <u>一鏡</u>曰: "鞫問結[30]案, 夬正王法. 云云."

<u>朴泰恒</u>追入, 請設鞫正法, 領·右相皆請鞫. <u>弼夢</u>曰: "大凡設鞫, 必有隱情可問, 今世弟下令爲斷案, 直爲正刑, 實合事實." <u>眞儒</u>曰: "<u>孝廟</u>朝<u>徐忭</u>構誣<u>麟</u>[31]坪大君, 卽爲設鞫正刑. 今日事, 比<u>徐忭</u>, 輕重何如? 而殿下持疑不決, 顯有顧藉之勢, 若是而其能和兄弟·保國家乎?" 領相曰: "兄弟自是難得, 一有不協, 則家道壞矣."

淳曰: "漢·唐·明之亡, 皆由宦寺, 我國則祖宗朝以來, 未有此事, 至於殿下之身, 有此莫大之變, 三百年規模, 一朝壞盡. 日昨三宦竄配, 雖未知所坐何事, 而進逐曾不留難, 何快於彼而斬於此乎? 殿下平日若盡友于之道, 則幺麼宦寺, 安敢生惎間之計哉? 此誠自反處也." 領相曰: "彼宦堅不順於春宮如此, 則豈有忠殿下之理?" 又曰: "臣豈敢以一毫非義, 導殿下乎?" 嗚咽流涕.

<u>李眞儒</u>曰: "今若容護閹竪, 忘先王付托之重, 失同氣和協之道, 則殿下將何顏入<u>孝寧殿</u>乎?" 領相曰: "殿下仁愛之極, 無傷人之心, 臣豈敢以殺人導殿下乎?" <u>眞儒</u>曰: "拿推之命, 還寢, 則東宮之惶恐, 尤倍; 而彼輩之驕恣, 益甚."

<u>泰億</u>曰: "臣伯兄死, 只有一兄, 相依爲命. 殿下所與相依者, 只世弟而已,

---

30) 結: 底本에는 "決"로 되어 있다. 존경각본에 근거하여 수정하였다.

31) 麟: 저본과 존경각본에는 "獜"으로 되어 있다.《承政院日記 景宗 1年 12月 23日》기사에 근거하여 수정하였다.

不能安世弟之心, 則天下後世, 將謂殿下何如主也? 王者宜存心於愛惜人命, 宋人有言'人主不可使之手滑', 領樞<u>金宇杭</u>箚好生之言亦善, 但如此凶逆之類, 烏可全言好生, 而不思懲惡乎?"

<u>明誼</u>曰: "殿下在東宮時, 先大王下敎曰: '强臣·凶孼, 動搖國本, 繩以逆律.' 今此閹竪之變, 不特動搖而已." <u>一鏡</u>曰: "殿下終無發落, 聖心所存, 臣等不敢仰揣, 若諄諄發語, 使群下洞然, 則庶可少紓抑鬱." <u>肇</u>曰: "諸臣之力請如此, 以摘發正法下敎, 何如[32]?"

於是三司合啓, 請作俑宦侍出付有司, 亟正邦刑. <u>泰耉</u>曰: "<u>尹志述</u>之不捧結案, 直行處斬, 誠有後弊, 臣每欲一陳矣. 至於此賊, 罪已彰著, 直加行刑, 誠如諸臣所達矣."

上似發落, 而不明白, <u>泰耉</u>進伏, 請更詳聞. 上曰: "摘發正法, 可也."

答三司曰"依啓". 諸臣皆起拜稱賀, 仍爲陳啓請益勉友于之道.【合啓措語《爛餘》.】

○ <u>李塏</u>停啓.

○ 師<u>趙泰耉</u>·輔德<u>金東弼</u>·兼弼善<u>李眞儒</u>·文學<u>鄭錫五</u>·兼文學<u>尹㝎</u>·司書<u>權益寬</u>·說書<u>宋寅明</u>等請對. 師曰: "昨年侍藥無狀. 云云." 令敎亦言: "入診周旋, 天崩罔極." 又曰: "小子於向日陳戒疏, 深知師爲小子眷眷之至意矣."

師曰: "夜來, 因宮官所報, 閹竪逆節, 驚惶罔極, 蒼黃請對, 聖上夬許正法, 宗社之慶. 罷出時, 臣又以進告邸下慰安之意, 仰稟, 則天顏亦甚悅豫矣." 令曰: "當初慈敎中'血脈'·'骨肉'之敎, 草木感動, 不敢任行己意. 今則自畫已堅, 有難撓改矣."

師曰: "聖上旣有處分之後, 邸下何爲發此敎乎? 《詩》云'兄弟旣翕', 《中庸》引此而結之曰'父母其順矣乎'. 邸下之於聖上, 雖本兄弟, 陞儲位, 有父子

---

32) 何如: 底本에는 "如何"로 되어 있다. 존경각본에 근거하여 수정하였다.

之義, 何不仰體聖上之意, 以爲慰悅我慈聖之道乎? 況聖上決斷, 邸下尤不
當留着胸中, 自存形迹, 於問寢·視膳之節, 安心奉行, 以盡孝敬之道." 令
曰: "小子敢不自勉以孝敬, 而昨日事, 實出於萬不獲已, 不忠·不孝, 於此著
矣."

師曰: "臣於大朝, 則每以友于之道仰陳, 於邸下則孝敬之外, 更無仰勉之
語, 兩宮和悅, 豈非國家之福? 且宮闈之內, 設或有一時嚴敎, 亦不宜使外人知
之, 以致傳播. 臣意以爲未安, 徽敎還收, 宜矣." 令曰: "小子非不知煩諸外廷
之爲大段難安, 而猶且冒而爲之, 則益可見自畫之意. 云云."

東弼曰: "邸下下令, 辭旨痛切罔極, 可知出於萬不得已, 大段難處, 詢問宮
僚, 亦何所妨? 臣等通議外廷, 只討逆事, 有何徽敎傳播之慮乎?" 師曰: "臣等
所陳, 大朝皆蒙開納, 天顔亦極和悅, 邸下執滯如此, 非臣等所望也." 東弼又
陳不宜介滯之意.

眞儒曰: "仁人之於弟, 不藏怒·不宿怨, 親愛之而已. 到今聖上夬許正法之
後, 邸下不宜自存形迹. 閹竪之禍, 有若奴僕, 閨閤或以奴輩交構之言, 遂致失
和於兄弟, 終至覆亡, 宜加戒愼." 錫五·延·益寬云云. 令曰: "予志牢定, 聖上
仁愛之德, 則誠無間然." 師曰: "邸下旣膺宗社付託之重, 今雖欲自行己志,
百官·萬民, 豈敢捨之? 且邸下因一時事變爲此舉, 則更何顔面, 入謁於孝寧殿
乎?"

寅明曰: "臣猝承半夜非常之令, 冒昧出謝. 伏念聖上有因心之慈愛, 邸下
有出天之孝敬, 雖或有一時不安之端, 自可永底於悅豫之境矣. 果然聖上夬令
摘發正法, 自此邸下, 亦可以安心矣.

邸下卽今所加勉, 惟'益盡孝敬'四箇字, 此師與諸僚, 所以縷縷陳達. 而古語
云'不遇盤根錯節, 無以別利器', 臣以爲苟不善處於至難處之地, 何以稱聖人
乎? 卽今邸下所遭, 亦不可謂順境, 則可不思所以善處之道乎?

曾伏聞邸下臨筵, 有學問之敎, 學問得力, 正在於此. 自古人君, 非不有聰明
仁儉者, 而德量或有不足, 則不免同歸於亂. 邸下誠能加意於崇德恢量之道,

凡諸難處之事, 必有德以鎭之·有量以³³⁾包之, 不懾不動, 凝重自持, 惟盡在我
之誠敬, 則自可以不動聲色, 隨遇善應矣.

伏聞邸下方講《綱目》, 唐之肅宗, 豈非中興哲辟? 而宦官李輔國, 交亂宮中,
代宗屢處危逆之境, 幸賴李泌殫忠竭誠, 彌縫調護, 竟保無他. 今日大臣, 亦豈
不足堪任李必之責乎? 伏願邸下先盡孝敬之道, 而以李泌之事, 一切責之於
大臣, 是臣區區之望."

師曰:"難處之境, 善處爲難, 以邸下仁孝, 可不思善處之道? 亦宜嚴防近
習, 俾無交構之漸."諸臣云云. 令曰:"師與諸僚, 屢屢陳勉, 說書之言, 亦有感
動, 庶可小變初心. 而所引李泌事, 不能無望於師矣."泰耉曰:"臣謹當竭股
肱之力, 以無負先大王殊遇·邸下之眷意也."

令曰:"說書之言, 誠切至, 李泌事, 更願師之留意焉."寅明曰:"嚴防近習,
固爲盛節, 此猶就自己所屬言之. 願邸下, 凡於聖上左右, 皆務得歡心, 使之同
囿於仁化之中也."

令曰:"陳疏事, 何以處之?"東弼曰:"事過後, 當泯然無迹, 有何陳疏事
乎?"令曰:"當寢止矣."

○ 傳曰:"承傳色文有道·長番內官朴尙儉, 乃以閹竪, 作俑中間, 欲生除
去春宮之計. 今日問寢·視膳, 亦且防塞, 其動搖國本, 大逆不道之罪, 合置邦
刑. 不待時處斬."

○ 慈殿以諺書下敎曰:"孝廟子孫·先王血屬只大殿與延礽君而已, 以先
王遺敎, 冊立延礽, 而兩宮和協矣. 不幸中官及內人, 交構兩間, 世弟將陷不測
之科, 無寧依先王所授爵號, 依其願, 使之出外, 千萬.【書辭懇惻, 有不忍聞, 而不爲謄
播. 出《滄桑錄》云云.】

---

33) 以:底本에는 "而"로 되어 있다. 존경각본에 근거하여 수정하였다.

○ 大妃殿諺敎下藥房後, 領·右相口傳啓曰：“伏承承傳色所傳諺敎, 臣等不勝驚惶震迫之至. 東宮承儲, 實是宗社無疆之福, 一國臣民, 莫不延頸願戴, 不意中人交構, 以致震邸之不安. 昨夜宮僚引接時, 累累徽敎, 實是人臣所不忍聞者, 臣等不任驚心痛迫之懷, 相率請對陳請, 當該閹竪, 旣蒙摘發正法之命, 神人之憤, 庶可少洩.

臣泰耇, 今方請見於震邸, 備盡慰安之意, 而卽承萬萬意外之下敎. 先大王後嗣之托, 只有我殿下·東宮, 臣等有死而已, 豈敢不盡誠保護? 矧今處分旣定, 此諺敎, 不必煩諸耳目, 故謹此封還. 臣等之當陳勉於大朝及東宮者, 只是篤友愛而盡孝敬, 三殿和協之意, 而亦願自內尋常勸勉於兩宮之間, 以盡和平之福. 是臣等區區之望也. 至於內人負犯, 非廷臣所知, 自內出付攸司, 明正典刑, 恐或得宜, 區區所懷, 敢此竝達.” 慈殿傳敎曰：“兩相臣, 姑爲留待.”

○ 大妃殿又下諺敎曰：“儲嗣之定, 卽奉先王之遺敎, 而大殿親書爵號, 予又以諺敎下于大臣而定之矣. 不幸宮人及宦寺等, 交構兩宮, 欺蔽聖聰, 予心常慨惋. 嘗招宮人, 多般開諭, 以爲和同之道, 則敢以凶悖之說, 肆然於大殿及予之坐前, 其罪狀必有當律. 其一宮人, 則乃締結宦寺者也, 當依律處置.【《會通》以爲‘其締結宮人及締結宦寺者, 亦當依律處置’云.】而卿等幷宜調護我主上及東宮, 以保我三百年宗社, 毋負我先大王遺敎, 是所望也. 大殿內人石烈·必貞.【慈殿二度下諺書于藥房, 領相以諺書下敎, 殊涉未安之意, 四五次往復, 只爲麟膽一度, 一度則拆見, 而還爲封上, 故不得傳於外云.】

○ 大臣口傳再啓曰：“又伏承諺敎, 益不勝驚隕煎迫之至. 下敎中兩宮人, 今方陳啓于大朝, 請出付攸司, 一體正法. 而至於末端下敎, 伏惟我聖上至仁至孝, 儲宮亦盡孝敬之道, 且伏念宗社先王之靈, 默佑於冥冥之中, 夫豈有一毫他慮? 而臣雖無狀, 敢不殫誠竭力, 以死爲期, 仰體先大王遺敎, 益盡保護東宮之道, 毋負我丁寧慈敎乎? 伏乞慈聖殿下, 寬心弛慮, 無至於煩惱, 添損於靜攝之中. 是臣泣血區區之望. 云云." 答曰"知悉."

○ 領相趙泰耉等書進所懷曰：“伏承慈敎云云, 其一宮人乃締結宦寺者, 仍書石烈·必貞兩人名以下, 如此窮凶極惡之輩, 不可晷刻暇息. 請出付攸司, 一體正法.”“依啓.”【政院啓同.】

○ 三司合啓：“臣等卽伏聞慈聖有下大臣之諺敎, 下段有石烈·必貞等, 二人名字, 其一則以凶悖之說, 肆然於殿下及慈聖至嚴至尊之前, 其一則乃締結宦寺者也. 慈敎如此, 其交搆兩宮, 窮凶極惡之罪, 彰著無餘, 決不可一日容息於覆載之間. 請宮人亟正邦刑.” 答曰"依啓."

○ 三司陳戒所懷.【詳《爛餘》.】

○ 領府事金宇杭箚略曰：“聖明之世, 胡爲有此亡國之事耶? 第謀害東宮, 何等惡逆, 而不爲設鞫, 得其情節乎? 自古以逆爲名, 未有不嚴鞫而處斬者. 雖是逆節昭著, 未有不款而處斬者. 不但國典至嚴, 作俑謀害情狀, 必須明白鉤得, 快正王法, 然後可以少洩神人之憤. 云云.” 答曰：“更無可問, 依前敎擧行.”

○ 文有道·朴尙儉拿囚.

○ 問事郞廳李承源外任, 代鄭來周 ; 趙文命病, 代申弼誨.

○ 罪人趙聖復原情, 不服.

○ 禁府啓目：“罪人趙聖復不爲承款, 而所供率多枝辭[34]蔓語, 問目內辭緣, 泛然提及, 元無指的之語, 情狀痛惋. 請更推."

○ 二十四日, 刑判<u>李光佐</u>·都承旨<u>李正臣</u>·大諫楊成規·司諫<u>李眞儒</u>·獻納<u>李明誼</u>·掌令<u>李濟</u>疏, 傳曰"還給."

○ 罪人<u>聖復</u>更招, 不服.

○ <u>必貞</u>拿來囚.

○ 司諫<u>李眞儒</u>·持平尹聖時以二宦及兩宮人, 不爲鞫問, 徑請正刑, 見非物議, 引避, 答曰"勿辭." 大司諫<u>梁聖揆</u>·掌令<u>李濟</u>避辭同, 答曰"勿辭."

○ 禁府草記, <u>必貞</u>·<u>文有道</u>·<u>朴尙儉</u>結案違拒, 幷嚴刑取招事, 允下.

○ <u>石烈</u>在家自盡, <u>必貞</u>獄中自盡.

○ 開城留守<u>金在魯</u>疏略: "聖上深惟宗社大計, 克建儲嗣, 親臨受冊, 且旣虔告于廟社矣, 祗見于先王矣, 頒文于八路臣庶矣. 竊謂從今以往, 雖窮凶極惡之類, 宜不敢爲動搖之計, 而一二闟堅, 尙懷悖逆, 必欲傾陷. 此其綢繆經營, 非一朝一夕之故, 始命拿推, 旣失太寬, 旋復反汗, 視若細故. 臣知殿下決不爲此, 以東宮朝儀之見阻推之, 無乃此輩欲延晷刻之命, 姑此中寢? 苟若或然, 則殿下尤何可容忍不發, 不思所以解國人之竊議乎?"

○ 校理<u>尹淳</u>疏槪, 且有論事不審之失, 兼陳凶賊鞫治之宜. 云云.

---

34) 辭 : 저본과 존경각본에는 "詞"로 되어 있다.《承政院日記 景宗 1年 12月 24日》기사에 근거하여 수정하였다.

○ 修撰沈珙疏槪, 三司合辭之論, 有擬律不審之失, 仍請亟允兩司之啓. 云云. 以國忌齋戒, 并留政院.

○ 兩司【李眞儒·尹聖時】請對, 傳曰"所懷書入." 兩司所懷啓曰:"二閹之罪, 春宮引接宮僚時, '除去'二字, 足爲斷案, 兩宮人之罪, 慈聖諺敎, 情狀悉著, 此臣等所以直請正刑者也. 大抵治逆之道, 出付攸司, 設鞫嚴問得情, 然後明正典刑, 自是不易之常憲. 此賊雖逆節昭著, 更無可問之端, 直爲處斷, 不加爲究詰, 旣違常法, 且關後弊. 請內官文有道·朴尙儉及宮女石烈·必貞等, 設鞫得情, 以正典刑."

○ 政院啓曰:"臣等伏見已入諸疏還給之敎, 而四臺之疏, 亦在其中, 臣等竊以爲未安也. 夫臺臣之言, 事體自別, 雖或有一二未槪於聖心者, 固當明示批旨, 以爲優答臺閣之地. 而今乃不然, 不賜可否, 一倂還給, 此實前所未有之事, 而亦有乖於大聖人聽言之道. 伏願聖明亟加三思, 還入其疏, 亟賜批旨, 以光聖德."

傳曰:"知道. 臺臣原疏, 還入."

○ 鞫廳【右相崔錫恒·判禁姜鋧·知禁李肇·同禁朴泰恒·李麟徵】啓曰:"罪人趙聖復問目中懲惡喉囑一款, 乃是要緊之語, 而更招中, 從以'寧有受人指喉之事?' 昨日初推, '旣以備陳'等語, 矇矓納招, 一向牢諱. 如此重大之事, 必不可以一人之見, 至於陳疏, 而終不吐實, 尤極痛駭. 請更推, 何如?" 傳曰:"頃日臺疏, 未盡[35]覽察矣, 更欲收還, 而旣以拿來, 則觀其原情而處之矣. 觀其所陳, 不過輕妄所致, 更無可問之端, 還發配所."

---

35) 未盡:底本과 존경각본에는 "盡未"로 되어 있다.《承政院日記 景宗 1年 12月 24日》기사에 근거하여 수정하였다.

○ 二十五日, 鞫廳以趙聖復還發配所命下矣, 移送禁府, 擧行之意, 入啓.

○ 答兩司所懷曰: "凶慘罪狀旣已現露, 更無可問之端, 依前敎, 斯速擧行."

○ 兵判宋相琦疏略: "居遠聞晩賓廳之啓, 僅得隨參, 罷出之後, 得聞慈敎中有'締結宮人及宦寺者, 當有依律處置'之敎, 而賓啓則曰'宮人乃締結宦寺', 此與慈敎本旨有異云. 所聞若果不爽, 則其在道理, 果如何也? 昨朝慈敎, 旣以宮人指名書下, 則誠不可一刻偃息, 而終日終夜, 晏然在家. 啓辭蒙允於昨日, 就囚乃在於翌日, 致令一逆徑³⁶⁾先自斃, 未知其間有何曲折, 而喉司·金吾顯有緩忽之意, 臣竊駭然也. 云云."

答曰: "賓廳啓辭中, 一宮人締結宦侍之言, 乃慈聖再下諺敎中事, 與初下之敎有異也. 還爲封入, 亦重事體."【二十七日, 批下.】

○ 司直李箕翊【李秉常·申思喆·李敏英·李喬岳·李聖龍·李聖肇·朴聖輅·鄭亨益·金取魯·朴師益·李挺周·尹心衡】等疏: "交構兩殿, 謀危東宮之變, 實是古今天下之³⁷⁾所未見也. 其締結和應·綢繆陰秘之狀, 不可不明白覈出, 宜命有司, 卽速設鞫. 且伏念東宮下敎, 指擧宦堅, 辭旨痛切, 則在宮僚之道, 所當亟稟大朝, 以請嚴治, 而反以'不使外人知'等語, 游³⁸⁾辭仰對, 其無驚動之意, 可知.

慈聖初下敎, 大臣格而封還, 終不翻宣, 以致群下不得聞知. 至於拿逮逆堅, 何等嚴急, 而攸司奉行, 極其緩忽, 致令兩宮人次第自斃, 國人疑惑·輿情憤

---

36) 徑 : 底本과 존경각본에는 "經"으로 되어 있다. 《承政院日記 景宗 1年 12月 27日》기사에 근거하여 수정하였다.

37) 之 : 底本과 존경각본에는 없다. 《承政院日記 景宗 2年 2月 2日》기사에 근거하여 보충하였다.

38) 游 : 底本과 존경각본에는 "遊"로 되어 있다. 《承政院日記 景宗 2年 2月 2日》기사에 근거하여 수정하였다.

愧, 竊不勝痛心. 云云."

○ 正言權護三度呈辭, 入啓, 傳曰：“還出給."

○ 左承旨柳重茂·同副承旨沈樘疏槪：“臣等於失職之斥, 有不敢晏然者. 云云."

○ 持平朴弼夢·正言徐宗廈避嫌槪：“臣等有兩宦勘律不審之失. 云云." 呈政院, 還出給.

○ 領議政趙泰耉箚略：“臣於前席, 初以設鞫正法爲請者, 蓋慮法一撓, 則 後弊難防也. 今原任大臣及臺臣, 俱以設鞫爲請, 此與昨夜所陳, 同一意也. 依法設鞫得情, 明施典刑, 實合事理. 云云." 答曰：“云云. 所患如此, 深用慮 念. 病未進參, 有何所傷? 宮人之罪狀, 旣有慈聖諺敎批下之事, 兩宦罪狀, 東 宮引接時所言之事, 予亦痛之也. 更無可問之事, 依前敎擧行."

○ 右相崔錫恒箚槪：“敢陳淺見, 冀蒙察納事." 答曰：“宮人之罪狀, 云 云."【同上.】

○ 掌令鄭雲柱疏槪：“臣猝聞有三司·大臣請對之擧, 不顧情勢, 蒼黃出肅, 仍參合啓及三司所懷書進之列矣. 追聞物議, 以啓辭中, 徑請正刑, 大以爲斥 去云, 乞削臣職. 云云."

○ 左承旨柳重茂·右承旨朴彙登·同副承旨沈樘等疏槪：“臣等於兵判之 疏, 不勝危怖. 至以緩忽爲言, 而石烈等啓辭, 二十三日初昏批下, 卽爲書入, 傳旨, 二十四日辰時始下, 卽奉承傳, 因下金吾, 則有何緩忽之事? 云云."

○ 同副承旨<u>沈檜</u>疏概：“臣於院僚之進出, 不可異同, 而廳中一空, 守直無人, 玆進一疏以俟嚴命. 云云.”

○ 右副承旨<u>李仁復</u>疏概：“臣於重臣之疏, 有不敢一刻晏然於職次.”

○ 都承旨<u>李正臣</u>疏概：“臣於重臣之疏, 云云”, 答<u>李正臣</u>等疏曰：“於卿無少失, 勿辭, 從速察職.”【二十七日, 批下.】

○ 獻納<u>李明誼</u>疏概：“臣於日昨合啓, 有擬律不審之失, 更陳鞫問之請, 以備裁察事.”

○ 司果<u>柳復明</u>疏略：“春宮所遭之變, 尙忍言哉? 在廷諸臣, 少無驚動之意, 顯有周遮之迹, 金吾之臣, 不思亟討逆堅, 而先行<u>趙聖復</u>鞫坐, 其心所在, 誠不可掩. 宮人拿命, 不卽擧行, 終日經夜於渠家, 一人徑39)斃之後, 始乃捉囚其一, 而旋又自死獄中, 國人疑惑, 容有已乎?

三司則始請正刑, 猶恐端緖之或露, 及兩婢徑斃之後, 緩緩請討, 泛請設鞫, 少無爲東宮懲討之意. 此非一二闒堅所可獨辦, 不可不汲汲設鞫, 究覈逆節. 金吾·三司, 姑一倂斥黜. 云云.”

○ 右參贊<u>洪萬朝</u>疏概：“日昨舁疾入闕, 未參登對之列, 敢將耿耿之懷, 封疏仰陳. 云云.”

○ 司直<u>許玧</u>疏概：“臣目見國有非常罔極之變, 不勝驚惶痛迫, 敢陳憂愛之忱, 仰塵宸嚴之聽. 云云.”

---

39) 徑：底本에는 “經”으로 되어 있다. 존경각본에 근거하여 수정하였다.

○ 持平尹聖時啓曰：“臣伏見昨日鞫廳判付中, 有趙聖復還發配所之命, 而'頃日臺疏, 未盡覽察'爲教, 臣於此不勝瞿然之至. 噫! 聖復之罪, 可勝誅哉? 使聖上不得安其位者, 誰也? 先疏後箚, 指意相貫, 而論其負犯, 聖復實倡之. 故臣於前疏中, 略論其和應嗾囑之迹, 而聖批溫諄, 特許究問, 又因喉院之啓, 更有設鞫之命, 意謂鬼蜮之情狀, 必已呈露於天鑑之下矣.

鞫獄方設, 奸情未究, 聖教遽下, 臣未知殿下之始未察覽者, 何事? 今所覽察者, 何事? 而旣以臣疏謂盡未⁴⁰⁾覽察, 則是以臣疏爲不足信而然也. 臣旣未能開導君心, 卒令罪人旣鞫還配, 國體顚倒, 此亦臣之罪也. 揆以臺體, 理難晏然. 云云.” 答曰：“勿辭, 退待.”

○ 兩司合啓【司李眞儒·掌李濟·持尹聖時·朴弼夢·正徐宗廈】：“云云. 李頤命罪目添入, '畢竟魚肉, 臣固自知'之語, 發於章奏, 與殿下不可兩立之狀, 渠亦自知, 爲計日深, 蓋以此也. 云云.【幷同十二日前啓.】 栫棘之請, 卽賜準許者, 蓋可見我聖上懲惡之典, 而三尺至嚴, 萬戮難贖, 人臣負此罪名, 決無容貸之理. 請絶島圍籬安置罪人金昌集·李頤命, 竝按律處斷, 李健命⁴¹⁾則待其竣事回還, 一體勘律. 至於趙泰采則云云,【同前啓.】 旣未久柄勻軸, 其所包藏禍心·釀成陰機者, 與三凶猶有首從之別, 仍處善地, 失之太寬, 請珍島圍籬安置罪人趙泰采, 減死濟州圍籬安置.” 答曰：“皆是先朝舊臣, 旣用安置之律, 加律一款, 殊欠得當.”

○ 府啓【持平朴弼夢】：“賊臣聖復, 云云, 本府之或啓·或疏, 必以設鞫嚴問爲請者, 蓋欲究覈奸情, 現發指嗾. 聖上之亟許允從, 至以務盡詳悉爲教者, 亦出於審覈事情之意, 則渠雖有多少自明之言, 用計造意, 旣已昭著. 各別鉤問,

---

40) 謂盡未 : 底本과 존경각본에는 “爲始”라고 되어 있다. 《承政院日記 景宗 1年 12月 25日》 기사에 근거하여 수정하였다.

41) 竝 …… 命 : 底本과 존경각본에는 없다. 《承政院日記 景宗 1年 12月 25日》 기사에 근거하여 보충하였다.

一時爲急, 再次更推, 不爲請刑, 可謂失之太寬. 而今於議讞判付中, 乃以爲其
陳疏不過輕妄, 顯示原恕之意, 乃命還發配所, 致令巨魁漏網, 奸狀未究, 處分
顚倒, 輿情駭惑. 論以獄體, 斷不可置之, 請亟寢聖復還發配所之命, 嚴鞫得情.

　金雲澤·民澤·祖澤等以春澤之弟, 踵襲凶謀, 事情叵測, 與李頤命之子器之
·春澤之妻娚廣興主簿李天紀·趙爾重之子洽·李立身之孫德重[42)]·李光漢之
子崇祚·李行昌之孫正植·尹休畊[43)]·邢儀賓·趙松·金盛節·李秀節·錢仁佐·
安龜瑞等, 作爲血黨, 昏夜屯聚, 情狀綢繆, 別庫聚貨, 用之如水, 國言喧藉,
人心疑懼.

　其中器之以頤命之獨子, 不爲隨徃配所, 落留京第, 閉門譁客, 與雲澤等,
晨夜出沒, 行迹陰秘, 作爲奸凶, 無所不爲. 當此危疑之時, 不可使此等凶徒,
一日群聚於輦下, 以貽國家之患. 請金雲澤·民澤·祖澤·李器之·李天紀·趙
洽·李德重·李崇祚·李正植·尹休畊·邢儀賓·趙松·金盛節·李秀節·錢仁佐
·安龜瑞十六人, 并邊遠定配, 卽日押送, 以絶禍根." 答曰"不允." 後依啓.【壬寅
十月初五日, 雲澤 寧邊·民澤 宣川·祖澤 昌城·器之 南原·天紀 南平·洽 端川·德重 富寧·崇祚 碧潼
·正植 會寧·休畊 順天·儀賓 渭原·松 晋州·盛節 龍川·秀節 甲山·仁佐 理山·龜瑞 慶源】

　○ 院啓【司諫李眞儒·正言徐宗廈】:"兩宮人罪狀, 昭著於慈聖下敎中, 聖上旣
允合啓, 有正法之命. 而石烈則未及就拿, 旣已自裁, 此則非獄官之罪, 而至於
必貞, 則旣已拿囚之後, 遽又徑[44)]斃. 今日國綱, 雖曰解弛, 惡逆何等重囚, 而爲
獄官者, 不能嚴飭吏卒, 防護飮食, 致有自斃之患, 事之痛駭, 莫此爲甚. 請當
該禁府都事, 拿問定罪, 典守吏卒等, 令攸司囚禁, 査問定罪.

42) 重：底本과 존경각본에는 "俊"으로 되어 있다.《景宗實錄 1年 12月 25日》《承政院日記
　　景宗 1年 12月 25日》기사에 근거하여 수정하였다. 이하 동일사례에 대해서는 별도의
　　校勘記를 달지 않는다.
43) 畊：《承政院日記 景宗 1年 12月 25日》기사에는 "耕"으로 되어 있다.
44) 徑：底本과 존경각본에는 "經"으로 되어 있다.《承政院日記 景宗 1年 12月 25日》기사에
　　근거하여 수정하였다.

向者大臣, 縣道一疏, 不過援古事, 自任匡救之義, 而兩司合啓, 直請削黜, 遣辭危險, 顯有嫁禍之意. 至於頃日庭請旣罷之後, 大臣不顧情病[45], 徑[46]入禁門, 以爲以死力爭之計, 斷斷忠赤, 皎如日星, 而乃反求過於無過之地, 必欲擠大臣於罔測之科.

噫! 伊日之還收成命, 實賴大臣之請對, 揆以恒情, 所宜動色相賀, 而陰懷不悅之心, 必欲構罪, 初則直請拿鞫, 旋又變而爲遠竄, 閃弄伸縮之態, 有不忍正視. 前後合啓發論臺諫遠竄, 連啓隨參之人, 并削奪官爵.

朴致遠·魚有龍·李重協等, 白地造言, 用意危險, 要其旨意, 不專在於構誣大臣, 其誣及上躬, 莫此爲甚. 若不一番究問其言根出處, 則非但置大臣於黯黮之科, 亦無以昭洗聖德之累. 而大司諫梁聖揆乃以重臺閣·防後弊之說, 登諸章奏, 自不覺其察小遺大之歸. 公議所在, 不可無規警之道, 請大司諫梁聖揆遞差.

臣於向日, 以廷請議罷時諸臣削黜事, 論啓蒙允矣. 其中或有不參而混被者, 或有入參而見漏者, 臣旣以此引避矣. 若不詳覈而處之, 則終至於有罪者幸逭, 而無罪者橫罹, 請當日庭請議罷時, 立異人外, 諸臣之同聲唯諾者, 令政院受其自首, 一體勘律." 答曰: "不允. 上款事, 依啓."

○ 拿囚現告禁府都事李泰岳.

○ 傳曰: "兩宦窮凶惡之罪狀, 皆已現露, 予所洞知者也. 更無可問之事, 一刻不可留, 今日內斯速擧行, 結案取招, 以正王法. 兩宮人徑斃, 未正王法, 極爲痛惡, 石烈則徑斃渠家, 尤爲凶慘. 必有奸狀, 後弊所關, 不可置之, 各別嚴覈, 以正其罪."

---

45) 情病 : 底本에는 "病情"으로 되어 있다. 존경각본과 《承政院日記 景宗 1年 12月 25日》 기사에 근거하여 수정하였다.

46) 徑 : 底本에는 "經"으로 되어 있다. 존경각본과 《承政院日記 景宗 1年 12月 25日》 기사에 근거하여 수정하였다.

○ 二十六日, 大司憲柳鳳輝疏槪: "三司合啓, 兩宮人亟正邦刑事, 進參矣. 今者僚員, 以物議, 相繼引嫌, 而脚病添苦, 末由詣臺自列, 不得不[47]仰暴危悃, 乞蒙鑴遞, 以謝物議."【詳《爛餘》.】

○ 領相趙泰耈箚略: "念臣積毁鎖骨, 痼疾纏體, 一息僅[48]存, 精爽已去, 而秪緣時際艱虞, 不忍決退, 强曳未冷之身, 冒當元輔之重, 側伺狙睢, 勢所必至, 早晩顚躓, 臣亦自知矣.

不幸日昨, 猝聞國有大變, 蒼黃趨進, 叩閤求對, 逆閹正刑之請, 夬承兪音, 旋詣東宮, 備陳慰安之意. 退伏藥院, 才伸[49]候問之節, 乃於此際, 中官齎傳慈聖諺敎, 臣請承旨·史官, 擎奉諦視, 則辭旨之間, 關涉東宮, 有非臣子所敢聞者, 敢效古人繳還之意, 且請賊婢之出付有司矣.

少頃, 慈敎再下, 臣又與承旨, 披緘奉讀, 則首以'儲嗣之定, 卽奉先大王遺敎, 而大殿親書 爵號, 予又以諺敎下于大臣'爲敎. 又以'宮人·宦寺, 交構欺蔽, 予常慨愡, 招宮人開諭, 則敢以凶悖之說, 肆然於大殿及予坐之前, 罪狀必有當律. 其一人, 乃締結宦寺者也, 當依律處置'爲敎. 又以'卿等亦宜調護兩宮, 以保我三百年宗社, 毋負先王遺敎', 下方又書石烈·必貞兩宮婢名字.

臣意此敎與初敎不同, 故令[50]史官飜書, 以載日記, 且示留在禁中之卿宰數人及玉堂·春坊諸臣, 而後謹復封緘着署. 又以'兩賊婢事, 稟于大朝, 一體正法. 臣亦以殫誠竭忠, 以死爲期, 仰體先大王遺敎, 益盡保護兩宮之道, 毋負我丁寧慈敎'之意, 書付中官, 俾以口傳入達.

---

47) 不 : 底本과 존경각본에는 없다.《承政院日記 景宗 1年 12月 26日》기사에 근거하여 보충하였다.

48) 僅 : 底本에는 "菫"으로 되어 있다. 존경각본에 근거하여 수정하였다.

49) 伸 : 底本과 존경각본에는 "申"으로 되어 있다.《承政院日記 景宗 1年 12月 27日》기사에 근거하여 수정하였다.

50) 令 : 底本과 존경각본에는 "與"로 되어 있다.《承政院日記 景宗 1年 12月 27日》기사에 근거하여 수정하였다.

又欲以此事, 面陳於前席, 更請入對, 則有所懷書入之命. 靜攝之中, 不敢再瀆, 遂與諸臣陳啓, 先請兩賊婢竝正邦刑, 而蒙允矣. 初敎徽還之由及再敎下段詔誨賤臣之語, 擬俟後日登對後陳聞, 伊時實狀不過如斯.

以蒙識淺慮, 猝當大事, 周旋應變, 不敢自謂一一中規, 斷斷血忱, 天日照臨, 奉令承敎, 可幸無罪, 何意封緘才入, 人言叵測? 至有兵曹判書宋相琦之疏出, 乃曰: '慈敎中「有締結宮人及宦寺者, 當有依律處置」之敎, 而賓廳啓辭曰「一宮人締結宦寺」, 此與慈敎本意有異', 又曰: '此[51]由於慈敎之初不宣示, 外人無由得知之致.'

噫嘻! 此何言也? 慈聖手札, 是何等至嚴至敬, 玆事關係, 又是何等重大, 戴天履地, 爲人臣子者, 何敢增損一字, 變換旨意, 甘自陷於不道之罪哉? 此則無待臣言之自明, 而承·史之所目見, 諸臣之所參看, 慈天在上, 焉敢誣也?

至若'初不宣示'云者, 雖外朝尋常文字, 稍涉忌諱, 則尙多勿出朝報. 況且干係宮闈之重事, 宣布中外, 謄播聽聞, 以致人心之驚惑, 臣未知此果合於道理耶? 又況史草昭在, 可爲今與後之考信, 則未知重臣於何得聞, 不信難誣之實記,[52] 遽煽無根之蜚語, 直謂與慈敎本意有異, 爲臣罔極之案, 便若立證者然[53]哉?

此不過因一宮人締結宦寺之敎, 訛舛巧飾, 隱然若外人之眞有締結宦妾者, 以爲疑亂眩惑之計, 而自不覺其矯誣慈旨之歸, 吁! 亦憯矣. 臣雖無狀, 致位至此, 鬢[54]髮俱白, 咫尺長秋, 親擎天札, 錄付起居之筆, 備載奏御之文, 而乃反以匿旨幻實, 欺誣上下, 見疑於同朝, 莫非臣平日言行不孚於人. 云云.

---

51) 此 : 底本과 존경각본에는 없다. 《承政院日記 景宗 1年 12月 27日》 기사에 근거하여 보충하였다.

52) 記 : 底本과 존경각본에는 "紀"로 되어 있다. 《承政院日記 景宗 1年 12月 27日》 기사에 근거하여 수정하였다.

53) 然 : 底本과 존경각본에는 없다. 《承政院日記 景宗 1年 12月 27日》 기사에 근거하여 보충하였다.

54) 鬢 : 존경각본과 《承政院日記 景宗 1年 12月 27日》 기사에는 "鬐"으로 되어 있다.

臣又得見<u>李箕翊</u>等疏, 則以慈聖初敎之封還, 又爲罪案, 信所謂'不患無辭', 固何足多辨也? 古之大臣, 遇此等事, 則必以勿令外人知, 爲處變第一義, 而今之人, 以外人之不得聞, 爲誣人之奇貨, 甚矣, 其古道之難行, 而人心不如我心也.

至若<u>柳復明</u>之疏, 又何其恣口噴[55)]薄, 專事抑勒[56)]也? 噫! 當日之事, 尚忍言哉? 宮官遣報, 出於半夜, 中外震駭, 滿城波蕩, 大小諸臣, 輪蹄顚倒, 坌集於闕下. 其奔走遑急之狀, 卽衆目所共覩. 及登筵席, 請鞫請斬[57)]之論, 互起迭發, 懇迫痛切, 語甚慷慨, 竟以爲市準請, 此則天鑑之所俯燭. 方其時也, 惟以罪人之亟斬爲快, 不暇念於鞫與誅之得失, 則其所謂'無驚動'·'顯周遮'之說者, 何所據而發也?【詳《爛餘》.】前罹交通之讒, 後被矯誣之謗. 云云."

答曰:"項日慈聖初下諺敎中, 宮婢與宦寺締結辭緣, 再次諺敎中, 宮人姓名書下時, 則其中一人與宦寺締結事耳. 卿等所懷中斷無他事, 重臣之疏, 元不知此事, 固不當引咎, 還爲封入, 以爲重事體. 於卿少無異事, 安心勿辭, 速出視事."【二十七日批下.】

○ 右議政<u>崔錫恒</u>箚略:"且臣於<u>趙聖復</u>更鞫之啓, 有不敢自安者. 蓋鞫獄事體嚴重, 故必須再三盤問, 得其端緒而後, 始乃請刑, 乃是從前鞫問之規, 臣與禁堂及兩司之臣, 相議稟啓矣. 今者臺臣, 乃以失之太寬爲言, 臣無任慚悚云." 答曰:"今番處分, 予心所爲, 於卿少無所失, 安心勿辭焉."【二十九日, 批下.】

○ 禁府啓:"兩臣所當依聖敎卽爲奉行, 而兩司方以設鞫嚴刑得情合啓,

---

55) 噴 : 底本과 존경각본에는 "憤"으로 되어 있다. 《承政院日記 景宗 1年 12月 27日》 기사에 근거하여 수정하였다.

56) 勒 : 底本과 존경각본에는 "揚"으로 되어 있다. 《承政院日記 景宗 1年 12月 27日》 기사에 근거하여 수정하였다.

57) 斬 : 底本과 존경각본에는 "刑"으로 되어 있다. 《承政院日記 景宗 1年 12月 27日》 기사에 근거하여 수정하였다.

姑未舉行之意敢啓." 傳曰: "渠等罪狀現露無餘, 已悉於大臣之箚批矣. 此輩之尙今生存, 尤極切痛, 此非循例罪人, 何待臺啓之收殺乎? 暫刻不留, 依傳敎, 斯速舉行."

○ 判義禁姜鋧·知義禁李肇·同義禁朴泰恒·李麟徵等疏: "今此兩宦·二宮婢之凶慘惡逆, 前古所無, 自內旣以拈出下敎, 則爲今日臣子者, 孰不欲卽爲正刑, 快施王章? 而王府法例, 必捧傳旨, 然後始爲奉行. 兩宦亟正邦刑之請, 登對蒙允之後, 其翌日未時, 傳旨始下. 趙聖復鞫坐已開, 而臣等卽爲齊會於西廳, 欲爲結案取招, 以其拒逆, 草記請刑.

兩宮婢, 則傳旨始下於賓廳啓辭蒙允之後, 翌日巳時, 鞫廳未及開坐, 臣等先會西廳, 欲爲取招, 亦以其拒逆, 又爲[58]請刑之草記. 伊時傳旨之下, 本府取招之時刻早晚, 衆目所睹, 皆可按覈, 焉可誣也? 石烈之自斃, 已在傳旨未下之前, 必貞之繼殞, 又在拿囚當日之內, 當其拿入之初, 已[59]不通言語, 其在家時奸狀, 非本府所知也.

今此獄事, 實舉國所共憤, 而懲討之請, 大小同辭, 則臣等於此, 豈敢晷刻少緩, 亦豈不嚴飭吏卒? 而兩宦旣不承招, 獄囚又至徑斃, 不得亟行天討, 此固臣等之所痛惋者也. 今者重臣諸臣, 相繼陳疏, 侵斥操切, 愈甚愈險, 原疏未下, 雖未得見, 槪其語意, 直驅臣等於罔測之科, 臣等不勝危怖震駭之至.

其所把持, 不過舉行之早晚·開坐之稽緩, 而其間事狀, 已悉於右. 今乃急於構罪, 猝然爲鑿空之語, 加人以臣子所不敢聞者, 噫嘻, 甚矣! 且本府郞僚·吏卒, 臺章之論罪至嚴, 臣等於此, 又有不能檢飭之失, 不可一刻晏然. 云云."
答曰: "卿等別無按獄不審之失, 意外侵斥, 何必爲嫌? 安心勿辭, 從速行公. 云云."【二十七日, 批下.】

---

58) 爲: 底本과 존경각본에는 "有"로 되어 있다. 《承政院日記 景宗 1年 12月 27日》기사에 근거하여 수정하였다.

59) 已: 底本과 존경각본에는 없다. 《承政院日記 景宗 1年 12月 27日》기사에 근거하여 보충하였다.

○ 左尹黃一夏疏略："伊日春宮之下令宮僚, 曁慈殿之降札藥院, 蓋緣禍迫斯須着手無處, 實有萬萬危懍切迫之意, 而宮官則請勿使外人知之, 大臣則袖其所下封書而秘之, 已非常情之所可測. 至於賓啓, 旣曰'締結'云爾, 則此非一二宦·婢締結獨辦之事. 而三司則妖婢致斃, 憑問無階之後, 緩緩請鞫, 獄官則故令自斃, 俾絶盤問之路, 其恐露端緒, 意在掩護, 昭然難掩.

非但此也. 凡於語逼春宮者, 不惟懲討之不嚴, 乃反崇奬之不暇, 或陞擬本兵之長, 或擢授雄臬之任, 有若賞功酬勞者然, 全無一分顧藉之心, 則惟彼宦婢之從中作孽, 固不足怪也."

○ 司諫李眞儒·正言徐宗廈·持平尹聖時·朴弼夢啓曰："臣伏聞司果柳復明之疏, 以閹宦輩不請鞫問事, 大加掊撼, 語意陰慘, 構誣三司, 罔有紀極. 至謂之'唯恐端緒之或露'·'小無爲東宮懲討之意', 疏批未下, 雖未得其詳, 臣等聞來, 不覺毛骨俱竦也.

臣等於伊日, 因宮僚所報小紙, 始知有非常之變故, 驚惶震迫[60], 五情如焚, 晨夜奔走, 顚倒詣闕. 雖跛躄癃癈之人, 莫敢或後, 入對前席, 齊聲仰籲, 涕泣陳啓. 大臣·諸宰, 或請鞫問·或請處斬, 而臣等之意, 初以爲貳極下令, 旣甚明白, 則窮凶情節, 已成斷案, 片時假息, 猶似緩忽, 故乃以亟正邦刑爲請. 而翌日之更發鞫啓者, 蓋所以重獄體而明法典之意, 則或鞫·或刑, 初無輕重之可論. 而彼復明獨何心腸, 乘機闖發, 必欲搆罪? 論其心術, 吁, 亦慘矣!

夫端緒之露不露, 未知有何甚利害, 而加一恐字, 欲售嫁禍之計. 凶閹端緒, 有非外廷之所可知, 而復明獨言之, 未知復明別有所知於人所不知之中而然耶?

噫! 今日廷臣, 莫非願忠於儲君者, 無將不忠, 苟非如四凶·聖復者, 孰敢緩忽於討逆之擧? 而復明獨自許以爲東宮盡忠, 驅諸臣於罔測之地, 此亦豈渠之本心哉? 抑亦有別樣關捩, 爲此不忍爲之言耶? 雖然, 臣等旣被其無限詆斥,

---

60) 迫：존경각본과《承政院日記 景宗 1年 12月 26日》기사에는 "薄"으로 되어 있다.

則何可自以爲是, 而仍據於臺次乎? 云云." 答曰"勿辭."

○ 吏參金一鏡疏："伏以臣於本月二十二日夜, 罷政留門而出, 家且僻遠, 及歸乃二更三點矣. 才得就睡, 忽聞春坊人來, 呼燈拆書, 不勝萬萬驚遑, 急起促裝之際, 下吏又以領·右相, 已到闕下連報, 夜已四鼓矣. 臣遂蒼黃顚倒, 趨造闕外, 因隨大臣·諸臣, 入對前席. 大臣[61]初以二閹之罪狀, 爲請拿鞫, 一重臣首發直斬之請, 而大臣亦隨以同, 諸宰一辭請斬.

臣意竊以爲東宮旣以'除去吾身', 諭及於宮僚, 則此正逆也. 凡治逆之道, 出付攸司, 設鞫嚴問, 得情取服, 明正典刑, 自是不易之常憲. 試以前事觀之, 逆節昭著, 雖如噐遠, 亦復猶然, 此等妖惡之輩, 顧何可輕易直斷, 不究其情節乎? 臣敢以設鞫處斷之意, 略有仰陳, 而未蒙開可.

臣僚中或謂春宮旣下明敎, 則今請設鞫, 亦似有不卽奉信之嫌, 直斬甚當云, 臣於是不敢獨以設鞫力爭之也. 筵奏紛紜, 至於流涕陳請者, 千百其言, 而殿下一向淵默. 臣竊抑鬱, 乃以上下之間, 情志阻隔, 則國事無可爲之道, 聖心所存, 諄諄敎詔, 使群下洞然爲請, 而聖上特下摘發正法之敎, 仍遂罷對.

噫! 臣之獨請設鞫者, 欲以嚴重治獄事體之意也；諸臣之竝請直斬者, 亦出於尊信東宮之敎, 無容更問之意也. 原其本意, 均出於爲貳極討逆堅, 則固無異同之可論, 而事體之完備, 終不若設鞫之爲得, 故兩司之所以翌日請鞫者, 此也.

乃者, 失志怨國之徒, 乘機闖發, 欲售凶計, 而無可以吹覓於朝廷之處分也, 則敢曰'在廷諸臣少無驚動之意, 顯有周遮之跡'. 噫! 其詆誣, 雖極巧憯, 今有一言足以打破其肺肝者. 半夜倉卒, 遑遑奔詣[62], 先後絡繹, 留門請對, 或情勢難安而不卽出肅者, 或辭疏上徹而未及承批者, 竝登法筵, 仰控血忱. 至如篤

---

61) 大臣：底本과 존경각본에는 없다. 《承政院日記 景宗 1年 12月 27日》 기사에 근거하여 보충하였다.

62) 詣：底本과 존경각본에는 "請"으로 되어 있다. 《承政院日記 景宗 1年 12月 27日》 기사에 근거하여 수정하였다.

疾癃痼之柳鳳輝·家在江外之李光佐, 咸造闕庭, 畢效職分, 曾無一人留落不
進於禁闥之間者, 此固殿下之所俯燭, 而國人之所共覩也. 少無驚動之斥, 其
果毫分彷彿乎?

噫! 向當罔極之時, 一重臣請對之外, 熟睡偃臥, 觀望遲回, 如昌集·健命輩
者 復生於今日, 以彼罪罪之, 宜無所辭. 今宵小輩, 白地捏造, 敢欲傾陷, 其爲
情狀, 萬萬痛惋. 夫或鞫·或斬, 俱係治逆之峻法, 有何一分近似於周遮也?

抑臣伊日罷對後, 退還私次, 晚伏聞慈聖諺敎遽下, 大臣·卿宰·三司復有請
對之擧, 疾驅詣闕. 自上不許進對, 爰有所懷書入之命, 啓本旣已淨寫, 臣亦聯
名. 而當初諺敎之降也, 臣不克參者 而史官飜錄, 大臣·諸宰, 悉皆伏覩, 此豈
人臣所可移動一字者? 而宋相琦旣參其啓, 突然上章, 變幻慈敎, 移屬句語,
以爲熒惑天聽·誣陷朝紳之計, 噫! 十目所視, 其可掩乎? 其爲計可謂欲巧而反
拙.

嗚呼! 兩黃門·二紅袖凶逆之變, 疊出於宮闈之內, 是何聖明之世, 國家之不
幸至於此哉? 然其情狀, 全不鉤覈, 直施正刑, 旣違常法, 且關後弊. 大臣·諸
宰, 相繼請鞫, 誠得事體, 何殿下不賜允兪, 以副擧國之衆情也哉? 噫! 宮女雖
斃, 閹豎尙在, 窮問盤詰, 情狀悉著, 照國人之耳目, 嚴王府之典刑, 昭然無一毫
之疑翳[63], 截然絶衆口之捏造, 豈不快哉? 云云." 答曰 : "末端事, 已諭於大臣
箚批及合啓·禁府與喉司之批矣."【二十七日, 批下.】

○ 掌令李濟·獻納李明誼疏槪 : "臣於柳復明之疏, 酷被構誣, 而或因疾病
方劇, 或因格例有拘, 末由詣臺自列. 云云."

○ 政院以兩宦, 乞依禁府啓辭之意, 論啓, 傳曰"依前判付擧行", 禁府都事
以本府[64]諸堂上, 方在陳疏俟罪之中, 不得擧行之意, 政院稟啓.

---

63) 翳 : 底本과 存經閣本에는 "辭"로 되어 있다. 《承政院日記 景宗 1年 12月 27日》기사에
근거하여 수정하였다.

○ 二十七日, 輔德金東弼疏槪：“臣於李箕翊·黃一夏等構誣之疏, 竊不勝
危怖之至. 云云.”【詳《爛餘》.】

○ 刑判李光佐論宋疏疏云：“謂與慈敎有異, 至以曖然引罪. 始則通同參
啓, 卒乃退有後言, 疑之於事理之外, 驅之於罔測之科.” 無批還下.

○ 　前參議趙尙絅【金礪·朴弼正·鄭匡65)濟·申處洙·柳應煥·成大烈】等疏槪：“亟降
明命, 設鞫嚴問以洩神人之憤事.”

○ 副護軍沈宅賢請保護, 論喉司·金吾緩忽疏.

○ 軍資主簿李志逵等請嚴鞫, 論緩獄疏.

○ 領相趙泰耉, 因黃一夏之疏, 待命金吾門外, 命勿待命.

○ 司書權益寬疏槪：“臣聞李箕翊疏, 提起向日引接時事, 構誣宮官, 語意
叵測, 臣不勝驚駭危怖之至, 略暴事實. 云云.”

○ 府64)新啓【持平尹聖時·朴弼夢】：“朝家之待臺閣, 事體自別, 無論事之大小, 雖
有成命, 臺諫若或爭執, 則攸司不得奉行, 古例然也. 況二宦討逆之擧, 卽是兩
司合辭之請, 則此何等重事? 而設鞫之請方張, 正刑之命遽下, 喉院引例而覆
逆, 金吾據義而爭執, 殿下不賜允從, 每以斯速擧行爲敎. 殿下之輕視臺閣,
已不可言, 而其壞先王不易之典, 啓後來無窮之弊, 莫此爲大. 請亟收兩宦依

---

64) 府：底本과 존경각본에는 “院”으로 되어 있다.《承政院日記 景宗 1年 12月 26日》기사에
　근거하여 수정하였다.

65) 匡：底本 및 존경각본에는 “廣”으로 되어 있다. 한국역대인물종합정보시스템 및 경종대
　《承政院日記》에 근거하여 수정하였다.

前判付, 斯速舉行之命.

臣等卽伏見兵曹判書宋相琦疏本, 有'得聞慈敎中, 有「締結宮人及宦寺者, 依律處置」之敎, 賓廳啓辭中曰「一宮人締結宦寺」, 此與慈敎本旨有異云.' 未知相琦, 於何得聞, 而敢爲此虛妄之言耶? 慈敎辭意, 領相之疏, 旣已備陳委折, 聖上之批, 又復明白開示, 況慈聖在上, 焉可誣也? 相琦乃敢矯誣慈敎, 筆之於章奏之間耶?

蓋其意急於構誣廷臣, 乃於'一宮人締結宦寺'之敎, 刪去'一'字, 而以'締結'字加之宮人之上, 添'及'字於宮人·宦寺之間, 曲成湊合, 變幻文勢, 有若宦·妾自相締結之外, 別有與宦·妾交通之人, 而廷臣用意掩諱者然, 其設心·造意, 誠極陰慝. 渠雖急於構誣廷臣, 何敢矯誣慈旨, 若是其肆然乎?

噫, 抉摘文字, 謀害士類, 固是此輩伎倆, 而如相琦之改句換字, 添削內降之敎, 曾所未聞, 其罔上無嚴之罪, 不可不痛懲. 請兵曹判書宋相琦, 極邊遠竄." 答曰"不允."

○ 院新啓："憲府以賊臣聖復設鞫嚴刑究問事, 再次論啓, 而聖上尙靳允可, 臣等不勝悶鬱之至云. 夫受人頤指, 謀動天位, 何等罪惡? 而恕之太寬, 不復究問, 使密地潛伏, 驅使鷹犬輩漏網, 豈非失刑之大者乎? 請亟寢聖復發配之命, 仍前設鞫, 嚴刑鞫問." 答曰"不允."

○ 二十八日, 金一鏡及兩司請對入侍時, 持平尹聖時·朴弼夢所啓："臣等以金雲澤等邊遠定配事, 有所論啓. 云云. 且聞宰臣論罪, 未嘗以定配勘律, 而以其論啓中諸人, 多是小官·白徒, 故恩卒之際, 未克[66]區別, 混以定配爲請, 臣等未諳規例之失, 於此益著. 云云." 上曰"勿辭."

---

66) 克 : 底本과 존경각본에는 "免"으로 되어 있다.《承政院日記 景宗 1年 12月 28日》기사에 근거하여 수정하였다.

○ 獻納李明誼所啓: "臣於日昨, 以逆宦·賊婢正法事, 與三司諸臣, 論啓蒙允矣. 退聞物議, 則以經先正法, 大以爲非. 而頃日辭疏還入之後, 尚未承批, 拘於格例, 不得詣臺自列, 卽以擬律不審之嫌, 設鞫究覈之請, 露章陳籲, 喉司終始退却, 末由登徹.

又聞柳復明之疏, 構捏三司諸臣, 罔有紀極, 而亦不敢詣臺. 昨[67]與憲臣, 聯名陳章請譴, 方切惶隕悶蹙之際, 伏見政院啓辭, 則有逆宦依判付擧行之敎. 臣不勝驚惑, 不顧常格, 遂與兩司諸僚, 汲汲登對, 以爲力爭之計. 而第復明憑藉逆宦鞫問之請, 欲售構陷廷臣之計, 其設心·造語, 誠極[68]叵測.

伊日春宮不敢聞之敎, 遽下, 夜深之後, 大小臣僚, 驚惶崩迫, 晨夜奔馳, 汲汲詣闕, 再次請對, 或抗辭於前席, 或陳誠於閤外. 其時涕泣遑遑, 苦心血忱, 聖明亦已俯燭其事狀, 其於人言, 一毫近乎? 否乎?

當初律之以亟正邦刑者, 實出於痛嫉凶賊, 不欲一刻偃息之計, 而構誣之言, 至於如此, 若果以鞫問論請, 則又將以遲回延拖爲罪乎? 以凶黨陷人之計, 何患無辭? 而至於其疏所謂'緩緩'等說, 卽渠凶魁向日之心迹, 而乃反勒加於人, 肆口亂嚷, 彼若反顧, 能不靦然乎?

今日臣子, 盡忠於殿下者, 亦盡忠於東宮者也. 四凶餘黨, 旣已不忠於殿下, 則其於東宮, 亦未必眞有願忠之誠, 而惟其失志怨國, 陰蓄禍心, 乘機逞毒, 蹢躅跳跟, 必欲禍人國家而後已.

彼復明者, 向以庭請事, 見棄於渠輩, 故乃爲自效之計, 爲此駭悖之擧, 是豈其本心哉? 蓋有所不得自已者, 其亦可哀, 而不足怒也. 然無論事之如何, 旣被其斥, 則理難晏然, 請命遞斥臣職." 上曰"勿辭."【庭請議撤時, 復明立異.】

○ 兩司合啓所懷朴尙儉·文有道等事, 上曰"依啓." 又所懷金昌集等事, 上

67) 昨: 底本과 존경각본에는 없다.《承政院日記 景宗 1年 12月 28日》기사에 근거하여 보충하였다.

68) 極: 底本에는 "亟"으로 되어 있다. 존경각본과《承政院日記 景宗 1年 12月 28日》기사에 근거하여 수정하였다.

曰“勿煩.”

○ 府所懷<u>趙聖復</u>事, 上曰:“依前舉行, 還發配所.” 又所懷<u>金雲澤</u>等遠竄, 民澤等邊配事, 上曰“勿煩.” 又所懷<u>宋相琦</u>事, 上曰“依啓.”【<u>康津</u>遠竄.】

○ 院所懷<u>趙聖復</u>事, 上曰:“依前舉行, 還發配所.”

○ 兩司請鞫筵說入侍時, 司諫<u>李眞儒</u>曰:“國忌齋戒, 不敢聯啓, 以所懷敢達. 云云. 兩司請鞫. 云云. <u>柳復明</u>·<u>宋相琦</u>凶言悖說, 上下俱被罔極之誣, 不可不設鞫嚴問, 使中外曉然.”

持平<u>朴弼夢</u>·<u>尹聖時</u>皆言:“彼輩曰‘惟恐端緖之或露’, 所謂端緖未知何事, 而乃以罔測之言, 必欲構誣, 不許設鞫, 則彼必以爲藉口之資, 如得奇貨矣.”

吏參<u>金一鏡</u>曰:“小臣以結案取招後正法事, 獨已陳達, 而諸臣皆以爲: ‘春宮旣有「除去吾身」之敎, 則結案取招, 有若不信, 事體未安云.’ 今人言罔極, 兩司之請, 不可不亟允也. <u>李重協</u>·<u>魚有龍</u>, 以宦官交通等語, 誣聖躬, 陷朝臣. 云云.”

<u>眞儒</u>曰:“殿下何所持難, 而不許設鞫乎? 殿下旣下正刑之敎, 則殿下已知宦官之罪斷不可容貸也. 獨於鞫問, 不允, 則人之疑惑必甚. 速加鞫問, 一毫無疑, 然後次第問于<u>李重協</u>等. 云云.”獻納<u>李明誼</u>·正言<u>徐宗廈</u>云云.

<u>眞儒</u>曰:“雖無凶徒藉口之言, 獄體當鞫, 況人言至曰滅口? 云云.”<u>一鏡</u>曰:“<u>李重協</u>等, 旣以‘交通’爲言, 卽今非一<u>重協</u>, 渠輩無非<u>重協</u>, 必嚴鞫兩司, 然後渠輩奸情畢露矣.”承旨<u>柳重茂</u>云云, 諸臣縷縷陳達.

<u>眞儒</u>曰:“執狐疑之心者, 來讒賊之口, 伏願亟從.”上曰“依啓.”

諸臣皆起拜曰:“聖斷及此, 國家幸甚.”

○ 二十九日, 兼弼善<u>李眞儒</u>·文學<u>鄭錫五</u>·說書<u>宋寅明</u>·兼說書<u>趙顯命</u>孝友陳勉上書, 答曰: "近日之事, 因余誠信未孚, 變生宮闈, 震驚大朝, 慙悚曷喩? 今玆勉戒, 亶出憂愛, 可不服膺?"

○ 鞫廳問事郎廳金礪·李重煥·權益淳·徐命九.

○ 鞫廳大臣以下【右相·判禁姜鋧·知李肇·承旨李仁復·司諫李眞儒·持平朴弼夢·假注書李普昱·兼史崔守慶·金克謙入侍.】請對, 同義禁朴泰恒·李麟徵改差事定奪.

○ 文有道·朴尙儉原情不服.

○ 入侍時, 進罪人原情. 有道招, 則"只以承傳色, 大小公事奉納而已"云. 尙儉招, 則: "今二十二日, 得聞同官之言, 昨夜東宮, 問候大朝, 進達'宦寺輩干預朝廷, 近聞處分多出其手, 請亟出嚴治', 傳曰: '此是吾之所爲, 而汝言如是, 亟出可也.' 世弟卽出淸陰亭, 招致諸宦, 使之亟出, 以備忘, 使之奉桌上前, 仍下政院爲敎, 故奉稟啓下, 則自上還推裂破矣. 至於'除去吾身', 千萬曖昧. 云云."

崔錫恒曰: "尙儉招辭, 誣聖躬, 誣東宮, 不敢循例請刑. 殿下必洞燭, 明白下敎." 諸臣繼陳縷縷. 上曰"嚴刑取服". 錫恒曰: "有道亦當嚴刑矣." 上曰"唯."

○ 三十日, 領相趙泰耈箚槪, 敢陳乞罪之章, 冀蒙勘處, 兼呈前日已有之箚, 【孝友陳啓.】以備澄省事.【詳《爛餘》.】又上陳戒上書於東宮, 答曰: "小子以不才涼德, 濫叨儲嗣之位, 夙夜悸懼, 若損淵谷, 恐負大朝付托之重, 平日誠信未格, 宮闈閫閫之變, 出於料外. 聖心震驚, 百僚奔遑, 咎實由己, 慙悚自責, 縷縷勉戒, 敢不服膺? 原書留中, 以爲座右之銘."

○ 說書宋寅明書概：“忠於殿下者, 忠於邸下；不忠於殿下者, 亦不忠於邸下.”

○ 咸鏡監司韓世良辭疏呈政院, 還給.

○ 文有道·朴尙儉刑一次, 不服.

○ 宋相琦 康津縣極邊遠竄, 徐宗伋拿囚.

○ 知義禁金演謝恩, 同義禁李台佐牌不進.

○ **壬寅正月**初一日, 文有道·朴尙儉刑問二次, 不服. 鞫廳大臣啓曰：“近來朝綱, 漸至解弛, 新進怠慢之習, 日以益甚. 莫重鞫獄, 何等嚴重, 而司[69]果權益淳·兵曹正郎尹游, 稱以身病, 累度催促, 無意入來, 并禁推, 何如?”
傳曰“允.”

○ 初二日, 政院啓：“卽者, 司直鄭澔, 以家僮來呈一疏, 觀其措語, 則以慈聖諺敎還爲封入, 逆宦之直請正刑, 爲大臣·廷臣之罪案. 而慈旨封還, 聖明旣以重事體爲敎, 逆宦情節, 今方鞫問, 則更無可論, 而失志傍伺之徒, 因此事端, 欲售其嫁禍縉紳之計者, 用意誠甚叵測. 今此鄭澔之疏, 亦襲此套, 包藏禍心, 語極危險, 所當直爲退斥, 而係是重臣之疏, 不得不捧入之意, 敢啓.” 傳曰“知道.”

○ 鄭澔疏略：“伏聞殿下新有大處分, 先朝禮遇之大臣, 盡行斥逐, 言事之臣·太學之士, 非礎鑽卽栫棘, 固未諳因何事端, 有甚罪惡, 而此非但嗣服後所

---

69) 司：《承政院日記 景宗 1年 12月 28日》기사에는 이 앞에 “副”가 더 있다.

未有, 實載籍所未聞. 顧臣亦一先朝舊物耳, 黜陟·榮辱, 義無獨殊.

忽聞國本有動搖之漸, 慈聖下哀痛之敎, 豈意聖世遽有此事? 惟我聖上春秋鼎盛, 螽斯之慶, 尙遲, 其所以係一國之人心者, 捨春宮, 奚適哉? 此當初建儲時, 慈敎云云, 只此一敎. 可以質天地·泣鬼神矣.

不幸, 一種無嚴之輩, 敢懷不悅之意, 迭出敲撼動搖而後已, 則三聖血脈, 幾何其不絶耶? 今此一二宦豎, 遽售交搆之計, 此豈幺麼無識者所可獨辦哉? 尤可駭者, 慈聖手敎, 雖未知旨意之果如何, 而關係旣大, 事面亦重, 固當頒示臣僚, 使人曉然. 而爲大臣者, 乃反從中沮格, 汲汲封還, 使慈聖哀痛切迫之意, 黮昧不章. 且其登對, 不請設鞫得情, 反以徑先正刑, 齊聲力請, 是何意思? 云云."

○ 朴尙儉·文有道刑問三次, 不服, 傳曰"推鞫姑罷."

○ 禁府啓："頃日諺敎, 有兩宮人名字, 其一則以凶悖之言, 肆然於至尊嚴之前, 其一則乃締結宦寺者也, 今此兩宦締結情節, 不可不嚴問. 朴尙儉招中所謂同僚姓名, 使之現告, 一體嚴覈, 明施典刑, 此兩款添入問目中, 何如?" "依啓."

○ 初三日, 宦者朴贊文拿來囚, 宦者金夢詳拿來囚.

○ 朴尙儉·文有道刑問四次, 不服. 朴贊文原情, 傳曰"推鞫姑罷."

○ 司直南道揆疏槪："病伏窮鄕, 最晚得聞, 國有宮闈非常之變, 强疾忍死, 寸寸前進, 今始擔曳入城, 敢陳憂愛痛迫之情. 伏乞聖明嚴賜窮治以保春宮, 以慰慈聖事."
疏中有云："緩緩歇治, 使二婢相繼自斃, 兩宦尙稽輸情." 又云："旣曰'締結’, 則此非一二婦寺所自獨辦. 若不明覈, 此後作俑, 非獨此逆竪而已.”

○ 初四日, 鞫廳啓：“權益淳, 尹游禁推蒙放後, 累度催促, 終不仕進, 并請罷職, 以李衡章·尹心衡差下.” 尹心衡在外, 代兵曹正郎李慶錫差下.

○ 兵判李光佐謝恩.

○ 以春享齋戒停鞫.

○ 初五日, 文有道物故.

○ 金夢祥元情.

○ 鞫廳啓：“朴贊文招：‘初無所聞, 豈有傳說之事? 尙儉敢出死中求生之計, 爲此狂言, 陷人於不測之地. 云云.’”

○ 又啓曰[70]：“金夢祥招：‘締結內人等語, 乃是尙儉初招中所無之言.’ 其誣及兩宮, 妖惡不道之言, 有浮於尙儉, 請刑推得情.” 傳曰：“朴贊文·金夢祥爲先與尙儉面質.”

○ 初六日, 鞫廳問事郎廳柳萬重·洪尙寅啓.

○ 鞫廳啓：“金夢祥與尙儉之言, 大抵相符, 至於誣及兩朝, 妖惡之言, 有浮於尙儉, 依前啓[71]請刑. 朴贊文則與尙儉面質時, 尙儉不能辨破, 但稱虛妄, 贊

---

70) 又啓曰：底本과 존경각본에는 없다.《承政院日記 景宗 2年 1月 5日》기사에 근거하여 보충하였다.

文無語屈之端, 今姑仍囚以待決末."

傳曰: "依啓. 以金夢祥·朴贊文招辭觀之, 尙儉之謀害逆節, 畢露無餘, 而敢以不當之說肆然納供, 終始忍杖不服, 尤極凶獰. 更以初招問目, 各別嚴刑, 期於吐實. 金夢祥, 觀其尙儉招辭後處之[72], 姑勿刑推."

○ 院新啓【司諫李眞儒·正言徐宗廈】: "志述所懷, 逼辱聖躬, 無復有人理, 職在師儒者所當嚴斥之不暇. 而其時國子堂上, 不但視若尋常, 循例捧入, 藉重賢關之空堂, 措辭啓稟, 操切君父, 略無忌憚. 其無嚴不敬之罪, 不可不懲, 請同知成均·大司成竝命遠竄." 答曰"不允."

○ 梁聖揆事停啓.

○ 夜, 通明殿行閣失火, 傳曰: "只以入番別監等難以撲滅, 宿衛軍兵入之, 何如?" 政院啓請之入, 同仁門入之.

○ 失火後, 大妃殿·大殿·中殿·世弟宮·嬪宮, 政院問安.

○ 初七日, 鞫廳罪人朴尙儉刑問五次, 施威次, 承服.

"尙儉, 年二十一. '締結宮人必貞, 果爲的實. 所謂締結, 書札相通·言語規規等事. 所謂書札, 自上有盛怒, 諸宦黜陟頻數, 故要令乘間上達, 以固其職. 所謂言語規規者, 欲知大殿水剌多寡·寢睡安否.

東宮寢膳·問安之節, 自是內間事, 而淸輝門乃世弟往來問安之門, 開門下令, 而矣身趁不開門. 身爲內官, 豈有欲反之心, 而曾有得罪東宮之事, 恐有後

---

71) 啓: 底本과 존경각본에는 없다.《承政院日記 景宗 2年 1月 5日》기사에 근거하여 보충하였다.
72) 後處之: 底本과 존경각본에는 없다.《承政院日記 景宗 2年 1月 6日》기사에 근거하여 보충하였다.

患, 故與必貞, 有除去之心而已.' 無他節次, 謀逆的實遲晚, 不待時, 凌遲處斬."

當日軍器寺前路, 凌遲處斬.

○ 鞫廳啓: "判付內, 有'金夢祥, 欲觀尙儉招辭處之, 姑勿施刑'之敎, 而夢祥與尙儉面質時, 問答之語大抵相符, 其誣及兩宮, 妖惡不道之言, 旣已傳說於尙儉, 則不可不嚴鞫得情. 云云." 傳曰: "金夢祥初供中淸陰亭事, 不過其時世弟仰稟後, 言于內官之事, 固非不道之說, 而尙儉旣已承款, 則更無可問之端, 朴贊文·金夢祥, 一體放送."

○ 兩司合啓【司諫李眞儒·持平朴弼夢·正言徐宗廈】, 末段改措語: "三尺至嚴, 萬口猶喧. 凡今日環土數千里含生之類, 決不與此賊, 共戴一天. 日昨【二十五】, 臣等加律之請, 蓋出於循國人欲73)殺之心·體聖人沐浴之義, 而聖批乃以'先朝舊臣'爲敎, 臣等之惑, 於此滋甚.

嗚呼! 我先王所以覆以厚恩·畀以大位者, 政使追其殊遇, 報於今日. 而其所忘恩背德, 恣爲凶逆, 乃至於此, 則此乃先朝之罪人, 非殿下所得以私之者. 臣等向日聯名疏, 以孝廟嗣服初, 卽誅自點事, 爲殿下誦之. 而明廟卽祚初, 首相李浚慶, 請罪倖相沈通源, 以我先大王好生之德, 顯廟舊臣罪在罔赦, 則以法繩之, 不少疑難. 三聖故事, 豈非殿下之所當仰法? 云云. 請絶島圍籬安置罪人. 云云."【幷同二十五日啓.】

○ 府新啓, 金夢祥減死極邊定配事, 不允.

○ 禮參李肇辭同禁疏: "朴致源·李重協按獄事, 不可冒當【李重協館箚請嚴正, 指臣. 云云.】, 罪囚經斃, 不能檢飭. 云云."

---

73) 欲: 底本과 존경각본에는 "日"로 되어 있다. 《承政院日記 景宗 2年 1月 7日》 기사에 근거하여 수정하였다.

○ 兵參李台佐亦陳疏, 金吾有嫌礙之端.

○ 左副朴彙登疏請謁陵, 下疏批, 論李箕翊等九人疏辭, 傾軋云云.

○ 初八日, 政院啓："兵判李光佐, 以守禦使辭疏, 未下批, 不得行公." 傳曰："疏批, 雖未下, 卽爲牌招開政."

○ 謝恩江華留守沈壽賢.

○ 初十日, 傳曰："今番明陵展謁時, 世弟隨駕."【展謁吉日二月初九日.】

○ 引見時, 傳曰："刑判金錫衍·判尹尹憲柱改差, 問于大臣, 從二品中差出."

○ 引見時, 右相首陳："逆豎伏法, 輿憤少洩, 而金夢祥宣泄宮闈之言, 乞允臺啓." 又言："三朝視膳之外, 頻接春宮, 或講論經史, 或探討義理, 兩宮之間, 和氣融洽, 則雖有妖邪輩, 不敢蟠蜒於大明之下矣."

又云："大小臣僚, 半夜蒼皇, 坌集闕下, 前席陳達, 旣承摘發正法之敎, 追聞外議. 臣與領相, 陳箚請鞫, 兩司合啓爭執, 旣已準請設鞫之後, 鎭日加刑, 竟至輸情, 夬正邦刑, 有何不嚴未盡之端?

一邊傍觀之人, 如得奇貨, 迭相投疏, 危險之言, 無所不至, 領相所遭, 尤爲非常. 藥院內下初巡諺敎, 封還之外, 更無他道, 後巡諺敎, 臣在鞫廳, 未得參見, 領相與卿宰·三司始欲面達於榻前 而有所懷書入之命, 故備陳實狀於書啓中, 而衆怒橫加, 至以初不頒示中外爲非. 古人或有勿令外人知之者, 或有引燭焚詔者, 此豈非今日大臣所當法者乎? 陳箚引咎, 疏批未下, 伏望以明辨痛斥之意, 亟下批旨." 上曰"依爲之."

又言諸臣疏批事, 又言："左相休退二十年, 德望甚重, 初疏之批, 至今未下, 其可望亟回遐心乎? 斯速下批, 別諭御札, 頻繁敦召. 云云." 上曰"依爲之."

○ 兩司合啓四大臣事.

○ 持平朴弼夢所啓趙聖復事·金雲澤·民澤等事·貢物勿減事·金夢祥事.

○ 司諫李眞儒所啓合啓臺官事·庭請唯諾事·大同蠲減事·趙聖復事·同成均事.

○ 諸啓中貢物勿減事,【又因大臣言, 依啓.】其餘幷勿煩.

○ 引見時, 吏曹參判金一鏡啓："殿下於頃日領議政箚批, 有'追念往事, 不覺悲痛'之敎, 爲今日殿下臣子者, 孰不感傷? 殿下旣在千乘之位, 則私親顧育之恩, 宜有追報之道, 下詢大臣而處之, 何如?"

右相崔錫恒曰："在殿下情理, 誕育聖躬之恩, 不可無追報之道. 臣意, 則別立祠宇, 祭享之需, 則該曹封進, 別立稱號, 以重事體, 恐合情禮矣. 領相病未入參於筵中, 領相及原任大臣處, 似當問議而處之. 節目, 令該曹博考典禮, 商確講定宜矣."

一鏡曰："玆事事體重, 令禮官問議于未入侍大臣·在外大臣之後, 大臣·二品以上會議朝堂, 講定節目, 似合事宜矣."

工曹判書韓配夏曰："殿下嗣位之後, 尙未報顧復之恩, 實爲未安, 朝議皆以爲宜有追報之道. 今若立祠建號, 講定節目, 則於公義[74]·私情, 兩得其宜矣."

---

74) 義：底本과 존경각본에는 "議"로 되어 있다.《承政院日記 景宗 2年 1月 7日》기사에 근거하여 수정하였다.

戶判金演曰:"殿下嗣服後, 宜有追報私親之道, 而尙今未遑, 誠爲未安, 宰相所達誠然. 下詢大臣·禮官, 斯速商確擧行何如?"右承旨金始慶曰:"殿下卽祚以來, 爲私親崇報之道, 宜卽擧行. 而向來無建白之人, 至今未行, 天理·人情, 豈不歉然?"司諫李眞儒曰:"宰臣所達, 允合於天理·人情, 請依所達參酌, 講定節目擧行, 似好矣."持平朴弼夢曰:"殿下正位宸極之後, 私親顧復之恩, 尙未追報, 宰臣所達, 允合於天理·人情矣."上曰"依爲之."

○ 命議大臣. 領相病不獻議, 只云:"追報私親, 天理·人情之所不容已, 必也, 酌禮參情, 折衷得宜, 然後叶一時之物情, 絶後世之訾議. 云云."

領府事金宇杭議曰:"昨年鄕儒疏批, 辭嚴義正, 今日臣子, 將順不暇[75], 而反經之論, 忽發於筵中, 至請會議朝堂, 噫嘻, 此何擧也! 以殿下達孝, 其於追報誕育之恩, 何待群下之請? 而未曾提起者, 豈不以事關先朝, 有難輕議故歟?

臣謂仍其舊祠, 豊其祭需, 以寓追報之誠, 則其在繼先志·伸私情之義, 庶可兩全, 至於立祠·建號之議, 非臣淺慮所及. 惟聖明深惟義理, 終始勿撓, 俾無後世之譏議."

○ 左相不獻議, 因傳敎, 更往收議, 則以爲:"處義如前, 不敢獻議, 而第伏念今日事, 以殿下無窮孝思, 臨御數年之後, 必待諸臣之發端, 有以見愼重之至意. 諸臣旣據天理人情爲說, 而猶不卽加睿斷, 必令再詢於在野賤臣者, 尤見愼重之中益加愼重. 推此以往, 必能參酌於公私情義之分, 而無一毫過差之失, 臣只有欽仰聖德而已."

○ 右相啓曰:"頃日閤門外大臣詢問時, 卿宰中如申銋·任埅·兪集一·權尙游四人, 以老病之故, 閉門前, 先爲出去, 臺官只憑座目, 混入於罪籍中, 冤枉

---

75) 暇:底本과 존경각본에는 "可"로 되어 있다.《景宗實錄 2年 1月 15日》《承政院日記 景宗 2年 1月 15日》기사에 근거하여 수정하였다.

甚矣. 或有既參於詢問時, 獨漏於罪籍中, 臺官以此論啓, 依臺啓允許, 俾無混被倖免之弊, 何如?" 上曰"依爲之."【唯諾自首開留金在魯·前參判李秉常·行副護軍吳重周, 門黜傳旨中, 改付標啓下, 申·任·兪·權四人拔去.】

又啓曰："近來玉堂, 無行公之人. 應敎金東弼頃年一書, 蓋出於糾正官邪之意, 而大忤時議, 橫遭繆辱, 前後館職之除, 屢違嚴召, 終不承命. 蓋其意, 以言事之故, 辱及祖先, 三司言議之地, 以此自劃云. 橫逆之來, 人所難免, 而所被人言, 專出於隱語誣詆, 公議莫不爲駭, 則其所自劃, 決知其無義.

前校理尹淳, 以丙申改錄時見拔, 引以爲嫌, 而其時改錄之擧, 專出於擠排異己之計, 公議至今咈鬱, 今不可以此爲難進之端. 而尹埏初既出肅, 旋又引入, 所謂削錄之說, 亦不過政席間偶然提及之議, 初非有意而發. 蓋昨年新錄, 擧措駭異, 濫竽居多, 故一二承宣, 雖有削錄之請, 而改錄·削錄, 俱非美事, 到今經年之後, 既難輕議.

其中不叶公議者, 銓曹固當從公議處之, 如埏等允叶公議之人, 少無可引之嫌, 此三人各別申飭, 使之行公. 而其中坐罷人, 亦宜敍用, 至於除拜之人[76], 承召兩朔, 無意上來, 頃當國有變故之日, 又無奔問之擧. 雖未知病故之如何, 而事甚未安, 竝從重推考. 雖陳疏未承批之人, 亦令政院各別嚴勅, 使之斯速上來. 而副提學有闕之代, 後日政, 亦爲差出, 以爲趁卽圈錄之地, 何如?" 上曰"依爲之."

司諫李眞儒曰："大臣以玉署諸臣事, 有所仰達, 小臣之情地, 雖不敢自處以經幄舊臣, 而既有所懷, 不敢不達. 金東弼之引嫌者, 蓋因年前尹錫來疏中, 作爲隱語, 暗提其兩祖事故也, 以言事之故貽辱祖先云, 而必欲自畫於言議之地.

夫錫來之疏, 意在黨伐, 替人條辨, 不得其說, 惟以醜誣爲快. 而東弼疏中, 以'因謫媒榮', 指斥趙尙健之濫叨, 錫來陰引東弼之高祖, 古名臣金德諴被謫後陞擢事, 而隱然侵及. 德諴, 卽昏朝立大節之人, 有千仞壁立之操, 非錫來輩

76) 除拜之人：《承政院日記 景宗 2年 1月 10日》 기사에는 "在外除拜五人"으로 되어 있다.

所敢議到者也.

　且以金垣事爲言者, 尤極巧密. 蓋東弼之曾祖故修撰金尙, 丁卯被謫, 有由
於垣之言, 而尙之此事, 蓋因積忤於勳臣, 終至竄謫, 先輩中多有冤之者矣.
況東弼之年前一書, 蓋一時公誦之言, 而不過出於糾正官邪之意, 則此與垣
疏, 有何一毫近似者, 而曲引暗擬, 志在誣衊.

　蓄怒於言事之人, 而逞毒於已故之祖先, 實非有人心者所可忍爲. 其言之悖
義傷倫, 公議莫不爲駭, 在東弼, 不過爲一時橫逆之來耳, 以此自畫, 決知其過
矣. 至於今番所遭, 尤出於萬萬情外, 而本職時辭疏, 尙未批下之故, 連日違牌,
不敢陳疏.

　蓋伊日引接時, 東弼與同僚, 交陳討罪[77]處變之義, 半夜力爭, 得寢出閤辭
位之擧. 出而走報外廷, 留門請對, 獲準正法之請, 倉卒周旋, 可謂無負職責.
而春坊筵說, 未達下之前, 一通贋本, 流播搢紳間, 變幻事實, 抉摘文字, 以'勿
使外人知之'一款語, 截斷首尾, 抑勒成案, 至登於章奏之間.

　夫古人所謂'勿使外人知'者及'勿露此意'等說, 俱出於一般忠義之誠, 宮官
之以此意仰勉, 固是職責之所當然. 至於逆臣之事, 東弼達辭, 旣曰'亟稟大朝,
出付有司', 又曰'出言外朝, 登時致討', 則反欲使外人不知云者, 其果成說乎?

　其後慈殿諺敎, 亦爲僞造傳說, 人心·世道, 良可寒心. 摘抉文字, 陷人不測
者, 固是彼輩伎俩, 而李箕翊·黃一夏之疏, 語意陰慘, 專出於眩亂危動之計.
如許情狀, 自上洞燭, 彼此陳疏, 明賜卞斥開釋之後, 可以有光於聖[78]讒之盛
德. 東弼之終始撕捱於館職, 實涉太過, 新錄當前, 東壁不可暫曠. 金東弼催促
行公, 使參新錄, 似爲得宜." 上曰"唯."

　○ 十一日, 政. 大諫李師尙, 副學趙泰億, 刑議李仁復, 禮議梁聖揆, 輔德李

---

77) 罪:《承政院日記 景宗 2年 1月 10日》기사에는 "逆"으로 되어 있다.

78) 聖:底本에는 "堅"로 되어 있다. 존경각본과《承政院日記 景宗 2年 1月 10日》기사에
　　근거하여 수정하였다.

夏源.

○ 十二日, 院前啓當日庭請罷時, 同聲唯諾諸臣, 一體勘律事, 停啓.

○ 十三日, 春秋館郎廳, 以領事意, 啓曰: "翰林薦斯速擧行事, 已有成命, 而別兼春秋趙文命違牌坐罷, 沈珙·朴弼夢旣皆出肅, 而弼夢則曾以回薦時可否之故, 至被臺論, 有難安之端, 不得行公. 此則其時臺論, 旣甚無謂, 大臣·臺臣, 亦已顯斥, 則公議可見矣. 到今薦事, 一日爲急, 朝令催促之下, 決不當强引爲嫌, 一向撕捱, 各別申飭, 使之行公.

且朴弼夢方帶臺職, 而兼行史官之任, 事體未安. 曾前亦有臺職變通之例, 所帶臺職, 姑爲許遞. 別兼春秋尹惠敎今方在外, 雖未上來, 而比於沈珙·朴弼夢爲下位. 下位方帶職, 而右位替行薦事, 亦非館規. 尹惠敎別兼春秋之職, 亦減下, 以爲斯速完薦之地." 傳曰 "允."

○ 翰薦趙趾彬·趙顯命·宋寅明·申致雲.

○ 十四日, 政院啓曰: "近來, 朝臣疏箚之入啓而未下批者, 甚多, 待其承批之間, 職事之廢閣, 誠爲可悶. 至於大臣79)陳箚, 事體自別, 並不賜批, 兩銓長, 其任尤重, 日昨筵中, 大臣旣以此陳達蒙允矣. 其後又過屢80)日, 事務之曠廢, 日甚一日, 大政尙今遷就, 外方, 則殿最守令及閫帥, 有闕之代, 久未差出. 當此凶歲, 各邑空官之弊, 諸閫夫馬之留滯, 俱係可慮.

內而東銓, 則亞銓間或開政, 而拘於格例, 有所扞格, 西銓則都目當行於歲前, 而至今遲延, 軍兵之待哺者, 飢餒特甚, 將至難保之境. 秋曹·京兆, 俱是詞

79) 大臣：底本과 존경각본에는 없다. 《承政院日記 景宗 2年 1月 14日》 기사에 근거하여 보충하였다.
80) 屢：존경각본과 《承政院日記 景宗 2年 1月 14日》 기사에는 "累"로 되어 있다.

訟劇地, 而久作空窠, 無以變通. 此外弊端, 不敢一一煩瀆.

以本院事言之, 都承旨李正臣·左副承旨朴彙登, 俱以未承批之故, 不得仕進, 已爲多日, 藥房問安, 每以代房進去. 臣等職在出納之地, 不勝悶菀之忱, 不避猥越, 惶恐敢啓." 傳曰"知道."

○ 十五日, 司直鄭亨益疏略: "噫噫! 痛矣. 仙寢未撤, 玉音如昨, 而入對諸臣, 徒欲阿諛[81]殿下, 不知嚴憚先王, 略不顧藉, 冀幸樂聞, 以圖固寵. 彼一鏡輩, 何足道, 而受先朝厚恩, 爲今日大臣者, 又從而和附爲說, 無一言半辭, 以先朝大處分, 反覆陳達, 他日地下, 將何辭, 對於先王乎? 云云."

○ 金一鏡疏: "殿下君臨一國, 追報私親, 固非有一毫干涉於先朝處分, 而强引臣子所不敢言, 以爲操持上下之計者, 實向來逆臣昌集輩, 無君之餘套. 彼輩固極凶獰, 亦皆不出於空桑, 其何敢然? 噫! 擧親僇辱, 何等讐賊? 只此一節, 亦可見彼輩不臣殿下之心矣. 云云."

○ 說書宋寅明疏曰: "鄭亨益疏, 遣辭過峻, 立意近險, 惟其所主義理, 儘合商確. 夫子無爵母, 禮經大防, 則稱號不當追加也; 仲子之宮, 《春秋》所議, 則廟宇不當別立也. 宣廟之於昌嬪, 仁廟之於仁嬪, 恩義之重, 何間所生? 而亦皆因其舊號, 未有追加, 祭之私祠, 亦無別建, 豈非今日所當仰法者? 而況此事關先朝, 尤有別焉. 名賢之議, 亦有可監, 在公雖無崇奉, 在私未必無享祀之所; 在昔因其舊號, 在今不必有追加之號.

惜乎! 人見不同, 禮意無窮, 乃以追報私親, 爲合於天理·人情, 不及思觀志·觀行, 不得不悅爲天理·人情也. 伏願深究義理, 勉抑私情, 雖斥亨益之意, 而毋棄亨益之議. 仍念今日廷臣, 或出死力於排閤直入之時, 或抗正議於庭請議罷之際, 向國之誠, 實有可觀, 則殿下之崇用, 良以此也. 而至於言議中稍解義

---

81) 諛: 底本은 "腴"로 되어 있다. 존경각본에 근거하여 수정하였다.

理處, 則亦不可不隨加裁制, 務歸至當. 云云.”【呈政院後, 寅明以講規問議事, 下往左相處, 本家持去, 二十日, 更呈.】

○ 十八日, 金一鏡爲守禦使.【首·副李肇·李台佐】

○ 十九日, 領相箚吏判遞改, 李眞儉·趙最壽甄復.

○ 二十日, 府新啓【持平趙遠命】:“平說道理, 爭難可否, 容或然矣. 第其所稱‘三年無改’·‘善繼·善述’等語, 都不襯着, 全出抑勒. 今若復先朝所收之爵號, 則無改·善述之請, 宜先發於朝著之上, 必不待此輩之陳疏, 而今乃憑藉咆哮, 欲爲脅君父誣廷臣之計.

至若處分極其嚴截等語, 直是對殿下, 不忍提·不忍說之言, 而言之容易, 略無忌畏者. 諒以近日處分, 與立誅志述時, 有異, 凶陰之疏·構誣之章, 留中累旬, 不賜嚴批. 故此輩窺伺聖意, 至發無君·逼辱之語, 請司果鄭亨益遠竄, 朴弼正門外黜送.”【弼正請寢私親祠·祭, 問議之命.】答曰“勿煩.”

○ 生員李箕重等疏, 極言立祠·建號之不可, 政院措辭入啓.

○ 二十二日, 前郞廳崔鎜疏請任敞快正王法, 仍施逆律, 尹志述所懷同參儒生趙徵·金橝及鄭亨益·朴弼正, 一倂置辟, 以絶方來之禍, 姜世龜易名贈秩事.

○ 二十五日, 金一鏡疏:“新除水原府使李眞儒, 志操剛方, 言議峭直, 不當一日不在朝廷, 請內遷.”

○ 二十六日, 院新啓:“朴致遠, 請依前判付, 嚴加究覈.”“不允.”

○ 二月初三日, 白虹貫日.

○ 初二日, 吏判李肇謝恩.

○ 初四日, 四方昏蒙, 若下塵. 院新啓, 請黃一夏削黜, 不允.

○ 初五日, 政. 判書·參判進參. 藝提李光佐, 吏議李眞儒, 副學李眞望, 弘提趙泰億.

○ 大臣·備堂引見時, 府啓【趙遠命】金雲澤等事·黃一夏事【十六人配所, 見上辛丑十二月二十五日.】, 依啓. 院啓【金濰】朴致遠等事, 令金吾稟處間姑停.

○ 右相崔錫恒啓:"世弟潛邸時, 私親神主, 以孝子某奉祀傍題矣. 今進居儲位, 仍存不改, 事體未安, 不可不趁卽改題." 上曰"依."

○ 初六日, 日盪, 月犯畢星.

○ 初九日, 駕幸明陵, 世弟隨駕.【《南泉記》云, 旗[82]軍洗馬時, 龍大旗顚躓.】

○ 初十日, 月犯輿鬼星. 是日大妃殿諺敎於藥房, 而不爲折見封還.【《初從說》】

○ 十二日, 白雲一道, 起自西方, 直指東方, 長竟天, 廣尺許, 漸移北方, 良久乃滅.

---

82) 旗:底本은 "騎"로 되어 있다. 《六典條例 兵典 司僕寺 內寺 總例》에 근거하여 수정하였다.

○ 承旨金始慶疏斥徐命均, 曰：“指賊爲士者, 亦一賊也.” 又曰：“黃尙中以雲澤血黨, 獨漏於十六人中. 今者, 與李姓兩人, 僞着閫帥之手押, 假成許多錢布帖文[83], 潛賣於人, 被捉於閫帥. 家人呈訴捕廳, 奸情畢露, 而捕將托非强盜而退却云. 尙中, 以擧世指目之人, 圖聚銀貨, 情跡狼藉, 請令捕廳嚴覈.” 答批：“下款事, 令該曹稟處.”【翰林取才趙趾彬.】

○ 十三日, 冊封庭試, 取九人.【趙景命·李匡德·尹彙貞·李眞淳·尹容·南泰慶·姜必龜·朴世朾·李梲】

○ 十八日, 四方昏蒙. 湖西儒生許壁疏, 言辛巳事, 曰：“巫蠱之獄, 自古不實.” 雜引前世追崇伸冤事, 政院以不忍聞·不容議措辭, 不捧.【都承旨金始煥獨啓, 權重經·南就明不聯名.】

○ 淸州人李德培疏：“亂賊, 何代無之? 其機已發於戊辰定號之日, 其流又叢於昨年節目之議. 無君之心, 自有傳法. 致祥·師命之罪, 先王之所洞燭, 壽興·龍翼迭相阻遏, 亦承時烈風旨. 辛巳之事, 春澤漸成之, 世白張大之, 殿下之得有今日, 莫非林溥·李潛等, 殺其身·保國本之力也. 頤賊獨對, 中外洶洶, 元老興疾, 景象遑遑, 至於昨年脅請代理而極矣.

自時烈, 至今群賊, 謀殿下之計, 一串貫來, 今日懲討, 必以時烈爲罪魁, 其爪牙·腹心, 一倂以逆勘律, 其抱忠含冤者, 亦宜昭雪褒揚也.”

○ 十九日, 昏蒙. 府新啓【鄭楷】, 黃尙中, 令捕廳窮覈嚴處, 依啓.

○ 二十二日, 府新啓【朴熙晉】：“請許壁遠竄. 淸州牧使安相元, 曾任海判時,

---

83) 文：底本과 존경각본에는 없다.《景宗實錄 2年 2月 19日》《承政院日記 景宗 2年 2月 16日》 기사에 근거하여 보충하였다.

貪虐, 寡女成冊, 誘以生產之減少, 責其守節之無謂, 督捧贖錢. 及陞擢雄府, 軍兵代頒捧錢, 及屏去趨從, 晨昏往來於定配人李秀節家, 請削板.【行查落空, 相元分揀.】

○ 二十五日, 大臣·備堂引見時, 黃尙中, 令兩捕將究覈, 朴致遠, 亦依前判付, 令金吾擧行, 平監李眞儉, 催促赴任.

○ 二十七日, 院新啓【申弼誨】: "四凶合啓後, 玉堂·兩司不參啓[84]人, 罷職不敍. 權㦣爲嶺伯時, 丁酉危疑之報, 適到於道內設場日, 多士以封章罷場, 㦣乃摘發首唱, 囚繫滿獄, 請極邊遠竄. 徐命均敢以侮辱君父之賊, 謂之'私罪', 謂之'殺士', 請極邊遠竄. 吏判李肇乃以權㦣·徐命均擬諸知申淸望·騎省華職, 罷職." 答曰"勿煩."

○ 禁府: "李重協元情: '趙泰耉之進對, 不由政院稟啓, 兩司因發合啓, 故矣身箚中「締結」·「交通」, 不過與合啓所謂「交通宦寺」, 「締結幽陰」, 辭意一般. 云云.' 魚有龍原情: '趙泰耉賜對之命, 先下於喉院未稟之前, 聽聞疑惑, 故果與朴致遠聯名論稟. 而「宦妾知名」, 不過截取古語, 以寓規切, 實無言根可對.'

朴致遠原情: '請對不由政院, 合司請覈, 實是公議, 故果與有龍聯啓以「宦妾知名」之說. 噫! 古人於枚卜之際, 必欲勿取宦妾知名之人者, 寔在於嚴堤防·明取舍, 此所以初啓中截取古語, 斥彼大臣之擧措, 不甚光明正大也. 況伊時事, 聖上亦且疑惑, 許令覈治, 職在臺諫, 隨卽刺論, 以此謂之致疑於不敢疑之地, 則初非矣身所萌於心.

宋 唐介以緣閹寺通宮掖, 得執政等語, 大加論斥於文彦博, 豈以仁宗之有

---

84) 啓: 底本과 존경각본에는 없다. 《承政院日記 景宗 2年 2月 27日》기사에 근거하여 보충하였다.

私, 爲此說哉? 實出於愛君無隱之義, 故其時不以詰問, 特加容護. 如臣無狀, 雖不敢以古人自處, 而第自我祖宗朝, 待言官自別, 未嘗窮問言根. 今若以妄觸之故, 輒令鞫問, 則適足以增一世之驚惑, 致國體之損傷, 此莫非矣身言行, 不能見孚於君父之致. 云云.'"

傳曰: "觀此供辭, 可知其妄言, 再次嚴問, 有違待臺閣之道, 幷放送."

○ 政院【南就明·沈橝】三啓: "請寢朴致遠等放送之命, 更加究覈." 答"勿煩."

○ 二十八日, 李弘述原情: "訓局異於他營, 千摠·別將, 以經閫人差除, 將校以行伍陞差, 則所謂昌集私人, 未知爲誰. 陸[85]哥事段, 劇賊申奉堂招內, '作賊時, 每擇日於陸生員 德明, 物件輒與分食'云. 故捉得德明, 究問吐實, 故施以亂杖二十度, 數日後, 斃於獄中, 塞口摸滅之說, 誠是意外. 今此陸玄, 無乃指德明耶? 錢穀事, 各色皆有捧上帖下文書.「崔奉鎭處六百兩」, 重記以未捧懸錄, 軍餉米云者, 剩米三十六石, 酬應貧族員役. 云云."

○ 白時耉泛稱遲晚, 年七十, 除刑杖配, 功減.

○ 正言申弼誨疏, 請特遞趙最壽云"擧措可笑."

○ 持平趙最壽疏: "弼誨跳跟網打, 而喉司和應阻搪, 無異司馬門三日之事. 云云."

○ 二十九日, 府啓請弼誨削奪.

---

85) 陸: 底本에는 "睦"자를 수정한 흔적이 있고, 存經閣本에는 "睦"자로 되어 있다. 內容上 맥락에 따라 底本의 수정에 의거하여 번역하였으며, 이하 동일사례에는 별도의 교감기를 달지 않는다.

○ 三月初二日, 舉動時, <u>趙重遂</u>上言 : "矣兄<u>重遇</u>, 目見<u>眞海里</u>遷葬時, 銘旌只書'<u>張氏之柩</u>'四字, 不勝慨惋, 略有疏陳, 爲<u>洪啓迪</u>·<u>朴弼正</u>·<u>趙觀彬</u>等所構陷. 刑官<u>黃璿</u>出坐廳外, 別擇如椽不鍊木, 箇箇考察, 刑至十四度, 脛骨破碎, 擔舁出城, 因以命盡. 伏願亟施反坐之律."

○ 初六日, 院啓【<u>獻納金啓煥</u>】[86)]<u>權㒤</u>削黜事, 連啓隨[87)]參啓三司罷職事. <u>徐命均</u>邊竄事·吏判罷職事, 并停啓.

○ 以四大臣論啓分等事, 諸臺并前後引避.

○ 初七日, 翰林取才, <u>趙顯命</u>·<u>申致雲</u>·<u>宋寅明</u>.

○ <u>昌平人高應曄</u>疏, 極論<u>金昌集</u>等罪狀, 且曰 : "臣五代祖<u>敬命</u>·高祖<u>仁厚</u>·從高祖<u>從厚</u>父子三人, 同死於國, 臣恐墜傳家之業. 云云."

○ 二十二日, 院啓【<u>獻納尹會</u>】[88)]處置避嫌諸臺曰 : "當初分等, 雖出參量, 公議峻發, 勢難在職. <u>鄭楷</u>·<u>朴弼夢</u>·<u>柳萬重</u>, 并命遞差."

○ 二十三日, <u>黃尙中</u>子箕擊錚.

○ 二十四日, 弘文錄【<u>李眞望</u>·<u>李廷濟</u>·<u>沈珙</u>·<u>尹惠敎</u>】四點 : <u>朴弼夢</u>·<u>吳命新</u>·<u>呂善</u>

---

86) 獻納金啓煥 : 底本과 존경각본에는 大字로 되어 있다. 《承政院日記 景宗 2年 3月 6日》 기사에 근거하여 수정하였다.

87) 隨 : 底本과 존경각본에는 "不"로 되어 있다. 《承政院日記 景宗 2年 3月 6日》 기사에 근거하여 수정하였다.

88) 獻納尹會 : 底本과 존경각본에는 大字로 되어 있다. 《承政院日記 景宗 2年 3月 22日》 기사에 근거하여 수정하였다.

長·柳弼垣. 三點：李承源·李世德·尹聖時·趙翼命·金尙奎·金啓煥·趙錫命·金始煥·趙遠命·權斗經·鄭壽期·朴師聖·權益寬·李明誼·李顯章·尹東衡·權益淳·李重煥·趙最壽·柳復明·尹游.【吏弘朴弼夢·柳弼垣】

○ 二十六日, 冬至使先來·奏請使狀啓入來. 奏請初幾順成, 中忽阻格, 初給銀子一萬五千兩, 中間生釁, 又給五千兩而成事云.

○ 吏佐洪萬遇, 以銓曹新通臺諫·春坊, 而不問郎官, 捉囚政吏, 銓曹草記罷職. 左承旨沈樘疏斥銓曹, 而政院還退, 判書·參議, 引嫌不進. 政院以大政遲延, 請牌招開政. 傳曰"允."

○ 吏佐沈珙.

○ 二十七日, 洪牧李廷濟以御史襃啓, 特命加資. 傳曰："今觀使臣狀啓, 封典克完, 其幸曷已? 先來軍官及譯官等三人, 竝爲加資."

찾아보기

역주 |

김용흠

서울대학교 국사학과 학사, 연세대학교 대학원 문학석사·박사, 현 연세대학교 국학연구원
연구교수

주요논저 | 《조선후기 정치사 연구Ⅰ-인조대 정치론의 분화와 변통론》(2006), 《조선후기
실학과 다산 정약용》(2020), 《목민고·목민대방》(역서, 2012), 《형감》(역서, 2019), 《대백록》
(역서, 2020), 《당의통략》(역해, 2020), 《동남소사》(역서, 2021), 《수문록 1·2》(역서, 2021·
2022), 《황극편 1~5》(역서, 2022~2024), 〈조선의 정치에서 무엇을 볼 것인가-탕평론·탕평책
·탕평정치〉(2016), 〈조선후기 노론 당론서와 당론의 특징-《형감(衡鑑)》을 중심으로〉
(2016), 〈《경세유표》를 통해서 본 복지국가의 전통〉(2017), 〈晩靜堂 徐宗泰의 정치 활동과
탕평론〉(2020), 〈묵재 이귀의 정치활동과 경세론〉, 〈강진본 《동남소사》의 특징과 다산
정약용〉(2023), 〈《당의통략》의 당쟁 인식과 탕평론〉(2024)

원재린

성균관대학교 사학과 학사, 연세대학교 대학원 문학석사·박사, 현 연세대학교 국학연구원
연구교수

주요논저 | 《조선후기 성호학파의 학풍연구》(2002), 《임관정요》(역서, 2012), 《동소만록》(역
서, 2017), 《형감》(역서, 2019), 《대백록》(역서, 2020), 《동남소사》(역서, 2021), 《수문록
1·2》(역서, 2021·2022), 《황극편 1~5》(역서, 2022~2024), 〈조선후기 남인당론서 편찬의
제 특징〉(2016), 〈성호사설과 당쟁사 이해〉(2018)

김정신

덕성여자대학교 사학과 학사, 연세대학교 대학원 문학석사·박사, 현 연세대학교 국학연구원
연구교수

주요논저 | 《형감》(역서, 2019), 《대백록》(역서, 2020), 《동남소사》(역서, 2021), 《수문록 1·2》
(역서, 2021·2022), 《황극편 1~5》(역서, 2022~2024), 〈주희의 묘수론과 종묘제 개혁론〉
(2015), 〈주희의 소목론과 종묘제 개혁론〉(2015), 〈기축옥사와 조선후기 서인 당론의 구성·전
개·분열〉(2016), 〈16~7세기 조선 학계의 중국 사상사 이해와 중국 문헌〉(2018)

연려술속 燃藜述續 2 번역과 주해

김용흠·원재린·김정신 역주

초판 1쇄 발행   2025년 3월 26일

펴낸이   오일주
펴낸곳   도서출판 혜안

등록번호   제22-471호
등록일자   1993년 7월 30일

주소   04052 서울시 마포구 와우산로 35길 3(서교동) 102호
전화   02-3141-3711~2 / 팩스   02-3141-3710
이메일   hyeanpub@daum.net

ISBN 978-89-8494-747-4 93910

값 40,000 원